KB164842

세상의 속도를
따라잡고 싶다면

Do it!

구글, MS, 삼성이 주목하는 **차세대 웹 기술 PWA**

프로그레시브 웹앱 만들기

반응형 웹 개발부터 **하이브리드 앱 배포**까지 **PWA 완전 정복!**

김응석 지음

이지스퍼블리싱

세상의 속도를 따라잡고 싶다면 **Do it!**
변화의 속도를 즐기게 될 것입니다.

Do it!

Do it!

반응형 웹 개발부터 하이브리드 앱 배포까지 PWA 완전 정복!

프로그레시브 웹앱 만들기

초판 1쇄 발행 • 2020년 8월 6일
초판 2쇄 발행 • 2022년 3월 2일

지은이 • 김응석
펴낸이 • 이지연
펴낸곳 • 이지스퍼블리싱(주)
출판사 등록번호 • 제313-2010-123호
주소 • 서울특별시 마포구 잔다리로 109 이지스빌딩 4층(우편번호 04003)
대표전화 • 02-325-1722 | **팩스** • 02-326-1723
홈페이지 • www.easyspub.co.kr | **페이스북** • www.facebook.com/easyspub
Do it! **스터디룸 카페** • cafe.naver.com/doitstudyroom | **이메일** • service@easyspub.co.kr

기획 및 편집 • IT2팀 이인호(inho@easyspub.co.kr), 김영준, 박현규, 대경미, 김은숙, 한승우
교정교열 • 박명희 | **베타테스터** • 배으뜸, 이석곤 | **표지 및 본문 디자인** • 트인글터 | **인쇄** • 보광문화사
영업 및 강의자료 PPT 문의 • 이주동(nlrose@easyspub.co.kr) | **마케팅** • 박정현 | **독자지원** • 오경신

ISBN 979-11-6303-176-5 13000
가격 32,000원

계속할 용기만 있다면
우리의 꿈은 모두 이루어집니다.

All our dreams can come true,
if we have the courage to pursue them.

월트 디즈니
Walt Disney

앞으로의 웹은 '프로그레시브 웹앱'이다
웹 기술로 쉽게 만들지만 성능은 네이티브 앱처럼!

2012년 초 출간한 《Do it! 쉽게 배우는 웹앱 & 하이브리드앱》에 많은 성원을 보내 준 독자 여러분께 마음 깊이 감사를 드립니다. 이번 책은 최근 눈부시게 발전한 웹앱 환경을 반영해 '프로그레시브 웹앱(PWA, progressive web apps)'이라는 주제를 담았습니다.

이 책 역시 웹앱을 다루지만 PWA라는 완전히 새로운 방식을 적용했습니다. **PWA는 웹과 앱 모두에서 최적의 사용자 경험을 제공하고자 고안한 통합된 웹 기술**입니다. 특히 기존 웹 사이트보다 빠르고 네이티브 앱보다 가볍습니다.

PWA의 특징을 보여 주는 그림(출처: web.dev)

프로그레시브 웹앱, 글로벌 기업이 주목하다

구글은 네이티브 앱과 PWA가 안드로이드 운영체제에서 똑같이 관리되도록 했으며, 플레이 스토어에도 똑같은 정책을 적용하고 있습니다. 이 말은 적어도 안드로이드 플랫폼에서는 네이티브 앱과 PWA가 사실상 같다고 봐도 무방하다는 뜻입니다. PWA는 더 나아가 스마트 TV 같은 사물 인터넷 플랫폼에서도 실행됩니다. 웹 표준화 기구인 W3C에서도 PWA의 핵심 요소인 웹 앱 매니페스트와 서비스 워커 등에 관한 웹 표준화 작업을 활발히 진행하고 있습니다. 이와 더불어 구글과 마이크로소프트, 삼성이 크로미움을 기반으로 한 웹 브라우저를 선보이면서 글로벌 기업들이 PWA를 중심으로 앱 생태계를 재구성하려는 조짐도 보입니다.

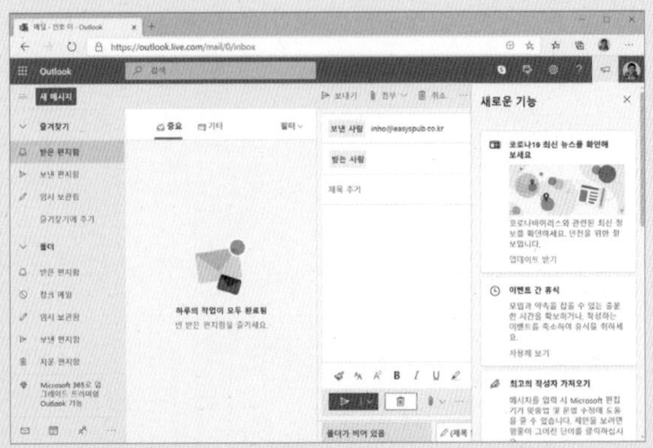

PWA로 전환한 마이크로소프트 아웃룩을 엣지 브라우저에서 실행한 모습

뷰 & 뷰티파이를 이용한 모던 웹 개발과 디자인

이 책에서는 뷰와 뷰티파이로 멋진 UI를 적용한 PWA를 만듭니다. 모던 웹 애플리케이션의 큰 흐름인 싱글 페이지 앱(SPA, single page app)은 새로 고침이나 화면 간 이동에서 발생하는 성능 문제를 근본적으로 해결해 줍니다. SPA를 구현하려면 모던 자바스크립트(ES6 버전 이상)를 적용해야 하는데, 이때 자바스크립트 개발자에게 이미 익숙한 웹 기술을 그대로 활용할 수 있는 뷰(Vue.js) 프레임워크를 활용하면 더 유리하게 시작할 수 있습니다. 또한 뷰티파이도 사용합니다. 뷰티파이(Vuetify.js)는 앱을 제작할 때 구글의 공식 머티리얼 디자인 스펙을 적용할 수 있게 해주는 뷰 기반의 UI 라이브러리입니다.

기초부터 실무까지 6가지 앱을 만들어 보자

이 책에서는 앱을 개발하고 운용할 때 가장 많이 사용하는 기능을 엄선해 6가지 PWA 개발 프로젝트에 담았습니다. 또한 **파이어베이스를 활용해 PWA 호스팅, 실시간 데이터베이스, 회원 인증 관리, 이미지 업로드 등을 적용하는 방법도 소개**합니다. 각각의 PWA 개발 프로젝트는 먼저 필자가 제공한 소스 파일을 실행해 확인하고, 이후에 직접 따라서 만들어 보는 순서로 진행합니다. 또한 CLI(command line interface) 환경에 익숙하지 않은 독자도 실습을 쉽게 따라 할 수 있도록 템플릿을 함께 제공합니다. 이 템플릿을 열어서 책에 표시한 단계를 따라 가면 누구나 쉽게 PWA를 만들 수 있습니다.

긴 시간 원고와 씨름하면서도 무사히 마칠 수 있었던 것은 많은 분들의 도움 덕분입니다. 오랫동안 믿고 기다려 준 이지스퍼블리싱 이지연 대표님과 처음 구성을 잡아 준 박현규 님, 책에 가치를 더해 준 대경미 님, 인문학적 생기와 완성도를 높여 준 김영준 님, 그리고 긴 여정에 마침표를 찍을 수 있도록 함께해준 이인호 님께 깊이 감사합니다.

많은 조언과 도움을 준 친구, 동료, 선후배님께도 고마운 마음을 전합니다. 또한, 항상 옆에서 지켜보며 건강을 걱정해 주었던 가족에게도 감사의 마음을 전합니다. 마지막으로 쓰임받는 기회와 은총을 내려 주신 하나님께 모든 영광을 돌립니다.

김응석 드림(code.design.webapp@gmail.com)

일단 한번 구경해 보세요, 우리가 만들 앱이에요

이 책에서는 총 6가지 실전용 앱을 만들어 봅니다. **전체 소스 코드는 물론 앱에 표시되는 이미지와 아이콘까지 모두 제공하므로 별도로 준비해야 하는 번거로움이 없습니다.** 또한 완성된 소스 파일은 개발 도구의 버전에 상관없이 작동하는 웹팩 패키지로 제공하므로 누구나 손쉽게 완성된 앱과 비교하며 실습을 따라 할 수 있습니다. 자신의 휴대전화로 다음 QR 코드를 찍어 모바일에서 테스트해 보거나 PC에서 웹 브라우저를 열고 URL에 접속해 보세요. 각 앱에 담긴 세세한 기능은 본문에서 소스 코드와 함께 상세하게 소개합니다.

사진 갤러리

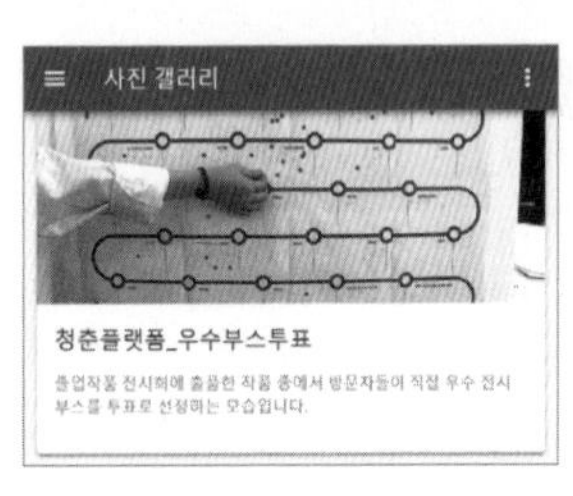

pwa-gallery-pic.web.app/

To-Do 리스트

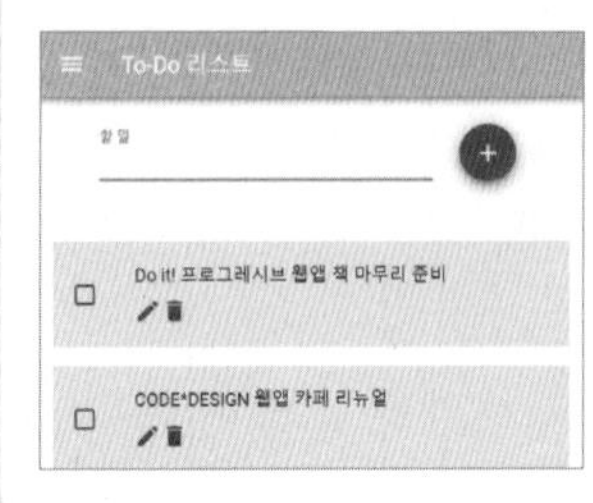

pwa-to-do.web.app/

카메라 사진 갤러리

pwa-camera.web.app/

이메일 — 구글 인증 로그인

pwa-auth-login.web.app/

푸시 알림 서비스

pwa-notification-push.web.app

오프라인 동기화

pwa-offline-sync.web.app/

이 책은 다음 순서와 내용으로 구성돼 있어요

첫째마당 | **순수 자바스크립트로 프로그레시브 웹앱(PWA) 만들기**

둘째마당 | **뷰와 뷰티파이로 PWA 만들기**

셋째마당 | **PWA 핵심 기능 구현하기**

- 실시간 DB
- 런타임 캐시
- 하드웨어 제어
- 푸시 알림
- 로그인 인증
- 오프라인 동기화

넷째마당 | **PWA를 안드로이드용 앱으로 변환하고 배포하기**

이 책으로 배울 수 있는 **14가지 핵심 주제**

이 책에 실린 다양한 실습을 따라 하다 보면 다음과 같은 14가지 핵심 주제를 자연스럽게 터득할 수 있습니다. 이러한 기술은 **모던 웹과 모바일 앱을 개발할 때 필수**이므로 프런트엔드 개발자로 성장하는 데 폭넓은 경험을 제공합니다.

1. ES6+ 필수 기능
2. 뷰, 뷰티파이 기초 & 고급
3. 구글 머티리얼 디자인 스펙 2
4. 반응형 웹 프로그래밍
5. 파이어베이스 실시간 DB
6. 워크박스 런타임 캐시
7. 모바일 하드웨어 제어
8. 이메일-구글 인증
9. 푸시 알림
10. 오프라인 동기화
11. 아파치 코르도바로 하이브리드 앱 만들기
12. PWA → 네이티브 앱 변환
13. 구글 플레이 스토어에 배포
14. 서버리스 프로그래밍

베타테스터의 한마디

"프런트엔드 개발자는 물론 웹 디자이너도 쉽게 앱을 만들 수 있어요"

저는 프론트앤드 개발자로 일하고 있습니다. 뷰를 이용해 웹 화면을 구축해 본 경험은 있지만, PWA와 하이브리드 앱을 제작한 경험은 처음이었습니다. 이 책을 읽으며 예제를 쭉 따라 하다 보니, 어느샌가 멋진 앱을 제작하고 있는 제 자신을 보았습니다. **실제 앱 제작에 필요한 모든 것이 한 권에 압축된 느낌**이었습니다. 웹을 다뤄 본 경험이 있다면 이 책만으로도 자신이 원하는 앱을 손쉽게 만들 수 있습니다. 강추합니다!

배으뜸
프런트엔드 개발자

이 책은 PWA 기본 개념과 개발에 필요한 ES6 문법, 뷰와 뷰티파이 프레임워크로 PWA를 좀 더 쉽게 배울 수 있습니다. 다양한 **실전 예제로 PWA를 익힐 수 있으며 개발부터 배포, 테스트 방법까지 입문자가 실습**할 수 있게 잘 구성되어 있습니다. 웹 개발 기술을 활용해 프로그레시브 웹앱을 구현하는 방법을 배우고 싶다면 좋은 입문서가 될 것입니다.

이석곤
15년차 개발자

이 책의 첫 독자로서 모든 실습을 따라 하면서 '모바일 시대에 웹은 PWA가 대세가 될 것'으로 확신했습니다. 그만큼 PWA의 성능이나 발견성, 개발 효율은 강력하게 느껴집니다.
이 책은 모던 웹 기술의 핵심을 쉽게 풀어내서 **HTML과 자바스크립트의 기본만 알아도 충분히 완성된 웹앱을 만들 수 있습니다.** 따라서 프런트엔드 개발자뿐만 아니라 웹 디자이너도 웹앱 만들기에 쉽게 도전할 수 있습니다. 특히 소스 한 줄 한 줄을 세세하게 설명하는 부분에서, 잊을만 하면 한 번 더 떠오르게 해주는 집요함에서 독자를 향한 저자 선생님의 진정성을 느낄 수 있었습니다. 이 책을 자신 있게 권합니다.

이인호
이 책의 편집자

"개발 환경 구축부터 하이브리드 앱 만들고 배포까지!"

첫째마당 • 프로그레시브 웹앱 시작하기

#PWA #개발환경설정 #ES6핵심 #기본PWA만들기

- 네이티브 앱과 모바일 웹앱, 그리고 프로그레시브 웹앱까지 구분과 장단점이 잘 설명되어서 좋았어요.
- 개발 환경을 준비하는 과정이 단계별로 잘 설명되어 있어서 어렵지 않게 진행할 수 있었어요.
- 일단 두 가지는 확실하게 얻고 갑니다. 서비스 워커와 매니페스트! (PWA의 핵심이라죠?)

둘째마당 • 프레임워크로 PWA 손쉽게 디자인하기

#뷰 #뷰티파이 #워크박스 #Vuex #라우터
#머티리얼디자인 #카드UI와그리드

- 뷰티파이에 대해 처음 알았는데 특징을 잘 설명하고 있어 빨리 이해할 수 있었어요.
- 뷰티파이를 이용할 때 상태 관리와 라우터 등의 기능을 조금 더 심도 있게 다뤄서 좋았습니다.
- Vuex 구조 그림이 좋았어요. 실무에서 꼭 쓰이는 로그인 연동에 대한 세세한 설명이 좋았어요.
- Vuex, 라우터 등 뷰의 고급 기능을 실제 프로그램에서 어떻게 사용하는지 코드로 이해는 것이 좋았습니다.

셋째마당 • PWA 실전 앱 만들기

#파이어베이스 #하드웨어제어 #오프라인동기화 #구글인증

- To-Do 앱에서 CRUD의 전 과정을 다뤄서 좋았습니다.
- 카메라 설정과 워크박스 런타임 캐시 설정이 자세하여 좋았어요.
- 파이어베이스는 신의 한 수였어요. 실전처럼 느껴졌어요. 파이어베이스만 다룬 책이 없는데 기대 이상입니다.
- 플리커 같은 나만의 앱을 만들 수 있는 예제가 실용적이어서 좋았습니다.
- ngrok로 외부에서 로컬 주소로 테스트할 수 있는 방법을 배워서 좋았습니다. 오~ 놀라워요. 엄청 자주 쓸 듯!

넷째마당 • PWA를 하이브리드 앱으로 배포하기

#하이브리드앱 #코르도바 #플레이스토어등록

- 특히 앱을 만들어서 파이어베이스에 호스팅과 배포하고 성능 테스트하는 방법까지 배울 수 있어 전체 흐름을 이해하기에 좋았습니다.
- 구글 플레이 스토어에 앱을 등록하는 절차까지 자세하게 알려줘서 좋았어요.

궁금한 내용은 저자에게 질문해 보세요

책을 읽다가 도움이 필요하다면 다음 메일 주소로 저자에게 질문할 수 있습니다. 또한 저자가 운영하는 커뮤니티 카페에서 PWA 개발 팁과 최신 정보를 얻을 수도 있습니다.

- 이메일: code.design.webapp@gmail.com
- 커뮤니티 카페: code-design.web.app

학습에 필요한 실습 파일을 내려받으세요

이 책의 전체 실습 파일은 이지스퍼블리싱 홈페이지 자료실과 깃허브 저장소에서 내려받을 수 있습니다.

- 이지스퍼블리싱 홈페이지: www.easyspub.co.kr/Main/PUB
- 깃허브 저장소: github.com/codedesign-webapp

저자 직강 동영상으로 보충해 보세요

이 책은 무료 동영상 강의를 제공합니다. EBS 방송에도 출연했던 저자가 매끄러운 진행으로 책의 핵심 내용을 풀어서 설명해 줍니다.

- 무료 동영상 강의: bit.ly/3s4fuHF

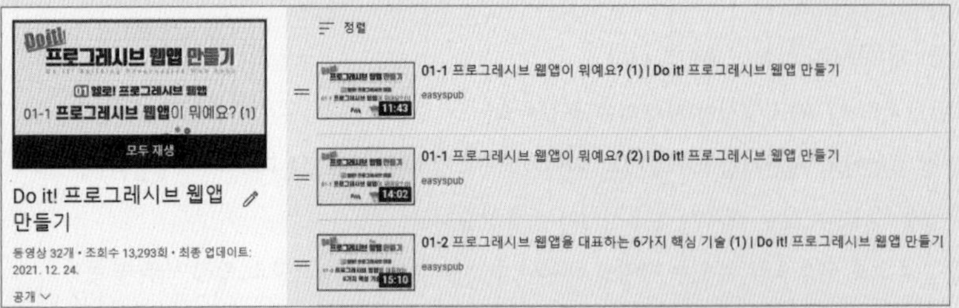

'Do it! 스터디룸' 카페에서 함께 공부하고 책 선물도 받고!

Do it! 스터디룸에서 운영하는 공부단에 지원해 보세요! 이 책의 스터디 노트를 쓰며 책을 완독하면 원하는 이지스퍼블리싱 책 한 권을 선물로 드립니다!

- Do it! 스터디룸 카페: cafe.naver.com/doitstudyroom
- Do it! 공부단 정보 : cafe.naver.com/doitstudyroom/6325

도전! 16주 완성

한 학기 강의용으로 16주 동안 계획을 세우고 학습을 진행해 보세요.
현직 개발자라면 16일 안에 빠르게 학습해 보세요.

주	진행	완료 날짜
1주차	1장 헬로! 프로그레시브 웹앱	/
2주차	2장 모던 자바스크립트 꼭 필요한 것만 배우기	/
3주차	3장 순수 자바스크립트로 PWA 만들기	/
4주차	4~5장 뷰 기초 & 고급 기능 익히기	/
5주차	6~7장 뷰티파이 기초 & 뷰티파이 고급 기능 익히기	/
6주차	8장 뷰 프레임워크로 PWA 만들기	/
7주차	9장 To-Do 앱 만들기	/
8주차	10장 사진 갤러리 앱 만들기	/
9주차	11장 카메라 사진 갤러리 앱 만들기	/
10주차	12장 구글 로그인 서비스 만들기	/
11주차	13장 푸시 알림 서비스 만들기	/
12주차	14장 오프라인 동기화 기능 만들기	/
13주차	15장 코르도바로 하이브리드 앱 만들기	/
14주차	16장 웹앱을 안드로이드 앱으로 만들기	/
15주차	17장 구글 플레이 스토어에 앱 등록하기	/
16주차	부족한 부분 보충하며 마무리	/

차례

프로그레시브 웹앱 시작하기

프레임워크로 PWA 손쉽게 디자인하기

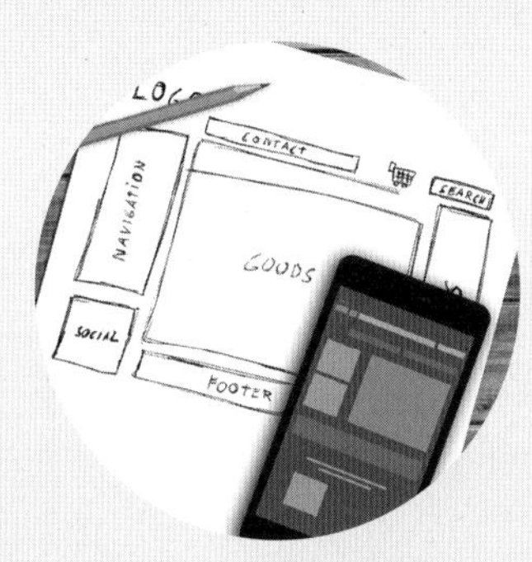

PWA 실전 앱 만들기

PWA를 하이브리드 앱으로 배포하기

프로그레시브 웹앱 시작하기

전 세계적으로 주목받는 프로그레시브 웹앱(PWA, progressive web app)의 특징을 자세히 살펴봅시다. 프로그레시브 웹앱의 등장 배경과 개념을 잘 이해한다면 이후 실습도 순조로울 테니까요. 이어서 웹앱 개발의 밑바탕이라 할 수 있는 모던 자바스크립트(ES6+)를 배웁니다. 프로그램을 개발하는 데 꼭 필요한 핵심을 빠르고 정확하게 익힐 수 있도록 준비했습니다. 직접 실습해 보면서 느낄 수 있기를 바랍니다.
PWA의 세계로 오신 여러분을 다시 한번 환영합니다. 이제 출발해 볼까요?

01

헬로! 프로그레시브 웹앱

기술이 발전하면서 앱의 형태도 다양해졌습니다. 이번 장에서는 네이티브 앱, 모바일 웹앱, 하이브리드 앱에 이어 프로그레시브 웹앱이 등장하게 된 맥락을 살피면서, 지금 이 시점에서 왜 프로그레시브 웹앱이 주목받는지 알아보겠습니다.
물론 앱은 목적과 상황에 따라 쓰임새가 다릅니다. 이번 기회에 각 앱의 특징을 제대로 파악한다면 앞으로 앱을 어떤 형태로 만드는 게 효과적인지 판단하는 데 도움이 됩니다.

01-1 프로그레시브 웹앱이 뭐예요?

2009년 미국의 테크니컬 칼럼니스트인 데이비드 포그(David Pogue)는 새롭게 등장한 스마트폰을 이전의 휴대폰과 구분하기 위해 **앱폰**이라고 불렀습니다. 이후 이 용어에서 앱, 모바일 앱이란 용어가 파생되었습니다. 앱을 개발하는 방식에 따라 네이티브 앱, 하이브리드 앱, 웹앱이란 용어도 등장했습니다. 이처럼 기술의 발전은 새로운 개념을 만듭니다. 이러한 발전은 현재 프로그레시브 웹앱(PWA, progressive web apps)에까지 이르렀습니다.

그림 1-1 프로그레시브 웹앱 공식 로고

네이티브 앱, 기기에 최적화된 기능을 구현하다

네이티브 앱(native app)은 스마트폰 운영체제에서만 작동하는 앱을 말합니다. 따라서 운영체제 환경에 맞는 별도의 프로그래밍 언어와 SDK(software development kit)라는 개발 도구를 이용해야 앱을 제작할 수 있습니다.

개발

안드로이드 앱은 자바 언어를 사용해 안드로이드 스튜디오에서 만들고, 아이폰 앱은 오브젝티브-C(Objective-C)나 스위프트(Swift) 언어를 사용해 엑스코드(XCode)에서 만듭니다. 네이티브 앱은 일반적으로 개발 난도가 높습니다. 또한 사용자를 많이 모으려면 같은 서비스를 운영체제별로 제작해야 하므로 비용과 시간이 많이 듭니다. 그러나 카메라, 스피커, GPS, 가속기처럼 기기에 탑재된 모든 기능을 사용할 수 있다는 것이 네이티브 앱의 큰 장점입니다.

배포

일정한 비용을 지불하고 개발자 자격을 얻으면 애플의 앱 스토어와 구글의 플레이 스토어라는 글로벌 플랫폼에서 전 세계 수백만 사용자를 대상으로 판매할 수 있습니다. 그러나 시간이 지날수록 경쟁이 치열해지고 있습니다. 플랫폼을 통해 전 세계를 고객으로 삼을 수는 있어도

내 앱이 선택될 확률은 매우 희박하다는 것입니다. 한번 생각해 보세요. 여러분은 얼마나 자주 새로운 앱을 설치하나요?

사용

앱을 내려받으면 스마트폰 홈 화면에 바로가기 아이콘이 자동으로 설치됩니다. 사용자는 터치 한 번으로 간편하게 앱을 실행할 수 있습니다. 앞서 말한 것처럼 사용자에게 선택받기가 매우 힘든 생태계가 되었지만, 일단 설치만 되면 홈 화면에 고정되고 알림도 주면서 자신의 존재를 드러냅니다. 그리고 개발자가 앱을 업그레이드할 때마다 앱을 새로 내려받아야 합니다.

표 1-1 네이티브 앱의 장단점

구분	장점	단점
개발	• 스마트폰에 최적화된 기능을 구현할 수 있다	• 개발 난도가 높고, 시간이 많이 걸린다 • 같은 서비스를 OS별로 다 만들어야 한다
배포	• 전 세계를 시장으로 삼을 수 있다	• 업데이트가 생기면 다시 내려받아야 한다 • 앱 시장이 포화 상태라 선택받기가 어렵다
사용	• 홈 화면 아이콘을 눌러 손쉽게 접속한다 • 알림을 통해 재방문을 유도할 수 있다	• 기기 안에 용량을 많이 차지한다

모바일 웹앱, 비용이 저렴하고 업데이트하기 쉽다

네이티브 앱 개발에서 가장 까다로운 일은 같은 서비스를 운영체제별로 개발하는 것입니다. 시간과 비용이 많이 들 수밖에 없습니다. 개발자들은 "운영체제의 한계를 뛰어넘어서 사용자 경험을 똑같이 제공할 수는 없을까?"라고 고민했고 그래서 주목한 것이 **웹앱**입니다.

개발

모바일 웹앱은 브라우저로 통신하기 때문에 모든 단말기에서 똑같은 콘텐츠를 볼 수 있다는 점이 가장 큰 특징입니다. 윈도우, 맥, 리눅스 등 운영체제에 얽매일 필요도 없습니다. 웹 표준 언어로 만들므로 제작 비용도 저렴하고 개발 기간도 비교적 짧습니다. 즉, 현재 자신이 사용하는 익숙한 개발 언어인 HTML5, CSS3 그리고 자바스크립트를 그대로 사용해도 스마트폰에서 작동하는 앱을 만들 수 있습니다.

배포

구글의 플레이 스토어나 애플의 앱 스토어에 앱을 올리는 과정도 필요 없습니다. URL 링크 하나만 있으면 어디서든 앱을 배포할 수 있습니다. 웹이기 때문에 검색에도 노출됩니다. 앱을 업데이트하려면 어떻게 해야 할까요? 네이티브 앱은 플레이 스토어에 앱을 다시 올리고 사용자는 새로 내려받아야 합니다. 그러나 모바일 웹앱은 간단히 웹 파일만 교체하면 되므로 사용자는 아무런 행동을 하지 않아도 최신 버전을 유지할 수 있습니다.

사용

간단히 URL로 접속하기 때문에 웹 브라우저만 있다면 어떤 기기에서든지 실행할 수 있습니다. 다만 네이티브 앱과 비교했을 때 인터넷 환경에 따라 구동 속도가 느려질 수 있고, 기기 고유의 기능을 사용하는 데도 한계가 있습니다.

표 1-2 모바일 웹앱의 장단점

구분	장점	단점
개발	• 이미 익숙한 웹 기술을 그대로 이용할 수 있다 • 개발 시간을 단축할 수 있다	• 모든 하드웨어의 기능을 사용할 수 없다 • 네이티브 앱과 같은 푸시 알림 기능을 사용할 수 없다
배포	• 웹 브라우저만 있으면 어디든 배포할 수 있다	• 앱 스토어, 플레이 스토어를 이용할 수 없다
사용	• 실시간으로 유지·보수할 수 있다	• 네이티브 앱과 같은 빠르고 풍부한 사용자 경험에 제약이 있다 • 인터넷 접속이 끊어지면 사용할 수 없다

하이브리드 앱, 네이티브 앱과 웹앱의 강점을 합치다

모바일 웹앱은 개발 비용과 시간을 단축하고도 브라우저를 이용해 운영체제에 얽매이지 않고 같은 서비스를 제공합니다. 그러나 경쟁이 치열하다고는 해도 전 세계 수백만 사용자가 이용하는 앱 스토어나 플레이 스토어를 아예 사용할 수 없는 점은 많이 아쉽습니다. 스마트폰에 탑재된 하드웨어 기능을 사용하는 데도 한계가 있습니다. 그렇다면 **"모바일 웹앱과 네이티브 앱의 장점만 살릴 수는 없을까요?"** 그래서 등장한 것이 **하이브리드 앱**입니다.

개발

하이브리드(hybrid) 앱은 웹 표준 기술을 그대로 사용해 웹앱을 먼저 만듭니다. 그다음 별도의 프레임워크를 이용해 네이티브 앱으로 변환해서 배포합니다. 기본 기능은 웹 표준으로 구현하고 패키징만 모바일 운영체제별로 다르게 적용합니다. 간단히 말해 **앱 개발은 모바일 웹앱**

처럼, 앱 배포는 네이티브 앱처럼 합니다. 따라서 기기에 저장된 고유 파일에 접근하거나 카메라와 같이 하드웨어적인 부분에도 제한적이기는 하지만 접근할 수는 있습니다.

배포

아파치 코르도바(cordova.apache.org)는 대표적인 오픈소스 크로스 플랫폼입니다. 이를 이용하면 웹앱을 네이티브 앱으로 변환할 수 있습니다. 따라서 플레이 스토어와 앱 스토어에 등록해 유료로 판매할 수도 있습니다. 업데이트가 발생하면 사용자가 다시 앱을 내려받아야 하는 번거로움은 있지만, 근본적으로는 웹 기술로 개발했으므로 유지·보수 과정만큼은 빠르고 편리합니다.

사용

하이브리드 앱은 일부 하드웨어에도 접근할 수 있어 네이티브 앱과 비슷한 사용자 경험을 제공합니다. 하지만 하드웨어 기능을 연결하는 플러그인에 의존하므로 사용할 수 있는 API 개수나 처리 속도 등에서 성능이 떨어질 수는 있습니다.

표 1-3 하이브리드 앱의 장단점

구분	장점	단점
개발	• 기존에 사용하던 웹 개발 기술을 모든 운영체제에서 그대로 사용할 수 있다 • 같은 코드를 모바일 운영체제별로 다르게 패키징할 수 있다	• 하드웨어 기능을 사용할 수 있으나 연결해 주는 플러그인에 의존해야 하므로 제약이 있을 수 있다
배포	• 네이티브 앱처럼 앱 스토어, 플레이 스토어에 배포할 수 있다	• 네이티브 앱 배포와 같으므로 업데이트가 생기면 다시 내려받아야 한다 • 앱 시장이 포화 상태여서 선택받기가 어렵다
사용	• 네이티브 앱과 유사한 사용자 경험을 제공한다	• 네이티브 앱과 같은 성능을 내는 데는 한계가 있다

미래의 웹 기술! 프로그레시브 웹앱

하이브리드 앱이 모바일 웹앱처럼 쉽게 개발하고 네이티브 앱처럼 플랫폼에서 배포하는 앱이라면, **프로그레시브 웹앱**은 모바일 웹앱처럼 쉽게 개발하고 **네이티브 앱과 똑같은 사용자 경험을 제공하는 것이 궁극적인 목표**입니다. 즉, 본질은 웹이지만 앱처럼 쓸 수 있다는 말입니다.

프로그레시브 웹앱은 웹처럼 브라우저로 접속하지만 네이티브 앱처럼 홈 화면에 바로가기 아이콘을 만들 수 있고, 알림도 보낼 수 있고, 심지어는 오프라인 상태에서도 동작합니다. 마치 일반적인 네이티브 앱처럼 말이죠.

프로그레시브 웹앱은 2015년 구글 크롬 엔지니어인 알렉스 러셀(Alex Russell)이 고안한 개념입니다. 이후 발전을 거듭해 전 세계로부터 네이티브 앱의 강력한 기능성과 웹의 뛰어난 접근성을 모두 갖춘 가장 이상적인 형태의 웹앱이라는 평가를 받고 있습니다.
프로그레시브 웹앱은 오프라인에서 실행되는 캐시, 보안성이 높은 HTTPS, SPA(single page application)의 빠른 UI와 같은 최신 웹 기술 덕분에 전통적인 모바일 웹앱과 달리 **웹의 장점은 그대로 유지하면서 네이티브 앱의 강점으로 무장**되어 있습니다. 즉, 프로그레시브 웹앱은 네이티브 앱의 원활한 사용자 경험과 웹의 쉽고 편리한 접근성이 만나는 곳에 위치합니다.

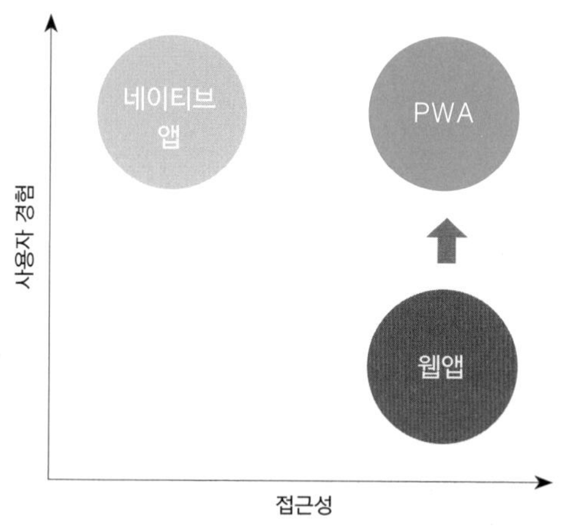

그림 1-2 프로그레시브 웹앱의 위치

프로그레시브 웹앱의 등장은 '웹 VS 앱'이라는 진부한 싸움은 이제 그만두라고 말합니다. 웹에서 출발해 앱으로 가는 출발지와 도착지가 명확해졌다고 선포합니다. 방향은 정해졌으니 프로그레시브 웹앱이라는 이름처럼 이제는 앱을 향해 조금씩 앞으로 나아가야(progressive) 한다고 말합니다. 확신과 철학이 느껴지는 대목입니다.

표 1-4 프로그레시브 웹앱의 장단점

구분	장점	단점
개발	• 이미 익숙한 웹 기술을 그대로 이용할 수 있다 • 개발 시간을 단축할 수 있다 • 푸시 알림, 오프라인 캐시, HTTPS를 사용할 수 있다	• 하드웨어 사용은 웹 API를 통하므로 웹 표준을 지원하는 브라우저가 필요하다
배포	• 웹 브라우저만 있으면 어디든 배포할 수 있다 • '홈 화면 설치' 기능을 통해 운영체제의 응용프로그램으로 설치할 수 있다 • 실시간으로 유지·보수할 수 있다	• 앱 스토어, 플레이 스토어를 이용할 수 없지만 코르도바를 사용하면 같은 코드 기반으로 배포할 수 있다
사용	• 빠른 실행 속도로 네이티브 앱과 유사한 사용자 경험을 제공한다	• 안드로이드, 윈도우 운영체제는 PWA의 모든 기능을 사용할 수 있으나 iOS는 현재 일부만 사용할 수 있다

01-2 프로그레시브 웹앱을 대표하는 6가지 핵심 기술

프로그레시브 웹앱(이하 줄여서 PWA)이란, 웹의 모든 장점을 갖추면서도 네이티브 앱과 같은 경험을 제공하는 웹앱 또는 웹 사이트입니다. 이것이 가능한 이유는 기존의 웹앱에서는 볼 수 없었던 최신 웹 기술 덕분입니다. PWA를 PWA답게 만들어 주는 핵심 기술을 살펴보겠습니다.

여기서 소개하는 PWA의 핵심 기술을 모두 이해할 수 있다면 분명 도움이 되지만 당장 이해가 가지 않더라도 괜찮아요. 앱을 개발하다 보면 자연스럽게 알게 되며, 나중에 다시 읽어도 좋습니다.

24시간 실행되는 PWA의 심장, '서비스 워커'

PWA의 핵심은 단연 서비스 워커(service worker)입니다. 서비스 워커란, **웹 브라우저 안에 있지만 웹 페이지와는 분리되어 항상 실행되는 백그라운드 프로그램**을 말합니다. 서비스 워커는 브라우저와 서버 사이에서 상탯값의 변경을 감시하고 푸시 알림으로 사용자에게 특정 메시지와 댓글 알림을 보냅니다. 심지어는 오프라인 상태에서도 작동합니다. 이로써 PWA는 기존의 웹앱, 웹 사이트와는 달리 인터넷 연결 여부가 중요하지 않습니다.

그림 1-3 서비스 워커의 역할

PWA의 여권, '웹앱 매니페스트'

웹앱 매니페스트(manifest)란, **앱 소개 정보와 기본 설정을 담은 JSON 파일**을 말합니다. 웹앱 매니페스트에는 웹앱의 고유한 제목과 소개글을 비롯해 스플래시 스크린, 화면 방향, 홈 화면 아이콘, 브라우저에서 사용할 아이콘, 배경색 정보가 담겨 있습니다. 앱에만 썼던 매니페스트를 웹앱에도 쓸 수 있게 된 것입니다. 세부 정보는 조금 달라도 역할은 같습니다.

PWA는 반드시 manifest.json이라는 파일 이름으로 웹앱 매니페스트를 포함해야 하며, 이 파일은 자신이 누구인지 브라우저에 알리는 여권 같은 역할을 수행합니다. 그 결과 브라우저는 매니페스트를 읽고 "너는 일반 웹이 아니라 PWA구나"라고 인식합니다.

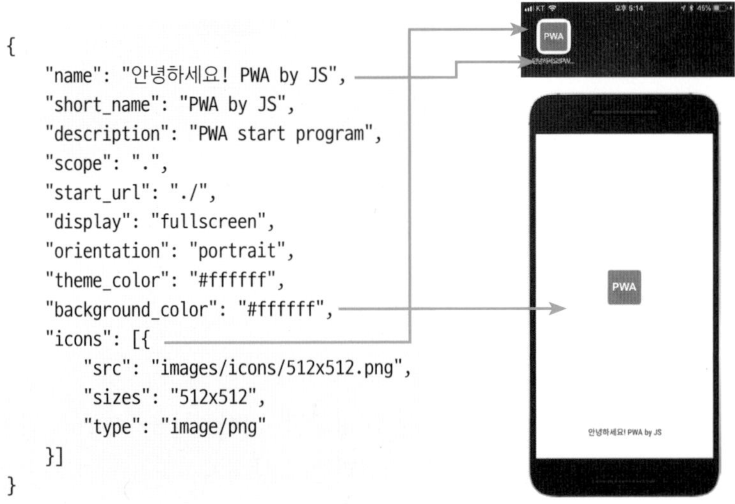

그림 1-4 프로그레시브 웹앱의 매니페스트

보안을 강화한 'HTTPS'

HTTPS(hypertext transfer protocol over secure socket layer)는 일반 텍스트를 통신하는 HTTP 프로토콜에 비해 **암호화와 인증을 거쳐 보안을 강화한 웹 통신 규약**입니다. HTTPS는 웹 서버와 브라우저 사이에 주고받는 데이터가 암호화되므로 해커가 데이터를 가로채도 어떤 내용인지 알 수 없습니다. 따라서 전자상거래 등의 결제 시스템을 구축할 때 특히 유용합니다.

서비스 워커를 이용해서 PWA를 배포할 때는 반드시 HTTPS 프로토콜을 사용해야 합니다. 왜냐하면 HTTPS 프로토콜은 라이트하우스(lighthouse)라는 PWA 성능 평가 프로그램에서 인증을 받기 위한 의무 사항인 데다가 '홈 화면 추가' 기능은 HTTPS에서만 지원하기 때문입니다.

웹이 계속 발전함에 따라 새롭게 등장하는 기술은 대부분 HTTPS가 필수이거나 HTTPS로 통신해야 더 잘 작동해요. 구글은 HTTPS로 띄우는 페이지에 가산점을 줘서 검색이 더 잘되도록 하고 있습니다.

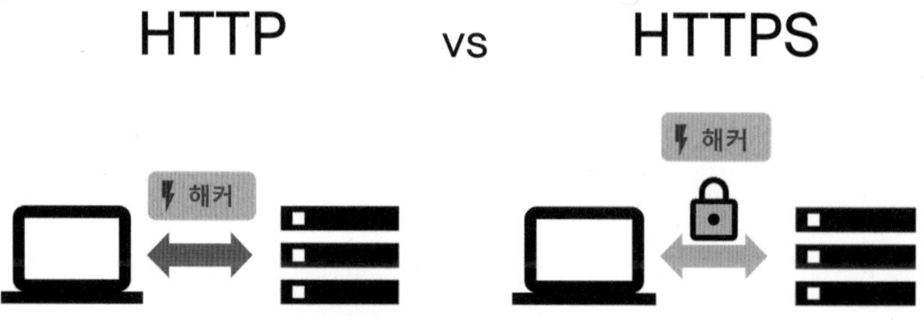

그림 1-5 HTTPS의 보안 강화성

사용자에게 먼저 다가가는 '푸시 알림'

푸시 알림은 사용자의 재방문을 유도하고 서비스 이용 시간을 늘리는 기능입니다. 네이티브 앱의 경계를 명확하게 나눌 뿐 아니라, 네이티브 앱이 성공하는 데 가장 크게 기여한 요인이기도 합니다. 하지만 PWA의 등장으로 푸시 알림은 이제 네이티브 앱만의 소유가 아닌 것이 되었습니다.

PWA에서는 푸시 알림에 동의만 했다면 웹 사이트에 한 번 방문하고 떠난 사용자에게도 알림을 보낼 수 있습니다. 심지어는 PWA가 실행되지 않은 백그라운드 상태에서도 알림 메시지를 보낼 수 있습니다.

터치 한 번으로 접속하게 하는 '홈 화면에 추가 기능'

PWA로 개발된 웹에 접속하면 웹 브라우저는 사용자에게 PWA를 설치하라고 스스로 제안합니다. 이를 스마트폰에서는 **홈 화면에 추가**(add to home screen) 기능이라고 하고 데스크톱에서는 옴니박스(omnibox)라고 합니다. 홈 화면에 추가 기능은 일종의 즐겨찾기나 바로가기 아이콘 기능으로 오해할 수 있으나 사실은 운영체제에 '설치'되는 기능입니다. 따라서 운영체제는 진짜 앱처럼 인식합니다. 이런 점이 PWA의 중요한 차별점입니다.

제안을 허락하면 홈 화면에 아이콘이 추가됩니다. 그렇다면 웹 브라우저는 앱 설치를 언제 제안하는 걸까요? 기준은 웹 브라우저마다 조금씩 다르지만 일반적으로 다음 4가지 요건을 모두 충족해야 합니다.

❶ **HTTPS 접속:** PWA 호스팅은 HTTPS 프로토콜로 서비스해야 합니다.

❷ **매니페스트 등록:** 매니페스트 파일 안에 `short_name`, `name`, `icons`에 아이콘으로 사용할 192px과 512px 크기의 이미지를 포함하고 `start_url`이 지정되어 있어야 합니다. 또한 `display`에 `fullscreen`, `standalone`, `minimal-ui` 옵션 중 하나가 설정되어야 합니다.

❸ **서비스 워커 설치:** 서비스 워커가 브라우저에 제대로 설치되어 있어야 합니다.

❹ **PWA 설치 여부:** 현재 PWA가 이전에 설치되어 있지 않아야 합니다.

'홈 화면에 추가' 설치 팝업을 코딩하지 않아도 서비스 워커와 매니페스트만 준비하면 브라우저가 스스로 판단해서 홈 화면에 추가하라고 제안합니다. 이렇게 설치한 바로가기 아이콘은 외형만으로는 네이티브 앱과 구분하기가 어렵습니다. 따라서 감쪽같이 네이티브 앱과 똑같은 사용자 경험을 제공합니다.

그림 1-6 스마트폰(왼쪽)과 데스크톱(오른쪽)에서 앱 설치하기

네이티브 앱도 부럽지 않은 '웹 API'

자바스크립트로 웹을 개발할 때 사용할 수 있는 API는 정말 많습니다. 이러한 API는 웹 사이트와 웹앱은 물론 PWA를 개발할 때도 사용할 수 있습니다. PWA는 API를 활용해 네이티브 앱처럼 위치 정보를 받거나 스마트폰의 카메라도 작동할 수 있습니다.

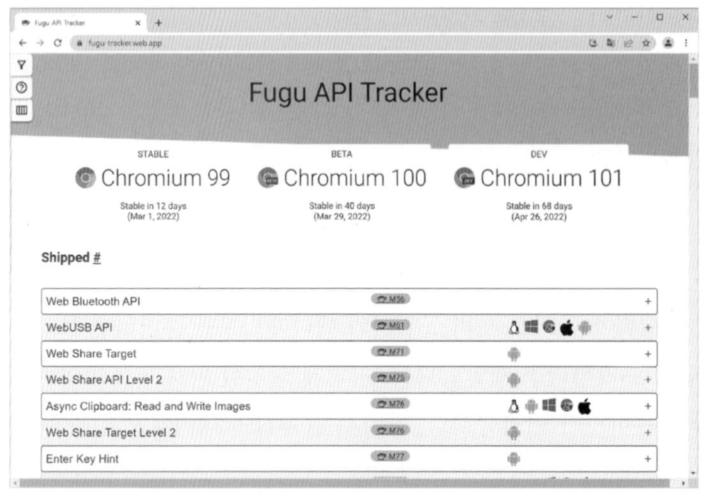

그림 1-7 웹 API 목록(Fugu API, fugu-tracker.web.app)

지금까지 PWA의 특징을 드러내는 6가지 핵심 기술을 배웠습니다. 이 중에서 서비스 워커, 웹앱 매니페스트, HTTPS는 필수 요소입니다. 어느 하나라도 없다면 PWA로서의 기능을 발휘할 수가 없기 때문입니다. 반면 푸시 알림, 바로가기 아이콘, 웹 API는 PWA의 필수 요소는 아니지만 네이티브 앱과 같은 경험을 제공한다는 측면에서 보면 PWA를 상징하는 중요한 기능입니다.

그림 1-8 PWA 필수 요소와 중요한 기능

스타벅스가 프로그래시브 웹앱, PWA로 갈아탄 이유

시장 확대와 O2O(online to offline) 서비스에 적극 나서고 있는 글로벌 커피 전문점 스타벅스는 소비자 주문 경험을 더 빠르게 개선하고자 PWA를 지원합니다. 특히 인터넷 접속이 원활하지 않은 신흥 시장의 만족도를 높였습니다. 인도는 인터넷 속도가 느리고 안정되지 않은 지역이 많아 신뢰할 만한 서비스를 제공해야 하는데 오프라인에서도 작동하는 PWA가 그 역할을 훌륭히 수행하고 있습니다.

더욱이 스타벅스는 모든 플랫폼에서 실행되는 범용적인 POS(point of sale) 시스템을 구축했습니다. PWA가 지닌 멀티 플랫폼의 장점을 살려 안드로이드폰이든 아이폰이든 플랫폼에 종속되지 않고 똑같은 환경에서 커피를 주문할 수 있는 시스템을 구축한 것입니다.
iOS 기준으로 네이티브 앱의 용량이 113MB인 반면 PWA는 233KB밖에 되지 않습니다. 무려 99.84%나 가볍기 때문에 매우 빠른 반응 속도를 자랑합니다.

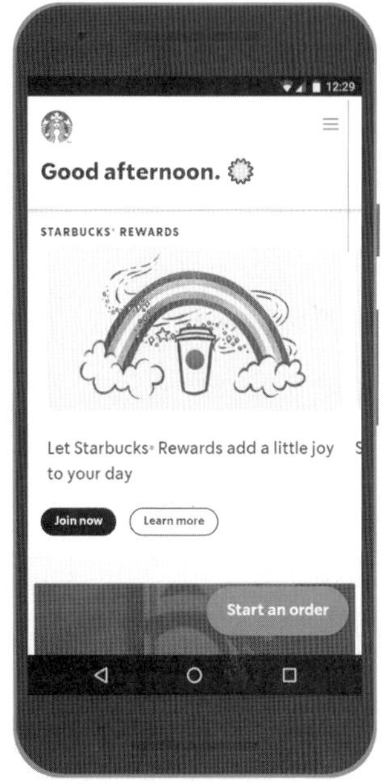

그림 1-9 스타벅스 PWA

첨단 웹 기술이 결합한 PWA는 지금도 계속 발전하고 있고, 그만큼 사용자의 앱 사용 경험도 날로 새로워지고 있습니다. 현재 PWA가 제공하는 사용자 경험을 9가지로 정리해 보았습니다.

1. 오프라인과 온라인에서도 걱정 없는 '신뢰성'
2. 네이티브 앱보다 간단히 설치할 수 있는 '편리성'
3. 훨씬 강력해진 '보안성'
4. 단골 손님을 늘리는 '구독자 고객 관리'
5. 모든 곳에서 실행되는 '멀티 플랫폼' 지원
6. 검색에 잘 노출되고 잘 퍼지는 '확장성'
7. 항상 새것 같은 '최신성'
8. 네이티브 앱도 부럽지 않은 '사용성'
9. 네이티브 앱보다 빠른 '배포, 실행, 반응 속도'

01-3 비주얼 스튜디오 코드 설치하기

이 책에서는 비주얼 스튜디오 코드(Visual Studio Cdoe, 이하 VSCode)로 실습합니다. VSCode는 윈도우, 맥, 리눅스 환경에서 무료로 작업할 수 있도록 마이크로소프트에서 제작한 오픈소스 코드 편집기입니다.

반드시 VSCode를 사용해야 하는 것은 아니에요. 아톰, 브라켓, 서브라임 텍스트 등 이미 익숙한 편집기가 있다면 그것을 사용해도 됩니다.

Do it! 실습 비주얼 스튜디오 코드 설치하기

STEP 1 먼저 code.visualstudio.com에 접속합니다. 설치 파일은 운영체제별로 다양하게 제공하는데, 이 책은 윈도우를 기준으로 설명합니다. 따라서 [Download for Windows]를 클릭합니다.

혹시 맥을 사용하나요? 그렇더라도 이 책에 나오는 실습을 따라 하는 데는 전혀 문제가 없습니다.

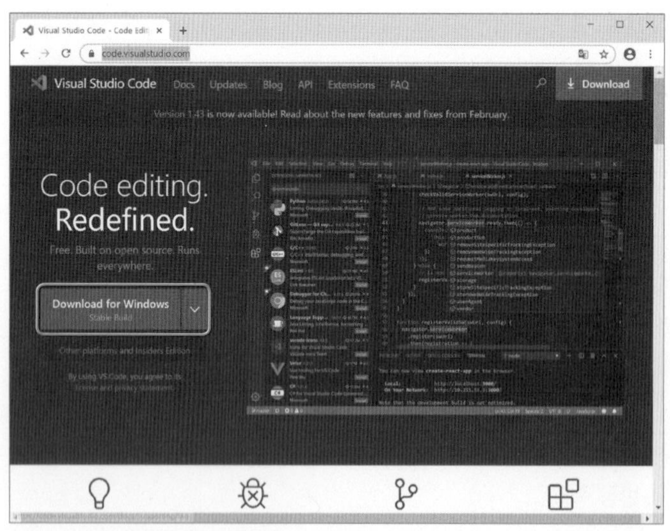

그림 1-10 VSCode 홈페이지

STEP 2 내려받은 파일을 더블클릭합니다. 설치 동의를 묻는 안내 화면이 나타나면 〈다음〉을 클릭합니다. 이어서 '사용권 계약', '대상 위치 선택', '시작 메뉴 폴더 선택' 창이 차례로 나타나면 모두 **기본값**을 선택하고 설치를 진행합니다.

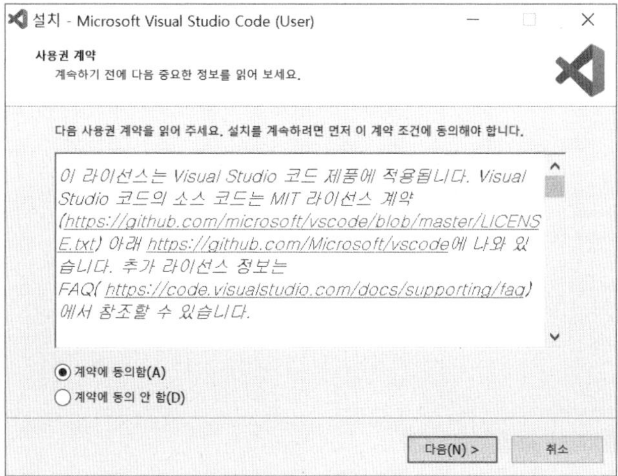

그림 1-11 VSCode 설치

STEP 3 설치 과정 중 VSCode의 실행 방법을 선택하는 창이 나타납니다. 명령 프롬프트에서 'code'라고 입력해도 간단히 실행되도록 **'PATH에 추가**(다시 시작한 후 사용 가능)'를 선택해 체크 표시를 하고 〈다음〉을 클릭합니다.

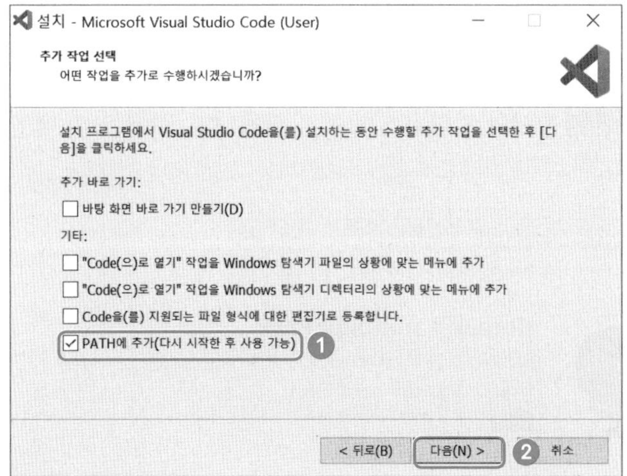

그림 1-12 추가 작업 선택

STEP 4 '설치 준비됨', '설치 완료' 화면이 차례로 나타나면 설치가 종료된 것입니다. 그러면 다음과 같은 시작 화면을 만날 수 있습니다.

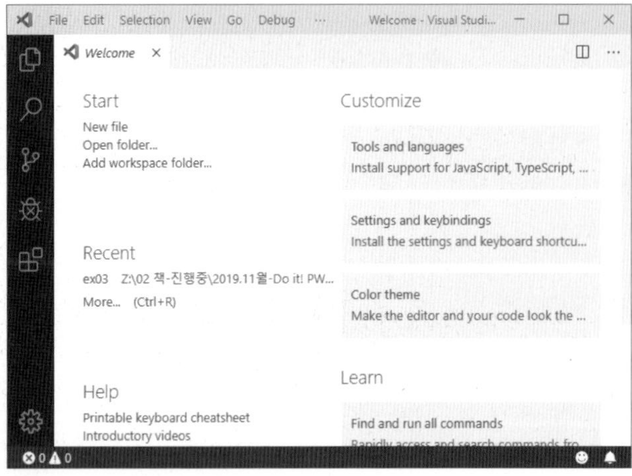

그림 1-13 VSCode 실행

Do it! 실습 한글 언어 팩 설치하기

보통 프로그램은 해당 시스템의 언어 설정에 맞춰 언어를 자동으로 설정해 주지만 VSCode는 언어 팩을 직접 설치해야 합니다. 이 책에서는 한글 언어 팩이 설치된 VSCode로 실습합니다.

STEP 1 왼쪽의 작업 막대에서 확장 기능(extensions) 아이콘(▦)을 클릭하고 검색 창에 'Korea Language Pack'을 검색하면 검색어와 관련된 기능이 나열됩니다. 한글 언어 팩을 찾아 〈Install〉을 클릭합니다.

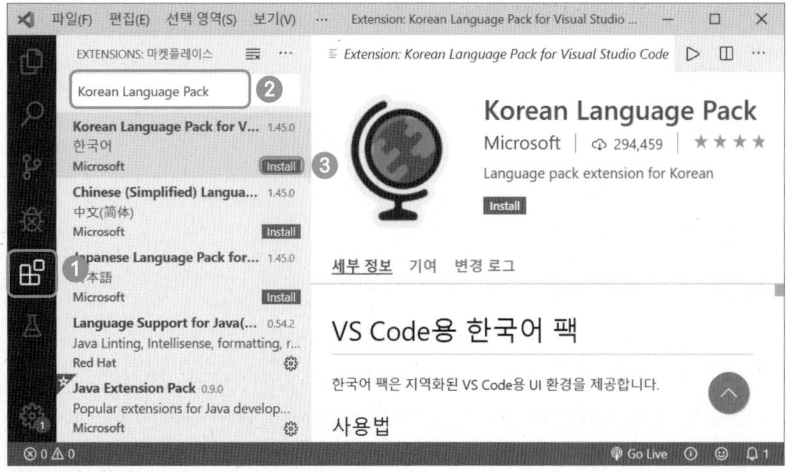

그림 1-14 한글 언어 팩 설치

STEP 2 설치가 끝나면 재시작을 알리는 팝업 창이 나타납니다. 〈Restart Now〉를 클릭합니다. 혹시 팝업 창이 나타나지 않더라도 설치한 기능이 확실히 반영되도록 재시작해주는 것이 좋습니다.

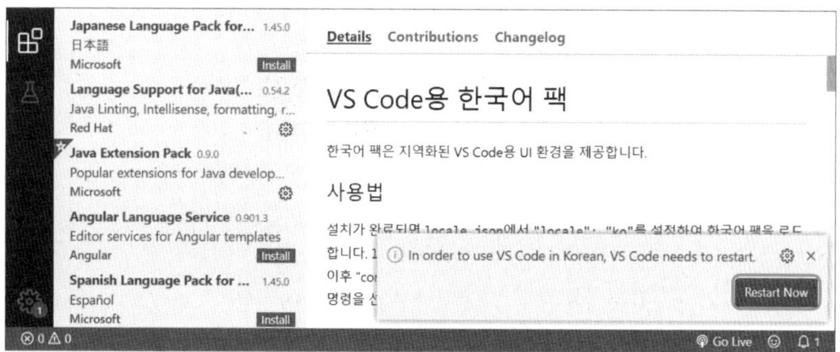

그림 1-15 한글 언어 팩 설치 후 재시작하라는 팝업 창

Do it! 실습 라이브 서버 설치하기

이처럼 VSCode는 확장 기능을 통해 다양한 기능을 추가할 수 있습니다. 한 가지를 더 추천하자면 라이브 서버가 있습니다. 라이브 서버는 미니 웹 서버의 한 종류인데 이를 사용하면 HTML 문서 작업을 한 후 곧바로 로컬 서버에서 테스트할 수 있습니다.

STEP 1 설치 방법은 한글 언어 팩 설치 방법과 같습니다. 작업 막대에서 아이콘을 클릭하고 Live Server를 찾아 〈Install〉을 클릭합니다.

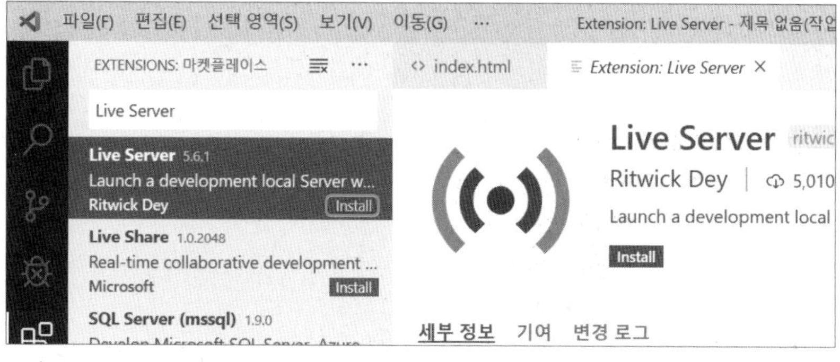

그림 1-16 라이브 서버 설치

STEP 2 사용법은 크게 두 가지입니다. 라이브 서버로 실행할 파일이 열린 편집 창 위에서 마우스 오른쪽을 눌러 [Open with Live Server]를 선택합니다. 또는 상태 표시줄의 [Go Live]를 클릭하면 바로 웹 브라우저에서 결과를 확인할 수 있습니다.

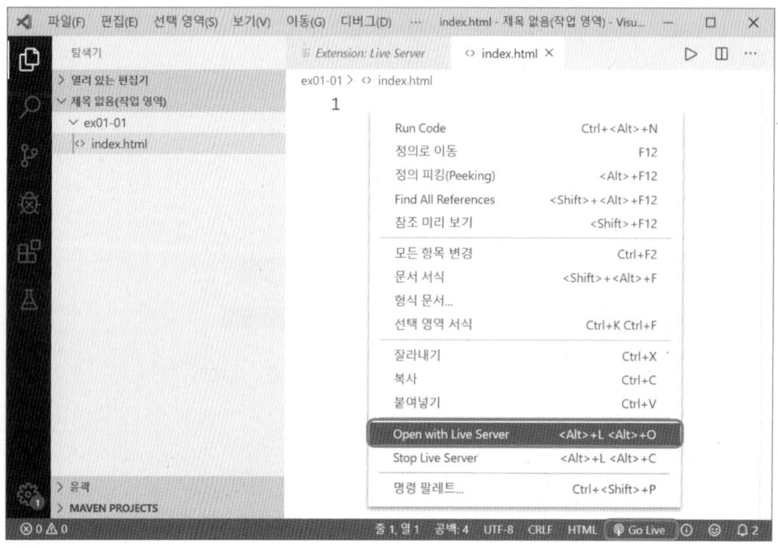

그림 1-17 라이브 서버가 추가된 상태 표시줄

01-4 '안녕하세요' 예제 만들기

자, 이제 모든 준비를 마쳤습니다. 01장을 마치기 전에 VSCode를 사용해 '안녕하세요'라는 문장을 표시하는 예제를 만들어 보겠습니다. 간단한 예제지만 코드를 작성하고 테스트하는 과정은 이후 실습에서도 똑같으니 이번 실습을 통해 꼭 숙지하기 바랍니다.

Do it! 실습 '안녕하세요' HTML 문서 만들기

STEP 1 새로운 HTML 문서를 작성하기 위해 VSCode의 메뉴에서 **[파일 → 폴더 열기]**를 선택합니다. 그리고 나서 작업할 폴더를 임의로 생성하고 선택합니다.

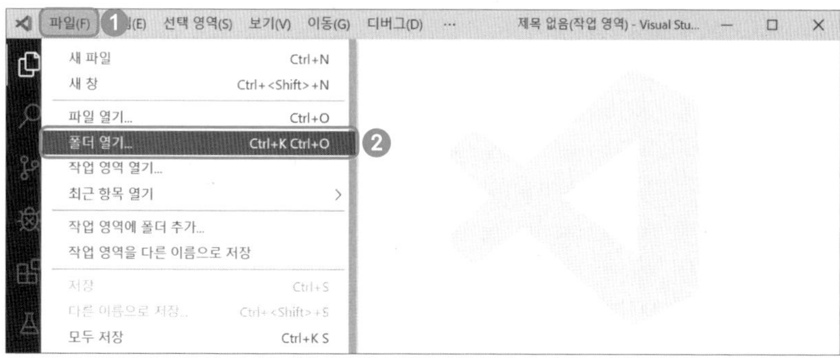

그림 1-18 VSCode에서 폴더 열기

STEP 2 작업 폴더가 선택되면 파일을 생성할 수 있습니다. **[파일 → 새 파일]**을 선택한 후에 index.html 파일을 생성합니다. '폴더를 열고 파일을 만든다' 이 순서를 기억하세요.

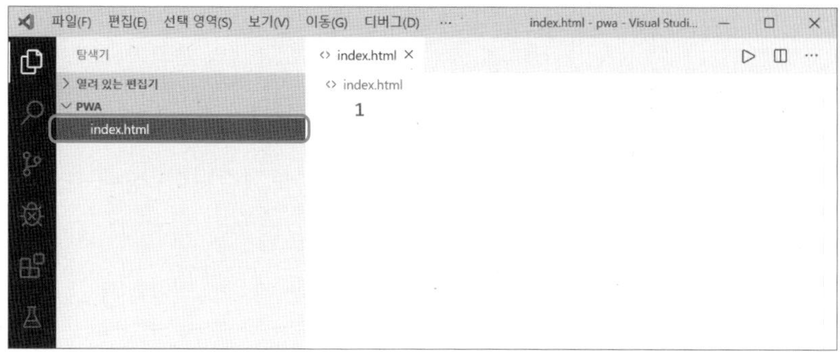

그림 1-19 index.html 파일 생성

STEP 3 VSCode는 이 파일의 확장자를 보고 현재 문서가 HTML인 것을 인지하여 이와 관련된 기능을 알아서 제공합니다. 예를 들어, 다음처럼 `html`이라고 입력하면 펼침 목록이 나타나는데, 두 번째 항목인 `html:5`를 선택하면 HTML 작업에서 가장 많이 사용하는 상용구 코드(boilerplate code)가 자동으로 입력됩니다.

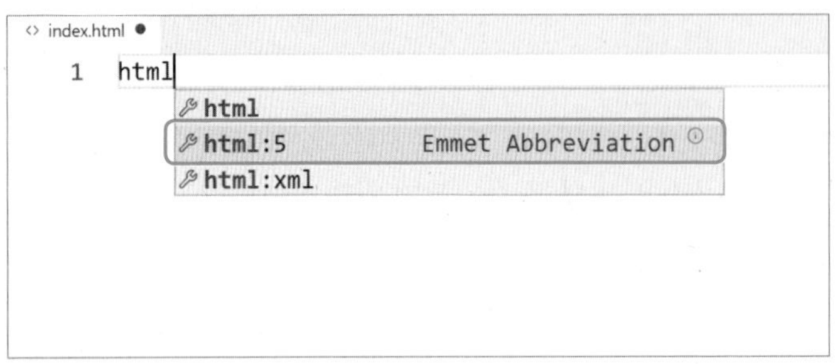

그림 1-20 html:5 선택

STEP 4 STEP 3에서 자동으로 만들어진 코드 중 언어 설정을 `lang="ko"`로 수정하고 `<body>` 태그 사이에 `<h1>안녕하세요!</h1>`을 입력합니다. 다음 그림처럼 필요 없는 코드는 제거한 후 **[파일 → 저장]**을 눌러 저장합니다.

```
<!DOCTYPE html>
<html lang="ko">   ①
<head>
    <meta charset="UTF-8">
    <meta name="viewport" content="width=device-width,
    initial-scale=1.0">
    <meta http-equiv="X-UA-Compatible" content="ie=edge">
    <title>안녕하세요!</title>
</head>
<body>
    <h1>안녕하세요!</h1>   ②
</body>
</html>
```

그림 1-21 HTML 문서 작성

Do it! 실습 라이브 서버와 크롬 개발자 도구로 결과 테스트하기

STEP 1 앞에서 작성한 index.html 파일을 브라우저에서 확인해 보겠습니다. 상태 표시줄의 [Go Live]를 클릭하거나 다음 그림처럼 편집 창에서 마우스 오른쪽을 누른 후 [Open with Live Server]를 선택합니다.

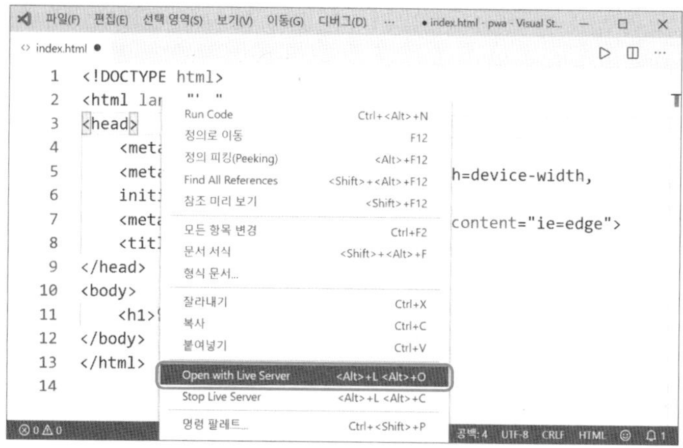

그림 1-22 라이브 서버에서 실행하기

STEP 2 그러면 로컬 서버에서 HTTP 접속에 관한 방화벽 보안 경고 창이 나타납니다. 로컬 용도로만 사용하므로 〈**액세스 허용**〉을 클릭합니다.

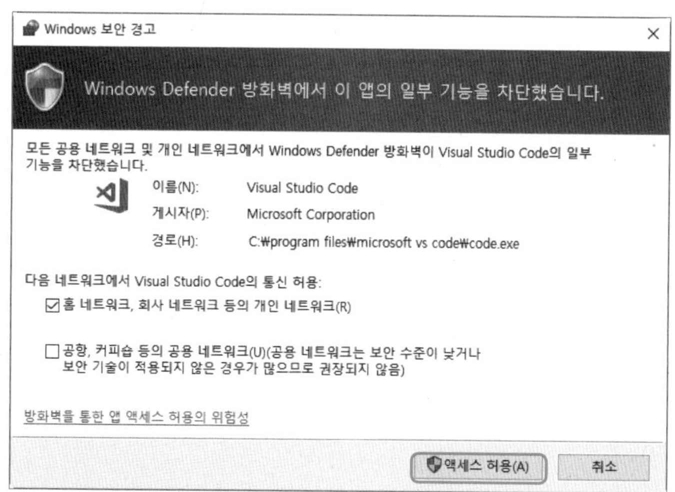

그림 1-23 방화벽 보안 경고 창

STEP 3 웹 브라우저에 '안녕하세요!'라고 표시된 것을 확인할 수 있습니다.

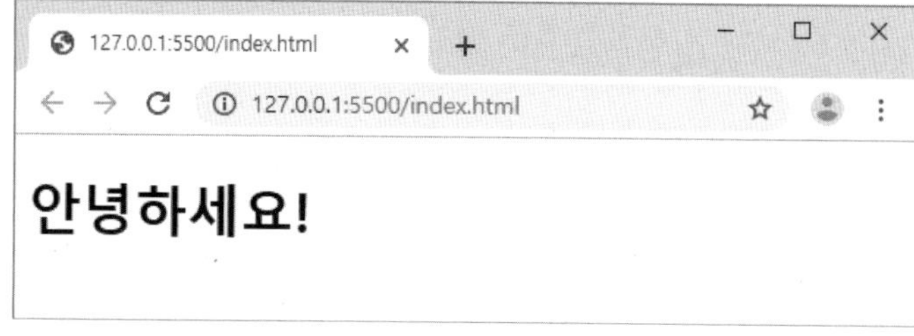

그림 1-24 최종 결과 화면

STEP 4 이번에는 모바일에서도 확인해 봅시다. 웹 브라우저에서 F12를 눌러 개발자 도구를 실행합니다. 상단 메뉴에서 Toggle device toolbar **아이콘**(◫)을 선택하고 모바일 기기 종류는 [iphone 6/7/8]을 선택해 미리보기 모습을 확인합니다.

모바일 기기 종류는 결과 화면의 느낌을 보기 위한 것이므로 다른 기기를 선택해도 돼요. 스마트폰 같은 프레임은 아래 그림에서 ❸번 옵션 버튼을 누르고 [Show device frame]을 누르세요(단, 기기에 따라 지원하지 않을 수도 있어요).

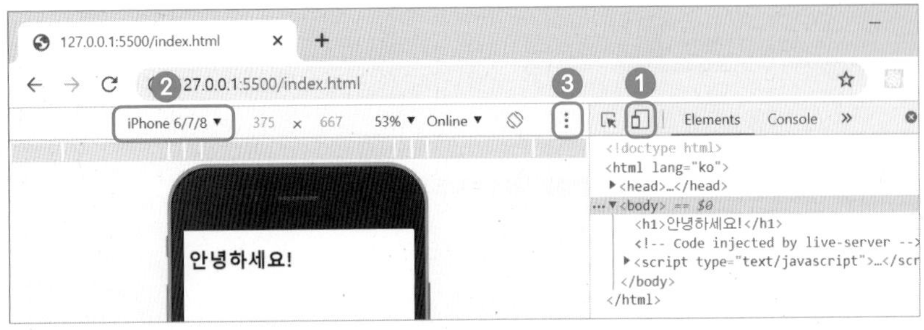

그림 1-25 모바일 기기의 미리보기 화면 확인

STEP 5 테스트를 마쳤다면 VSCode의 라이브 서버를 종료해 보겠습니다. 상태 표시줄을 보면 [Go live]가 [Port:5500]로 바뀌었습니다. 이곳을 한 번 더 누르면 라이브 서버가 종료됩니다.

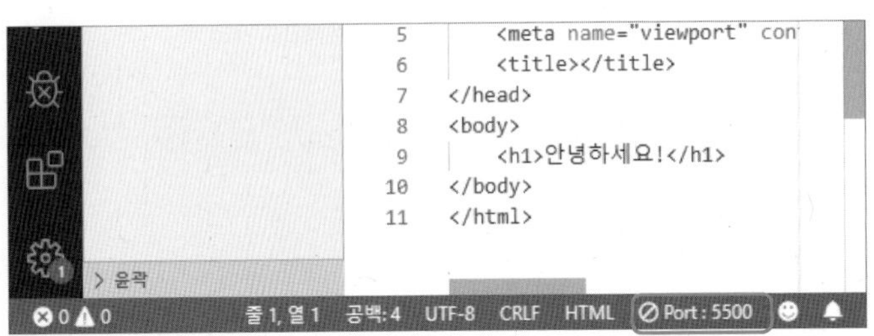

그림 1-26 라이브 서버가 종료된 상태

이제 01장을 마쳤습니다. 지금까지 배운 프로그레시브 웹앱의 특징과 핵심 기술을 잘 기억하면 앞으로 배울 내용도 더 쉽게 이해할 수 있습니다. 아울러 실습 과정을 숙지하는 것도 중요합니다. 직접 코딩한 파일을 라이브 서버로 크롬 브라우저에 띄운 후 개발자 도구로 상세히 들여다 보는 과정은 계속 반복됩니다. 꼭 기억한 후 다음으로 넘어가길 바랍니다.

02

모던 자바스크립트 꼭 필요한 것만 배우기

이번 장에서는 자바스크립트 프레임워크로 넘어가기 전에 꼭 알아야 할 모던 자바스크립트를 다룹니다 . 자바스크립트는 ES6+로 넘어오면서 현대적인 프로그래밍 패러다임을 수용했습니다. 따라서 이전에 자바스크립트를 공부했더라도 지금 버전은 새롭게 느껴질 수 있습니다. 이번 장을 잘 알아 둬야 이후 실습 코드도 막힘없이 이해할 수 있습니다.

이 책은 ES6 문법 전체를 다루지는 않습니다. Vue.js를 이용해 PWA를 개발할 때 꼭 알아야 하는 주요 문법 위주로 살펴보겠습니다.

02-1 재활용할 수 있는 블록 함수

자바스크립트에서 전통적인 함수 사용법은 선언하고 사용하는 데만 집중합니다. 따라서 변수를 자유롭게 사용하려고 유연하게 코딩합니다. 하지만 이런 방식은 실수와 오류를 일으키는 원인이 되어 디버깅을 어렵게 하죠.

그래서 ES6부터는 변수가 유지될 수 있는 범위인 **스코프**(scope)가 더욱 엄격해졌고, 함수를 객체처럼 변수에 저장해서 사용할 수 있는 **함수 표현식**도 가능해졌습니다. 구체적으로 어떻게 개선되었는지 이제부터 하나씩 살펴보겠습니다.

기존 함수 선언 방식: 선언식

함수는 크게 선언식(declaration)과 표현식(expression)으로 사용할 수 있습니다. 특히 ES6+ 자바스크립트에서는 함수 표현식도 많이 사용하므로 두 방식의 차이점을 알아야 합니다.

함수 선언식은 `function` 뒤에 함수 이름을 적고 소괄호 () 안에 필요한 매개변수를 쉼표(,)로 구분해서 작성합니다. 그리고 함수가 수행할 명령을 중괄호 {}로 감싸서 구현합니다.

함수 선언식

```
함수명(매개변수1, 매개변수2, ..., 매개변수n){ 수행할 명령 }
```

이때 매개변수(parameter)는 함수의 외부와 내부를 연결하는 인터페이스 역할을 합니다.

함수 선언 예시

```
01: function fnSayHello() {
02:   alert("안녕하세요!");
03: }
```

01 `fnSayHello`라는 이름으로 함수를 선언합니다.

02 자바스크립트의 내장 함수인 `alert()`을 호출합니다. 소괄호 안에 필요한 문자열을 넣으면 사용자에게 팝업 창으로 보여 줍니다.

함수는 return 문을 사용해서 결괏값을 반환해야 합니다. 그런데 이 코드에서 fnSayHello() 함수는 return 문이 생략됐습니다. 이처럼 return 문을 생략하면 자동으로 undefined가 반환됩니다.

함수를 호출할 때는 함수명을 쓰고 소괄호 안에 매개변수로 전달할 값(인수)을 넣습니다. 만약 매개변수가 없는 함수이면 빈 괄호를 적습니다.

함수 활용 예시

```
01: <button onclick="fnSayHello()">
02: 눌러 주세요!</button>
```

01 버튼을 클릭하면 fnSayHello() 함수를 호출합니다.

02 "눌러 주세요!"라는 문자열이 버튼 제목으로 표시됩니다.

사용자가 버튼을 클릭하는 순간 onclick이라는 이벤트 핸들러가 실행됩니다. onclick 안에 원하는 자바스크립트 코드를 넣으면 되는데, 이 코드에서는 앞에서 작성한 fnSayHello() 함수를 넣었습니다. 따라서 사용자가 버튼을 누르면 fnSayHello() 함수가 호출되어 "안녕하세요!"가 적힌 팝업이 열립니다.

이벤트 핸들러는 키보드나 마우스 버튼을 눌러서 이벤트가 발생하면 자바스크립트 코드와 연결시키는 역할을 합니다.

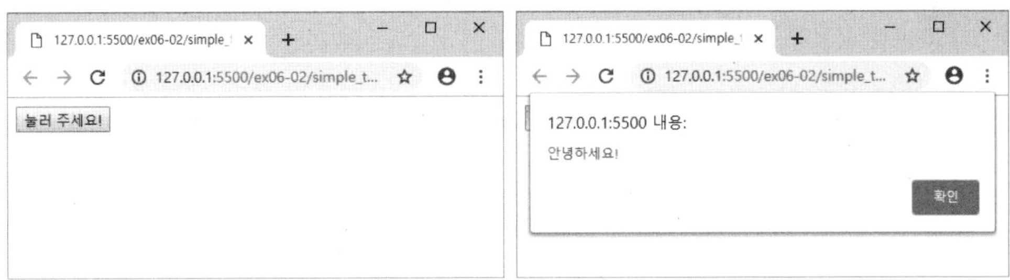

그림 2-1 실행 화면(왼쪽)과 버튼을 눌러 팝업 창이 나타난 화면(오른쪽)

새로운 함수 선언 방식: 표현식

함수 표현식은 함수명 없이 선언한 후에 객체 변수에 저장하는 방식입니다. 이렇게 하면 변수명이 함수명이 되므로 이 함수를 호출할 때는 변수명을 이용합니다. 모던 자바스크립트 프로그래밍에서는 이처럼 함수를 표현식으로 쓸 때가 많습니다.

함수 표현식 예시

```
01: const fnMinusNumbers = function (pNum1, pNum2) {
02:   return pNum1 - pNum2;
03: }
```

01 fnMinusNumbers() 함수를 함수 표현식으로 선언한 코드입니다. 함수명은 대입 연산자 = 앞에 변수명과 같습니다.

02 매개변수를 두 개 입력받아 뺄셈한 결과를 반환하는 코드입니다.

자바스크립트의 호이스팅

함수 선언식과 표현식 중에 어떤 것을 사용할지는 개발자의 취향에 달렸습니다. 다만 자바스크립트에서 함수 선언식은 **호이스팅**(hoisting)이 적용됩니다. 호이스팅이란, 코드를 실행하기 전에 내부에서 변수와 함수의 위치를 맨 위로 옮겨 선언하는 자바스크립트의 문법적인 기능을 말합니다. 호이스팅은 변수나 함수를 좀 더 유연하게 사용할 수 있다는 장점이 있지만, 반대로 오류가 생기면 찾기가 어렵다는 단점도 있습니다.

다음은 선언식을 사용한 fnSayHello1() 함수와 표현식을 사용한 fnSayHello2() 함수가 선언문보다 호출문을 먼저 작성했을 때 호이스팅의 영향을 어떻게 받는지를 보여 주는 예시입니다.

호이스팅 예시

```
01: fnSayHello1();
02: function fnSayHello1() {
03:   console.log('안녕하세요1!');
04: }
05:
06: fnSayHello2();
07: const fnSayHeelo2 = function () {
08:   console.log('안녕하세요2!');
09: };
```

01 함수 호출문입니다. 02~04행의 선언문보다 먼저 작성했지만 제대로 동작합니다.

02~04 함수 선언문입니다. 호이스팅되어 호출문보다 먼저 실행됩니다.

06 함수 호출문입니다. 그러나 선언문보다 먼저 작성해서 'fnSayHello2 is not defined' 오류가 발생합니다. 즉, 동작하지 않습니다.

07~09 함수 표현식은 '선언 후 호출'이라는 순서를 엄격하게 지켜야 합니다.

Do it! 실습 함수 선언식과 표현식 실습하기

STEP 1 앞에서 배운 내용을 바탕으로 함수 선언식과 함수 표현식을 직접 선언하고 실행해 보겠습니다. 먼저 VSCode를 열고 적당한 위치에 실습 폴더(예: ex02-01)를 만듭니다. function.html 파일을 생성하고 다음과 같은 코드를 작성합니다.

실습 파일 ex02-01₩function.html

```
01: <!DOCTYPE HTML>
02: <html>
03: <head>
04:   <meta charset="utf-8" />
05:   <title></title>
06: </head>
07: <body>
08:   <button onclick="console.log(fnSayHello())" id="clickme">눌러 주세요!</button>
09:   <br />
10:   <button onclick="alert(fnPlusNumbers(3, 5))">3 + 5 = ?</button>
11:   <button onclick="console.log(fnMinusNumbers(3, 5))">3 - 5 = ?</button>
12:   <script>
13:     function fnSayHello() {
14:       document.querySelector('#clickme').innerHTML = '안녕하세요!';
15:     }
16:     function fnPlusNumbers(pNum1, pNum2) {
17:       return pNum1 + pNum2;
18:     }
19:     const fnMinusNumbers = function (pNum1, pNum2) {
20:       return pNum1 - pNum2;
21:     }
22:   </script>
23: </body>
24: </html>
```

08~11 화면에 버튼 세 개를 표시합니다. 각 버튼을 클릭할 때마다 13~21행에 정의한 함수의 반환값을 콘솔이나 팝업에 출력합니다.

13~15 id값이 #clickme인 엘리먼트(08행)의 내용을 제어합니다.

16~18 두 수를 입력받아 덧셈 후 반환하는 함수 선언식입니다.

19~21 두 수를 입력받아 뺄셈 후 반환하는 함수 표현식입니다.

자바스크립트의 내장 객체인 document에 들어 있는 querySelector() 메서드를 이용하면 매개변수로 전달받은 id값에 해당하는 엘리먼트의 내용을 실시간으로 제어할 수 있습니다. 예를 들어, 매개변수로 #clickme를 넘기면 08행에서 선언한 button 엘리먼트의 innerHTML 속성값을 바꿔서 버튼의 제목을 변경합니다. 즉, 버튼을 누르면 '눌러 주세요!'가 '안녕하세요!'로 바뀝니다.

STEP 2 이제 실습 결과를 확인해 보겠습니다. VSCode 상태 표시줄에 있는 〈Go Live〉를 눌러서 웹 브라우저에 function.html 파일을 실행합니다. 화면에 표시된 〈눌러 주세요!〉를 클릭하면 버튼 이름이 '안녕하세요!'로 바뀝니다. 나머지 버튼도 눌러서 콘솔과 팝업 창에서 실습 결과를 확인합니다.

〈Go Live〉 버튼은 01-3절에서 설치한 확장 기능(Live Server)을 실행하며, 웹 브라우저의 콘솔 창은 F12를 눌러 표시합니다.

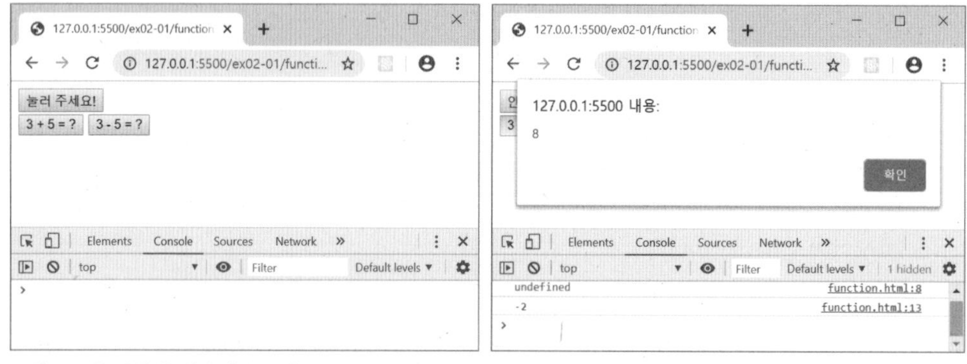

그림 2-2 첫 실행 화면(왼쪽)과 버튼을 눌렀을 때 화면(오른쪽)

02-2 변수 선언

그동안 자바스크립트를 사용해 왔다면 변수를 선언할 때 var 키워드를 사용했을 겁니다. 하지만 ES6(ES2015)부터는 var 대신 let이나 const 키워드를 사용합니다. 그 이유는 무엇인지, 쓰임은 어떻게 다른지 살펴보겠습니다.

var 키워드와 함수 스코프

var 키워드는 **함수 스코프**(function scope)만 지원하고 **블록 스코프**(block scope)는 지원하지 않습니다. 스코프는 변수의 유효 범위와 연관이 있습니다. 함수 스코프는 유효 범위가 함수 내부이고 블록 스코프는 블록({}) 내부입니다.

변수의 유효 범위는 변수를 사용할 수 있는 범위를 뜻합니다.

다음 코드는 함수 내부에서 var 키워드로 선언한 apple 변수를 함수 외부에서 사용해 오류가 발생합니다.

var 함수 스코프 예시

```
fnMyFunction();
function fnMyFunction() {
  var apple = 5;
  console.log(apple);   // 5 출력
}
console.log(apple);     // 오류! Uncaught ReferenceError: apple is not defined
```

그런데 var 키워드는 블록 스코프를 지원하지 않으므로 블록 내부에서 var 키워드로 변수를 선언해도 블록 외부에서 사용할 수 있습니다. 다음 코드는 블록 외부에서 var 키워드로 선언한 apple 변수를 각각 블록 내부와 외부에서 사용하는 예입니다.

var 블록 스코프 예시

```
01: var apple = 3;
02: {
03:   var apple = 5;         // var 선언 변수는 블록 스코프가 아니므로 재선언할 수 있음
04:   console.log(apple);    // 5 출력
05: }
06: console.log(apple);      // 3 대신 5 출력
```

01 var 키워드로 선언한 apple 변수는 전역 변수이므로 어디서든 사용할 수 있습니다.

03 같은 이름으로 변수를 다시 선언하고 값만 다르게 할당했습니다.

04 03행에서 재할당한 5가 출력됩니다.

06 블록 외부이므로 3이 출력될 것 같지만, var 선언 변수는 함수 스코프만 지원하므로 03행에서 재할당한 5가 출력됩니다.

여기서 var 키워드의 두 가지 특징을 알 수 있습니다.

❶ 블록 스코프를 지원하지 않는다(무시한다).
❷ 같은 이름으로 중복 선언할 수 있다.

블록 스코프를 지원하지 않는다는 의미는 함수 외부에서 선언한 변수는 모두 전역 변수처럼 사용된다는 뜻이고, 중복으로 선언할 수 있다는 의미는 기존 선언을 덮어 쓴다는 뜻입니다. 따라서 03행에서 선언한 apple 변수는 01행에서 선언한 apple 변수를 덮어 쓰고 04행과 06행 모두 5를 출력합니다. 즉, 이 소스에서 03~04행의 코드를 블록으로 감싼 의미가 무색해집니다.
이처럼 var 키워드는 블록 스코프를 무시하므로 개발자의 실수로 인해 오류가 발생할 수 있고 디버깅을 어렵게 합니다. 그래서 ES6부터는 변수의 유효 범위를 명확하게 하고자 var 대신에 let과 const 키워드가 추가되었습니다.

let, const 키워드와 블록 스코프

let과 const 키워드는 블록 스코프를 지원합니다. 즉, 변수의 유효 범위를 블록 내부로 제한하므로 블록 외부에서는 사용할 수 없습니다. 또한, var 키워드처럼 같은 스코프에서 같은 이름으로 중복해서 선언할 수 없습니다. 다만 차이점은 let 선언 변수는 변숫값을 언제든지 변경할 수 있지만, const 선언 변수는 한 번 값을 할당하면 바꿀 수 없습니다.

프로그래밍에서 값을 변경할 수 있는 것을 '가변(mutable)'이라고 하고, 변경할 수 없는 것을 '불변(immutable)'이라고 합니다.

let 사용법

```
{
  let 변수명;          // 변수 선언
  let 변수명 = 값;     // 변수 선언과 동시에 값 할당
}
```

const 키워드로 변수를 선언하는 방법도 let과 같습니다. 다만, 반드시 선언과 동시에 값을 할당해야 하며 이후에 값을 재할당할 수 없습니다.

const 사용법

```
{
  const 변수명 = 값;    // 변수 선언과 동시에 반드시 값을 할당해야 함
}
```

다음은 let과 const로 선언한 변수의 사용법을 보여 줍니다.

블록 스코프 예시

```
{
   let apple = 3;
   console.log(apple);   // 3 출력
   apple = 5;            // let 선언 변수는 재할당 허용
   console.log(apple);   // 5 출력
   let apple = 7;        // 같은 이름으로 중복 선언을 허용하지 않으므로 오류!

   const car;            // 선언과 동시에 값을 할당하지 않으므로 오류!
   const carname = "하이브리드카";
   console.log(carname)  // '하이브리드 카' 출력
   carname = "디젤카"     // const 선언 변수는 불변이므로 오류!
}
console.log(apple)       // 블록 밖이므로 오류!
console.log(carname)     // 블록 밖이므로 오류!
```

모던 자바스크립트에서 변수 사용 3원칙

지금까지 var, let, const 키워드의 특징과 차이를 알아보았습니다. let과 const 키워드로 선언한 변수는 유효 범위가 블록 스코프로 제한된다는 사실이 가장 중요합니다. 따라서 모던 자바스크립트 프로그래밍에서 변수는 다음과 같은 세 가지 원칙에 따라 사용하는 것이 좋습니다.

1. const를 가장 먼저 사용한다. 특히 변숫값을 변경할 필요가 없을 때 사용한다.
2. 만약 중간에 변숫값을 변경해야 한다면 const 대신에 let을 사용한다.
3. var는 ES6+에서는 사용하지 않는다. 다만 전역 변수가 꼭 필요할 때 최상위 수준에서만 예외로 사용한다.

하나만 더 배워요! console.log() 함수와 템플릿 리터럴로 디버깅하기

자바스크립트로 프로그래밍할 때 유용한 디버깅 방법을 소개합니다. 가장 쉬운 방법은 alert() 함수를 이용해서 결괏값을 팝업 창에 띄우는 것이지만, 중간에 실행을 멈춰야 해서 조금 불편할 수 있습니다. 그래서 console.log() 함수로 브라우저 콘솔 창에 직접 표시하는 방법을 추천합니다.

이때 템플릿 리터럴을 이용하면 편리합니다. 지금까지 문자열은 작은따옴표(')나 큰따옴표(")로 표현해 왔지만 ES6부터는 역따옴표(`)도 사용할 수 있습니다. 이처럼 역따옴표로 묶은 문자열을 '템플릿 리터럴'이라고 합니다. 템플릿 리터럴을 사용하면 문자열 안에 달러 기호($)와 중괄호({})를 사용해서 표현식을 넣을 수 있으며 여러 줄로 만들어 사용하기가 편합니다. 역따옴표(`)는 키보드에서 숫자 1 왼쪽에 있는 ~를 눌러서 입력합니다.

즉, 템플릿 리터럴을 이용하면 이전처럼 문자열을 + 연산자로 연결하지 않아도 표현식을 문자열과 함께 조합해서 사용할 수 있습니다.

템플릿 리터럴 예시

```
console.log('사과:' + apple + ', 자동차:' + carname);    // 이전 스타일
console.log(`사과: ${apple}, 자동차: ${carname}`);       // ES6 스타일(템플릿 리터럴)
```

웹 브라우저에서 개발자 도구의 콘솔 창도 매우 유용합니다. 콘솔 창에서 직접 코드를 입력하고 실행할 수 있으므로 프로그램이 실행되는 중간에 변숫값을 확인하고 싶을 때 사용하면 편리합니다.

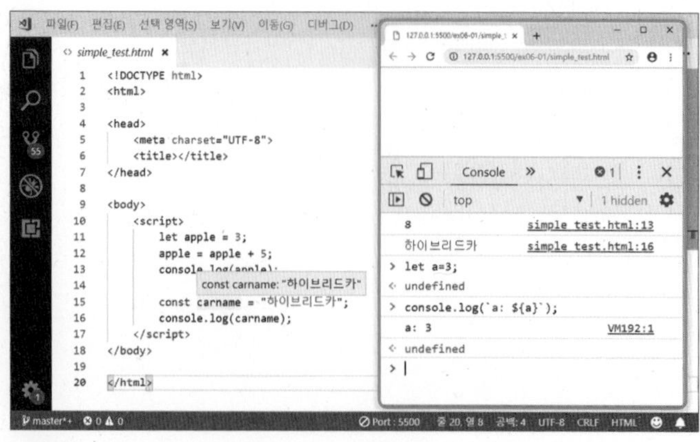

그림 2-3 웹 브라우저 개발자 도구의 콘솔 창

02-3 화살표 함수

화살표 함수(arrow function)는 ES6 문법에서 함수를 표현하는 새로운 방식입니다. 화살표 함수는 자바스크립트가 ES6으로 넘어오면서 가장 효과적으로 바뀐 문법이며, 모던 자바스크립트 프로그래밍에서 가장 많이 사용하는 방식입니다.

ES6 이전에는 함수를 선언할 때 `function(){ return … }`으로 표기했지만, 화살표 함수에서는 `function`, `return` 등의 키워드는 생략하고 화살표(=>)를 사용해 매우 직관적이고 간결하게 표기합니다.

=>는 두꺼운 화살이라는 의미로 '팻 애로(fat arrow)'라고 합니다.

예를 들어 다음처럼 `pNum1`, `pNum2`라는 두 개의 매개변수를 받아서 더한 값을 반환하는 전통적인 함수가 있습니다.

전통적인 함수 선언 방식

```
const fnPlusNumbers = function (pNum1, pNum2) {
  return pNum1 + pNum2;
}
```

이 내용을 화살표 함수를 사용하면 다음처럼 변경할 수 있습니다.

화살표 함수로 구현

```
const fnPlusNumbers = (pNum1, pNum2) => {
  return pNum1 + pNum2;
}
```

`function` 키워드 대신 =>를 사용한 것이 보이나요? 물론 이 방식을 사용할 수도 있지만, 화살표 함수의 기능을 충분히 활용하려면 다음처럼 `return` 키워드도 생략할 수 있습니다.

return 키워드 생략 가능

```
const fnPlusNumbers = (pNum1, pNum2) => pNum1 + pNum2;
```

함수가 실행되는 문장(statement)이 단 한 줄이므로 블록을 나타내는 중괄호도 생략할 수 있습니다. 화살표 함수는 return 키워드를 생략해도 자동으로 값을 반환합니다. 이것을 '암묵적 반환'이라고 합니다. 즉, 화살표 뒤에 있는 pNum1 + pNum2의 결괏값이 자동으로 반환됩니다. 화살표 함수의 마지막 특징은 매개변수가 1개일 때 소괄호 ()를 생략할 수 있다는 점입니다. 하지만 매개변수가 없을 때는 반드시 소괄호를 사용해야 하니, 이 점은 꼭 유의하기 바랍니다.

매개변수가 1개일 때 소괄호 생략 가능

```
const fnPlusNumbers4 = pNum => pNum + 1;
```

매개변수가 없을 때는 반드시 소괄호 사용

```
const fnSayHello = () => '안녕하세요!';
```

결국 화살표 함수는 function, (), {}, return을 최대한 생략하고 =>를 사용해 직관적으로 표현한 함수라고 이해하면 됩니다. 그렇다고 해서 화살표 함수가 기존의 function 키워드를 이용한 함수 선언 방식을 완전히 대체하는 것은 아닙니다.

Do it! 실습 화살표 함수 실습하기

최근 국내외 개발자 커뮤니티에서 공유되는 모던 자바스크립트 소스를 보면 화살표 함수를 많이 사용하므로 이 개념을 이해하지 못하면 소스를 읽기가 어렵습니다. 또한 화살표 함수는 다양한 방식으로 응용할 수 있습니다.

STEP 1 새로운 실습 폴더(예: ex02-02)에 arrow_function.html 파일을 만듭니다. 이어서 다음과 같은 코드를 입력합니다.

실습 파일 ex02-02₩arrow_function.html

```
<!DOCTYPE html>
<html>
<head>
  <meta charset="UTF-8" />
  <title></title>
</head>
<body>
```

```
08:   <button onclick="
09:     console.log(fnSayHello());
10:     console.log('1+2 =',fnPlusNumbers1(1, 2));
11:     console.log('2+3 =',fnPlusNumbers2(2, 3));
12:     console.log('3+4 =',fnPlusNumbers3(3, 4));
13:     console.log('4+1 =',fnPlusNumbers4(4));
14:     " id="clickme">화살표 함수 실행!</button>
15:   <script>
16:     const fnPlusNumbers1 = function (pNum1, pNum2) {
17:       return pNum1 + pNum2;
18:     }
19:     const fnPlusNumbers2 = (pNum1, pNum2) => {
20:       return pNum1 + pNum2;
21:     }
22:     const fnPlusNumbers3 = (pNum1, pNum2) => pNum1 + pNum2;
23:     const fnPlusNumbers4 = pNum => pNum+1;
24:     const fnSayHello = () => '안녕하세요!';
25:   </script>
26: </body>
27: </html>
```

08~14 버튼을 만들고 onclick 이벤트 핸들러에 각 함수 호출문을 넣습니다.

16~18 매개변수를 두 개 입력받아 덧셈 후 반환하는 함수 선언입니다.

19~21 function 키워드를 생략한 화살표 함수 선언입니다.

22 화살표 함수에서 return 키워드를 생략한 예입니다. 자동으로 결괏값이 반환됩니다. 한 줄이므로 중괄호 {}도 생략했습니다.

23 화살표 함수에서 매개변수가 하나일 때는 소괄호 ()도 생략할 수 있습니다.

24 화살표 함수에서 매개변수가 없을 때는 반드시 소괄호 ()를 사용해야 합니다.

STEP 2 화살표 함수를 바르게 작성했는지 실습 결과를 확인해 볼까요? 상태 표시줄에서 〈Go Live〉를 클릭하면 웹 브라우저에 실습 결과 화면이 나타납니다. F12를 눌러 개발자 모드를 열고 〈화살표 함수 실행!〉 버튼을 눌러서 콘솔 창에 나타나는 결과를 확인해 보세요.

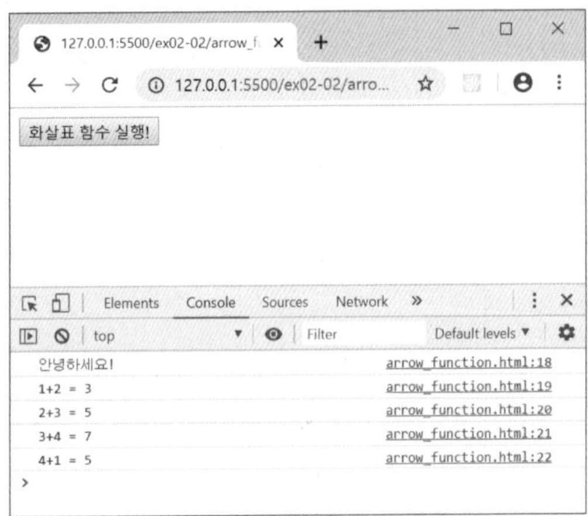

그림 2-4 화살표 함수 실습 결과 화면

02-4 모듈 내보내기와 가져오기

모듈(module)은 코드를 관리하는 가장 작은 단위로서 모듈을 이용하면 코드 관리와 재활용이 편해집니다. 전통적인 방식에서는 소스가 복잡해질수록 변수나 함수가 충돌하기 쉬웠는데, ES6부터는 import, export 문이 추가되어 이러한 문제점을 개선했습니다. 이로써 개인과 개인, 팀과 팀은 모듈을 주고받으며 더 쉽게 협업할 수 있게 되었습니다.
모듈을 내보내는 방식은 두 가지입니다. 여러 값을 공유하는 '이름으로(named) 내보내기' 방식과 기본값 하나만 공유하는 '기본으로(default) 내보내기' 방식이 있습니다. 두 방식을 비교하면서 모듈을 내보내고 가져오는 방식을 배워 보겠습니다.

이름으로 내보내고 가져오기

이름으로 내보내기는 소스 파일에 선언된 식별자를 복수로 선택해 공유하는 방식입니다. export 키워드를 작성한 다음에 공유하고 싶은 식별자를 쉼표로 나열해서 중괄호 {}로 감싸면 됩니다.
식별자란 변수, 상수, 함수, 클래스 등을 선언한 이름을 말합니다.

실습 파일 library_named.js

```
// 외부와 공유할 conHello와 fnPlusNumbers라는 상수와 함수 선언
const conHello = '안녕하세요!';
const fnPlusNumbers = (pNum1, pNum2) => pNum1 + pNum2;

// 외부에서 사용할 수 있도록 내보내기
export { conHello, fnPlusNumbers };
```

이때 export 키워드 다음에 작성한 식별자 이름은 모듈을 사용할 파일에서 import 키워드로 가져올 식별자 이름과 같아야 합니다.
만약 이름을 다르게 해서 내보내려면 내보낼 식별자 이름 뒤에 as 키워드와 새 이름을 지정합니다. 그러면 외부 파일에서 새 이름으로 가져올 수 있습니다.
이렇게 내보낸 모듈을 다른 파일에서 가져와 쓰려면 import 키워드를 사용합니다. import 키워드 다음에 식별자를 쉼표로 구분해 중괄호로 묶고, 이어서 from 키워드 다음에 해당 식별자

가 선언된 모듈, 즉 소스 파일의 경로를 적습니다. 그러면 현재 파일에서 해당 식별자를 사용할 수 있습니다.

실습 파일 main.js

```
// ./library_named.js 파일에서 내보낸 식별자를 가져와 conHello, fnPlusNumbers 객체에 저장
import { conHello, fnPlusNumbers } from './library_named.js';

// ./library_named.js 파일에서 내보낸 모든 식별자를 가져와 myLibrary 객체에 저장
import * as myLibrary from './library_named.js';
```

만약 식별자를 일일이 지정해서 가져오는 것이 불편하다면 해당 모듈에서 내보낸 모든 식별자를 가져오라는 의미로 별표(*)를 적습니다. 그리고 as 키워드와 함께 객체명을 지정하고 from 키워드에 이어서 모듈이 있는 경로명을 지정합니다. 그러면 해당 모듈에서 내보낸 모든 식별자가 객체에 저장됩니다. 이 객체에 점(.)을 사용해서 식별자를 사용합니다.

기본으로 내보내고 가져오기

기본으로 내보내기는 소스 파일에 있는 식별자 중 하나를 대표로 지정해서 공유하는 방식입니다. 다음처럼 export 키워드 다음에 default 키워드를 추가하면 되는데, 이때는 모듈 하나당 하나의 함수나 클래스만 공유할 수 있고 var, let, const는 사용할 수 없습니다.

실습 파일 library_default.js

```
// 외부와 공유할 함수 준비
const fnPlusNumbers = (pNum1, pNum2) => pNum1 + pNum2;

// 기본 모듈로 내보내기
export default fnPlusNumbers;
```

export default로 내보낸 식별자를 가져올 때는 이름을 변경할 수 있습니다. 다음 예시를 보면 앞의 library_default.js 소스에서 내보낸 함수는 fnPlusNumbers()였지만, 가져올 때는 fnMyFunction()으로 이름을 바꾸었습니다.

실습 파일 main.js

```
// 외부에서 기본 모듈로 내보냈으므로 이름을 변경해서 가져올 수 있음
import fnMyfunction from './library_default.js';
```

Do it! 실습 모듈 export, import 실습하기

STEP 1 먼저 이름으로 내보내기 방식으로 상수와 함수를 외부로 공유할 수 있는 라이브러리를 만들어 보겠습니다. 실습할 새 폴더(예: ex02-03)를 열고 library_named.js 파일을 만들어 다음과 같이 작성합니다.

실습 파일 ex02-03₩library_named.js

```
01: const conHello = '안녕하세요!';
02: const fnPlusNumbers = (pNum1, pNum2) => pNum1 + pNum2;
03:
04: export { conHello, fnPlusNumbers };
```

01~02 conHello 상수와 fnPlusNumbers() 함수를 선언했습니다.

04 01~02행에 선언한 상수와 함수를 외부와 공유하고자 내보냅니다.

참고로 다음처럼 export 키워드를 선언문 앞에 써서 간단하게 내보내는 방법도 있습니다.

```
01: export const conHello = '안녕하세요!';
02: export const fnPlusNumbers = (pNum1, pNum2) => pNum1 + pNum2;
```

STEP 2 같은 폴더에 library_default.js 파일을 만들고 다음과 같이 작성합니다. 여기에서는 기본으로 내보내기 방식으로 간단하게 대표 함수를 외부와 공유해 보겠습니다.

실습 파일 ex02-03₩library_default.js

```
01: const fnPlusNumbers = (pNum1, pNum2) => pNum1 + pNum2;
02: export default fnPlusNumbers;
```

01 숫자 두 개를 더해서 반환하는 함수를 선언합니다.

02 외부와 공유할 함수 이름 앞에 export default 키워드를 추가했으므로 기본 함수로 내보냅니다.

STEP 3 지금까지 작성한 라이브러리 파일 2개를 가져와서 구현하는 파일을 만들어 보겠습니다. 같은 폴더에 main.js 파일을 만들고 다음과 같이 작성합니다. 로직에 맞게 실행되는 모습을 상상하면서 작성해 보세요.

실습 파일 ex02-03₩main.js

```
01: import { conHello, fnPlusNumbers } from './library_named.js';
02: console.log(conHello,'이름으로 내보내기입니다.');
03: console.log('1+2 = ', fnPlusNumbers(1, 2));
04:
05: import * as myLibrary from './library_named.js';
06: console.log(myLibrary.conHello, '*을 사용한 이름으로 내보내기입니다.');
07: console.log('3+4 = ', myLibrary.fnPlusNumbers(3, 4));
08:
09: import fnMyfunction from './library_default.js';
10: console.log('안녕하세요! 기본으로 내보내기입니다.')
11: console.log('5+6 = ', fnMyfunction(5, 6));
```

01~03 library_named.js 파일에서 내보낸 `conHello` 상수와 `fnPlusNumbers()` 함수를 가져와 사용합니다.

05~07 별표(*)를 사용해서 library_named.js 파일에서 내보낸 모든 식별자를 가져와 `myLibrary` 객체에 저장 후 사용합니다.

09~11 library_default.js 파일에서 `export default`로 내보낸 식별자를 가져와 `fnMyfunction` 객체에 저장 후 사용합니다.

STEP 4 마지막으로 이를 실행할 수 있는 HTML 파일을 만들어야 합니다. 같은 폴더에 main.html 파일을 만들고 다음과 같이 작성합니다.

실습 파일 ex02-03₩main.html

```
<!DOCTYPE html>
<html>
<head>
  <meta charset="UTF-8">
  <title></title>
</head>
<body>
  <p>콘솔 창을 열어서 결과를 확인하세요!</p>
  <!-- 모듈 사용 시 type 어트리뷰트값으로 "module"을 지정합니다. -->
  <script type="module" src="main.js"></script>
</body>
</html>
```

10 HTML 문서에서 import, export 문을 사용한 모듈 파일을 가져올 때는 <script> 엘리먼트의 type 어트리뷰트값을 반드시 "module"로 지정해야 합니다. 그래야지만 가져온 파일을 모듈로 인식합니다. 모듈이 되면 import, export 구문을 사용할 수 있을 뿐만 아니라 그 안의 상수 선언은 모듈 스코프로 관리됩니다. 즉, 모듈 파일에 선언된 내용은 외부에서 사용할 수 없고 반드시 그 안에서만 동작합니다.

STEP 5 제대로 작동하는지 테스트해 볼까요? 〈Go Live〉를 클릭해서 실습한 파일을 웹 브라우저로 열고 개발자 도구의 콘솔 창에서 결과를 확인합니다.

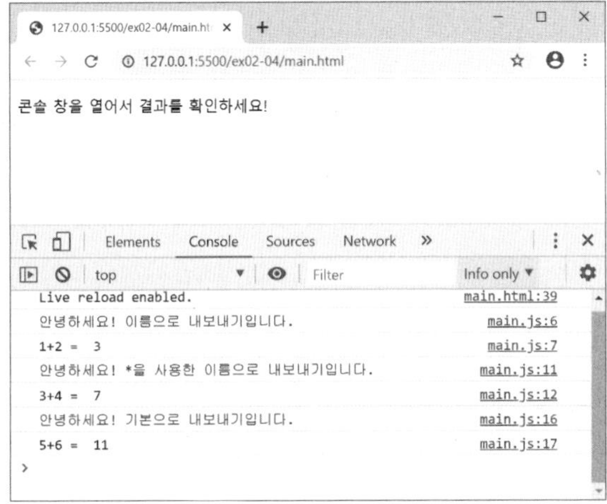

그림 2-5 모듈 import, export 실습 결과 화면

02-5 콜백 함수와 비동기 처리 방식

동기(synchronous) 처리 방식과 비동기(asynchronous) 처리 방식은 자바스크립트를 처음 배울 때 어려워하는 대표적인 개념입니다. 모던 자바스크립트에서 더욱 중요해진 이들 방식을 제대로 사용하려면 두 개념의 차이점을 명확하게 구분할 수 있어야 합니다.
여기서 배울 내용은 ES6에 새롭게 추가된 `Promise`를 이해하는 데도 매우 중요합니다. `Promise`는 이후에 자세히 다루기로 하고 우선 동기와 비동기의 개념을 이해해 봅시다.

동기와 비동기 처리 개념 이해하기

동기 처리는 함수를 포함한 모든 코드가 위에서 아래로 순서대로 실행되는 것을 의미합니다. 즉, 모든 명령문이 일렬로 연결되어 실행됩니다.

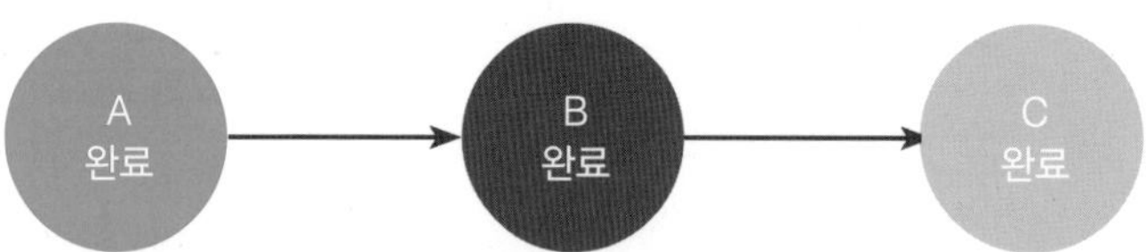

그림 2-6 동기 처리 방식

그런데 모던 웹앱은 네트워크 통신으로 외부 데이터와 상호 작용하는 경우가 많습니다. 그림 2-6에서 B가 통신을 요청하는 명령문이라고 가정해 봅시다. 만약 그림 2-7과 같이 서버나 네트워크에 문제가 생겨 응답받지 못하고 계속 기다려야 한다면 어떤 일이 벌어질까요? C는 B가 완료될 때까지는 시작할 수 없으므로 계속 기다려야 하는 문제가 발생합니다.

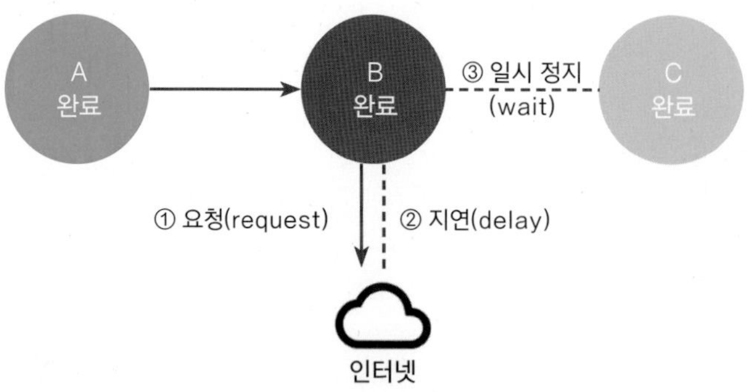

그림 2-7 통신을 요청했을 때 동기 처리 방식

이러한 문제점을 해결하는 방법이 비동기 처리입니다. 즉, 명령을 요청한 후 결과가 나올 때까지 마냥 기다리는 것이 아니라, 그다음 작업을 연이어 수행하고 결과가 완료되면 다시 돌아와 필요한 것을 마무리하는 방식입니다.

동기 처리 방식의 명령이 일렬로 연결되어 있다면, 비동기 처리 방식의 명령은 독립적입니다. 따라서 통신을 요청했을 때 비동기 처리 방식을 표현하면 다음과 같습니다.

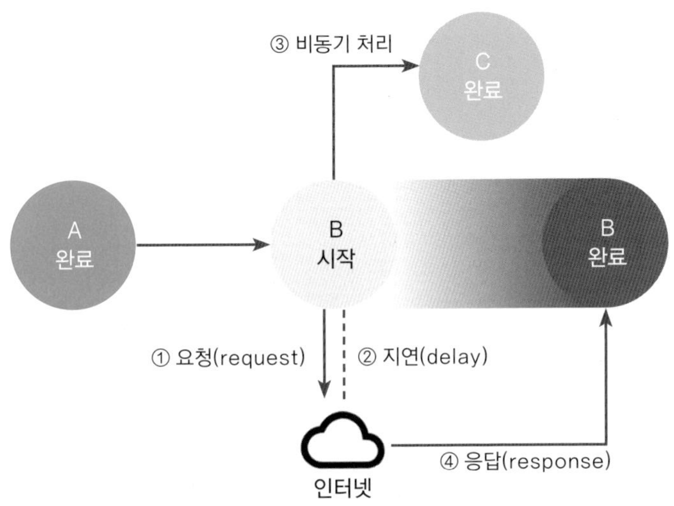

그림 2-8 통신을 요청했을 때 비동기 처리 방식

즉, 비동기 처리 방식에서는 B가 시작되어 통신을 요청하면 결과가 언제 나올지 몰라도 바로 C가 시작 · 완료되어 필요한 것을 모두 마무리합니다. 그러고 나서 마지막으로 통신에서 결과를 받으면(그림에서 ④번) 그때 다시 B의 남은 작업을 완료하는 방식입니다.

다음은 동기 처리 방식과 비동기 처리 방식의 특징을 비교한 표입니다.

표 2-1 동기와 비동기 처리 방식 비교

구분	동기 처리 방식	비동기 처리 방식
실행 순서	• 모든 코드가 위에서 아래 순서로 실행	• 코드들이 독립적으로 실행
실행 대기	• 명령을 요청한 후 결과가 나올 때까지 계속 기다림 • 반환 결과를 계속 기다리므로 시간 지연이 큼	• 명령을 요청한 후 결과가 나올 때까지 기다리지 않고 다음 작업을 연이어 수행 • 결과가 완료되면 다시 돌아와 필요한 것을 마무리하는 방식

콜백 함수로 비동기 처리 구현하기

자바스크립트는 이러한 비동기 처리 방식을 구현하기 위해 콜백 함수(callback function)를 사용합니다. 함수는 보통 매개변수로 값을 전달받는데 자바스크립트에서 함수는 객체로 취급하므로 함수의 매개변수로 함수를 전달받을 수 있습니다.

콜백 함수

```
function fnFunctionA(pNum) {
  return pNum;
}
function fnFunctionB(pFunc) {
  ...생략...
}

fnFunctionB(fnFunctionA);    // fnFunctionB의 매개변수로 fnFunctionA를 전달
```

예시처럼 fnFunctionB 함수를 실행할 때 매개변수로 fnFunctionA 함수를 전달할 수 있습니다. 이를 그림으로 표현하면 다음과 같습니다.

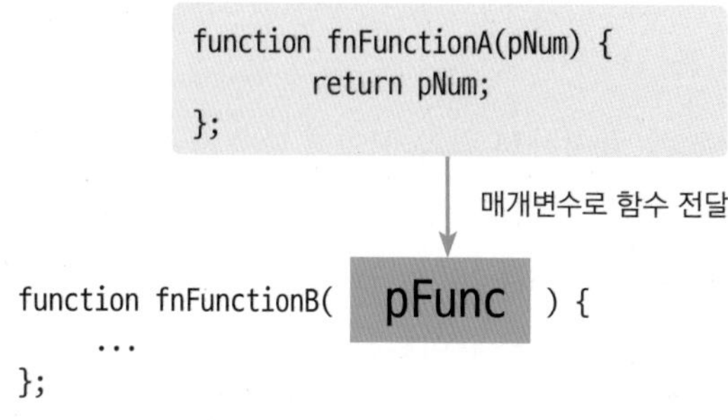

그림 2-9 매개변수로 함수 전달하기

매개변수로 값 대신 함수를 전달한다고 생각하면 됩니다. 이처럼 어떤 함수의 매개변수로 전달된 함수를 콜백 함수(callback function)라고 부릅니다. 콜백 함수는 다른 함수와 상관 없이 독립적으로 실행되므로 비동기 처리를 구현할 때 사용합니다.

그리고 매개변수로 전달받은 함수를 콜백 함수로 이용할 때는 관용적으로 매개변수 이름에 'callback'이라는 단어를 함께 표기합니다.

콜백 함수를 이용한 비동기 처리

```
function fnFunctionA(pNumA) {
  console.log(pNumA);
}
function fnFunctionB(pNumB, fnCallback) {
  fnCallback(pNumB);    // 매개변수로 받은 함수를 실행하여 비동기 처리의 시작 담당
}

fnFunctionB("콜백 함수 실행!", fnFunctionA);
```

조금 헷갈리나요? 이를 그림으로 이해하면 명확해질 겁니다.

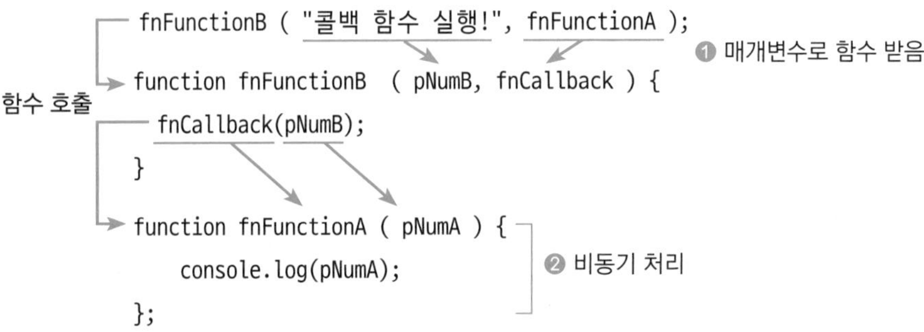

그림 2-10 콜백 함수의 실행 과정

이 코드에서 fnFunctionB() 함수는 매개변수를 2개 전달받습니다. 첫 번째는 문자열값이고 두 번째는 fnFunctionA() 함수입니다. 그리고 fnFunctionB() 함수 안에서 fnCallBack 매개변수에 담긴 함수, 즉 fnFunctionA()를 호출합니다. 이때 fnCallBack 함수는 비동기로 실행되고 그 결과도 내부에서 모두 수행됩니다.

이와 같은 콜백 구조를 좀 더 단순하게 표현하면 다음과 같습니다.

콜백 함수 구조를 단순화한 예

```
function fnFunctionB(pNumB, fnCallback) {
  fnCallback(pNumB);
}

// 매개변수 진달 시 함수 선언과 정의를 함께 작성함: 비동기 처리의 완료 담당
fnFunctionB("콜백 함수 실행!", function fnFunctionA(pNumA) {
  console.log(pNumA);
});
```

앞의 내용은 fnFunctionB() 함수를 실행할 때 두 번째 매개변수에 콜백 함수 선언과 정의를 함께 작성한 방식입니다. 실무에서는 이 방식을 선호합니다. ES6부터는 Promise 객체를 사용하는 비동기 처리 방식이 더 간편해졌지만, 이전까지는 이 방법이 아주 오랫동안 활용되었습니다.

Promise 방식은 02-7절에서 배웁니다.

예시를 하나 더 보겠습니다.

콜백 함수를 이용한 비동기 처리

```
01: // 콜백 함수 실행
02: fnMsg(fnHello);
03: // 콜백 함수는 3 출력 후 실행
04: function fnMsg(fnCallback) {
05:   console.log('1');
06:   fnCallback();
07:   console.log('3')
08: }
09:
10: function fnHello() {
11:   setTimeout(() => console.log('2'), 1000);  // 1초 지연 후 실행
12: }
```

```
실행 결과
1
3
2
```

fnMsg() 함수의 매개변수로 fnHello() 함수를 전달하여 실행하는 사례입니다. fnMsg() 함수에서는 1을 출력한 후 fnCallback() 함수를 실행하고 3을 출력합니다. 여기서 fnCallback() 함수는 매개변수로 전달받은 fnHello() 함수입니다. fnHello() 함수는 11행에서 setTimeout() 함수를 실행하는데 이때 지연 시간을 지정하는 두 번째 매개변수를 1000으로 전달했으므로 1초 후에 첫 번째 매개변수로 전달한 코드가 실행됩니다. 따라서 콘솔에는 1, 2, 3 대신 1, 3, 2가 출력됩니다.fnHello()처럼 독립적으로 실행되고 결과도 별도로 처리하는 함수를 비동기 처리 함수라고 합니다.

Do it! 실습 콜백 함수의 비동기 처리 방식으로 상품 배송 서비스 구현하기

콜백 함수는 자바스크립트 함수의 특징을 최대한 활용하여 비동기 처리를 수행합니다. 조금 어렵지만 함수를 매개변수로 전달하여 처리하는 방법은 자바스크립트 작업에서 광범위하게 사용되므로 잘 알아 둬야 합니다.

STEP 1 새 실습 폴더(예: ex02-04)에 callback.html 파일을 만들고 다음과 같이 콜백 함수와 콜백 함수의 실행 버튼을 만드는 코드를 작성합니다.

실습 파일 ex02-04₩callback.html

```
<!DOCTYPE html>
<html>
<head>
  <meta charset="UTF-8">
  <title></title>
</head>
<body>
  <button onclick="
    // 콜백 함수를 순서대로 실행하면 콜백 지옥의 문제점 발생!
    fnProductReady(1, 2000, function (pRet) {
      console.log(pRet);
      fnProductReady(2, 1000, function (pRet) {
        console.log(pRet);
        fnProductReady(3, 500, function (pRet) {
          console.log(pRet);
          console.log('가독성이 낮고 유지·보수하기 어려운 콜백 지옥 발생!');
        })
      })
    })
  ">콜백 함수 실행!</button>

  <script>
    // 콜백 함수 생성
    function fnProductReady(pNum, pTime, fnCallback) {
      setTimeout(() => {
        console.log(pNum);
        fnCallback('상품이 성공적으로 배송되었습니다.');
```

```
28:        }, pTime);   // 타이머로 가상의 네트워크 지연 상황 연출
29:    }
30:  </script>
31: </body>
32: </html>
```

10 fnProductReady() 콜백 함수를 2초 실행

fnProductReady() 함수는 매개변수를 3개 받습니다. 첫 번째는 실행 번호이고, 두 번째는 타이머로 지연할 시간인데 단위는 ms(2000ms = 2초)입니다. 세 번째는 콜백 함수인데 중괄호({})로 정의한 부분에서 비동기 처리가 완료되면 매개변수로 전달받은 값이 출력됩니다. 27행을 보면 콜백 함수를 실행할 때 '상품이 성공적으로 배송되었습니다.'라는 매개변수가 전달되므로 여기서는 이 문장을 받아 콘솔 창에 출력합니다.

12, 14 fnProductReady() 콜백 함수를 각각 1초, 0.5초 후 실행

첫 번째 fnProductReady() 콜백 함수가 비동기 처리를 완료한 후 두 번째, 세 번째 fnProductReady() 콜백 함수도 같은 방식으로 실행합니다. 지연 시간은 각각 1초(1000ms), 0.5초(500ms)입니다. 콜백 함수를 이용해 3개의 비동기 처리를 차례로 실행하려면 이렇게 중첩해서 사용해야 합니다. 꽤 번거롭지요? 콜백 함수를 3개만 중첩해도 벌써 가독성은 물론 유지·보수하기 어렵게 하는 콜백 지옥의 문제점을 엿볼 수 있습니다.

24~29 fnProductReady() 콜백 함수 작성

fnProductReady() 함수는 타이머를 이용해서 가상으로 상품 준비 시간을 지연하는 상황을 연출해 본 것입니다. 첫 번째 매개변수인 pNum은 몇 번째 실행인지 알 수 있게 하는 번호입니다. 두 번째 매개변수인 pTime은 타이머의 지연 시간입니다. 세 번째 fnCallback은 비동기 처리를 할 수 있는 콜백 함수를 만듭니다.

25~28 타이머로 비동기 실행 연출

타이머를 사용하려고 setTimeout() 함수를 사용했습니다. 이 함수의 형식은 다음과 같습니다.

```
setTimeout(function, milliseconds)
// function: 타이머가 종료된 후 실행될 함수 전달
// milliseconds: 타이머가 동작할 시간 설정(단위: ms)
```

그래서 타이머가 종료되면 콘솔에 번호를 표시하고 fnProductReady의 세 번째 매개변수를 콜백 함수로 실행하여 네트워크의 시간 지연 효과를 만듭니다.

STEP 2 작성한 파일을 저장하고 크롬 브라우저에서 실행합니다. 개발자 모드에서 〈콜백 함수 실행!〉 버튼을 클릭하면 다음과 같은 최종 화면을 확인할 수 있습니다.

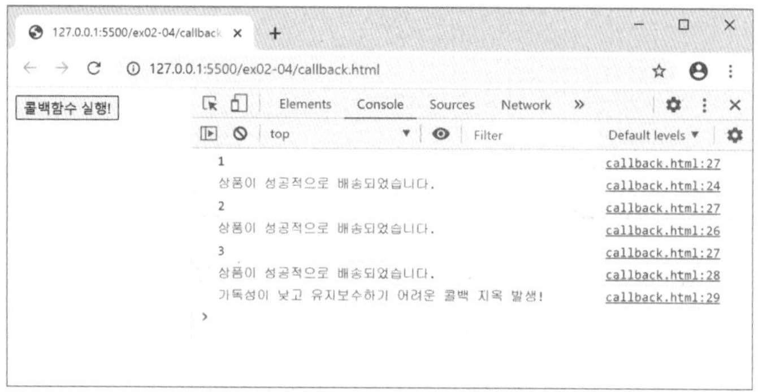

그림 2-11 콜백 함수의 실습 결과 화면

콜백 함수의 한계와 Promise의 등장

앞에서 배운 것처럼 콜백 함수를 사용하면 비동기 처리 방식으로 구현할 수 있습니다. 그러나 가독성이나 유지·보수 면에서 볼 때 그리 좋은 방식은 아닙니다. 모던 웹 애플리케이션 프로그래밍에서는 네트워크 데이터를 비동기 방식으로 처리할 내용이 많은데 자바스크립트의 콜백 함수에만 의존한다면 다음과 같은 2가지 한계가 있습니다.

첫째, 콜백 지옥 문제

프로그램 로직이 복잡해지면 콜백 함수가 늘어나서 심하게 중첩되는 경우가 많습니다. 나중에는 관리하기 힘들 정도로 복잡하게 꼬여서 오류를 찾기가 어려워 손을 쓸 수 없을 정도가 되기도 합니다. 이런 현상을 흔히 '콜백 지옥(callback hell)'이라고 합니다.

둘째, 반환값 처리 문제

콜백 함수를 실행했던 시점과 콜백 함수가 종료된 후 반환값을 처리하는 시점이 분리되어 관리하기 어렵습니다. 예를 들어, 첫 번째 `fnProductReady()` 함수가 2초 동안 실행되는 중간에 두 번째 `fnProductReady()` 함수는 1초 만에 끝나서 값을 먼저 반환하더라도 두 결과는 서로 분리되어 처리됩니다. 이 때문에 오류가 발생하면 원인을 찾기가 매우 어렵습니다.
그래서 구조를 단순화하고 소스의 가독성과 유지 보수를 쉽게 하는 방법으로 `Promise`가 등장합니다. `Promise`는 ES6부터 자바스크립트의 비동기 처리 방식을 위해 정식으로 포함된 객체로서 콜백 함수에만 의존하는 문제를 간단히 해결했습니다.

02-6 JSON과 Fetch API

Promise를 빨리 이해하는 가장 좋은 방법은 직접 해보는 것입니다. 하지만 Promise는 대부분 데이터 통신과 관계되어 있으므로 Promise를 본격적으로 실습하기 전에 JSON과 Fetch API를 먼저 알아 두는 것이 좋습니다. Fetch API를 이용해 서버에서 JSON 데이터를 가져올 때 Promise를 사용하면 얼마나 편리한지 이번 절에서 직접 확인해 보겠습니다. Promise는 다음 절에서 본격적으로 소개합니다.

JSON 이해하기

JSON(JavaScript object notation)이란 자바스크립트에서 데이터를 저장하고 교환할 때 사용하는 정형화된 텍스트 형식으로 매우 간단한 것이 특징입니다. JSON은 자바스크립트의 데이터 타입인 객체로 변환해서 사용합니다. 하지만 언어가 독립적이어서 최근에는 자바스크립트뿐만 아니라 거의 대부분의 프로그래밍 언어에서 서버와 브라우저 간에 데이터를 주고받는 형식으로 많이 사용합니다.

JSON은 시작과 끝을 중괄호({})로 지정하고, 각 항목은 '키:값' 형식으로 묶어서 표현합니다. 그리고 각 항목은 콤마(,)로 구분합니다. name, age, email의 값을 간단히 표현하면 다음과 같습니다.

JSON 작성 예시

```
{ "name": "홍길동", "age": 35, "email": "sjyou@somedomain.com" }
```

JSON의 원본값은 텍스트이지만 자바스크립트에서는 배열 형식으로 관리해야 하므로 텍스트를 객체로 바꾸는 작업이 필요합니다. 이때 `JSON.parse()` 함수를 사용합니다. 반대로 JSON 데이터가 담긴 자바스크립트 객체를 텍스트로 변환할 때는 `JSON.stringify()` 함수를 사용합니다.

JSON.stringify()와 JSON.parse() 함수 사용 예시

```
01: let myObj = { "name": "홍길동", "age": 35, "email": "sjyou@somedomain.com" };
02:
03: strJSON = JSON.stringify(myObj)
04: console.log(strJSON);
05: newObj = JSON.parse(strJSON)
06: console.log(newObj);
```

01 앞에서 배운 `let` 키워드를 사용해서 변수를 선언했습니다. 항목이 3개 있는 자바스크립트 객체를 JSON 형식으로 준비합니다.

03 `JSON.stringify()` 함수로 자바스크립트 객체를 텍스트로 변환합니다.

06 `JSON.parse()` 함수를 이용해 텍스트를 자바스크립트 객체로 변환합니다.

소스를 실행 후 콘솔 창을 확인해 보면 **04**행의 출력문은 텍스트 형태로 출력되고, **06**행의 출력문은 객체 형태로 출력됩니다.

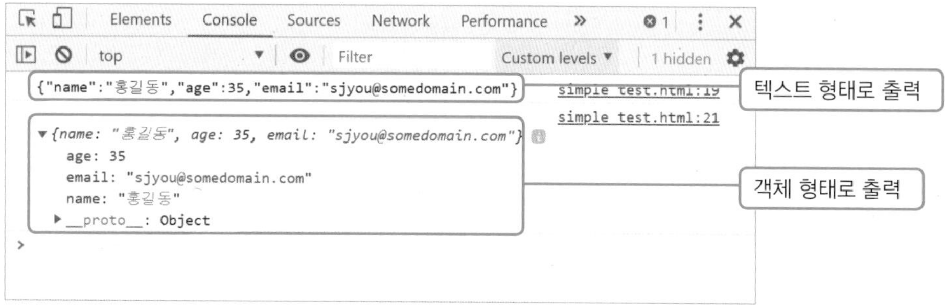

그림 2-12 JSON 예시의 결과 화면

Fetch API 이해하기

Fetch는 웹 API에서 제공하는 다양한 함수 중 하나입니다. 이 함수는 원격 서버에서 제공하는 데이터의 CRUD(create, read, update, delete) 작업을 손쉽게 하도록 HTTP `Request`, `Response`의 `Post`, `Get`, `Put`, `Delete` 메서드로 관리해 주는 방법을 제공합니다.

fetch 사용법

```
fetch(path)
// path: 데이터를 읽을 주소
// 반환값: 서버가 응답하는 값을 Promise 객체로 반환
```

Fetch API의 자세한 사용법은 앱을 본격적으로 만드는 셋째마당에서 다룹니다. 여기서는 원격 데이터를 읽어 오는 방법만 간단히 살펴보겠습니다. 먼저 테스트할 수 있는 원격 웹 서비스가 필요한데, 가장 간단한 방법은 JSONPlaceholder 웹 사이트를 이용하는 것입니다.

이 사이트에서는 JSON으로 자주 사용되는 포스트, 댓글, 사진 앨범, To-Do 리스트, 사용자 등의 가짜 샘플 데이터를 무료로 제공합니다. 즉, 테스트나 프로토타이핑이 필요할 때 사용할 수 있는 온라인 데이터 서비스입니다.

JSONPlaceholder 웹 사이트: http://jsonplaceholder.typicode.com/

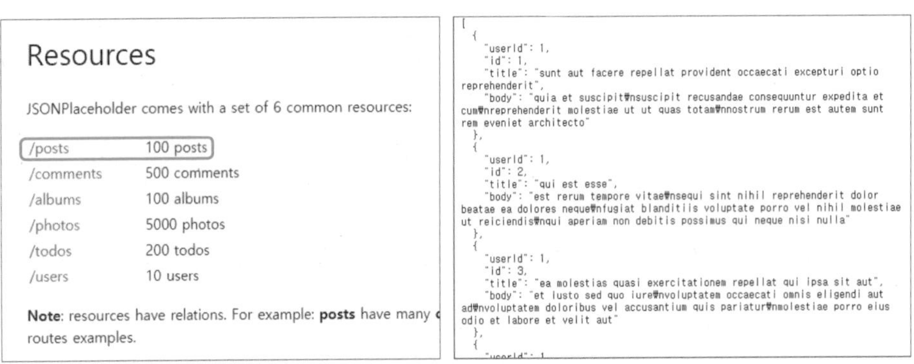

그림 2-13 JSONPlaceholder 사이트가 제공하는 100가지 포스트 샘플 데이터

`fetch()` 함수는 매개변수 `path`에 데이터를 읽을 주소를 전달하면 서버가 응답하는 값을 `Promise` 객체로 반환합니다.

fetch() 사용 예시

```
01: fetch('https://jsonplaceholder.typicode.com/users')
02:   .then(pResponse => pResponse.json())
03:   .then(pJSON => console.log(pJSON))
```

`01` jasonplaceholder 웹 사이트에서 테스트로 제공하는 사용자(users) 정보의 첫 번째 값을 읽습니다.

`02~03` 원격 서버에서 결과를 전송하면 `Promise` 객체에 서버가 응답한 값을 매개변수로 전달받아서 JSON 데이터로 변경한 후 출력합니다.

Fetch API를 이용해 JSON값을 `Promise` 객체로 변환한 결과 화면은 다음과 같습니다.

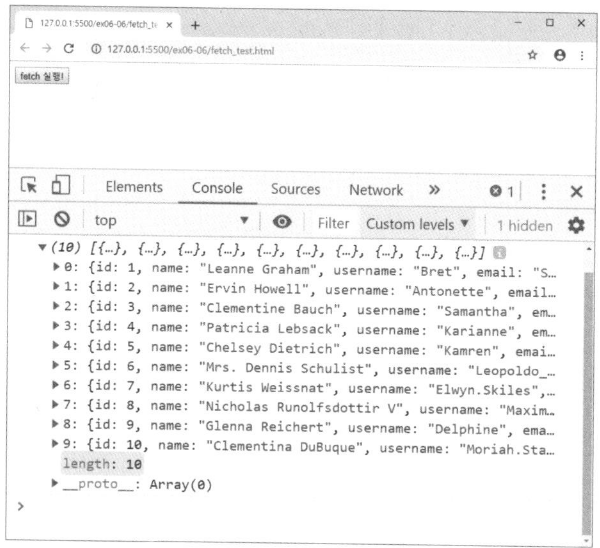

그림 2-14 fetch() 함수의 실습 결과 화면

Do it! 실습 원격에서 정보를 Promise로 받기

이번에는 JSON 데이터를 Fetch API로 로컬과 원격 서버에서 읽고 Promise로 받아 화면에 표시하는 간단한 예제를 실습해 보겠습니다. 이번 예제의 목적은 콜백 함수보다 Promise를 사용하면 훨씬 직관적이고 간결하다는 것을 확인하는 데 있습니다.

STEP 1 새 실습 폴더(예: ex02-05)에 data.json 파일을 만듭니다. name, age, email이라는 3개 항목으로 된 JSON 파일을 다음과 같이 작성합니다.

실습 파일 ex02-05₩data.json

```
{
    "items": [
      { "name": "홍길동1", "age": 35, "email": "kdhong1@somedomain.com" },
      { "name": "홍길동2", "age": 30, "email": "kdhong2@somedomain.com" },
      { "name": "홍길동3", "age": 45, "email": "kdhong3@somedomain.com" }
    ]
}
```

STEP 2 promise_getjson.html 파일을 생성하고 다음과 같은 코드를 작성합니다. 간단하게 버튼을 2개 만들어, 각 버튼을 누르면 로컬과 원격 서버에서 JSON 데이터를 읽고 콘솔 창에 출력하는 내용입니다.

실습 파일 ex02-05₩promise_getjson.html

```
01: <!DOCTYPE html>
02: <html>
03: <head>
04:   <meta charset="UTF-8">
05:   <title></title>
06: </head>
07: <body>
08:   <button onclick="
09:     // JSON 로컬 텍스트 표시
10:     fetch('./data.json')
11:       .then(pResponse => pResponse.text())
12:       .then(pJSON => console.log(pJSON));
13:   ">JSON 로컬 읽기</button>
14:
15:   <button onclick="
16:     // JSON 원격 텍스트 표시
17:     fetch('https://jsonplaceholder.typicode.com/posts/1')
18:       .then(pResponse => pResponse.text())
19:       .then(pJSON => console.log(pJSON))
20:   ">JSON 원격 읽기</button>
21: </body>
22: </html>
```

08~13 `fetch()` 함수로 로컬에 있는 data.json 파일을 읽어서 `Promise` 객체로 `pResponse` 매개변수에 저장합니다. 이때, JSON값을 텍스트로 변경해 `Promise`로 반환하는 `text()` 함수를 이용합니다.

15~20 〈JSON 원격 읽기〉 버튼를 클릭하면 원격(JSONPlaceholder 사이트)에서 제공하는 포스트 목록에서 첫 번째 항목을 읽어 가져옵니다. 이러한 처리를 위해 `fetch()` 함수의 매개변수에 'https://jsonplaceholder.typicode.com/posts/1'이라는 경로를 전달합니다.

STEP 3 웹 브라우저에서 각 버튼을 눌러서 결과를 확인합니다. 이처럼 콜백 함수를 사용하지 않아도 `Promise`로 원격 데이터를 읽고 표시할 수 있습니다. 이때 원격은 로컬보다 시간이 조금 더 걸릴 수 있습니다.

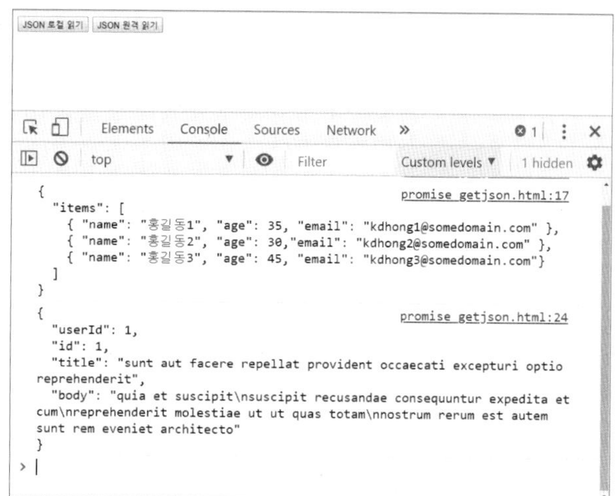

그림 2-15 Promise 실습 결과 화면

02-7 Promise와 비동기 처리 방식

Promise란?

비동기 처리 방식과 데이터 통신 방법까지 이해했다면 이제는 `Promise`를 알아볼 차례입니다. `Promise`란 **비동기 처리 방식으로 실행된 결과의 성공과 실패를 관리하는 객체**입니다. `Promise`의 사전적 의미인 '약속'을 생각하면 더 쉽게 이해할 수 있습니다. 누군가에게 어떤 물건을 주기로 약속했다고 가정할 때 취할 수 있는 행동은 다음 3가지입니다.

- 물건을 주는 경우 → 약속 이행(성공, resolved)
- 물건을 주지 못하는 경우 → 약속 불이행(실패, rejected)
- 물건을 주지 못하고 지연된 경우 → 약속 이행 지연(대기, pending)

이것을 `Promise` 로직으로 표현하면 약속을 생성하는 과정과 최종 결과로 나누어 생각해 볼 수 있습니다. 프로그래밍 관점으로 다시 말하면 약속을 처리할 수 있는 함수를 생성하는 부분과 실행 결과를 반환받는 부분으로 나누어 작성한다고 볼 수 있습니다.
먼저 약속을 생성하는 부분은 발생 가능한 세 가지 상태를 코드로 준비합니다.

- **실행 중 결과 기다림**(pending): 약속은 아직 이행되거나 거절되지 않았고 계속 지연되는 상태입니다. 요청한 실행의 반환을 계속 기다리는 상태입니다. 모든 것이 자동으로 되므로 작성할 코드는 없습니다.
- **요청한 실행이 성공함**(resolved): 약속을 지키기는 데 문제가 없는 경우를 말합니다. 요청했던 실행이 성공한 경우이므로 이때 필요한 코드를 넣어줍니다.
- **요청한 실행이 실패함**(rejected): 약속을 지키는 데 문제가 생겨서 거절하는 경우를 말합니다. 요청했던 실행이 실패한 경우에 필요한 코드를 넣어줍니다.

다음은 약속의 실행 최종 결과에서 확인할 수 있는 두 가지 상태입니다.

- **약속 지킴 최종 성공**(fulfilled): 약속이 지켜져서 물건을 성공적으로 받은 경우입니다. 코드상에서는 성공적으로 원하는 결괏값을 반환받은 경우입니다.
- **약속 못 지킴 최종 실패**(unfulfilled): 약속이 거절되어서 물건을 못 받게 되어 그다음 대책을 실행합니다. 코드상에서는 요청이 실패해서 오류 처리를 해야 하는 경우에 해당합니다.

이러한 내용을 코드로 살펴보겠습니다. 다음은 Promise를 사용하는 로직을 보여 줍니다.

Promise의 로직 예시

```
01: // 가상의 서버 데이터 요청 및 그 결과 랜덤값 반환
02: function RequestData() {
03:   return Math.random() > 0.5;
04: }
05:
06: // 약속을 생성하는 부분
07: const oProductReady = new Promise(function (fnResolve, fnReject) {
08:   // 실행 중 결과 기다림(pending)
09:   let bStatus = RequestData();
10:
11:   if (bStatus) {
12:     // 요청한 실행이 성공함(resolved)
13:     fnResolve('상품이 성공적으로 배송되었습니다.');
14:   } else {
15:     // 실행 중 결과 기다림(pending)
16:     fnReject('죄송합니다. 상품이 아직 준비되지 못했습니다.');
17:   }
18: });
19:
20: // 약속의 실행 최종 결과
21: oProductReady.then(function (pResult) {
22:   // 약속 지킴 최종 성공(fulfilled)
23:   console.log(pResult);
24: }, function (pErrMsg) {
25:   // 약속 못 지킴 최종 실패(unfulfilled)
26:   console.log(pErrMsg);
27: });
```

01~04 서버에 데이터를 요청하고 그 결과를 받는 상황을 연출하는 함수입니다. 랜덤 함수로 데이터가 성공적으로 반환되는지를 결정합니다.

06~18 비동기 처리를 위해 약속을 생성하는 과정입니다.

09~17 상품을 준비하는 요청을 서버에 보내서 기다리는 과정이 먼저 있고, 그 결과에 따라 fnResolve()와 fnReject() 함수를 호출합니다.

21~27 약속을 실행해 최종 결과가 나왔을 경우입니다.

21, 23 약속을 지켰을 때 결과를 콘솔에 표시합니다. then() 메서드는 콜백 함수와 비슷한 기능을 합니다.

24, 26 약속을 어겼을 때 then() 메서드의 두 번째 매개변수로 전달한 화살표 함수에서 처리합니다.

Do it! 실습 하나의 Promise 실습하기

Promise를 실제 자바스크립트 소스로 옮겨서 어떻게 적용하는지 살펴보면 명확히 알 수 있습니다. 이번 실습에서는 Promise를 쉽게 이해하기 위해 객체를 하나만 생성합니다. 외부 네트워크에 접속하진 않지만 비슷한 상황을 연출하기 위해 타이머로 시간을 지연하고, 결과의 성공 여부는 랜덤 함수로 예측할 수 없게 설정하겠습니다.

STEP 1 새 폴더(예: ex02-06)를 만들고 그 안에 promise_resolve_reject.html 파일을 생성한 후 다음 내용을 입력합니다.

실습 파일 ex02-06₩promise_resolve_reject.html

```
01: <!DOCTYPE html>
02: <html>
03: <head>
04:   <meta charset="UTF-8">
05:   <title></title>
06: </head>
07: <body>
08:   <button onclick="
09:     // Promise 실행
10:     console.log('Promise 시작!');
11:     let bStatus = Math.random() > 0.5;
12:     fnCreatePromise(bStatus)
13:       // 비동기 실행으로 결과를 알려 줌
14:       .then(pResult => console.log(pResult))
15:       .catch(pErrMsg => console.error(pErrMsg));
16:     console.log('Promise 종료!');
17:   ">상품 배송 시작!</button>
```

```
18:
19:   <script>
20:     // Promise 생성
21:     function fnCreatePromise(pStatus) {
22:       return new Promise((fnResolve, fnReject) => {
23:         // 상품 준비를 확인하는 비동기 함수를 실행했다고 가정함
24:         setTimeout(() => {
25:           // 상품 준비 결과는 랜덤으로 True 또는 False로 가정함
26:           if (pStatus) fnResolve('상품이 성공적으로 배송되었습니다.');
27:           else fnReject('죄송합니다. 상품이 아직 준비되지 못했습니다.');
28:         }, 3000);
29:       });
30:     }
31:   </script>
32: </body>
33: </html>
```

10, 16 Promise가 비동기로 실행되는지 확인하는 코드입니다. 만약, Promise가 동기식 실행이라면 콘솔에는 'Promise 시작! → 결과 → Promise 종료!' 순서로 출력되었을 것입니다. 하지만 Promise는 비동기 처리 방식이므로 'Promise 시작! → Promise 종료! → (3초 후) 결과' 순서로 표시됩니다.

11 Promise를 생성할 때 성공 여부를 가상으로 판별하기 위해 랜덤값을 사용합니다. 이 값은 Promise를 생성하는 fnCreatePromise() 함수 호출 때 전달합니다.

12~14 Promise를 실행한 후 성공하면 then() 메서드를 호출합니다.

15 실패하면 catch() 메서드를 호출합니다.

21~30 12행에서 fnCreatePromise() 함수가 호출되면 이곳에서 Promise를 생성하고 반환합니다. pStatus 매개변수에 성공 여부를 판별하는 정보가 담겨 있으므로 이 내용에 맞춰서 성공과 실패를 담당하는 fnResolve()와 fnReject() 함수를 각각 작성합니다. 여기에 작성한 내용은 앞으로 일어날 일이므로 약속이라는 의미로 Promise를 사용한 것입니다.

STEP 2 실습 파일을 웹 브라우저에서 실행합니다. 〈상품 배송 시작!〉 버튼을 클릭할 때마다 비동기 실행의 Promise 결과가 웹 브라우저 콘솔 창에 순서대로 표시됩니다.

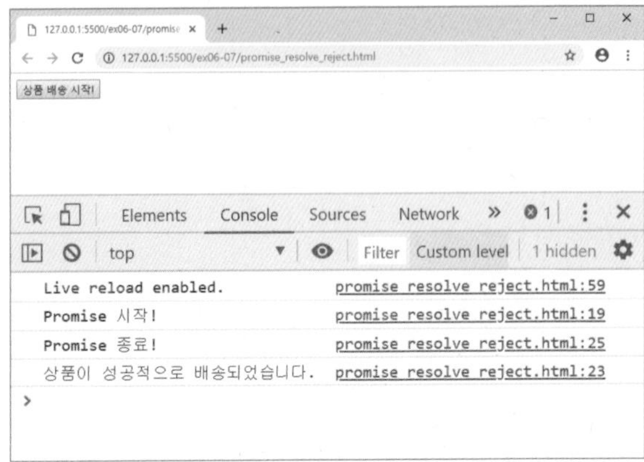

그림 2-16 하나의 Promise 실습 결과 화면

Promise를 여러 개 사용하기

Promise는 비동기 작업을 여러 개 수행할 때 더욱 진가가 나타납니다. 왜냐하면 실전에서는 비동기 작업이 순서대로 수행되어야 할 때가 많기 때문입니다.

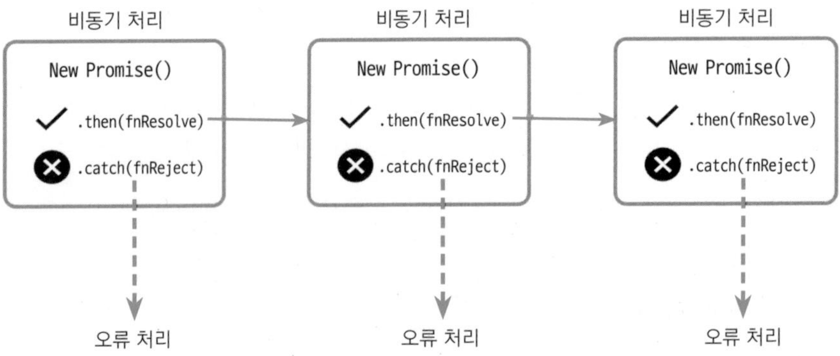

그림 2-17 Promise를 여러 개 사용할 때의 구조

이 그림처럼 Promise를 연결해서 사용하면 다음과 같은 장점이 있습니다.

- **콜백 지옥의 문제점 해결**: 비동기 처리를 순서대로 처리할 때 콜백 함수처럼 중첩할 필요가 없습니다. 즉, 소스를 간결하고 직관적으로 작성할 수 있습니다.
- **비동기 처리를 완료한 후 반환값 관리가 쉬움**: 비동기 처리를 종료한 후 반환값은 성공과 실패 모두 then()과 catch()에 전달된 함수를 통해서 관리할 수 있습니다.

Do it! 실습 여러 개의 Promise 실습하기

실전에서 Promise를 사용한다고 가정하면서 3개의 비동기 처리를 순서대로 어떻게 처리하면 되는지 실습해 보겠습니다.

STEP 1 실습 폴더(예: ex02-07)를 열고 promise_multi.html 파일을 만듭니다. 비동기 처리 방식을 염두에 두고 다음 내용을 직접 작성해 보세요.

실습 파일 ex02-07₩promise_multi.html

```
<!DOCTYPE html>
<html>
<head>
  <meta charset="UTF-8">
  <title></title>
</head>
<body>
  <button onclick="
    // Promise로 비동기 함수를 순서대로 실행
    fnProductReady(1, 2000)
      .then((pResult1) => {
        console.log(pResult1);
        return fnProductReady(2, 1000);
      })
      .then((pResult2) => {
        console.log(pResult2);
        return fnProductReady(3, 500);
      })
      .then((pResult3) => console.log(pResult3));
  ">Promise: 상품 배송 시작!</button>

  <script>
    // Promise로 비동기 함수 생성
    function fnProductReady(pNum, pTime) {
      return new Promise((fnResolve) => {
        setTimeout(() => {
          console.log(pNum);
          fnResolve('상품이 성공적으로 배송되었습니다.');
```

```
29:             }, pTime);
30:         });
31:     }
32:   </script>
33: </body>
34: </html>
```

10~14 fnProductReady()는 가상으로 상품을 준비하는 비동기 처리 함수입니다. 첫 번째 매개변수로 전달한 1은 첫 번째 처리라는 의미입니다. 언제 종료될지 예측할 수 없지만 여기서는 두 번째 매개변수로 지연 시간(2000ms = 2초)을 주었습니다. 비동기 처리가 완료되면 then() 메서드에 그다음 처리를 작성하면 됩니다. 화살표 함수로 pResult1을 받아 화면에 결과를 표시하고, 두 번째 fnProductReady() 비동기 처리를 1000ms(1초) 지연으로 실행합니다. 여기서 유의할 점은 반드시 fnProductReady() 함수로 생성된 Promise를 return 문으로 반환해야 두 번째 비동기 처리가 시작된다는 것입니다.

15~18 두 번째 비동기 처리가 완료되면 같은 방법으로 then() 메서드 안에 결과와 세 번째 fnProductReady() 함수를 실행합니다. 세 번째 비동기 처리는 500ms(0.5초) 지연합니다. 호출로 얻은 Promise를 반환하면 세 번째 비동기 처리가 시작됩니다.

19 0.5초 지연한 후에 완료되면 then() 문이 실행되어 세 번째 결괏값을 화살표 함수로 콘솔에 출력합니다. 비동기 처리가 각각 2초, 1초, 0.5초로 지연되지만 1 → 2 → 3의 실행 순서는 보장받을 수 있습니다. 또한 소스도 간결하게 정리되어 관리하기 편합니다. 이것이 바로 Promise의 매력입니다.

24~31 fnProductReady() 함수는 가상의 상품을 준비하는 작업을 비동기로 처리합니다. 실전 느낌이 나도록 네트워크 트래픽 시간도 연출해야겠죠? 가상의 웹 서버가 처리하는 것처럼 타이머를 이용해서 매개변수로 받은 값만큼 시간을 지연합니다. 그리고 몇 번째 비동기 실행인지 알 수 있도록 첫 번째 매개변수를 콘솔에 출력합니다.
코드를 간단하게 작성하고자 Promise 처리가 성공했을 때 호출되는 fnResolve() 함수만 작성했습니다. 이 함수의 매개변수는 "상품이 성공적으로 배송되었습니다."라는 간단한 성공 메시지를 문자열로 전달합니다. 그러면 이 값은 Promise의 then() 메서드가 실행될 때 첫 번째 매개변수에 있는 성공 함수에서 매개변수로 전달받습니다.

STEP 2 실습 소스를 웹 브라우저에서 실행한 후 〈상품 배송 시작!〉을 클릭합니다. 그러면 클릭할 때마다 비동기 실행의 `Promise` 결과가 1 → 2 → 3 순서대로 콘솔 창에 표시됩니다. 시간이 지연되는 것도 함께 느껴 보기 바랍니다.

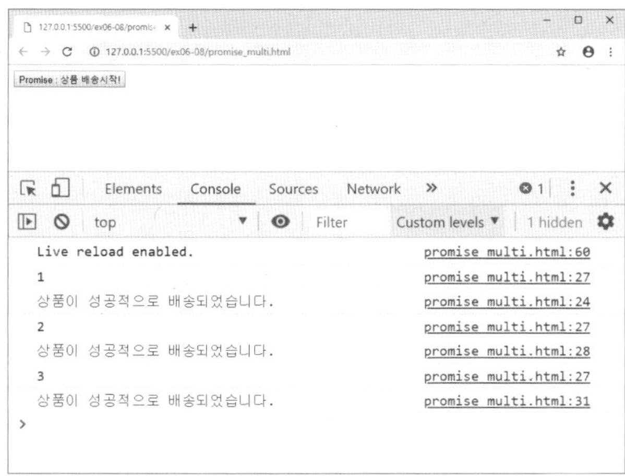

그림 2-18 여러 개의 Promise 실습 결과 화면

02-8 await 연산자와 async 비동기 함수

지금까지 비동기 처리를 동기 방식으로 처리하기 위해 Promise를 연결해서 사용하는 방법을 살펴보았습니다. 제시한 미션을 훌륭하게 수행할 수 있었지만 비동기 처리를 위해 then() 메서드를 중첩해 사용했습니다. 따라서 동기와 비동기 처리를 자유롭게 넘나들기에는 아직 유연성이 부족합니다. 이를 해결하기 위해 ES8부터는 await 연산자와 async 함수를 제공합니다.

await 연산자

먼저 await 연산자의 사용법을 살펴보기 위해 다음처럼 Promise를 반환하는 함수를 만들었다고 가정하겠습니다. 앞 절에서 실습한 내용과 비슷합니다.

Promise로 비동기 처리 함수 생성

```
function fnProductReady(pNum, pTime) {
  return new Promise((resolve) => {
    setTimeout(() => {
      console.log(pNum);    // 1 출력
      resolve('상품이 성공적으로 배송되었습니다.');
    }, pTime);
  });
}
```

await 연산자는 '기다리다'라는 사전적 의미처럼 다음 실행으로 넘어가지 않고 결과가 나올 때까지 기다립니다. 즉, await 연산자는 오른쪽 항을 동기로 처리하도록 지시합니다.

await 연산자 사용 예시

```
strRet = await fnProductReady(1, 2000);
console.log(strRet);
```

▶ 실행 결과

```
1
상품이 성공적으로 배송되었습니다. // 2초 지연 후 출력
```

awiat 연산자 다음에 실행문(여기서는 함수 호출문)을 이어서 표시하면 됩니다. 이 코드는 Promise의 실행이 완료될 때까지 2초(2000ms)간 기다립니다. 완료되면 이어서 다음 코드를 실행합니다.
그런데 await만 사용하면 결과가 나오지 않을 때 무한 루프에 빠질 수 있습니다. 그래서 비동기 방식으로 처리하는 명령이 있는 함수는 반드시 async를 실행해야 합니다.

async 함수

일반 함수를 선언할 때 앞에 async를 붙여서 비동기 처리 방식으로 선언합니다. 다음은 실전에서 클라이언트가 순서대로 요청해도 서버에서 실행 결과를 순서 없이 반환받는 예입니다.

async 함수 사용법

```
01: async function fnDoAsyncFunc() {
02:   console.log(await fnProductReady(1, 2000));    // 2초 지연
03:   console.log(await fnProductReady(2, 1000));    // 1초 지연
04:   console.log(await fnProductReady(3, 500));     // 0.5초 지연
05: }
06: fnDoAsyncFunc();
```

▶ 실행 결과

```
1
상품이 성공적으로 배송되었습니다.   // 2초 지연 후 출력
2
상품이 성공적으로 배송되었습니다.   // 1초 지연 후 출력
3
상품이 성공적으로 배송되었습니다.   // 0.5초 지연 후 출력
```

fnProductReady() 함수를 다시 활용해서 세 번 연속해서 사용한다면 01~05행처럼 간결하게 작성할 수 있습니다. async 함수를 실행하는 방법은 06행처럼 일반 함수와 같습니다.

Do it! 실습 await 연산자와 async 비동기 함수 실습하기

await 연산자와 async 비동기 함수를 사용하면 Promise를 좀 더 유연하게 활용할 수 있습니다. 정말 그런지 실습으로 확인해 보겠습니다.

STEP 1 새 폴더(예: ex02-08)를 만들고 그 안에 async_await.html 파일을 만듭니다. 다음처럼 코드를 작성합니다. 버튼을 누르면 3개의 비동기 처리가 발생하는 예제입니다.

실습 파일 ex02-08₩async_await.html

```
<!DOCTYPE html>
<html>
<head>
  <meta charset="UTF-8">
  <title></title>
</head>
<body>
  <!-- async 함수를 실행 -->
  <button onclick="fnDoAsyncFunc()">async, await: 상품 배송 시작!</button>

  <script>
    // await로 비동기 함수를 순서대로 실행
    // Promise보다 소스가 간결하고 가독성이 가장 높음!
    async function fnDoAsyncFunc() {
      console.log(await fnProductReady(1, 2000)); // 2초 지연
      console.log(await fnProductReady(2, 1000)); // 1초 지연
      console.log(await fnProductReady(3, 500));  // 0.5초 지연
    }
    // Promise로 비동기 함수 생성
    function fnProductReady(pNum, pTime) {
      return new Promise((resolve) => {
        setTimeout(() => {
          console.log(pNum);
          resolve('상품이 성공적으로 배송되었습니다.');
        }, pTime);
      });
    }
  </script>
</body>
</html>
```

09 화면에 나타난 버튼을 클릭하면 fnDoAsyncFunc() 비동기 함수가 실행되도록 onclick 이벤트 핸들러에 연결합니다.

14~18 fnProductReady() 함수 앞에 await 연산자를 붙입니다. 이러면 async 함수 안에서 await 연산자가 사용된 함수 호출문이 하나씩 실행되고, 하나의 함수가 완료될 때까지 다음 함수는 호출하지 않으므로 1 → 2 → 3 순서를 보장받을 수 있습니다. 이때 무한 루프에 빠지지 않도록 async 함수로 전체를 감싸서 비동기로 처리합니다.

20~27 fnProductReady() 함수는 번호와 지연 시간이라는 매개변수를 받아 상품을 준비하는 동안 시간이 지연되는 연출을 위해 Promise를 생성해서 반환합니다.

STEP 2 실습 파일을 웹 브라우저로 실행한 후 〈상품 배송 시작!〉을 클릭합니다. 버튼을 누를 때마다 비동기 실행의 Promise 결과가 1 → 2 → 3 순서대로 콘솔 창에 표시됩니다. Promise를 사용할 때와 결과는 같지만 프로그램 로직은 훨씬 간결해진 것을 알 수 있습니다.

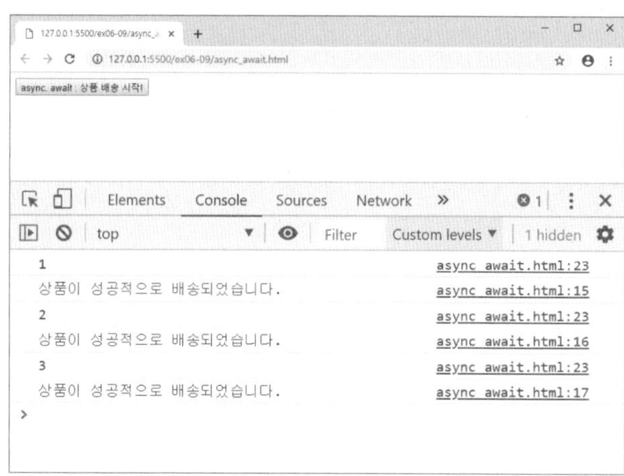

그림 2-19 실습 결과 화면

미션 코딩! 입력된 숫자의 범주 판별하기

완성 파일 PWA-mission₩mission02

사용자가 숫자를 입력했을 때 1~100 범위에 속하면 "성공적으로 입력하셨습니다!"라는 메시지가 나타나고, 그렇지 않으면 "입력 범위가 맞지 않습니다!"라는 메시지가 나타나는 프로그램을 만들어 보세요. 다음은 실습 결과 화면입니다.

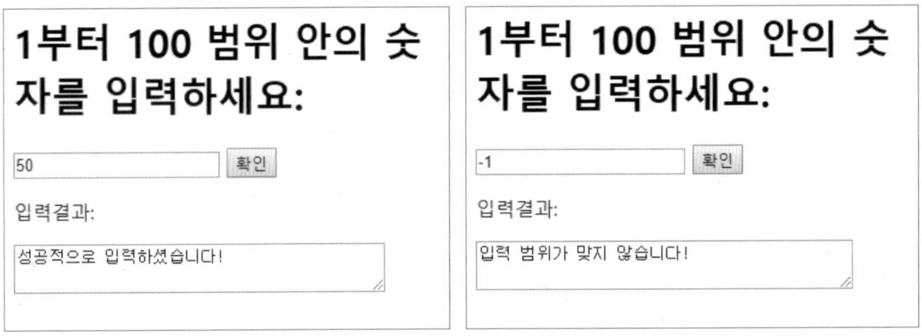

1부터 100 범위 안의 숫자를 입력하세요:

50 [확인]

입력결과:

성공적으로 입력하셨습니다!

1부터 100 범위 안의 숫자를 입력하세요:

-1 [확인]

입력결과:

입력 범위가 맞지 않습니다!

그림 2-20 실습 결과

HINT 1 먼저 양식 폼을 작성합니다. `h1` 엘리먼트는 제목을 표시할 때 사용하며, `input` 엘리먼트는 문자나 숫자 등을 입력받을 때 사용합니다. `textarea` 엘리먼트는 많은 양의 문장을 한꺼번에 입력받고 출력할 때 사용합니다.

```
<h1>1부터 100 범위 안의 숫자를 입력하세요:</h1>
<input type="text" id="comIn" value="" />
<button onclick="fnMeasure()">확인</button>
<p>입력 결과:</p>
<textarea id="comOutput"></textarea>
```

HINT 2 앞 코드에 이어서 숫자의 범위를 판별하는 자바스크립트를 작성합니다.

```
...생략...
function fnMeasure() {
  let iNumber, strResult;
  // 입력한 숫자를 가져옴
  iNumber = document.querySelector("#comIn").value;
```

```
11:   // 1부터 100까지 범위인지 확인
12:   if (iNumber < 1 || iNumber > 100) strResult = "입력 범위가 맞지 않습니다!";
13:   else strResult = "성공적으로 입력하셨습니다!";
14:   document.querySelector("#comOutput").innerHTML = strResult;
15: }
...생략...
```

10 사용자가 숫자를 넣고 <확인>을 클릭하면 `id` 선택자가 `comIn`인 `input` 엘리먼트의 값을 읽습니다.

12~13 `if` 조건문으로 1부터 100까지의 범위 안에 들어왔는지 판단합니다. 조건에 해당할 때 나타낼 문구를 `strResult` 변숫값에 입력합니다.

14 `strResult`를 `textarea` 엘리먼트값에 넣어 줍니다.

03

순수 자바스크립트로 PWA 만들기

이번 장에서는 순수 자바스크립트로 PWA를 개발하는 방법을 배웁니다. 사실 자바스크립트 프레임워크를 사용하면 PWA 개발이 한결 수월해집니다. 이 책도 실무에서 쓰는 뷰(Vue.js), 뷰티파이(Vuetify.js)라는 프레임워크를 사용해 PWA를 만드는 것이 최종 목표입니다. 하지만 PWA는 이런 프레임워크의 힘을 빌리지 않고도 충분히 만들 수 있습니다. 처음부터 자바스크립트 프레임워크만 고집하면 오히려 PWA 개발의 기본 원리를 놓칠 수 있습니다.

03-1 '안녕하세요! PWA by JS' 구경하기

일단 순수 자바스크립트만을 이용해서 PWA를 만들어 봅시다. 여기서 만들 '안녕하세요! PWA by JS' 예제는 이번 장에서 마지막에 만들 예제이기도 합니다. 여기서 미리 살펴보면서 PWA가 어떻게 동작하는지 알아보겠습니다.

Do it! 실습 '안녕하세요! PWA by JS' 예제 실행하기

STEP 1 먼저 VSCode를 실행합니다. 필자가 제공한 실습 파일 중에서 ex03 폴더를 열고 index.html 파일을 선택합니다. 그리고 〈Go Live〉를 눌러 실행합니다.

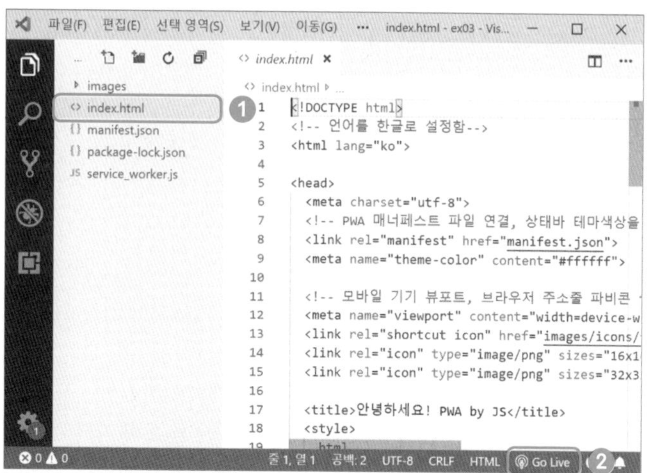

그림 3-1 VSCode에서 '안녕하세요! PWA by JS' 실행하기

STEP 2 '안녕하세요! PWA by JS'라고 적힌 환영 페이지가 나타납니다. 이것이 바로 이번 장에서 만들 첫 번째 PWA입니다.

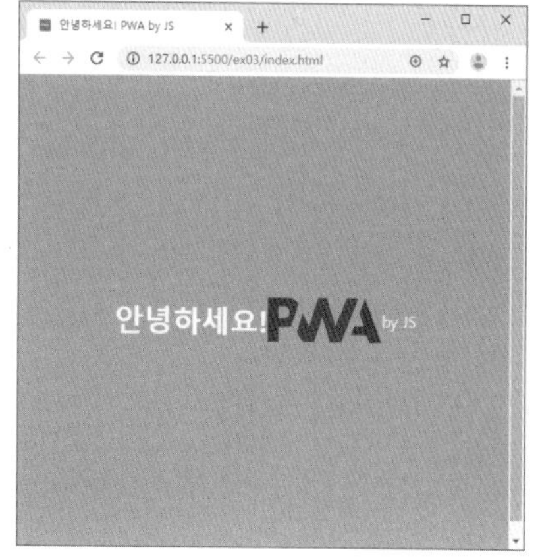

그림 3-2 완성된 PWA 실행 결과

Do it! 실습 매니페스트, 서비스 워커, 콘솔 메시지, 캐시 동작 확인하기

앞에서 실행해 본 프로그램이 간단해 보여도 PWA 핵심 기능만큼은 충실히 담고 있습니다. 눈으로 확인할 수는 없지만 매니페스트가 등록되어 있고 서비스 워커가 동작하고 있으니까요. 정말 그런지 확인해 볼까요?

매니페스트, 서비스 워커 등이 무엇인지 기억이 나지 않는다면 01-2절을 참고하세요.

STEP 1 PWA가 실행되고 있는 웹 브라우저에서 F12를 눌러 개발자 도구를 실행합니다. 그런 다음 [Application → Manifest]를 선택하면 PWA에 등록된 매니페스트를 확인할 수 있습니다. 우선 Identity, Presentation, Icons 항목에 등록된 내용을 가볍게 훑어 보세요.

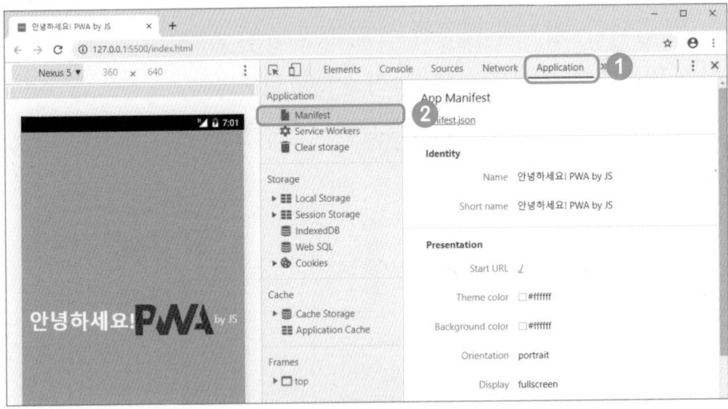

그림 3-3 크롬 개발자 도구에서 매니페스트 확인하기

STEP 2 이번에는 서비스 워커가 제대로 등록되었는지 확인해 봅시다. 개발자 도구의 [Application] 탭에서 **[Service Worker]를 눌러 보세요. Status 항목 오른쪽에 있는 초록색 동그라미가 보이지요? 이것이 서비스 워커가 제대로 동작하고 있다는 표시입니다.**

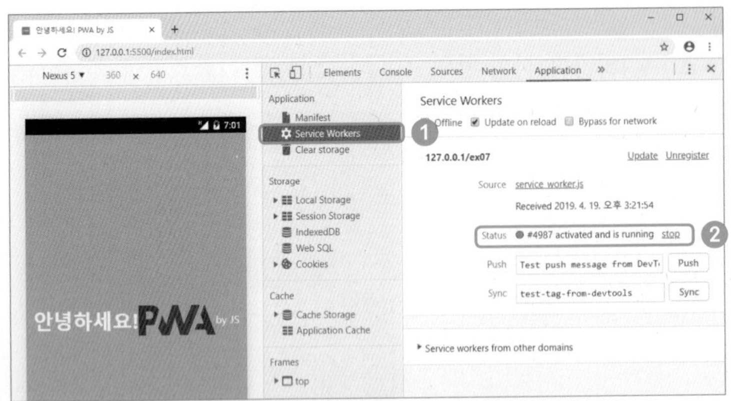

그림 3-4 크롬 개발자 도구에서 서비스 워커 작동 여부 확인하기

STEP 3 지금 실행하는 PWA는 특정 이벤트가 실행되면 콘솔에 메시지가 나타나도록 구현되어 있습니다. 콘솔에서 PWA 메시지도 직접 확인해 봅시다. 개발자 도구에서 [Console] 탭을 클릭하세요.

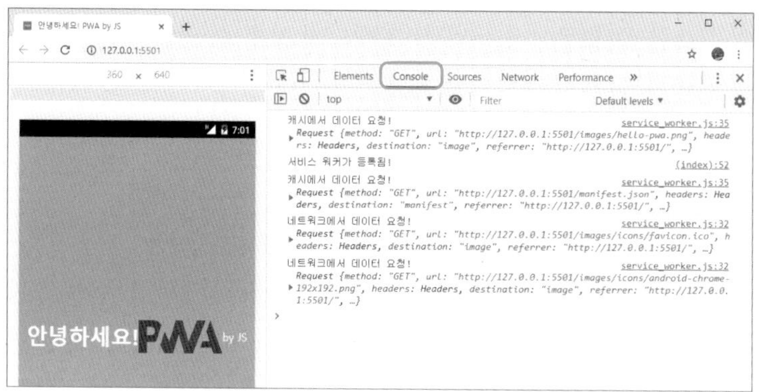

그림 3-5 콘솔에서 메시지 확인하기

STEP 4 다시 [Network] 탭을 누르고 탭 아래 [Online]으로 선택된 펼침 목록을 열어서 [Offline]으로 바꿉니다. 그러면 웹 브라우저가 인터넷 연결을 차단합니다. 이 상태에서도 PWA의 화면이 유지될까요? F5를 눌러 새로 고침을 합니다.

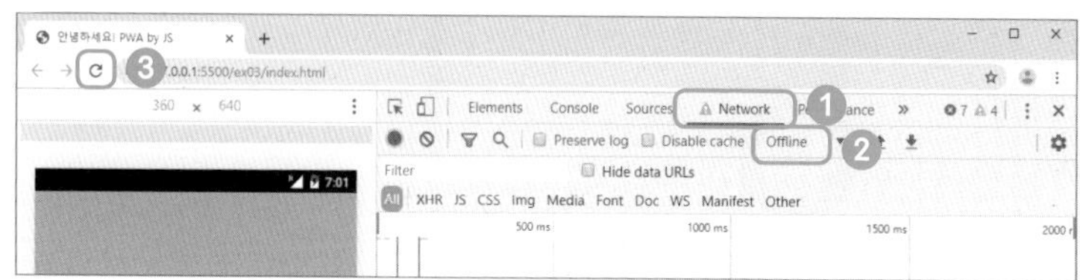

그림 3-6 오프라인 상태에서 캐시 동작 확인하기

STEP 5 목록에서 빨간색으로 표시된 파일(favicon-32x32.png 등)은 불러오지 못한 파일이고, 검은색으로 표시된 파일은 제대로 불러온 파일입니다. STEP 4에서 인터넷 연결을 차단했음에도 화면에 필요한 몇몇 파일은 제대로 불러왔습니다. 이것이 바로 캐시의 힘입니다.

캐시(cache)는 데이터나 값을 미리 복사해 놓는 임시 저장소를 가리킵니다.

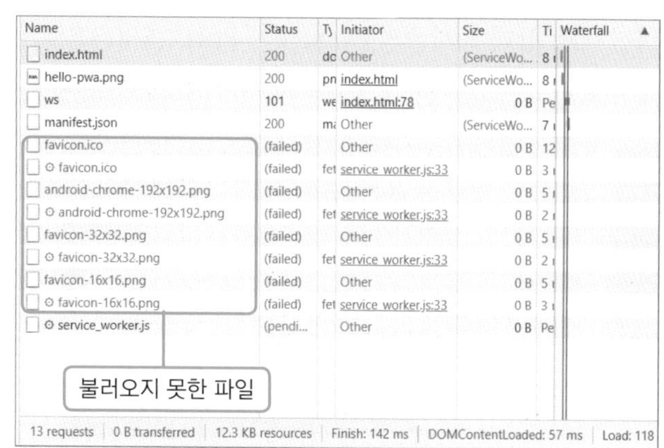

Name	Status	Ty	Initiator	Size	Ti	Waterfall
index.html	200	dc	Other	(ServiceWo...	8	
hello-pwa.png	200	pn	index.html	(ServiceWo...	8	
ws	101	we	index.html:78	0 B	Pe	
manifest.json	200	m	Other	(ServiceWo...	7	
favicon.ico	(failed)		Other	0 B	12	
⚙ favicon.ico	(failed)	fet	service_worker.js:33	0 B	3	
android-chrome-192x192.png	(failed)		Other	0 B	5	
⚙ android-chrome-192x192.png	(failed)	fet	service_worker.js:33	0 B	2	
favicon-32x32.png	(failed)		Other	0 B	5	
⚙ favicon-32x32.png	(failed)	fet	service_worker.js:33	0 B	2	
favicon-16x16.png	(failed)		Other	0 B	5	
⚙ favicon-16x16.png	(failed)	fet	service_worker.js:33	0 B	3	
⚙ service_worker.js	(pendi...		Other	0 B	Pe	

그림 3-7 캐시에서 불러온 파일 확인하기

Do it! 실습 서비스 워커 삭제하고 프로그램 종료하기

서비스 워커 관련 예제를 실습하다 보면 이전에 실행한 예제가 결과 화면으로 나타나 당황하는 일이 생깁니다. 이전 예제의 서비스 워커가 계속 남아 있기 때문인데요. 이처럼 이전 서비스 워커가 남아 있으면 이후 실습할 때 충돌이 일어나 잘 진행되지 않을 수 있습니다. 따라서 **실습을 진행한 후에는 기존 서비스 워커를 반드시 삭제**해야 합니다.

서비스 워커 삭제 작업은 실습한 후에 매번 반복해야 합니다. 이후부터 다시 언급하지 않겠지만 실습이 끝나면 잊지 말고 서비스 워커를 삭제하기 바랍니다.

STEP 1 PWA가 실행 중인 웹 브라우저의 개발자 도구에서 [Application] 탭을 누르고 왼쪽 메뉴 중 [Clear storage]를 선택합니다. 차트 아래에 있는 <Clear site data>를 누르면 메모리에 저장된 서비스 워커, 캐시, 스토리지 데이터베이스 정보가 모두 삭제됩니다. 다음 실습을 진행하기 전에는 이처럼 기존 서비스 워커를 제거하는 습관을 들이는 것이 좋습니다.

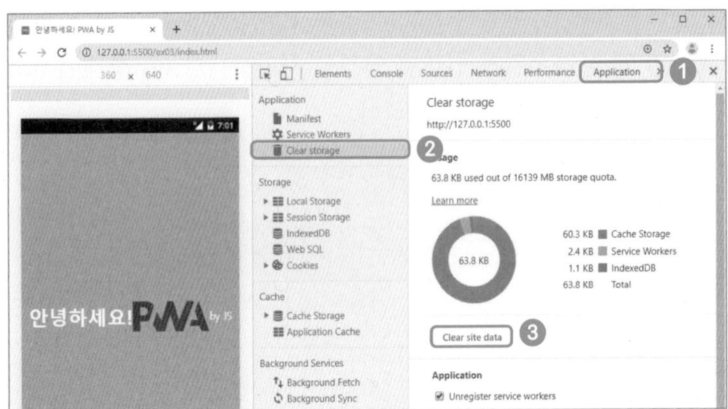

그림 3-8 서비스 워커 삭제하기

STEP 2 마지막으로 VSCode의 라이브 서버를 종료합니다. 라이브 서버가 실행 중일 때는 화면 아래 상태 표시줄의 Go Live가 Port : 5500으로 바뀌어 있습니다. 이때 <Port : 5500>을 누르면 라이브 서버가 종료되고 다시 Go Live로 바뀝니다.

```
  <script>
    if ('serviceWorker' in navigator) {
      navigator.serviceWorker
        .register('./service_worker.js')
        .then(function () {
          console.log('서비스 워커가 등록됨!');
        })
    }
  </script>
</body>

</html>
```

그림 3-9 라이브 서버 종료하기

03-2 매니페스트 작성하기

이제는 앞에서 살펴본 PWA를 직접 만들어 봅시다. 실습은 '매니페스트 작성 → 메인 화면 작성 → 서비스 워커 작성' 순서로 진행됩니다. 반드시 코드를 직접 작성해 보면서 PWA 실행 구조를 파악해 보기 바랍니다.

Do it! 실습 프로젝트 준비하기

STEP 1 먼저 프로젝트 폴더를 만들어야 합니다. 실습 폴더(예: ex03_practice)를 만든 후 VSCode에서 [파일 → 폴더 열기]를 눌러 프로젝트 폴더로 설정합니다.

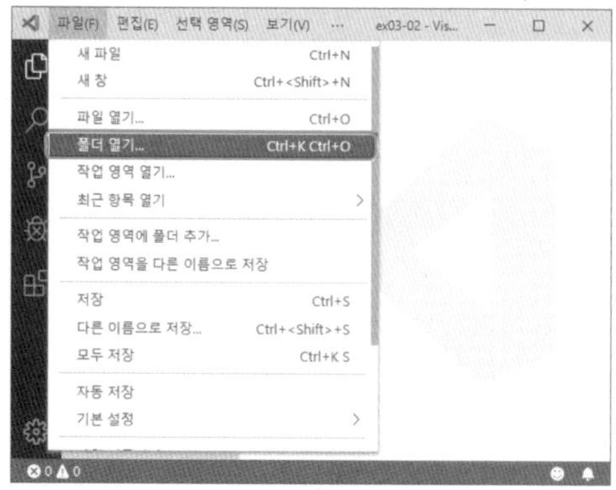

그림 3-10 새로운 실습 폴더 만들기

STEP 2 PWA는 멀티 플랫폼에 대비해 다양한 아이콘 파일이 필요합니다. 홈 화면의 아이콘, 웹 브라우저의 파비콘(favicon) 말고도 앱을 실행하면 가장 먼저 나타나는 화면인 스플래시 스크린(splash screen)에 쓰일 이미지도 필수입니다. 그리고 이번 예제처럼 프로그램 자체에서 사용하는 이미지(hello-pwa.png)도 준비해야 합니다.

이 책은 실습에 필요한 아이콘과 이미지 파일을 모두 제공합니다. 필자가 제공한 실습 파일에서 ex03 폴더 안의 images 폴더를 그대로 복사해 새로 만든 프로젝트 폴더(ex03_practice)에 붙여 넣습니다. 그러면 이미지 준비를 간단하게 끝낼 수 있습니다.

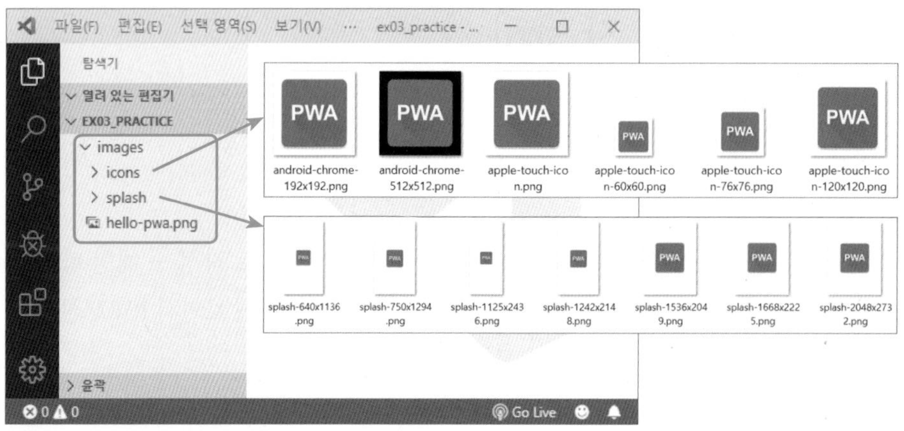

그림 3-11 이미지 준비

Do it! 실습 웹앱 매니페스트 작성하기

STEP 1 VSCode에서 [파일 → 새 파일]을 눌러 manifest.json 파일을 생성합니다. 이 파일은 반드시 새로 만든 실습 폴더 안에 있어야 합니다. 다음과 같이 매니페스트를 직접 작성하면서 각 요소의 의미를 이해해 봅시다.

실습 파일 ex03_practice₩manifest.json

```
{
  "name": "안녕하세요! PWA by JS",
  "short_name": "PWA by JS",
  "description": "PWA start program",
  "scope": ".",
  "start_url": "./",
  "display": "fullscreen",
  "orientation": "portrait",
  "theme_color": "#ffffff",
  "background_color": "#ffffff",
  "icons": [
    {
      "src": "images/icons/android-chrome-512x512.png",
      "sizes": "512x512",
      "type": "image/png"
    }
  ]
}
```

02~04 PWA에서 다양한 곳에 표시되는 제목과 앱 소개 정보가 필요합니다. name은 바로가기 아이콘 설치를 권장하는 팝업 배너와 스플래시 스크린에 표시되는 제목입니다. short_name은 바탕화면 바로가기 아이콘 아래 표시되는 제목입니다. description은 애플리케이션의 간단한 자기소개 문장입니다. PWA를 수집하는 웹 크롤러가 있다면 description에 있는 정보를 가져옵니다.

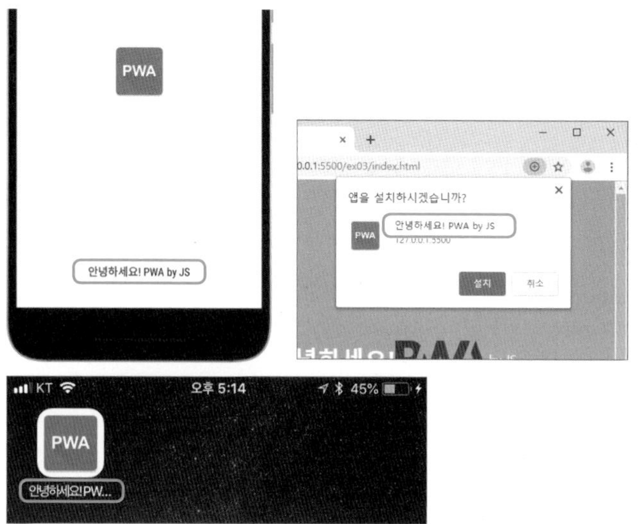

그림 3-12 스플래시 스크린, 앱 설치 권장 팝업, 바로가기 아이콘 등에 표시된 이름

05~06 scope는 매니페스트에 정의된 내용이 적용될 수 있는 파일들의 범위를 지정합니다. '.'은 현재 위치를 의미하고 './'은 현재 위치를 중심으로 시작하는 하위 폴더를 의미합니다. start_url은 프로그램을 실행하면 시작될 URL을 루트 경로(./)로 설정합니다.

루트 경로란 시작하는 경로를 의미하며 반드시 점(.)으로 시작해야 합니다.

07~08 display는 PWA를 실행하면 나타나는 화면의 형태를 설정하는 속성입니다. 다음은 display에 설정할 수 있는 옵션을 표로 정리한 것입니다.

표 3-1 display 설정 옵션

옵션	의미
fullscreen	기기의 최대 화면으로 보여 준다. 만약 기기의 운영체제가 fullscreen을 지원하지 않으면 standalone으로 자동 설정된다
standalone	웹 브라우저의 주소, 상태 표시줄 등을 모두 제거한 화면을 보여 준다. 즉, 웹 브라우저처럼 보이지 않도록 실행할 수 있다. 일반적으로 가장 많이 사용한다
minimal-ui	상단에 주소 표시줄만 추가한다. 만약 기기의 운영체제가 minimal-ui를 지원하지 않으면 standalone으로 자동 설정된다
browser	웹 브라우저와 똑같은 모습으로 실행된다

fullscreen, standalone, minimal-ui 중 하나를 지정하면 모바일 기기는 PWA를 앱으로 인식합니다. 모바일 기기의 [설정 → 애플리케이션]에도 나타나며 일반 앱과 같은 방식으로 관리할 수 있습니다. 반면 browser를 선택하면 앱이 아니라 웹으로 인식합니다.

그림 3-13 왼쪽부터 browser(웹), fullscreen(앱), standalone(앱), minimal-ui(앱) 설정 화면

orientation은 화면의 방향을 결정하는 속성입니다.

표 3-2 orientation 설정 옵션

옵션	의미
portrait	초상화처럼 세로로 실행
landscape	풍경화처럼 가로로 실행

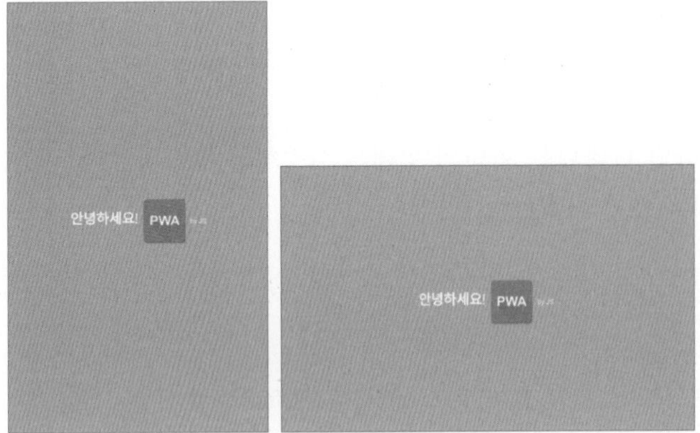

그림 3-14 portrait(왼쪽)와 landscape(오른쪽) 설정 화면

지금까지 소개한 display와 orientation은 네이티브 앱과 같은 경험을 제공하는 데 유용합니다. 충분히 숙지한 후 넘어가기 바랍니다.

09~10 theme_color는 상태 표시줄의 색상을 설정하고, background_color는 스플래시 스크린의 배경색을 설정합니다.

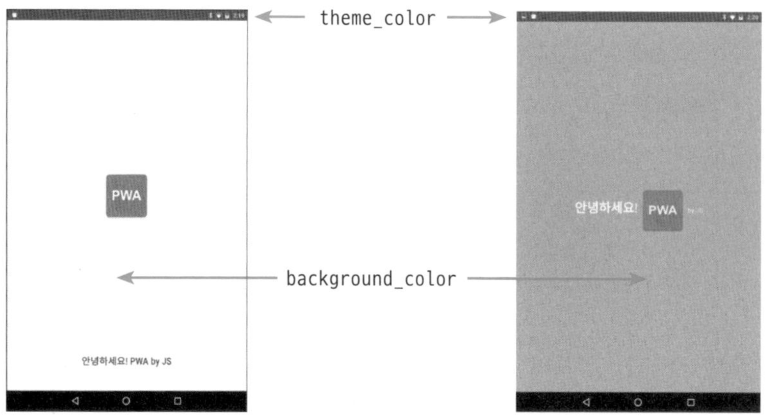

그림 3-15 theme_color, background_color 활용 예시

11~17 스플래시 스크린에 사용할 아이콘 이미지 중에서 128dpi에 가장 가까운 이미지를 찾아 화면에 표시합니다. 여기서는 512×512px 크기의 아이콘 하나만 사용했습니다. 다음은 안드로이드에서 스플래시 스크린을 확인한 화면입니다.

표 3-3 아이콘의 세 가지 속성

속성	의미
src	이미지의 절대 주소 또는 상대 주소
sizes	이미지의 픽셀 크기
type	이미지의 파일 유형

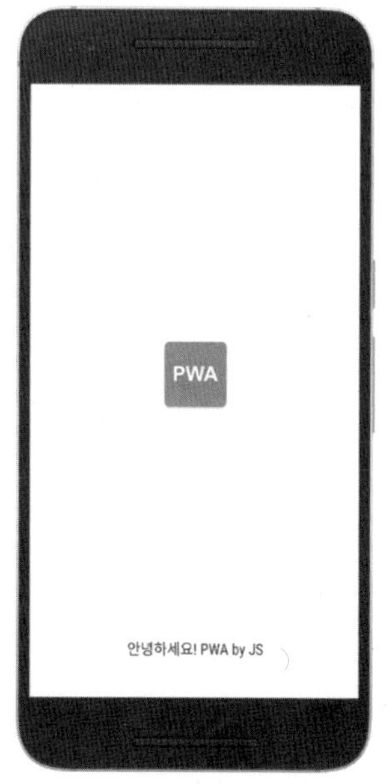

그림 3-16 스플래시 스크린 화면

STEP 2 매니페스트가 알맞게 작성되었는지 어떻게 알 수 있을까요? 매니페스트 유효성 검사 웹 사이트(web manifest validator)를 활용하면 매니페스트 파일을 제대로 작성했는지 확인할 수 있습니다. 앞에서 작성한 내용을 텍스트 파일로 복사한 후 사이트에 붙여넣기만 하면 됩니다.

매니페스트 유효성 검사 웹 사이트 https://manifest-validator.appspot.com/

파일을 업로드하거나 URL 주소로도 검사할 수 있습니다.

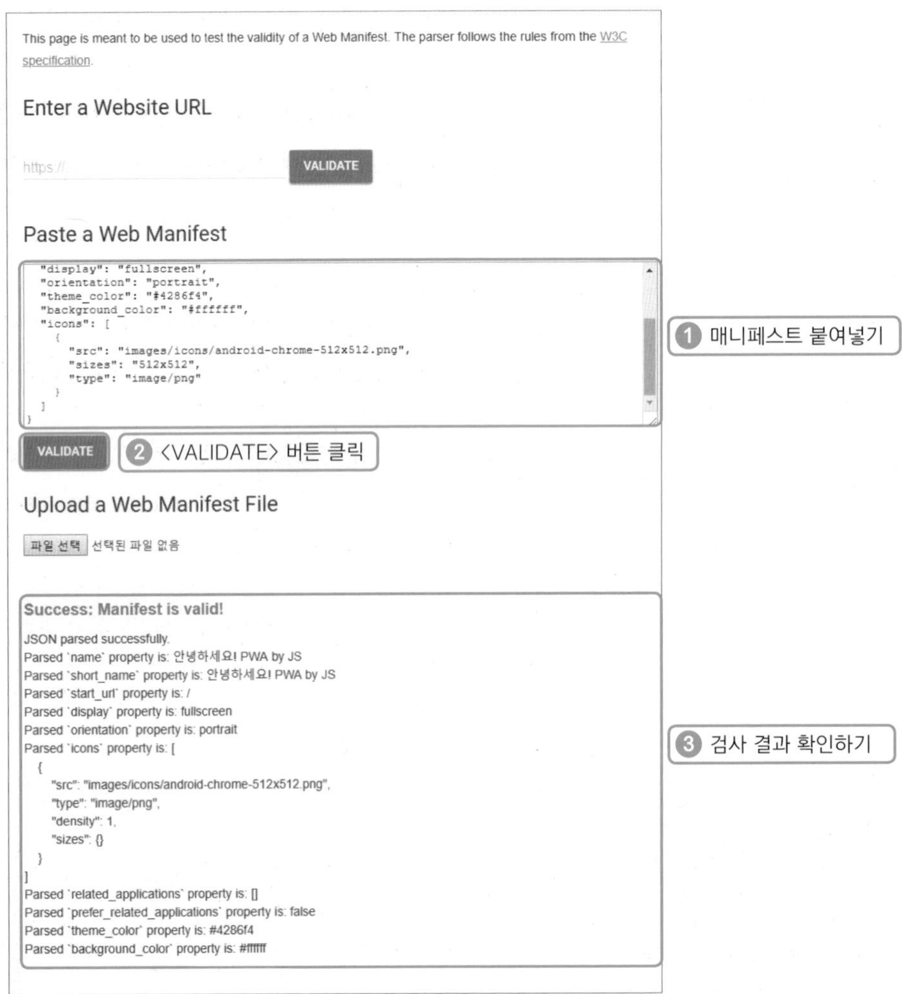

그림 3-17 매니페스트 유효성 검사

03-3 메인 화면 작성하기

이어서 메인 화면인 index.html 파일을 만들어 보겠습니다. 메인 화면에서는 앞에서 작성한 매니페스트와 다음 절에서 작성할 서비스 워커를 연결하는 것이 중요합니다.

Do it! 실습 index.html 파일 작성하기

index.html은 코드 내용이 매우 깁니다. 그래서 이번에는 코드를 나눠서 설명하겠습니다. 여기에서 반드시 알아야 하는 내용은 코드를 작성한 다음에 차근차근 설명하겠습니다.

STEP 1 실습 폴더 안에 index.html 파일을 새로 만들고 다음과 같이 작성합니다.

실습 파일 ex03_practice₩index.html(1/2)

```
<!DOCTYPE html>
<!-- 언어를 한글로 설정함-->
<html lang="ko">

<head>
  <meta charset="utf-8">
  <!-- PWA 매니페스트 파일 연결, 상태 표시줄 색상을 흰색으로 변경 -->
  <link rel="manifest" href="manifest.json">
  <meta name="theme-color" content="#ffffff">

  <!-- 모바일 기기 뷰포트, 브라우저 주소 표시줄의 파비콘 설정 -->
  <meta name="viewport" content="width=device-width, initial-scale=1">
  <!-- meta name="viewport" content="width=device-width, user-scalabe=no" -->
  <link rel="shortcut icon" href="images/icons/favicon.ico">
  <link rel="icon" type="image/png" sizes="16x16" href="images/icons/favicon-16x16.png">
  <link rel="icon" type="image/png" sizes="32x32" href="images/icons/favicon-32x32.png">
...생략...
```

03 **언어 설정**

언어를 미리 설정하지 않으면 PWA를 실행할 때마다 '다른 언어로 번역하시겠습니까?'라는 질문을 받습니다. 즉, 사용자 경험이 크게 감소됩니다.

08~09 **매니페스트 파일 연결**

매니페스트 파일을 연결했습니다. 그리고 상태 표시줄은 흰색으로 설정했습니다.

12~13 **뷰포트 설정**

모바일 브라우저로 PC용 사이트에 접속하면 가끔 화면이 작게 보이는 경우가 있습니다. 뷰포트를 설정하지 않았기 때문입니다. 이 문제를 해결하려면 `content`의 어트리뷰트값을 설정해야 합니다. 다음은 너빗값과 확대, 축소 유무를 지정한 값을 정리한 표입니다.

표 3-4 너빗값과 확대, 축소 유무 설정 옵션

옵션	의미
width=device-width	모바일 기기의 해상도로 너빗값 자동 설정
initial-scale=1	모바일 기기에서 확대하거나 축소 기능 허용
user-scalable=no	모바일 기기에서 확대하거나 축소 기능 제한

14~16 **파비콘 설정**

파비콘(favicon)은 브라우저의 탭이나 즐겨찾기 옆에 있는 귀여운 아이콘을 말합니다. 앞으로 여러분이 PWA를 완성하여 실행하면 다음과 같은 파비콘을 볼 수 있습니다.

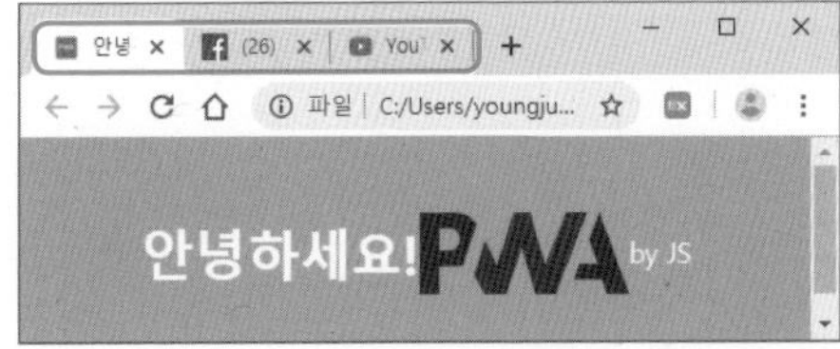

그림 3-18 PWA 앱, 페이스북, 유튜브 파비콘

STEP 1 이제 메인 화면을 디자인할 차례입니다. 제목과 PWA 로고를 화면 가운데에 배치하고 어울리는 배경색을 입혀 보겠습니다. 그리고 나서 서비스 워커를 등록하고 PWA가 브라우저 화면에 나타나도록 하겠습니다.

실습 파일 ex03_practice₩index.html(2/2)

```
...생략...
<title>안녕하세요! PWA by JS</title>
  <style>
  html, body {
    /* html, body 모두 높이를 100%로 고정시켜야 플렉스 박스 동작 */
    height: 100%;
    background-color: #F3A530;
    color: #ffffff;
  }

  .container {
    height: 100%;               /* 높이를 100%로 고정 */
    display: flex;              /* 플렉스 박스로 배치 */
    align-items: center;        /* 상하 가운데 정렬 */
    justify-content: center;    /* 좌우 가운데 정렬 */
  }
  </style>
</head>

<body>
  <div class="container">
    <h1>안녕하세요!</h1>
    <img src="/images/hello-pwa.png" alt=""></img>
    <p>by JS</p>
  </div>
  <!-- 서비스 워커 등록 -->
  <script>
    if ('serviceWorker' in navigator) {
      navigator.serviceWorker
      .register('./service_worker.js')
      .then(function ( ) {
        console.log('서비스 워커가 등록됨!');
      })
    }
  </script>
</body>
</html>
```

20~25 **플렉스 박스 설정**

화면에 표시할 글자와 이미지는 플렉스 박스(flex box)로 레이아웃을 배치합니다. 플렉스 박스를 사용하면 모바일 기기의 크기를 자동으로 고려해 최적의 레이아웃을 배치할 수 있습니다. 단, 플렉스 박스를 사용하려면 `html`, `body`**의 높이를 반드시 100%로 고정**해야 합니다.

27~34 **화면 요소 배치**

화면에 실제로 출력되는 내용은 `container` 클래스 선택자로 지정한 `div` 엘리먼트입니다. 다음은 이 엘리먼트가 화면 가운데에 배치될 수 있도록 스타일을 지정한 것입니다.

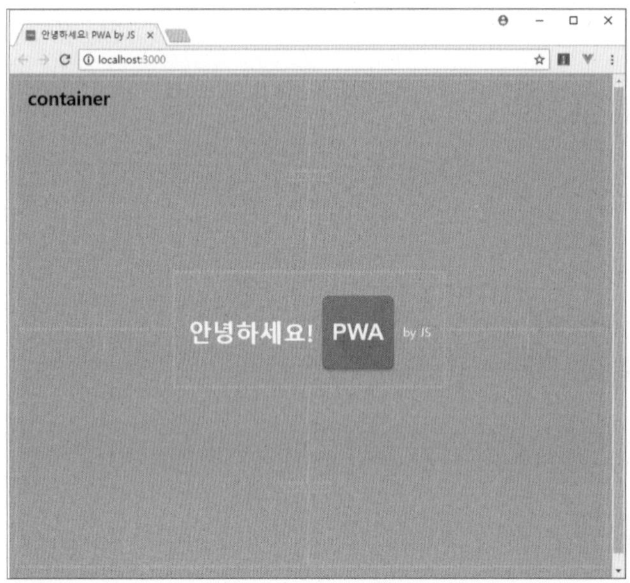

그림 3-19 CSS 플렉스 박스로 엘리먼트를 가운데 배치한 모습

43~51 **서비스 워커 등록**

`register()` 메서드를 사용해 서비스 워커(service_worker.js)를 index.html 파일에 등록합니다. 서비스 워커는 다음 실습에서 직접 만들 예정입니다. 우선 서비스 워커가 등록되는 과정에 집중합시다.

`navigator.serviceWorker`에는 `ServiceWorkerContainer`라는 읽기 전용의 객체가 반환되는데, 이 객체 안에 있는 `register()` 메서드를 이용해 모바일 브라우저가 서비스 워커를 지원하는지 확인한 후 서비스 워커를 등록합니다. `then()` 메서드는 `register()` 메서드의 실행이 성공하면 실행됩니다. 즉, `register()` 메서드가 실행되면 콘솔에 성공 메시지를 출력합니다. 매우 중요한 부분입니다. 반드시 숙지하고 넘어가기 바랍니다.

03-4 서비스 워커 만들고 실행하기

이제는 PWA의 꽃인 서비스 워커를 작성해 보겠습니다. 서비스 워커를 직접 만들면서 동작 원리도 함께 설명하겠습니다. PWA의 강력한 능력은 서비스 워커 덕분이므로 코드가 조금 복잡해 보여도 서비스 워커가 어떤 작업을 수행하는지에 집중하면서 천천히 실습하기 바랍니다.

Do it! 실습 캐시를 관리하는 서비스 워커 만들기

서비스 워커는 브라우저와 분리되어 독립해서 실행될 수 있습니다. 서비스 워커는 캐시, 푸시 알림, 웹 API와 연동 등 다양한 기능을 별도로 수행할 수 있지만, 여기서는 필요한 파일을 캐시하여 메모리에 저장하는 간단한 실습으로 서비스 워커에 입문해 보겠습니다.
다양한 기능은 셋째마당에서 자세히 다룹니다. 조금만 기다려 주세요.

STEP 1 같은 실습 폴더 안에 service_worker.js 파일을 만들고 다음과 같이 코드를 작성합니다.

실습 파일 ex03_practice₩service_worker.js

```
// 캐시 제목과 캐시할 파일 선언
const sCacheName = 'hello-pwa';    // 캐시 제목 선언
const aFilesToCache = [            // 캐시할 파일 선언
  './', './index.html', './manifest.json', './images/hello-pwa.png'
];
// 서비스 워커 설치하고 캐시 파일 저장
self.addEventListener('install', pEvent => {
  console.log('서비스 워커 설치함!');
  pEvent.waitUntil(
    caches.open(sCacheName)
    .then(pCache => {
      console.log('파일을 캐시에 저장함!');
      return pCache.addAll(aFilesToCache);
    })
  );
```

```
16: });
17: // 고유 번호를 할당받은 서비스 워커 작동
18: self.addEventListener('activate', pEvent => {
19:   console.log('서비스 워커 동작 시작됨!');
20: });
21: // 데이터 요청을 받으면 네트워크 또는 캐시에서 찾아 반환
22: self.addEventListener('fetch', pEvent => {
23:   pEvent.respondWith(
24:   caches.match(pEvent.request)
25:   .then(response => {
26:     if (!response) {
27:       console.log("네트워크에서 데이터 요청!", pEvent.request)
28:       return fetch(pEvent.request);
29:     }
30:     console.log("캐시에서 데이터 요청!", pEvent.request)
31:     return response;
32:   }).catch(err => console.log(err))
33:   );
34: });
```

02~05 캐시 제목과 캐시할 파일 선언

PWA가 오프라인일 때도 제대로 동작하려면 필요한 파일을 서비스 워커가 캐시에 저장하도록 해야 합니다. 02~05행은 캐시 제목과 캐시할 파일을 선언한 것으로 이를 크롬 개발자 도구에서 확인하면 다음과 같습니다. 캐시 제목은 서비스 워커와 구분되도록 고유한 이름을 사용했습니다.

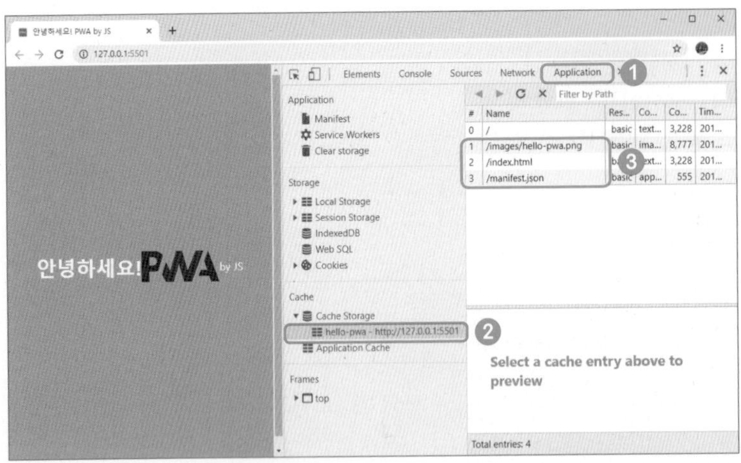

그림 3-20 웹 브라우저에서 캐시 확인

07~16 서비스 워커 설치 및 캐시 파일 저장 — install 이벤트

지금부터 서비스 워커의 생애 주기를 코드와 함께 설명하겠습니다. 서비스 워커는 생애 주기에 따라 [install → activate → fetch] 순서로 이벤트를 발생시킵니다. 서비스 워커의 첫 번째 생애 주기는 install 이벤트로 시작합니다. install은 단어의 의미처럼 PWA를 설치하는 단계입니다. 다음은 install 이벤트가 발생한 후의 상태를 나타냅니다.

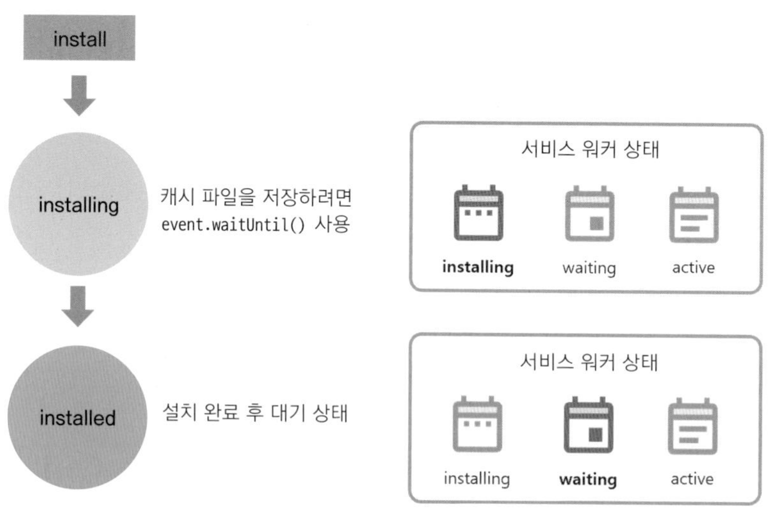

그림 3-21 서비스 워커의 첫 번째 생애 주기 — install

install 이벤트의 상태는 '설치 진행(installing)'과 '설치 완료 후 대기(installed)'로 구분합니다. 서비스 워커가 제대로 설치되면 `pEvent`에 포함된 `waitUntil()` 함수를 이용해 비로소 캐시에 필요한 파일을 저장할 수 있습니다.

서비스 워커가 준비될 때 캐시를 저장하는 것을 '프리 캐시(pre-cache)'라고 하며, `waitUntil()` 함수는 installing 상태에서 프리 캐시가 완료될 때까지 대기합니다.

15~20 서비스 워커 업데이트 — activate 이벤트

activate 이벤트는 서비스 워커의 두 번째 생애 주기입니다. 서비스 워커가 고유한 ID를 발급받아 브라우저에 성공적으로 등록되면 동작합니다. 서비스 워커의 등록 ID와 동작 여부는 웹 브라우저의 개발자 도구에서 확인할 수 있습니다.

만약 서비스 워커를 설치한 후에 업데이트 등의 이유로 캐시 제목이 변경되면 install 이벤트가 처음부터 다시 발생합니다. 하지만 매번 캐시 제목을 변경해 새로운 서비스 워커를 등록하려면 번거롭겠죠? 따라서 지금처럼 테스트할 때는 'Update on reload' 체크 박스를 선택합니다. 그러고 나서 새로 고침을 하면 기존의 서비스 워커 ID를 제거하고 새로운 ID를 부여해 install 이벤트부터 새로 시작합니다.

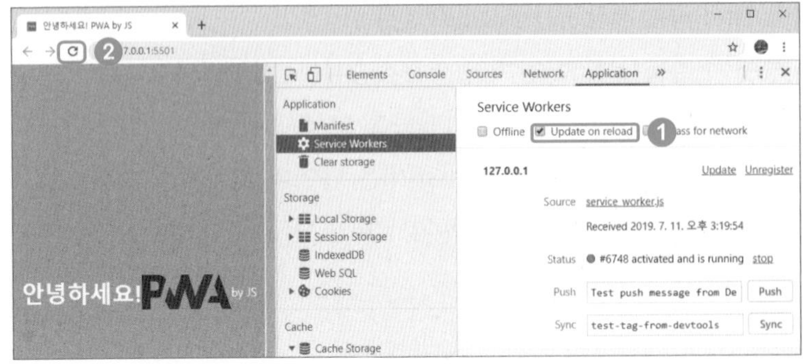

그림 3-22 서비스 워커의 고유 ID값(6748)으로 동작이 시작된 모습

앱을 업데이트하면 서비스 워커도 새로운 내용으로 교체해야 합니다. 이럴 때 호출되는 것이 바로 activate 이벤트입니다. 다음 그림은 activate 이벤트가 발생한 후의 상태를 의미합니다.

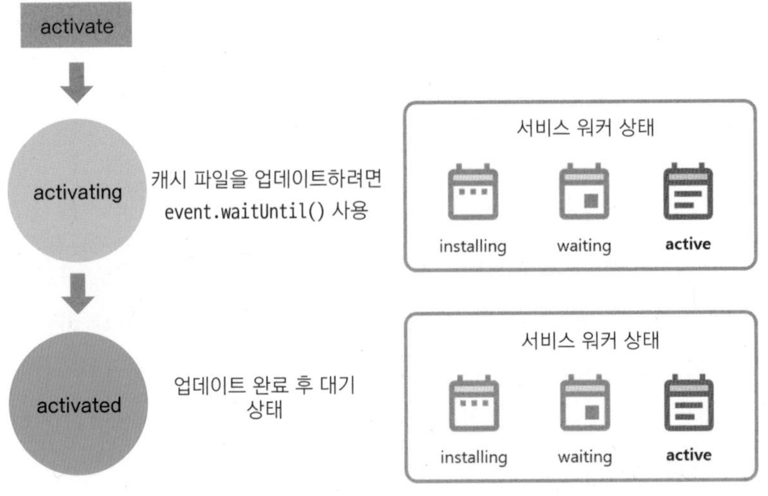

그림 3-23 서비스 워커의 두 번째 생애 주기 — activate

activate 이벤트의 상태는 '활성 중(activating)'과 '활성 후(activated)'로 나눌 수 있습니다. 서비스 워커의 내용을 업데이트하려면 먼저 캐시 제목과 프리 캐시 파일을 변경해 새로운 서비스 워커 ID로 새로운 캐시 내용이 설치되도록 해야 합니다. 그리고 activating 상태에서 `waitUntil()` 함수를 사용해서 기존 캐시를 제거하는 코드를 넣습니다. 이번 실습에서는 전체 맥락을 이해하는 것이 중요하므로 여기에서는 activate 이벤트가 동작하는 것만 간단히 확인했습니다.

22~34 **오프라인 전환할 때 동작 — fetch 이벤트**

서비스 워커의 마지막 생애 주기는 fetch 이벤트로부터 시작합니다. 이 이벤트가 발생하는 대표적인 예는 브라우저에서 〈새로 고침〉을 누를 때입니다. 그러면 온라인 상태에서는 필요한 파일을 서버에서 가져오고, 오프라인 상태에서는 캐시에서 가져옵니다.

다음은 fetch 이벤트가 발생한 후의 상태를 그림으로 나타낸 것입니다. 서비스 워커의 유무에 따라 fetch 이벤트를 어떻게 처리하는지 구분했습니다. ❶은 서비스 워커가 없는 경우이고(온라인), ❷는 서비스 워커가 있는 경우(오프라인)입니다.

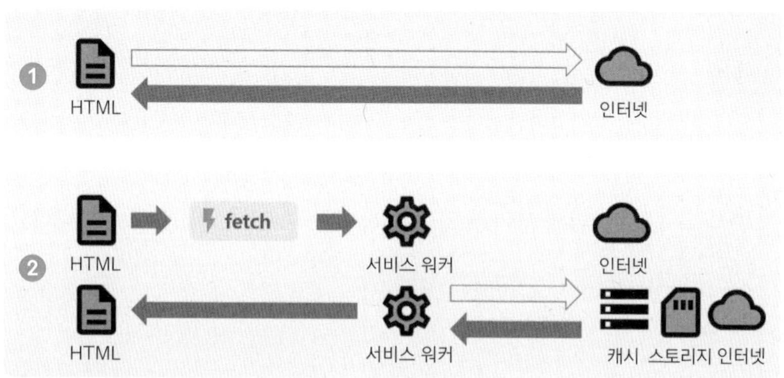

그림 3-24 서비스 워커의 세 번째 생애 주기 — fetch

PWA가 오프라인에서도 잘 동작하게 하려면 fetch 이벤트가 발생한 후에 `pEvent`에 들어 있는 `respondWith()` 함수를 활용합니다. `respondWith()` 함수는 결괏값을 준비할 때까지 네트워크 요청을 일시 정지시킵니다. 즉, `respondWith()` 함수에서 캐시나 모바일 기기에 임시로 저장한 데이터를 가져와서 처리할 수 있는 것이죠.

앞에서 살펴본 service_worker.js 소스는 오프라인일 때 PWA가 실행되면 캐시에서 가져올 데이터를 `caches.match()` 함수로 캐시 저장소에서 검색하고, 발견된 캐시(response)를 반환하도록 코드를 작성한 것입니다. 만약 캐시를 발견하지 못하면 `fetch(pEvent.request)`를 통해서 네트워크에 요청합니다.

STEP 2 지금까지 manifest.json, index.html, service_worker.js 파일을 완성했습니다. VSCode에서 다시 index.html로 돌아가 라이브 서버로 실행해 보세요. 그러면 지금까지 설명한 매니페스트, 서비스 워커 등의 의미를 이해할 수 있을 것입니다.

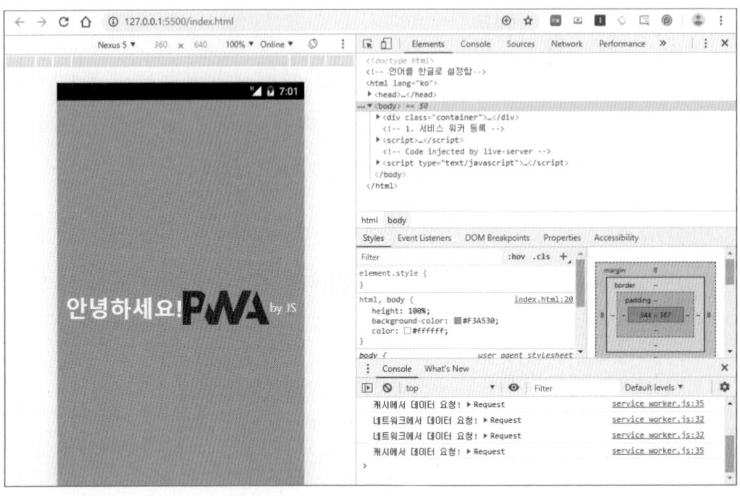

그림 3-25 개발자 도구에서 실습 결과 확인하기

STEP 3 실습을 마쳤으면 다음 실습을 위해 서비스 워커를 삭제한 후 프로그램을 종료합니다.

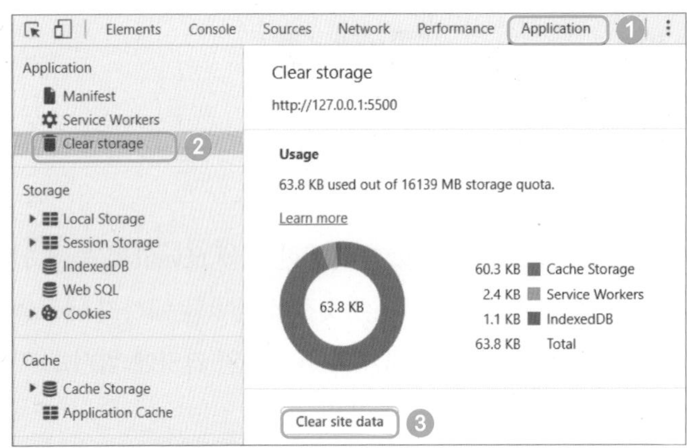

그림 3-26 서비스 워커 삭제하기

서비스 워커의 주요 이벤트 복습하기

지금까지 순수 자바스크립트만으로 PWA를 구현해 보았습니다. 조금 복잡했나요? PWA를 실행하는 데 필요한 내용은 웹앱 매니페스트로 설정하고, 서비스 워커를 통해서 캐시를 독립적으로 실행했습니다. 핵심은 매니페스트와 서비스 워커입니다. 서비스 워커의 주요 이벤트를 정리하며 이 장을 마치겠습니다.

표 3-5 서비스 워커의 세 가지 주요 이벤트

이벤트	설명	용도
install	서비스 워커가 처음 설치될 때 실행한다(앱 설치 시 실행)	캐시 파일 저장
activate	서비스 워커 설치가 끝나면 실행한다. 서비스 워커의 업데이트 작업을 담당한다	기존 캐시 제거
fetch	서비스 워커가 설치된 다음 실행될 때 실제 작업할 내용을 여기에 작성한다	브라우저가 서버에 HTTP를 요청했을 때 오프라인 상태면 캐시 파일 읽기

하나만 더 배워요! 내가 사용하는 브라우저는 서비스 워커를 지원할까?

내가 사용하는 브라우저가 서비스 워커를 지원하는지 궁금하다면 다음 주소에 접속해서 확인할 수 있습니다.

- https://mobilehtml5.org/tests/sw ── 접속 후 새로 고침

이 서비스를 활용하면 개발 단계에서 서비스 워커가 지원되지 않는 브라우저를 미리 파악할 수 있으므로 유용하게 대처할 수 있습니다. PC뿐 아니라 모바일로도 확인할 수 있습니다.

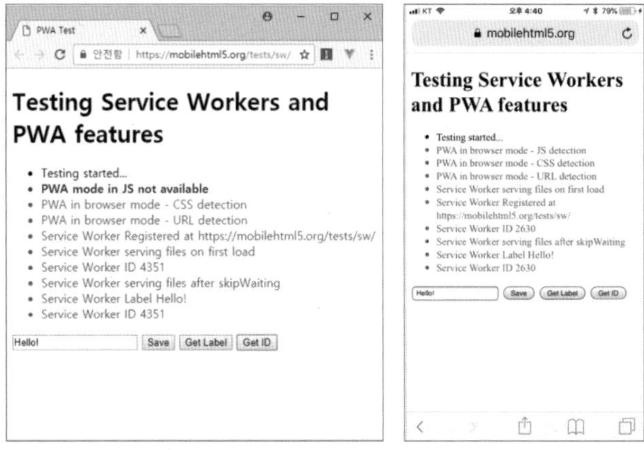

그림 3-27 PC(오른쪽)와 모바일(왼쪽)에서 브라우저의 서비스 워커 지원 여부 확인

만약 서비스 워커를 지원하지 않는다면 붉은 글씨로 다음과 같은 메시지가 나타납니다. 이때는 사용자에게 어떤 브라우저를 사용하면 좋은지 예외 처리로 안내해 주는 것이 좋습니다.

```
Service Worker NOT serving files on first load.
Couldn't ask for Service Worker ID.
```

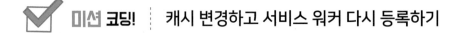

캐시 변경하고 서비스 워커 다시 등록하기

완성 파일 PWA-mission₩mission03

03장 실습 결과물을 복사한 후 캐시 제목을 바꾸고 캐시 이미지를 추가해 서비스 워커를 다시 등록해 보세요. 크롬 개발자 도구의 캐시 저장소(Cache Storage)에서 캐시 제목과 추가한 이미지를 다음과 같이 확인할 수 있습니다. 실습할 때마다 기존의 서비스 워커는 반드시 미리 제거해야 합니다.

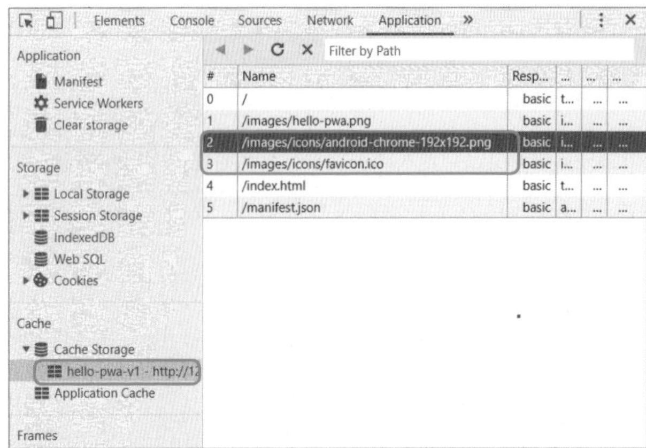

그림 3-28 캐시 제목과 캐시에 등록된 이미지 파일이 변경된 결과 화면

HINT 1 ex03 폴더의 service_worker.js 파일을 복사한 후 다음과 같이 캐시 제목과 캐시 내용을 변경합니다.

```
01: // 캐시 제목과 캐시할 파일 선언
02: const sCacheName = 'hello-pwa-v1';    // 캐시 제목 변경
03: const aFilesToCache = [
04:   './', './index.html', './manifest.json', './images/hello-pwa.png',
05:   './images/icons/favicon.ico',                    // 파비콘 이미지 캐시
06:   './images/icons/android-chrome-192x192.png'   // 아이콘 이미지 캐시
07: ];
```

02 캐시 제목 뒤에 -v1, -v2...처럼 버전의 번호를 올리면서 테스트합니다.

05~06 favicon.ico와 android-chrome-192x192.png 두 파일을 images 폴더에서 각각 불러옵니다.

HINT 2 이전 서비스 워커를 제거한 후 테스트합니다. 라이브 서버로 웹 브라우저에서 실행한 후 'Update on reload' 체크 박스 선택을 해제합니다. 웹 브라우저를 새로 고침해도 서비스 워커는 신규 ID로 등록되지 않고 그대로 있음을 확인할 수 있습니다. 이어서 Status 항목에서 skipWaiting을 선택한 후 캐시 저장소에서 변경된 캐시 제목과 캐시에 추가로 등록된 이미지를 확인합니다.

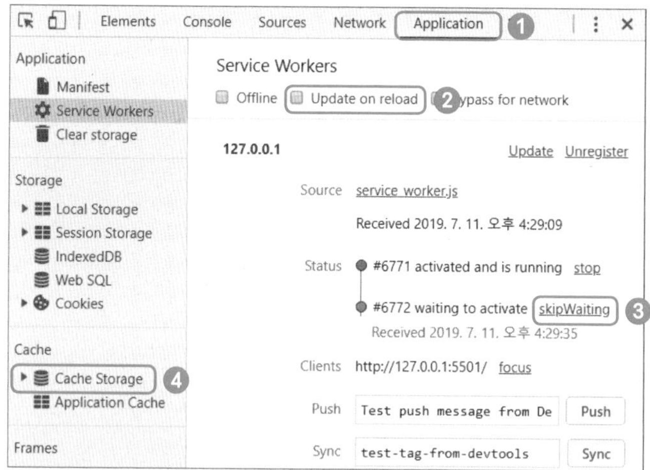

그림 3-29 서비스 워커 ID가 추가되고 대기 중임을 확인

Memo

프레임워크로 PWA 손쉽게 디자인하기

자바스크립트는 그 자체만으로도 다양한 기능을 제공하지만 현대화된 작업을 쉽게 수행하려면 프레임워크를 잘 활용해야 합니다. 이 책은 PWA 개발에 최적화된 대표 프레임워크인 뷰(Vue.js)와 뷰티파이(Vuetify.js)를 사용합니다.

뷰는 싱글 페이지 애플리케이션(SPA), 리액티브 프로그래밍, 데이터 바인딩 같은 현대화된 작업을 쉽게 수행하도록 도와주며, 뷰티파이는 구글 머티리얼 디자인 스펙에 맞게 컴포넌트 단위로 쉽고 빠르게 작업할 때 큰 도움을 줍니다.

프레임워크를 처음 접하는 사람도 개념을 쉽게 이해할 수 있도록 예제를 세밀하게 구성했습니다. 차분히 실습해 보기 바랍니다.

04

뷰 기초 쌓기

04장에서는 PWA를 개발하려면 기본으로 알아야 할 뷰의 특징을 살펴보겠습니다. 현대화된 프론트엔드 앱을 좀 더 쉽게 개발하려면 뷰와 같은 자바스크립트 프레임워크를 잘 활용해야 합니다. 그래서 개념을 쉽게 이해할 수 있는 예제를 골라 세밀하게 구성했습니다. 조금 시간이 걸리더라도 코드를 직접 작성해 보면서 차분히 배우기 바랍니다. 분명히 기본을 탄탄하게 다질 수 있을 테니까요.

04-1 뷰, 자바스크립트 프레임워크의 절대 강자

뷰(Vue.js)란?

2013년 출시된 Vue.js(이하 줄여서 '뷰')는 에반 유(Evan You)가 개발한 자바스크립트 프레임워크입니다. 에반 유는 구글 팀에 있을 때 다양한 솔루션에 참여했습니다. 특히 앵귤러 프로젝트에서 콤팩트한 자바스크립트 프레임워크를 찾았으나 앵귤러, 리액트에서는 발견할 수 없어서 뷰를 만들었다고 합니다. 이후 훌륭한 문서와 제이쿼리를 넘어선 좋은 아이디어가 다양하게 결합되었고 뷰 2.0부터 크게 주목받기 시작했습니다.

그림 4-1 Vue.js 공식 사이트(kr.vuejs.org/)

뷰는 인터랙티브 웹 인터페이스를 개발하기 위한 '프로그레시브 자바스크립트 프레임워크'입니다. 여기서 **프로그레시브(progressive)란, 프로그램 실행에 필요한 최소한의 모듈로부터 점점 확장해간다**는 의미입니다. 즉, 뷰는 웹에서 UI, 비즈니스 로직, 데이터 관리를 돕는 최고 성능의 콤팩트한 자바스크립트 라이브러리입니다.

뷰가 주목받는 4가지 이유

앞에서 뷰를 소개한 글을 보면 이와 비슷한 자바스크립트 프레임워크로 구글에서 시작된 앵귤러와 페이스북의 리액트가 떠오를 것입니다. 실제로 뷰의 기능 대부분이 앵귤러, 리액트와 유사하며 가상 돔(virtual DOM)을 제어하는 기능도 제공합니다. 이와 더불어 다음과 같은 강력한 특징도 있습니다.

① 디자이너와 개발자를 위해 쉽게 설계되었다

뷰는 HTML과 CSS 토대에서 동작하므로 기존 웹 표준 작업에 익숙하다면 쉽게 적용할 수 있습니다. 웹 사이트의 공식 문서도 전문 엔지니어보다는 뷰를 처음 시작하는 디자이너나 개발자의 눈높이에 맞추었고, 문서의 스타일 또한 일반인도 배려해 쉽게 이해할 수 있을 정도로 잘 설명되어 있습니다. 반면에 리액트는 JSX라는 새로운 문법을 공부해야 하고 모두 자바스크립트로만 관리되기 때문에 진입 장벽이 높습니다.

② MVC(model view controller) 모델을 지원한다

앵귤러처럼 **리액티브 양방향 데이터 바인딩**(reactive two-way data binding)을 지원합니다. 여기서 리액티브란 데이터의 변화를 자동으로 체크해서 화면을 바꾸는 동기화를 말합니다. 뷰가 앵귤러나 리액트보다 더 매력적인 이유는 DOM 작업에 집중할 수 있도록 직관적으로 쓰기 편한 디렉티브를 제공하기 때문입니다.

③ HTML5와 자바스크립트만 알면 되므로 쉽게 시작할 수 있다

앵귤러는 Hello World 예제 하나를 만들려고 해도 정적 타입의 자바스크립트를 위해 만든 타입스크립트(TypeScript)라는 새로운 언어의 문법을 알아야 합니다. 또한 앵귤러는 파일 구조가 복잡하고 덩치도 커서 미리 학습해야 할 분량이 많습니다. 하지만 뷰는 HTML5와 자바스크립트만 알면 되므로 부담스럽지 않습니다.

④ 설치하기 쉽고 용량이 작아서 속도가 빠르다

앵귤러나 리액트보다 설치하기 쉽고 필요한 파일 용량이 작을 뿐 아니라 HTML, CSS, 자바스크립트 환경에서 연결해 사용하기 편리합니다. 무엇보다 용량이 23KB밖에 안 되어서 속도가 빠릅니다. 이는 많은 기업에서 뷰를 선택하는 가장 큰 이유입니다.

뷰, 자바스크립트 프레임워크의 절대 강자!

'사용의 편리함'과 '지속적인 혁신'의 관점에서 뷰는 앵귤러나 리액트보다 성장할 가능성이 있습니다.

구글이 만든 앵귤러(Angular.js)는 2010년에 등장해 프런트엔드 개발에 혁신을 일으켰습니다. 하지만 앵귤러에서 JS를 빼고 Angular 2, Angular 4로 발전할 때 내부 구조가 새롭게 바뀌면서 매우 복잡해졌고 덩달아 배우기가 어려워졌습니다.

페이스북이 만든 리액트(React)는 2013년에 등장해 가상 돔, JSX(JS XML), 라우팅(routing), 리덕스(redux) 등 프론트엔드 개발에서 혁신을 이루며 발전을 거듭했습니다. 하지만 JSX라는 새로운 문법을 알아야 하고 코드가 복잡해질 때 발생하는 래퍼 지옥(wrapper hell)을 대비한 훅(hook)의 필요성을 고려한다면 학습이 결코 쉽지 않습니다.
반면에 뷰는 출발은 가장 늦었지만 두 프레임워크의 단점을 보완해 성능이 우수합니다. 무엇보다 뷰는 사용성이 매우 뛰어나 지속적으로 발전하고 있습니다.

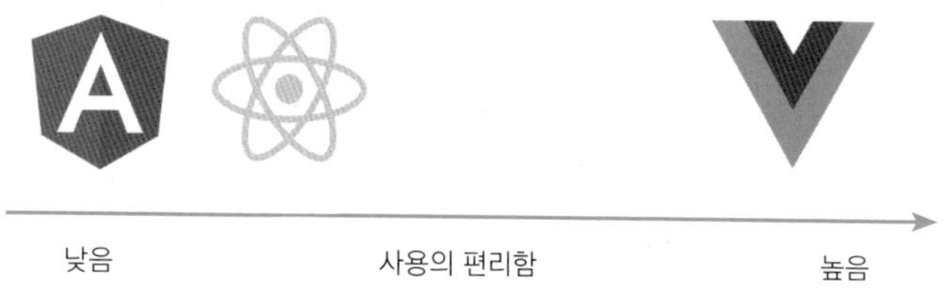

그림 4-2 뷰, 앵귤러, 리액트 사용 편의성 비교

자바스크립트 관련 기술 트렌드를 통계로 보여 주는 bestofjs.org를 방문하면 흥미로운 결과를 확인할 수 있습니다. 이곳은 다양한 관점으로 기술 추이를 분석해서 인기 순위를 매기는데, 최근 통계를 보면 뷰가 1등을 차지했고 리액트와 앵귤러가 그 뒤를 따르고 있습니다.

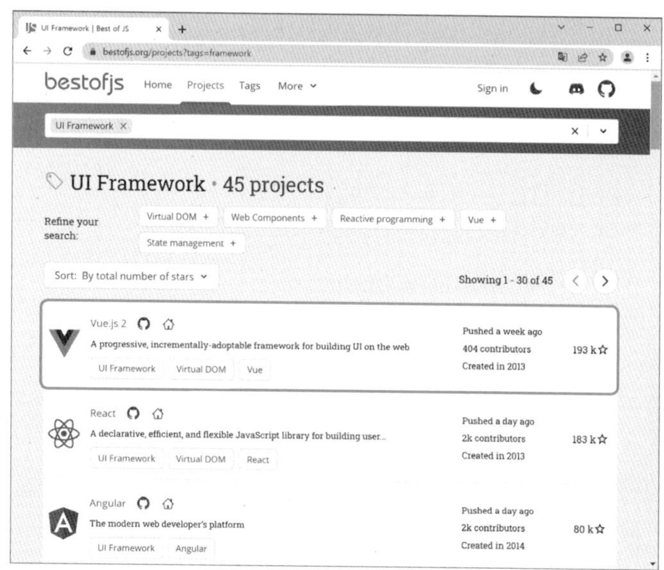

그림 4-3 자바스크립트 프레임워크 인기 순위(출처: bestofjs.org/projects?tags=framework, 2022년 2월 기준)

뷰가 구글, 페이스북처럼 기라성 같은 메이저 기업의 자바스크립트 프레임워크와 경쟁하면서도 이처럼 인기를 끄는 배경으로 커뮤니티 문화도 빼놓을 수 없습니다. 뷰는 특정 기업의 이해관계에 휘둘리지 않으면서 신선한 아이디어로 즐겁고 자유롭게 프로그램을 개발할 수 있는 커뮤니티 중심으로 움직이고 있기 때문입니다.

04-2 '안녕하세요!' 예제 만들기

'안녕하세요!'라는 간단한 문장을 출력하는 예제를 실습하면서 뷰의 기본 사용법과 특징을 파악해 보겠습니다. 이번 예제에서는 처음 시작을 CDN으로 설정하는 방법, 머스태시라고 불리는 {{ }} 활용법 그리고 data 속성의 바인딩 관계를 이해하는 것이 중요합니다. 이제 뷰의 매력 속으로 들어가 볼까요?

Do it! 실습 뷰로 '안녕하세요!' 출력하기

STEP 1 새 실습 폴더(예: ex04-01)에서 hello_vuejs.html 파일을 만듭니다. 다음 코드도 직접 입력합니다. 그래야 뷰를 더 가까이에서 볼 수 있습니다.

실습 파일 ex04-01₩hello_vuejs.html

```
<!DOCTYPE html>
<html>
<head>
  <meta charset="UTF-8">
  <title></title>
  <script src="https://cdn.jsdelivr.net/npm/vue"></script>
</head>

<body>
  <div id="main">
    <!-- sTitle값을 받아서 HTML의 엘리먼트값으로 변환하여 표시 -->
    <p>{{ sTitle }}</p>
  </div>
  <script>
    // Vue 객체를 생성해 앱을 초기화하고 시작
    new Vue({
      // id 선택자인 'main'의 div 엘리먼트와 앱을 연결해서 구동
      el: '#main',
      data: {
```

뷰 CDN에 연결

머스태시 사용

```
20:             // {{ sTitle }}로 데이터값 전달
21:             sTitle: '안녕하세요!'
22:           }
23:       });
24:    </script>
25: </body>
26: </html>
```

06 뷰 CDN 설정

뷰를 처음 시작하는 가장 손쉬운 방법은 CDN에 연결하는 것입니다. 뷰의 모듈 주소를 `<head>`, `</head>` 태그 사이에 넣습니다. 그러면 바로 뷰를 사용할 수 있습니다.

12 머스태시 사용법

뷰의 가장 중요한 기능은 애플리케이션을 실행하면서 변수나 함수의 결괏값을 HTML의 엘리먼트값으로 변환해 브라우저에 출력하는 것입니다. 이런 과정을 '렌더링(rendering)'이라고 합니다. 뷰의 렌더링은 중괄호를 2개 겹쳐서 `{{ }}`처럼 표현하는데 콧수염 모양과 비슷해서 일반적으로 **머스태시**라고 합니다.

코드를 다시 볼까요? `{{ sTitle }}`은 `sTitle`이라는 문자열값을 `p` 엘리먼트의 값으로 변환해 화면에 표시한다는 의미입니다.

14~24 뷰 앱 구동 방법

뷰 앱을 처음 시작하려면 뷰 객체를 생성해야 합니다. 이때 HTML의 `body` 엘리먼트 중에서 뷰 화면이 표시될 영역을 `el`(element를 의미함) 속성에 선택자로 지정해야 합니다. `el: '#main'`은 `el` 속성에 `#main`으로 `div` 엘리먼트 부분을 연결한다는 의미입니다. 그러면 `#main` 부분에 뷰의 실행 내용이 렌더링됩니다.

19~22 `data` 속성

`data` 속성은 뷰 안에서 사용할 데이터를 변수명으로 선언해서 관리하는 곳입니다. 특히 `data` 속성은 객체나 함수를 선언해 데이터를 읽고 저장하는 일을 돕습니다. 이러한 이유로 뷰는 '리액티브(reactive)'하다고 표현합니다.

`sTitle: '안녕하세요!'`는 문자열의 제목을 저장하는 `sTitle`이라는 변수의 초깃값으로 '안녕하세요!'라는 문장을 정의한 코드입니다. 이 변숫값은 뷰에서 HTML 엘리먼트와 함께 머스태시 안에 바인딩되어 자동으로 표시할 때 활용됩니다. 즉, `sTitle`의 값을 HTML 구조 안에서 직관적으로 활용할 수 있는 것이 뷰의 독특한 매력입니다.

STEP 2 hello_vuejs.html 파일을 VSCode의 라이브 서버를 이용해서 실행합니다. '안녕하세요!'가 잘 출력되는지 확인해 보세요.

그림 4-4 실습 결과 화면

04-3 단방향 바인딩과 v-bind 디렉티브

데이터 바인딩이란 HTML의 어트리뷰트값을 수정할 때 v-bind라는 디렉티브를 이용해서 데이터를 브라우저 화면에 자동으로 반영하는 것을 의미합니다. 즉, 변숫값을 HTML 어트리뷰트값에 연결함으로써 변수가 새로운 값으로 바뀔 때마다 HTML 엘리먼트에 실시간으로 렌더링되게 합니다. 다만, v-bind 디렉티브는 데이터가 한쪽으로만 바인딩되는 단방향 바인딩입니다. 즉, HTML 엘리먼트의 어트리뷰트값을 바꾸더라도 이와 연결된 변숫값은 변경되지 않습니다.

양방향 바인딩을 지원하는 v-model 디렉티브는 04-4절에서 다룹니다.

Do it! 실습 올해 연도를 자동으로 표기하는 프로그램 만들기

v-bind 디렉티브의 사용 방법은 콜론(:)을 중심으로 왼쪽에는 v-bind를 적고, 오른쪽에는 HTML 엘리먼트의 어트리뷰트를 선언해서 바인딩으로 만들어진 값을 대입하는 방식입니다. 그리고 콜론만 사용하면 v-bind라는 명칭은 생략할 수 있습니다.

STEP 1 새 실습 폴더(예: ex04-02)에서 v-bind.html 파일을 만들고 다음과 같은 코드를 작성합니다.

실습 파일 ex04-02₩v-bind.html

```
<!DOCTYPE html>
<html>
<head>
  <meta charset="UTF-8">
  <title></title>
  <script src="https://cdn.jsdelivr.net/npm/vue"></script>
  <style>
    /* 화면에 렌더링할 때 사용할 제목의 색상을 파란색으로 정의 */
    .blue_style { color: blue }
  </style>
</head>
```

```
12: <body>
13:   <div id="main">
14:     <!-- v-bind 안에서도 자바스크립트를 사용할 수 있으므로 변수와 문장을 연결 -->
15:     <h1 v-bind:class="sColorName + '_style'">안녕하세요!</h1>
16:     <!-- 콜론(:) 앞은 생략 가능 -->
17:     <input :value="sDate">
18:   </div>        v-bind 생략
19:   <script>
20:     let app = new Vue({
21:       el: '#main',
22:       data: {
23:         // Date 객체의 getFullYear() 메서드로 올해 연도 문장 준비
24:         sDate: '올해 연도: ' + new Date().getFullYear(),
25:         sColorName: 'blue'
26:       }
27:     })
28:   </script>
29: </body>
30: </html>
```

07~10 제목에 CSS 스타일 적용

제목의 글자 색상 스타일을 파란색으로 바꾸려면 .blue_style 클래스 선택자를 사용해 글자 색상을 color: blue로 정의합니다. 이처럼 뷰는 CSS 스타일을 그대로 활용할 수 있으므로 웹 표준을 이해한다면 따로 배우지 않아도 바로 쓸 수 있습니다.

14~15 v-bind 디렉티브 적용

<h1> 태그 안에서 class 어트리뷰트와 뷰의 속성을 바인딩할 때는 v-bind 디렉티브를 활용합니다. v-bind를 입력한 후에 콜론(:)을 이어서 적고 그다음에 바인딩할 뷰의 속성을 연결해 주면 됩니다. 여기서는 sColorName이라는 색상 문자열 제목과 _style을 연결해 하나의 완성된 클래스 선택자 이름을 class 어트리뷰트에 대입했습니다.

sColorName의 값이 blue이므로 blue_style의 완성된 선택자 이름이 v-bind 디렉티브를 통해 바인딩되어 마지막으로 class="blue_style"로 대입되고 h1 엘리먼트는 파란색 제목으로 표시됩니다.

16~17 v-bind 생략

v-bind는 콜론(:)만 남기고 생략할 수 있습니다. 소스를 보면 input 엘리먼트에서 :value만 사용하면 value 어트리뷰트에 sDate의 날짜를 문장으로 받아서 대입합니다. 그러면 input 엘리먼트를 통해서 만들어진 텍스트 박스 안에 오늘 날짜가 표시됩니다. 이처럼 콜론(:)만 있고 엘리먼트의 어트리뷰트가 이어서 표시되어 있으면 v-bind 디렉티브가 생략되었다고 이해하면 됩니다.

22~26 sDate와 sColorName의 data 속성

data 속성을 이용해서 올해 연도를 저장하는 sDate 문자열 변수와 CSS 스타일에 사용할 sColorName의 문자열 변수를 정의한 내용입니다. 올해 연도를 알려면 자바스크립트의 Date 객체를 생성하고 getFullYear() 메서드를 이용해서 올해 연도를 숫자로 반환해 sDate에 저장합니다. 그리고 'blue'라는 문장을 sColorName 변수에 초깃값으로 대입합니다. 그러면 sDate와 sColorName 두 변수에 담긴 문자열은 v-bind 디렉티브를 사용해서 바인딩할 때 적용됩니다.

STEP 2 작성한 파일을 VSCode의 라이브 서버를 이용해서 실행합니다. 올해 연도가 다음처럼 자동으로 표시되는지 확인해 보세요.

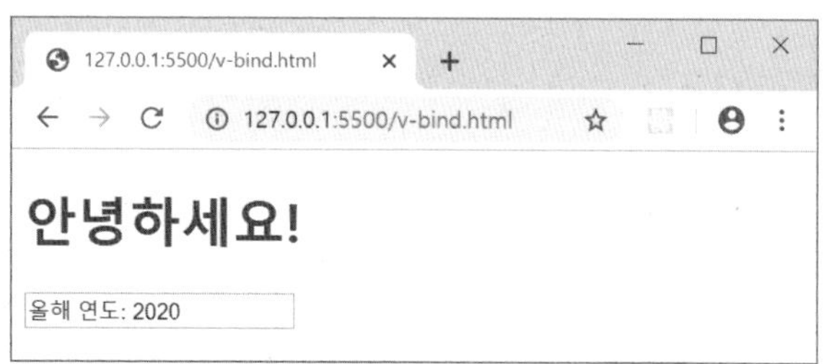

그림 4-5 단방향 바인딩 실습 결과 화면

하나만 더 배워요! **머스태시와 v-bind의 차이점**

머스태시({{ }})는 HTML의 값을 만들 때 사용하고 v-bind는 HTML 어트리뷰트에 바인딩할 때 사용한다는 점을 기억하면 헷갈리지 않습니다. 다음 예시를 비교해 보세요. 헷갈리지 않도록 둘의 차이점을 꼭 기억하고 넘어갑시다.

머스태시와 v-vind 차이점

```
<p>{{ sTitle }}</p>              // HTML 엘리먼트값을 만듦
<input v-bind:value="sDate">     // HTML 어트리뷰트값을 만듦
```

04-4 양방향 바인딩과 v-model 디렉티브

데이터를 입력하면 그와 동시에 데이터가 동기화되어 표시되는 기능을 수행하려면 양방향 데이터 바인딩을 사용해야 합니다. v-model 디렉티브를 사용해 텍스트 박스의 입력 내용을 실시간으로 표시하는 간단한 예제를 실습하면서 양방향 데이터 바인딩을 알아보겠습니다.

Do it! 실습 데이터를 실시간으로 동기화하는 프로그램 만들기

v-model 디렉티브는 HTML 어트리뷰트에 양방향 데이터 바인딩을 수행합니다. 사용법은 v-bind 디렉티브와 비슷합니다. 콜론(:)을 중심으로 왼쪽에는 v-model을 적고 오른쪽에는 HTML 엘리먼트의 어트리뷰트 이름을 작성합니다. 그러면 바인딩된 값이 해당 엘리먼트의 어트리뷰트에 대입될 뿐만 아니라 현재 엘리먼트의 어트리뷰트값이 변수와도 연동됩니다.

STEP 1 새 실습 폴더(예: ex04-03)에서 v-model.html 파일을 만들고 다음과 같은 코드를 작성합니다.

실습 파일 ex04-03₩v-model.html

```
<!DOCTYPE html>
<head>
  <meta charset="UTF-8">
  <title></title>
  <script src="https://cdn.jsdelivr.net/npm/vue"></script>
</head>
<body>
  <div id="main">
    <p>{{ sMsg }}</p>
    <!-- v-model은 데이터를 가져오는 동시에 입력이 동기화됨 -->
    <!-- 엘리먼트의 어트리뷰트는 'v-model:' 다음에 명시 -->
    <input v-model:value="sMsg">
  </div>
  <script>
```

```
15:     var main = new Vue({
16:       el: '#main',
17:       data: {
18:         sMsg: '안녕하세요!'
19:       }
20:     })
21:   </script>
22: </body>
23: </html>
```

09~12 v-model 디렉티브 적용

v-model 디렉티브의 사용법은 앞에서 배운 v-bind와 비슷하지만 양방향으로 바인딩된다는 점이 다릅니다. 즉, 변수에 있는 값을 바인딩하여 HTML 어트리뷰트에 렌더링할 수도 있지만, 반대로 HTML 어트리뷰트의 값이 바뀌면 바인딩된 변수의 내용도 함께 동기화합니다. 소스에서 sMsg라는 문자열 변숫값은 p 엘리먼트에 머스태시로 바인딩되어 HTML값을 표시합니다. 그리고 input 엘리먼트의 value 어트리뷰트는 sMsg라는 문자열 변수와 바인딩되어 input 엘리먼트 안에 값을 표시합니다.

여기까지는 v-bind 디렉티브와 같습니다. 하지만 input 엘리먼트는 화면에 텍스트 박스를 표시하고 사용자로부터 값을 입력받을 수 있습니다. 그리고 이 입력값은 value 어트리뷰트에 저장됩니다. 이렇게 저장된 값은 실시간으로 sMsg 변수와 연동되어 자동으로 저장됩니다. 그래서 마지막으로 input 엘리먼트에 입력된 값은 sMsg 변수와 늘 똑같습니다.

17~19 data 속성 설정

sMsg 문자열 변수는 상탯값을 저장하고 있으므로 data 속성에 정의합니다. 여기서는 초깃값으로 '안녕하세요!'라는 문자열을 가지도록 정의했습니다.

STEP 2 작성한 파일을 VSCode의 라이브 서버를 이용해서 실행합니다. 입력값이 자동으로 바인딩되어 표시되는지 확인해 보세요. 텍스트 박스에 글자를 좀 더 추가해 봅시다. 다음 그림처럼 상단에 표시되는 글자도 바로 연동되는 것을 확인할 수 있습니다.

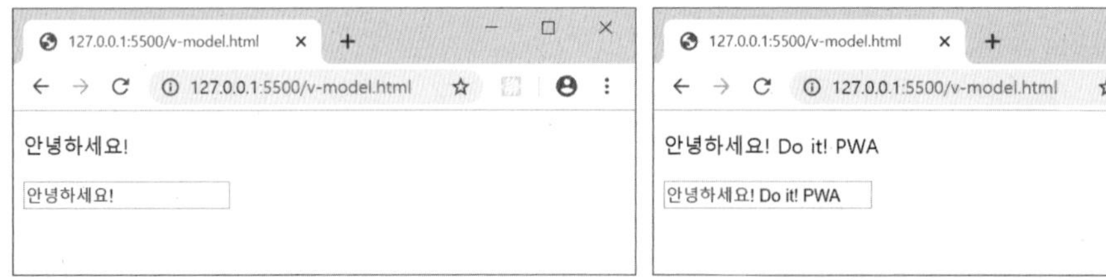

그림 4-6 양방향 바인딩 실습 결과 화면

하나만 더 배워요! v-bind와 v-model의 차이점

`v-bind`는 단방향 데이터 바인딩이고 `v-model`은 양방향 데이터 바인딩이라는 점을 기억하면 헷갈리지 않습니다. 다음 예시를 비교해 보세요.

v-bind와 v-model 차이점

```
<input v-bind:value="sDate">    // sDate값을 HTML 어트리뷰트에 보내기만 함
<input v-model:value="sMsg">    // sMsg값과 입력값이 서로 연동됨
```

04-5 조건 판단과 v-if, v-else 디렉티브

v-if 디렉티브는 조건이 충족될 때만 렌더링을 수행하도록 돕는 어트리뷰트입니다. 이번에도 직접 해보면 빨리 이해할 수 있을 겁니다. 랜덤 함수를 사용해서 동전 던지기 결과를 보여주는 프로그램을 만들면서 v-if 디렉티브를 살펴보겠습니다.

Do it! 실습 동전 던지기 결과를 확인하는 프로그램 만들기

v-if와 v-else 디렉티브는 HTML 엘리먼트 중에서 어떤 것을 사용할지 특정 조건을 기준으로 판단해야 할 때 유용합니다. 즉, v-if 디렉티브에 조건을 바인딩해서 대입하면 true 또는 false에 따라 사용할 HTML 엘리먼트를 결정할 수 있습니다.

STEP 1 새 실습 폴더(예: ex04-04)에서 v-if.html 파일을 만들고 다음과 같은 코드를 작성합니다.

실습 파일 ex04-04₩v-if.html

```
<!DOCTYPE html>
<head>
  <meta charset="UTF-8">
  <title></title>
  <script src="https://cdn.jsdelivr.net/npm/vue"></script>
</head>
<body>
  <div id="app">
    <h1>{{ bFlag }}</h1>
    <!-- v-if, v-else로 직접 bFlag 데이터에 접근해 조건 판단 -->
    <p v-if=" bFlag == true ">앞면!</p>
    <p v-else>뒷면!</p>
  </div>
  <script>
    let app = new Vue({
      el: '#app',
```

```
17:         data: {
18:           // 난수(0~1) 생성 후 0.5보다 크면 ture, 아니면 false 지정
19:           bFlag: Math.random() > 0.5
20:         }
21:       })
22:     </script>
23: </body>
24: </html>
```

09~12 v-if, v-else 디렉티브 적용

v-if와 v-else 디렉티브는 자바스크립트의 if~else 문과 유사합니다. v-if로 조건을 판단하여 true이면 현재 위치에 지정한 엘리먼트값을 표시하고, false이면 v-else에 지정한 엘리먼트를 실행합니다.

여기서는 먼저 h1 엘리먼트를 사용해서 true 또는 false라는 값을 가진 bFlag 변숫값을 제목으로 표시합니다. 그리고 v-if 디렉티브를 이용해서 true이면 p 엘리먼트값으로 '앞면!'을 표시합니다. 만약 false이면 v-else 디렉티브에 지정한 엘리먼트를 실행하므로 '뒷면!'이 표시됩니다.

17~20 data 속성 설정

bFlag 변수는 data 속성에서 사용할 수 있도록 Boolean 형식으로 저장해 둡니다. 이때 동전 던지기라는 조금 재미있는 상황을 연출하기 위해서 random() 함수를 사용했습니다. random() 함수는 0~1 사이의 부동소수점 난수(임의의 수)를 생성합니다. 이 값이 0.5보다 큰지 확인하는 조건을 설정하면 동전 던지기처럼 true나 false값을 bFlag에 저장합니다.

STEP 2 작성한 파일을 VSCode의 라이브 서버를 이용해서 실행합니다. 웹 페이지를 새로 고침할 때마다 데이터가 어떻게 변경되는지 확인해 보세요.

그림 4-7 실습 결과 화면

04-6 반복문과 v-for 디렉티브

v-for 디렉티브는 HTML 안에서 반복문으로 배열값을 읽어서 목록의 항목과 인덱스 변수에 저장하도록 돕는 어트리뷰트입니다. 좋아하는 과일 이름이 배열로 저장되었을 때 반복해서 읽어와 목록으로 표시하는 예제를 통해 v-for 디렉티브의 사용법을 알아보겠습니다.

Do it! 실습 실전! 좋아하는 과일 목록 출력하기

v-for 디렉티브는 반복문으로 데이터를 하나씩 차례로 꺼내서 사용할 때 유용합니다. 배열 변수를 중심으로 값을 하나 꺼내 저장해 두는 항목 변수를 활용해 원하는 데이터 속성에 접근하여 사용하는 방식입니다. v-for 디렉티브는 매우 자주 사용하므로 꼭 숙지해 두어야 합니다.

STEP 1 새 실습 폴더(예: ex04-05)에서 v-for.html 파일을 만들고 다음과 같은 코드를 작성합니다.

실습 파일 ex04-05₩v-for.html

```
<!DOCTYPE html>
<head>
  <meta charset="UTF-8">
  <title></title>
  <script src="https://cdn.jsdelivr.net/npm/vue"></script>
</head>
<body>
  <div id="main">
    <h1>좋아하는 과일은?</h1>
    <ol>
      <!-- v-for를 통해서 반복문으로 aFruits 과일 배열 데이터를 가져옴 -->
      <li v-for="item in aFruits">
        <!-- aFruits 안의 항목을 하나씩 꺼내서 HTML로 렌더링 -->
        {{ item.sFruitName }}
      </li>
    </ol>
```

```
17:   </div>
18:   <script>
19:     var main = new Vue({
20:       el: '#main',
21:       data: {
22:         // 과일 이름으로 이뤄진 aFruits 배열을 데이터로 정의
23:         aFruits: [
24:           { sFruitName: '사과' },
25:           { sFruitName: '오렌지' },
26:           { sFruitName: '포도' }
27:         ]
28:       }
29:     })
30:   </script>
31: </body>
32: </html>
```

10-16 v-for 디렉티브 적용

v-for 디렉티브는 데이터를 하나씩 차례로 읽어 원하는 항목만 선택해서 표시할 때 많이 사용합니다. 특히 데이터는 배열 데이터를 주로 활용하는데, 처음부터 끝까지 값을 하나씩 읽고 원하는 로직으로 바인딩한 후 HTML로 렌더링하는 방식입니다.

여기서는 aFruits라는 배열에 저장된 데이터를 v-for 디렉티브를 이용해서 값을 하나씩 차례로 꺼낸 후 item이라는 변수에 대입합니다. 그리고 머스태시를 이용해서 순서 있는 목록을 만드는 ol 엘리먼트의 리스트 항목인 li로 하나씩 연결합니다. 과일 이름은 item 변수의 sFruitName 문자열 변수에 저장되었으므로 점(.)을 이용해서 접근할 수 있습니다.

21~28 data 속성 설정

aFruits는 과일 이름을 배열로 정의하기 위해 대괄호를 이용합니다. 사과, 오렌지, 포도 항목은 JSON 형식으로 저장할 것이므로 중괄호를 사용하고 키(sFruitName)와 값(과일 이름)을 콜론(:)으로 구분합니다. 그러면 aFruits 배열에는 항목이 3개 만들어지고, 각 항목의 sFruitName에는 '사과', '오렌지', '포도'라는 과일 이름이 저장됩니다.

STEP 2 직접 작성한 파일을 VSCode의 라이브 서버를 이용해서 실행합니다. 데이터 바인딩으로 목록이 잘 표시되는지 확인합니다.

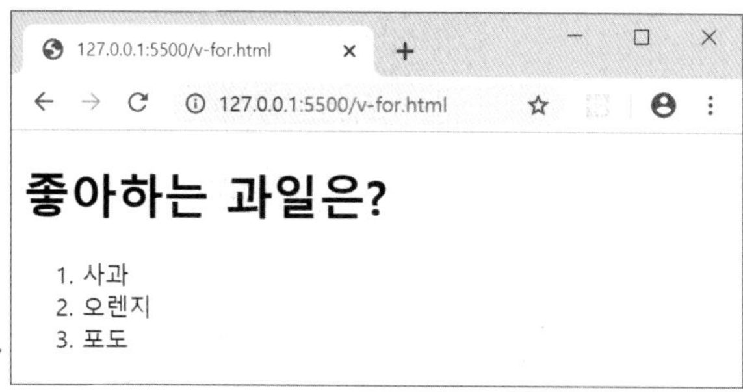

그림 4-8 실습 결과 화면

04-7 이벤트 핸들러 실행과 v-on 디렉티브

v-on 디렉티브는 뷰에서 발생하는 이벤트를 지켜보면서 DOM 엘리먼트를 제어할 수 있도록 도와주는 어트리뷰트입니다. v-on 디렉티브를 활용해 버튼을 누르면 제목이 바뀌는 이벤트 처리 방법을 배워 보겠습니다.

Do it! 실습 버튼을 누르면 제목이 바뀌는 프로그램 만들기

v-on 디렉티브는 뷰 안에서 키보드나 마우스를 제어하는 형식의 이벤트가 발생했을 때 이에 해당하는 함수를 실행하는 방식으로 사용자와 상호 작용할 때 쓰입니다. 콜론(:)을 중심으로 왼쪽에는 v-on을, 오른쪽에는 click 같은 이벤트 이름을 적어 주면 됩니다.
이처럼 이벤트가 발생했을 때 실행되는 함수를 **이벤트 핸들러**라고 합니다.

STEP 1 새 실습 폴더(예: ex04-06)에서 v-on.html 파일을 만들고 다음과 같은 코드를 작성합니다.

실습 파일 ex04-06₩v-on.html

```
<!DOCTYPE html>
<head>
   <meta charset="UTF-8">
   <title></title>
   <script src="https://cdn.jsdelivr.net/npm/vue"></script>
</head>
<body>
  <div id="app">
    <h1>{{ sTitle }}</h1>
    <!-- 버튼을 누르면 fnChangeTitle 메서드로 이벤트 핸들러 수행 -->
    <button v-on:click="fnChangeTitle">눌러 주세요.</button>
  </div>
</body>
<script>
  new Vue({
```

```
16:     el: '#app',
17:     data: {
18:       // sTitle의 초깃값 설정
19:       sTitle: '안녕하세요!'
20:     },
21:     methods: {
22:       // 버튼을 눌렀을 때 sTitle의 제목값 변경
23:       fnChangeTitle() {
24:         // this는 Vue 객체의 인스턴스를 가리킴
25:         this.sTitle = 'Hello!'
26:       }
27:     }
28:   });
29: </script>
30: </html>
```

10~11 v-on 디렉티브 적용

사용자가 button 엘리먼트를 누르면 click 이벤트가 발생합니다. 그래서 v-on 디렉티브를 이용해 button 엘리먼트를 click 이벤트에 바인딩해서 fnChangeTitle() 함수를 실행하도록 선언했습니다.

17~20 data 선언

화면에 표시되는 값이 실시간으로 바뀌도록 sTitle이라는 문자열 변수를 정의했습니다. '안녕하세요!'라는 초깃값을 대입했습니다.

21~27 methods 속성 설정

methods 속성은 사용자가 이벤트를 발생시키거나 뷰 안에서 어떤 기능을 수행하는 모듈 형식의 함수를 만들 때 사용합니다. 여기서는 methods 속성 안에 fnChangeTitle() 함수를 정의했습니다. 이 함수는 사용자가 버튼을 클릭했을 때 이벤트 핸들러로 실행되는데, sTitle 변수에 'Hello!'라는 다른 제목을 기입하면 sTitle에 바인딩된 제목이 '안녕하세요!'에서 'Hello!'로 새롭게 렌더링됩니다.

여기서 this 키워드는 methods 속성의 소유자를 가리킵니다. 즉, this는 생성된 뷰 객체 자신이며 이것을 뷰의 인스턴스(instance)라고 합니다. this를 사용하는 이유는 methods 속성의 소유자만이 바깥에 있는 data 속성에 접근하여 sTitle값을 사용할 수 있기 때문입니다.

STEP 2 작성한 파일을 VSCode의 라이브 서버를 이용해서 실행합니다. 〈눌러 주세요〉를 클릭해 제목이 바뀌는지 확인해 보세요.

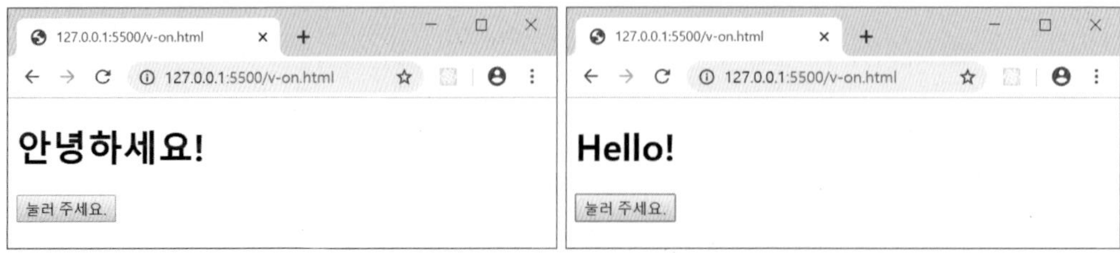

그림 4-9 실습 결과 화면

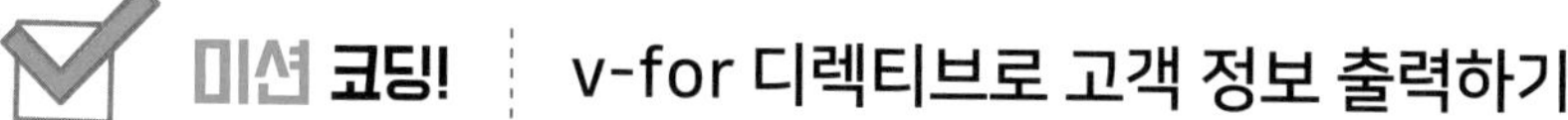

미션 코딩!
v-for 디렉티브로 고객 정보 출력하기

완성 파일 PWA-mission₩mission04

04-6절에서는 `v-for` 디렉티브를 사용해 과일 정보를 출력하는 프로그램을 만들어 보았습니다. 이를 응용하여 고객의 번호와 이름, 나이 정보를 출력하는 프로그램을 만들어 보세요. 실행 결과는 다음과 같습니다.

그림 4-10 고객 정보를 출력한 화면

HINT 1 먼저 다음과 같이 데이터 속성을 JSON 형식으로 정의합니다. `aPersons`라는 배열 변수에 고객 정보로 이름과 나이를 저장할 수 있도록 각각 `name`, `age`로 설계해서 임의의 값을 대입합니다.

```
data: {
  aPersons: [{
    name: '홍길동',
    age: 27
  },
  {
    name: '이순신',
    age: 30
  },
  {
    name: '김유신',
    age: 40
  }]
}
```

HINT 2 앞의 코드를 참고해 자바스크립트를 작성합니다. v-for 디렉티브로 aPersons 배열에 있는 항목을 하나씩 읽어 와서 item 변수에 저장합니다. 이때 index 변수를 함께 사용하면 읽어 오는 순서를 숫자로 저장하고 있으므로 렌더링할 때 변수 이름을 머스태시에 {{ index }}처럼 그대로 활용합니다. 이름과 나이는 각각 {{ item.name }}, {{ item.age }}로 렌더링합니다.

```
<!-- JSON 데이터를 읽어서 항목의 번호와 이름, 나이를 하나씩 표시 -->
<ul v-for="(item, index) in aPersons">
  <li>
    <!-- index는 항목의 순서를 숫자로 표시 -->
    <p>번호: {{ index }} </p>
    <p>이름: {{ item.name }} </p>
    <p>나이: {{ item.age }} </p>
  </li>
</ul>
```

05

뷰 고급 기능 익히기

05장에서는 뷰의 고급 기능을 살펴보겠습니다. 뷰의 가장 큰 특징은 HTML에 기반을 둔 커스텀 엘리먼트인 컴포넌트를 제작하고 활용할 수 있다는 점입니다. 그리고 컴포넌트의 상탯값 관리와 뷰 간의 이동을 도와주는 Vuex와 라우터도 빼놓을 수 없는 중요한 기능입니다. Vuex와 라우터 기능을 활용하면 싱글 페이지 애플리케이션도 간편하게 제작할 수 있습니다.

05-1 복잡한 로직과 computed 속성

computed 속성은 머스태시를 이용해 HTML 엘리먼트값이 어떻게 변경되는지 살펴보면서 필요한 연산 작업을 도와줍니다. computed 속성을 써서 원본 data를 수정하는 실습을 하면서 computed 속성의 필요성을 충분히 경험해 보겠습니다.

Do it! 실습 대문자로 변환하는 프로그램 만들기

STEP 1 새 실습 폴더(예: ex05-01)를 열고 computed.html 파일을 만듭니다. 다음 코드를 직접 입력하여 내용을 확인해 보세요.

실습 파일 ex05-01₩computed.html

```
<!DOCTYPE html>
<head>
  <meta charset="UTF-8">
  <title></title>
  <script src="https://cdn.jsdelivr.net/npm/vue"></script>
</head>
<body>
  <div id="main">
    <p>원본 문장: "{{ sOriginalMessage }}"</p>
    <p>대문자로 변환된 문장: "{{ fnUpperCaseMsg }}"</p>
  </div>
  <script>
  let app = new Vue({
    el: '#main',
    // data는 머스태시 안에 넣을 값이 간단할 때 사용
    data: {
      sOriginalMessage: 'How are you?'
    },
    // computed는 머스태시 안에 넣을 자바스크립트 로직이 복잡할 때 사용
    computed: {
```

```
21:       // sOrignialMessage의 데이터를 모두 대문자로 변환하여 반환
22:       // 이때 데이터에 접근하기 위해 this 사용
23:       fnUpperCaseMsg: function () {
24:         return this.sOriginalMessage.toUpperCase()
25:       }
26:     }
27:   })
28:   </script>
29: </body>
30: </html>
```

09~10 **머스태시 적용**

첫 번째는 sOriginalMessage라는 문자열 변수를 머스태시로 감싸서 바인딩한 후 p 엘리먼트의 값으로 표시합니다. 두 번째는 머스태시 안에 fnUpperCaseMsg 함수를 실행해서 사용합니다. 함수가 실행된 후에 그 반환값이 p 엘리먼트의 값으로 렌더링됩니다.

16~18 **data 속성**

data 속성에는 sOriginalMessage 문자열 변수의 초깃값을 'How are you?'로 설정했습니다. 이 변수는 앞의 머스태시에 전달되어 렌더링됩니다.

sOriginalMessage는 엄밀하게 JSON 형식 안에 있으므로 속성에 해당합니다. 하지만 뷰 내부에서는 변수처럼 처리되고 있고 또한 변수로 생각하는 것이 이해가 쉬우므로 앞으로는 변수라 부르도록 하겠습니다.

20~26 **computed 속성 적용**

머스태시 안에 내용이 복잡하면 바인딩해서 사용하기에 부담스럽습니다. 이럴 때는 computed 속성으로 자바스크립트의 내용을 함수로 바꾸고 머스태시를 이용해 해당 함수를 호출하는 형식으로 사용합니다. 그리고 computed 속성은 캐시 메모리에 저장되므로 반환값이 같을 때는 빠르게 실행할 수 있습니다.

여기서는 computed 속성 안에 fnUpperCaseMsg() 함수를 정의했습니다. data 속성에 정의된 sOriginalMessage 문자열을 모두 대문자로 바꾸어 반환하도록 정의했습니다. 이를 위해서 this를 사용해 data 속성에 있는 sOriginalMessage 변수에 접근하고, 변수 객체에 있는 toUpperCase() 함수를 실행해 대문자로 만들어 반환합니다. 그러면 앞의 {{ fnUpperCaseMsg }} 머스태시에서 반환값이 그대로 렌더링되어 화면에 표시됩니다.

STEP 2 작성한 파일을 VSCode의 라이브 서버를 이용해서 실행합니다. 영문자가 대문자로 잘 전환되는지 확인합니다.

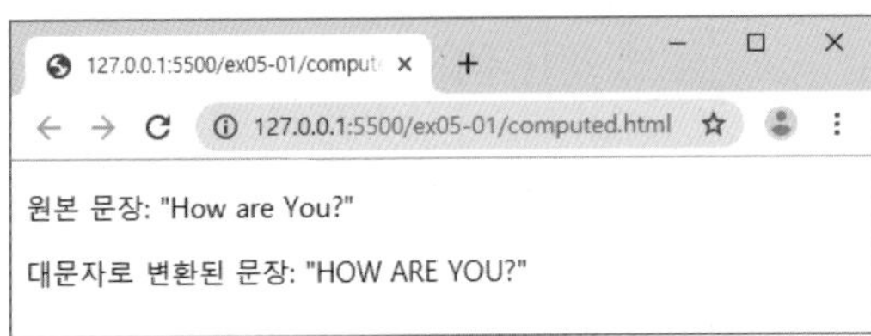

그림 5-1 실습 결과 화면

05-2 이벤트 핸들러 로직과 methods 속성

메서드는 뷰 인스턴스에 포함해 사용하는 함수를 의미합니다. 특히 뷰에서 methods 속성은 이벤트 핸들러를 사용해 마우스 클릭과 같은 이벤트가 발생했을 때 실행되는 로직에 많이 활용됩니다. 버튼을 누를 때마다 10부터 거꾸로 세는 예제를 통해서 methods 속성의 사용법을 알아보겠습니다.

Do it! 실습 카운트다운 프로그램 만들기

이번 예제에서는 computed 속성과 methods 속성을 다룹니다. computed 속성은 머스태시를 확장할 때 사용하고, methods 속성은 이벤트 핸들러에 사용합니다. 왜 구분해서 사용해야 하는지는 실습하면서 확인해 보겠습니다.

STEP 1 새 파일을 열고 다음과 같이 코드를 입력하면서 내용을 확인해 봅니다.

실습 파일 ex05-02₩methods.html

```
<!DOCTYPE html>
<html>
<head>
  <meta charset="UTF-8">
  <title></title>
  <script src="https://cdn.jsdelivr.net/npm/vue"></script>
</head>
<body>
  <div id="main">
    <p>클릭 숫자: {{ nClicks }}</p>
    <p>카운트다운: {{ fnCounter }}</p>
    <!-- 버튼을 누르면 fnIncrement 메서드 실행 -->
    <button v-on:click="fnIncrement">눌러 주세요!</button>
  </div>
</body>
<script>
```

```
17:   new Vue({
18:     el: '#main',
19:     data: {
20:       nClicks: 0
21:     },
22:     // computed는 머스태시 안의 로직이 복잡할 때 사용
23:     computed: {
24:       fnCounter() {
25:         // nClicks값이 10을 기준으로 카운트다운되도록 1만큼 감소시킴
26:         return 10 - this.nClicks;
27:       }
28:     },
29:     // 메서드는 이벤트 핸들러 로직을 실행할 때 사용
30:     methods: {
31:       // nClicks값을 1만큼 증가시킴
32:       fnIncrement() {
33:         this.nClicks++;
34:       }
35:     }
36:   });
37: </script>
38: </html>
```

10~11 머스태시 적용

소스에서 사용할 머스태시는 두 가지입니다. 하나는 nClicks라는 클릭한 개수가 들어 있는 변숫값을 바인딩하여 p 엘리먼트값으로 렌더링합니다. 다른 하나는 fnCounter() 함수에 사용했는데 이것은 카운트다운하며 변경되는 값을 반환하는 역할을 합니다. 그래서 10부터 시작하는 카운트다운을 구현할 수 있습니다.

13 v-on 디렉티브 적용

소스에서 사용한 v-on 디렉티브는 버튼을 누르면 fnIncrement() 함수를 이벤트 핸들러로 연결하여 실행합니다. 이때 중요한 것은 fnIncrement() 함수의 구체적인 기능을 methods 속성에서 정의한다는 점입니다.

23~28 data 속성, computed 속성 사용

data 속성에는 nClicks라는 클릭한 횟수를 저장하는 변수를 초깃값 0으로 정의합니다. 그

리고 computed 속성에는 머스태시의 선언 내용 중에서 fnCounter() 함수 내용 부분을 구체적으로 기술합니다.

소스에서 fnCounter() 함수는 10을 기준으로 지금까지 클릭한 횟수를 저장하는 nClicks 변숫값과 뺄셈을 수행해서 클릭할수록 10, 9, 8...로 표현되도록 합니다. 이처럼 머스태시에 선언된 내용의 로직이 복잡해지면 함수로 바꿔서 computed 속성에 정의하면 됩니다.

30~35 **methods 속성 적용하기**

fnIncrement() 함수의 여러 기능이 methods에 정의되어 있습니다. fnIncrement() 함수는 지금까지 클릭한 횟수를 저장한 nClicks 변숫값을 ++ 연산자를 이용해서 하나 증가시킨 후 반환하는 아주 간단한 기능을 수행합니다. data 속성에 정의된 nClicks 변수에 접근하기 위해 this를 사용한 것을 유의해서 보세요.

STEP 2 작성한 파일을 VSCode의 라이브 서버를 이용해서 실행합니다. 버튼을 눌렀을 때 이벤트 핸들러가 잘 동작하는지 확인합니다.

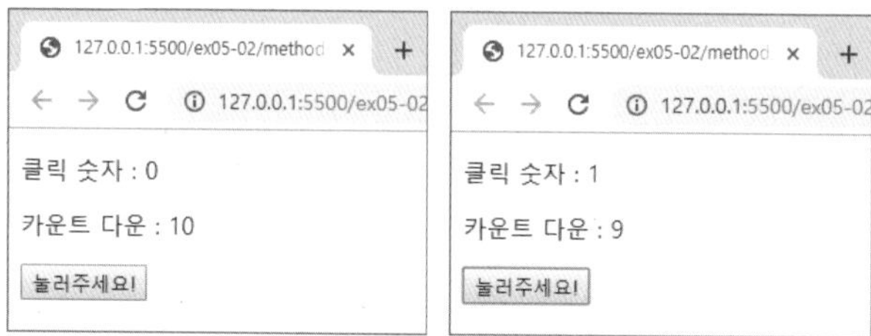

그림 5-2 실습 결과 화면

하나만 더 배워요! computed 속성과 methods 속성의 차이점

아마도 함수를 사용할 때 computed와 methods 속성 중에서 어떤 것을 어디에 놓을지 헷갈릴 수 있습니다. 함수를 실행한다는 관점에서 볼 때 두 속성의 기능은 같습니다. 그렇다면 어떻게 구분해서 사용해야 할까요? 일반적으로 기준을 잡는 방법은 다음과 같습니다.

- computed 속성
  - 머스태시에 작성할 로직이 복잡하면 함수로 정의할 때
  - 계산량이 많아 캐시가 필요할 때
- methods 속성
  - 뷰의 이벤트 핸들러 로직을 함수로 정의할 때

05-3 컴포넌트로 HTML 엘리먼트 만들기

뷰의 중요한 특징인 컴포넌트(component)는 HTML의 기본 엘리먼트 외에 자신만의 엘리먼트를 만들어 쓰는 모듈을 의미합니다. 좋아하는 세 가지 과일을 표현하는 커스텀 엘리먼트를 직접 만들어 보면서 컴포넌트가 무엇인지 살펴보겠습니다.

컴포넌트의 동작 원리 이해하기

컴포넌트의 사용법은 HTML 엘리먼트와 같습니다. 미리 만든 컴포넌트 이름으로 여는 태그 <>와 닫는 태그 </>에 적용해 사용합니다. 즉, HTML 엘리먼트와 같은 방식으로 태그를 사용해 작성합니다.

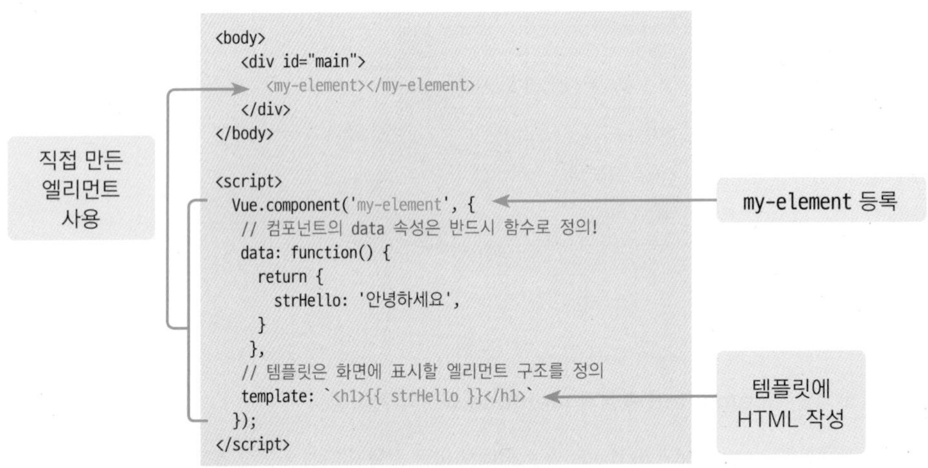

<body>
<div id="main">
<my-element></my-element>
</div>
</body>
<script>
Vue.component('my-element', {
// 컴포넌트의 data 속성은 반드시 함수로 정의!
data: function() {
return {
strHello: '안녕하세요',
}
},
// 템플릿은 화면에 표시할 엘리먼트 구조를 정의
template: `<h1>{{ strHello }}</h1>`
});
</script>
직접 만든 엘리먼트 사용
my-element 등록
템플릿에 HTML 작성

그림 5-3 커스텀 엘리먼트 작성

템플릿(template)은 컴포넌트를 새로운 엘리먼트처럼 사용할 수 있게 합니다. 컴포넌트를 하나의 신규 엘리먼트로 본다면 화면에 표시할 부분을 처리하는 속성이 필요한데, 이것을 템플릿 속성이라고 합니다. 이곳에 기존의 HTML, CSS, 자바스크립트를 사용해서 화면에 표시할 내용을 구현합니다.

사용 방법은 `template:`을 먼저 작성하고 그다음에 문자열로 HTML 문서의 내용을 작성하면 됩니다. 문자열에서는 일반적으로 작은따옴표(')와 큰따옴표(")를 사용하는데 둘 다 줄바꿈을 하기 어렵다는 단점이 있습니다. 그래서 일반적으로는 역따옴표(`, backtic)를 사용합니다.

역따옴표를 사용해 문자열을 선언하면 줄바꿈이 있어도 HTML 문서로 자동으로 인식합니다.

역따옴표(`) 사용

```
template:`
  <div>
    <div v-for="item in aFruits" class="fruit_style">
      <p> 좋아하는 과일: {{ item.sFruit_name }} </p>
    </div>
  </div>`
```

그림 5-4 역따옴표(`) 사용 예시

Do it! 실습 좋아하는 과일 나열하기

앞에서 뷰 컴포넌트를 등록해 사용하는 방법을 살펴보았습니다. 화면에 표시할 내용은 template 속성으로 HTML, CSS, 자바스크립트를 함께 사용하면서 작성할 수 있으므로 매우 편리합니다. 특히 역따옴표를 사용하면 줄바꿈을 하면서도 HTML 소스를 원본 그대로 입력할 수 있어서 유지 보수하기도 편합니다.

STEP 1 component_basic.html 파일을 만들고 다음과 같은 코드를 작성합니다. 이번 예제에서는 template, data 속성만 사용하지만 computed, methods 속성도 모두 사용할 수 있으므로 실습을 마친 후에 다양한 기능을 사용해 보기 바랍니다.

실습 파일 ex05-03₩component_basic.html

```
<!DOCTYPE html>
<html>
<head>
  <meta charset="UTF-8">
  <sTitle></sTitle>
  <script src="https://cdn.jsdelivr.net/npm/vue"></script>
  <style>
    .fruit_style { /* 테두리 스타일과 안쪽 여백을 넣어 줌 */
      border: 1px solid #ccc;
      background-color: white;
      padding-left: 1em;
  }
  </style>
</head>
```

```
<body>
  <div id="main">
    <h1>{{ sTitle }}</h1>
    <!-- 신규 컴포넌트 엘리먼트 2개 사용 -->
    <favorite-fruits></favorite-fruits>
    <favorite-fruits></favorite-fruits>
  </div>
</body>
<script>
  // 좋아하는 과일 3개를 표시하는 컴포넌트 정의
  Vue.component('favorite-fruits', {
    // 컴포넌트의 data 속성은 반드시 함수로 정의
    data: function () {
      return {
        aFruits: [{ sFruit_name: '사과' }, { sFruit_name: '오렌지' },
          { sFruit_name: '수박' }] }
    },
    // 컴포넌트 템플릿은 화면에 표시할 엘리먼트 구조 정의
    template: `
    <div>
      <div v-for="item in aFruits" class="fruit_style">
        <p>좋아하는 과일: {{ item.sFruit_name }}</p>
      </div>
      <br>
    </div>`
  });
  new Vue({
    el: '#main',
    data: {
      sTitle: '안녕하세요!',
    }
  });
</script>
</html>
```

07~13 **박스 스타일**

화면에 표시할 영역을 눈으로 쉽게 확인하기 위해 CSS 스타일을 적용합니다. `.fruit_style`이라는 클래스 선택자로 경계선을 꾸밉니다. 선은 직선, 두께는 1px, 색상은 #ccc(회색)로 설정하고 배경색은 흰색으로 지정했습니다.

16~21 **컴포넌트 사용**

`sTitle`이라는 제목의 문자열 변수를 `h1` 엘리먼트의 값으로 표시했습니다. 여기서 `h1` 엘리먼트는 HTML5에 미리 정의해 놓아 이름을 바꿀 수도 없고 반드시 원래 설계된 용도로 사용해야 합니다. 하지만 그다음 줄에 있는 `favorite-fruits` 엘리먼트는 새롭게 만든 엘리먼트로 HTML 엘리먼트와 같은 방식으로 사용할 수 있습니다. 이 엘리먼트는 좋아하는 과일 세 가지 목록을 표시하는 간단한 기능을 합니다. 두 번 연속해서 사용했으므로 결괏값이 두 번 표시됩니다.

25~40 **컴포넌트 등록**

뷰 객체의 `component()` 함수를 사용해 엘리먼트를 등록하는 내용입니다. 첫 번째 매개변수로 `favorite-fruits`를 전달했고, 두 번째 매개변수에는 `data`, `template` 속성 등을 정의했습니다. 먼저 `data` 속성에서 `aFruits`라는 배열을 JSON 형식으로 정의했습니다. `aFruits` 배열에는 `sFruit_name`과 과일 이름(사과, 오렌지, 수박)이 서로 짝을 이룬 항목 3개를 포함했습니다. 이때 `function()` 함수로 정의했으므로 `return` 문으로 반환합니다.

이처럼 `data` 속성은 변수나 함수로 선언할 수 있습니다. 한 가지 유의할 점은 컴포넌트에서 `data` 속성을 사용할 때는 반드시 함수로 사용해야 합니다. 컴포넌트 안에 `data` 속성을 변수로 선언하면 실행 시 인스턴스가 생성되지 않으므로 'ReferenceError: aFruits is not defined'라는 오류가 발생합니다. 이것은 같은 컴포넌트를 여러 개 사용할 때 `data` 속성의 변숫값들이 별도의 메모리 공간에서 개별적으로 관리되게 하려는 의도입니다. 따라서 컴포넌트 내부는 반드시 함수로 작성해야 합니다.

33~39 **컴포넌트 템플릿 작성**

역따옴표(`)를 사용하면 줄바꿈으로 가독성을 높일 수 있고 수정할 때도 편리합니다. `div` 엘리먼트로 그룹을 지어주고 그 안에 `v-for` 디렉티브를 사용해서 `aFruits` 배열 변수에 있는 항목을 하나씩 꺼내서 표시합니다. 이때 `p` 엘리먼트에 머스태시로 바인딩하기 위해 `{{ item.sFruit_name }}`를 입력했습니다. 그러면 항목이 3개 표시되고 이와 더불어 `fruit_style` 클래스 선택자로 스타일이 적용되어 테두리 상자가 나타납니다.

STEP 2 작성한 파일을 VSCode의 라이브 서버를 이용해서 실행합니다. 컴포넌트로 만든 커스텀 엘리먼트가 잘 동작하는지 확인합니다.

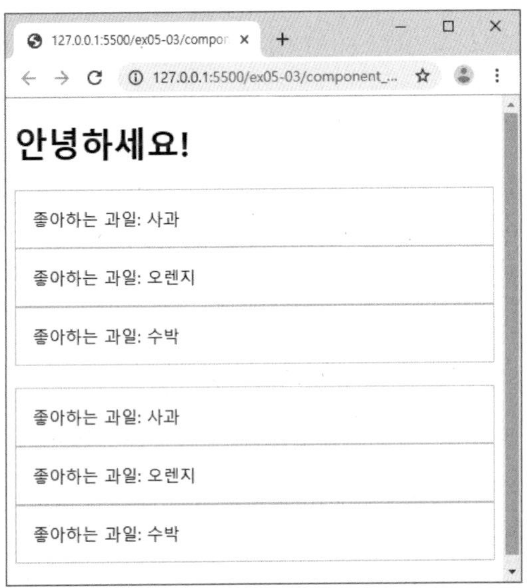

그림 5-5 실습 결과 화면

하나만 더 배워요! 목록의 구조를 잡을 때 사용하는 ul, ol, li 엘리먼트

`ul`(unordered list)과 `ol`(ordered list)은 목록의 영역을 결정하고 `li`(list)는 목록의 각 항목을 표시할 때 사용합니다. `ul`은 순서가 없으므로 글머리 기호를 항목 앞에 표시합니다. 반대로 순서 있는 목록인 `ol`은 항목 앞에 번호가 하나씩 커지면서 표시됩니다. 간단한 예제이지만 HTML로 엘리먼트를 표시하는 가장 기본적인 방법이므로 사용법을 잘 알아 둬야 합니다.

ul, ol, li 엘리먼트 사용 예

```
<ul>
  <li>사과</li>
  <li>바나나</li>
  <li>수박</li>
</ul>
<ol>
  <li>커피</li>
  <li>홍차</li>
  <li>녹차</li>
</ol>
```

05-4 컴포넌트 속성 props

컴포넌트 속성(props)은 컴포넌트에서 전달되는 어트리뷰트의 값을 말하며 문자열이나 객체의 배열 형식으로 되어 있습니다. 앞에서 살펴본 좋아하는 과일을 나열하는 예제를 변경하여, 컴포넌트 엘리먼트로 props 속성을 사용해 보겠습니다.

Do it! 실습 컴포넌트 속성을 활용해 좋아하는 과일 나열하기

이번 예제에서는 뷰 컴포넌트의 어트리뷰트를 선언하는 방법과 값을 전달받아 사용하는 방법을 살펴봅니다. 뷰의 컴포넌트 기능은 HTML의 일반 엘리먼트처럼 사용할 수 있으므로 기능을 무한대로 확장할 수 있는 잠재력이 있습니다. 그래서 다양한 주제별로 그에 맞는 엘리먼트를 설계해서 사용하면 됩니다. 특히 컴포넌트의 엘리먼트 이름을 의미 있게 써서 어트리뷰트만 잘 설계하면 코드를 간략하게 개발할 수 있으므로 유지 보수하기도 편리합니다.

STEP 1 새 파일을 만들어 다음과 같은 코드를 입력합니다.

실습 파일 ex05-04₩component_prop.html

```
<!DOCTYPE html>
<html>
<head>
  <meta charset="UTF-8">
  <title></title>
  <script src="https://cdn.jsdelivr.net/npm/vue"></script>
  <script>
  // Vue 인스턴스에 신규 엘리먼트 컴포넌트 등록
  // props에 엘리먼트에 사용될 속성 이름 선언
  // template에 전달받은 속성 객체의 text 제목을 렌더링에 활용
  Vue.component('favorite-fruits', {
    props: ['fruit'],
    template: '<li>{{ fruit.text }}</li>'
  })
  </script>
```

```
16: </head>
17: <body>
18:   <div id="app">
19:     <h1>좋아하는 과일!</h1>
20:     <ol>
21:       <!--
22:       favorite-fruits 신규 엘리먼트 사용
23:       aFruits 배열의 값을 반복문으로 가져와 fruit 속성에 바인딩하여 컴포넌트에 전달
24:       key 속성은 반드시 고유한 값으로 전달되어야 하므로 item의 id값 대입
25:       -->
26:       <favorite-fruits
27:         v-for="item in aFruits"
28:         v-bind:fruit="item"
29:         v-bind:key="item.id">
30:       </favorite-fruits>
31:     </ol>
32:   </div>
33: <script>
34:   var app = new Vue({
35:     el: '#app',
36:     data: {
37:       // 컴포넌트에 표시할 과일 데이터 정의
38:       aFruits: [
39:         { id: 0, text: '사과' },
40:         { id: 1, text: '오렌지' },
41:         { id: 2, text: '수박' }
42:       ]
43:     }
44:   })
45:   </script>
46: </body>
47: </html>
```

07~15 **컴포넌트 등록**

컴포넌트는 HTML 엘리먼트와 똑같이 사용되므로 어트리뷰트도 사용할 수 있어야 합니다. 방법은 컴포넌트를 등록할 때 props 속성을 선언해 주면 됩니다. 그러면 선언된 이름을 다른 속성에서 전달받아 매개변수처럼 사용할 수 있습니다.

이번 소스에서는 앞에서 살펴본 것처럼 favorite-fruits라는 이름으로 컴포넌트를 먼저 등록합니다. 그리고 props 속성에 대괄호([])를 사용해서 어트리뷰트 이름을 문자열로 선언합니다. 이렇게 하면 HTML에서 favorite-fruits 엘리먼트를 사용할 때 다음과 같이 fruit 어트리뷰트에 값을 전달할 수 있습니다.

```
<favorite-fruits fruit="사과"></favorite-fruits>
```

다음으로 template 속성에 li 엘리먼트로 아주 간단하게 속성값을 표시하는 내용을 정의했습니다. 이를 위해서 머스태시로 <li>{{ fruit.text }}</li>를 작성함으로써 li 엘리먼트값으로 바인딩하고 속성값으로 전달받은 fruit 변수는 text 속성으로 전달됩니다. 유의해서 볼 부분은 props 속성에 선언하여 어트리뷰트로 전달받은 fruit 변수는 일반적인 변수처럼 사용할 수 있다는 점입니다.

20~31 **컴포넌트 사용**

favorite-fruits 컴포넌트를 등록하고 나면 일반적인 HTML 엘리먼트처럼 사용할 수 있습니다. 소스에서는 먼저 ol로 순서 있는 목록의 영역을 지정했습니다. 목록의 개별 항목은 li 엘리먼트 대신에 favorite-fruits 엘리먼트를 사용합니다. 왜냐하면 favorite-fruits 엘리먼트는 내부적으로 li 엘리먼트를 가지면서 전달받은 속성값을 표시하도록 설계되어 있기 때문입니다.

특히 신규로 등록한 컴포넌트의 엘리먼트에 어트리뷰트를 어떻게 사용하는지 잘 표현되어 있습니다. v-for 디렉티브도 사용할 수 있으므로 aFruits 배열 변수에서 값을 꺼내 item에 하나씩 저장합니다. 그리고 v-bind 디렉티브를 사용해서 fruit 어트리뷰트에 바인딩하여 항목값을 전달합니다. 이때 v-bind:key 바인딩은 v-for 디렉티브를 사용할 때는 key 어트리뷰트에 고유한 값을 전달해 사용하도록 강제하고 있으므로 item.id의 값을 전달하면 간단히 해결됩니다.

36~43 **data 속성**

aFruits 배열 변수는 data 속성에 정의합니다. JSON 형태로 id와 text에 번호와 과일 이름을 저장합니다.

STEP 2 작성한 파일을 VSCode의 라이브 서버를 이용해서 실행합니다. 커스텀 엘리먼트를 데이터 속성과 바인딩한 부분이 잘 동작하는지 확인합니다.

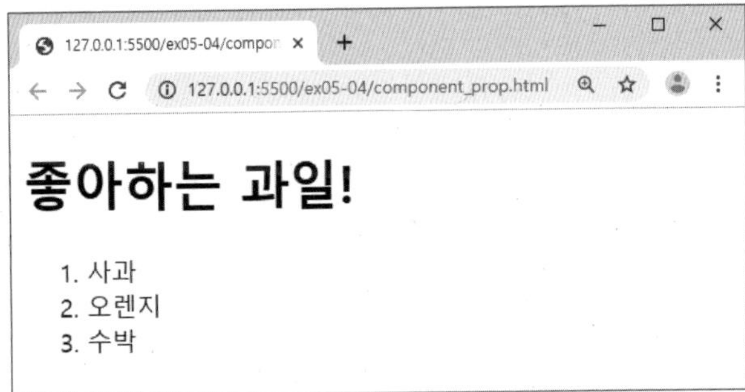

그림 5-6 실습 결과 화면

05-5 상탯값 관리와 Vuex

하나의 뷰 또는 복수의 화면 사이에서 여러 개의 컴포넌트를 사용하면 각 컴포넌트 간에 상탯값을 전달하거나 공유하기가 쉽지 않습니다. 이 문제를 해결하기 위해 Vuex라는 상탯값 관리 전문 라이브러리가 준비되어 있습니다. 이것이 바로 뷰의 막강한 기능이라고 할 수 있습니다. 예를 들어 두 화면에서 Vuex를 이용해서 상탯값을 저장하고 읽는 예가 대표적입니다.

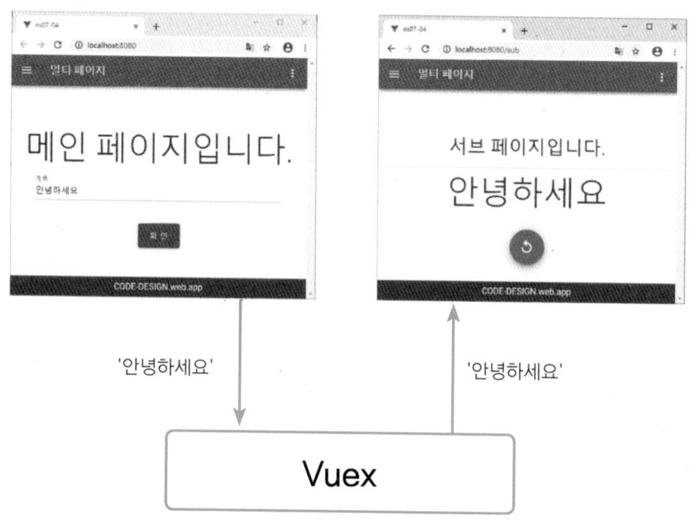

그림 5-7 Vuex를 이용해서 상탯값을 저장하고 읽는 모습

Vuex의 작동 원리 이해하기

Vuex에는 `state`, `mutations`, `getters`, 그리고 `actions`까지 총 4가지 속성이 있습니다. 각각 어떤 경우에 사용하는지 꼭 기억해야 합니다. Vuex의 작동 원리를 이해하기 쉽도록 그림으로 정리하면 다음과 같습니다.

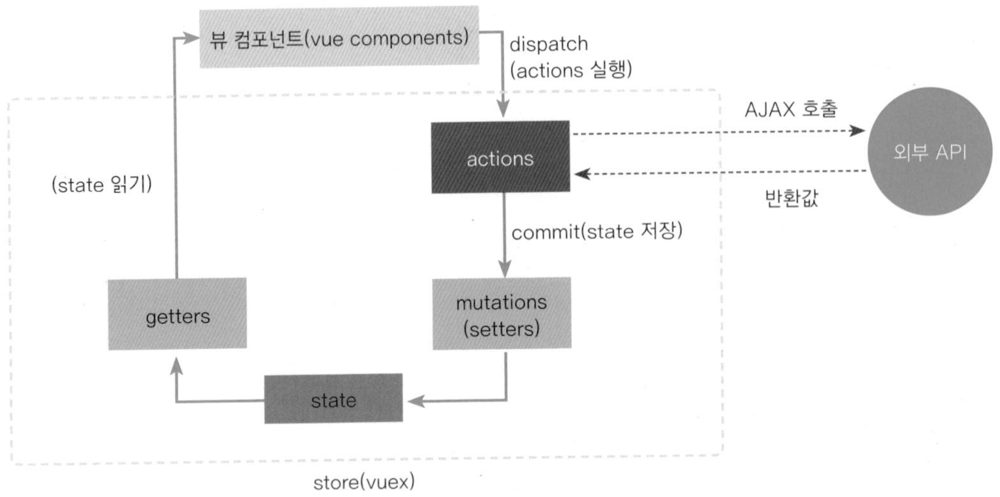

그림 5-8 Vuex의 작동 원리

표 5-1 Vuex의 4가지 속성

속성	기능
`state`	공유한 상탯값 데이터 정의
`mutations`	setters의 의미로 이해하면 좋으며 외부에서 동기 방식으로 저장할 때 사용
`getters`	`state`의 데이터값을 외부에서 읽어 올 때 사용
`actions`	외부의 API 실행 같은 비동기 실행을 관리할 때 사용

Do it! 실습 버튼을 누를 때마다 1씩 증가하거나 감소하는 프로그램 만들기

STEP 1 다음 코드를 작성하면서 Vuex의 사용법을 알아보겠습니다. 내용이 길어서 네 부분으로 나누어 설명하겠습니다. 새 파일을 만들고 다음과 같은 코드를 작성합니다.

실습 파일 ex05-05₩vuex.html(1/4)

```
<!DOCTYPE html>
<html>

<head>
  <meta charset="UTF-8">
    <title></title>
    <script src="https://cdn.jsdelivr.net/npm/vue"></script>
```

```
08:     <!-- Vuex를 사용하기 위해 CDN 연결 -->
09:     <script src="https://unpkg.com/vuex"></script>
10: </head>
11:
12: <body>
13:   <div id="app">
14:     <h1>안녕하세요!</h1>
15:     <!-- 카운터 신규 엘리먼트 2개 사용. msg 속성에 제목만 다르게 적용 -->
16:     <com-counter msg="카운터1"></com-counter>
17:     <com-counter msg="카운터2"></com-counter>
18:   </div>
19: </body>
20:
...생략...
```

08~09 **Vuex CDN**

Vuex를 사용하는 가장 손쉬운 방법은 CDN을 사용하는 것입니다. 앞에서 작성한 소스처럼 CDN을 자바스크립트 연결로 선언합니다.

15~17 **컴포넌트 사용**

com-counter라는 컴포넌트로 등록된 엘리먼트 2개를 사용합니다. 이 컴포넌트는 Vuex 스토어에 저장된 변숫값을 공유하면서 값을 증가시키거나 감소시키는 기능을 합니다. 소스에서는 msg 속성에 제목만 '카운터1', '카운터2'로 다르게 전달하여 컴포넌트 2개를 표시합니다.

STEP 2 Vuex를 등록하고 state, mutations, getters, actions 속성을 정의하는 내용입니다. 이어서 다음과 같은 소스를 작성합니다.

실습 파일 ex05-05₩vuex.html(2/4)

```
...생략...
21: <script>
22:   // Vuex의 store 중앙에 state, mutations(setters), getters, actions를 정의
23:   const store = new Vuex.Store({
24:     // count값을 상태값으로 정의
25:     state: {
26:       count: 0
27:     },
```

```
28:     // mutations는 getters와 대칭되는 setters의 역할을 설정
29:     mutations: {
30:       // count 상탯값 증가
31:       fnIncData: function (state) {
32:         return state.count++
33:       },
34:       // count 상탯값 감소
35:       fnDecData: state => state.count--
36:     },
37:     getters: {
38:       // 상탯값 반환
39:       fnGetData(state) {
40:         return state.count;
41:       },
42:     },
43:     actions: {
44:       // 상탯값을 감소시키는 함수는 서버에서 실행한다고 가정
45:       // 비동기 실행을 위해 async를 사용하고 매개변수로 commit 객체 전달
46:       async fnDecData({
47:         commit
48:       }, state) {
49:         // 가상으로 만든 원격 API 실행
50:         const result = await api.fnDecrement();
51:         // 원격 API가 성공할 때 비로소 fnDecData 함수 실행
52:         if (result == true) commit('fnDecData')
53:       }
54:     }
55:   })
...생략...
```

22~27 Vuex 등록 및 state 속성 설정

Vuex 객체를 사용하려면 Vuex의 Store() 함수로 필요한 속성을 정의하면 됩니다. Vuex는 state, mutations, getters, actions 등 4가지 속성을 사용합니다. 그래서 소스처럼 Vuex.Store 객체를 new로 생성할 때 매개변수를 활용해 JSON 형식으로 정의한 속성을 전달하면 됩니다. 그리고 Vuex 객체의 인스턴스는 const 문을 사용해서 store 변수에 상수로 저장합니다. 이는 나중에 다른 값으로 변경할 수 없음을 의미합니다.

state 속성에 count 변숫값을 0으로 초기화했습니다. count 변수에는 Vuex를 통해서 전역으로 사용되는 데이터를 담습니다.

28~42 mutations와 getters 속성 설정

mutations와 getters의 기능은 서로 반대라고 생각하면 쉽게 이해할 수 있습니다. 외부에서 Vuex에 접근할 때 데이터 변경을 대신 수행해 줄 에이전트가 필요합니다. 그 역할을 수행할 함수를 선언하는 것이 바로 mutations 속성입니다. 반대로 Vuex 안의 데이터값을 외부로 반환해 주는 것은 getters 속성에 정의된 함수로 할 수 있습니다.

소스에서 mutations 속성에 정의된 fnIncData() 함수는 state 속성을 매개변수로 전달받아 state 속성 안에 있는 count 변숫값을 하나 증가시킨 후 반환합니다. 반대로 fnDecData() 함수는 state 속성에 들어 있는 count값을 하나 감소시킨 후 반환합니다.

외부에서 mutations 속성에 접근하여 fnDecData() 함수를 실행할 때는 다음처럼 사용합니다. 유의할 점은 함수를 호출할 때 인자를 생략하더라도 자동으로 스토어 내부에서 state 속성을 매개변수로 전달한다는 것입니다.

```
store.commit('fnDecData')      // 스토어에 있는 fnDecData 실행
```

여기에서는 commit() 함수를 이용해서 fnDecData() 함수에 접근한다는 점에 유의하세요. 이것은 동기 방식으로 차례차례 실행되게 하는 뷰의 처리 방법입니다. 이렇게 하면 처리 순서를 확인할 수 있어서 디버깅이 가능합니다.

반면에 getters 속성에 정의된 fnGetData() 함수는 외부에서 store 내부의 state 속성값을 가져올 수 있도록 합니다. 외부에서 getters 속성의 fnGetData() 함수를 사용하는 방법은 다음과 같습니다.

```
result = store.getters.fnGetData      // 스토어에 접근하여 fnGetData 함수 실행
```

43~54 actions 속성 설정

비동기 실행이 필요한 함수는 이름 앞에 async 키워드를 붙여서 관리해 주어야 합니다. 이번 소스는 마치 외부 API의 함수를 실행하는 것을 흉내 내기 위해서 API 모듈을 별도로 만들고 그 API의 fnDecrement() 함수를 실행하는 구조로 되어 있습니다.

그리고 외부 실행 결과가 성공하면 그때 비로소 state 속성에 있는 값을 감소시키기 위해 mutations의 fnDecData() 함수에 접근해서 실행합니다.

STEP 3 다음은 원격 API를 만들고 비동기 계산을 수행하기 위해 Promise를 사용하는 코드입니다. 로직을 생각하며 다음과 같은 코드를 작성해 보세요.

실습 파일 ex05-05₩vuex.html(3/4)

```
...생략...
57:  // 타이머를 사용해 1초 후 성공 Promise를 반환하도록 가상의 서버 API 정의
58:  const api = {
59:    fnDecrement() {
60:      /* 비동기 계산을 수행하기 위해 Promise를 사용하고
61:         그에 따른 성공값을 반환하기 위해 resolve 함수 실행 */
62:      return new Promise((resolve) => {
63:        setTimeout(() => {
64:          resolve(true);
65:        }, 1000);    // 원격 서버 느낌을 내기 위해 1초 지연시킴
66:      });
67:    },
68:  };
...생략...
```

57~59 **원격 API 생성**

가상의 외부 API 함수 역할을 수행합니다. 타이머를 이용해서 1초 정도 지연시킨 후에 Promise 성공을 반환하는 간단한 예입니다. api 객체 변수는 나중에 다른 값으로 바꿀 수 없도록 상수로 선언하여 실제 API 서비스와 비슷하게 정의합니다. 그리고 API에서 제공되는 서비스로 fnDecrement() 함수를 정의합니다. 이 서비스는 기능은 없지만 1초 지연한 후 결과로 Promise 성공을 반환합니다.

62~66 **Promise 사용**

소스의 내용은 fnDecrement() 함수에서 Promise를 어떻게 생성하고, 약속을 이행한 결과를 어떻게 반환하는지 보여 줍니다. 1초를 지연하기 위해 setTimeout() 함수에 1,000ms를 전달합니다. 그러고 나서 resolve(true)의 콜백 함수를 실행하여 Promise가 약속을 이행한 것으로 간주합니다.

STEP 4 마지막으로, 버튼을 누를 때마다 1씩 증가하거나 감소하도록 컴포넌트를 등록한 후 Vue 객체에 Vuex 인스턴스를 등록하는 내용까지 작성해 보겠습니다.

실습 파일 ex05-05₩vuex.html(4/4)

```
...생략...
    // com-counter라는 신규 엘리먼트 등록
    Vue.component('com-counter', {
      // 카운터 제목은 엘리먼트의 msg 속성값을 받아서 렌더링
      props: ['msg'],
      template: `
        <div>
          <h2>{{ msg }}</h2>
          <p>카운터: {{ fnGetCount }}</p>
          <button @click="fnIncCount">+1 증가</button>
          <button @click="fnDecCount">-1 감소(원격 API 실행)</button>
          <hr>
        </div>`,
      computed: {
        // 카운터값은 store에서 getters에 접근하여 가져온 후 렌더링
        fnGetCount() {
          return store.getters.fnGetData;
        }
      },
      methods: {
        /* 카운터 증가는 동기 실행을 가정하고
           store의 mutations에 직접 접근하여 실행 */
        fnIncCount() {
          store.commit('fnIncData')
        },
        /* 카운터 감소는 원격 서버 API로 비동기 실행을 가정하고
           actions에 접근하여 실행 */
        fnDecCount() {
          store.dispatch('fnDecData')
```

```
98:         }
99:       }
100:   })
101:   var gApp = new Vue({
102:     el: '#app',
103:     // store 사용을 선언
104:     store
105:   })
106: </script>
107: </html>
```

70~81 컴포넌트 등록

com-counter라는 엘리먼트 이름으로 컴포넌트를 등록하고 msg라는 이름으로 어트리뷰트를 받도록 합니다. 전달받은 어트리뷰트를 출력하고 현재 카운터값과 〈+1 증가〉, 〈-1 감소(원격 API 실행)〉 버튼으로 값을 증가시키거나 감소시키는 뷰를 디자인합니다.

82~87 store에서 값 읽어서 렌더링하기

p 엘리먼트에 머스태시로 카운트값을 표시할 때 fnGetCount 함수를 이용합니다. 소스를 보면 먼저 머스태시에 바인딩하므로 computed 속성에 함수를 배치했습니다. 그리고 스토어에서 값을 가져오기 위해 store라는 이름의 스토어에 들어가서 getters에 있는 fnGetData() 함수를 실행합니다. 이렇게 함으로써 com-counter라는 엘리먼트 이름으로 컴포넌트가 생성되면 모두 같은 스토어값을 공유해서 읽게 됩니다.

88~93 store에 동기 실행으로 값 저장하기

컴포넌트에서 〈+1 증가〉 버튼을 클릭해서 값이 증가되는 경우입니다. 이벤트 핸들러이므로 methods 속성에 fnIncCount() 함수를 배치합니다. 그리고 store라는 스토어의 mutations에 접근할 것이므로 commit() 함수를 이용해서 fnIncData() 함수를 실행합니다. 이처럼 컴포넌트가 아무리 많아져도 같은 스토어에 있는 값을 공유해서 사용할 수 있습니다.

하나만 더 배워요! **왜 Vuex는 mutations라는 어려운 속성명을 사용했을까?**

컴포넌트와 Vuex의 관계 속에서 공유 데이터를 어떻게 관리하는지 이제는 어느 정도 명확해졌나요? 이쯤에서 왜 Vuex는 mutations라는 어려운 속성 이름을 지었는지 좀 더 생각해 볼 필요가 있습니다. 즉, 외부에서 Vuex에 접근하여 값을 설정하는 역할을 수행하므로 setters라는 단어를 선택하는 것이 바람직할 텐데, 왜 굳이 mutations라는 어려운 단어를 선택했을까요?

mutations는 사전적 의미로 종의 변화를 뜻합니다. Vuex의 최초 설계자가 컴포넌트를 살아 있는 생물체로 빗대어 생각했다면 mutations을 이해하기가 한결 쉬울 겁니다. 예를 들어 Vuex의 데이터를 바꾸면 그것으로 끝나는 게 아니라, Vuex를 연결하여 사용하는 모든 컴포넌트의 상태가 바뀌는 과정이 마치 돌연변이가 퍼져 나가는 모습과 흡사하다 해서 이런 이름이 붙었습니다.

94~98 store에 비동기 실행으로 값 저장하기

이제 마지막으로 Vuex의 actions 속성에 있는 쓰기에 접근해 보겠습니다. 〈-1 감소(원격 API)〉 버튼을 클릭하면 원격에 있는 API 서비스 함수를 실행하므로 언제 결과가 나올지 예상하기 어렵습니다. 이때는 store에 있는 actions 속성에 접근합니다. 즉, dispatch() 함수를 통해서 actions 속성에 접근한 후 1만큼 감소시키기 위해 fnDecData() 함수를 실행합니다. 이처럼 Vuex는 동기 실행과 비동기 실행을 구분하며, 비동기는 반드시 dispatch()를 통해서 Vuex의 actions 속성에 접근한다는 것을 기억해야 합니다.

104 Vue 객체에 Vuex 인스턴스 등록

이제 Vuex를 사용하기 위한 마지막 설정 단계가 남았습니다. 앞에서 작성한 소스처럼 Vue 객체를 생성할 때 store 옵션을 지정하면 됩니다.

STEP 5 지금까지 배운 카운터값의 관리 구조를 이해하기 쉽도록 그림으로 정리하면 다음과 같습니다. 앞에서 작성한 Vuex.html 소스와 함께 살펴보기 바랍니다.

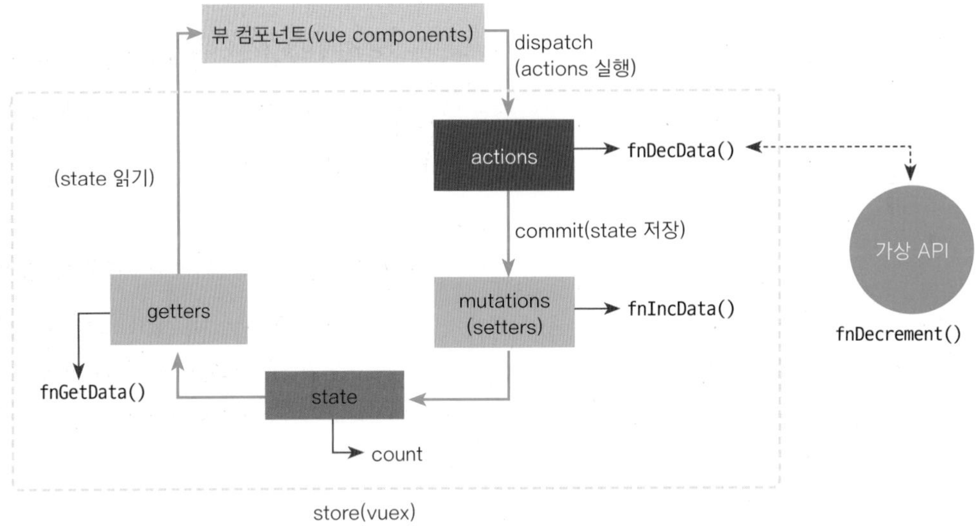

그림 5-9 카운터값의 관리 구조

STEP 6 작성한 파일을 VSCode의 라이브 서버를 이용해서 실행합니다. 컴포넌트 사이에 Vuex를 통한 카운터 상탯값 공유가 잘 동작하는지 확인합니다. 다음 그림에서 왼쪽은 1만큼 증가시킨 결과이고, 오른쪽은 1만큼 감소시킨 결과입니다.

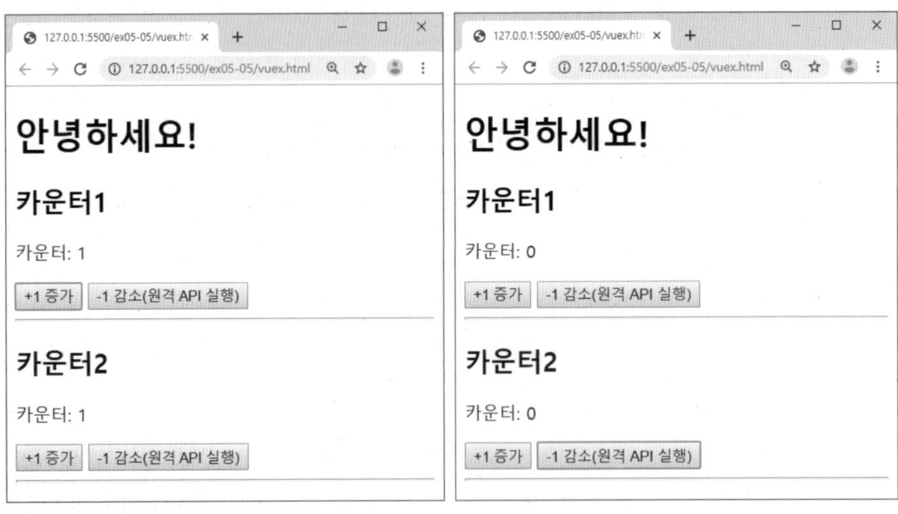

그림 5-10 실습 결과 화면

05-6 내비게이션과 라우터

라우터(router)란 페이지끼리 이동할 수 있는 기능을 의미합니다. 라우터를 사용하여 경로와 컴포넌트를 등록하면 싱글 페이지 애플리케이션(single page application, SPA) 사용자가 클릭한 경로로 화면이 쉽게 이동하도록 도와줍니다. 라우터는 이러한 SPA를 만들 때 중요한 역할을 합니다. 메인과 서브 페이지 사이를 오가는 간단한 SPA를 라우터로 제작해 보겠습니다.

Do it! 실습 메인과 서브 페이지를 오가는 SPA 만들기

SPA는 페이지 화면이 바뀌어도 웹 브라우저에서 새로 고침이 일어나지 않는 형식으로 되어 있습니다. 즉, 하나의 페이지 안에서 다양한 페이지를 이동해도 마치 네이티브 앱처럼 동작하는 효과를 얻을 수 있습니다. 이때 페이지끼리 이동 링크를 관리하는 방법으로 라우터를 사용하면 뷰 영역의 배치와 링크 관계를 쉽게 설정할 수 있으므로 편리합니다.

STEP 1 먼저 라우터를 등록해야 합니다. 이어서 라우터에 등록할 컴포넌트를 만들고 이동할 라우터 주소까지 등록해 보겠습니다. 다음과 같은 코드를 작성해 보세요.

실습 파일 ex05-06\vue_router.html(1/2)

```
<!DOCTYPE html>
<html>
<head>
  <meta charset="UTF-8">
  <title></title>
  <script src="https://cdn.jsdelivr.net/npm/vue"></script>
  <!-- 라우터를 사용하기 위해 해당 CDN 연결 -->
  <script src="https://unpkg.com/vue-router/dist/vue-router.js"></script>
</head>
<body>
  <div id="app">
  <h1>안녕하세요!</h1>
```

```
13:  <!-- 현재 라우터 위치의 컴포넌트를 렌더링 -->
14:  <router-view></router-view>
15:  <hr>
16:  <p>라우터 사용:
17:    <!-- to 속성에 이동할 링크 지정 -->
18:    <router-link to="/main">메인 페이지 이동</router-link>
19:    <router-link to="/sub">서브페이지 이동</router-link>
20:  </p>
21:  </div>
22:  <script>
23:    // 라우터에 등록할 컴포넌트 정의
24:    const tmMain = {
25:      template: '<h2>메인 페이지입니다.</h2>'
26:    }
27:    const tmSub = {
28:      template: '<h2>서브페이지입니다.</h2>'
29:    }
30:    // 이동할 주소명과 사용할 컴포넌트를 등록하여 라우터 정의
31:    const rtRoutes = [{
32:      path: '/main',
33:      component: tmMain
34:    },
35:    {
36:      path: '/sub',
37:      component: tmSub
38:    }
39:    ]
...생략...
```

07~08 라우터 CDN

라우터를 사용하는 가장 손쉬운 방법은 라우터 CDN을 소스처럼 연결하는 것입니다.

11~21 라우터 사용

먼저 라우터를 사용해 보겠습니다. router-view 엘리먼트를 사용하면 그 영역은 라우터에 의해 정의된 뷰가 나타납니다. 그리고 라우터의 뷰 페이지 변경은 router-link 엘리먼트를 사용합니다.

소스는 라우터를 사용해 다른 HTML 엘리먼트와 함께 어떻게 사용할 수 있는지 보여 줍니다. 먼저 h1 엘리먼트로 제목을 표시합니다. 그리고 이어서 router-view 엘리먼트로 라우터 영역이 나타납니다. 다음으로 p 엘리먼트 안에 router-link 엘리먼트를 사용하여 페이지끼리 이동할 수 있는지 보여 줍니다. 이동해야 할 대상 페이지 이름은 to 속성에 라우터 페이지 이름을 지정하면 됩니다. 이렇게 하면 router-link를 일반 HTML 링크를 담당하는 a 엘리먼트와 비슷하게 사용할 수 있습니다.

23~29 라우터용 컴포넌트 생성

라우터에 등록할 간단한 컴포넌트를 2개 생성합니다. tmMain과 tmSub의 두 상수 변수에 template 속성을 이용하여 각 컴포넌트의 뷰를 구분할 수 있는 간단한 제목을 입력합니다.

30~39 라우터 주소 등록

이제 라우터를 등록해 보겠습니다. 라우터를 등록할 때는 배열 변수를 사용하여 화면에 보여 줄 페이지를 JSON 형식으로 구분한 뒤 이동할 페이지 이름과 해당되는 컴포넌트 템플릿을 정의하면 됩니다.

소스는 메인 페이지와 서브 페이지라는 2개의 뷰를 라우터에 등록하는 내용입니다. to 속성에 '/main'이라고 지정하면 이 이름이 이동할 페이지 경로가 됩니다. 예를 들어 다음처럼 작성하면 메인 페이지로 이동합니다.

```
<router-link to="/main">메인 페이지 이동</router-link>
```

그리고 메인 페이지로 이동되었을 때 화면에 나타날 뷰는 component에 등록합니다. 23~29행에서 정의한 메인 페이지 template 속성 내용이 여기서 사용됩니다. 서브 페이지 내용도 메인 페이지와 같습니다.

STEP 2 라우터 객체를 생성하고 뷰 객체에 라우터 인스턴스를 등록하는 방법까지 직접 작성합니다.

실습 파일 ex05-06₩vue_router.html(2/2)

```
...생략...
41: // 라우터 인스턴스를 생성하고 routes 옵션 전달
42: /* router 객체 변수는 라우터 인스턴스이면서 Vue 생성 시 옵션으로
43:    사용되므로 변수 이름은 반드시 router 사용 */
44:     const router = new VueRouter({
45:       routes: rtRoutes
```

```
46:       })
47:       // 뷰 루트 인스턴스를 만들고 router 옵션 추가
48:       var gApp = new Vue({
49:         el: '#app',
50:         router    44행에 선언한 변수 이름과 같게 설정
51:       })
52:     </script>
53: </body>
54: </html>
```

41~46 라우터 객체 생성

라우터를 사용하기 위해 가장 먼저 할 일은 VueRouter 객체를 생성하고 앞에서 지정한 옵션을 전달하는 것입니다. 이를 위해서 VueRouter 객체를 생성하고 router 변수에 상수로 저장합니다. 이때 매개변수로 routes 옵션에 rtRoutes값을 전달합니다. VueRouter 객체의 인스턴스는 router 상수 변수에 저장했는데 이 이름은 변경하지 말고 똑같이 작성해야 합니다. 왜냐하면 이 이름은 이어서 설명할 뷰 객체의 옵션 이름으로도 사용되기 때문입니다.

47~51 라우터 인스턴스 등록

이제 라우터를 사용하기 위한 마지막 설정 단계가 남았습니다. 앞에서 작성한 소스처럼 Vue 객체를 생성할 때 router 옵션을 지정하면 됩니다. 여기서 유의할 점은 router는 옵션 이름으로 사용되는 동시에 44행에서 VueRouter 객체의 인스턴스를 가리키는 상수 변수로도 사용된다는 것입니다. 이 두 가지를 충족해야 라우터가 실행됩니다.

STEP 3 작성한 파일을 VSCode의 라이브 서버를 이용해서 실행합니다. 페이지끼리 이동할 때 새로 고침이 발생하지 않는 SPA의 장점을 확인합니다. 다음 왼쪽 그림은 메인 페이지로 이동한 결과 화면이고, 오른쪽 그림은 서브 페이지로 이동한 결과 화면입니다.

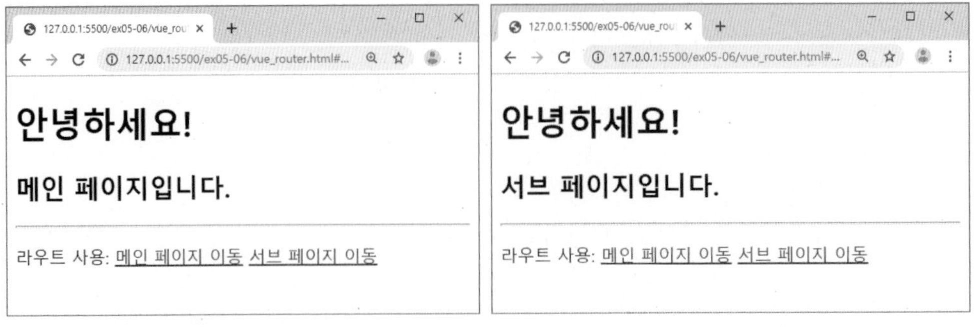

그림 5-11 실습 결과 화면

05-7 새로 고침이 필요 없는 SPA 만들기

웹앱은 서버에 매번 요청하더라도 새로 고침이 불필요한 SPA로 제작되는 추세입니다. 대표적으로 구글 지메일, 구글 맵, 페이스북, 트위터 등이 이런 방식으로 제작되었는데, 이로써 사용자의 서비스 경험 속도가 훨씬 빨라졌습니다.
뷰는 SPA를 만드는 데 유용합니다. 특히 Vue-CLI를 통해서 템플릿을 내려받아 모듈 단위로 프로젝트 파일을 관리하면 SPA를 더욱 손쉽게 제작할 수 있습니다.

Do it! 실습 프로젝트 실습 환경 준비하기

Vue-CLI(Vue command line interface)란, 명령 창의 명령으로 프로젝트 파일을 설치하고 빌드하는 작업을 도와주는 인터페이스입니다. Vue-CLI를 사용해 메인 페이지와 서브 페이지를 라우터로 오가는 간단한 SPA를 만들어 보겠습니다. 이를 위해서는 몇 가지 사전 준비를 해야 합니다.

STEP 1 먼저 Node.js가 설치되어 있어야 합니다. 웹 브라우저에서 nodejs.org/ko/에 접속한 후 LTS 버전을 내려받아 설치합니다. 화면 안내에 따라 〈다음〉을 클릭하면 됩니다. 설치 방법은 간단하므로 자세한 설명은 생략합니다.

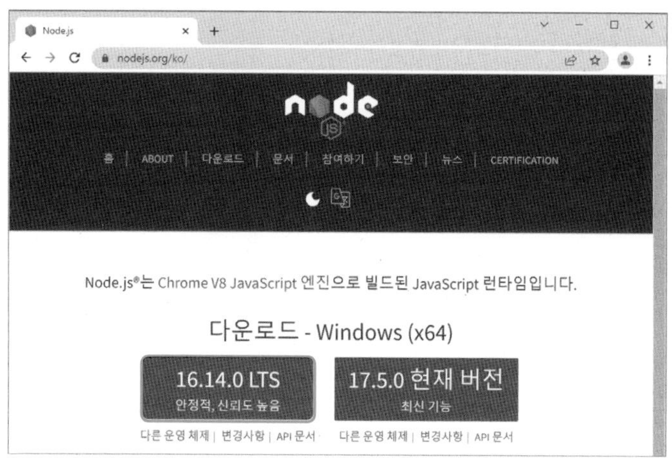

그림 5-12 Node.js 내려받기

STEP 2 Vue-CLI는 VSCode의 통합 터미널 창에서 설치할 수 있습니다. 통합 터미널 창은 [보기 → 터미널] 메뉴를 선택하거나 단축키 Ctrl+`을 누르면 됩니다. 터미널 창을 열고 다음 내용을 입력합니다.

```
> npm install -g @vue/cli
```

STEP 3 설치가 끝나면 다음과 같은 화면이 나타납니다.

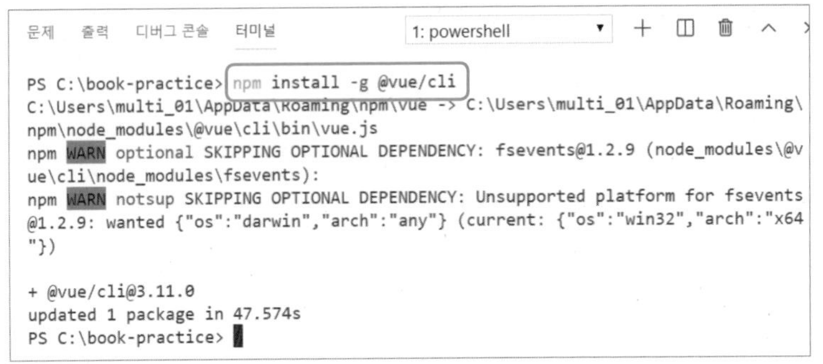

그림 5-13 Vue-CLI 설치 화면

STEP 4 VSCode에서 [파일 → 폴더 열기]를 누르고 필자가 제공한 소스 중 ex05-07_start 폴더를 열면 다음과 같이 여러 샘플 파일을 확인할 수 있습니다. 프로젝트 폴더 안에 파일은 웹팩을 사용해 CSS, 자바스크립트, 이미지 파일 등 버전끼리 쉽게 관리할 수 있도록 만들어졌습니다.

우리는 이 프로젝트 폴더 안에서 자동으로 생성된 파일을 수정하거나 새 파일을 만들어서 작업합니다.

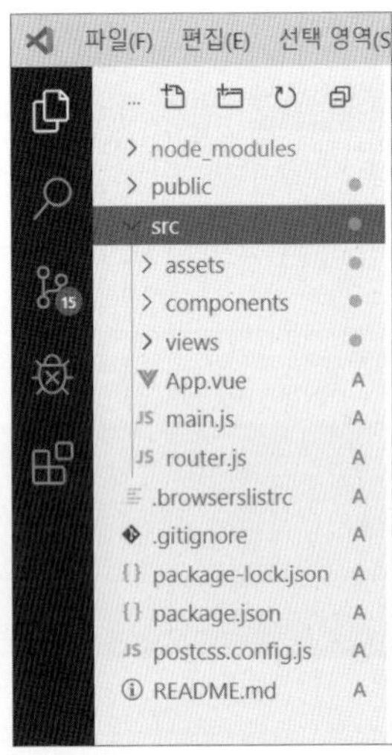

그림 5-14 웹팩에 담겨 있는 샘플 파일

하나만 더 배워요! 웹팩이 무엇인가요?

웹팩(webpack)이란 자바스크립트 개발에 필요한 여러 파일(.vue, .js, .css, 각종 이미지 파일 등)을 단일 파일로 묶어주고 실행 성능이 빨라지도록 최적화해주는 Node.js 기반의 오픈소스 모듈 번들러 도구입니다. 자바스크립트를 통한 대규모 웹 애플리케이션을 개발하려면 복잡한 의존성을 가지는 모듈들을 효율적으로 관리할 수 있어야 하는데 그 해결책으로 탄생했습니다. 웹팩을 이용하면 모듈 단위 개발의 장점을 사용하면서도 최종 배포 파일은 네트워크 트래픽을 절약할 수 있습니다. 또한 전통적인 언어의 컴파일과 유사한 단계를 거치게 되는데 뷰는 웹팩을 이용할 때 이 과정을 빌드(build)라고 부릅니다. 뷰에서는 /src 폴더에서 개발하고 최종 빌드하면 /dist 폴더에 웹팩을 통해 패키징된 정적 파일이 생성됩니다. 최종 배포 때는 이 파일들을 웹호스팅에 업로드해서 사용합니다.

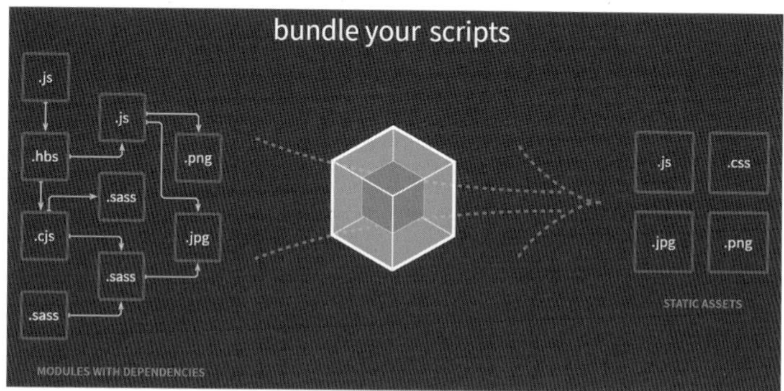

그림 5-15 웹팩의 개념(출처: https://webpack.js.org/)

하나만 더 배워요! 프로젝트 직접 만들기

이 책은 버전에 따라 소스 내용이 달라지는 혼란을 예방하고 학습에만 집중할 수 있도록 웹팩 시작 템플릿을 제공합니다. 나중에 프로젝트 진행 과정이 익숙해져서 자신감이 생기면 다음 방법대로 프로젝트를 직접 생성해 보기 바랍니다. 실력을 한 단계 높일 수 있는 지름길입니다. 다만 뷰 프로젝트 안에 생성된 소스 내용은 버전 업데이트에 따라 이 책과 조금 다를 수 있습니다.

먼저 새로운 프로젝트를 만들겠습니다. VSCode에서 통합 터미널 창을 열고 다음 명령을 입력해 새 프로젝트 폴더를 생성합니다.

```
> vue create ex05-07
```

Vue-CLI 프로젝트를 생성할 때 몇 가지 질문이 나타나면 다음과 같이 선택합니다.

표 5-2 프로젝트 옵션 설정

질문	선택	참고
Please pick a preset:	[Manually select features] 선택	신규 프로젝트 템플릿(preset)을 기본으로 할지 아니면 사용자 정의로 할지 결정
Check the features needed for your project:	[Router]만 선택하고 나머지는 모두 선택 해제	이 메뉴로 Babel, TypeScript, PWA 등의 다양한 기능을 템플릿에 담을 수 있음(Spacebar로 선택/해제)
Use history mode for router?	기본값인 Y 선택(주소 표시줄에 나타나는 '#'을 제거해 줌)	라우터에서 히스토리 모드의 사용 여부 결정
Where do you prefer placing config for...	기본값 그대로 [config] 파일 선택(특별히 사용할 설정값이 없음)	설정값을 config 파일과 package.json 파일 중에 어디에 저장할지 결정
Save this as a preset for future projects? (Y/N)	기본값 N 선택	지금까지 선택한 기능을 나중에 재활용할 수 있도록 저장할지 결정

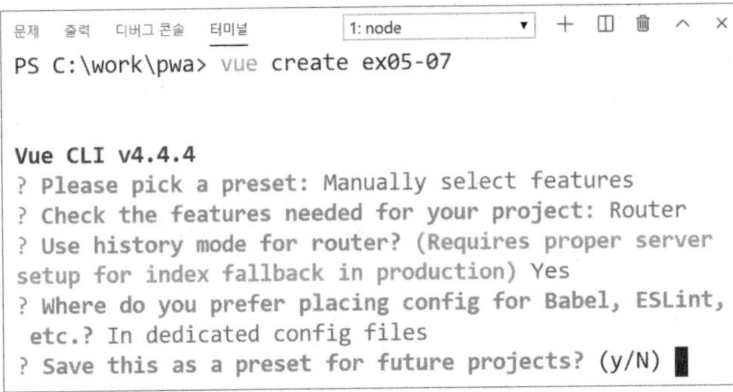
```
PS C:\work\pwa> vue create ex05-07


Vue CLI v4.4.4
? Please pick a preset: Manually select features
? Check the features needed for your project: Router
? Use history mode for router? (Requires proper server
setup for index fallback in production) Yes
? Where do you prefer placing config for Babel, ESLint,
 etc.? In dedicated config files
? Save this as a preset for future projects? (y/N)
```

그림 5-16 Vue-CLI 프로젝트 생성

Do it! 실습 샘플 파일을 수정하여 SPA 완성하기

SPA는 여러 개의 뷰와 자바스크립트 파일을 분리해서 관리하는 것이 좋습니다. 처음에는 이러한 방식이 복잡해 보이지만 익숙해지면 궁극적으로 큰 프로젝트를 개발할 때는 모듈 단위로 관리하는 것이 적합하다는 것을 알 수 있습니다. 이번 실습에서도 App.vue, main_page.vue, sub_page.vue, router.js의 4개 파일로 작업합니다.

STEP 1 App.vue 파일은 뷰 프로젝트를 만들면 자동으로 생성됩니다. 이곳엔 첫 화면에 나타날 내용이 담겨 있습니다. VSCode에서 App.vue 파일을 열고 다음과 같이 수정합니다.

이번 실습 과정에서 각각의 완성된 소스 파일은 ex05-07 폴더에 있습니다.

실습 파일 ex05-07_start₩src₩App.vue

```
01: <!-- 첫 화면에 표시될 내용 -->
02: <template>
03:   <div id="app">
04:   <h1>안녕하세요!</h1>
05:   <!-- 라우터 컴포넌트에 연결된 컴포넌트 렌더링-->
06:   <router-view></router-view>
07:   <hr>
08:   <p>라우터 링크 사용:
09:     <router-link to="/main">메인 페이지</router-link>
10:     <router-link to="/sub">서브 페이지</router-link>
11:   </p>
12:   </div>
13: </template>
```

05~06 **라우터에 연결된 컴포넌트 렌더링**

App.vue는 웹 페이지의 첫 모습을 표현합니다. 그래서 router-view 엘리먼트를 사용하여 라우터가 위치하는 경로의 뷰를 화면에 자리 잡고 표시합니다. 이 소스는 router-view를 사용한 모습인데 전체 HTML 문서 안에서 어디에 배치되었는지 함께 살펴보세요.

08~11 **라우터 링크 사용**

다음으로 라우터 링크를 사용합니다. 이 소스는 router-link 엘리먼트를 사용해서 경로명이 /main과 /sub인 라우터 뷰로 이동하도록 작성했습니다. 이렇게 하면 HTML 링크를 담당하는 a 엘리먼트와 비슷한 형식으로 실행됩니다. 차이가 있다면 브라우저 안에서 새로 고침이 일어나지 않고 빠르게 전환된다는 것입니다.

STEP 2 다음 작업할 파일은 main_page.vue입니다. 이 파일은 앱의 메인 페이지를 담당합니다. src 폴더 안에 main_page.vue 파일을 만들고 다음과 같은 코드를 작성합니다.

실습 파일 ex05-07_start₩src₩main_page.vue

```
01: <!-- 메인 페이지 마크업 -->
02: <template lang="html">
03:   <div>
04:     <h2>메인 페이지입니다.</h2>
05:     <button @click="fnSubPage">서브 페이지로 이동(라우터 함수 사용)</button>
06:   </div>
07: </template>
08: <script>
09: export default {
10:   methods: {
11:     // 라우터 함수로 이동할 때는 $router 글로벌 객체에 이동할 주소를 넣어 줌
12:     fnSubPage() {
13:       this.$router.push('/sub')
14:     }
15:   }
16: } </script>
```

03~06 **이벤트 핸들러 연결**

버튼을 누르면 라우터 뷰가 이동하도록 이벤트 핸들러를 사용하는 내용입니다. 먼저 버튼을 눌렀을 때 `fnSubPage()` 함수를 실행하도록 `v-on` 디렉티브로 바인딩합니다. 그런데 `v-on:click="fnSubPage"` 대신에 `@click`이라고 작성했습니다. 기능은 같지만 소스를 간략하게 만들어 단축해서 사용한 것으로 보면 됩니다.

10~15 **라우터 함수를 사용해 서브 페이지로 이동**

버튼을 누르면 `fnSubPage()` 함수가 실행되도록 `methods` 속성에 정의합니다. 내용은 `$router` 객체에 이동하고자 하는 컴포넌트의 경로 이름 `/sub`을 `push()` 함수로 넣어 주면 됩니다. main.js 파일에 정의된 `router` 변수에 접근하기 위해 먼저 뷰 객체를 가리키는 `this`를 사용합니다. 그리고 `router` 이름 앞에 달러 기호(`$`)를 표기함으로써 뷰 객체에 정의된 `router` 변숫값에 접근할 수 있도록 합니다.

하나만 더 배워요! $ 기호는 언제 사용하는 걸까?

뷰를 사용하다 보면 $ 기호를 만나는데 언제 사용해야 할까요? 다음 소스를 살펴보면서 설명해 보겠습니다.

$ 기호 사용 사례

```
// mydata를 Vue 객체 밖에 정의
var mydata = {
  sTitle: '안녕하세요!'
}
// Vue 객체를 생성하여 앱을 초기화하고 시작함
var vm = new Vue({
  el: '#main',
  data: mydata
})
// Vue 객체의 el, data 등 속성 변수에 접근하려면 반드시 $를 사용
console.log(vm.data == mydata)     // false 출력함
console.log(vm.$data == mydata)    // true 출력함
```

mydata라는 변수에 sTitle 문자열 '안녕하세요!'라는 문장을 간단히 넣어 줍니다. 그리고 뷰 객체 안의 data 속성에 mydata를 대입했습니다. 그러면 뷰 객체의 vm.data와 vm.$data는 어떤 차이가 있을까요? vm.data는 undefined로 Vue 객체의 속성에 접근할 수가 없습니다. 반면에 vm.$data처럼 $ 기호를 앞에 붙이면 값을 가져올 수 있습니다. 그래서 vm.$data와 mydata만 일치하므로 true가 표시됩니다.

STEP 3 이어서 작업할 sub_page.vue 파일은 메인 페이지에서 오갈 수 있는 서브 페이지입니다. 앞에서 실습한 것과 마찬가지로 src 폴더 안에 sub_page.vue 파일을 새로 만들고 다음과 같은 코드를 작성합니다.

실습 파일 ex05-07_start₩src₩sub_page.vue

```
<!-- 서브 페이지 마크업 -->
<template lang="html">
  <div>
    <h2>서브 페이지입니다.</h2>
    <button @click="fnMainPage">메인 페이지로 이동(라우터 함수 사용)</button>
  </div>
</template>
<script>
export default {
```

```
10:   methods: {
11:     // 라우터 함수로 이동할 때는 $router 글로벌 객체에 이동할 주소를 넣어 줌
12:     fnMainPage() {
13:       this.$router.push('/main')
14:     }
15:   }
16: } </script>
```

12~14 라우터 함수를 사용해 메인 페이지로 이동

서브 페이지에서도 버튼을 누르면 뷰 객체에 정의된 `$router` 변수에 접근해서 /main 경로를 `push()` 함수로 넣어 주어 자동으로 이동합니다.

STEP 4 마지막으로 router.js 파일을 작성해야 합니다. 이 파일도 뷰 프로젝트를 생성하면 자동으로 생깁니다. 여기서는 라우터와 연결할 뷰 파일의 경로를 설정하면 됩니다.

실습 파일 ex05-07_start₩src₩router.js

```
01: import Vue from 'vue'
02: import Router from 'vue-router'
03:
04: // 라우터로 연결할 main_page, sub_page 컴포넌트 모듈을 가져옴
05: import main_page from './main_page.vue';
06: import sub_page from './sub_page.vue';
07:
08: Vue.use(Router)
09:
10: export default new Router({
11:   mode: 'history',
12:   base: process.env.BASE_URL,
13:   routes: [
14:     { path: '/main', component: main_page},
15:     { path: '/sub', component: sub_page}
16:   ]
17: })
```

02 라우터 모듈 연결

먼저 `vue-router` 코어를 읽어 와서 `Router` 모듈 이름으로 사용할 수 있도록 준비합니다. `import`는 `vue-router`의 모듈 파일을 가져온 후에 그 소스의 내용을 `Router`라는 객체 이름으로 받아서 저장해 둔다는 의미입니다.

04~06 이동할 페이지 모듈 연결

다음으로 main_page.vue와 sub_page.vue라는 컴포넌트 모듈 2개를 가져와서 각각 main_page, sub_page 이름으로 사용할 수 있도록 준비합니다.

08 라우터 사용 선언 및 주소 등록

Router 모듈을 Vue.use() 함수의 매개변수로 전달하면 Vue 객체에서 사용할 수 있습니다.

10~17 Vue 객체 생성 및 옵션 설정

이제 마지막으로 Router 객체를 신규로 생성하고 필요한 옵션을 매개변수로 지정합니다. 라우터의 mode 옵션은 'hash'와 'history' 모드가 있습니다. 기본 설정은 'hash' 모드인데 해시 기호(#)를 기준으로 앞 주소는 브라우저에 보내고, 뒤의 주소는 뷰가 SPA가 동작하도록 처리합니다. 'history' 모드는 해시 기호를 URL 주소에서 제거합니다. mode 옵션에 'history'를 지정해서 일반적으로 알고 있는 깨끗한 주소가 되게 설정합니다.

```
http://localhost:8080/#/main → http://localhost:8080/main
```

process.env.BASE_URL은 루트 URL의 환경 변숫값인데 '/'의 값을 가지고 있습니다. 그리고 routes 속성에는 메인 페이지와 서브 페이지에 관한 경로와 컴포넌트 이름을 지정해 줍니다. 이것만 지정하면 라우터를 사용하는 데 필요한 준비를 모두 마친 것입니다.

STEP 5 그 외에 src 폴더에 있는 assets, components, views 폴더는 필요 없으므로 모두 삭제합니다. 완성된 src 폴더의 파일 내용은 다음과 같습니다.

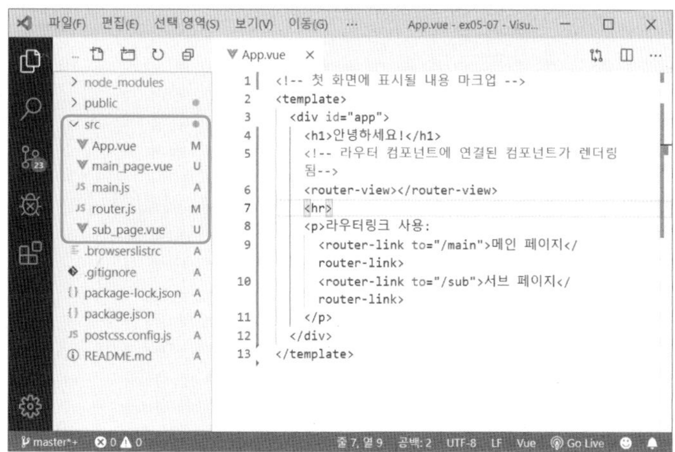

그림 5-17 완성된 src 프로젝트 파일

Do it! 실습 웹팩 모듈 설치하고 실행하기

STEP 1 VSCode의 통합 터미널 창을 엽니다. 다음과 같이 입력해서 웹팩 모듈을 설치할 실습 폴더로 이동합니다.

```
> cd ex05-07_start
```

STEP 2 앞에서 필자가 제공한 웹팩 시작 템플릿을 이용했으므로 터미널 창에서 Node.js 패키지 설치 명령을 바로 입력할 수 있습니다.

```
ex05-07_start> npm install
```

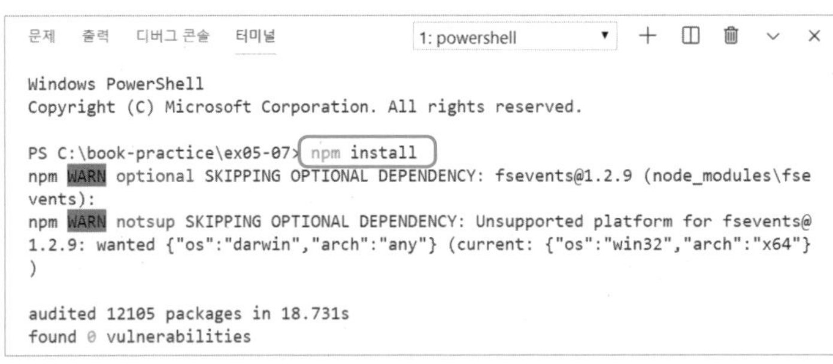

그림 5-18 Node.js 패키지 설치 화면

STEP 3 다음 명령어를 입력하면 서버가 개발자 모드로 열립니다. 프로그램 로직과 디자인 UI가 제대로 동작하는지 결과를 확인하는 용도로 이용하면 좋습니다.

```
ex05-07_start> npm run serve
```

이제 Ctrl을 누른 채 터미널 창에 표시된 내용 중 http://localhost:8080/을 클릭합니다.

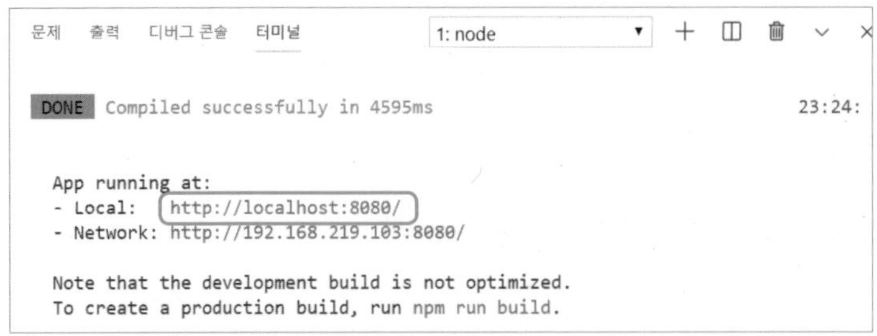

그림 5-19 개발자 모드로 실행한 화면

STEP 4 웹 브라우저에서 실행 모습을 볼 수 있습니다. 〈서브 페이지로 이동〉, 〈메인 페이지로 이동〉을 클릭해서 라우터가 제대로 동작하는지 확인해 보세요. 다음 왼쪽 그림은 메인 페이지로 이동한 결과 화면이고, 오른쪽 그림은 서브 페이지로 이동한 결과 화면입니다.

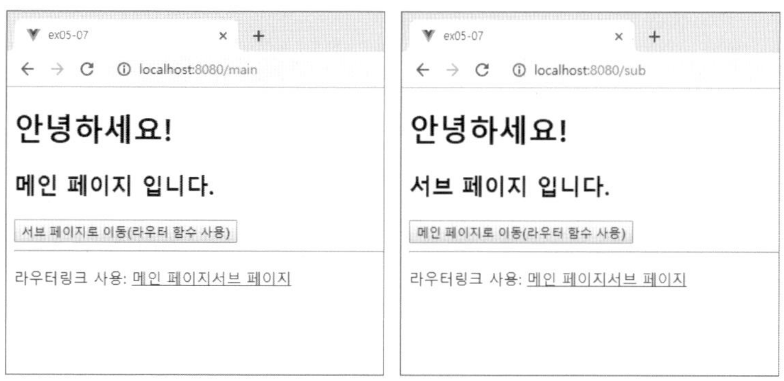

그림 5-20 실습 결과 화면

STEP 5 `npm run serve`로 실행한 개발자 모드에서는 핫 리로드(hot reload)라는 기능이 있어서 코드를 수정하고 저장하면 결과가 자동으로 브라우저에 반영됩니다. 실무에서도 매우 편리한 기능이니 잘 알아 두세요. 실습 결과를 확인했으면 VSCode 터미널 창에서 Ctrl+C를 눌러 서버를 종료합니다.

하나만 더 배워요! Vue.js devtools 활용하기

뷰를 이용해서 개발할 때 자주 사용하는 개발 도구를 소개합니다. Vue.js devtools인데요. 이 프로그램은 뷰 애플리케이션의 구조를 파악하고 단계별 디버깅을 돕습니다. 데이터와 라우터를 눈으로 확인할 수 있어서 매우 편리합니다. 크롬에서 다음 주소에 접속해 확장 프로그램을 설치하여 사용하면 됩니다.

- 크롬 웹스토어 : Vue.js devtools
- https://chrome.google.com/webstore/detail/vuejs-devtools/nhdogjmejiglipccpnnnanhbledajbpd

---

카운터 컴포넌트 프로그램 만들기

완성 파일 PWA-mission₩mission05

로컬 데이터를 독립적으로 관리할 수 있는 컴포넌트 실습 미션입니다. 초깃값을 엘리먼트 속성값으로 전달하여 로컬 초깃값을 설정할 수 있는 간단한 카운터 컴포넌트 프로그램을 만들어 보세요.

그림 5-21 미셔 코딩 결과 화면

HINT 1 먼저 다음 소스를 참고하여 컴포넌트를 설정합니다. 컴포넌트 이름은 `simple-counter`이며 속성으로 `startnumber`를 전달받습니다. 초깃값을 각각 1, 10, 100으로 설정합니다.

```
<!-- 초깃값이 다른 심플 카운터 3개 표시 -->
<simple-counter startnumber="1"></simple-counter>
<simple-counter startnumber="10"></simple-counter>
<simple-counter startnumber="100"></simple-counter>
```

HINT 2 이어서 카운터 컴포넌트를 등록하는 코드를 작성합니다. 엘리먼트 속성값 이름으로 `startnumber`를 선언합니다. 역따옴표(`)를 사용해서 `template` 부분도 정의합니다. 버튼은 `fnGetCounter` 속성과 바인딩되어 숫자로 표시되고 이를 누르면 `fnIncCounter` 함수가 실행됩니다. `data` 속성에는 컴포넌트가 선언될 때 `nCounter` 변수가 전달받은 `startnumber` 속성값을 초깃값으로 저장합니다.
여기서 `startnumber`의 속성값은 문자열이므로 `parseInt()` 함수를 사용해서 정수로 변환해 줍니다.

```
// 심플 카운터 컴포넌트 디자인 및 등록
Vue.component('simple-counter', {
  // 엘리먼트 속성값으로 받을 startnumber 선언
  props: ['startnumber'],
  // 화면에 표시할 템플릿 정의
  template: `
    <button v-on:click="fnIncCounter">
      카운터: {{ fnGetCounter }}
    </button>`,
  // 데이터 속성은 함수로 선언하여 속성값으로 받은 startnumber를 nCounter에 저장
  data: function () {
    return { nCounter: parseInt(this.startnumber) }
  },
  ...생략...
})
```

HINT 3 계속해서 다음 코드를 참고하여 fnGetCounter와 fnIncCounter 함수를 각각 computed와 methods 속성으로 정의합니다. fnGetCounter 함수는 nCounter 데이터를 읽어서 반환합니다. fnIncCounter 함수는 버튼을 눌렀을 때 nCounter값을 1만큼 증가시킵니다.

```
// 심플 카운터 컴포넌트 디자인 및 등록
Vue.component('simple-counter', {
  ...생략...
  // 데이터를 읽어다가 머스태시에 바인딩하는 computed 속성 정의
  computed: {
    fnGetCounter: function () {
      return this.nCounter
    }
  },
  // 버튼을 누르면 이벤트 핸들러로 카운터값이 1만큼 증가하는 methods 속성 정의
  methods: {
    fnIncCounter: function () {
      this.nCounter += 1
    }
  }
})
```

06

뷰티파이 기초 쌓기

뷰티파이(Vuetify.js)는 구글의 공식 머티리얼 디자인으로 앱을 제작할 때 도움을 주는 UI 프레임워크입니다. 06장을 공부하다 보면 뷰티파이가 뷰의 기능을 이용해 얼마나 멋진 디자인으로 바꿔 놓는지 확인할 수 있습니다. 뷰티파이의 세계로 들어가 볼까요?

06-1 뷰티파이, 뷰 최고의 UI 프레임워크

뷰티파이란?

뷰티파이(Vuetify.js)는 뷰 자바스크립트 프레임워크에 머티리얼 디자인을 사용할 수 있는 컴포넌트 프레임워크입니다. 뷰 생태계에는 다양한 UI 프레임워크가 있지만 뷰티파이를 적극 추천합니다. 그 이유는 구글의 머티리얼 디자인 스펙을 충실하게 표현할 뿐만 아니라 웹앱에 필요한 컴포넌트를 편리하게 사용할 수 있도록 다양한 기능을 지속적으로 지원하기 때문입니다.

머티리얼 디자인 스펙에 관한 자세한 정보는 material.io 사이트에서 확인할 수 있어요.

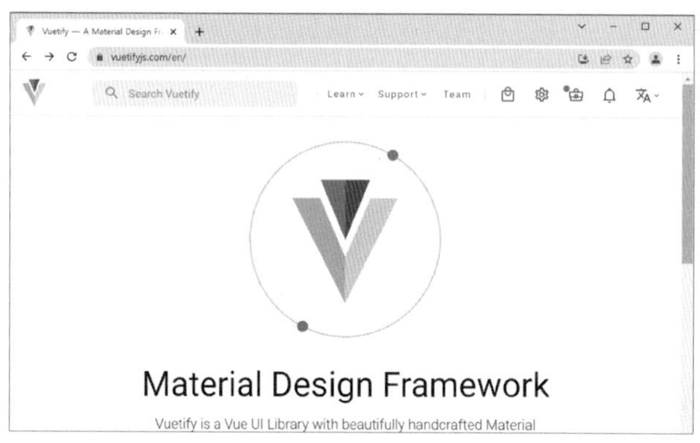

그림 6-1 뷰티파이 공식 웹 사이트(vuetifyjs.com/)

다음은 뷰티파이의 컴포넌트를 이용해 관리자 페이지를 제작한 사례입니다. 웹 브라우저를 열고 그림 아래 표시한 주소로 접속해서 직접 확인해보세요. 웹앱에 필요한 다양한 UI를 세련되게 표현한 모습을 확인할 수 있습니다.

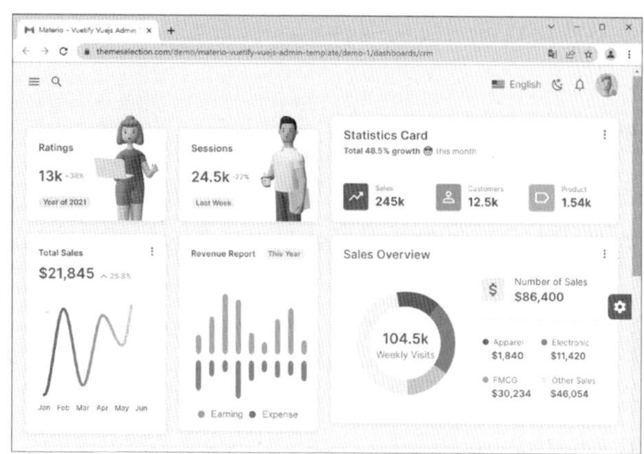

그림 6-2 뷰티파이 컴포넌트로 제작한 운영자 페이지(madewithvuejs.com/materio-vuetify-admin)

뷰티파이가 주목받는 4가지 특징

뷰티파이는 구글 머티리얼 디자인의 스펙을 충실히 따르면서 웹앱을 개발하는 데 필요한 다양한 기능을 제공합니다. 발전 속도도 빠르고 커뮤니티의 신뢰도도 매우 높은 편입니다. 뷰와 궁합이 잘 맞는 최적의 UI 프레임워크로 손색이 없습니다. 뷰티파이의 중요한 특징 몇 가지를 살펴보겠습니다.

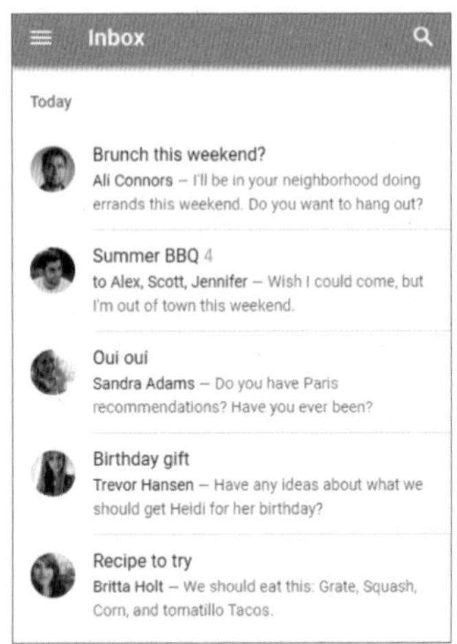

그림 6-3 뷰티파이로 제작한 UI

① 구글 머티리얼 스펙 지원

앱을 제작할 때 세련된 UI 디자인은 점점 중요해지고 있습니다. 뷰티파이는 이러한 흐름에 맞게 구글 머티리얼 디자인의 스펙을 충실히 지원하면서도 디자이너가 직접 커스터마이징할 수 있는 다양한 옵션을 제공합니다.

② 80개 이상의 시맨틱 머티리얼 디자인 컴포넌트

뷰티파이가 제공하는 엘리먼트 이름은 v-로 시작하므로 매우 직관적이어서 금방 알아볼 수 있습니다. 모던 웹앱에서 반드시 필요한 최신 앱바, 플로팅 버튼, 카드 UI 등을 사용할 수 있을 뿐만 아니라 그리드 레이아웃, 타이포그래피의 UI/UX 디자인을 훌륭하게 제공합니다.

③ 빠른 속도

흥미롭게도 실행 속도가 매우 빠릅니다. 뷰에 기반을 두었다는 것은 빠른 속도를 보장해 줄 뿐 아니라 성능을 위한 최적화 작업도 착실히 해준다는 데 의미가 있습니다.

④ 쉬운 학습

공식 문서가 쉽게 설명되어 있어서 학습자를 잘 배려하고 있습니다. 사례 소스도 쉽게 복사해서 적용할 수 있습니다.

06-2 기본 레이아웃 만들기 1

뷰티파이를 활용하면 반응형 웹 디자인과 네이티브 앱 UI 디자인도 가능하지만 무엇보다 PWA에 제격입니다. 간단한 실습을 통해 모바일 UI의 가장 기본인 앱바, 본문, 바닥글의 3단 레이아웃을 구성해 보겠습니다.

뷰티파이에서 앱바와 툴바는 다른 의미로 사용되며 앱바가 상위 개념이고 툴바는 하위 개념으로 부분적인 UI 요소로 사용할 때 적용됩니다.

이번 실습에서 기억해야 할 핵심 내용은 다음과 같습니다.

- **앱바 영역**: v-app-bar 엘리먼트 사용
- **본문 영역**: v-main 엘리먼트 사용
- **여백 자동 설정**: v-container 엘리먼트 사용
- **바닥글 영역**: v-footer 엘리먼트 사용

Do it! 실습 뷰티파이로 3단 레이아웃 만들기

STEP 1 이 예제를 한 번만 실습해도 뷰티파이를 금방 이해할 수 있습니다. 새로운 실습 폴더(예: ex06-01)에 hello_simple.html 파일을 만들고 다음과 같은 코드를 입력합니다.

실습 파일 ex06-01₩hello_simple.html(1/2)

```
<!DOCTYPE html>
<html>
<head>
  <!-- 모바일 기기 접속 시 화면 크기 조절을 위해 뷰포트 설정 -->
  <meta name="viewport" content="width=device-width, initial-scale=1,
    maximum-scale=1, user-scalable=no, minimal-ui">
  <!-- vuetify.js에 필요한 스타일 파일 링크 연결 -->
  <link href="https://fonts.googleapis.com/css?family=
    Roboto:100,300,400,500,700,900|Material+Icons" rel="stylesheet">
  <link href="https://cdn.jsdelivr.net/npm/@mdi/font@3.x/css/
    materialdesignicons.min.css" rel="stylesheet">
  <link href="https://cdn.jsdelivr.net/npm/vuetify@2.2.x/dist/vuetify.min.css"
```

```
13:       rel="stylesheet">
14: </head>
15: <body>
16:   <div id="app">
17:     <!-- 첫 화면의 시작은 v-app 엘리먼트 사용 -->
18:     <v-app>
19:       <!-- 상단 부분은 v-app-bar 엘리먼트 사용 -->
20:       <v-app-bar app>
21:         <v-app-bar-nav-icon></v-app-bar-nav-icon>
22:         <v-toolbar-title>Header입니다.</v-toolbar-title>
23:       </v-app-bar>
24:       <!-- 콘텐츠 부분은 v-main 엘리먼트 사용 -->
25:       <v-main>
26:         안녕하세요
27:         <v-container>Contents입니다.</v-container>
28:       </v-main>
29:       <!-- 하단 부분은 v-footer 엘리먼트 사용 -->
30:       <v-footer>
31:         <div>Footer입니다.</div>
32:       </v-footer>
33:     </v-app>
34:   </div>
...생략...
```

04-06 **뷰포트 설정**

웹앱은 모바일, 태블릿, 데스크톱 등 모든 기기의 사용자가 대상이므로 반드시 뷰포트(viewport)를 설정해야 합니다. 사용자는 모바일 기기로 접속했는데 데스크톱 크기의 화면을 보여 주면 글자들이 깨알처럼 작게 표시됩니다. 뷰포트는 모바일 기기의 작은 화면에 맞춰서 크기를 조정하여 이러한 문제점을 해결합니다.

여기서 작성한 소스는 뷰포트 설정에서 가장 기본적인 내용입니다. 사용자가 터치로 확대·축소하는 기능 없이 바로 적정 크기로 보여 줍니다.

07~13 **링크 연결**

뷰티파이를 사용하려면 디자인 관련 CSS 파일을 링크로 연결해야 합니다. 이 코드는 구글 폰트와 뷰티파이 CSS의 CDN 두 가지를 연결합니다.

Vue-CLI 환경에서 뷰티파이를 사용하는 방법은 07-3절에서 다룹니다.

17~18 v-app **엘리먼트**

첫 화면의 시작은 v-app 엘리먼트를 사용합니다. 뷰티파이에는 뷰의 컴포넌트 기능을 사용해서 머티리얼 디자인을 구현한 UI 컴포넌트가 정의되어 있습니다. v- 접두사를 사용한 엘리먼트이므로 내용이 직관적이어서 사용하기 쉽습니다. 뷰티파이는 v-app 엘리먼트를 시작 지점으로 간주하고 이를 토대로 렌더링하므로 v-app 엘리먼트는 반드시 작성해야 합니다.

19~23 v-app-bar **엘리먼트**

보통 앱 UI를 구성할 때는 위에 앱바를 배치합니다. 앱바 영역은 v-app-bar 엘리먼트를 사용해 지정합니다. 그리고 그 안에 제목을 표시할 때는 v-toolbar-title 엘리먼트를 사용하고 제목의 내용은 엘리먼트값으로 표기합니다.

24~28 v-main **엘리먼트**

본문 영역은 v-main 엘리먼트를 사용합니다. v-main은 본문이 화면 어디에 위치할지를 결정합니다. 본문은 보통 상단의 앱바와 아래의 바닥글을 제외한 나머지 영역을 모두 차지합니다. 그리고 그 안에 v-container 엘리먼트를 사용하면 내용이 표시될 때 화면 크기에 비례해 적절한 여백을 자동으로 추가합니다. 보통 디자인 작업에서는 여백 설정이 중요한데 뷰티파이는 여백을 자동으로 설정해 주므로 매우 편리합니다.
만약 다음 소스처럼 v-main을 하나 더 추가하면 어떻게 될까요? 자동으로 본문 영역을 세로로 이등분해서 영역을 잡아 줍니다. 정말 편하죠?

v-main을 중복해서 사용하는 예

```
<!-- 콘텐츠 부분은 v-main 엘리먼트 사용 -->
<v-main>
  <v-container>Contents1입니다.</v-container>
</v-main>
<v-main>
  <v-container>Contents2입니다.</v-container>
</v-main>
```

29~32 v-footer **엘리먼트**

v-footer 엘리먼트는 아래에 바닥글을 표시합니다. v-footer 엘리먼트에 div 엘리먼트로 그룹 지은 제목을 넣으면 화면 아래쪽에 바닥글로 표시됩니다.

STEP 2 이어서 다음 코드를 작성합니다. 한 가지 주의할 점은 37~39행처럼 뷰뿐만 아니라 뷰티파이 CDN도 자바스크립트에 연결해 주어야 합니다. 또한 44행처럼 뷰티파이 객체도 생성해 주어야 합니다.

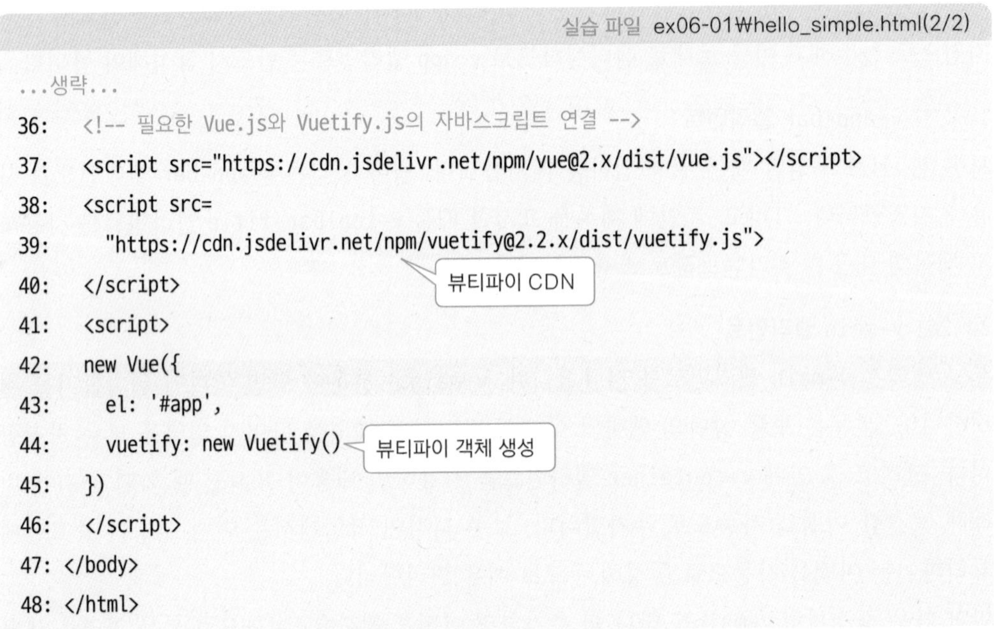

실습 파일 ex06-01₩hello_simple.html(2/2)

```
...생략...
36:   <!-- 필요한 Vue.js와 Vuetify.js의 자바스크립트 연결 -->
37:   <script src="https://cdn.jsdelivr.net/npm/vue@2.x/dist/vue.js"></script>
38:   <script src=
39:     "https://cdn.jsdelivr.net/npm/vuetify@2.2.x/dist/vuetify.js">
40:   </script>
41:   <script>
42:   new Vue({
43:     el: '#app',
44:     vuetify: new Vuetify()
45:   })
46:   </script>
47: </body>
48: </html>
```


STEP 3 VSCode의 라이브 서버를 이용해서 실습 파일을 실행합니다. 실행 결과 화면에서 헤더, 콘텐츠, 푸터 영역이 어떻게 표시되는지 확인합니다.

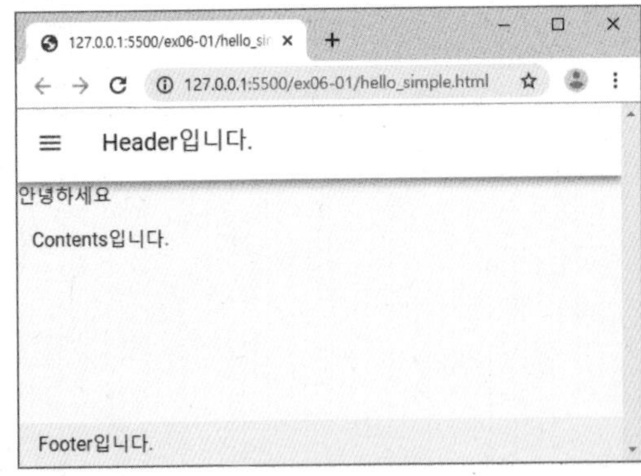

그림 6-4 실습 결과 화면

06-3 기본 레이아웃 만들기 2

뷰티파이로 기본 레이아웃을 손쉽게 만들었습니다. 이번에는 좀 더 실전에 가깝게 발전시켜 보겠습니다. 앱바에 버튼 아이콘을 넣고 콘텐츠 영역에는 타이포그래피도 추가한 뒤 글꼴의 크기, 스타일을 설정하여 실전용 사용자 인터페이스로의 가능성을 확인해 보겠습니다.

Do it! 실습 구글 머티리얼 디자인을 적용해 삼단 레이아웃 꾸미기

STEP 1 먼저 앱바와 본문을 디자인해 보겠습니다. 새 파일을 만들고 다음과 같은 코드를 입력합니다.

실습 파일 ex06-02₩hello_theme.html(1/2)

```
<!DOCTYPE html>
<html>
<head>
  <meta name="viewport" content="width=device-width, initial-scale=1,
    maximum-scale=1, user-scalable=no, minimal-ui">
  <link href="https://fonts.googleapis.com/css?family=
    Roboto:100,300,400,500,700,900|Material+Icons" rel="stylesheet">
  <link href="https://cdn.jsdelivr.net/npm/@mdi/font@3.x/css/
    materialdesignicons.min.css" rel="stylesheet">
  <link href="https://cdn.jsdelivr.net/npm/vuetify@2.2.x/dist/vuetify.min.css"
    rel="stylesheet">
</head>
<body>
  <div id="app">
    <v-app>
      <!-- 앱바 색상을 파란색(primary)으로 설정하고 fixed로 위치 고정 -->
      <v-app-bar app color="primary" dark fixed>
        <!-- 왼쪽에 메뉴 아이콘 넣음 -->
        <v-app-bar-nav-icon></v-app-bar-nav-icon>
        <v-toolbar-title>마스터 페이지</v-toolbar-title>
        <!-- 오른쪽에 추가 메뉴 아이콘을 넣기 위해 v-spacer 엘리먼트 사용 -->
```

```
22:         <v-spacer></v-spacer>
23:         <v-btn icon>
24:           <v-icon>mdi-dots-vertical</v-icon>
25:         </v-btn>
26:       </v-app-bar>
27:       <v-main>
28:         <v-container>
29:           <!-- display-1/3, body-1/2 타이포그래피 서체 종류와 크기로 설정 -->
30:           <h1 class="display-1 my-5">안녕하세요</h1>
31:           <!-- my-4로 상하 안쪽 여백 설정 -->
32:           <p class="body-2 my-4">마스터 페이지입니다.</p>
33:           <v-divider></v-divider>
34:           <h1 class="display-3 my-4">안녕하세요</h1>
35:           <p class="body-1 my-4">마스터 페이지입니다.</p>
36:         </v-container>
37:       </v-main>
...생략...
```

16~17 **앱바 스타일**

앱바를 넣고 싶다면 `v-app-bar` 엘리먼트를 사용합니다. 색상은 `color` 어트리뷰트에 지정하며, 7가지 기본 테마를 고를 수 있습니다. 뷰티파이의 테마는 색상 이름별로 16진수의 RGB 값으로 나타냅니다.

표 6-1 기본 테마 7가지

색상 이름	primary	secondary	accent	error	info	success	warning
색상값	#424242	#82B1FF	#FF5252	#2196F3	#2196F3	#4CAF50	#FFC107
색상	파란색	짙은 회색	콘플라워 블루	빨간색	바다색	초록색	노란색

`dark` 어트리뷰트를 지정하면 글자색을 흰색으로 바꾼 후 테마와 글자의 명도를 자동으로 조정하여 가독성을 높일 수 있습니다. 마지막으로 `fixed` 어트리뷰트를 지정하면 스크롤에 영향받지 않고 앱바의 위치를 고정합니다.

18~20 **앱바 메뉴 아이콘**

앱바의 영역이 지정되면 그 안에 메뉴 아이콘, 제목 등을 넣을 수 있습니다. 이 소스에서는 메뉴 아이콘 중에서도 가장 많이 사용하는 `v-app-bar-nav-icon` 엘리먼트를 사용했습니다. 제목은 `v-toolbar-title` 엘리먼트값에 넣으면 됩니다.

21~25 **앱바 정렬 및 아이콘 추가**

앱바의 메뉴 아이콘과 텍스트를 오른쪽 정렬로 넣고 싶다면 `v-spacer` 엘리먼트를 하나 넣어서 구분합니다. 이 엘리먼트를 넣기 전까지는 왼쪽 정렬로 나타나지만 그 이후에는 오른쪽 정렬로 표시됩니다.

구글에서 제공하는 아이콘을 사용하고 싶다면 `v-btn` 엘리먼트로 버튼을 먼저 넣고 아이콘의 공식 이름을 지정합니다. 여기서는 materialdesignicons.com의 dots-vertical 아이콘(⋮)을 사용했습니다. 이 아이콘은 설정 메뉴를 의미합니다.

하나만 더 배워요! 구글 머티리얼 디자인 아이콘 사용 방법

뷰티파이는 구글의 안드로이드용 머티리얼 디자인 아이콘을 전부 무료로 사용할 수 있습니다. 구글의 머티리얼 디자인 공식 웹 사이트의 아이콘 메뉴(fonts.google.com/icons)에 접속한 후 아이콘 아래에 적힌 이름을 확인하고 복사해서 붙여 넣기만 하면 됩니다.

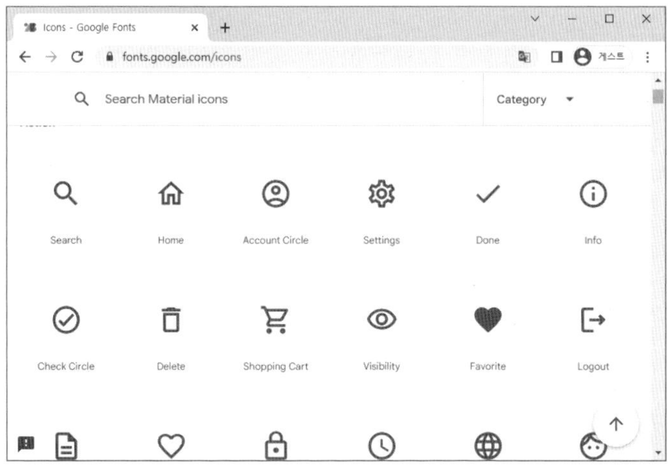

그림 6-5 구글의 머티리얼 디자인 공식 홈페이지의 아이콘(fonts.google.com/icons)

이 외에도 '폰트 어섬'과 '머티리얼 디자인 아이콘' 웹 사이트를 추천합니다. 사용법은 공식 사이트와 똑같이 아이콘 이름을 복사해서 쓰면 되지만, 이때는 사이트별로 아이콘 이름 앞에 각각 `fa-`와 `mdi-`를 붙여야 하고, 각 사이트에 해당하는 CDN도 미리 연결해 놓아야 합니다.

이 책을 실습할 때도 두 서비스를 사용합니다. 웹 사이트에 접속해서 미리 살펴보세요. 참고로 일부 아이콘은 유료입니다.

- **폰트 어섬 웹 사이트:** fontawesome.com/icons
- **머티리얼 디자인 아이콘 웹 사이트:** materialdesignicons.com

27~28 **본문 영역과 자동 여백**

v-main과 v-container는 레이아웃 작업을 할 때 알고 있으면 좋은 엘리먼트입니다. v-main은 단독으로 쓰이면 사용할 수 있는 모든 영역을 본문으로 잡습니다. v-container는 v-container 안에 있는 모든 엘리먼트를 대상으로 화면 크기에 맞는 적절한 여백을 자동으로 부여합니다. 이 두 엘리먼트를 사용할 때는 순서에 주의하세요. v-main을 먼저 사용하고 그다음에 v-container를 레이아웃에 맞춰서 사용하면 됩니다.

29~30 **서체 크기와 종류 설정**

타이포그래피는 디자인에서 가장 중요한 요소입니다. 사용하는 방법은 원하는 타이포그래피 스타일을 속성으로 지정하면 됩니다. 타이포그래피 스타일은 크게 display, headline, title, subheading, body, caption 그리고 overline까지 7가지로 나눌 수 있으며 설정 옵션인 속성명과 크기 등을 다음처럼 표로 정리했습니다. 값이 커질수록 크기가 커집니다.

표 6-2 타이포그래피 설정 옵션

구분	용도	속성명	크기(단위: sp)
display	장식용 큰 글자	.display-1	34
		.display-2	48
		.display-3	60
		.display-4	96
headline	큰 제목	.headline	24
title	제목	.title	20
subheading	부제목	.subtitle-1	16
		.subtitle-2	14
body	본문	.body-1	16
		.body-2	14
caption	캡션	.caption	12
overline	개요	.overline	10

표에서 단위 sp는 'scale independent pixel'의 줄임말로 픽셀 중에서 화면 DPI(dots per inch, 해상도 단위)에 독립해서 조정되는 픽셀입니다. 픽셀은 누구나 친숙한 단위이지만 DPI가 낮은 이미지를 확대하면 계단 현상이 나타나는 단점이 있습니다. 그러나 sp 단위는 스케일이 자동으로 조정되므로 항상 일괄된 레이아웃을 유지할 수 있는 장점이 있습니다.

해상도가 크든 작든 관계없이 1cm 크기의 폰트를 표현할 때 물리적인 기기에서 동일한 크기로 표현하기 위해 자동으로 DPI가 조절되어 표시되는 단위를 sp라 합니다. sp는 폰트에만 적용되며 비슷한 개념으로 일반적인 그래픽 표현에는 dp(또는 dip, density independent pixel)가 사용됩니다.

앞에서 작성한 코드는 `h1`과 `p` 엘리먼트를 사용해서 제목과 문장을 표현했습니다. 이때 뷰티파이의 타이포그래피 디자인을 이용하려고 `display`와 `body` 스타일을 적절한 크기에 맞춰 적용했습니다. 그러면 크기와 굵기 스타일이 현대적인 감각으로 바뀌면서 이와 동시에 디자인에 일관성을 유지할 수 있습니다.

31~35 엘리먼트 여백

뷰티파이는 여백 편집을 어트리뷰트에 직접 클래스 이름으로 지정할 수 있습니다. 다음 표는 여백에 관한 옵션을 모두 정리한 것입니다.

표 6-3 엘리먼트 여백 설정 옵션

속성(A)		방향(B)		크기(C)		
m	바깥쪽 여백	t	top	0	$spacer * 0	0px
		b	bottom	1	$spacer * 0.25	4px
		l	left	2	$spacer * 0.5	8px
p	안쪽 여백	r	right	3	$spacer * 1	16px
		x	left, right	4	$spacer * 1.5	24px
		y	top, bottom	5	$spacer * 3	48px

엘리먼트 여백은 속성(A), 방향(B), 크기(C)를 'AB-C'와 같은 형태로 조합해서 사용하면 됩니다. 예를 들어 `mb-4`라고 표기하면 바깥쪽 여백을 bottom 방향으로 24px 지정한다는 의미입니다. 여기서 크기는 `$spacer` 전역 변숫값을 기준으로 하는데 기본값은 16px입니다.

표 6-4 엘리먼트 여백 설정 예시

.mt-3	바깥쪽 여백, top, 16px
.py-5	안쪽 여백, top, bottom, 48px
.mx-auto	바깥쪽 여백, left, right, 좌우 같은 여백

소스를 보면 `my-5`, `my-4`가 클래스 선택자로 지정되었습니다. 각각의 의미는 표 6-3에 따라 적용됩니다. 즉, `my-4`는 바깥쪽 여백, top, bottom, 24px이고 `my-5`는 바깥쪽 여백, top, bottom, 48px입니다.

하나만 더 배워요! **머티리얼 디자인의 공식 폰트는 무엇인가요?**

구글 머티리얼 디자인은 일반적으로 Roboto 폰트를 사용하지만 한글은 Noto 폰트를 사용합니다. 다음 웹 사이트에서 Roboto와 Noto 폰트를 내려받아 보세요.

- **구글 머티리얼 디자인 폰트 안내**: material.io/design/typography/language-support.html#
- **Roboto 폰트 내려받기**: fonts.google.com/specimen/Roboto
- **Noto 폰트(한글, Sans) 내려받기**: fonts.google.com/specimen/Noto+Sans+KR?subset=korean
- **Noto 폰트(한글, Serif) 내려받기**: fonts.google.com/specimen/Noto+Serif+KR?subset=korean

STEP 2 바닥글도 중요한 UI 요소입니다. 어떻게 정렬하고 스타일을 적용할 수 있는지 알아보겠습니다. 앞에서 작성한 코드에 다음 코드를 추가해서 완성해 보세요.

실습 파일 ex06-02₩hello_theme.html(2/2)

```
...생략...
      <!-- footer 색상을 secondary로 설정하고 fixed로 위치 고정 -->
      <v-footer color="secondary" dark fixed>
        <!-- mx-auto는 블록 레벨 엘리먼트의 내용을 가운데 정렬 -->
        <div class="mx-auto">Copyright &copy;</div>
      </v-footer>
    </v-app>
  </div>
  <script src="https://cdn.jsdelivr.net/npm/vue@2.x/dist/vue.js"></script>
  <script src=
    "https://cdn.jsdelivr.net/npm/vuetify@2.2.x/dist/vuetify.js"></script>
  <script>
    new Vue({
      el: '#app',
      vuetify: new Vuetify()
    })
  </script>
</body>
</html>
```

39~40 바닥글 스타일

흔히 푸터(footer)라는 바닥글을 하단에 넣고 싶다면 `v-footer` 엘리먼트를 사용합니다. 작성한 소스에서 색상은 `secondary`(짙은 회색)를 넣고 `dark`를 사용하면 글자 색상의 명도도 자동으로 올라가 가독성을 높입니다. 그리고 `fixed` 어트리뷰트를 사용해서 스크롤에 영향을 받지 않게 위치를 고정합니다.

41~42 엘리먼트 정렬

엘리먼트를 가운데 정렬하는 가장 손쉬운 방법은 여백을 활용하는 것입니다. `mx-auto`를 사용해서 바깥쪽 여백 중에 `left`와 `right`를 항상 같은 값으로 설정하면 엘리먼트가 가운데로 정렬됩니다.

소스를 보면 하단에 `div` 엘리먼트를 사용했는데 이곳에 `mx-auto`를 클래스 선택자로 지정하면 손쉽게 가운데로 정렬됩니다. 이것이 가능한 이유는 `div` 엘리먼트의 너빗값이 지정되지 않아 안쪽 값만큼만 너비가 설정되었기 때문입니다.

Copyright ©

그림 6-6 가운데 정렬

STEP 3 VSCode의 라이브 서버를 이용해서 실습 파일을 실행합니다. 색상, 아이콘, 레이아웃을 꼼꼼히 확인해 보세요.

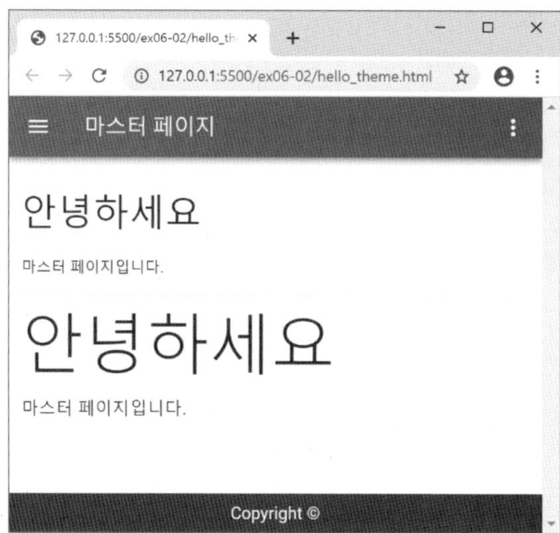

그림 6-7 실습 결과 화면

06-4 카드 UI 만들기

모던 앱 디자인에서 가장 큰 특징은 카드 UI를 적극 활용한다는 점입니다. 카드 UI는 실전에서 매우 많이 사용됩니다. 뷰티파이에서는 v-card 엘리먼트로 카드 UI를 쉽게 구현할 수 있습니다. v-img와 v-card-title 엘리먼트로 이미지와 제목을 세련되게 디자인하는 방법까지 실습하면서 카드 UI의 사용법을 익혀 보겠습니다.

Do it! 실습 카드 UI에 제목 달고 이미지 넣기

STEP 1 새로운 파일을 만들고 다음과 같은 코드를 입력합니다.

실습 파일 ex06-03₩card_typo_color.html(1/2)

```
<!DOCTYPE html>
<html>
<head>
  <meta name="viewport" content="width=device-width, initial-scale=1,
    maximum-scale=1, user-scalable=no, minimal-ui">
  <link href="https://fonts.googleapis.com/css?family=
    Roboto:100,300,400,500,700,900|Material+Icons" rel="stylesheet">
  <link href="https://cdn.jsdelivr.net/npm/@mdi/font@3.x/css/
    materialdesignicons.min.css" rel="stylesheet">
  <link href="https://cdn.jsdelivr.net/npm/vuetify@2.2.x/dist/
    vuetify.min.css" rel="stylesheet">
</head>
<body>
  <div id="app">
    <v-app>
      <v-main>
        <v-container>
          <!-- 카드 UI 사용을 선언하는 v-card 엘리먼트 -->
          <v-card max-width="400">
            <!-- 카드 상단에 이미지 배치 -->
            <v-img src="https://picsum.photos/id/1068/400/300"
```

```
22:                 aspect-ratio="2.3"></v-img>
23:               <!-- 카드 중간에 텍스트 배치 -->
24:               <v-card-text>
25:                 <div>
26:                   <!-- 제목의 타이포그래피 스타일을 title로 설정 -->
27:                   <!-- 하단의 margin을 2로 설정 -->
28:                   <h2 class="title primary--text mb-2">시대정신 선도</h2>
29:                   버추얼 컴퍼니에 관심을 가져 주셔서 감사합니다. 버추얼 컴퍼니는 오랜 역사를 지
니며 그동안 크게 발전했습니다.
30:                 </div>
31:               </v-card-text>
...생략...
```

19 카드 만들기

카드 UI는 카드 모양처럼 직사각형 영역을 활용해서 디자인하는 방식으로 그리드 디자인에 유용합니다. 카드 UI를 구현하려면 `v-card` 엘리먼트를 사용하고 `max-width`로 카드의 너빗값을 지정합니다. 현재 소스에서는 400px로 지정했습니다.

20~22 카드 안에 이미지 넣기

카드 영역 안에 이미지를 넣고 싶다면 `v-img` 엘리먼트를 사용합니다. 사용 방법은 간단합니다. 앞에서 작성한 소스처럼 `v-img` 엘리먼트에 `src` 어트리뷰트를 사용해서 이미지 경로를 지정하면 됩니다.

이번 소스에서는 로렘 픽숨 웹 사이트(picsum.photos)에서 제공하는 오픈소스 무료 이미지를 활용했습니다. 단순히 이미지만 가져오는 것이 아니라 흑백, 블러 등 사진에 다양한 효과를 적용할 수 있습니다.

> 로렘 픽숨(lorem picsum)은 빈 공간을 보여주는 대신 임의의 이미지를 규격에 맞게 표시하는 것으로 웹 디자인 시안 기획이나 웹·모바일 UI 디자인 등에 유용합니다.

> 블러(blur)는 이미지를 부드럽게 만드는 필터링 기법입니다.

표 6-5 로렘 픽숨 이미지 활용법

사용 방법	picsum.photos/사진id/너비/높이/옵션	→ 사진 id 생략하면 랜덤
사용 예시	picsum.photos/id/2/400/300 picsum.photos/id/2/400/300?grayscale picsum.photos/id/2/400/300/?blur	→ 400x300 크기의 2번 그림 → 흑백 효과 적용 → 블러 효과 적용

그리고 `aspect-ratio` 어트리뷰트를 지정하면 그림을 이미지의 가로:높이 비율에 맞춰서 자를 수 있습니다.

23~31 카드에 텍스트 넣기

카드 안에 제목과 본문을 넣으려면 v-card-text 엘리먼트를 사용합니다. 소스를 보면 글자로 디자인하고 싶은 영역을 v-card-text로 지정한 다음 div 엘리먼트로 영역을 나누어 h2 엘리먼트로 제목을 표시했습니다. 이때 h2 엘리먼트의 타이포그래피 크기는 title로 설정했고, 제목의 여백은 mb-2로 바깥쪽, bottom 여백은 2(8px)로 설정했습니다. 이러한 타이포그래피 스타일은 디자인 감각에 맞게 적절히 넣으면 됩니다.

폰트와 여백 설정 방법은 06-3절에서 다루었습니다.

STEP 2 이번에는 카드 UI에 버튼을 넣고 다양한 스타일을 지정해 보겠습니다. 앞에서 작성한 파일에 다음과 같은 코드를 추가해서 완성합니다.

실습 파일 ex06-03₩card_typo_color.html(2/2)

```
...생략...
33:             <!-- 카드 하단에 버튼 배치 -->
34:             <v-card-actions>
35:               <!-- 버튼 색상은 빨간색으로 설정  -->
36:               <v-btn color="red white--text">확인</v-btn>
37:               <!-- outline으로 버튼의 배경색 없앰 -->
38:               <v-btn outlined color="red">취소</v-btn>
39:               <v-btn color="#9C27B0" dark>취소</v-btn>
40:             </v-card-actions>
41:           </v-card>
42:         </v-container>
43:       </v-main>
44:     </v-app>
45:   </div>
46:   <script src="https://cdn.jsdelivr.net/npm/vue@2.x/dist/vue.js"></script>
47:   <script src=
48:     "https://cdn.jsdelivr.net/npm/vuetify@2.2.x/dist/vuetify.js"></script>
49:   <script>
50:     new Vue({
51:       el: '#app',
52:       vuetify: new Vuetify()
53:     })
```

```
54:   </script>
55: </body>
56: </html>
```

34, 40 카드에 버튼 넣기

v-card-actions 엘리먼트로 버튼을 처리할 수 있습니다. 이 엘리먼트는 안에 들어 있는 버튼의 레이아웃에 관여하는 역할을 합니다. 즉, 카드 안에서 버튼이 자동으로 반응형 웹 디자인이 되도록 여러 버튼이 배치될 때 인라인 엘리먼트를 사용해서 적절한 여백을 설정해 줍니다. 세밀한 UI 디자인 작업을 자동으로 도와주는 이런 점이 뷰티파이의 강점이라 할 수 있습니다.

35~39 버튼 스타일 테마 넣기

카드 UI라고 해서 특별한 버튼을 사용하는 것은 아닙니다. v-btn 엘리먼트를 사용해서 버튼을 추가하고 버튼 안의 제목을 엘리먼트값으로 지정하면 됩니다. 소스에서는 〈확인〉과 〈취소〉 버튼을 추가했는데 특히 색상 지정을 어떻게 하는지 알 수 있습니다. 버튼의 배경색은 color 어트리뷰트에 색상명(red)을 직접 입력하고, 글자색은 색상명(white) 옆에 --text라는 접미사를 추가해 주면 됩니다. 그리고 outlined이라는 어트리뷰트를 넣어 주면 입체감 있는 일반 디자인 스타일에서 플랫 스타일로 바뀝니다. 그리고 배경색을 직접 다른 색상으로 변경하고 싶다면 어트리뷰트를 color="#9C27B0"처럼 지정하면 됩니다. 그리고 다크 모드를 사용하기 위해 dark 어트리뷰트를 추가하면 글자 색상이 밝은 색으로 자동 변경됩니다.

하나만 더 배워요! 색상을 일관되게 사용하는 방법

color 어트리뷰트는 머티리얼 디자인 공식 스펙의 컬러 팔레트를 전부 사용할 수 있습니다. 각 색상의 스펙트럼은 공식 스펙에 있는 RGB값을 그대로 가져다가 CSS 스타일로 지정할 수 있습니다. 하지만 그보다는 기본 이름 다음에 있는 색상을 기준으로 위에서부터 차례로 번호를 매겨 lighten-5~1, darken-1~4, accent-1~4로 총 14개의 스펙트럼 이름으로 사용하는 것이 좋습니다. 이렇게 해주면 색상을 일관되게 사용할 수 있으며 유지보수하기도 쉽습니다.

예1) #FFEBEE → red lighten-5 사용
예2) #FFCDD2 → red lighten-4 사용

red
red #F44336
red lighten-5 #FFEBEE
red lighten-4 #FFCDD2
red lighten-3 #EF9A9A
red lighten-2 #E57373
red lighten-1 #EF5350
red darken-1 #E53935
red darken-2 #D32F2F
pink
pink #E91E63
pink lighten-5 #FCE4EC
pink lighten-4 #F8BBD0
pink lighten-3 #F48FB1
pink lighten-2 #F06292
pink lighten-1 #EC407A
pink darken-1 #D81B60
pink darken-2 #C2185B
purple
purple #9C27B0
purple lighten-5 #F3E5F5
purple lighten-4 #E1BEE7
purple lighten-3 #CE93D8
purple lighten-2 #BA68C8
purple lighten-1 #AB47BC
purple darken-1 #8E24AA
purple darken-2 #7B1FA2

그림 6-8 머티리얼 디자인의 색상 팔레트(https://vuetifyjs.com/ko/styles/colors/)

STEP 3 VSCode의 라이브 서버를 이용해서 실습 파일을 실행합니다. 카드 UI의 너비, 이미지 삽입 여부, 버튼, 색상 등을 확인합니다. 다음 그림은 완성된 카드 UI 결과 화면입니다.

그림 6-9 실습 결과 화면

06-5 그리드 기본 원리

그리드(grid)는 화면 레이아웃 작업에서 가장 핵심입니다. 반응형 웹 디자인을 하려면 그리드 사용법은 반드시 알아야 합니다. 뷰티파이도 v-row, v-col 엘리먼트를 통해 그리드 기능을 충실히 제공합니다. 간단한 예제를 실습해 보면서 그리드 사용법을 익혀 보겠습니다.

Do it! 실습 그리드 레이아웃 실습하기

STEP 1 콘텐츠를 원하는 형태로 어떻게 배치할 수 있는지 다음 코드를 이용해 알아보겠습니다.

실습 파일 ex06-04₩grid_outline.html(1/2)

```
<!DOCTYPE html>
<html>
<head>
  <meta name="viewport" content="width=device-width, initial-scale=1, maximum-scale=1,
user-scalable=no, minimal-ui">
  <link href="https://fonts.googleapis.com/css?family=
    Roboto:100,300,400,500,700,900|Material+Icons" rel="stylesheet">
  <link href="https://cdn.jsdelivr.net/npm/@mdi/font@3.x/css/
    materialdesignicons.min.css" rel="stylesheet">
  <link href="https://cdn.jsdelivr.net/npm/vuetify@2.2.x/dist/
    vuetify.min.css" rel="stylesheet">
  <style>
    /* 테두리를 볼 수 있도록 그리드 스타일 설정 */
    .border_style {
      /* 초록색 */
      border-color: rgb(5, 121, 30);
      border-width: 1px;
      border-style: solid;
      /* 연한 초록색 */
      background-color: rgb(153, 204, 14);
    }
```

```
21:   </style>
22: </head>
23: <body>
24:   <div id="app">
25:     <v-app>
26:       <v-main>
27:         <v-container>
28:           <!-- 한 행은 12개 열이 기준 -->
29:           <v-row class="text-center">
30:             <v-col cols="12" class="border_style">xs12</v-col>
31:             <v-col cols="6" class="border_style">xs6</v-col>
32:             <v-col cols="3" class="border_style">xs3</v-col>
33:             <!-- 현재 열이 9개이므로 열 4개를 추가하면 12개를
34:                  초과하므로 자동 줄바꿈 -->
35:             <v-col cols="4" class="border_style">xs4</v-col>
...생략...
```

11~21 CSS 스타일 설정

레이아웃의 영역을 눈으로 직접 확인하면서 작업할 수 있어 편리합니다. 그래서 먼저 .border_style이라는 클래스 선택자를 사용해서 경계선을 표시하도록 CSS 스타일을 임시로 사용했습니다. 배경색과 테두리색을 초록색 계열로 넣었고, 두께는 1px, 스타일은 직선(solid)으로 지정했습니다.

28~29 행 분리

레이아웃은 크게 행과 열로 나뉩니다. 행을 구분하려면 v-row 엘리먼트를 사용합니다. 그러면 행 단위로 사용할 수 있는 영역을 확보할 수 있습니다. 그 이상 넘어가는 열은 자동으로 다음 행으로 이어집니다.

앞에서 작성한 코드에서는 v-row 엘리먼트로 하나의 행을 시작하고 열은 기본값으로 최대 12개를 사용했습니다. 그리고 class="text-center"로 그리드 안에 있는 텍스트를 가운데로 정렬했습니다.

하나만 더 배워요! 텍스트를 정렬하는 어트리뷰트는 어떤 종류가 있나요?

엘리먼트 안에 있는 텍스트를 정렬하는 방법은 크게 왼쪽, 가운데, 오른쪽 정렬이 있습니다. 사용법은 다음과 같습니다.

```
text-코드명-정렬명
```

- 코드명: xs, sm, md, lg, xl
- 정렬명: left, center, right

그런데 반응형 웹 디자인에서 사용하는 화면의 크기는 스마트폰, 태블릿, 데스크톱, 와이드스크린 데스크톱 등으로 나누는 중단점에 따라 다르게 정렬할 수도 있습니다.

여기서 중단점(breakpoints)은 기기가 전환되는 기준 값입니다. 더 자세한 내용은 구글 머티리얼 디자인 공식 사이트(material.io/design/layout/responsive-layout-grid.html#breakpoints)를 참조 바랍니다.

표 6-6 기기별 정렬 옵션(참조: vuetifyjs.com/ko/components/grids/)

범위(픽셀)	0~599	600~959	960~1263	1264~1903	1904~
코드명	xs	sm	md	lg	xl
이니셜	eXtra Small	Small	MeDium	LarGe	eXtra Large
기기 종류	스마트폰	태블릿 PC	노트북	데스크톱	데스크톱 (와이드)

기기별 정렬 옵션에서 중요한 것은 코드명입니다. 예를 들어 sm은 화면 크기가 600~959px 사이에 있을 때 적용하겠다는 의미입니다. 그래서 text-sm-center로 지정하면 그 범위에 들어올 때만 가운데 정렬이 적용됩니다. 코드명을 생략한 text-center는 모든 범위에서 가운데 정렬이 적용됩니다.

30~32 열 분리

레이아웃에서 행이 정해지면 열을 나눠서 그리드 영역을 지정합니다. 열의 그리드는 v-col 엘리먼트를 사용합니다. 그리고 열의 개수는 cols="12"처럼 반응형 중단점과 개수를 지정하면 됩니다. cols="12"의 의미는 열 12개를 모두 사용하겠다는 것입니다. 즉, 열 12개를 모두 사용하므로 결과적으로 한 행을 통째로 하나의 셀처럼 사용합니다.

앞에서 작성한 코드에서는 cols="12", cols="6", cols="3"을 지정했으므로 12열짜리, 6열짜리, 3열짜리가 하나씩 확보됩니다. 이때 한 행은 최대 12열을 사용할 수 있으므로 6열과 3열은 두 번째 행에 확보된다는 점에 유의해야 합니다.

33~35 **표시할 열이 12개가 넘을 때 상황 처리 1**

앞에서 한 행에 열을 최대 12개까지 사용할 수 있다고 설명했습니다. 여기에 `cols="4"`를 지정해서 4열을 추가로 확보하면 어떻게 될까요?

소스에서 `cols="6"`, `cols="3"`으로 총 9열을 사용했으므로 4열을 확보하려고 보니 9+4는 13이므로 12열이 넘습니다. 그러면 뷰티파이는 빈칸으로 남기고 4열을 다음 행으로 넘깁니다.

STEP 2 이번에는 `v-for` 디렉티브를 이용하여 실행할 때 동적으로 그리드를 생성하는 방법과 `offset`을 사용해서 원하는 위치에 열을 직접 생성하는 방법을 실습해 보겠습니다. 앞에서 작성한 파일에 다음과 같은 코드를 추가해서 완성합니다.

실습 파일 ex06-04₩grid_outline.html(2/2)

```
...생략...
37:             <!-- 12열 생성. 8개 넘으면 자동으로 줄바꿈 -->
38:             <v-col cols="1" v-for="item in 12"
39:               v-bind:key="item.id" class="border_style">xs1</v-col>
40:           </v-row>
41:           <br>
42:           <!-- 20열 생성. 12개가 넘으면 자동으로 줄바꿈 -->
43:           <v-row class="text-center">
44:             <v-col cols="1" v-for="item in 20"
45:               v-bind:key="item.id" class="border_style">xs1</v-col>
46:           </v-row>
47:         </v-container>
48:         <v-container fluid>
49:           <v-row class="text-center">
50:             <v-col sm="4" class="border_style">sm4</v-col>
51:             <!-- offset으로 그리드 사이에 4개의 열 간격을 띄움 -->
52:             <v-col sm="4" offset-sm="4" class="border_style">4</v-col>
53:           </v-row>
54:         </v-container>
55:       </v-main>
56:     </v-app>
57:   </div>
58:   <script src="https://cdn.jsdelivr.net/npm/vue@2.x/dist/vue.js"></script>
59:   <script src=
60:     "https://cdn.jsdelivr.net/npm/vuetify@2.2.x/dist/vuetify.js"></script>
```

```
61:   <script>
62:     new Vue({
63:       el: '#app',
64:       vuetify: new Vuetify()
65:     })
66:   </script>
67: </body>
68: </html>
```

37~40 표시할 열이 12개가 넘을 때 상황 처리 2

열이 12개가 넘으면 어떻게 적용되는지 상황을 하나 더 보겠습니다. 다음처럼 `cols="1"`로 열 하나짜리를 `v-for` 디렉티브를 이용해서 총 12개를 만듭니다. 그러면 열이 추가로 12개 작성됩니다. 어떻게 될지 상상해 보세요.

소스에서 열을 4개 확보했으므로 12개 추가하면 4+12는 16이 되어서 4개의 열이 넘칩니다. 이때는 넘친 부분만 다음 행으로 넘어갑니다.

42~46 12개 열이 넘치는 경우

`cols="1"`로 열을 20개 추가했습니다. 어떻게 될까요? 12개를 먼저 표시하고 나머지 8개는 줄바꿈 되어 다음 행에 표시됩니다.

49~53 열 사이 간격 조정 — offset 어트리뷰트

만약 열을 하나 확보하고 몇 개의 열은 건너뛴 다음에 다시 열을 추가하고 싶다면 어떻게 해야 할까요? 이럴 때 사용하는 어트리뷰트가 `offset`입니다.

소스에서는 2개의 `v-col` 엘리먼트로 열을 확보했습니다. 첫 번째는 `sm="4"`로 4개의 열을 확보합니다. 두 번째도 `sm="4"`로 4개의 열을 확보하지만, `offset-sm="4"`라고 지정했습니다. 이렇게 되면 첫 번째 확보된 열 다음에 4개의 열을 건너뛴 후 4개의 열이 확보됩니다.

STEP 3 VSCode의 라이브 서버를 이용해서 실습 파일을 실행합니다. 실습 초반에 레이아웃 영역을 경계선으로 표시했으므로 행과 열로 구분한 그리드 화면을 눈으로 직접 확인할 수 있습니다. 다음 그림은 완성된 그리드 결과 화면입니다.

코드와 비교해 보면서 그리드가 어떻게 나뉘었는지 확인해 보기 바랍니다.

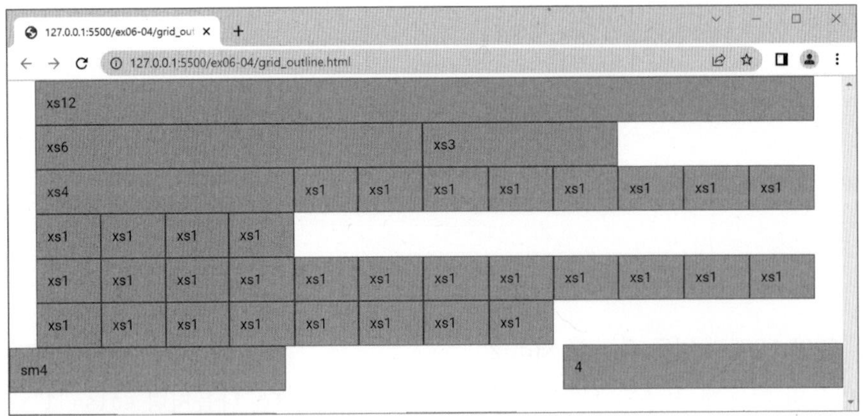

그림 6-10 실습 결과 화면

06-6 반응형 그리드

지금까지 그리드의 기본 원리를 배웠는데, 그리드는 반응형 웹 디자인을 한번 경험해 봐야 참맛을 알 수 있습니다. 지금부터 데스크톱과 모바일 웹 디자인을 반응형으로 제작해 보겠습니다.

Do it! 실습 반응형 웹을 위한 중단점, 여백 실습하기

STEP 1 반응형 웹 디자인을 하려면 미디어 종류별로 화면 크기의 중단점을 정의해야 합니다. 그리고 중단점별로 적절한 여백을 설정해야 하는데, 그 내용을 다음 코드로 실습해 보겠습니다.

실습 파일 ex06-05₩grid_responsive.html(1/3)

```
<!DOCTYPE html>
<html>
<head>
 <meta name="viewport" content="width=device-width, initial-scale=1, maximum-scale=1, user-scalable=no, minimal-ui">
  <link href="https://fonts.googleapis.com/css?family=
    Roboto:100,300,400,500,700,900|Material+Icons" rel="stylesheet">
  <link href="https://cdn.jsdelivr.net/npm/@mdi/font@3.x/css/
    materialdesignicons.min.css" rel="stylesheet">
  <link href="https://cdn.jsdelivr.net/npm/vuetify@2.2.x/dist/
    vuetify.min.css" rel="stylesheet">
</head>
<body>
  <div id="app">
    <v-app>
      <!-- 앱바를 이용해 헤더 제목 작성 -->
      <v-app-bar app flat color="primary">
        <v-toolbar-title class="white--text mx-auto">Beetle 운동화
        </v-toolbar-title>
```

```
19:         </v-app-bar>
20:         <v-main>
21:           <v-container>
22:             <v-row>
23:               <!-- 첫 번째 열의 반응형 크기를 지정
24:                 1) xs의 경우: 열 12개를 사용하여 한 행을 모두 차지
25:                 2) sm의 경우: 열 6개를 사용하여 너비의 절반을 차지
26:               -->
27:               <v-col cols="12" sm="6">
28:                 <h2 class="mb-3">About Beetle</h2>
29:                 <p>운동화는 나를 표현하는 하나의 방법이자 패션을 완성하는 필수 아이템이다. 운동
화 대표 브랜드 Beetle은 편안한 발 패션으로 큰 사랑을 받고 있다.</p>
30:               </v-col>
...생략...
```

21 **반응형 여백**

v-container 엘리먼트를 사용해서 기본 여백을 자동으로 설정합니다.

22~27, 30 **중단점**

반응형 웹 디자인을 할 때 가장 손이 많이 가는 작업은 영역별로 다른 CSS를 넣는 것입니다. 그런데 그리드 레이아웃을 사용하면 중단점을 복수로 추가해 간단히 끝낼 수 있습니다. 즉, 경우에 따라 중단점 코드명을 다르게 넣고 각각에 필요한 열의 개수를 지정하는 식입니다. 앞에서 작성한 코드에서는 cols="12", sm="6"을 동시에 표기했습니다. cols="12"는 xs(extra small)일 때 열을 12개 사용한다는 것이고, 그다음 중단점인 sm(small)은 열을 6개 사용하겠다는 의미입니다. 정말 간단하지요? 뷰티파이의 장점을 여기서 느낄 수 있습니다.

STEP 2 그리드를 사용하다 보면 v-row 엘리먼트 안에 중첩해서 v-row 엘리먼트를 써야 하는 조금 복잡한 경우가 발생합니다. 이럴 때 중단점별로 그리드를 다르게 설정하는 방법을 실습해 보겠습니다. 이어서 다음 코드를 작성해 보세요.

실습 파일 ex06-05₩grid_responsive.html(2/3)

```
...생략...
32:               <!-- 두 번째 열의 반응형 크기를 지정
33:                 1) xs의 경우: 열을 12개 사용하여 한 행을 모두 차지
```

```
34:               2) sm의 경우: 열을 6개 사용하여 너비의 절반을 차지
35:             -->
36:             <v-col cols="12" sm="6">
37:               <h2 class="mb-3">Beetle's Target</h2>
38:               <p>1. 운동화에 관심 있는 사람은 누구나</p>
39:               <p>2. 스니커즈를 사고 싶은 사람</p>
40:               <p>3. 차별화된 디자인을 원하는 사람</p>
41:               <p>4. 최신 트렌드 운동화를 원하는 사람</p>
42:             </v-col>
43:           </v-row>
44:         </v-container>
45:       </v-main>
...생략...
```

36~42 **복잡한 레이아웃 설계하기**

v-col을 사용해서 cols="12", sm="6"으로 12개 열이나 6개 열을 브라우저 크기의 조건에 맞춰서 확보합니다. 특히 그리드를 사용하다 보면 그 안에 값으로 넣은 엘리먼트를 그냥 해당 셀 안에서 너비를 모두 사용하는 블록 레벨로 만들고 싶을 때가 있습니다. 이때는 지금처럼 cols="12"를 사용하는 것이 요령입니다.

STEP 3 바닥글은 v-footer를 사용해 레이아웃 디자인을 실습해 보겠습니다. 앞에서 작성한 파일에 다음 코드를 입력해 코드를 완성합니다.

실습 파일 ex06-05₩grid_responsive.html(3/3)

```
...생략...
47:       <!-- 푸터 작성 -->
48:       <v-footer color="primary" dark>
49:         <!-- 올해 연도를 자동으로 생성하여 저작권 표시 문구 렌더링 -->
50:         <div class="mx-auto">Copyright &copy; {{ new
51:           Date().getFullYear() }}</div>
52:       </v-footer>
53:     </v-app>
54:   </div>
55:   <script src="https://cdn.jsdelivr.net/npm/vue@2.x/dist/vue.js"></script>
56:   <script src=
```

```
57:         "https://cdn.jsdelivr.net/npm/vuetify@2.2.x/dist/vuetify.js"></script>
58:   <script>
59:     new Vue({
60:       el: '#app',
61:       vuetify: new Vuetify()
62:     })
63:   </script>
64: </body>
65: </html>
```

48, 52 바닥글 레이아웃

지금까지 배운 내용을 응용해서 바닥글의 레이아웃을 지정해 보겠습니다. `v-footer` 엘리먼트 안에 `color="primary"`와 `dark`로 배경색은 파란색, 글자는 흰색으로 설정했습니다.

50~51 당해 연도가 들어간 저작권 표시 문구 렌더링

바닥글에는 보통 저작권과 당해 연도가 표시됩니다. 그런데 이것을 HTML로 직접 지정하면 시간이 흘러 해가 바뀔 때마다 수정해야 해서 꽤나 번거롭습니다. 이 문제는 머스태시에 `new Date().getFullYear()`와 같은 자바스크립트 함수를 사용하면 쉽게 해결할 수 있습니다. 이 함수는 올해 연도를 반환합니다.

STEP 4 VSCode의 라이브 서버를 이용해서 실습 파일을 실행합니다. 브라우저 창의 크기를 바꿔 가며 반응형 웹의 그리드 변화를 확인해 보세요. 다음 왼쪽 그림은 세로로 긴 화면일 때, 오른쪽 그림은 가로로 긴 화면일 때 결과 화면입니다.

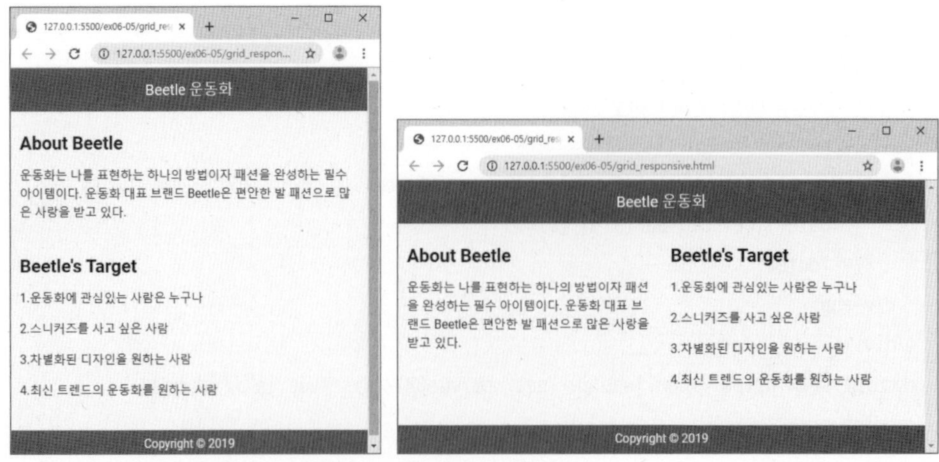

그림 6-11 세로로 긴 화면(왼쪽)과 가로로 긴 화면(오른쪽)일 때 결과

06-7 리스트와 아이콘 사용법

앱 UI를 제작하려면 리스트와 아이콘의 사용법도 잘 알아야 합니다. 실전과 비슷한 예제를 통해 사용법을 배워 보겠습니다.

Do it! 실습 리스트의 제목, 아이콘 실습하기

STEP 1 리스트의 전체 구조는 v-list, 제목은 v-list-title, 아이콘은 v-list-item-avatar를 사용합니다. 코드를 직접 작성하면서 각각의 사용법을 하나씩 실습해 봅니다.

실습 파일 ex06-06₩v-list_icon.html(1/3)

```
<!DOCTYPE html>
<html>
<head>
  <meta name="viewport" content="width=device-width, initial-scale=1,
maximum-scale=1, user-scalable=no, minimal-ui">
  <link href="https://fonts.googleapis.com/css?family=
    Roboto:100,300,400,500,700,900|Material+Icons" rel="stylesheet">
  <link href="https://cdn.jsdelivr.net/npm/@mdi/font@3.x/css/
    materialdesignicons.min.css" rel="stylesheet">
  <link href="https://cdn.jsdelivr.net/npm/vuetify@2.2.x/dist/
    vuetify.min.css" rel="stylesheet">
</head>
<body>
  <div id="app">
    <v-app>
      <v-app-bar app color="blue" dark>
        <!-- 왼쪽에 메뉴 아이콘을 넣음 -->
        <v-app-bar-nav-icon></v-app-bar-nav-icon>
        <v-toolbar-title>Virtual Company</v-toolbar-title>
      </v-app-bar>
      <v-main>
      <v-container>
```

```
22:         <v-card>
23:           <v-list two-line v-for="item in aList" v-bind:key="item.id">
24:             <!-- 항목을 하나씩 가져와서 item 단위로 표시 -->
25:             <v-list-item @click="">
26:             <!-- 왼쪽에 대표 아이콘을 먼저 표시 -->
27:               <v-list-item-avatar>
28:                 <v-icon :class="item.icon_style">{{
29:                   item.icon_name }}</v-icon>
30:               </v-list-item-avatar>
31:               <!-- 제목을 렌더링 -->
32:               <v-list-item-content>
33:                 <v-list-item-title>{{ item.title
34:                   }}</v-list-item-title>
35:               </v-list-item-content>
...생략...
```

15~19 **앱바 메뉴 아이콘**

앞에서 배운 것처럼 v-app-bar 엘리먼트를 이용해서 앱바를 사용할 수 있습니다. 이번 코드에서는 v-app-bar-nav-icon으로 메뉴 아이콘을, v-toolbar-title로 제목을 표기했습니다.

23~25 **목록과 항목**

HTML의 목록은 ol, li 엘리먼트로 영역을 잡고 list 엘리먼트를 여러 개 사용해서 표시합니다. 뷰티파이도 비슷합니다. 목록을 사용할 때는 v-list 엘리먼트를, 세부 항목은 v-list-item 엘리먼트를 사용합니다.

이번 코드에서는 v-list 엘리먼트로 목록의 영역을 지정했습니다. 그리고 two-line 어트리뷰트는 한 항목에 행이 2개 들어가는 경우를 생각해서 높이를 약간 높게 잡았습니다. 높이를 좀 더 높이고 싶다면 three-line 어트리뷰트를 사용하면 됩니다. 이어서 v-list-item 엘리먼트로 첫 항목을 넣었습니다. @click에서 @은 v-on 디렉티브를 축약한 표현인데 click 이벤트와 바인딩한다는 의미입니다. 이렇게 하면 클릭할 수 있는 링크가 생성됩니다. v-for="item in aList" 코드는 for 문을 이용해 반복해서 aList 배열 변수에 있는 값을 하나씩 꺼내 item 변수에 저장합니다. 그리고 한 번에 하나씩 꺼낸 item값을 하단에 목록으로 표현합니다. 이때 v-bind:key="item.id" 부분은 v-bind 디렉티브의 key에 item의 id 값을 저장하는 기능을 수행합니다. 이는 뷰 프레임워크의 권장 사항이어서 추가했는데 성능 향상을 기대해 봅니다.

26~30 **목록과 아이콘**

하나의 목록 안에 아이콘을 넣고 싶다면 v-list-item-avatar 엘리먼트를 사용합니다. 이 엘리먼트는 아이콘의 원본 이미지를 변경하지 않고도 목록 항목에 가장 적합한 원 모양의 디자인으로 바꿔서 표현해 줍니다. 그리고 v-icon 엘리먼트로 표현하고자 하는 아이콘 모양을 지정하면 됩니다.

이번 코드에서는 v-list 엘리먼트로 먼저 목록의 영역을 지정했습니다. 그리고 v-list-item으로 항목을 하나씩 표현했는데, 이를 위해 v-for 디렉티브로 aList 배열 변수에 있는 값을 반복문으로 가져와 item 변수에 저장하여 사용합니다. 예를 들어 item 안에는 다음과 같은 내용이 저장됩니다.

```
{
  icon_name: 'account_balance',
  icon_style: 'red white--text',
  title: '회사 소개',
}
```

v-list-item-avatar 엘리먼트를 사용해서 원 모양의 아이콘으로 변경합니다. 그리고 v-list-item-avatar 엘리먼트값으로 v-icon을 사용함으로써 화면에 아이콘을 표현합니다. 이때 :class로 v-bind 디렉티브를 간단히 써서 item 변수에 있는 icon_style 이름을 클래스 선택자로 적용합니다. 그러면 표현할 아이콘의 색상 스타일이 바뀝니다. 그리고 머스태시를 써서 {{ item.icon_name }}으로 표현하면 아이콘 그림이 바인딩되어 나타납니다.

32~36 **목록과 그룹화**

v-list-item-title 엘리먼트 다음으로 제목을 표현해 보겠습니다. 앞에 아이콘 영역을 제외한 나머지 부분을 모두 확보해서 표현하기 위해 v-list-item-content 엘리먼트를 사용했습니다. 그러면 목록 항목에서 사용할 수 있는 나머지 영역이 확보되어 자동으로 레이아웃을 잡아 주면서 제목이나 부제목 등을 표현할 수 있습니다.

소스를 보면 v-list-item-content 엘리먼트를 이용해서 나머지 사용할 수 있는 영역을 먼저 확보합니다. 그리고 나서 v-list-item-title 엘리먼트를 사용해서 확보된 영역 안에서 제목을 표시합니다. 제목은 {{ item.title }}로 반복해서 나타냅니다.

STEP 2 v-list-item-action 엘리먼트로 사용자가 원하는 리스트 항목을 선택하면 그다음 반응을 표현할 수 있습니다. 리스트의 버튼 액션을 어떻게 구현하는지 구체적으로 살펴보겠습니다.

실습 파일 ex06-06₩v-list_icon.html(2/3)

```
...생략...
38:                 <!-- 오른쪽에 화살표 아이콘을 넣음 -->
39:                 <v-list-item-action>
40:                   <v-btn icon>
41:                     <v-icon color="grey">keyboard_arrow_right</v-icon>
42:                   </v-btn>
43:                 </v-list-item-action>
44:               </v-list-item>
45:             </v-list>
46:           </v-card>
47:         </v-container>
48:       </v-main>
49:     </v-app>
50:   </div>
...생략...
```

39, 43 **이벤트 UI 요소 그룹화**

이제 마지막으로 남은 것은 버튼 처리입니다. 앞에서 작성한 코드처럼 v-list-item-action 엘리먼트를 사용하면 이벤트용 버튼을 목록에서 가장 적합한 레이아웃으로 자동으로 배치해 줍니다.

40~42 **버튼 스타일**

항목의 오른쪽 화살표 버튼은 이번 코드처럼 v-btn과 v-icon으로 만듭니다. keyboard_arrow_right는 오른쪽 화살표 모양을 의미하며 색상은 회색으로 표현했습니다.

STEP 3 리스트에 사용할 데이터는 data 속성에 JSON 형식으로 관리하면 편리합니다. 어떻게 준비하면 되는지 살펴보겠습니다. 다음 코드를 직접 입력해서 코드를 완성하세요.

```
...생략...
<script src="https://cdn.jsdelivr.net/npm/vue@2.x/dist/vue.js"></script>
<script src=
  "https://cdn.jsdelivr.net/npm/vuetify@2.2.x/dist/vuetify.js"></script>
<script>
  new Vue({
    el: '#app',
    vuetify: new Vuetify(),
    data() {
      return {
        // 반복되는 항목은 JSON 배열 데이터로 만들어 반환
        aList: [{
          icon_name: 'account_balance',
          icon_style: 'red white--text',
          title: '회사 소개',
        },
        {
          icon_name: 'photo',
          icon_style: 'green white--text',
          title: '제품 이미지',
        },
        {
          divider: false,
          icon_name: 'movie',
          icon_style: 'yellow white--text',
          title: '홍보 동영상',
        }
        ]
      }
    }
  })
</script>
</body>
</html>
```

59~80 **JSON 데이터 준비**

v-for 디렉티브에서 가져갈 데이터를 JSON 형식으로 준비합니다. aList 배열 변수를 사용해서 data 속성에 [{값1}, {값2}, {값3}]의 형식으로 차례로 넣어 주면 됩니다. 앞의 소스에서는 일반적으로 data 속성에 넣어 주는 형식을 이용하지 않았습니다. 그 대신 data 속성을 함수 형태로 바꾸어 return값을 가지도록 구성했습니다.
다음 A 방식과 B 방식은 어떤 차이가 있을까요?

표 6-7 data 속성 선언과 함수 방식 비교

A 방식(data 속성 선언)	B 방식(함수 선언)

data: {
  aList: [{값1}, {값2}, {값3}]
}
	data() {
	  return {
	    aList: [{값1}, {값2}, {값3}]
	  }
	}

먼저 A 방식은 Vue 객체를 생성해 그 안에서 바로 data 속성을 사용할 때 적용합니다. new Vue()처럼 Vue 객체를 생성한 후 그 안에서 루트로 data 속성을 사용할 때 이용합니다.
반면 B 방식은 컴포넌트에서 사용할 때 함수 형태로 선언해야 합니다. 컴포넌트에서 data 속성을 사용할 때는 반드시 B, 즉 함수 방식으로 사용해야 합니다. 왜냐하면 컴포넌트별로 data 속성이 컴포넌트 자신만의 메모리를 할당받게 해주어야 하기 때문입니다. 앞으로는 B처럼 함수 방식으로 작성해 나갈 것이므로 꼭 익혀 두세요.

STEP 4 VSCode의 라이브 서버를 이용해서 실습 파일을 실행합니다. 아이콘, 버튼 모양과 함께 리스트 표현이 잘됐는지 검토해 보세요.

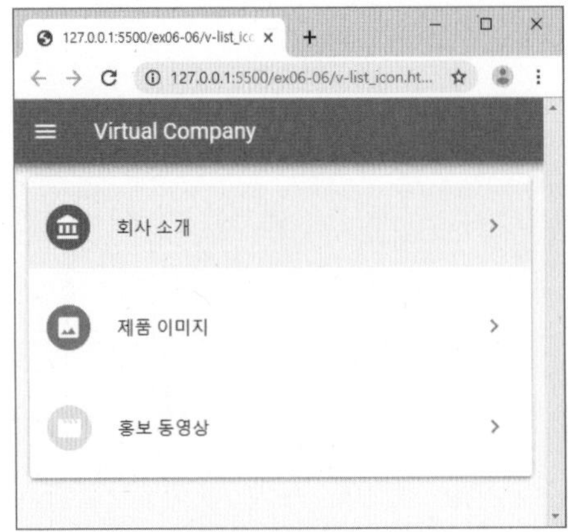

그림 6-12 실습 결과 화면

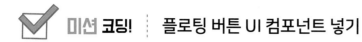

미션 코딩! 플로팅 버튼 UI 컴포넌트 넣기

완성 파일 PWA-mission₩mission06

플로팅 버튼은 보통 오른쪽 아래에 위치해서 마치 떠 있는 것처럼 보입니다. + 기호를 담고 있어서 뭔가 추가할 때 사용한다는 점을 직관적으로 보여 줍니다. 다음 결과 화면을 참고해 UI 컴포넌트로 플로팅 버튼을 직접 만들어 보세요.

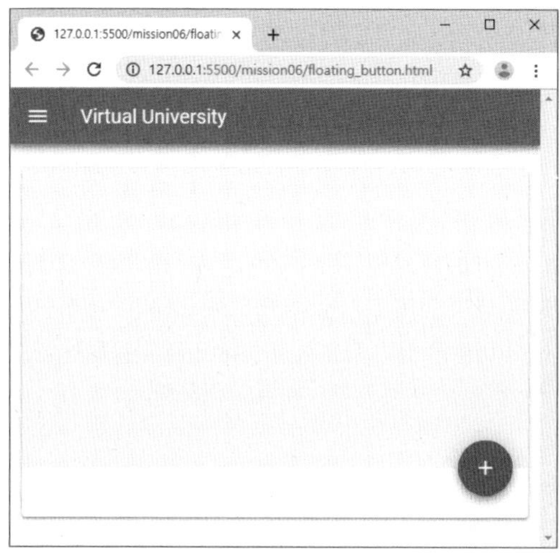

그림 6-13 미션 코딩 결과 화면

HINT 1 먼저 다음 코드를 참조해서 앱바를 디자인합니다. 색상은 파란색으로 설정하고 메뉴 아이콘과 제목을 표시합니다.

```
<!-- 상단에 앱바를 배치하고 왼쪽에 메뉴 아이콘 넣음 -->
<v-app-bar app color="blue" dark>
  <v-app-bar-nav-icon></v-app-bar-nav-icon>
  <v-toolbar-title>Virtual University</v-toolbar-title>
</v-app-bar>
```

HINT 2 본문 영역에 높이 300px짜리 카드를 배치하고 연한 회색으로 음영을 표시합니다. 반응형과 관계없이 블록 레벨로 표시하기 위해 xs="12"를 사용합니다.

```
<v-container>
  <v-row>
    <v-col xs="12">
      <v-card>
        <!-- 내용 영역에 높이 300px짜리 카드 스타일을 넣음 -->
        <v-card-text style="height: 300px;" class="grey lighten-4"></v-card-text>
        ...생략...
      </v-card>
    </v-col>
  </v-row>
</v-container>
```

HINT 3 바로 이어서 플로팅 버튼을 넣어 보겠습니다. 스타일은 원 모양으로 하기 위해 fab, 색상은 pink를 지정합니다. 배치는 카드 제목 영역을 확보하기 위해 v-card-text를 50px 높이로 설정합니다. 그리고 좌표계를 상대 좌표계(relative)로 지정함으로써 카드 제목 영역 안에 표시될 수 있도록 합니다. 영역 안에 v-btn 엘리먼트로 원 모양의 아이콘 버튼을 넣어 줍니다. 이 버튼은 절대 좌표계(absolute)를 사용해서 카드 제목 영역 안의 위쪽(top)에 배치합니다.

```
<v-card>
  ...생략...
  <!-- 하단 기준으로 50px 높이에 플로팅 버튼을 넣음 -->
  <v-card-text style="height: 50px; position: relative">
    <v-btn absolute dark fab top right color="pink">
      <v-icon>add</v-icon>
    </v-btn>
  </v-card-text>
</v-card>
```

07

뷰티파이 고급 기능 익히기

07장에서는 뷰티파이의 고급 기능을 배웁니다. 뷰티파이의 고급 기능으로 뷰의 라우터와 Vuex를 디자인해서 싱글 페이지 앱을 만들 수 있다면 뷰 프레임워크로 PWA를 제작하는 모든 준비 과정이 끝납니다.

07-1 바닥 내비게이션

앱을 제작할 때 자주 사용하는 UI는 바닥 내비게이션(bottom navigation)입니다. 아이콘 버튼이 3개 있는 바닥 내비게이션을 제작하면서 사용법을 빠르게 익혀 보겠습니다.

Do it! 실습 3가지 선택 메뉴가 있는 바닥 내비게이션 만들기

STEP 1 v-bottom-navigation 엘리먼트를 사용해 바닥 내비게이션을 만들겠습니다. 그리고 필요한 개수만큼 v-btn 엘리먼트로 버튼을 표현하면 되므로 사용법은 간단합니다. 다음 코드를 입력하여 실습해 보겠습니다.

실습 파일 ex07-01₩bottom_navi.html(1/2)

```
<!DOCTYPE html>
<html>
<head>...생략...</head>
<body>
  <div id="app">
    <v-app>
      <!-- 내용 영역에 선택된 메뉴명 표시. flexbox로 가운데 정렬 -->
      <v-main>
        <v-card height="100%" class="d-flex display-2 align-center
        justify-center">선택: {{ sSelect }}</v-card>
      </v-main>
      <!-- 하단 영역에 바닥 내비게이션 메뉴를 absolute로 고정해서 표시 -->
      <v-footer>
        <!-- 선택된 메뉴는 sSelect 데이터를 연동해서 바인딩 -->
        <v-bottom-navigation absolute v-model="sSelect" dark >
          <!-- 아이콘 버튼 3개 표시 -->
          <v-btn text value="자전거">
            자전거
            <v-icon>directions_bike</v-icon>
          </v-btn>
          <v-btn text value="지하철">
```

```
22:           지하철
23:           <v-icon>subway</v-icon>
24:         </v-btn>
25:         <v-btn text value="버스">
26:           버스
27:           <v-icon>directions_bus</v-icon>
28:         </v-btn>
29:       </v-bottom-navigation>
30:     </v-footer>
31:   </v-app>
32: </div>
...생략...
```

07~11 본문 영역과 자동 여백 설정

레이아웃에서 중요한 엘리먼트는 v-main과 v-container입니다. v-main 엘리먼트는 앱바와 바닥글을 제외한 나머지 영역을 본문 영역으로 확보해 주고, v-container 엘리먼트는 반응형 웹 디자인을 고려해 화면 크기에 맞춰 여백을 적절히 설정합니다.

이 코드에서는 v-card 엘리먼트에 display-2 클래스 선택자를 이용해서 본문 텍스트를 48sp와 가운데 정렬로 표시합니다. 그리고 선택된 버튼을 나타내는 sSelect의 문자열 변숫값을 바인딩해서 표시합니다.

12~15 바닥 내비게이션 영역

바닥 내비게이션은 v-footer 엘리먼트 안에 v-bottom-navigation 엘리먼트를 사용해서 배치합니다. 스크롤에 관계없이 하단에 항상 나타나게 하려면 앞의 코드처럼 absolute 어트리뷰트를 설정합니다.

value 어트리뷰트는 True 또는 False의 값을 넣어 바닥 내비게이션이 화면에 나타나게 하거나 사라지게 할 수 있습니다. 다음으로 버튼을 눌러 선택된 값을 v-model 디렉티브를 사용해 sSelect에 대입하도록 바인딩합니다. 마지막으로 글자 색상은 dark 모드로 설정해서 흰색으로 표시됩니다.

16~28 바닥 내비게이션 항목

앞의 코드처럼 바닥 내비게이션에 항목으로 나타날 버튼은 v-btn 엘리먼트를 사용합니다. 이어서 버튼 안에 제목을 텍스트로 입력합니다. 그다음에 v-icon 엘리먼트로 해당 아이콘 이름을 적으면 텍스트와 함께 아이콘 그림이 나타납니다.

STEP 2 지금까지 바닥 내비게이션의 디자인을 표현했다면 다음으로 필요한 것은 사용자가 선택한 버튼이 무엇인지 읽어 올 수 있어야 합니다. 바닥 내비게이션 버튼에서 값을 가져오는 방법은 v-bottom-navigation 엘리먼트에서 사용한 v-model="sSelect"에 달렸습니다. 이것은 사용자가 선택한 버튼과 sSelect 변수를 자동으로 바인딩합니다. 따라서 data 속성에 이 변수를 선언하고 연결하면 됩니다. 다음과 같은 코드를 입력해 최종 결과를 확인해 보겠습니다.

실습 파일 ex07-01₩bottom_navi.html(2/2)

```
...생략...
34:   <script src="https://cdn.jsdelivr.net/npm/vue@2.x/dist/vue.js"></script>
35:   <script
36:     src="https://cdn.jsdelivr.net/npm/vuetify@2.2.x/dist/vuetify.js"></script>
37:   <script>
38:     new Vue({
39:       el: '#app',
40:       vuetify: new Vuetify(),
41:       data: {
42:         sSelect: '자전거'
43:       }
44:     })
45:   </script>
46: </body>
47: </html>
```

41~43 **바닥 내비게이션의 선택 항목이 저장될 데이터**

선택된 버튼의 제목을 저장할 sSelect 변수는 data 속성에 정의합니다. 앞에서 v-btn 엘리먼트 3개에 각각 value="**자전거**", value="**지하철**", value="**버스**"의 값을 어트리뷰트로 지정했습니다. v-bottom-navigation 엘리먼트에서 사용한 v-model="sSelect"는 사용자가 버튼을 누를 때 각 버튼에 할당된 value값을 sSelect에 자동으로 저장합니다.

STEP 3 VSCode의 라이브 서버를 이용해서 실습 파일을 실행합니다. 바닥 내비게이션의 버튼을 선택할 때 UI 디자인과 선택값의 변화를 눈으로 직접 확인해 보세요. 다음 왼쪽 그림은 자전거를 선택한 결과 화면이고, 오른쪽 그림은 지하철을 선택한 결과 화면입니다.

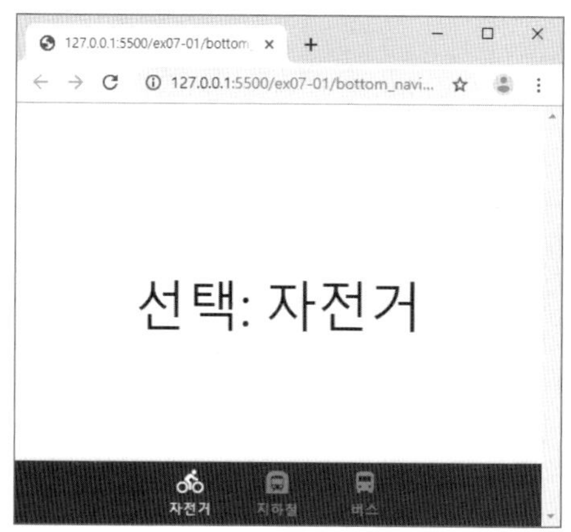

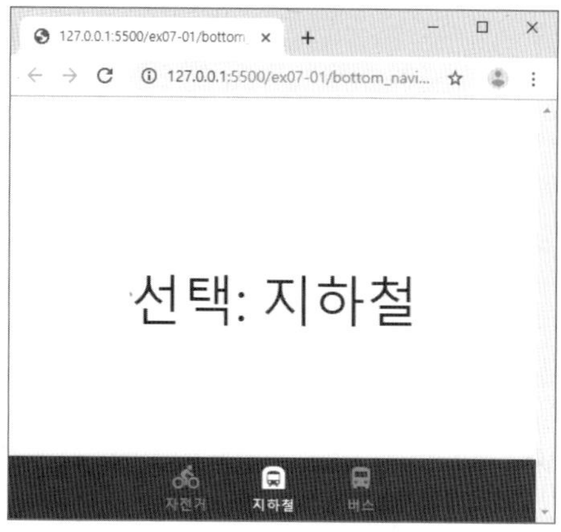

그림 7-1 바닥 내비게이션 선택 화면

07-2 탐색 서랍

실전에서 앱을 제작할 때 빼놓을 수 없는 기능이 바로 탐색 서랍(navigation drawer) UI입니다. 앱바의 메뉴 아이콘을 누르면 탐색 서랍이 나타나고, 링크를 클릭하면 해당 사이트로 이동하는 간단한 예제를 만들어 보겠습니다.

Do it! 실습 사용자 정보가 담긴 탐색 서랍 만들기

STEP 1 v-app-bar 엘리먼트로 상단에 앱바를 넣고, 메뉴 아이콘을 클릭하면 나타나는 탐색 서랍은 v-navigation-drawer 엘리먼트로 디자인합니다. 실전처럼 로그인 사용자와 메뉴명도 넣어 봅시다. 다음과 같은 코드를 입력해 실습을 시작해 보겠습니다.

실습 파일 ex07-02₩navigation_drawer.html(1/3)

```
<!DOCTYPE html>
<html>
<head>
  <meta name="viewport" content="width=device-width, initial-scale=1,
    maximum-scale=1, user-scalable=no, minimal-ui">
  <link href="https://fonts.googleapis.com/css?family=
    Roboto:100,300,400,500,700,900|Material+Icons" rel="stylesheet">
  <link href="https://cdn.jsdelivr.net/npm/@mdi/font@3.x/css/
    materialdesignicons.min.css" rel="stylesheet">
  <link href="https://cdn.jsdelivr.net/npm/vuetify@2.2.x/dist/
    vuetify.min.css" rel="stylesheet">
  <!-- 폰트 어섬 아이콘을 사용하기 위해 연결 -->
  <script defer src=
    "https://use.fontawesome.com/releases/v5.0.8/js/all.js"></script>
</head>
<body>
  <div id="app">
    <v-app>
      <!-- 상단 영역에 툴바를 배치하고 왼쪽에 메뉴 아이콘 넣음 -->
      <v-app-bar app color="primary" dark>
```

```
21:       <!-- 메뉴 아이콘을 누르면 클릭 기능 비활성화 -->
22:       <v-app-bar-nav-icon @click.stop="bDrawer = !bDrawer">
23:       </v-app-bar-nav-icon>
24:       <v-toolbar-title>Header입니다.</v-toolbar-title>
25:     </v-app-bar>
26:     <!-- bDrawer가 true이면 탐색 서랍을 사용하도록 바인딩 -->
27:     <v-navigation-drawer absolute temporary v-model="bDrawer">
28:       <!-- 툴바를 이용해 안쪽 메뉴 제목을 플랫 스타일로 작성 -->
29:       <v-toolbar flat height="70px">
30:         <v-list>
31:           <v-list-item>
32:             <v-list-item-avatar>
33:               <img src=
34:                 "https://randomuser.me/api/portraits/men/44.jpg">
35:             </v-list-item-avatar>
36:             <v-list-item-content>
37:               <v-list-item-title class="title">홍길동
38:               </v-list-item-title>
39:               <v-list-item-subtitle>로그인
40:               </v-list-item-subtitle>
41:             </v-list-item-content>
42:           </v-list-item>
43:         </v-list>
44:       </v-toolbar>
45:       <v-divider></v-divider>
...생략...
```

12~14 폰트 어섬 CDN 연결

지금까지는 구글 공식 머티리얼 디자인 아이콘을 사용했습니다. 실전에서는 폰트 어섬에서 제공하는 아이콘도 많이 사용합니다. 그래서 이번에는 폰트 어섬의 CDN을 연결했습니다.

19~25 앱바와 아이콘

상단에는 v-app-bar 엘리먼트를 사용해서 파란색(primary) 툴바를 배치합니다. 그리고 왼쪽에 기본 메뉴 아이콘인 v-app-bar-nav-icon을 넣어 줍니다. 메뉴 아이콘을 마우스로 눌렀다가 뗄 때 @click.stop으로 이벤트가 발생하면 bDrawer 변숫값을 true 또는 false가 번갈아 바뀌도록 변경합니다. 이 변숫값을 이용해서 탐색 서랍의 표시 여부를 결정하는 것입니다. 그리고 v-toolbar-title 엘리먼트를 이용해서 툴바 제목을 표기합니다.

26~27 v-navigation-drawer 엘리먼트

탐색 서랍은 v-navigation-drawer 엘리먼트를 이용합니다. absolute 어트리뷰트는 정확히 메뉴 아이콘 위치부터 서랍이 펼쳐지듯이 나타나게 만듭니다. v-model 디렉티브는 탐색 서랍이 나타나거나 사라지는 타이밍을 bDrawer 변숫값과 바인딩하여 결정합니다.

28~43 로그인 사용자와 메뉴명 넣기

이 부분은 탐색 서랍에 로그인 사용자 정보와 메뉴명을 하나씩 넣는 방법입니다. 먼저 v-toolbar를 사용해 제목 영역을 확보합니다. 높이는 70px 정도로 적절히 디자인합니다. 이어서 v-list-item-avatar 엘리먼트에서 로그인 사용자 이미지를 img 엘리먼트로 지정하면 자동으로 원 모양을 만들어 줍니다. 여기서는 randomuser.me 웹 사이트에서 오픈소스로 제공하는 이미지를 사용했습니다. 마지막으로 v-list-item-content 엘리먼트 안에 제목과 서브 제목을 두 줄로 표시하려면 v-list-item-title, v-list-item-subtitle 엘리먼트를 차례로 넣어 작성합니다.

44~45 v-divider 엘리먼트

리스트 항목 간의 구분선은 v-divider 엘리먼트를 사용합니다. 항목 사이사이에 구분선이 필요할 때 넣어줍니다.

STEP 2 탐색 서랍에 아이콘과 제목을 함께 표현하는 것이 최신 디자인 추세입니다. 어떻게 만들 수 있는지 살펴봅시다. v-list와 v-list-item 엘리먼트로 데이터를 바인딩하면서 아이콘과 제목을 표시하는 방법이 많이 쓰입니다. 코드를 직접 입력하면서 어떻게 작동하는지 확인해 보겠습니다.

실습 파일 ex07-02₩navigation_drawer.html(2/3)

```
...생략...
46:         <!-- 제목 밑에 메뉴명을 목록으로 작성. 안쪽 여백은 pt-3으로 설정 -->
47:         <v-list class="pt-3">
48:           <!-- 배열에 있는 데이터를 반복문으로 가져와 링크, 제목,
49:                아이콘을 렌더링 -->
50:           <v-list-item v-for="item in aMenu_items"
51:             :key="item.title":href="item.link">
52:             <v-list-item-action>
53:               <v-icon>{{ item.icon }}</v-icon>
54:             </v-list-item-action>
55:             <v-list-item-content>
```

```
56:                <v-list-item-title>{{ item.title
57:                  }}</v-list-item-title>
58:              </v-list-item-content>
59:            </v-list-item>
60:          </v-list>
61:        </v-navigation-drawer>
62:      </v-app>
63:    </div>
...생략...
```

46~51 **v-list와 v-list-item 엘리먼트**

탐색 서랍에 메뉴를 나열하려면 v-list 엘리먼트로 다시 영역을 잡고 v-list-item으로 항목을 하나씩 만듭니다. 이때 v-for 디렉티브로 반복문을 사용합니다. 배열 변수 aMenu_item에 있는 항목 데이터를 하나씩 읽어서 item 변수에 넣은 다음 바인딩해서 표시합니다. 항목의 데이터는 다음 예시와 같은 방식으로 읽습니다.

```
{
  title: '스타벅스',
  icon: 'fa-coffee',
  link: 'http://www.starbucks.com'
}
```

그래서 item 변수의 title값은 제목을 가지고 있으므로 key 어트리뷰트에, link값은 href 링크 어트리뷰트에 각각 바인딩합니다. 콜론(:)은 v-bind 디렉티브를 생략한다는 의미입니다. 실전에서는 주로 이렇게 쓰므로 꼭 기억하기 바랍니다.

52~58 **항목에 아이콘과 제목 표시**

아이콘과 제목을 바인딩해서 표시합니다. 먼저 아이콘은 v-list-item-action 엘리먼트를 사용해서 원 모양으로 변환합니다. 그리고 v-icon 엘리먼트로 item.icon값을 꺼내서 넣어주면 해당 아이콘의 이름이 바인딩됩니다.

다음으로 v-list-item-content 엘리먼트로 남은 영역을 확보하고 v-list-item-title 엘리먼트로 제목을 표시합니다. 이때 item.title로 읽어 온 데이터의 제목으로 바인딩합니다.

STEP 3 탐색 서랍에 표현될 아이콘, 제목 등의 데이터 속성은 한곳에서 관리하는 것이 편합니다. 탐색 서랍에 표시할 제목과 아이콘, 링크 주소를 어떻게 JSON 데이터로 선언하는지 알아보겠습니다.

실습 파일 ex07-02₩navigation_drawer.html(3/3)

```
...생략...
  <script src="https://cdn.jsdelivr.net/npm/vue@2.x/dist/vue.js"></script>
  <script src=
    "https://cdn.jsdelivr.net/npm/vuetify@2.2.x/dist/vuetify.js"></script>
  <script>
    new Vue({
      el: '#app',
      vuetify: new Vuetify(),
      data: {
        // 버튼을 누르면 비활성화되도록 하는 토글 변수
        bDrawer: false,
        // 배열로 메뉴의 제목, 아이콘, 링크 준비
        aMenu_items: [{
          title: '스타벅스',
          icon: 'fa-coffee',
          link: 'http://www.starbucks.com'
        },
        {
          title: '애플',
          icon: 'mdi-apple',
          link: 'http://www.apple.com'
        },
        {
          title: '페이스북',
          icon: 'mdi-facebook-box',
          link: 'http://www.facebook.com'
        }
        ]
      }
    })
  </script>
</body>
</html>
```

71~91 JSON 데이터 선언

탐색 서랍에 사용할 데이터는 크게 2가지입니다. 첫 번째는 메뉴 아이콘을 눌렀을 때 탐색 서랍의 표시 여부를 결정하는 `bDrawer` 변수입니다. `bDrawer`의 초깃값은 `false`로 설정합니다. 두 번째는 탐색 서랍에서 사용할 항목의 값을 배열 변수인 `aMenu_items`로 정의합니다. 소스처럼 `title`, `icon`, `link`의 이름으로 제목과 아이콘, 링크 주소를 데이터로 넣어 줍니다.

STEP 4 VSCode의 라이브 서버를 이용해서 실습 파일을 실행합니다. 앱바의 햄버거 아이콘을 클릭하면 메뉴명과 로그인 사용자 정보가 어떻게 표시되는지 살펴보고 링크도 동작하는지 클릭해 봅니다. 다음 왼쪽 그림은 완성한 앱바 화면이고, 오른쪽 그림은 탐색 서랍을 펼친 화면입니다.

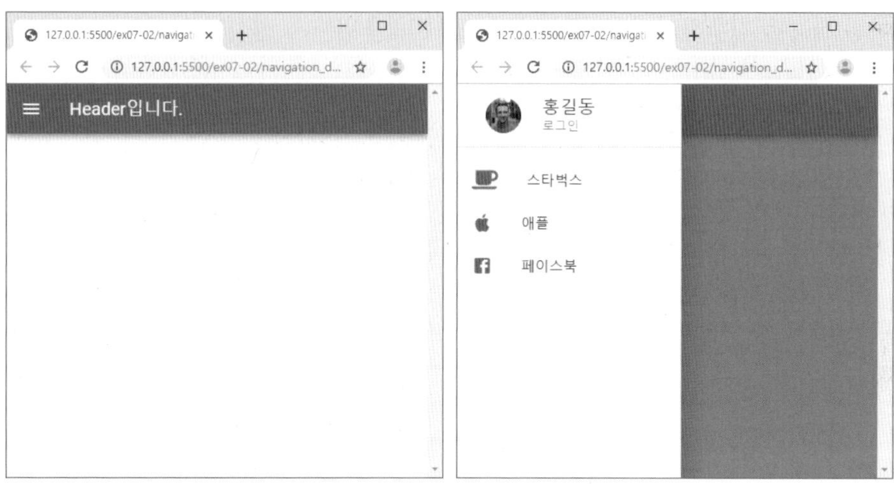

그림 7-2 탐색 서랍 실습 결과 화면

07-3 라우터로 멀티 페이지 관리하는 SPA 만들기

여러분이 본격적으로 실전에서 프로젝트를 시작하려면 Vue-CLI를 통해서 생성된 템플릿을 사용할 수 있어야 합니다. 뷰티파이에서 제공하는 Vue-CLI 템플릿을 활용해 메인 페이지와 서브 페이지로 이동하는 라우터 기능을 구현해 보겠습니다.

Do it! 실습 실습 환경 준비하고 프로젝트 만들기

STEP 1 이번 실습을 진행하려면 Node.js와 Vue-CLI가 반드시 설치되어 있어야 합니다. 설치 과정은 05-7절에서 이미 설명했으므로 여기서는 생략하겠습니다. 아직 설치하지 못했다면 05-7절을 참고해서 설치하세요.

① **Node.js 설치:** nodejs.org에서 최신 프로그램(LTS 버전)을 내려받아 설치합니다.
② **Vue-CLI 설치:** 뷰 개발 환경을 제공받으려면 설치해야 합니다.

STEP 2 VSCode에서 통합 터미널 창을 열고 필자가 실습 파일로 제공한 웹팩 시작 템플릿의 폴더로 이동합니다.

```
> cd ex07-03_start
```

STEP 3 VSCode에서 [파일 → 폴더 열기] 메뉴로 프로젝트 폴더(ex07-03_start)를 열면 여러 파일이 미리 준비된 것을 확인할 수 있습니다.

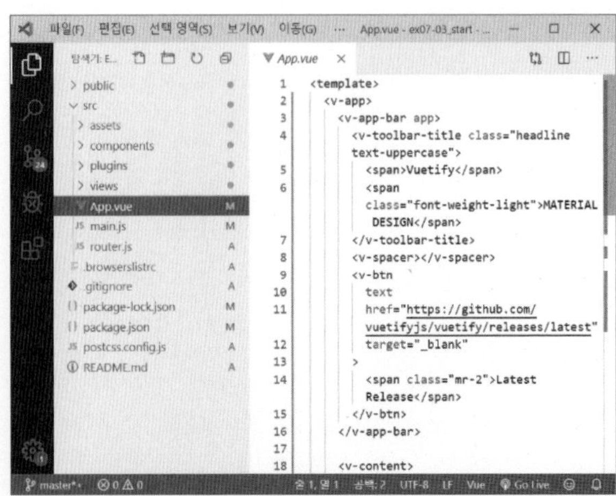

그림 7-3 웹팩에 담겨 있는 샘플 파일

하나만 더 배워요! **프로젝트 직접 만들기**

VSCode에서 통합 터미널 창을 열고 다음 명령을 입력해 새로운 뷰 프로젝트 폴더를 생성합니다.

```
> vue create ex07-03
```

Vue-CLI 프로젝트를 생성할 때 몇 가지 질문이 나오면 다음과 같이 선택합니다.

표 7-1 프로젝트 옵션 설정

옵션	설정
Please pick a preset:	[Manually select featres] 선택
Check the features needed for your project:	[Router]만 선택하고 나머지는 모두 선택 해제
Use history mode for router?	기본값인 Y 선택
Where do you prefer placing config for...	기본값 그대로 [config] 파일 선택
Save this as a preset for future projects? (Y/N)	기본인 N 선택

이어서 프로젝트 폴더로 이동한 후 다음 내용을 입력해 뷰티파이를 설치합니다. 설치 중 'Still proceed? (계속 진행하시겠습니까?)' 라는 질문이 나오면 Y를 눌러 설치를 진행합니다.

```
> cd ex07-03
ex07-03> vue add vuetify
```

뷰티파이 플러그인을 추가할 때 3가지 옵션이 나오면 [Default(기본)]를 선택합니다.

표 7-2 뷰티파이 옵션

옵션	설명
Default (recommended)	자동으로 생성된 *.vue 파일에 기본 템플릿 디자인 포함
Prototype (rapid development)	자동으로 생성된 *.vue 파일은 아주 간략하게 작성
Configure (advanced)	*.vue, 테마 파일, CSS, 아이콘, 로컬 언어 등은 직접 선택 가능

Do it! 실습 샘플 파일 수정하여 SPA 만들기

STEP 1 웹팩 시작 템플릿에 있는 기존 파일을 수정하고, 필요한 파일은 새로 만들어서 앱을 만들어 보겠습니다. 먼저 App.vue 파일을 작업해 보겠습니다. 파일을 열고 다음 내용과 비교하면서 코드를 완성합니다.

실습 파일 ex07-03_start₩App.vue

```
01: <template>
02:   <v-app>
03:     <!-- 앱바 테마를 primary(파랑색)로 설정 -->
04:     <v-app-bar app color="primary" dark>
05:       <!-- 왼쪽에 메뉴 아이콘 넣음 -->
06:       <v-app-bar-nav-icon></v-app-bar-nav-icon>
07:       <v-toolbar-title>멀티 페이지</v-toolbar-title>
08:       <v-spacer></v-spacer>
09:       <v-btn icon>
10:         <v-icon>mdi-dots-vertical</v-icon>
11:       </v-btn>
12:     </v-app-bar>
13:     <!-- 내용 영역에 라우터 페이지 렌더링 -->
14:     <v-main>
15:       <!-- 페이지 장면 전환 효과 넣기 -->
16:       <v-slide-x-transition mode="out-in">
17:         <router-view></router-view>
18:       </v-slide-x-transition>
19:     </v-main>
20:     <!-- 바닥글 테마를 secondary(짙은 회색)로 설정 -->
21:     <v-footer color="secondary" fixed dark>
22:       <div class="mx-auto">CODE-DESIGN.web.app</div>
23:     </v-footer>
24:   </v-app>
25: </template>
```

03~12 **앱바, 메뉴 아이콘, 설정 아이콘 넣기**

App.vue 파일은 첫 화면을 나타냅니다. 먼저 상단에 앱바를 넣어 봅시다. v-app-bar로 primary(파란색)에 dark 모드로 설정하고 글자는 흰색으로 합니다. v-app-bar-nav-icon과 v-toolbar-title 엘리먼트로 메뉴 아이콘과 제목을 표시합니다. 그리고 v-spacer 엘리먼트를 이용해 오른쪽으로 정렬합니다. 마지막으로 v-btn 엘리먼트로 설정 아이콘을 넣어 줍니다.

13~19 **라우터와 장면 전환 효과**

본문 영역은 v-main으로 확보합니다. v-slide-x-transition 엘리먼트로 장면 전환 효과를 줄 수 있습니다. 장면 전환 효과가 일어나는 대상은 이 엘리먼트의 값으로 지정된

router-view 엘리먼트입니다. router-view 엘리먼트에 렌더링된 내용이 바뀔 때마다 장면 전환 효과가 나타납니다. 뷰티파이에서 제공하는 장면 전환 효과는 다음과 같습니다.

표 7-3 뷰티파이가 제공하는 장면 전환 엘리먼트 종류

종류	효과
v-slide-x-transition	⇨ → ⇦ 방향을 짧게 전환
v-slide-y-transition	⇧ → ⇩ 방향을 짧게 전환
v-fade-transition	□ → ■ 사라졌다가 나타나게 함
v-scale-transition	• → ■ 작아졌다 커지게 함

mode는 방향을 결정하는데 out-in을 주면 바깥에서 안쪽으로 변환합니다. in-out을 주면 반대로 안쪽에서 바깥으로 변환합니다. 취향에 따라 다르겠지만 가장 무난한 것은 out-in입니다.

표 7-4 mode 어트리뷰트 종류

종류	효과
in-out	안에서 바깥으로 나타남
out-in	바깥에서 안으로 나타남

20~23 바닥글 넣기

바닥글은 v-footer 엘리먼트를 사용해서 표현합니다. fixed 어트리뷰트로 스크롤에 영향받지 않게 하고, 스타일은 secondary(짙은 회색)에 dark 모드로 설정하여 글자가 흰색으로 나타나게 합니다. 제목글은 div 엘리먼트에 mx-auto를 설정해서 가운데로 정렬합니다.

STEP 2 main_page.vue 파일은 새로 만들어야 합니다. 간단하지만 실전에서도 유용한 메인 페이지를 만들어 봅시다. 핵심은 서브 페이지로 이동하는 링크입니다. src/components 폴더에 main_page.vue 파일을 새로 만들고 다음 내용을 작성합니다.

실습 파일 ex07-03_start₩src₩components₩main_page.vue

```
<!-- 메인 페이지의 뷰 화면을 디자인 -->
<template>
  <v-container>
    <p class="display-1 my-4">메인 페이지입니다.</p>
    <v-divider></v-divider>
```

```
06:     <p class="display-4 my-4">메인 페이지입니다.</p>
07:     <div class="text-center">
08:       <!-- 버튼에서 fab, large 어트리뷰트를 사용해서 큰 원으로 설정 -->
09:       <v-btn fab large class="mt-5" color="purple" dark to="/sub">
10:       <v-icon>mdi-arrow-right</v-icon>
11:       </v-btn>
12:     </div>
13:   </v-container>
14: </template>
```

01~03 **메인 페이지의 뷰 템플릿 시작**

App.vue 파일에서 콘텐츠 영역을 `v-main` 엘리먼트로 지정했으므로 이곳에서 영역을 확보할 필요는 없습니다. 따라서 소스처럼 `v-container`로 시작합니다.

04~06 **제목 타이포그래피, 여백 디자인**

`p`와 `v-divider` 엘리먼트로 제목과 구분선을 넣습니다. 스타일은 `display-1`, `display-4`로 각각 34sp, 96sp 크기로 설정합니다. 그리고 `my-4`로 바깥쪽 top, bottom의 여백을 24px로 지정합니다.

07~12 **버튼 디자인과 서브 페이지 링크**

`v-btn`, `v-icon` 엘리먼트로 버튼 아이콘을 넣어 줍니다. 여기서 버튼을 누르면 서브 페이지로 이동하도록 `to` 어트리뷰트에 `/sub`를 넣어 라우팅합니다. 그리고 `fab`, `large` 어트리뷰트를 이용해 큰 원 아이콘으로 스타일을 지정합니다. `mt-5`로 바깥쪽 top 방향으로 48px만큼 여백을 주고, `purple`로 각 아이콘 배경을 보라색으로 설정합니다. 아이콘 모양은 오른쪽 화살표(arrow_right)입니다.

서체와 여백 설정은 06-3절을 참고하세요.

STEP 3 sub_page.vue 파일은 메인 페이지에서 연결되는 서브 페이지입니다. 내용은 간단합니다. 메인 페이지로 넘어갈 수 있는 링크 기능이 중요합니다. src/components 폴더에 sub_page.vue 파일을 새로 작성한 후 다음 내용을 입력합니다.

실습 파일 ex07-03_start₩src₩components₩sub_page.vue

```
01: <!-- 서브 페이지의 뷰 화면 디자인 -->
02: <template>
03:   <v-container>
04:     <p class="display-1 my-4">서브 페이지입니다.</p>
05:     <v-divider></v-divider>
06:     <p class="display-4 my-4">서브 페이지입니다.</p>
07:     <div class="text-center">
08:       <!-- 버튼에서 fab large 어트리뷰트를 사용해서 큰 원으로 설정 -->
09:       <v-btn fab large class="mt-5" color="teal" dark to="/main">
10:         <v-icon>mdi-replay</v-icon>
11:       </v-btn>
12:     </div>
13:   </v-container>
14: </template>
```

01~03 서브 페이지의 뷰 화면 템플릿 디자인

서브 페이지의 뷰 화면도 v-container로 시작하고 여백은 화면 크기에 맞춰 자동으로 설정되게 합니다.

08~11 버튼 디자인과 링크

메인 페이지로 되돌아갈 수 있는 아이콘 버튼을 넣어 줍니다. 아이콘의 이름은 mdi-replay입니다. 그리고 라우팅을 위해 to 어트리뷰트에 /main 경로를 지정합니다. 버튼의 색상은 청록색(teal)이며 나머지 속성값은 메인 페이지와 같습니다.

STEP 4 마지막으로 router.js 파일을 수정할 차례입니다. 뷰의 강점은 손쉬운 라우터 활용입니다. router.js 파일을 직접 수정하면서 얼마나 편리한지 느껴 봅시다. router.js 파일도 자동으로 생성되는데 여기서는 라우터와 연결할 vue 파일들의 경로를 설정하면 됩니다.

실습 파일 ex07-03_start₩src₩router.js

```
import Vue from 'vue'
import Router from 'vue-router'
// main_page와 sub_page라는 컴포넌트 모듈 2개를 가져옴
import main_page from '@/components/main_page'
import sub_page from '@/components/sub_page'

```

```
07: Vue.use(Router)
08:
09: export default new Router({
10:   mode: 'history',
11:   base: process.env.BASE_URL,
12:   routes: [
13:   {
14:     // 루트 페이지는 main_page로 설정해 둠
15:     path: '/', name: 'home', component: main_page
16:   },
17:   {
18:     path: '/main', name: 'main_page', component: main_page
19:   },
20:   {
21:     path: '/sub', name: 'sub_page', component: sub_page
22:   }
23:   ]
24: })
```

01~05 vue-router 모듈, 컴포넌트 모듈 가져오기

vue-router 코어를 읽어 와서 Router 객체 이름으로 사용할 수 있도록 준비합니다. 다음으로 main_page.vue와 sub_page.vue라는 컴포넌트 모듈 2개를 가져와서 각각 main_page, sub_page 객체 이름으로 사용할 수 있도록 준비합니다.

10 history 설정

소스처럼 라우터를 생성할 때 mode에 history 옵션을 지정하면 브라우저의 주소 줄에 #이 제거됩니다. 이 설정은 Vue-CLI에서 프로젝트를 생성할 때 "Use history mode for router?" 질문에서 Y를 선택했기 때문에 자동으로 추가된 것입니다.

13~22 라우터 설정

다음으로 메인 페이지와 서브 페이지로 이동할 수 있도록 라우트의 페이지 경로, 페이지 이름, 컴포넌트 이름을 설정합니다. 첫 화면을 보면 경로는 루트(/), 페이지 이름은 home, 컴포넌트 이름은 main_page로 설정했습니다.

Do it! 실습 웹팩 모듈 설치하고 실행하기

STEP 1 앞에서 웹팩 시작 템플릿을 이용했으므로 터미널 창에서 웹팩 모듈을 설치하고 실행하는 명령을 바로 입력할 수 있습니다.

```
ex07-03_start> npm install
ex07-03_start> npm run serve
```

STEP 2 터미널 창에 출력된 [Local: http://localhost:8080/]을 Ctrl을 누른 채 클릭하면 웹 브라우저에서 결과를 확인할 수 있습니다. 아이콘을 클릭하여 메인 페이지와 서브 페이지가 어떻게 이동하는지 확인합니다. 특히 장면 전환 효과가 어떻게 나타나는지 유심히 살펴보세요. 다음 왼쪽 그림은 메인 페이지 화면이고, 오른쪽 그림은 서브 페이지 화면입니다.

그림 7-4 실습 결과 화면

07-4 Vuex로 상탯값 관리하는 SPA 만들기

05-5절에서 뷰의 강력한 기능으로 Vuex를 소개했습니다. 이번 절에서 다루는 내용은 그보다 조금 난도가 높습니다. 뷰티파이로 디자인한 메인 페이지에서 입력한 내용을 Vuex에 저장하고, 그 값을 서브 페이지에서 전달받아 처리하는 실전 예제입니다.

Do it! 실습 실습 환경 준비하고 프로젝트 만들기

실습 환경을 준비하는 과정은 07-3절에서 진행한 것과 같습니다. 다만 필자가 제공한 실습 파일을 이용하지 않고 프로젝트를 직접 만들 때는 앞의 실습과 다른 점이 하나 있습니다. 여기서는 Vuex 기능을 써야 하므로 두 번째 질문에서 [Router]와 [Vuex]를 선택해야 합니다.

표 7-5 프로젝트 옵션 설정

옵션	설정
Please pick a preset:	[Manually select featres] 선택
Check the features needed for your project:	[Router]와 [Vuex]만 선택
Use history mode for router?	기본값인 Y 선택
Where do you prefer placing config for...	기본값 그대로 [config] 파일 선택
Save this as a preset for future projects? (Y/N)	기본값인 N 선택

Do it! 실습 샘플 파일을 수정하여 싱글 페이지 앱 만들기

STEP 1 먼저 App.vue 파일을 열고 다음과 같은 내용으로 변경합니다.

실습 파일 ex07-04_start₩src₩App.vue

```
<template>
  <v-app>
    <!-- 앱바 테마를 primary(파란색)로 설정 -->
    <v-app-bar app color="primary" dark>
      <!-- 왼쪽에 메뉴 아이콘을 넣음 -->
      <v-app-bar-nav-icon></v-app-bar-nav-icon>
```

```
07:       <v-toolbar-title>멀티 페이지</v-toolbar-title>
08:       <v-spacer></v-spacer>
09:       <v-btn icon>
10:         <v-icon>mdi-dots-vertical</v-icon>
11:       </v-btn>
12:     </v-app-bar>
13:     <!-- 내용 영역에 라우터 페이지 렌더링 -->
14:     <v-main>
15:       <!-- 페이지 장면 전환 효과 넣기 -->
16:       <v-slide-x-transition mode="out-in">
17:         <router-view></router-view>
18:       </v-slide-x-transition>
19:     </v-main>
20:     <!-- 툴바 테마를 secondary(짙은 회색)로 설정 -->
21:     <v-footer color="secondary" fixed dark>
22:       <div class="mx-auto">CODE-DESIGN.web.app</div>
23:     </v-footer>
24:   </v-app>
25: </template>
```

01~14, 19~23 **상단에 앱바, 본문 영역에 라우터 뷰, 하단에 바닥글 배치**

첫 화면에는 상단에 앱바, 본문 영역에 라우터 뷰, 하단에 바닥글을 배치합니다. 레이아웃은 이전에 실습한 것과 같습니다. 여러 차례 실습했으므로 자세한 설명은 생략합니다.

15~18 **라우터가 표시될 영역**

router-view 엘리먼트 부분에는 v-slide-x-transition 엘리먼트의 장면 전환 효과와 함께 메인 페이지, 서브 페이지가 표시됩니다.

STEP 2 store.js 파일은 상탯값을 저장하는 Vuex 스토어입니다. 코드를 다음 내용으로 변경합니다.

실습 파일 ex07-04_start₩src₩store.js

```
import Vue from 'vue'
import Vuex from 'vuex'

Vue.use(Vuex)
```

```
05: // Vuex의 store 중앙에 state, mutations(setters), getter 정의
06: export default new Vuex.Store({
07:   // sTitle값을 상탯값으로 정의
08:   state: {
09:     sTitle: ''
10:   },
11:   // mutations는 getters와 대칭되는 setters 역할 설정
12:   mutations: {
13:     // 매개변수로 전달받은 값을 store에 저장
14:     fnSetData: function (state, payload) {
15:       return state.sTitle = payload
16:     }
17:   },
18:   getters: {
19:     // store의 상탯값 반환
20:     fnGetData(state) {
21:       return state.sTitle;
22:     },
23:   }
24: })
```

06~10 **state 정의하기**

Vuex 객체를 사용하려면 Vuex의 Store() 함수로 필요한 속성을 정의하면 됩니다. Vuex의 state 속성에 제목을 저장할 목적으로 sTitle이라는 변수를 정의합니다.

11~17 **mutations 정의하기**

mutations 속성은 스토어에 저장하는 setters 역할을 수행해야 합니다. fnSetData() 함수를 정의하여 외부에서 이 함수를 통해 값을 저장하도록 합니다. 외부에서 전달받은 매개변수 payload값을 함께 전달받은 state.sTitle에 저장합니다.

18~23 **getters 정의하기**

getters는 fnGetData() 함수를 통해서 외부에서 접근할 수 있도록 하고 state.sTitle값을 읽어서 반환해 줍니다.

STEP 3 이어서 main_page.vue를 작성해 봅시다. 실전에서 자주 사용하는 유형입니다. 특히 입력받은 값과 링크 처리를 어떻게 관리하는지가 관건입니다. src/components 폴더에 main_page.vue 파일을 새로 생성하고 다음 내용을 입력합니다.

실습 파일 ex07-04_start₩src₩components₩main_page.vue

```
<template>
  <v-container>
    <v-main>
      <div class="text-center display-3 my-4">메인 페이지입니다.</div>
      <v-row>
        <v-col offset-sm="1" sm="10">
          <!-- 제목을 입력받으면 sTitle 데이터와 바인딩해서 store에 저장 -->
          <v-text-field label="제목" v-model="sTitle">
          </v-text-field>
        </v-col>
      </v-row>
      <div class="text-center">
        <v-btn large class="mt-5" color="purple" dark @click="fnSetTitle">
        확 인
        </v-btn>
      </div>
    </v-main>
  </v-container>
</template>
<script>
  export default {
    // store에 있는 데이터를 가져옴
    data() {
      return {
        sTitle: this.$store.getters.fnGetData
      }
    },
    methods: {
      // 입력받은 제목을 store에 저장
      fnSetTitle() {
        this.$store.commit('fnSetData',this.sTitle);
        this.$router.push('/sub');
```

```
33:         }
34:       }
35:   }
36: </script>
```

05~11 제목 입력 양식

텍스트 입력은 v-text-field 엘리먼트를 사용하면 됩니다. 텍스트 필드에는 기본 제목을 표시할 수 있는데 label에 제목을 넣으면 됩니다. 그리고 입력값은 v-model 디렉티브로 sTitle 문자열 변수와 양방향으로 바인딩합니다. 다음으로 레이아웃은 12개 열 중에서 1개는 건너뛰고 10개만 입력용으로 사용하기 위해 offset-sm="1", sm="10"을 추가합니다. 총 12개의 열 중에서 11개를 사용했으므로 나머지 하나는 빈 열로 남습니다.

13~18 버튼 디자인 및 서브 페이지 링크

사용자가 〈확인〉을 클릭하면 이벤트가 발생하므로 @click으로 fnSetTitle() 함수를 실행합니다.

22~27 스토어 데이터 연동

양방향 데이터 바인딩(v-model)이므로 입력할 때마다 sTitle값이 변경됩니다. sTitle 변수의 초깃값은 Vuex의 스토어에서 읽어 와야 하므로 뷰 인스턴스에 선언된 store 객체 변수에 접근하기 위해서 this.$store를 사용합니다. 그리고 스토어에 있는 getters 속성의 fnGetData() 함수를 실행해서 읽은 값을 sTitle 변수의 초깃값으로 설정합니다. 여기서 $store처럼 달러 기호 $를 사용했다는 사실에 유의하세요. 뷰 인스턴스의 멤버에 접근하려면 반드시 $를 사용해야 합니다.

28~35 버튼 이벤트 발생 시 스토어 데이터에 저장

사용자가 〈확인〉을 클릭하면 Vuex 스토어에 저장되어야 합니다. 그래서 commit() 함수를 사용해 fnSetData() 함수에 접근하여 매개변수로 sTitle값을 전달합니다. this는 현재 페이지의 data 속성에 접근하기 위해 사용한 것입니다. 그리고 $를 사용하면 뷰 객체의 속성에 직접 접근할 수 있습니다. 마지막으로 this.$router.push('/sub')는 라우터를 통해 서브 페이지로 이동합니다.

STEP 4 메인 페이지와 연결된 서브 페이지 sub_page.vue도 작성해 봅시다. 특히 여기서는 상탯값을 어떻게 관리하는지 주의 깊게 살펴봐야 합니다. src/components 폴더에 sub_page.vue 파일을 새로 만들고 다음과 같은 코드를 작성합니다.

실습 파일 ex07-04_start₩src₩components₩sub_page.vue

```
01: <template>
02:   <v-container>
03:     <v-main>
04:       <div class="text-center display-1 my-4">서브 페이지입니다.</div>
05:       <v-divider></v-divider>
06:       <!-- store에 있는 sTitle값을 가져와 표시 -->
07:       <div class="text-center display-3 my-4">{{ sTitle }}</div>
08:       <div class="text-center">
09:         <v-btn fab large class="mt-5" color="teal" dark to="/main">
10:           <v-icon>mdi-replay</v-icon>
11:         </v-btn>
12:       </div>
13:     </v-main>
14:   </v-container>
15: </template>
16: <script>
17:   export default {
18:     // store에 있는 fnGetData() 함수를 호출하여 sTitle값을 가져옴
19:     data() {
20:       return {
21:         sTitle: this.$store.getters.fnGetData,
22:       }
23:     }
24:   }
25: </script>
```

06~07 메인 페이지에서 입력한 제목을 스토어 데이터에서 가져와 표시

서브 페이지에서는 메인 페이지에서 입력한 값을 스토어에서 가져와 표시해야 합니다. 이를 위해서 `{{ sTitle }}` 머스태시로 `sTitle` 변숫값을 바인딩하여 표시합니다.

09 링크를 to로 사용

페이지 간의 링크를 `to` 어트리뷰트에 `to="/main"`처럼 라우터 정보로 지정하면 페이지끼리 이동할 수 있습니다. 단, `to` 어트리뷰트를 사용하면 Vuex 스토어에 값이 저장되지 않으므로 상탯값을 관리할 필요가 없는 간단한 이동에만 활용해야 합니다.

18~23 스토어 데이터에서 값을 읽어와 연동

`sTitle` 변수는 초깃값으로 Vuex 스토어의 `fnGetData()` 함수로 접근해 값을 읽어서 저장합니다. 이 값이 바로 메인 페이지에서 작성하고 〈확인〉을 눌렀을 때 저장되었던 값입니다.

STEP 5 router.js 파일은 자동으로 생성되는데 여기서는 라우터와 연결할 뷰 파일들의 경로만 설정하면 됩니다. 파일을 열고 코드를 다음처럼 수정합니다.

실습 파일 ex07-04_start₩src₩router.js

```
import Vue from 'vue'
import Router from 'vue-router'
import main_page from '@/components/main_page'
import sub_page from '@/components/sub_page'

Vue.use(Router)

export default new Router({
  mode: 'history',
  base: process.env.BASE_URL,
  routes: [
  {
    path: '/', name: 'home', component: main_page
  },
  {
    path: '/main', name: 'main_page', component: main_page
  },
  {
    path: '/sub', name: 'sub_page', component: sub_page
  }
  ]
})
```

01~04 메인 페이지, 서브 페이지 모듈 연결

메인 페이지와 서브 페이지의 라우터를 사용하기 위해 해당 모듈을 연결합니다.

09 history 모드 사용

history 모드를 사용해 주소에서 #을 제거합니다. 모드를 추가하는 코드는 프로젝트 생성 때 옵션 선택으로 자동 생성됩니다.

11~21 라우터 페이지 이름, 컴포넌트, 링크 등록

라우팅은 메인 페이지와 서브 페이지를 등록합니다. 각각의 경로, 페이지 이름, 컴포넌트 이름을 등록합니다.

Do it! 실습 웹팩 모듈 설치하고 실행하기

STEP 1 지금까지 작성한 소스 파일을 실행해 볼 차례입니다. 실행하는 과정은 이전 실습에서 여러 번 해봤으므로 이후부터는 간단하게 설명하겠습니다. ex07-04_start 디렉터리에서 다음 명령을 입력합니다.

```
ex07-04_start> npm install
ex07-04_start> npm run serve
```

STEP 2 터미널 창에 출력된 [Local: http://localhost:8080/]을 Ctrl을 누른 채 클릭하면 첫 화면을 볼 수 있습니다. 제목을 입력한 후 아이콘을 클릭하여 메인 페이지와 서브 페이지를 이동할 때도 입력값이 유지되는지 확인합니다. 다음 왼쪽 그림은 메인 페이지에 제목을 입력한 화면이고, 오른쪽 그림은 서브 페이지에 제목을 확인하는 화면입니다.

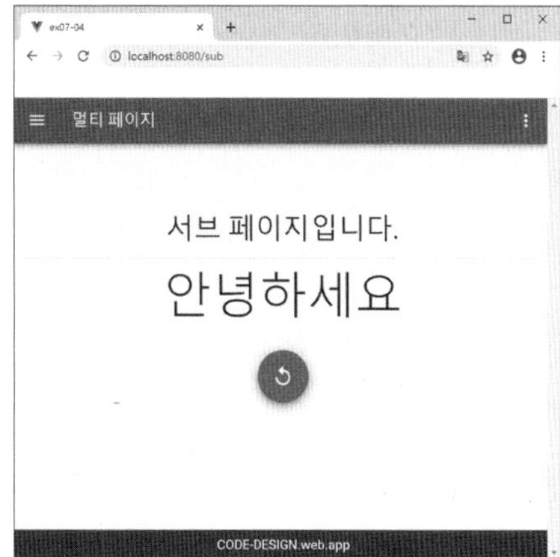

그림 7-5 실습 결과 화면

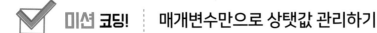

매개변수만으로 상탯값 관리하기

완성 파일 PWA-mission₩mission07

메인 페이지에서 값을 입력받아 버튼을 누르면 그 값을 서브 페이지로 보내서 출력하는 자바스크립트 프로그램을 만들어 보세요. 양식 폼의 사용법과 Vuex 없이 매개변수만으로 상탯값을 전달하고 관리하는 방법을 이용합니다. 07-4절에서 작성한 소스를 참고해서 다음 메인 페이지와 서브 페이지의 결과 화면처럼 동작하도록 작성합니다.

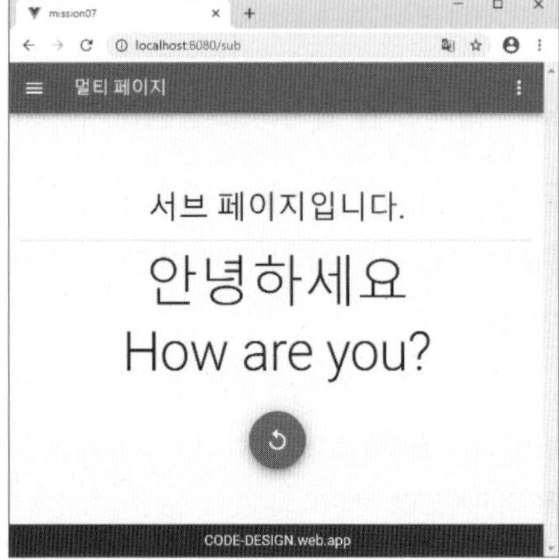

그림 7-6 미션 코딩 실행 결과 화면

HINT 1 메인 페이지에서는 `data` 속성에 매개변수를 저장할 두 변수 `sParam1`, `sParam2`를 정의합니다.

```
data: function() {
  return {
    sParam1: '',
    sParam2: ''
  }
}
```

HINT 2 메인 페이지에서 <확인>을 누르면 `$router.push()` 함수를 통해 `sub_page` 이름의 페이지로 라우팅합니다. 이때 params 속성에 p_param1, p_param2라는 매개변수를 입력값으로 해서 초깃값을 설정한 후에 전달합니다.

```
methods: {
  // 입력받은 데이터 2개를 라우터에 저장하여 서브 페이지로 이동 및 전달
  fnGoSub() {
    this.$router.push({
      name: 'sub_page',
      params: {
        p_param1: this.sParam1,
        p_param2: this.sParam2
      }
    })
  }
}
```

HINT 3 서브 페이지에서는 메인 페이지에서 `$route`의 params에 저장된 p_param1, p_param2의 값을 `sTitle1`, `sTitle2` 변수로 읽어와 각각 초깃값으로 저장합니다. 그러고 나서 서브 페이지 뷰 화면에 바인딩하여 표시하면 됩니다.

```
data() {
  return {
    sTitle1: this.$route.params.p_param1,
    sTitle2: this.$route.params.p_param2
  }
}
```

08

뷰 프레임워크로 PWA 만들기

08장에서는 지금까지 배운 뷰와 뷰티파이를 종합해서 '반가워요! PWA by VueJS'를 만들어 보겠습니다. 실습할 예제는 웰컴 페이지만 보이는 간단한 형태이지만 서비스 워커, 오프라인 캐시 등 PWA 핵심 사용법을 담았습니다. 이번 실습을 통해 준비부터 개발, 테스트, 배포까지 PWA의 전체 제작 과정을 경험할 수 있습니다.

08-1 '반가워요! PWA by VueJS' 구경하기

이번 장에서는 뷰 프레임워크로 '반가워요! PWA by VueJS'라는 PWA를 만들어 봅니다. 먼저 필자가 만들어 둔 완성된 앱을 살펴보면서 PWA답게 잘 작동하는지 테스트해 보겠습니다.

Do it! 실습 PWA 테스트 및 배포 준비하기

STEP 1 필자가 미리 만들어 둔 완성된 앱을 실행하려면 Node.js와 Vue-CLI가 설치되어 있어야 합니다. 설치 과정은 05-7절에서 이미 설명했으므로 여기서는 생략합니다.

STEP 2 서비스 워커의 작동 여부를 테스트하려면 serve라는 노드 패키지를 설치해야 합니다. 정적인 HTML을 브라우저에서 실행하면 서비스 워커를 테스트할 수가 없습니다. 그래서 간단한 미니 웹 서버가 필요한데 serve가 딱 그 용도에 적합합니다. 그리고 이번 예제는 구글 파이어베이스의 웹 호스팅으로 웹에 배포할 것이므로 firebase-tools 패키지도 설치해야 합니다.
VSCode에서 통합 터미널 창을 열고 다음 명령어를 실행해 두 패키지를 설치합니다.

다음 명령에서 -g 옵션은 노드 패키지를 시스템 전역에 설치하므로 아무 곳에서나 실행해도 됩니다.

```
> npm install -g serve
> npm install -g firebase-tools
```

Do it! 실습 노드 패키지 설치하고 개발자 모드에서 실행하기

앱을 개발자 모드로 실행하면 빠르고 간편하게 실행 결과만 확인할 수 있습니다. 다만, 개발자 모드에서는 서비스 워커가 동작하지 않습니다. 여기서는 프로그램 로직과 디자인 UI가 정상적으로 보이는지만 확인하겠습니다.

서비스 워커 동작 여부는 바로 다음 실습에서 확인합니다.

STEP 1 먼저 필자가 제공한 실습 파일 중 ex08 폴더에서 `npm install` 명령을 실행합니다. 그러면 앱을 실행하는 데 필요한 패키지를 자동으로 설치합니다.

앱을 실행하는 데 필요한 패키지는 프로젝트 폴더에 있는 package.json 파일에 명시되어 있습니다.

```
> cd ex08
ex08> npm install
```

STEP 2 이어서 개발자 모드로 PWA를 확인하기 위해 `npm run serve` 명령을 실행합니다.

```
ex08> npm run serve
```

STEP 3 결과 화면이 출력되면 Ctrl을 누른 채 로컬 주소가 표시된 링크를 클릭합니다.

그림 8-1 serve 실행 화면

STEP 4 웹 브라우저에 다음과 같은 메시지가 나타나는 것을 확인합니다.

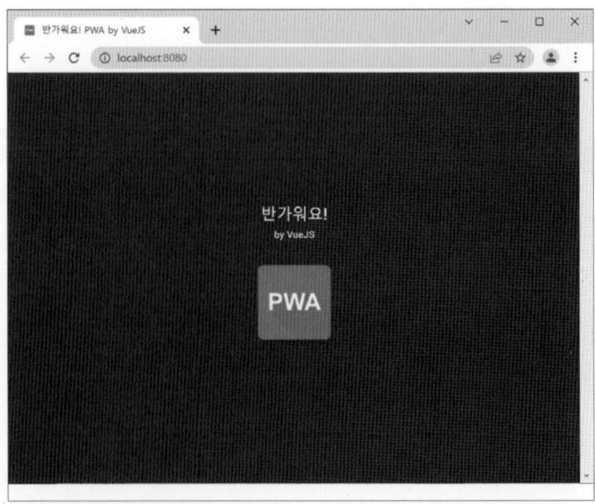

그림 8-2 첫 실행 화면

Do it! 실습 빌드하고 서비스 워커 동작 확인하기

뷰 프레임워크를 이용해 코딩이 한층 간결해졌지만 이 코드들은 자바스크립트가 아니므로 바로 브라우저에서 실행되지 않습니다. 왜냐하면 **실행하는 데 필요한 모든 파일**(html, css, js, img 등)**을 정적**(static) **파일로 만드는 빌드 과정**을 거쳐야만 브라우저가 읽을 수 있는 자바스크립트 파일로 만들어지기 때문입니다. 따라서 웹 애플리케이션을 개발한 후 사용자에게 배포하려면 빌드 과정을 거쳐야 합니다. 이제 앱을 빌드하고 서비스 워커가 제대로 동작하는지 확인해 보겠습니다.

STEP 1 다음과 같이 빌드 명령을 실행합니다. 이 과정은 마치 C++나 자바와 같은 고급 프로그래밍 언어에서 사용하는 컴파일러처럼 기계가 이해할 수 있는 파일로 변환해 주는 것과 비슷한 개념입니다. 빌드를 실행하면 Vue CLI가 웹팩을 통해 프로젝트의 모든 소스 파일을 묶어서 dist 폴더에 넣어줍니다.

```
ex08> npm run build
```

STEP 2 앱을 빌드하면 다음 그림처럼 프로젝트 폴더 안에 dist라는 폴더가 생깁니다.

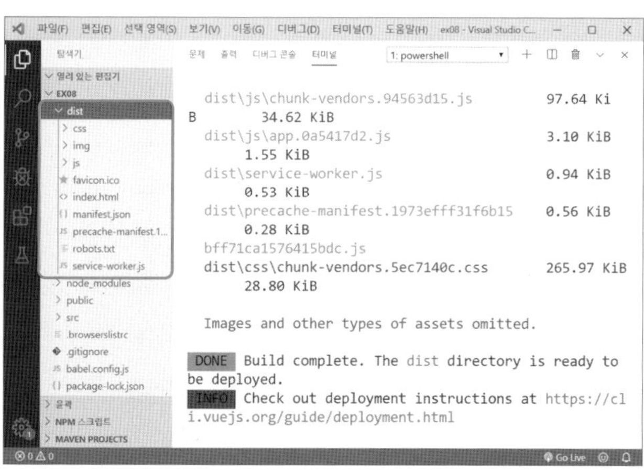

그림 8-3 빌드 후 생성된 dist 폴더

STEP 3 이어서 빌드를 완료한 앱을 실행해 보겠습니다. 다음 명령은 dist 폴더의 index.html 파일을 실행합니다.

```
ex08> serve dist
```

STEP 4 serve 패키지가 동작해서 보여주는 결과 화면이 나오면 Ctrl을 누른 채 로컬 주소가 표시된 링크를 클릭합니다. 앞서 개발자 모드에서 확인한 것과 마찬가지로 웹 브라우저에 PWA가 나타나는 것을 확인할 수 있습니다.

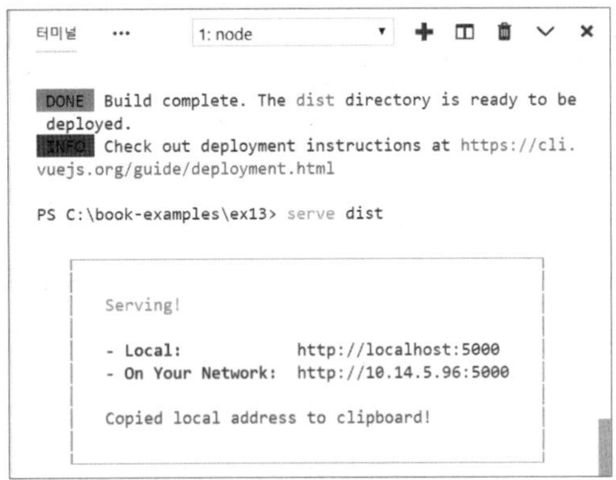

그림 8-4 빌드 후 serve dist 명령으로 실행한 결과 화면

STEP 5 이제 서비스 워커의 동작을 확인해 보겠습니다. 웹 브라우저에서 F12를 눌러 개발자 도구를 엽니다. 상단의 [toggle device toolbar] 아이콘을 클릭하고 원하는 기기를 선택하는데, 여기서는 [Nexus 5X]를 골랐습니다.

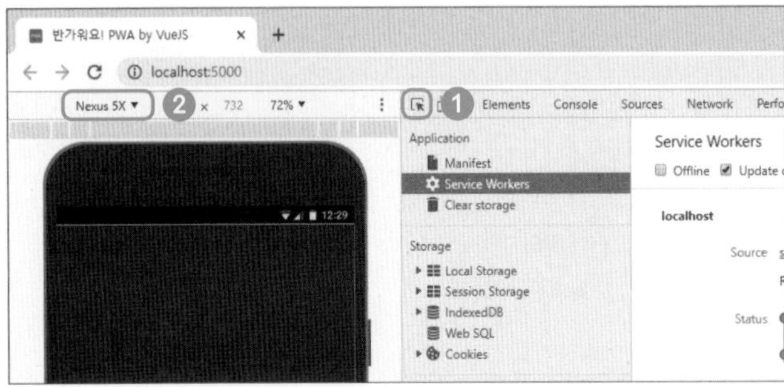

그림 8-5 웹 브라우저의 개발자 도구 실행

STEP 6 [Application] 탭에서 왼쪽 메뉴 중 [Service Workers]를 클릭합니다. 화면에 보이는 여러 항목 중 Status를 확인해 보면 **activiated and is running**이라는 문구와 함께 초록색 동그라미를 볼 수 있습니다. 이것은 서비스 워커가 잘 동작하고 있다는 뜻입니다.

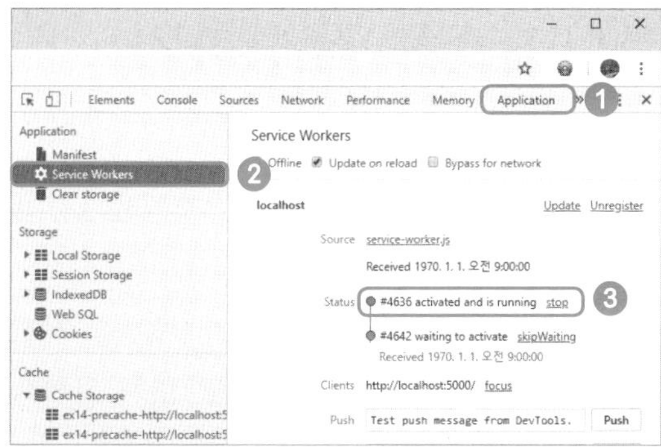

그림 8-6 서비스 워커 상태 확인

STEP 7 만약 다른 서비스 워커를 실행하고 있었다면 개발자 도구에 이전 내용이 나타나서 제대로 확인할 수 없습니다. 이때는 반드시 [Clear storage] 메뉴에서 〈Clear site data〉를 클릭해서 기존 서비스 워커와 캐시를 삭제해야 합니다. 이어서 브라우저를 새로 고침하면 정상으로 동작하는 서비스 워커를 확인할 수 있습니다. 테스트를 모두 마쳤다면 VSCode의 터미널 창에서 Ctrl+C를 눌러 테스트 서버를 종료하고 웹 브라우저도 닫습니다.

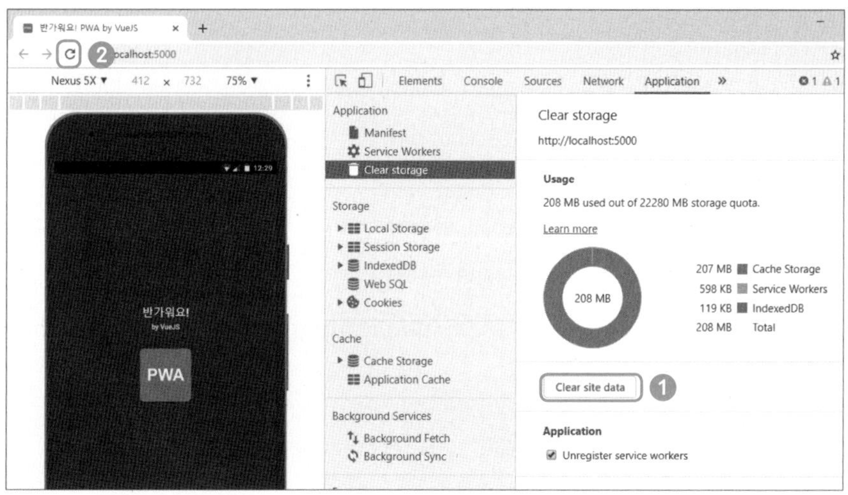

그림 8-7 기존 서비스 워커와 캐시 삭제하기

08-2 프로젝트 만들고 매니페스트 작성하기

필자가 미리 만들어 둔 PWA를 실행해 보았으니 지금부터는 처음부터 끝까지 PWA를 직접 만들어 보겠습니다. 이후 실습도 지금처럼 필자가 미리 만들어 둔 완성된 앱을 먼저 실행해 보고 이어서 직접 만들어 보는 방식으로 진행합니다.

Do it! 실습 프로젝트 만들고 실습 환경 준비하기

STEP 1 앱을 만들려면 Node.js와 Vue-CLI가 반드시 설치되어 있어야 합니다. 설치 과정은 05-7절에서 이미 설명했으므로 여기서는 생략합니다.

STEP 2 VSCode에서 통합 터미널 창을 열고 필자가 제공한 실습 파일 중 ex08_start 폴더로 이동한 후 실습을 진행합니다.

```
> cd ex08_start
```

STEP 3 이어서 기기와 상황별로 필요한 이미지 파일을 준비해 보겠습니다. VSCode에서 [파일 → 폴더 열기]로 프로젝트 폴더(ex08_start)를 엽니다. 탐색 창에서 public/img/icons 폴더를 선택한 후 필자가 제공한 실습 파일 중 ex08/public/img/icons 폴더에 있는 이미지 파일을 이곳에 복사해 넣습니다.

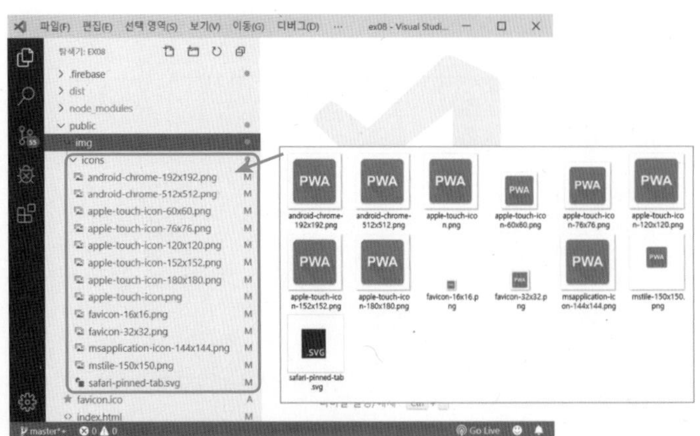

그림 8-8 실습용 이미지 파일

STEP 4 실습 파일 중 ex08/src/assets 폴더에 있는 hello-pwa.png 파일은 '반가워요! PWA by VueJS' 앱의 화면 정중앙에 나타나는 이미지입니다. 오프라인 상태에서 브라우저를 새로 고침했을 때 이 이미지가 표시되는지 확인하는 용도로 사용할 예정입니다. 이 이미지 파일을 현재 프로젝트의 src/assets 폴더에 추가합니다.

hello-pwa.png

그림 8-9 화면 UI 아이콘 이미지

하나만 더 배워요! 뷰 프로젝트 직접 만들기

필자가 제공한 실습 파일을 이용하지 않고 뷰 프로젝트를 직접 만들 때는 07-3절을 참고하세요. 다만, 뷰 프로젝트의 작업 환경을 설정하는 질문이 나오면 다음과 같이 선택합니다.

표 8-1 프로젝트 옵션 설정

옵션	설정
Please pick a preset:	[Manually select featres] 선택
Check the features needed for your project:	[Babel], [PWA] 선택
Where do you prefer placing config for...	기본값 그대로 [config] 파일 선택
Save this as a preset for future projects? (Y/N)	기본값 N 선택

두 번째 질문에서는 [Babel]을 선택해 ES6+로 작성한 자바스크립트가 모든 브라우저에서 실행될 수 있게 하고, [PWA]도 함께 선택해 그 자리에서 바로 PWA를 제작할 수 있게 합니다. 이후 뷰티파이 설치도 07-3절의 내용을 따릅니다.

Do it! 실습 매니페스트 작성하기

STEP 1 PWA의 매니페스트 파일은 뷰 프로젝트 생성 시 자동으로 생성되므로 파일을 열어 필요한 부분만 수정하는 식으로 작업합니다. manifest.json 파일을 열어 다음처럼 프로젝트 성격에 맞게 필요한 부분만 변경해 봅니다.

실습 파일 ex08_start₩public₩manifest.json

```
{
  "name": "ex08_start",
  "short_name": "ex08_start",
  "icons": [
  {
```

```
06:       "src": "./img/icons/android-chrome-192x192.png",
07:       "sizes": "192x192",
08:       "type": "image/png"
09:     },
10:     {
11:       "src": "./img/icons/android-chrome-512x512.png",
12:       "sizes": "512x512",
13:       "type": "image/png"
14:     }
15:   ],
16:   "start_url": "./index.html",
17:   "display": "standalone",
18:   "orientation": "portrait",
19:   "background_color": "#ffffff",
20:   "theme_color": "#ffffff"
21: }
```

02~03 **제목과 설명 설정**

name, short_name 부분에 PWA의 특징을 나타내는 제목과 설명을 입력합니다.

17~18 **화면 방향 설정**

display는 standalone을 선택해 기기에서 사용할 수 있는 최대 화면으로 설정했습니다. 그리고 orientation은 세로로 볼 수 있는 portrait로 실행합니다.

19~20 **배경색과 테마색 설정**

theme_color는 상태 표시줄의 색상을 결정합니다. background_color는 스플래시 스크린의 배경 색상을 결정합니다. 모두 흰색(#ffffff)을 입력해서 디자인에 통일감을 주었습니다. 이처럼 목적에 맞게 입력하면 됩니다.

08-3 워크박스로 오프라인 관리하기

웹앱 매니페스트까지 준비를 마쳤습니다. 다음으로 준비할 내용은 서비스 워커를 이용한 오프라인 캐시 관리입니다. 뷰 프로젝트를 생성할 때 PWA를 선택했으므로 이미 워크박스가 기본으로 탑재되어 있습니다. 메인 화면으로 넘어가기 전에 먼저 워크박스가 무엇인지 살펴보고 사용법을 하나씩 익혀 보겠습니다.

워크박스란?

구글에서 제공하는 워크박스(workbox)는 **웹앱의 오프라인 기능을 지원하는 자바스크립트 라이브러리**입니다. 워크박스는 PWA의 장점인 오프라인 퍼스트의 경험을 쉽게 구현하도록 오픈소스 모듈로 지원합니다. Vue-CLI 3부터는 PWA 지원이 강화되어 워크박스라는 체계적인 오프라인 기능을 지원하고 있습니다.

03장에서 순수한 자바스크립트로 '안녕하세요! PWA by JS'를 만들 때 경험했듯이 서비스 워커의 오프라인 관리는 신경 쓸 것이 많아 조금 까다롭습니다. 그러나 워크박스를 사용하면 반복되는 것은 자동화하고 상황에 따라 캐시를 손쉽게 사용할 수 있도록 다양한 기능을 제공하므로 무척 편리합니다. 구글을 중심으로 스타벅스, 핀터레스트, 와이어드, 포브스 등의 큰 회사들도 워크박스를 이용하고 있습니다.

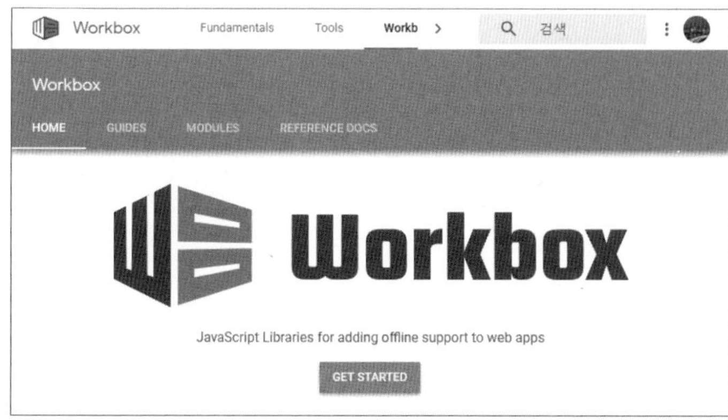

그림 8-10 구글 개발자 사이트의 워크박스(developers.google.com/web/tools/workbox/)

워크박스의 3가지 캐시 전략 이해하기

캐시가 필요한 경우는 일반적으로 다음 4가지입니다. 오프라인 캐시에서 꼭 알아야 할 개념입니다.

❶ **HTML, JS, CSS 파일:** *.html, *.js, *.css
❷ **글꼴, 아이콘 파일:** 구글 폰트, 구글 머티리얼 디자인 아이콘
❸ **이미지 파일:** *.png, *.jpg, *.svg 등
❹ **HTTP 요청:** URL

워크박스는 다음과 같이 캐시를 상황별로 다르게 관리합니다. 캐시할 파일에 따라 방법을 다르게 적용해 낭비되는 일이 없도록 캐시를 효율적으로 운영합니다.

워크박스의 캐시 전략은 10-3절에서 더 자세하게 다룹니다.

표 8-2 캐시 전략 3가지

캐시 전략	방법	용도	대상
Cache First	캐시 먼저 사용 → 캐시에 없으면 그때 온라인 사용	캐시가 유용한 폰트, 이미지처럼 바뀔 가능성이 작을 때	폰트, 이미지
Stale while revalidate	캐시 먼저 사용 → 캐시 내용이 변경되면 온라인에 접속해 변경된 것으로 교체	캐시가 유용하지만 사용자가 가끔씩 변경할 때	아바타 이미지, CSS, JS
Network First	온라인에 먼저 접속해 사용 → 오프라인일 때 캐시 사용	인터넷 기사처럼 항상 최신 내용이 중요할 때	HTTP 요청 URL

Do it! 실습 워크박스로 캐시 확인하기

Vue-CLI를 사용한 PWA 템플릿은 내부적으로 워크박스를 사용하므로, 자동으로 생성된 서비스 워커를 통해서 *.js, *.css, *.png 파일의 기본 캐시를 제공합니다. 따라서 08-1절에서 실행한 예제에서도 워크박스에서 미리 캐시한 내용을 확인할 수 있습니다.

STEP 1 웹 브라우저의 개발자 도구에서 [Console] 탭에 들어가면 워크박스가 캐시한 내용을 표시해 주므로 어떤 내용이 캐시되었는지 확인할 수 있습니다.

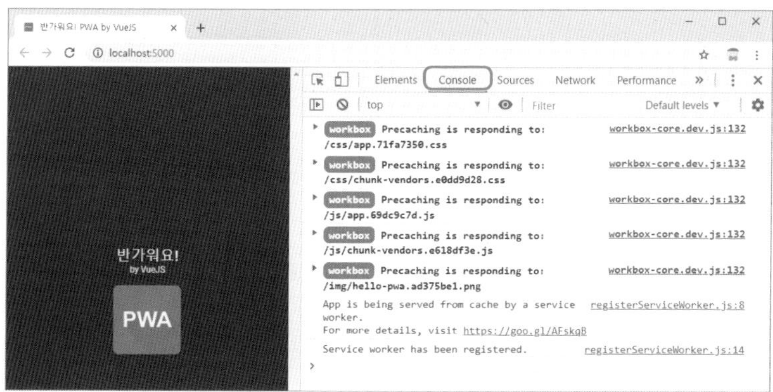

그림 8-11 콘솔에 표시된 워크박스 실행 내용

STEP 2 캐시된 파일 이름별로 더 자세한 내용을 보고 싶으면 [Application] 탭을 클릭해 캐시 저장소(Cache Storage)를 확인합니다.

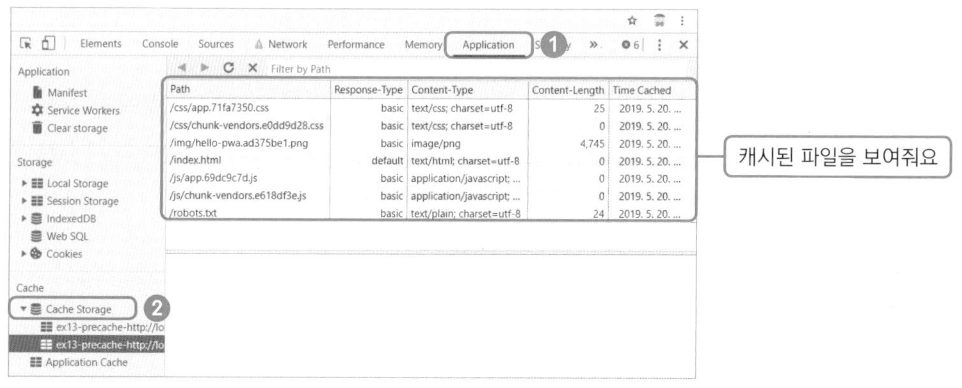
캐시된 파일을 보여줘요

그림 8-12 캐시된 파일 상세히 확인하기

STEP 3 웹 브라우저의 개발자 도구에서 [Network] 탭에 들어가면 외부 네트워크 접속을 통해 캐시된 파일도 확인할 수 있습니다. [Network] 탭에서 'Offline' 모드로 바꾸고 새로 고침을 했을 때 빨간색 파일은 캐시되지 않은 파일을 나타냅니다.

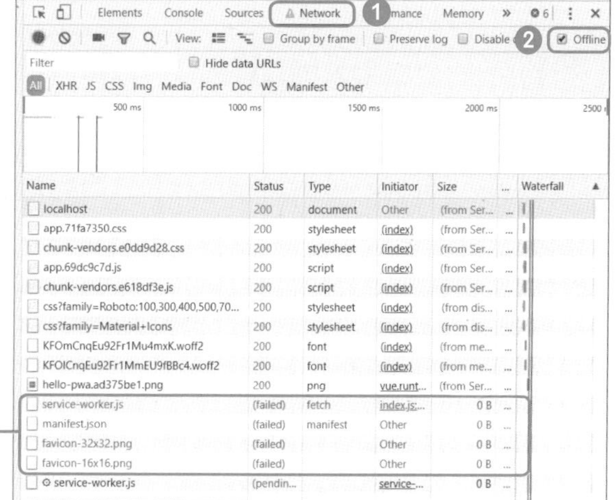
이 파일은 캐시되지 않았어요

그림 8-13 오프라인 모드에서 캐시 확인하기

PWA와 워크박스

지금까지 실습한 내용을 종합해 볼까요? Vue-CLI의 PWA 템플릿은 워크박스를 기본으로 사용하며 다음과 같은 캐시를 자동으로 제공합니다.

표 8-3 워크박스가 캐시하는 파일 종류 및 경로

파일 종류	내용	경로
index.html, robots.txt	첫 시작 HTML, 웹 크롤러 설정	/dist
*.css, *.js	CSS, JS 파일 캐시	/dist/css, /dist/js
*.png	이미지 파일 캐시	/dist/img
index.html에서 사용한 외부 연결	구글 폰트, 머티리얼 디자인 아이콘	https://fonts.gstatic.com/s/roboto/v19/KFOmCnqEu92Fr1Mu4mxK.woff https://fonts.gstatic.com/s/roboto/v19/KFOlCnqEu92Fr1MmEU9fBBc4.woff2

이제 기본으로 캐시되는 파일은 어떤 것인지 이해했죠? 그런데 만약 워크박스를 직접 사용하여 원하는 파일만 캐시하고 싶다면 어떻게 해야 할까요? 이 부분은 이후 본격적으로 실습하면서 알아 보겠습니다.

08-4 앱 실행 화면 만들기

Vue-CLI로 뷰 프로젝트를 생성할 때 자동으로 생성되는 index.html, App.vue 파일을 수정해 앱을 완성해 보겠습니다. 간단한 예제이지만 이미지 사용, 화면 배치 등 꼭 알아야 할 내용을 담았습니다.

Do it! 실습 실행 화면 만들기

STEP 1 뷰 프로젝트 생성 시 자동으로 생성된 index.html 파일 내용을 다음과 같이 수정합니다.

실습 파일 ex08_start₩public₩index.html

```
<!DOCTYPE html>
<html lang="ko">
  <head>
  <meta charset="utf-8" />
  <meta http-equiv="X-UA-Compatible" content="IE=edge" />
  <meta name="viewport" content="width=device-width,initial-scale=1.0" />
  <!-- 상태 표시줄 테마 색상을 흰색으로 변경 -->
  <meta name="theme-color" content="#ffffff" />
  <link rel="icon" href="<%= BASE_URL %>favicon.ico" />
  <title>반가워요! PWA by VueJS</title>
  <!-- 머티리얼 디자인 아이콘 추가 -->
  <link
    rel="stylesheet"
    href="https://fonts.googleapis.com/css?family=Roboto:100,300,400,500,700,900|Material+Icons"
  />
  <link
    rel="stylesheet"
    href="https://cdn.jsdelivr.net/npm/@mdi/font@latest/css/materialdesignicons.min.css"
  />
```

```
20:   </head>
21:   <body>
22:     <noscript>
23:       <strong>
24:       We're sorry but ex08 doesn't work properly without JavaScript enabled.
25:       Please enable it to continue.</strong>
26:     </noscript>
27:     <div id="app"></div>
28:   </body>
29: </html>
```

02 **언어 설정**

HTML 언어를 한글로 설정합니다. 언어를 미리 설정해 놓지 않으면 실행할 때마다 '다른 언어로 번역하시겠습니까?'라는 질문을 받습니다.

10 **캡션 제목**

브라우저 캡션 영역에 나타나는 제목을 원하는 내용으로 변경합니다.

07~08 **상태 표시줄 테마**

화면 상단의 상태 표시줄 테마는 흰색으로 변경합니다. 매니페스트의 `theme_color`가 적용되지 않는 기기는 여기서 희망 색상을 지정합니다.

11~15 **머티리얼 디자인 아이콘 추가**

구글에서 제공하는 머티리얼 디자인 아이콘의 링크를 기본으로 넣어 두면 작업할 때 바로 사용할 수 있으므로 매우 편리합니다.

STEP 2 이어서 자동으로 생성된 App.vue의 메인 컴포넌트를 다음 내용으로 수정합니다.

실습 파일 ex08_start₩src₩App.vue

```
<template>
  <v-app>
    <v-main>
      <!-- fill-height는 브라우저 높이를 100%, 수직으로 가운데 정렬시킴 -->
      <v-container fluid fill-height>
        <v-row>
```

```
07:             <!-- text-center는 수평 가운데 정렬 -->
08:             <v-col cols="12" class="text-center">
09:               <!-- 타이포 스타일은 title, 글자색은 흰색으로 설정  -->
10:               <h1 class="title white--text">반가워요!</h1>
11:               <p class="caption">by VueJS</p>
12:               <img src="./assets/hello-pwa.png" alt="" />
13:             </v-col>
14:           </v-row>
15:         </v-container>
16:       </v-main>
17:   </v-app>
18: </template>
19: <script>
20: export default {
21:   name: "App",
22:   created() {
23:     // 배경색을 다크모드로 함
24:     this.$vuetify.theme.dark = true;
25:   }
26: };
27: </script>
```

05 화면 컨테이너 내용을 상하좌우로 가운데 정렬

뷰티파이에서 수직으로 가운데 정렬을 하려면 fill-height 어트리뷰트를 v-container 엘리먼트에 추가해서 높이를 모두 사용하겠다고 알려 주어야 합니다. fill-height는 브라우저 높이를 100% 수직으로 가운데 정렬해 줍니다. 그리고 fluid 어트리뷰트는 좌우 여백을 제거해 줍니다.

08 text-center는 수평 가운데 정렬 사용

v-container 안은 상하좌우 정렬이 동작하는 범위입니다. text-center 클래스 선택자를 사용하면 수평으로 가운데 정렬이 v-col 엘리먼트에서 동작합니다.

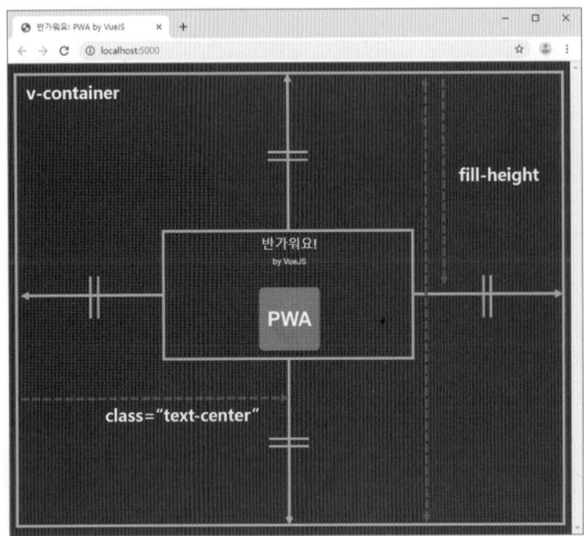

그림 8-14 v-container의 정렬

10 타이포그래피 스타일

h1 엘리먼트 글자의 타이포그래피 스타일은 `title`을 사용해서 제목에 적합한 것으로 하고 `white--text`를 사용해서 흰색으로 설정합니다.

24 다크 모드 설정

배경색을 어두운 색으로 만들기 위해 뷰티파이의 다크 모드를 사용합니다. 뷰가 초기화될 때 `this.$vuetify.theme.dark = true`로 설정하여 뷰티파이의 다크 모드 테마를 실행합니다.

08-5 HTTPS로 파이어베이스 호스팅에 PWA 배포하기

PWA를 HTTPS로 배포하여 원격에 있는 사용자가 실전에서 사용할 수 있도록 서비스해 보겠습니다. 이번 실습에서는 트래픽 걱정 없이 용량을 무료로 넉넉히 지원하는 구글의 파이어베이스를 사용하여 PWA를 배포합니다.

파이어베이스란?

파이어베이스(Firebase)는 실전에 사용할 수 있는 고품질 모바일 앱과 웹앱을 쉽고 빠르게 개발할 수 있도록 서버단에 필요한 다양한 기능을 클라우드 서비스로 지원하는 통합 플랫폼입니다. 파이어베이스는 실시간 데이터베이스, 오픈 인증, 스토리지, 호스팅, 푸시 알림 서비스, 광고, 분석 등을 제공합니다. 즉, 앱 개발에서 개발자에게 가장 부담스러운 백엔드 처리를 손쉽게 도와주는 서비스입니다.

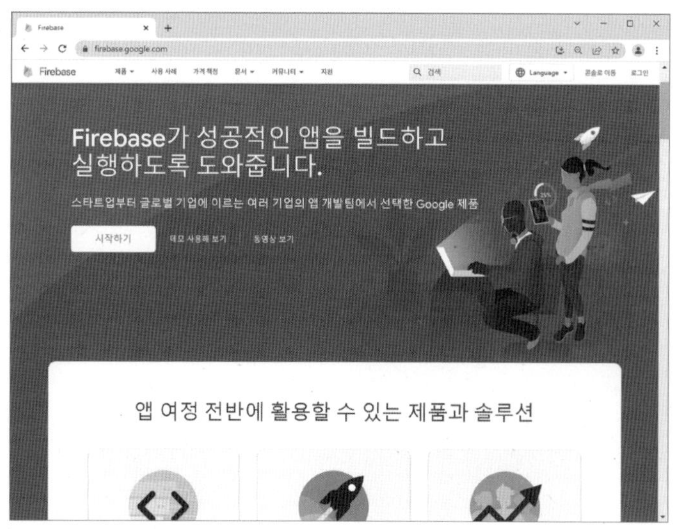

그림 8-15 구글 파이어베이스(firebase.google.com)

파이어베이스 가격 정책

파이어베이스의 가격 정책은 무료 요금제부터 사용한 후 데이터가 일정 기준 이상으로 늘면 그때부터 종량제로 바꿔 사용하면 됩니다. 따라서 스타트업 기업처럼 비용을 아끼면서 초기에 테스트 서버 플랫폼이 필요할 때 유용합니다. 앞으로 여러 장에 걸쳐서 파이어베이스를 다양하게 활용해 보겠습니다.

제품	무료 Spark 요금제 Generous limits to get started	종량제 Blaze 요금제 규모별 앱 가격 계산 체크표시 Spark 요금제의 무료 사용 혜택 포함*
호스팅		
저장된 크기(GB)	10 GB	GB당 $0.026
전송된 GB	매월 10GB	GB당 $0.15
맞춤 도메인 및 SSL	✓	✓
프로젝트당 여러 개의 사이트	✓	✓

그림 8-16 파이어베이스 가격 정책과 무료 호스팅(firebase.google.com/pricing)

파이어베이스는 호스팅 용량을 최대 10GB까지 기한 제약 없이 무료로 이용할 수 있다는 점이 매력적입니다. 특히 HTTP2 프로토콜을 제공하므로 PWA를 개발할 때 테스트 용도로도 훌륭합니다. 호스팅 용량은 10GB, 트래픽은 한 달에 10GB까지 무료이므로 용량과 트래픽 걱정 없이 넉넉하게 사용할 수 있습니다.

Do it! 실습 파이어베이스 프로젝트 만들기

STEP 1 먼저 firebase.google.com에 접속한 후 오른쪽 위에 **〈로그인〉**을 클릭해 구글 계정에 로그인합니다. 그리고 다시 오른쪽 위에 있는 **〈콘솔로 이동〉**을 클릭합니다. 다음 화면에서 **〈프로젝트 만들기〉**를 클릭하면 신규 프로젝트를 생성할 수 있습니다.

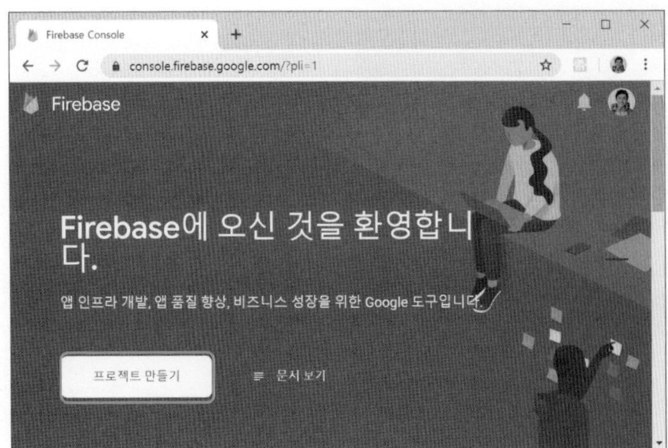

그림 8-17 파이어베이스에서 프로젝트 추가하기

STEP 2 프로젝트 만들기 창이 나타납니다. '프로젝트 이름'에 사용할 제목을 넣습니다. 여기서는 `my-project`라는 이름을 넣었습니다. 약관 동의에 체크하고 〈**계속**〉을 클릭합니다.

'프로젝트 ID' 아래에 있는 연필 아이콘을 클릭하면 이름을 좀 더 직관적으로 변경할 수 있어요.

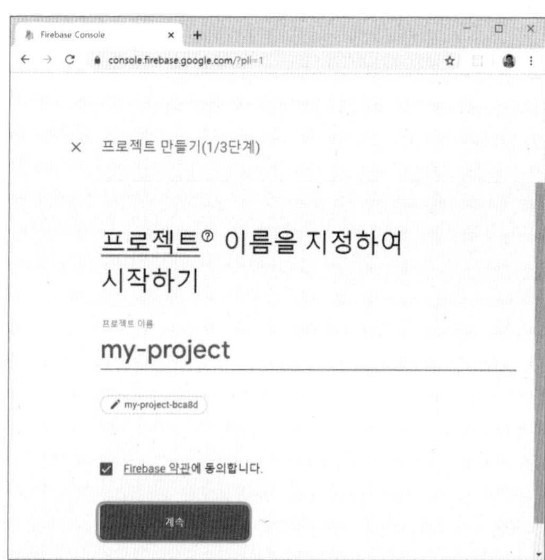

그림 8-18 프로젝트 만들기 1단계

STEP 3 프로젝트 만들기 2단계에서는 구글 애널리틱스를 사용할 것인지 설정하는데 여기서는 실습용이므로 사용하지 않겠습니다. 이어서 〈**프로젝트 만들기**〉를 클릭하면 신규 프로젝트가 생성됩니다.

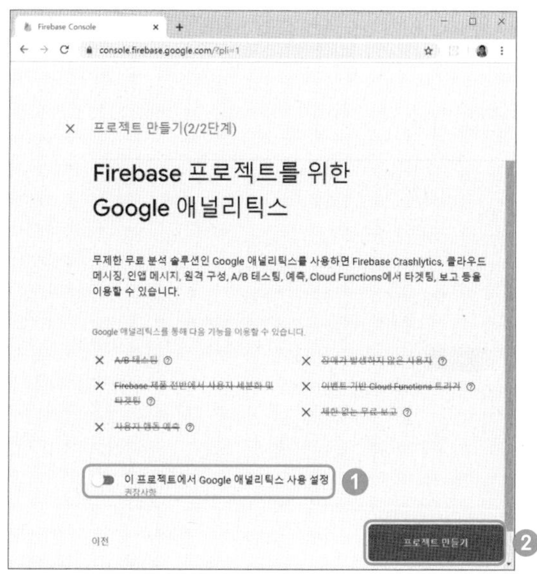

그림 8-19 프로젝트 만들기 2단계

STEP 4 다음으로 파이어베이스에 로그인해 보겠습니다. VSCode의 통합 터미널 창에서 `firebase login` 명령을 입력합니다. 파이어베이스 CLI가 오픈 인증을 사용해도 되냐고 물어보면 Y를 입력하고 Enter를 누릅니다.

```
ex08_start> firebase login
? Allow Firebase to collect anonymous CLI usage and error reporting information? (Y/n) Y
```

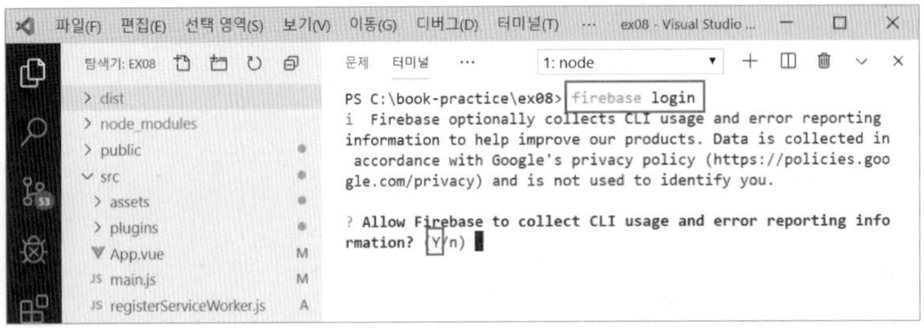

그림 8-20 파이어베이스에 로그인하기

STEP 5 웹 브라우저가 뜨면서 구글 계정을 선택하는 화면이 나타납니다. 여기서 원하는 계정을 선택하고 파이어베이스 CLI 앱을 신뢰할 수 있는지 물어보면 <**허용**>을 클릭합니다.

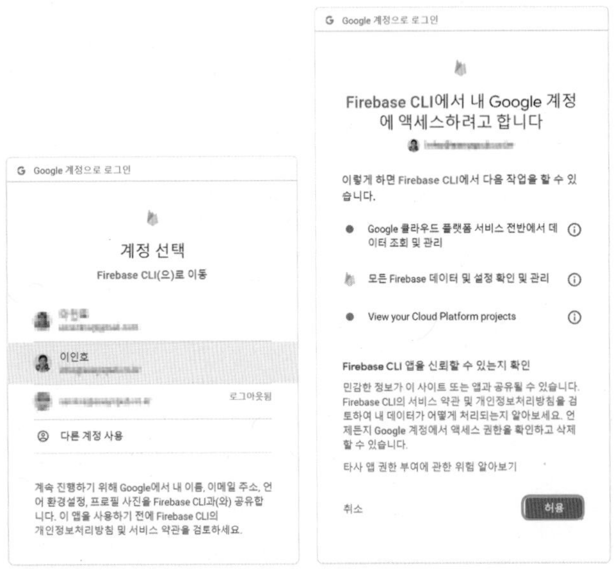

그림 8-21 계정 선택한 후 액세스 허용 여부 선택하기

STEP 6 모든 과정을 성공리에 마쳤다면 웹 브라우저에 다음과 같은 화면이 나타납니다.

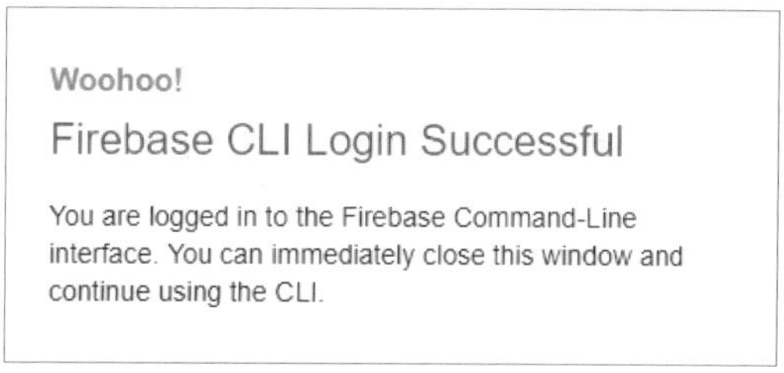

Woohoo!

Firebase CLI Login Successful

You are logged in to the Firebase Command-Line interface. You can immediately close this window and continue using the CLI.

그림 8-22 파이어베이스 CLI 로그인 성공 화면

VSCode로 돌아오면 다음처럼 로그인에 성공했다는 메시지를 확인할 수 있습니다.

```
+  Success! Logged in as 자신의 구글 계정
```

하나만 더 배워요! 파이어베이스 프로젝트는 몇 개까지 만들 수 있을까?

하나의 구글 계정으로 무료 프로젝트는 10개까지 만들 수 있습니다. 주의할 점은 기존 프로젝트를 제거해도 새로 생성이 되지 않는다는 점입니다. 따라서 10개를 다 채웠다면 계정을 추가로 만들거나 기존 프로젝트를 재활용해야 합니다.

생성된 프로젝트를 삭제하려면 콘솔 창의 왼쪽 위에 설정(Setting) 아이콘을 선택하여 설정 화면으로 들어간 후 [일반] 메뉴 아래에 있는 <프로젝트 삭제>를 클릭합니다.

Do it! 실습 파이어베이스 초기화하기

STEP 1 다음으로 firebase init 명령을 입력해 파이어베이스를 초기화합니다. 초기화를 진행할 준비가 되었느냐는 질문에 Y를 입력하고 Enter를 누릅니다.

```
ex08_start> firebase init
     ######## #### ########  ######## ########     ###      ######  ########
     ##        ##  ##     ## ##       ##     ##  ##   ##  ##       ##
     ######    ##  ########  ######   ########  #########  ######  ######
     ##        ##  ##    ##  ##       ##     ## ##     ##       ## ##
     ##       #### ##     ## ######## ########  ##     ##  ######  ########

You're about to initialize a Firebase project in this directory:

  C:\work\pwa\ex08_start

? Are you ready to proceed? (Y/n) Y
```

STEP 2 이어서 이 폴더에 설정할 파이어베이스 CLI 기능이 무엇인지 선택합니다. 키보드의 방향키를 이용해 Hosting:... 항목으로 이동한 후 Spacebar를 눌러 선택합니다. 그리고 Enter를 눌러 다음 단계로 넘어갑니다.

```
? Which Firebase CLI features do you want to set up for this folder? Press Space to
select features, then Enter to confirm your choices.
 ( ) Database: Deploy Firebase Realtime Database Rules
 ( ) Firestore: Deploy rules and create indexes for Firestore
 ( ) Functions: Configure and deploy Cloud Functions
>(*) Hosting: Configure and deploy Firebase Hosting sites
 ( ) Storage: Deploy Cloud Storage security rules
 ( ) Emulators: Set up local emulators for Firebase features
```

STEP 3 이어지는 질문에서 기존 프로젝트를 사용하기 위해 첫 번째 Use an existing project를 선택하고 Enter를 누릅니다.

```
? Please select an option:
> Use an existing project
  Create a new project
  Add Firebase to an existing Google Cloud Platform project
  Don't set up a default project
```

STEP 4 이전 실습에서 생성한 프로젝트 이름이 나타나면 이것을 선택하고 Enter를 누릅니다.

```
? Select a default Firebase project for this directory: (Use arrow keys)
> my-project-bca8d (my-project)
```

STEP 5 다음으로 공용 디렉터리를 설정하는 물음에 dist를 입력하고 Enter를 누릅니다.

```
? What do you want to use as your public directory? dist
```

STEP 6 다음으로 SPA로 구성하겠느냐는 물음에 N을 입력하고 Enter를 누릅니다.

```
? Configure as a single-page app (rewrite all urls to /index.html)? (y/N) N
```

STEP 7 여기까지 설정을 마치면 파이어베이스를 성공적으로 초기화했다는 메시지를 보여줍니다.

```
+  Wrote dist/404.html
+  Wrote dist/index.html

i  Writing configuration info to firebase.json...
i  Writing project information to .firebaserc...

+  Firebase initialization complete!
```

지금까지 설정한 내용을 각 물음에 대한 대답으로 요약하면 다음과 같습니다.

표 8-4 파이어베이스 초기화 옵션 설정

옵션	설정
Are you ready to proceed?	Y 입력
Which Firebase CLI features do you want to setup for ...	[Hosting] 선택
Please select an option	[Use an existing project] 선택
Select a default Firebase project for this directory:	생성한 [프로젝트 이름] 선택
What do you want to use as your public directory?	[dist] 입력
Configure as a single-page app (rewrite all urls to /index.html)?	N 입력

Do it! 실습 빌드하고 HTTPS로 최종 실행하기

STEP 1 앱을 빌드하고 파이어베이스 서버에 업로드하기 전에 반드시 다음 작업도 모두 준비를 마쳐야 합니다. 만약 노드 패키지를 설치하지 않았으면 npm install을 입력합니다. 혹시 소스를 변경했으면 npm run serve를 입력합니다.

```
ex08_start> npm install      ── 필요한 노드 패키지 자동 설치
ex08_start> npm run serve    ── 개발자 모드에서 웹 브라우저로 확인
```

STEP 2 npm run build, serve dist 명령을 입력해 최종 배포용으로 빌드하고 결과를 확인합니다.

```
ex08_start> npm run build   ― 최종 빌드
ex08_start> serve dist      ― 최종 결과를 웹 브라우저로 확인
```

STEP 3 이제 마지막 단계로 firebase deploy를 입력하면 앞에서 지정한 모든 내용이 호스팅 서버에 자동으로 업로드됩니다. 만약 코드를 수정해야 한다면 앞의 절차를 모두 다시 할 필요는 없습니다. npm run build로 dist 폴더를 새로 작성하고 firebase deploy로 파이어베이스에 배포하는 두 단계만 작업하면 됩니다.

```
ex08_start> firebase deploy ― 호스팅 서버에 업로드
```

STEP 4 결과 화면은 다음과 같습니다. Ctrl을 누른 채 Hosting URL**에 표시된 주소**를 클릭합니다.

1: powershell
PS C:\work\pwa\ex08> firebase deploy
=== Deploying to 'my-project-bca8d'...
i deploying hosting
i hosting[my-project-bca8d]: beginning deploy...
i hosting[my-project-bca8d]: found 25 files in dist
+ hosting[my-project-bca8d]: file upload complete
i hosting[my-project-bca8d]: finalizing version...
+ hosting[my-project-bca8d]: version finalized
i hosting[my-project-bca8d]: releasing new version...
+ hosting[my-project-bca8d]: release complete
+ Deploy complete!
Project Console: https://console.firebase.google.com/project/my-project-bca8d/overview
Hosting URL: https://my-project-bca8d.web.app
PS C:\work\pwa\ex08>

그림 8-23 호스팅 서버에 업로드를 완료한 화면

STEP 5 최종 결과를 확인합니다. 만약 이전 예제의 결과 화면이 나타난다면 개발자 도구에서 이전 서비스 워커를 삭제하고 브라우저에서 새로 고침을 합니다.

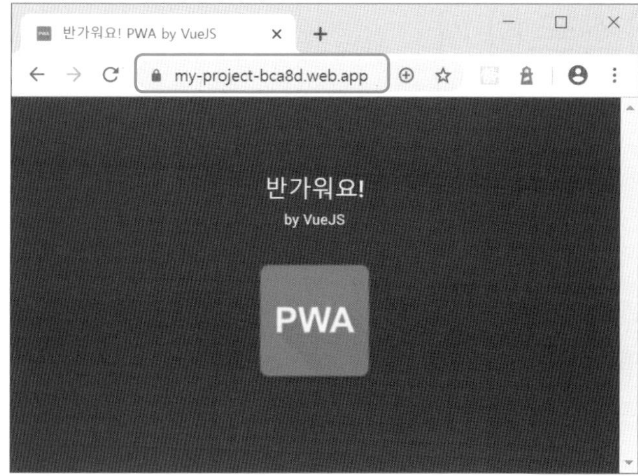

그림 8-24 웹에 접속해서 확인한 최종 결과 화면

STEP 6 만약 수정 사항이 있어서 다시 업로드해야 한다면 `firebase deploy` 명령만 다시 실행하면 됩니다. 매우 간단하죠? 그리고 개인 도메인이 있다면 파이어베이스의 [Hosting] 메뉴에서 〈커스텀 도메인 추가〉를 눌러 다른 URL로도 연결할 수 있습니다.

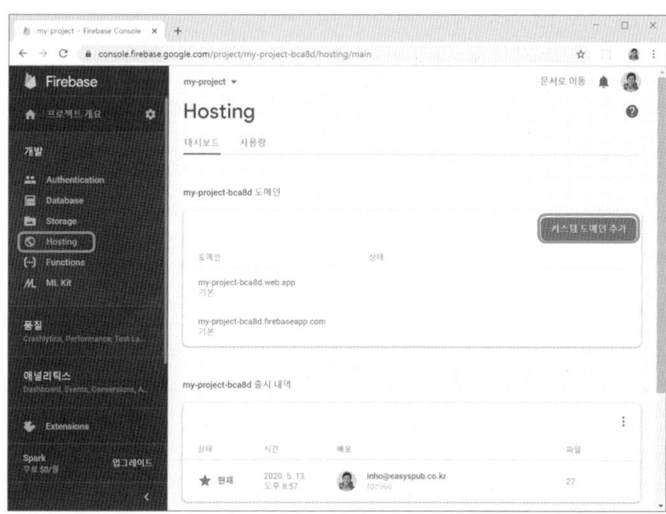

그림 8-25 파이어베이스에 업로드된 결과 화면

지금까지 구글 파이어베이스를 활용해서 백엔드에 웹앱을 배포하고 실제 서비스하는 방법을 살펴보았습니다. 전통 방식인 호스팅 서비스의 FTP를 사용하지 않고 노드(Node.js)와 파이어베이스 CLI를 사용하므로 초보자는 익숙하지 않을 수 있습니다. 하지만 한번 적응하면 유지보수하기가 매우 편리하다는 것을 경험할 수 있습니다.

08-6 PWA 성능 테스트하기

이제 도메인 주소가 있는 PWA까지 완성했습니다. 앞의 실습에 이어서 PWA의 성능을 테스트하는 방법을 배워 보겠습니다. 일반적인 성능 평가 방법으로는 웹 성능, 웹 접근성, 검색 엔진 최적화 등이 있지만 여기서는 웹앱 매니페스트, HTTPS 같은 PWA 서비스 요건을 평가하는 데 집중하겠습니다.

크롬 확장 기능 '라이트하우스'

라이트하우스(Lighthouse)는 웹앱 성능을 분석하는 오픈소스 자동화 도구입니다. 웹 사이트의 일반 성능과 PWA의 기능을 평가한 후 최고의 성능을 내려면 무엇을 더 보완해야 하는지 알려 줍니다.

라이트하우스는 현재 접속한 웹 사이트를 그 자리에서 평가할 수 있어 무척 유용합니다. 이것을 개발 단계부터 사용해서 PWA 테스트의 지표로 활용하면 좋습니다. 라이트하우스는 크롬 웹 스토어(chrome.google.com/webstore/category/extensions)에서 **'Lighthouse'**로 찾아서 **〈Chrome에 추가〉**를 눌러 설치할 수 있습니다.

그림 8-26 크롬 확장 프로그램 라이트하우스

크롬 확장 기능으로 라이트하우스를 설치하면 주소 창 오른쪽에 아이콘이 생깁니다. 성능을 평가하고 싶은 웹 사이트에 접속한 상태에서 이 아이콘을 클릭한 후 [Generate report]를 클릭하면 잠시 후 결과 보고서를 보여줍니다.

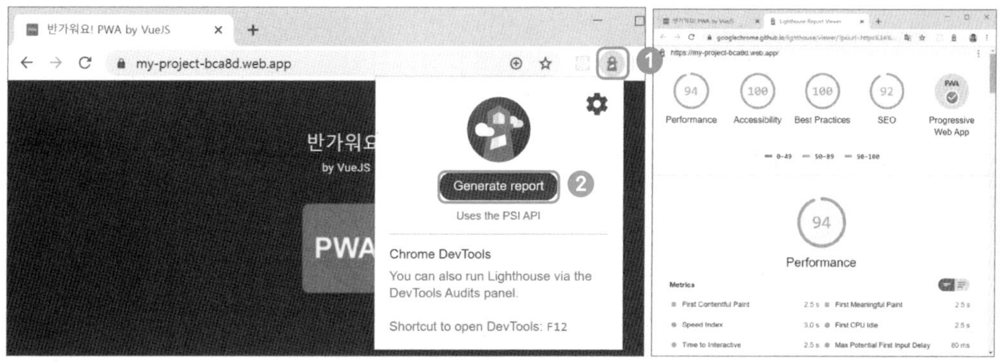

그림 8-27 라이트하우스 실행하기(왼쪽), 성능 평가 결과(오른쪽)

Do it! 실습 개발자 도구에서 PWA 성능 평가하기

라이트하우스는 특히 PWA 부분에 집중하여 다양한 테스트 기능을 제공하므로 완성된 PWA를 오픈하기 전에 활용하면 유익합니다. 라이트하우스를 설치하면 웹 브라우저의 개발자 도구에서도 [Audits] 메뉴를 이용해 성능을 평가할 수 있습니다. 여기서는 웹 브라우저의 개발자 도구에서 제공하는 Audits 기능으로 웹 사이트의 성능을 직접 평가해 보겠습니다. 단, Audits는 반드시 https로 접속한 경우에만 사용할 수 있습니다. 이 점에 유의하면서 앞에서 완성한 PWA의 성능을 테스트해 봅시다.

크롬을 비롯해 일부 최신 버전 웹 브라우저에서는 [Audits] 메뉴 대신 [Lighthouse] 메뉴로 표시됩니다.

STEP 1 앞에서 만든 PWA를 웹 브라우저에서 실행하고 개발자 도구에서 [Audits] 탭을 선택합니다. PWA뿐 아니라 웹 성능, 웹 접근성, 검색 엔진 최적화 등도 한번에 검사할 수 있습니다. 우리는 현재 데스크톱에서 실행하고 있으므로 기기 옵션을 Desktop으로 선택 후 모든 검사 요소가 선택된 상태에서 〈Run audits〉를 클릭합니다.

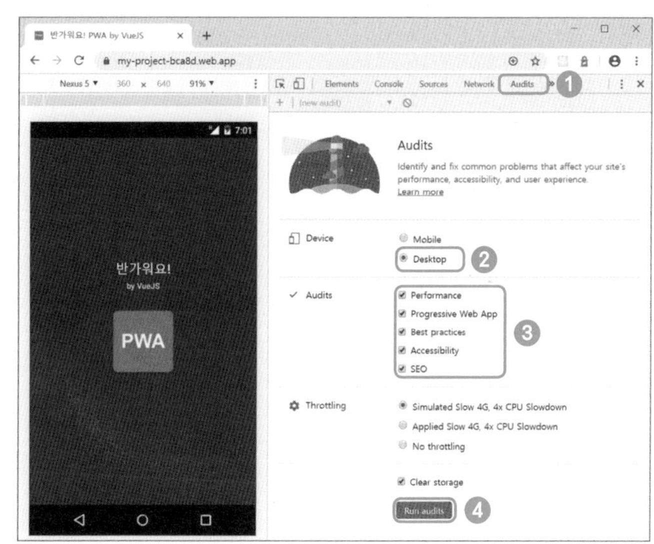

그림 8-28 Audits 평가 옵션 설정 화면

STEP 2 잠시 기다리면 검사 결과가 나타납니다. 항목별로 100점이 만점입니다. 우리가 만든 PWA는 표준을 모두 충족했음을 알 수 있습니다. 점수가 낮은 것은 그 원인도 함께 표시되므로 필요할 경우 보완하면 됩니다. 주로 웹앱 매니페스트, HTTPS 지원, 서비스 워커 지원의 충족 여부를 확인합니다.

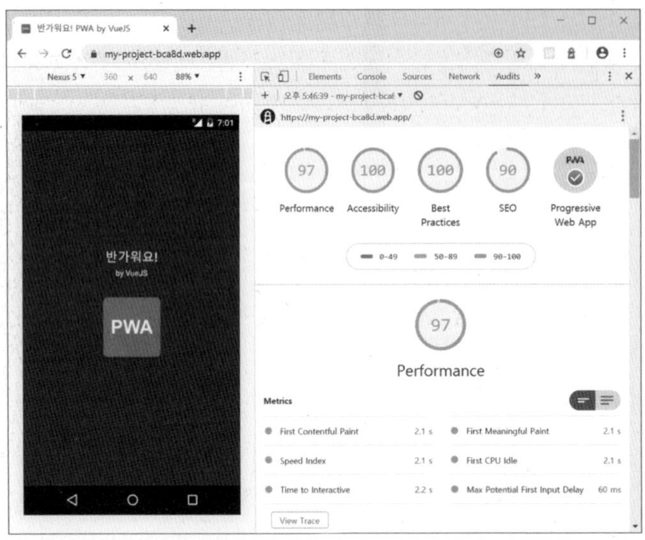

그림 8-29 Audits 성능 평가 보고서

미션 코딩! 기본 레이아웃을 적용한 앱 만들어 배포하기

완성 파일 PWA-mission₩mission08

06-3절에서 실습한 '기본 레이아웃 만들기 2'의 예제를 응용하여 앱바에 아이콘이 들어가고, 콘텐츠 영역에는 타이포그래피를 설정한 실전용 UI가 반영된 PWA를 만들어 보세요. 또한 워크박스가 자동으로 설정하는 캐시 범위도 직접 확인합니다.

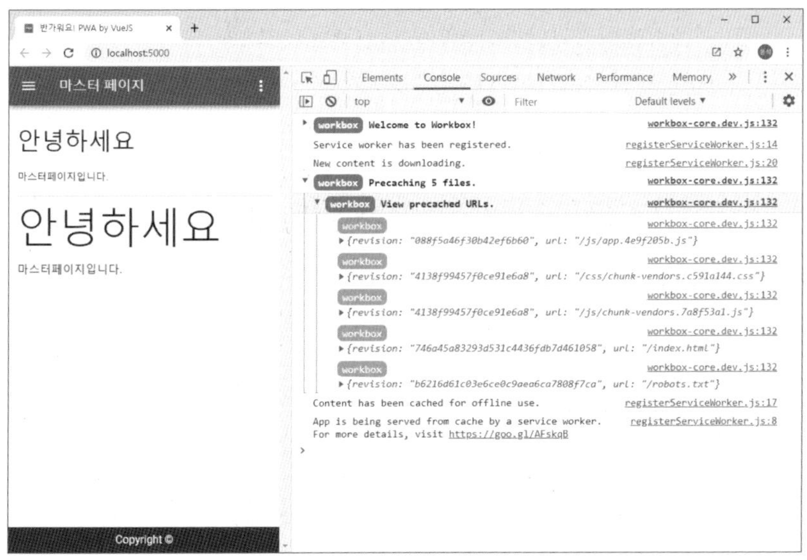

그림 8-30 결과 화면과 캐시 내용

HINT 1 VSCode에서 통합 터미널 창을 열고 실습 파일로 제공한 웹팩 시작 템플릿의 폴더(PWA-mission₩mission08_start)로 이동한 후 실습을 진행합니다.

```
> cd mission08_start
mission08_start> npm install
```

HINT 2 매니페스트와 index.html 작성은 ex08 예제와 동일하게 적용합니다.

HINT 3 App.vue의 메인 컴포넌트를 다음 내용으로 수정합니다.

실습 파일 mission08_start/src/App.vue

```
<template>
  <v-app>
    <!-- 앱바 색상을 primary(파란색)로 설정하고 fixed로 위치 고정 -->
    <v-app-bar app color="primary" dark fixed>
      <!-- 왼쪽에 메뉴 아이콘 넣음 -->
      <v-app-bar-nav-icon></v-app-bar-nav-icon>
      <v-toolbar-title>마스터 페이지</v-toolbar-title>
      <!-- 오른쪽에 추가 메뉴 아이콘을 넣기 위해 v-spacer 엘리먼트 사용 -->
      <v-spacer></v-spacer>
      <v-btn icon>
        <v-icon>mdi-dots-vertical</v-icon>
      </v-btn>
    </v-app-bar>
    <v-main>
      <v-container>
        <!-- display-1/3, body-1/2 타이포그래피 서체 종류와 크기로 설정 -->
        <h1 class="display-1 my-5">안녕하세요</h1>
        <!-- my-4로 상하 안쪽 여백 설정 -->
        <p class="body-2 my-4">마스터 페이지입니다.</p>
        <v-divider></v-divider>
        <h1 class="display-3 my-4">안녕하세요</h1>
        <p class="body-1 my-4">마스터 페이지입니다.</p>
      </v-container>
    </v-main>
    <!-- footer 색상을 secondary로 설정하고 fixed로 위치 고정 -->
    <v-footer color="secondary" dark fixed>
      <!-- mx-auto는 블록 레벨 엘리먼트의 내용을 가운데 정렬 -->
      <div class="mx-auto">Copyright &copy;</div>
    </v-footer>
  </v-app>
</template>
<script>
  export default {
    name: 'App',
  }
</script>
```

HINT 4 다음의 명령을 입력해 개발자 모드로 실행 후 결과를 확인합니다.

```
mission08_start> npm run serve
```

HINT 5 다음의 명령을 입력해 최종 배포용으로 빌드하고 캐시 결과를 확인합니다.

```
mission08_start> npm run build
mission08_start> serve dist
```

Memo

PWA 실전 앱 만들기

지금까지 뷰 프레임워크로 PWA를 만들고, 배포하고, 성능을 테스트하는 전 과정을 실습해 보았습니다. 어떤가요? 따라 하는 데 어렵지 않았죠? 이제부터는 기능이 담긴 실전 앱을 만들면서 PWA를 더욱 깊이 배워 보겠습니다.

셋째마당에서 준비한 6가지 실습은 기본 지식부터 실전에 응용할 수 있도록 수준별로 설계했습니다. 개발 환경 준비부터 개발, 테스트 그리고 배포로 이어지는 PWA 제작 과정을 반복함으로써 실력을 쌓아 보세요.

To-Do 앱 만들기

09장의 최종 결과물은 저장과 삭제 기능이 있는 실시간 To-Do 앱입니다. 이 앱에는 할 일 목록을 저장해 둘 데이터베이스(이하 줄여서 'DB')가 필요합니다. 우리는 파이어베이스에서 제공하는 실시간 DB를 사용합니다.

09-1 To-Do 앱 구경하기

이번에 만들 To-Do 앱은 할 일을 새로 만들고(create), 읽어 오고(read), 수정하고(update), 삭제하는(delete) 기능이 들어 있습니다. 이 기능은 어떻게 구현해야 할까요? 프로그램을 직접 보면서 확인해 봅시다.

Do it! 실습 **노드 패키지 설치하고 앱 실행하기**

STEP 1 우선 필자가 제공한 실습 파일을 통해 완성된 앱을 실행해 보겠습니다. 이 앱을 실행해 보려면 Node.js, Vue-CLI, server 등의 개발 도구가 설치되어 있어야 합니다. Node.js와 Vue-CLI 설치는 05-7절, serve 설치는 08-1절을 참고합니다.

STEP 2 VSCode의 통합 터미널 창을 실행합니다. 필자가 제공한 실습 파일 중에서 ex09 폴더로 이동한 후 다음 내용을 입력하여 노드 패키지를 설치하고 개발자 모드로 실행합니다.

```
> cd ex09
ex09> npm install
ex09> npm run serve
```

STEP 3 Ctrl 을 누른 채 화면에 나타난 로컬 주소를 클릭하면 웹 브라우저에 앱이 실행됩니다. 할 일을 입력하고 십자 모양의 추가 버튼(+)을 클릭해 보세요. 그러면 할 일이 등록됩니다. 연필 아이콘(✎)을 누르면 이미 등록된 할 일을 수정할 수 있고, 휴지통 아이콘(🗑)을 누르면 삭제할 수 있습니다.

그림 9-1 To-Do 앱 실행 화면

Do it! 실습 프로그램 빌드하고 서비스 워커 실행하기

STEP 1 VSCode의 통합 터미널 창에서 다음과 같은 명령을 입력하여 프로그램을 최종 배포용으로 빌드합니다. 최종 배포용으로 빌드하면 실행하는 데 필요한 모든 파일(html, css, js, img 등)이 dist 폴더에 정적(static) 파일로 생성됩니다.

```
ex09> npm run build  ── 최종 빌드
```

STEP 2 최종 빌드를 확인하기 위해 `serve dist` 명령을 입력합니다. dist 폴더의 index.html을 웹 서버로 실행하겠다는 의미입니다. Ctrl을 누른 채 화면의 링크 주소를 클릭하면 웹 브라우저에서 실행됩니다.

```
ex09> serve dist  ── 웹 브라우저에서 실행
```

STEP 3 만약 이전 서비스 워커가 실행되어 있다면 웹 브라우저의 개발자 도구를 열고 [Application] 탭에서 [Service Workers] 메뉴를 선택합니다. 그리고 [Update on reload]에 체크한 후 브라우저를 새로 고침합니다.

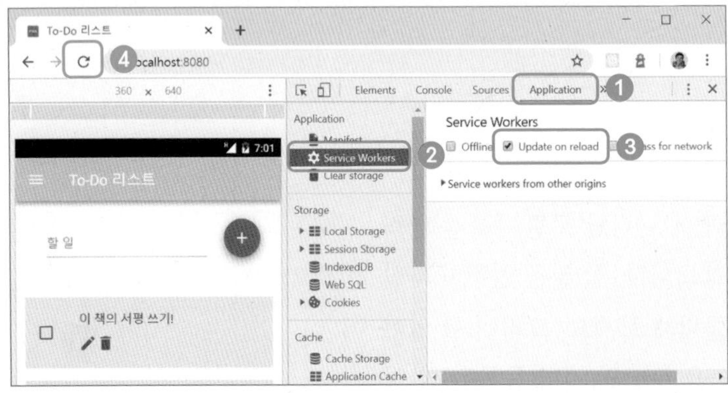

그림 9-2 [Update on reload] 선택하기

Do it! 실습 실시간 멀티 접속 테스트하기

파이어베이스는 실시간 DB이므로 동시에 접속한 사용자끼리 수정된 내용을 바로바로 공유할 수 있습니다. 파이어베이스에서 제공하는 실시간 DB가 정말로 여러분이 입력한 데이터를 여러 사용자와 실시간으로 공유하는지 확인해 보겠습니다.

STEP 1 마이크로소프트의 새로운 엣지(Edge) 브라우저를 추가로 띄워 같은 주소로 접속한 후 새로운 할 일을 추가합니다.

웨일, 사파리, 파이어폭스 등 다른 웹 브라우저를 이용해도 됩니다.

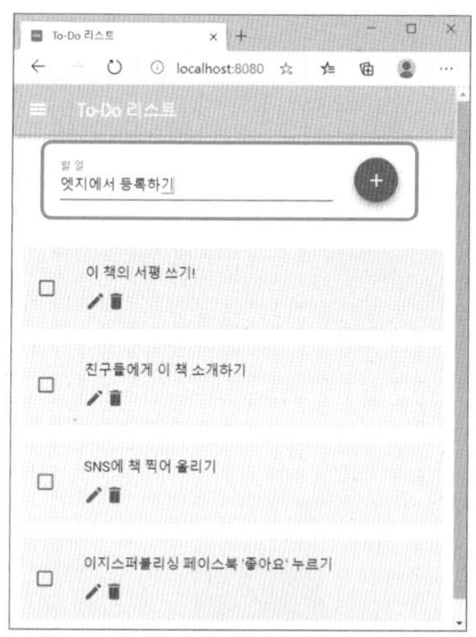

그림 9-3 엣지 브라우저

STEP 2 엣지 브라우저에서 입력한 내용이 이전 웹 브라우저에도 실시간으로 반영된 것을 알 수 있습니다. 이처럼 CRUD(create, read, update, delete)와 관계된 다른 기능도 테스트해 보기 바랍니다. 다음 그림에서 왼쪽은 엣지에서 '할 일'을 추가한 화면이고, 오른쪽은 크롬에서 '할 일'이 실시간으로 동기화된 화면입니다.

그림 9-4 실습 결과 화면

09-2 매니페스트 작성하기

앞에서 To-Do 앱의 실행 모습을 살펴보았으니 이제는 파이어베이스 DB를 사용하는 To-Do 앱을 직접 만들어 보겠습니다. 파이어베이스의 실시간 DB를 사용하기 위해 뷰에서 제공하는 뷰파이어 플러그인을 이용하겠습니다.

뷰파이어란?

뷰파이어는 뷰와 파이어베이스를 연결해 실시간 데이터를 기반으로 동적인 웹 UI를 렌더링할 수 있게 해주는 데이터 바인딩 라이브러리입니다. 즉, 뷰파이어는 파이어베이스에서 최신 웹 애플리케이션 데이터 관리를 쉽고 빠르게 작업하도록 돕습니다.

그림 9-5 뷰파이어(vuefire.vuejs.org/) 첫 화면

Do it! 실습 프로젝트 만들고 실습 환경 준비하기

STEP 1 VSCode에서 통합 터미널 창을 열고 필자가 제공한 실습 파일에서 다음의 폴더로 이동합니다. 이곳에 있는 웹팩 시작 템플릿에는 뷰파이어 플러그인까지 설치되어 있습니다.

```
> cd ex09_start
```

STEP 2 기기 및 상황별로 필요한 이미지 파일을 준비합니다. [파일 → 폴더 열기]로 프로젝트 폴더(ex09_start)를 엽니다. 그다음 탐색 창에서 public/img/icons 폴더를 선택한 후, 필자가 제공한 실습 파일 중에서 ex09/public/img/icons 폴더에 있는 이미지 파일을 이곳에 복사해 넣습니다. 여기서는 실습마다 똑같은 이미지 파일을 사용하지만, 이미지 크기와 파일 형식만 맞춘다면 다른 이미지 파일도 무방합니다.

하나만 더 배워요! 프로젝트 직접 만들기

프로젝트 진행 과정이 익숙해져서 자신감이 생기면 다음 방법대로 프로젝트를 직접 생성해 보기 바랍니다. 다만 뷰 프로젝트 안에 생성된 소스 내용은 버전 업데이트에 따라 이 책과 조금 다를 수 있습니다.

먼저 뷰 프로젝트를 생성하고 뷰티파이를 설치합니다. 그다음 파이어베이스 DB와 연결하기 위해 다음 명령으로 파이어베이스 SDK와 뷰파이어 플러그인 패키지를 추가합니다.

뷰 프로젝트 생성과 뷰티파이를 설치하는 일련의 과정은 07-3절을 참고 바랍니다.

```
> npm install firebase vuefire@next
```

@next는 v2.0 이상을 설치하라는 의미인데 이 명령어를 빼먹으면 v1.0이 설치됩니다. 그러면 RTDB만 사용할 수 있고 파이어스토어(firestore)는 지원되지 않을 수 있으니 유의해야 합니다.

혹시라도 예제에서 사용한 버전으로 설치하고 싶다면 다음처럼 @을 함께 사용합니다. 파이어베이스와 뷰파이어 오른쪽에 @과 함께 붙인 숫자가 버전입니다.

```
> npm install firebase@6.6.2 vuefire@2.2.0-alpha.0
```

Do it! 실습 매니페스트 작성하기

STEP 1 자동으로 생성된 매니페스트에서 다음처럼 필요한 부분만 수정합니다.

실습 파일 ex09_start₩public₩manifest.json

```
{
  "name": "To-Do 리스트",
  "short_name": "To-Do 리스트",
  "icons": [{
    ...생략...
  ],
  "start_url": "./index.html",
  "display": "standalone",
  "orientation": "portrait",
  "background_color": "#ffffff",
  "theme_color": "#ffffff"
}
```

02~03 **제목과 설명 설정**

name, short_name 부분에 PWA의 특징을 나타내는 제목과 설명을 입력합니다.

08~09 **display 설정**

display는 standalone을 선택해 기기에서 사용할 수 있는 최대 화면으로 설정했습니다. 그리고 orientation은 세로로 볼 수 있는 portrait로 실행합니다.

10~11 **배경색과 테마색 설정**

theme_color는 상태 표시줄 색상을 결정합니다. background_color는 스플래시 스크린의 배경색을 결정합니다. 모두 흰색(#ffffff)을 입력해서 디자인에 통일감을 주었습니다. 이처럼 목적에 맞게 입력하면 됩니다.

09-3 워크박스로 오프라인 관리하기

뷰를 통해서 생성된 PWA 템플릿은 워크박스를 사용해 캐시를 체계적으로 관리합니다. Vue-CLI에서 사용하는 워크박스는 index.html, *.css, *.js, *.txt를 자동으로 캐시합니다. 하지만 프로젝트를 진행하다 보면 직접 원하는 파일만 캐시해야 할 상황이 생깁니다. 어떻게 하면 되는지 워크박스의 기본 지식과 함께 살펴보겠습니다.

워크박스에 대한 자세한 설명은 08-3절을 참고하세요.

워크박스 플러그인 모드 이해하기

Vue-CLI에서 생성된 PWA 템플릿은 워크박스 라이브러리와 웹팩을 통합하여 사용합니다. 프로젝트를 마지막으로 빌드하면 dist 폴더에 워크박스 라이브러리의 기능이 함께 적용된 최종 파일이 생성된다는 의미입니다. 즉, 크게 고민하지 않고 워크박스에서 지원하는 옵션만 지정해 주면 나머지는 자동으로 생성됩니다.

워크박스는 다음 두 가지 플러그인 모드를 제공하므로 개발 상황에 맞게 선택해 사용합니다.

표 9-1 워크박스 플러그인 모드

플러그인 모드	설명
GenerateSW	자동으로 생성되는 서비스 워커에 워크박스 옵션 지정
InjectManifest	서비스 워커에 자신의 코드를 직접 넣어 최종 서비스 워커 파일 생성

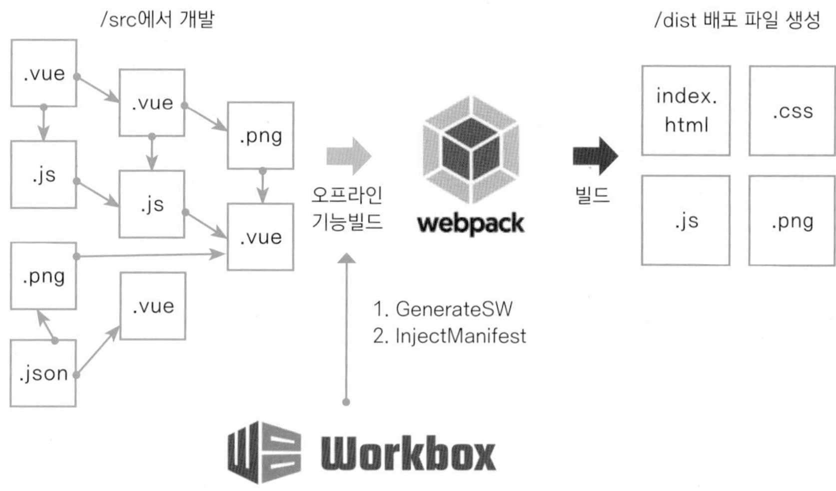

그림 9-6 워크박스 작동 원리

캐시는 실행하기 전에 미리 지정하는 **프리캐시**(pre-cache)와 프로그램이 실행할 때 원하는 부분만 지정하는 **런타임 캐시**(runtime-cache)로 나눌 수 있습니다. 간단한 설정값을 지정해서 이 두 가지를 처리하고 싶으면 GenerateSW 플러그인 모드를 사용합니다. 하지만 직접 캐시 정책과 프로그램 로직을 넣고 싶다면 InjectManifest 플러그인 모드를 사용합니다.

표 9-2 워크박스 플러그인 모드의 사용 환경과 한계

플러그인 모드	사용할 상황	한계
GenerateSW (기본값)	• 프리캐시할 파일을 빠르게 지정해야 할 때 • 간단한 런타임 캐시가 필요할 때	• 서비스 워커에 코드를 넣어야 할 때 • 웹 푸시 알림을 사용할 때
InjectManifest	• 서비스 워커에 자신의 코드를 넣어야 할 때 • 코드로 직접 프리캐시, 런타임 캐시를 지정하고 싶을 때 • 웹 푸시 알림을 사용하고 싶을 때	• 복잡해질 수 있으므로 간단할 때는 GenerateSW가 적합할 수 있음

GenerateSW 모드와 InjectManifest 모드 사용법

워크박스의 두 플러그인 모드를 사용하려면 vue.config.js 파일이 필요합니다. vue.config.js는 뷰 프로젝트에서 루트 폴더에 있으면서 프로그램을 실행하는 데 필요한 다양한 Vue-CLI 플러그인 옵션을 지정할 수 있는 설정 파일입니다. 처음 템플릿이 생성되었을 때는 이 파일이 없으므로 직접 만들어 추가해야 합니다. 다음과 같은 형식으로 사용합니다.
먼저 vue.config.js 파일에 GenerateSW 플러그인 모드를 작성한 예시를 살펴보겠습니다.

GenerateSW 플러그인 모드

```
module.exports = {
  pwa: {
    // GenerateSW는 기본값이므로 모드 선언을 생략해도 됨
    workboxPluginMode: 'GenerateSW',
    workboxOptions: {
      // 프리캐시 옵션 지정
      runtimeCaching: [{
      // 런타임 캐시 옵션 지정
      }]
    }
  }
}
```

03~04 GenerateSW 모드 선언

소스처럼 선언해도 되지만 GenerateSW 플러그인 모드는 기본값이므로 생략할 수 있습니다.

06 프리캐시 옵션 지정

프리캐시란 프로그램이 실행되기 전에 원하는 파일만 캐시 메모리에 미리 저장하는 것을 말합니다. 워크박스에서 제공하는 다양한 프리캐시 옵션을 사용할 수 있습니다. 하지만 Vue-CLI에서는 기본적으로 아무 옵션을 지정하지 않아도 빌드한 후에 웹팩으로 생성된 dist 폴더에 있는 index.html, *.css, *.js, robots.txt 파일을 프리캐시합니다. 그리고 index.html 파일에서 외부 HTTP 요청을 한 URL이 있으면 자동으로 프리캐시하므로 웬만한 것은 거의 다 처리할 수 있습니다. 다만 PNG, manifest.json 같은 파일은 생략되어 있으므로 특정 파일을 넣고 빼는 정도의 옵션은 알고 있어야 합니다.

표 9-3 프리캐시 옵션

옵션	의미	적용 사례
include	프리캐시에서 사용할 파일을 지정한다. 이것은 파일 이름을 토대로 하므로 대량으로 찾는 정규식을 함께 활용하면 유용하다.	include: [/\.css$/, /\.js$/]
exclude	프리캐시에서 제거할 파일을 지정한다. 사용법은 include처럼 정규식을 함께 활용한다. 그런데 유의할 점은 제거할 파일이 없어도 exclude: [ ]처럼 반드시 명시해 주어야 제대로 동작한다.	exclude: [/\.json$/, /\.png$/]

그런데 적용 사례를 보면 ^, $, /, \ 등의 특수 기호가 생소해 보일 겁니다. 이것은 include, exclude 옵션이 정규식을 사용하므로 함께 표현한 것입니다.

하나만 더 배워요! 정규식이란?

정규식(regular expression)은 슬래시(/)로 감싼 문자열에서 특수 기호를 조합한 패턴 작성법입니다. 검색해야 하는 글자만 필터링해서 찾아야 할 때 사용합니다.

표 9-4 정규식에 사용하는 특수 기호

특수 문자	의미	사례
^	^ 다음에 오는 글자로 반드시 시작되는 것만 검색	/^hi/는 'hi'로 시작하는 것만 찾으므로 hi, hihello 등이 반환될 수 있음
$	$ 전에 오는 글자로 끝나는 것만 검색	/hi$/는 'hi'로 끝나는 것만 찾으므로 hi, hellohi 등이 반환될 수 있음

.	. 자리에 무엇이 오든지 검색	/hi.css/는 ‘hi’와 ‘css’ 사이에 어떤 글자가 와도 찾으므로 hi.css, hi_css, hi-css 등이 반환될 수 있음
\	\ 다음에 오는 글자는 특수 기호가 아닌 일반 기호로 간주됨	/hi\.css/는 ‘hi’와 ‘css’ 사이에 반드시 점(.)이 와야 하므로 hi.css, hellohi.css 등이 반환될 수 있음

07~09 런타임 캐시 옵션 지정

런타임 캐시란 프로그램을 실행할 때 외부 HTTP 요청 등에 의해서 발생되는 파일을 캐시하는 것을 말합니다. 사용법은 10~12장에서 자세히 배웁니다. 여기서는 이런 방법이 있다는 정도만 알고 넘어가도 됩니다.

다음은 InjectManifest 플러그인 모드 예시입니다.

InjectManifest 플러그인 모드

```
01: module.exports = {
02:   pwa: {
03:     // InjectManifest 플러그인 모드는 반드시 선언해 주어야 함
04:     workboxPluginMode: 'InjectManifest',
05:     workboxOptions: {
06:       // Injectmanifest 모드에서는 서비스 워커 파일을 꼭 지정해야 함
07:       swSrc: 'src/serviceworker.js',
08:     }
09:   }
10: }
```

03~04 InjectManifest 모드 선언

InjectManifest 모드를 사용하려면 반드시 `workboxPluginMode` 옵션을 먼저 선언해 주어야 합니다.

06~07 서비스 워커 파일 지정

다음으로 `swSrc` 옵션에 작성할 서비스 워커 파일을 연결해 줍니다. 프리캐시와 런타임 캐시를 따로 설정할 필요가 없습니다. 연결된 서비스 워커 파일에 워크박스의 코드를 직접 작성하면 됩니다. 여기서는 이런 방식으로 사용할 수 있다는 것만 이해하고, 자세한 내용은 13장(푸시 알림 서비스 만들기)에서 설명하겠습니다.

Do it! 실습 vue.config.js 파일 만들기

STEP 1 PWA 설정을 위해 루트 폴더에 vue.config.js 파일을 만들고 다음 코드를 작성합니다.

실습 파일 ex09_start₩vue.config.js

```
01: module.exports = {
02:   pwa: {
03:     workboxOptions: {
04:       // 프리캐시할 파일 지정
05:       include: [/^index\.html$/, /\.css$/, /\.js$/, /^manifest\.json$/, /\.png$/],
06:       // exclude는 반드시 기입해야 제대로 동작함
07:       exclude: []     // 제거할 파일이 없어도 작성
08:     }
09:   }
10: }
```

04~05 **include로 프리캐시할 파일 지정**

include 옵션은 패턴 문자를 통해서 캐시할 정적 파일을 지정할 수 있습니다. 여기서는 index.html, *.css, *.js, manifest.json, *.png를 프리캐시하도록 설정했습니다.

06~07 **exclude로 프리캐시에서 배제할 파일 지정**

다음으로 exclude는 프리캐시에서 제거할 파일을 지정할 수 있습니다. 프리캐시 옵션을 사용할 때 유의할 점은 제거할 파일이 없더라도 반드시 exclude 옵션을 적어 주어야 한다는 것입니다. 그렇지 않으면 원하는 결과대로 캐시되지 않으므로 주의해야 합니다.

다음 화면은 앞에서 설명한 대로 실행했을 때 프리캐시된 모습입니다. 목적한 대로 원하는 파일들이 프리캐시된 것을 알 수 있습니다.

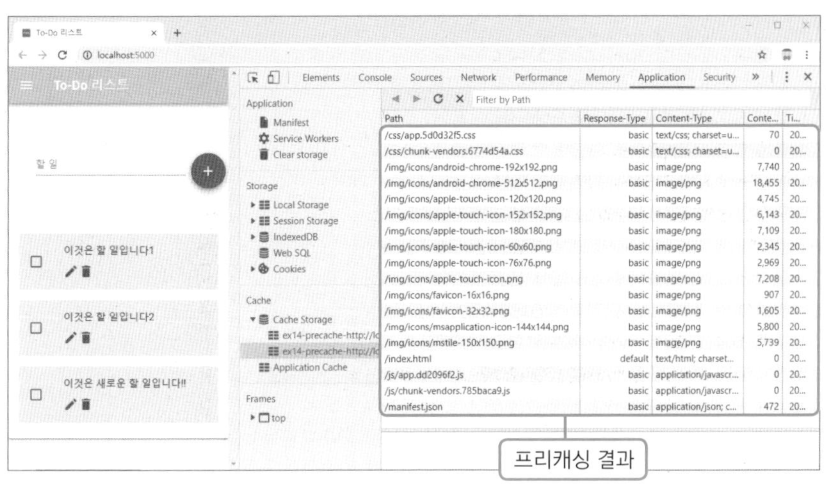

그림 9-7 프리캐시된 파일들

09-4 파이어베이스 실시간 DB 준비하기

파이어베이스 DB의 기초 기능은 CRUD(create, read, update, delete)라고 했습니다. 이 책은 파이어베이스를 이용해 CRUD를 간편하게 구현할 수 있도록 도와주는 뷰파이어를 사용합니다. 일단 뷰파이어를 프로젝트에 설정해 보겠습니다.

Do it! 실습 파이어베이스 프로젝트 만들기

파이어베이스 사이트에 접속해 프로젝트를 생성하고 DB 권한 설정과 연결 작업을 진행해 보겠습니다. 파이어베이스 프로젝트를 생성하는 방법은 08-5절에서 설명했으므로 여기서는 중요한 부분만 간단히 설명하겠습니다.

STEP 1 firebase.google.com에 접속해 로그인합니다. 오른쪽 위에서 [콘솔로 이동]을 클릭한 후 [+ 프로젝트 추가]를 클릭합니다. 프로젝트 추가 화면이 나타나면 프로젝트 이름은 pwa-to-do로 하고(1단계), 구글 애널리틱스 옵션은 **선택 해제**하여(2단계) 신규 프로젝트를 생성합니다.

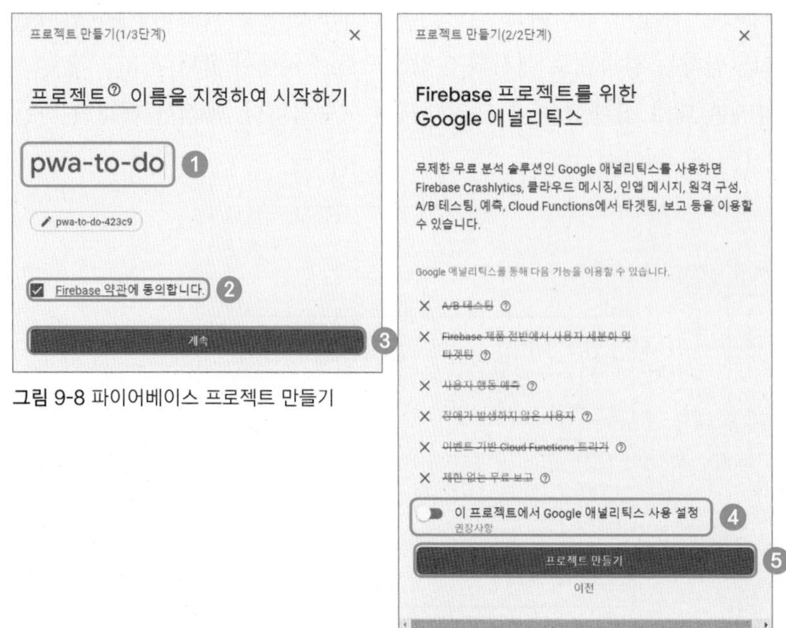

그림 9-8 파이어베이스 프로젝트 만들기

STEP 2 이어서 파이어베이스를 프로그램과 연결해야 합니다. 웹앱, iOS, 안드로이드, 유니티(Unity) 등의 플랫폼별로 고유 앱 아이디를 생성해서 연결해 주어야 합니다. PWA는 웹앱에 해당하므로 프로젝트를 생성한 후 **[프로젝트 설정]** 화면에서 **〈웹앱에 Firebase 추가〉** 버튼(</>)을 클릭합니다.

그림 9-9 프로젝트 설정 화면

STEP 3 앱 등록(1단계)과 파이어베이스 SDK 추가(2단계) 단계를 거쳐야 합니다. 1단계에서 앱 닉네임에 'To-Do **리스트**'라고 입력하고 **〈앱 등록〉**을 클릭합니다.

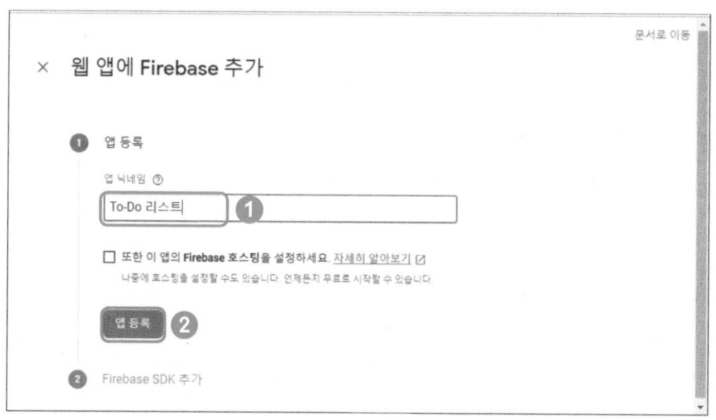

그림 9-10 웹앱에 파이어베이스 추가(1단계) - 앱 등록 단계

STEP 4 2단계에서 `firebaseConfig` 변수 안의 내용 중 필요한 부분만 복사합니다. 여기서는 `databaseURL`만 Ctrl+C를 눌러 복사하면 됩니다. 잠시 메모장에 옮겨 놓아도 됩니다. 복사한 주소는 곧 작성할 /src/datasources/firebase.js 파일에 붙여 넣을 것입니다. 모두 완료했으면 오른쪽 위에 〈콘솔로 이동〉을 클릭합니다.

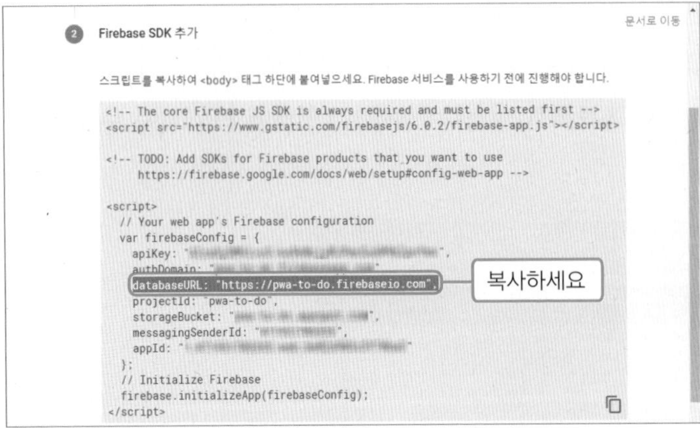

그림 9-11 웹앱에 파이어베이스 추가(2단계) - 파이어베이스 SDK 추가 단계

STEP 5 화면이 콘솔 창 홈으로 이동합니다. 왼쪽 메뉴에서 [Database]를 클릭한 후 Realtime Database에 있는 〈**데이터베이스 만들기**〉를 클릭합니다.

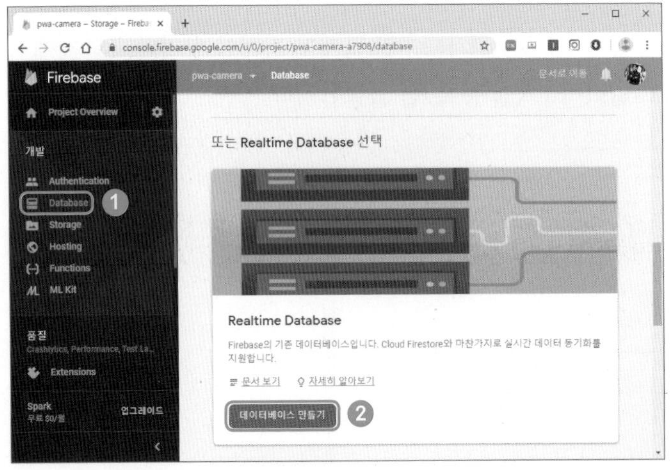

그림 9-12 실시간 데이터베이스 만들기

STEP 6 보안 규칙 창이 나타나면 실습하기 편하도록 [**테스트 모드로 시작**]을 선택하고 〈**사용 설정**〉을 클릭합니다.

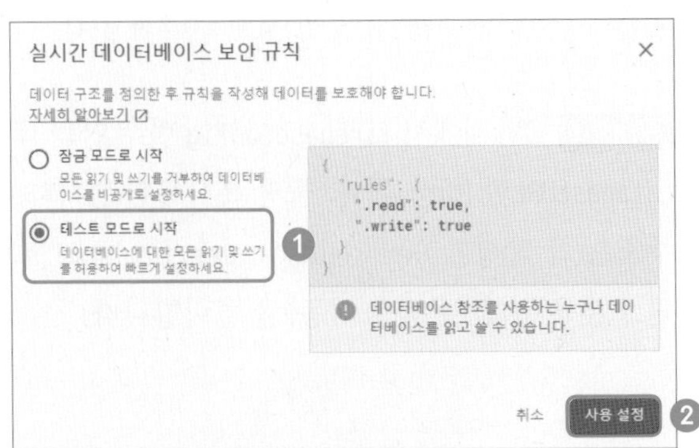

그림 9-13 실시간 데이터베이스 보안 규칙

STEP 7 [규칙] 탭을 클릭해 확인해 보세요. 권한 설정을 마친 결과 화면이 나타납니다.

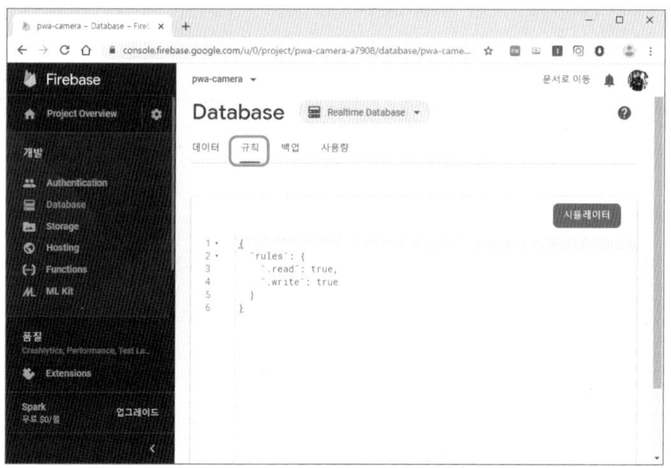

그림 9-14 파이어베이스 읽기, 쓰기 권한 설정을 완료한 화면

STEP 8 이어서 파이어베이스 데이터 소스를 준비하겠습니다. firebase.js 파일을 신규로 생성하고 다음과 같은 내용을 작성합니다.

실습 파일 ex09_start₩src₩datasources₩firebase.js

```
01: // 파이어베이스 앱 객체 모듈 가져오기
02: import firebase from 'firebase/app'
03: // 파이어베이스 패키지 모듈 가져오기
04: import 'firebase/firebase-database';
05:
06: // 파이어베이스 DB를 초기화하고 연결
07: const oDB = firebase.initializeApp({
08: // 파이어베이스 콘솔 창에서 복사하여 붙여넣기
09:   databaseURL: "https://pwa-to-do.firebaseio.com",   STEP 4에서 복사한 값 붙여넣기
10: }).database();
11:
12: // 파이어베이스 DB 객체 중에서 todos 항목을 다른 곳에서 사용하도록 공개
13: export const oTodosinDB = oDB.ref('todos');
```

01~04 **파이어베이스 모듈 가져오기**

파이어베이스를 사용하려면 firebase 폴더에서 각각 app와 firebase-database라는 패키지 파일 2개를 가져와야 합니다. 특히 app 패키지는 firebase라는 이름의 객체에 저장하여 이후에 사용할 수 있도록 합니다.

06~10 파이어베이스 DB를 초기화하고 연결하기

다음으로 firebase 객체의 initializeApp() 함수에 databaseURL 정보를 매개변수로 전달하여 초기화합니다. databaseURL은 앞에서 '파이어베이스 SDK 추가' 단계에서 복사해 놓은 주소를 그대로 사용합니다. 그리고 반환된 객체에서 database() 함수를 실행하면 파이어베이스 DB에 접근할 수 있는 최종 객체가 반환되는데 이것을 oDB 변수에 저장합니다.

12~13 todos 항목을 다른 곳에서 사용하도록 공개

oDB 안에 있는 ref() 함수를 통해서 todos 항목에 접근하여 그 결과를 oTodosinDB 객체 변수에 저장합니다. 이때 oTodosinDB 변수는 export를 선언해 프로젝트 안의 다른 파일에서 접근할 수 있도록 공개합니다.

STEP 9 마지막으로 자동으로 생성된 main.js 파일을 다음처럼 수정합니다.

실습 파일 ex09_start₩src₩main.js

```
01: import Vue from 'vue'
02: import App from './App.vue'
03: import './registerServiceWorker'
04: import vuetify from './plugins/vuetify';
05:
06: // 뷰파이어 노드 모듈 가져와서 Vue에 연결
07: import {rtdbPlugin} from 'vuefire'
08: Vue.use(rtdbPlugin);
09:
10: Vue.config.productionTip = false
11:
12: new Vue({
13:   vuetify,
14:   render: h => h(App),
15: }).$mount('#app')
```

06~08 뷰파이어 연결

뷰파이어를 사용하면 파이어베이스의 RTDB(realtime database)와 파이어스토어(클라우드 스토어) 등 두 가지 DB 형식을 뷰 애플리케이션과 연결할 수 있도록 돕는 플러그인을 제공합니다. 이번 예제는 RTDB를 사용할 것이므로 rtdbPlugin 모듈을 가져와서 뷰에 연결합니다.

09-5 앱 실행 화면 만들기

To-Do 앱 화면에 해당되는 App.vue 파일을 제작해 보겠습니다. 화면 디자인과 실시간 DB 데이터 처리가 함께 들어가서 코드가 꽤 깁니다. 코드를 4단계로 나눠서 To-Do 앱이 저장, 삭제, 수정, 읽기 기능을 어떻게 제공하는지 설명하겠습니다.

Do it! 실습 index.html 수정하기

STEP 1 먼저 자동으로 생성된 index.html 파일을 열고 다음처럼 수정합니다.

실습 파일 ex09_start₩public₩index.html

```
01: <!DOCTYPE html>
02: <html lang="ko">
03:   <head>
...생략...
07:   <!-- 상태 표시줄 테마 색상을 흰색으로 변경 -->
08:   <meta name="theme-color" content="#ffffff">
...생략...
10:   <title>To-Do 리스트</title>
11:   <!--머티리얼 디자인 아이콘 추가-->
12:   <link href="https://fonts.googleapis.com/css?family=Roboto:100,300,400,500,
700,900|Material+Icons" rel="stylesheet">
...생략...
22: </html>
```

02, 08 **언어 및 상태 표시줄 테마 지정**

HTML 언어를 한글로 설정합니다. 그리고 상태 표시줄의 테마 색상을 흰색으로 변경합니다.

10~12 **브라우저 캡션과 머티리얼 디자인 아이콘 변경**

브라우저 캡션 영역에 나타나는 제목을 원하는 내용으로 변경합니다. 그리고 머티리얼 디자인 아이콘을 사용할 수 있도록 링크를 수정합니다.

Do it! 실습 앱 실행 화면 만들기

STEP 1 자동으로 생성된 App.vue의 메인 컴포넌트를 수정하겠습니다. 여기서는 앱바의 메뉴 아이콘, 〈+〉 버튼, 체크박스 디자인과 기능을 넣습니다.

실습 파일 ex09_start₩src₩App.vue(1/4)

```
<template>
  <v-app>
    <!-- 전체 영역을 카드 UI로 변경하여 색상의 일관성 유지 -->
    <v-card>
      <v-app-bar dark color="lime">
        <!-- 왼쪽에 메뉴 아이콘 넣음 -->
        <v-app-bar-nav-icon></v-app-bar-nav-icon>
        <v-toolbar-title>To-Do 리스트</v-toolbar-title>
      </v-app-bar>
      <v-main>
        <v-container>
          <v-row my-5>
            <v-col cols="8" offset="1">
              <!-- 실행되자마자 입력 포커스를 가지도록 autofocus 설정 -->
              <v-text-field label="할 일" autofocus v-model="sTodoTitle">
              </v-text-field>
            </v-col>
            <v-col cols="2" my-2>
              <v-btn
                fab
                max-height="50px"
                max-width="50px"
                color="pink"
                dark
                @click="fnSubmitTodo()"
              >
                <v-icon>add</v-icon>
              </v-btn>
            </v-col>
          </v-row>
          <v-row>
```

```
            <v-col cols="12">
              <v-list two-line v-for="item in oTodos":key="item.key">
                <!-- item.b_edit값을 통해 읽기 모드인 경우만 표시 -->
                <v-card flat color="grey lighten-3" v-if="!item.b_edit">
                  <!-- 항목을 하나씩 가져와서 tile 단위로 표시 -->
                  <v-list-item class="py-2">
                    <v-list-item-action>
                      <!-- 체크박스 표시하고 선택되면 변경 상태를 DB에 저장 -->
                      <v-checkbox
                        v-model="item.b_completed"
                        @change="fnCheckboxChange(item)"
                      ></v-checkbox>
                    </v-list-item-action>
                    <!-- 제목을 표시하고 체크 선택되면 취소선 표시 -->
                    <v-list-item-content>
                      <v-list-item-title
                       :class="{ 'style_completed': item.b_completed }"
                      >
                        {{ item.todo_title }}
                      </v-list-item-title>
...생략...
```

06~07 앱바 왼쪽에 햄버거 메뉴 아이콘 넣기

v-app-bar-nav-icon 엘리먼트를 사용하면 앱바 왼쪽에 햄버거 메뉴 아이콘(≡)이 생성됩니다. To-Do 앱에서는 단순히 장식용이지만 애플리케이션의 완성도를 위해 추가했습니다.

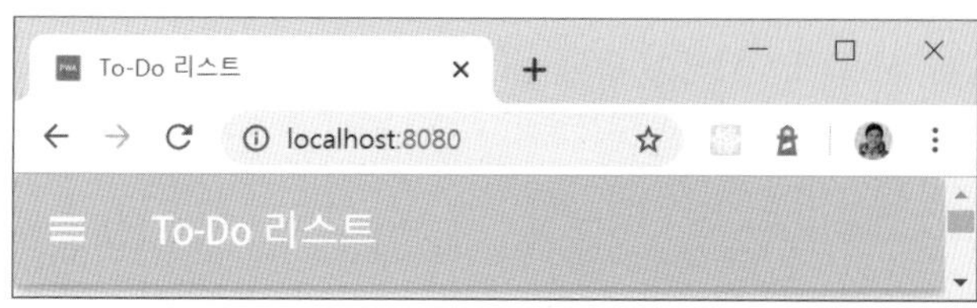

그림 9-15 메뉴 아이콘

14~15 사용자가 할 일을 바로 입력할 수 있도록 autofocus 설정하기

To-Do 앱이 처음 실행될 때 입력 커서가 입력란에 바로 표시되게 하려면 v-text-field 엘리먼트에 autofocus 어트리뷰트를 지정하면 됩니다. 참고로 이 값은 data 속성의 sTodoTitle 변수와 양방향으로 바인딩했습니다.

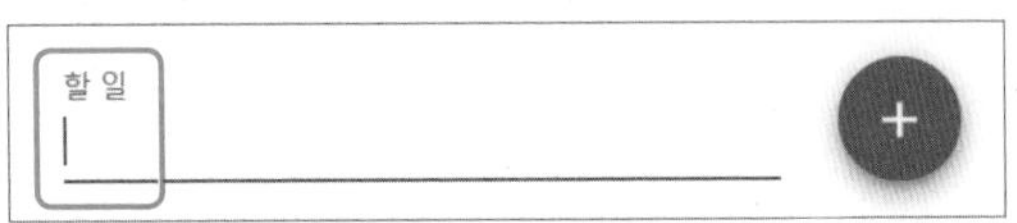

그림 9-16 autofocus 어트리뷰트

19~28 〈할 일 추가〉 버튼 클릭하면 fnSubmitTodo() 함수 실행

〈할 일 추가〉 버튼을 클릭하면 할 일이 등록되어야겠죠? 일단 버튼과 버튼에 적용할 fnSubmitTodo() 함수만 등록해 보겠습니다.

참고로 fab 어트리뷰트는 원을 조금 더 크게 표현하고 싶을 때 사용합니다.

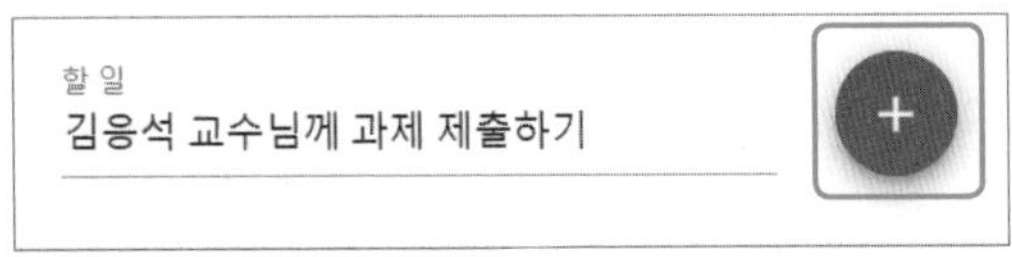

그림 9-17 〈할 일 추가〉 버튼

32~37 할 일 표시하기

할 일 목록은 v-list 엘리먼트를 이용해 출력하면 됩니다. 할 일을 모두 저장하고 있는 파이어베이스 객체인 oTodos의 값은 배열 형태로 저장되어 있으며, 이 값을 하나씩 추출하여 item에 담아 출력했습니다.

이때 v-list 엘리먼트를 두 줄로 표현하기 위해 two-line 어트리뷰트를 설정했습니다. cols="12"이면 할 일에 작성한 내용이 길 때 뒷부분을 생략 표시로 바꿔 줍니다. 레이아웃의 세부 요소는 다음 그림을 참고하세요.

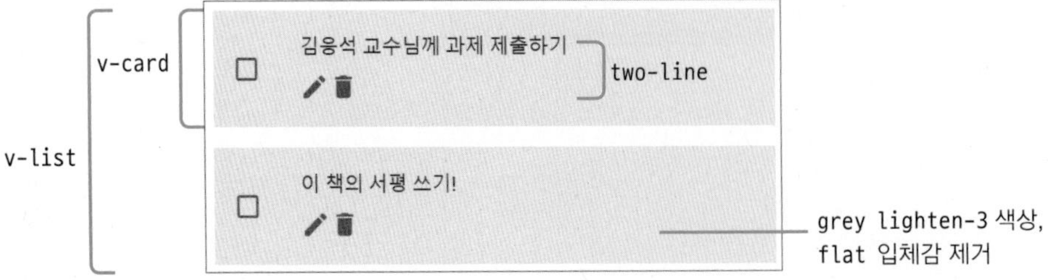

그림 9-18 목록 내용 표시

38~44 **체크박스 만들기**

할 일 목록 왼쪽에 있는 체크박스는 할 일 완료 여부를 나타냅니다. 체크박스의 모양은 v-checkbox 엘리먼트를 사용해서 표시했습니다. 체크박스의 상태는 fnCheckboxChange() 함수를 실행해서 item.b_complete값을 true나 false로 바꾸어 관리합니다. 물론 b_compete값은 v-model 디렉티브로 연결해야 합니다.

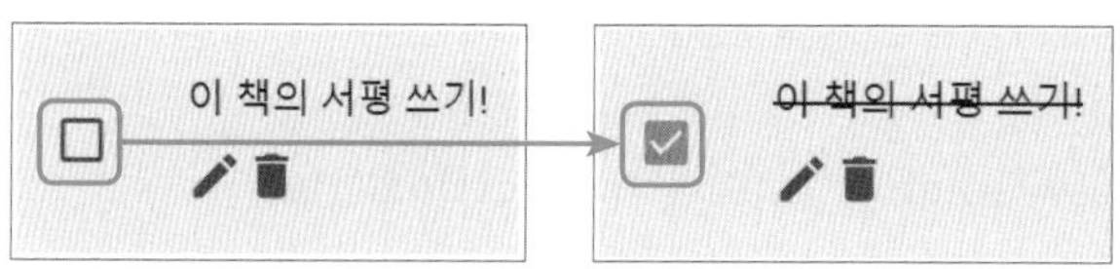

그림 9-19 체크박스 만들기

47~51 **체크박스 선택에 따라 취소선 표시하기**

체크박스를 선택하면 할 일을 마친 것입니다. 이를 사용자에게 알려 줄 수 있도록 클래스 바인딩을 이용해 제목에 취소선이 나타나도록 만들었습니다. 이러한 작업은 CSS를 활용하면 쉽습니다. item.b_completed값(true, false)을 클래스 바인딩에 조합했습니다.

만약 할 일의 제목을 제대로 표시하려면 v-list-item-title 엘리먼트를 v-list-item-content 안에 넣어 주어야 합니다.

그림 9-20 취소선 표시하기

하나만 더 배워요! 클래스 바인딩이란?

클래스 바인딩은 현재 엘리먼트에 적용된 클래스 선택자가 사용될지를 바인딩으로 결정하는 방법입니다. 다음 코드에서 div 엘리먼트에 사용한 my_style 클래스 선택자는 True나 False값에 따라 적용 여부가 결정됩니다.

```
<div v-bind:class="{ my_style: true 또는 false }"></div>
```

그리고 :class처럼 v-bind:class를 생략해서 간단히 사용할 수도 있으며 bFlag 데이터 변수를 이용할 수도 있습니다. 그러면 bFlag 변숫값은 true나 false에 따라 결과가 달라집니다.

```
<div:class="{ my_style: bFlag }"></div>
```

STEP 2 이어서 App.vue의 메인 컴포넌트를 수정하겠습니다. 이번 단계에서는 수정, 삭제, 저장과 관련된 디자인과 기능을 만들어 보겠습니다.

실습 파일 ex09_start₩src₩App.vue(2/4)

```
...생략...
              <!-- 두 번째 줄에 아이콘 배치 -->
              <v-list-item-subtitle class="mt-2">
                <!-- 수정 아이콘 표시하고 클릭하면 수정 모드로 변경 -->
                <v-icon class="pointer" @click="fnSetEditTodo(item['.key'])">create</v-icon>
                <!-- 삭제 아이콘 표시하고 클릭하면 해당 item 삭제 -->
                <v-icon class="pointer" @click="fnRemoveTodo(item['.key'])">delete</v-icon>
              </v-list-item-subtitle>
            </v-list-item-content>
          </v-list-item>
        </v-card>
        <!-- item.b_edit값을 통해 수정 모드인 경우 어둡게 표시 -->
        <v-card v-else dark>
          <v-list-item class="py-2">
            <v-list-item-action>
              <v-checkbox v-model="item.b_completed"></v-checkbox>
            </v-list-item-action>
            <!-- v-list-item 안에서 텍스트 입력과 버튼 사용을 위해 v-card 엘리먼트 사용 -->
            <v-card-text>
              <!-- 포커스를 입력 창으로 바로 옮기고 삭제 아이콘도 추가 -->
              <v-text-field autofocus clearable v-model="item.todo_title">
              </v-text-field>
            </v-card-text>
            <v-card-actions>
              <!-- 수정 모드에서 '저장' 아이콘 클릭하면 해당 item 저장 -->
              <v-icon class="pointer" @click="fnSaveEdit(item)">save</v-icon>
            <!-- 수정 모드에서 '취소' 아이콘 클릭하면 취소하고 읽기 모드로 돌아감 -->
              <v-icon class="pointer" @click="fnCancelEdit(item['.key'])"> cancel</v-icon>
```

```
82:                     </v-card-actions>
83:                   </v-list-item>
84:                 </v-card>
85:               </v-list>
86:             </v-col>
87:           </v-row>
88:         </v-container>
89:       </v-main>
90:     </v-card>
91:   </v-app>
92: </template>
...생략...
```

57~58 **수정 기능 완성하기**

연필 모양의 수정 아이콘을 누르면 fnSetEditTodo() 함수에 item['.key']를 전달해 해당 목록을 수정 모드로 변경합니다. 그런데 item['.key']는 현재 항목의 값을 가지고 있습니다.

그림 9-21 수정 아이콘

하나만 더 배워요! 현재 항목 값에 접근하는 방법

앞의 코드에서 item['.key'] 코드는 현재 항목의 값을 가져옵니다. 파이어베이스 DB를 살펴보면 -LGP9oS0cDyty2bj0k-0와 같이 자동으로 생성한 고유한 키(key)를 가지고 있습니다.

이 키가 없으면 각각의 데이터를 구분할 수 없습니다. 앞의 코드에서 item은 배열로 되어 있으니 item['.key']처럼 인덱스에 키를 부여하면 그 키에 저장된 데이터에 접근할 수 있습니다.

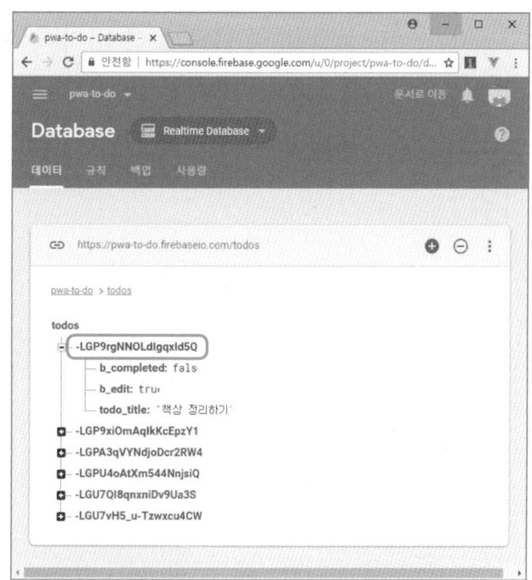

그림 9-22 파이어베이스의 todos 모습

59~60 삭제 기능 완성하기

v-icon 엘리먼트 사이에 있는 값을 delete로 작성하면 휴지통 모양의 아이콘을 설정할 수 있습니다. 마우스 커서를 휴지통 아이콘 위에 올리면 손가락 모양이 되도록 class값은 pointer로 설정했습니다. 그리고 휴지통 아이콘을 누르면 fnRemoveTodo() 함수가 동작합니다. 다음 그림에서 왼쪽은 첫 번째 할 일에 있는 휴지통 아이콘을 클릭(항목 삭제)하기 전의 목록이고, 오른쪽은 클릭한 후의 목록입니다.

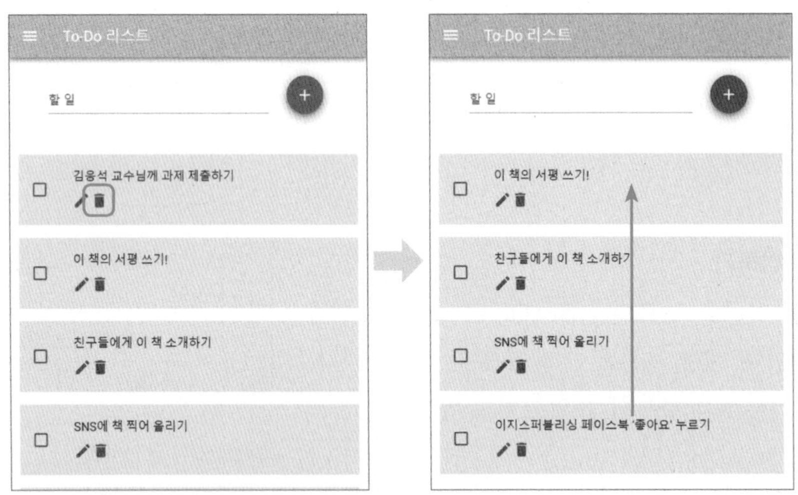

그림 9-23 휴지통 아이콘을 클릭하기 전후 할 일 목록 모습

65~66 item.b_edit값을 통해 수정 모드일 때 표시

사용자가 어떤 항목에서 연필 모양의 아이콘을 클릭하면 그 항목은 수정할 수 있도록 바뀌어야 합니다. 이것을 '수정 모드'라고 하겠습니다. 이를 구분하기 위해 item의 b_edit값을 기준으로 다음처럼 v-if와 v-else라는 두 개의 v-card 엘리먼트로 그룹을 나누어 작업합니다.

```
<!-- 읽기 모드 처리 -->
<v-card flat color="grey lighten-3" v-if="!item.b_edit">
  ...생략...
</v-card>
<!-- 수정 모드 처리 -->
<v-card v-else dark>
  ...생략...
</v-card>
```

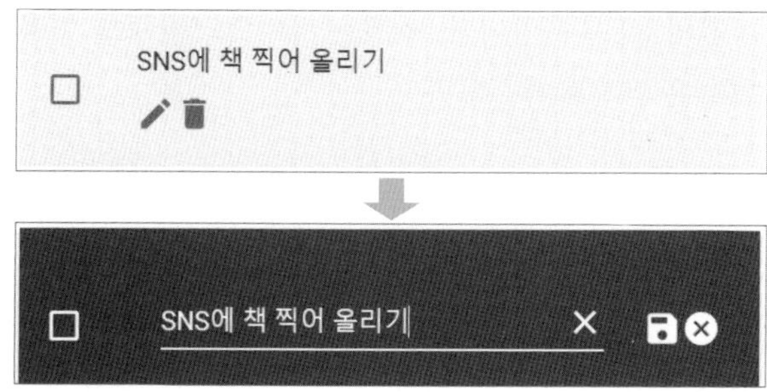

그림 9-24 수정 모드

78~79 **수정 모드에서 저장 아이콘 클릭하면 해당 item 저장**

수정 모드에서는 수정한 내용을 DB에 반영할 저장 아이콘이 나타나야 합니다. 그래서 다음처럼 v-icon 엘리먼트를 사용해서 save값을 지정합니다. 앞에서와 마찬가지로 pointer 클래스 선택자로 마우스 커서 모양을 손 모양으로 바꾸었습니다. 그리고 클릭하면 fnSaveEdit(item)을 실행해서 전달된 할 일의 수정된 값을 DB에 저장합니다.

그림 9-25 마우스 커서 변경

80~81 **수정 모드에서 취소 아이콘을 클릭하면 읽기 모드로 돌아감**

수정 모드에서 저장 아이콘 옆에는 취소 아이콘도 함께 배치해야 하므로 v-icon 엘리먼트에 cancel값을 지정합니다. 그리고 사용자가 아이콘을 누르면 fnCancelEdit(item['.key']) 를 실행해서 전달된 할 일의 b_edit를 읽기 모드로 DB에 변경합니다.

그림 9-26 취소 아이콘 배치

STEP 3 지금까지 작성한 내용은 To-Do 앱의 UI 부분입니다. 이제는 자바스크립트를 이용해 사용자의 할 일 작성, 저장, 수정, 삭제 기능을 완성하겠습니다.

실습 파일 ex09_start₩src₩App.vue(3/4)

```
...생략...
<script>
  // 파이어베이스 DB 가져옴
  import {oTodosinDB} from '@/datasources/firebase'
  export default {
    name: 'App',
    data() {
      return {
        oTodos: [],       // 할 일 데이터 목록 저장 변수
        sTodoTitle: ''    // 할 일 제목 저장 문자열 변수
      }
    },
    // 파이어베이스를 쉽게 사용하도록 oTodos 변수로 변경
    firebase: {
      oTodos: oTodosinDB
    },
    methods: {
      // 할 일 제목, 완료, 수정 모드 상탯값을 DB에 저장
      fnSubmitTodo() {
        oTodosinDB.push({
          todo_title: this.sTodoTitle,
          b_completed: false,
          b_edit: false
        })
        this.sTodoTitle = ''
      },
      // 전달된 할 일을 DB에서 제거
      fnRemoveTodo(pKey) {
        oTodosinDB.child(pKey).remove()
      },
      // 전달된 할 일의 b_edit를 수정 모드로 변경
      fnSetEditTodo(pKey) {
        oTodosinDB.child(pKey).update({
```

```
126:            b_edit: true
127:          })
128:        },
...생략...
```

95~96 **파이어베이스 DB 가져오기**

파이어베이스의 DB를 사용하려면 src\datasources 폴더에 있는 firebase.js 모듈을 가져와야 합니다. 이때 **@이라는 기호는 src 폴더를 의미**합니다. 앞으로 자주 사용하니 꼭 기억하기 바랍니다.

99~104 **뷰파이어 객체 사용하기**

파이어베이스 DB에서 CRUD를 쉽게 사용하려면 뷰파이어의 도움을 받는 것이 좋습니다. 그래서 다음처럼 `firebase` 속성에 `oTodos`라는 뷰파이어 객체를 선언하고 `oTodosinDB`와 연결합니다.

뷰파이어를 사용하는 방법은 이처럼 `firebase` 속성에 사용할 DB 객체명을 한 번만 선언해 주면 됩니다. 그리고 이것은 다음처럼 파이어베이스 DB의 `v-list` 엘리먼트 안에서 내용을 차례로 꺼내서 읽기를 수행할 때 사용합니다.

```
<v-list two-line v-for="item in oTodos":key="item.key">
  ...생략...
  {{ item.todo_title }}
  ...생략...
</v-list>
```

이 소스는 `v-for` 디렉티브를 이용해서 `oTodos` 뷰파이어 객체 안에 있는 항목을 하나씩 읽어 `item` 변수에 임시로 저장합니다. 그러고 나서 그 안에 있는 `todo_title` 내용을 바인딩해 출력하는 모습입니다. 뷰파이어를 이용해서 값을 읽을 때는 이와 같은 방식을 사용합니다.

105~108 **To-Do 앱의 제목을 저장할 변수 선언하기**

데이터 속성에는 할 일 목록을 저장할 객체 변수를 초깃값([])으로 설정합니다. 즉, 프로그램 전체에서 사용할 데이터는 반드시 데이터 속성에 변수로 선언해 주어야 합니다. 그리고 UI에서 사용자가 자주 입력하게 될 할 일의 제목을 `sTodoTitle`이라는 변수에 저장하고 바인딩할 수 있도록 초깃값을 `''`로 정의합니다.

110~118 **할 일 저장 기능 완성하기**

To-Do 목록에 할 일을 입력하고 〈+〉 버튼을 누르면 파이어베이스 데이터베이스에 새로운 항목을 추가해야겠죠? 바로 이 기능이 CRUD 기능 중 생성(create)입니다. 파이어베이스에 새로운 데이터를 추가하려면 `push()` 함수를 사용하면 됩니다. 이때 새로운 데이터는 JSON 형식으로 전달했습니다.

119~122 **할 일 삭제 기능 완성하기**

To-Do 목록에서 항목을 삭제하는 기능은 `remove()` 함수를 사용해서 구현합니다. 파이어베이스에 저장된 DB의 값은 노드 단위로 구성되어 있습니다. `fnRemoveTodo()` 함수는 삭제할 노드의 키값을 매개변수 `pKey`에 넘겨받아 해당 노드를 찾아내어 삭제합니다.

혹시 노드라는 개념이 잘 이해되지 않나요? `b_completed`, `b_edit` 등을 가지고 있는 데이터 덩어리를 노드라고 이해하면 됩니다.

그림 9-27 파이어베이스 노드 구조

`oTodosinDB`는 루트 노드이고 `child(pKey)`를 사용하면 원하는 자식 노드를 바로 선택할 수 있습니다.

123~128 **할 일 수정 기능 완성하기**

파이어베이스 DB에서 원하는 항목을 수정하려면 `update()` 함수를 사용합니다. 할 일 삭제 기능에서와 마찬가지로 `fnSetEditTodo`에 매개변수로 노드의 키값(pKey)을 받아 `update()` 함수를 사용해 수정 상태임을 알려 주는 값인 `b_edit`를 `true`로 변경했습니다.

STEP 4 이제 마지막입니다. 화면 UI에서 필요한 읽기, 수정 모드 처리와 취소선, 마우스 커서의 CSS 처리 등을 제작해 보겠습니다.

실습 파일 ex09_start₩src₩App.vue(4/4)

```
...생략...
    // 전달된 할 일의 b_edit를 읽기 모드로 변경
    fnCancelEdit(pKey) {
      oTodosinDB.child(pKey).update({
        b_edit: false
      })
    },
    // 전달된 할 일의 수정값을 DB에 저장
    fnSaveEdit(pItem) {
      const sKey = pItem['.key']
      oTodosinDB.child(sKey).set({
        todo_title: pItem.todo_title,
        b_completed: pItem.b_completed,
        b_edit: false
      })
    },
    // 체크박스 선택되면 DB에 b_completed 변경값 저장
    fnCheckboxChange(pItem) {
      const sKey = pItem['.key']
      oTodosinDB.child(sKey).update({
        b_completed: pItem.b_completed
      })
    }
  }
}
</script>
<style>
.pointer {
  /* 마우스 커서를 손 모양으로 변경 */
  cursor: pointer;
}
.style_completed {
  /* 할 일의 제목을 취소선으로 변경 */
  text-decoration: line-through;
}
</style>
```

129~134 **수정 모드에서 읽기 모드로 전환하기**

수정 모드에서 취소 아이콘을 누르면 다시 읽기 모드로 전환되어야겠죠? fnCancelEdit() 함수를 이용해 파이어베이스 DB의 b_edit값을 false로 변경하여 수정 모드에서 읽기 모드로 전환했습니다.

135~143 **수정 모드에서 수정한 내용 파이어베이스 DB에 저장하기**

수정 모드에서 수정한 내용을 저장하려면 update() 함수가 아니라 set() 함수를 사용합니다. 그 이유는 set() 함수는 update() 함수와 달리 하위 노드도 모두 영향을 주는, 좀 더 큰 수정 기능이라고 이해하면 됩니다. 이번 예제는 상관없지만 만약 하위 노드가 있는 경우라면 모두 제거됩니다.

파이어베이스 DB에 저장된 데이터를 수정하려면 먼저 수정할 노드를 찾아야겠죠? child() 함수로 수정할 노드를 찾은 다음 set() 함수에 수정할 내용을 JSON 형식으로 담아 전달하여 제목(todo_title), 완료 상태(b_completed), 수정 모드 상태(b_edit)를 수정했습니다.

144~150 **체크박스의 선택 상태를 파이어베이스 데이터베이스에 저장하기**

체크박스를 클릭하면 상탯값이 변경되어야 합니다. 체크박스의 상탯값을 pItem.b_competed라는 함수로 전달받고 update() 함수로 변경했습니다.

155~158 **완료한 할 일의 제목을 취소선으로 변경하기**

수정, 삭제, 저장, 취소 아이콘 위에 마우스 커서가 올라가면 마우스 포인터를 손 모양으로 변경하기 위해 CSS의 cursor 속성을 pointer로 설정했습니다.

159~162 **할 일의 제목을 취소선으로 변경하는 CSS 스타일**

체크박스를 선택하면 제목이 취소선으로 나타나야 합니다. 이를 위해서 CSS의 text-decoration 속성을 line-through값으로 설정하면 간단히 해결됩니다. 다음처럼 style_completed 클래스 선택자 이름으로 선언한 뒤에 사용합니다.

이렇게 선언된 클래스 선택자는 다음과 같이 이미 앞에서 살펴보았던 To-Do 항목의 제목을 표시할 때 활용됩니다. 즉, style_completed 클래스 선택자의 활성화 여부는 item.b_completed값의 true, false 여부에 따라 결정됩니다.

```
<v-list-item-title:class="{'style_completed':item.b_completed}">
  {{ item.todo_title }}
</v-list-item-title>
```

10

사진 갤러리 앱 만들기

플리커(flickr.com), 언스플래시(unsplash.com)와 같은 사이트를 알고 있나요? 10장에서는 이와 비슷한 형태의 사진 갤러리를 만듭니다. 많은 양의 이미지를 화면에 그냥 배치하면 매력적으로 보이지 않겠죠? 또 이미지 크기도 기기마다 다르게 표현되어야 합니다. 10장을 배우고 나면 사진과 텍스트가 아무리 많아도 UI를 아름답게 디자인하는 방법은 물론 반응형 웹을 만드는 노하우도 익힐 수 있습니다. 그럼 시작해 볼까요?

10-1 사진 갤러리 앱 구경하기

사진 갤러리 앱은 소장하고 있는 사진의 섬네일 이미지와 제목을 함께 조회할 수 있는 프로그램입니다. 우리가 실습할 앱은 플리커 사이트에 저장해 둔 사진을 불러와 뷰티파이의 그리드 시스템을 적용해서 반응형 웹으로 동작합니다. 워크박스가 갤러리 사진들을 자동으로 캐시해 주는 것을 확인하면서 *.png와 mainifest.json의 런타임 캐시 사용법을 익혀 보겠습니다.

Do it! 실습 **노드 패키지 설치하고 앱 실행하기**

STEP 1 우선 필자가 제공한 실습 파일을 통해 완성된 앱을 실행해 보겠습니다. 이 앱을 실행해 보려면 Node.js, Vue-CLI, server 등의 개발 도구가 설치되어 있어야 합니다. Node.js와 Vue-CLI 설치는 05-7절, serve 설치는 08-1절을 참고합니다.

STEP 2 VSCode에서 필자가 제공한 완성 폴더(ex10)를 프로젝트 폴더로 설정합니다. 다음 명령을 실행하여 필요한 노드 패키지를 설치하고 빌드 후 개발자 모드로 실행합니다.

```
> cd ex10
ex10> npm install
ex10> npm run build
ex10> serve dist
```


STEP 3 Ctrl을 누른 상태에서 통합 터미널 창에 나타난 주소를 클릭하면 앱이 실행됩니다.

그림 10-1 사진 갤러리 앱 실행 모습

Do it! 실습 앱 성능 테스트하기

STEP 1 반응형 웹이 잘 동작하는지 테스트해 봐야겠죠? 웹 브라우저의 너비를 조절하면 이 앱이 반응형 웹으로 만들어졌다는 것을 금방 알 수 있습니다. 웹 브라우저의 너비를 늘였다 줄였다 하면 사진 갤러리에서 한 줄로 표현되는 사진의 개수가 자동으로 조절됩니다.

그림 10-2 다양한 사진 갤러리 앱 반응형 웹 테스트

STEP 2 오프라인에서 사진 갤러리가 제대로 동작하는지 확인해 보겠습니다. 웹 브라우저의 개발자 도구에서 [Service Workers] 메뉴를 클릭한 다음 [Offline]을 선택하고 새로 고침을 하면 오프라인 상태로 사진 갤러리가 실행됩니다. 사진 갤러리의 이미지가 제대로 나온다면 오프라인 테스트도 성공한 것입니다.

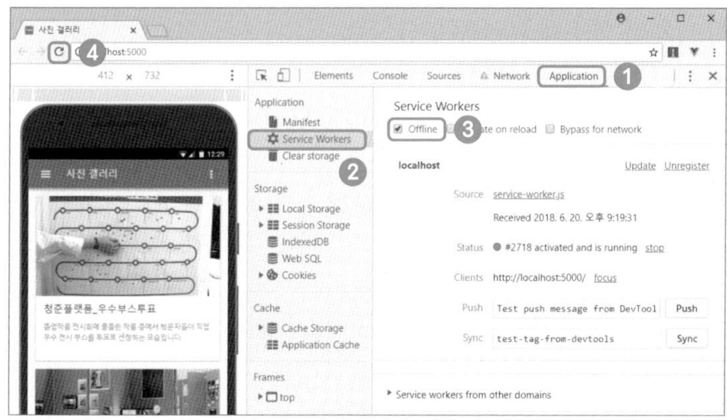

그림 10-3 사진 갤러리 앱 오프라인 테스트

STEP 3 서비스 워커의 동작을 확인했나요? 오프라인 테스트까지 마쳤다면 [Clear storage] 메뉴에서 서비스 워커를 삭제합니다. 이어서 VSCode의 터미널 창에서 Ctrl+C를 누른 후 Y를 눌러 프로그램을 종료합니다.

10-2 매니페스트 작성하기

이번 장에서 만들 PWA의 실행 모습을 살펴보았으니 이제는 처음부터 끝까지 직접 만들어 보겠습니다. 어렵지 않습니다. 천천히 시작해 보겠습니다.

Do it! 실습 프로젝트 만들고 실습 환경 준비하기

STEP 1 VSCode에서 통합 터미널 창을 열고 필자가 실습 파일로 제공한 웹팩 시작 템플릿의 폴더로 이동합니다.

필자가 제공한 실습 파일을 이용하지 않고 뷰 프로젝트를 직접 만들 때는 08-2절을 참고하세요.

```
> cd ex10_start
```

STEP 2 [파일 → 폴더 열기]로 새로 생성한 프로젝트 폴더(ex10_start)를 엽니다. 탐색 창에서 public/img/icons 폴더를 선택한 후, 필자가 제공한 실습 파일 중에서 ex10/public/img/icons 폴더에 있는 이미지 파일을 이곳에 복사해 넣습니다.

Do it! 실습 매니페스트 작성하기

자동으로 생성된 매니페스트 파일을 열어 다음과 같이 수정하면 준비가 끝납니다. 매니페스트 파일은 이미 앞에서 여러 차례 설명했으므로 생략합니다.

실습 파일 ex10_start₩public₩manifest.json

```
{
  "name": "사진 갤러리",
  "short_name": "사진 갤러리",
  "icons": [{
     ...생략...
  ],
  "start_url": "./index.html",
  "display": "standalone",
  "orientation": "portrait",
  "background_color": "#ffffff",
  "theme_color": "#ffffff"
}
```

10-3 워크박스로 런타임 캐시 관리하기

이어서 서비스 워커의 런타임 캐시를 설정해 보겠습니다. 서비스 워커의 런타임 캐시는 앱을 실행하는 중간에 필요한 내용을 캐시하는 것을 의미합니다. 앞 장에서 살펴본 프리캐시와 비교하면서 어떤 특징이 있는지 살펴보기 바랍니다.

워크박스의 5가지 캐시 전략

프리캐시(pre-cache)는 서비스 워커가 등록될 때 미리 원하는 파일만 지정하여 캐시하는 것을 말합니다. 이 방법은 분명히 빠르고 손쉽지만 브라우저의 HTTPS 요청처럼 프로그램 로직에 따라 앱 실행 중에 캐시해야 하는 경우도 발생합니다. 이럴 때 수행하는 방법을 **런타임 캐시**(runtime-cache)라고 합니다.

런타임 캐시를 사용할 때는 사용 방식을 결정해 주어야 합니다. 이것을 **캐시 전략**이라고 하는데 워크박스는 Network-First, Cache-First, Stale-while-revalidate, Network-Only, Cache-Only의 총 5가지 방식을 지원합니다. 어떤 의미가 있는지 하나씩 살펴보겠습니다.

① Network-First 캐시 전략

1단계는 인터넷 접속을 먼저 요청합니다. 인터넷 접속이 성공하면 결과를 보여 주고 그 내용을 캐시에 반영합니다. 하지만 만약 문제가 생기면 2단계로 넘어가 캐시에서 읽어서 화면에 표시합니다.

Network-First 캐시 전략은 인터넷 기사처럼 항상 새로운 내용이 필요할 때 적합합니다.

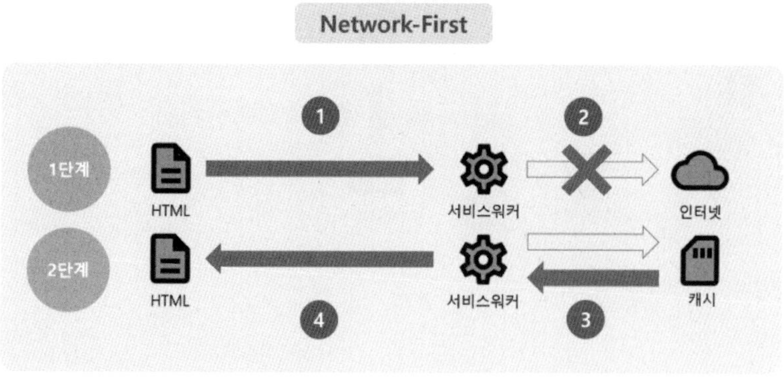

그림 10-4 Network-First 캐시 전략

② Cache-First 캐시 전략

1단계로 캐시에 먼저 요청합니다. 만약 내용이 있으면 성공적으로 결과를 보여 줍니다. 하지만 캐시에 내용이 없으면 2단계로 넘어가서 인터넷에 접속하여 결과를 화면에 보여 줍니다. 그리고 읽어 온 내용은 캐시에 저장합니다.

Cache-First는 웹 사이트 전체에서 사용하는 폰트, 아이콘, 이미지처럼 바뀔 일이 거의 없는 파일에 적합합니다.

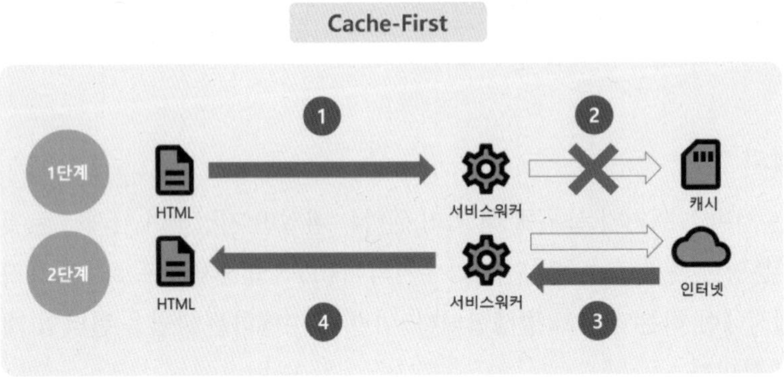

Cache-First

그림 10-5 Cache-First 캐시 전략

③ Stale-while-revalidate 캐시 전략

1단계에서 캐시에 먼저 요청한 후 내용이 있으면 성공적으로 결과를 보여 줍니다. 그리고 동시에 서비스 워커는 인터넷에 접속하여 캐시된 내용이 원본과 같은지 확인합니다. 만약 다르면 캐시를 새로운 원본으로 업데이트합니다. 그래서 인터넷의 내용이 다른 내용으로 바뀌어도 캐시의 내용 또한 항상 최신 정보로 유지됩니다.

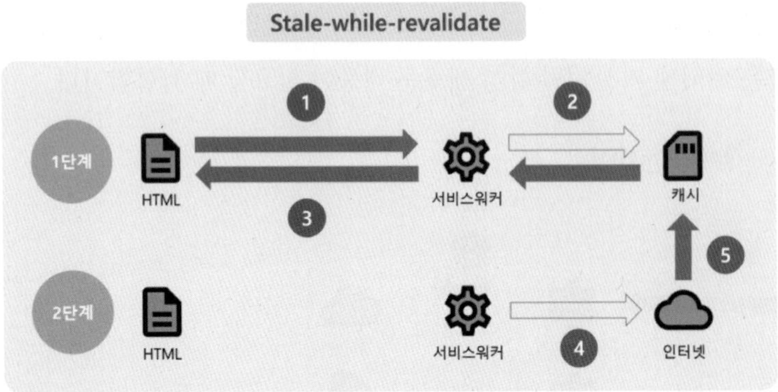

Stale-while-revalidate

그림 10-6 Stale-while-revalidate 캐시 전략

Stale-while-revalidate는 Cache-First의 장점을 사용하면서 업데이트가 가끔 발생할 때 적용하면 좋습니다. 예를 들어, 사용자 계정의 아바타 이미지는 일반 아이콘과 다르게 사용자의 요청에 따라 가끔씩 변경할 수 있습니다. 이때 캐시의 내용을 새로운 아바타 이미지로 변경해 주어야 하므로 Stale-while-revalidate 전략이 적합합니다.

④ Network-Only 전략

필요한 파일이 있으면 무조건 인터넷에 접속해서 가져오는 방식입니다. 데이터 변경이 빈번해서 캐시를 이용하는 의미가 없을 때 사용합니다.

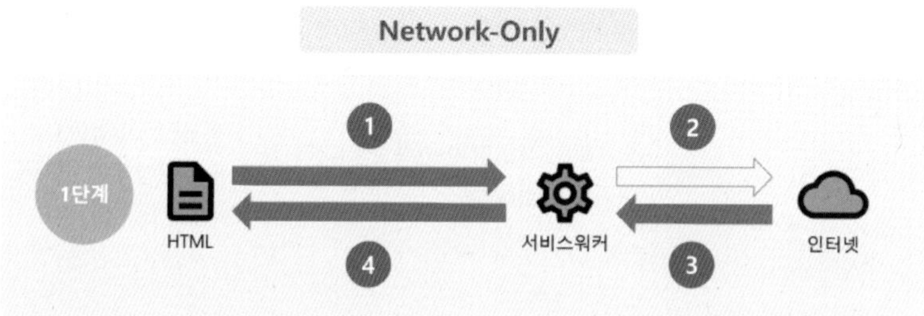

그림 10-7 Network-Only 캐시 전략

⑤ Cache-Only 전략

필요한 파일이 있으면 무조건 캐시에서 가져오는 방법입니다. 데이터 변경이 전혀 없고 오프라인 작업만으로 실행할 수 있을 때 사용합니다.

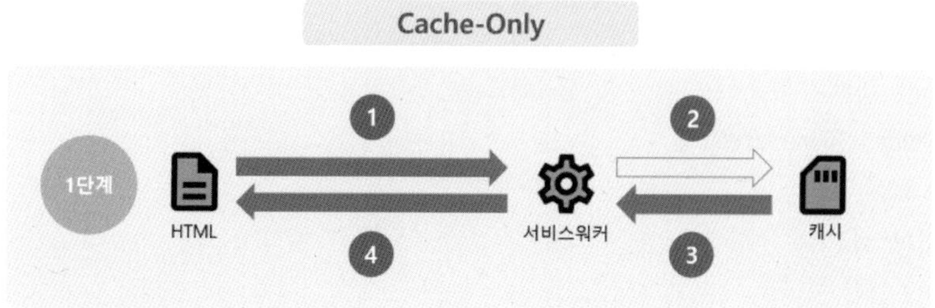

그림 10-8 Cache-Only 캐시 전략

다음 표는 지금까지 설명한 워크박스에 적용할 수 있는 캐시 전략을 정리한 내용입니다. 표를 참고하여 상황에 맞는 캐시 전략을 사용해 보세요.

표 10-1 워크박스의 5가지 캐시 전략

캐시 전략	방법	용도	캐시 대상
Network-First	인터넷에서 먼저 읽고 실패하면 캐시 사용	인터넷 기사처럼 오프라인 작업도 처리할 수 있어야 하고 데이터 업데이트가 많을 때	HTTP 요청 URL
Cache-First	캐시를 먼저 읽고 실패하면 인터넷에서 찾기	오프라인 작업도 처리할 수 있어야 하고 캐시 업데이트가 필요 없을 때	폰트, 이미지 파일
Stale-while-revalidate	캐시를 먼저 읽고 실패하면 인터넷에서 찾으면서 동시에 캐시의 내용을 최신으로 업데이트	캐시를 주로 사용하면서 캐시 업데이트가 필요할 때	아바타 이미지, CSS, JS
Network-Only	인터넷에서만 데이터 읽기	인터넷만 사용해도 되고 데이터 업데이트가 빈번할 때	캐시 없음
Cache-Only	캐시에서만 데이터 읽기	오프라인 작업이 빈번하고 데이터 업데이트가 없을 때	정적인 파일만으로도 실행되면 모든 파일

런타임 캐시 작성 방법

이번에는 서비스 워커가 자동으로 생성되는 GenerateSW 플러그인 모드에서 런타임 캐시를 어떻게 작성하는지 소개합니다.

GenerateSW 플러그인 모드

```
01: module.exports = {
02:   pwa: {
03:     // Generate SW는 기본값이므로 모드 선언을 생략해도 됨
04:     workboxPluginMode: 'GenerateSW',
06:       // 프리 캐시 옵션 지정
07:       runtimeCaching: [{
08:       // 런타임 캐시 옵션 지정
09:       }]
10:     }
11:   }
12: }
```

03~04 GenerateSW 모드 선언

GenerateSW 플러그인 모드는 기본값이므로 생략해도 무방합니다.

06 **프리캐시 옵션 지정**

GenerateSW 플러그인 모드에서 프리캐시의 작성 방법은 09장에서 자세히 소개했으므로 여기서는 설명을 생략합니다. 09-3절을 참고하세요.

07~09 **런타임 캐시 옵션 지정**

런타임 캐시란 앱을 실행할 때 외부 HTTPS 요청 등에 의해 발생되는 파일들을 캐시하는 것입니다. 설정하고 싶은 옵션 내용을 `runtimeCaching` 속성에 한 번에 하나씩 쉼표(,)로 구분해서 작성하면 됩니다.

```
runtimeCaching: [{설정 옵션1},{설정 옵션2},...,{설정 옵션n}]
```

런타임 캐시에서 사용할 수 있는 설정 옵션을 정리하면 다음과 같습니다.

표 10-2 런타임 캐시 설정 옵션

설정		의미	적용 사례
handler		• 앞에서 설명한 5가지 캐시 전략 중 한 가지 사용	• Cache-First 전략 사용 handler: 'cacheFirst'
urlPattern		• 정규식 사용해서 캐시하려는 파일이나 URL 경로 지정	• *.png 이미지 파일 캐시 urlPattern : /\.png$/ • 구글 폰트 URL 캐시 /^https:\/\/fonts\.gstatic\.com/
options	cacheName	• 개발자 도구에 표시할 캐시 제목	cacheName: 'png-cache'
	expiration	• 캐시 제약 지정 • maxEntries : 캐시할 개수 • maxAgeSeconds: 캐시가 유지될 총 시간(초)	• 총 파일 10개까지 캐시 maxEntries: 10 • 1년 캐시 maxAgeSeconds: 60 * 60 * 24 * 365
	cacheableResponse	• HTTP 응답 코드를 통해 캐시 여부 결정	• 응답 코드가 200(성공), 404(파일 없음)면 캐시 cacheableResponse: { statuses: [200, 404] }

`cacheName`은 다른 캐시 이름과 겹치지 않도록 작성하세요. `urlParttern`을 사용하면 외부 HTTP 요청도 캐시할 수 있습니다. 그런데 Vue-CLI의 템플릿은 URL 접속도 기본으로 캐시해 줍니다. 따라서 웹 브라우저의 개발자 도구에서 캐시 여부를 확인한 후 필요한 것만 사용합니다. 그리고 `urlPattern`에는 정규식을 사용했습니다.

정규식은 09-3절을 참고하세요.

Do it! 실습 vue.config.js에서 런타임 캐시 추가하기

지금까지 설명한 런타임 캐시 설정 옵션을 vue.config.js에 직접 추가해 보겠습니다. 여기서는 Vue-CLI의 템플릿에서 제공하지 않는 *.png, *.json 파일을 캐시하기 위해 2가지 항목으로 설정해 보겠습니다.

STEP 1 PWA 설정을 위해 루트 폴더에 vue.config.js 파일을 추가하고 다음 내용을 입력합니다.

실습 파일 ex10_start₩vue.config.js

```
module.exports = {
  pwa: {
    workboxOptions: {
      runtimeCaching: [{
          urlPattern: /\.png$/,
          handler: 'cacheFirst',
          options: {
            cacheName: 'png-cache',
            expiration: {
              maxEntries: 10,   // 파일 10개까지 캐시
              maxAgeSeconds: 60 * 60 * 24 * 365,   // 1년 캐시
            }
          }
        },
        {
          urlPattern: /\.json$/,
          handler: 'staleWhileRevalidate',
          options: {
            cacheName: 'json-cache',
            cacheableResponse: { statuses: [200] }
          },
        }
      ],
    }
  }
}
```

05~06 *.png 이미지 캐시하기

PNG 이미지는 Cache-First로 캐시합니다. 즉, PNG 이미지는 캐시를 먼저 사용하고 만약 캐시에 없으면 인터넷에 접속합니다.

08, 19 캐시 이름 설정하기

캐시 이름은 `png-cache`, `json-cache` 등 2개를 사용했습니다. 각각 *.png, *.json 파일이 캐시될 공간의 이름으로 사용됩니다. 웹 브라우저의 개발자 도구에서 확인할 수 있습니다.

09~12 캐시 최대 개수와 만료 기간 설정하기

`maxEntries: 10`은 PNG 이미지를 총 10개만 캐시하도록 설정합니다. 만약 이 개수를 초과해서 캐시해야 하면 가장 오래된 항목을 지워야 합니다. `maxAgeSeconds: 60 * 60 * 24 * 365`는 캐시 기간을 1년 동안 유지하도록 설정하기 위해 '60초 × 60분 × 24시간 × 365일'의 계산식을 사용했습니다.

16~17 *.json 파일 캐시하기

JSON 파일은 캐시 전략 중 `staleWhileRevalidate`를 사용합니다. 그래서 캐시된 것을 먼저 사용하고 캐시 내용이 변경되면 최신으로 교체해 줍니다. 이번 예제에서는 manifest.json 파일이 캐시됩니다.

20 응답 코드를 캐시 조건으로 설정하기

`cacheableResponse: { statuses: [200] }` 코드는 HTTP를 요청한 후 응답 코드가 200(성공)이면 캐시를 수행합니다.

STEP 2 앞에서 작성한 코드대로 실행했을 때 런타임 캐시가 잘 되는지 확인해 보겠습니다. 웹 브라우저의 개발자 도구에서 캐시 저장소를 살펴보면, `json-cache`와 `png-cache`가 등록되고 원하는 파일들이 런타임 캐시된 것을 알 수 있습니다.

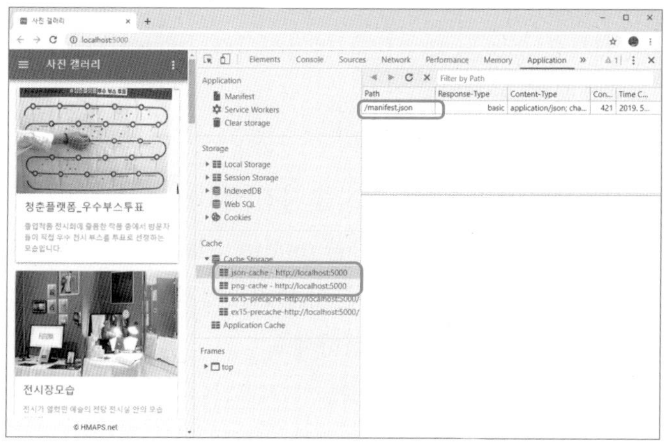

그림 10-9 웹 브라우저 개발자 도구에서 런타임 캐시 확인

10-4 앱 실행 화면 만들기

Do it! 실습 **앱 실행 화면 만들기**

STEP 1 먼저 자동으로 생성된 index.html 파일을 열고 다음과 같은 내용으로 수정합니다.

실습 파일 ex10_start₩public₩index.html

```
01: <!DOCTYPE html>
02: <html lang="ko">
03:   <head>
...생략...
07:     <!-- 상태 표시줄 테마 색상을 흰색으로 변경 -->
08:     <meta name="theme-color" content="#ffffff">
...생략...
10:     <title>사진 갤러리</title>
11:     <!-- 구글 머티리얼 디자인 아이콘 추가 -->
12:     <link href="https://fonts.googleapis.com/css?family=Roboto:100,300,400,
500,700,900|Material+Icons" rel="stylesheet">
...생략...
22: </html>
```

02, 07~08 **언어는 꼭 한글로 설정, 상태 표시줄 테마 색상 지정**

HTML 언어를 한글로 설정합니다. 상태 표시줄은 흰색으로 변경합니다.

10~12 **웹 브라우저 캡션 제목 변경**

웹 브라우저 캡션 영역에 나타나는 제목을 원하는 내용으로 변경합니다. 그리고 머티리얼 디자인 아이콘을 사용할 수 있도록 링크를 수정합니다.

STEP 2 이제 온라인 이미지 공유 사이트인 플리커의 이미지를 사진 갤러리에 불러와 보겠습니다. src 폴더 안에 datasources 폴더를 만드세요. 그런 다음 picture-data.js라는 파일을 만들어 이미지 정보(JSON 파일)를 작성하겠습니다. 만약 여러분이 플리커에 직접 올린 이미지를 사진 갤러리에 불러오고 싶다면 다음 코드에서 URL만 수정하세요.

실습 파일 ex10_start₩src₩datasources₩picture-data.js

```
01: // JSON 형태의 배열로 저장된 12개의 사진 정보 저장
02: // 사진은 각각 ID 번호, 플리커에 저장된 사진 이미지 주소, 제목, 설명으로 구성됨
03: export default {
04:   aPictures: [{
05:     'id': 1,
06:     'url': 'https://farm1.staticflickr.com/654/22663129542_e3df218c90_b.jpg',
07:     'title': '청춘 플랫폼 우수 부스 투표',
08:     'info': '졸업 작품 전시회에 출품한 작품 중에서 방문자들이 직접 우수 ...'
09:   },
...생략...
70:   {
71:     'id': 12,
72:     'url': 'https://farm6.staticflickr.com/5672/22055530083_8f633d57f3_b.jpg',
73:     'title': '종이컵_캘리그래피',
74:     'info': '종이컵을 캔버스 삼아 학생들의 자유로운 생각을 캘리그래피의 ...'
75:   }]
76: }
```

05~08 JSON 형식으로 이미지 정보 입력하기

JSON을 이용하면 데이터베이스를 사용하지 않아도 이미지를 관리할 수 있습니다. 사진 갤러리에서는 아이디(id), 이미지 주소(url), 제목(title), 상세 정보(info)만 입력하여 사용했습니다. **id**, **title**, **info**는 다음 단계에서 App.vue 파일에 사용할 용도로 입력한 값입니다.

STEP 3 이제 src 폴더의 App.vue 파일을 열어 **template** 엘리먼트 안의 내용을 모두 삭제하고 다음과 같이 수정하세요. 이 파일을 수정하고 나면 프로그램을 실행할 때 나타나는 화면이 바뀝니다.

실습 파일 ex10_start₩src₩App.vue(1/2)

```
<template>
  <v-app>
    <!-- 툴바에 제목과 버튼 삽입 -->
    <v-app-bar app color="blue-grey" dark fixed>
      <v-app-bar-nav-icon></v-app-bar-nav-icon>
```

```
06:       <v-toolbar-title>사진 갤러리</v-toolbar-title>
07:       <v-spacer></v-spacer>
08:       <v-btn icon>
09:         <v-icon>more_vert</v-icon>
10:       </v-btn>
11:     </v-app-bar>
12:     <v-main>
13:       <v-container>
14:         <v-row>
15:           <!-- 기기별로 그리드의 크기 설정 -->
16:           <v-col cols="12" sm="6" md="4" lg="3" xl="2"
17:               v-for="item in this.aPictures":key=item.key>
18:             <!-- 카드 UI에 사진 담아내기 -->
19:             <v-card height="330px">
20:               <v-img:src="item.url" height="200px">
21:               </v-img>
22:               <v-card-title>
23:                 <h1 class="title grey--text text--darken-3 mb-3">
24:                 {{item.title}}</h1>
25:                 <p class="body-2 grey--text">{{item.info}}</p>
26:               </v-card-title>
27:             </v-card>
28:           </v-col>
29:         </v-row>
30:       </v-container>
31:     </v-main>
32:     <!-- 바닥글 고정 -->
33:     <v-footer fixed>
34:       <div class="mx-auto">&copy; CODE-DESIGN.web.app</div>
35:     </v-footer>
36:   </v-app>
37: </template>
...생략...
```

04~11 **상단 앱바에 제목과 버튼 넣기**

모바일 애플리케이션의 디자인과 같이 상단 앱바에 제목과 버튼을 넣었습니다. 다음 그림을 참고해서 코드를 읽으면 이해하기 쉽습니다.

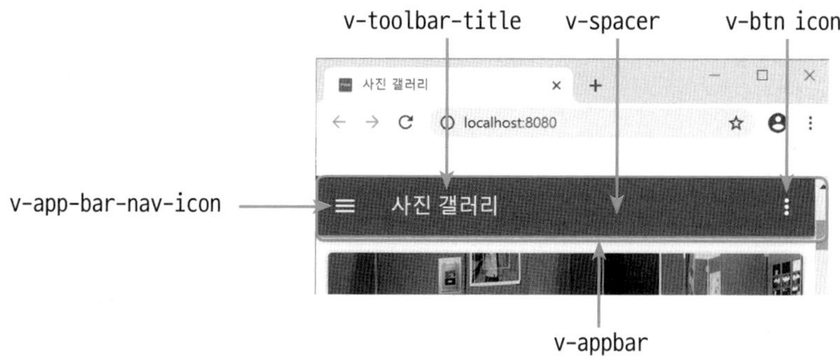

그림 10-10 앱바 UI 디자인

16 기기별로 그리드의 크기를 다르게 설정하기

미디어 쿼리를 사용하지 않아도 그리드의 크기를 다르게 설정할 수 있습니다. v-col 엘리먼트에 설정한 cols="12", sm="6", md="4", lg="3", xl="2"는 모두 모바일 기기에 따라 화면 크기를 다르게 설정한 것입니다. 예를 들어 cols="12"는 모바일 기기가 xs 구간일 때 그리드를 한 줄에 한 개만 표현할 수 있는 크기로 설정하라는 의미입니다.

반응형 그리드 표현 원리는 06-6절을 참고하세요.

하나만 더 배워요! 반응형 그리드의 변화를 직접 확인할 수 있나요?

웹 브라우저의 개발자 도구에서 [Toggle device toolbar] 아이콘을 눌러 모바일 화면으로 전환합니다. 상단의 메뉴 아이콘(⋮)을 클릭하고 [Show media queries]를 선택한 후 해상도를 직접 입력하면 그리드 표현이 달라지는 것을 확인할 수 있습니다.

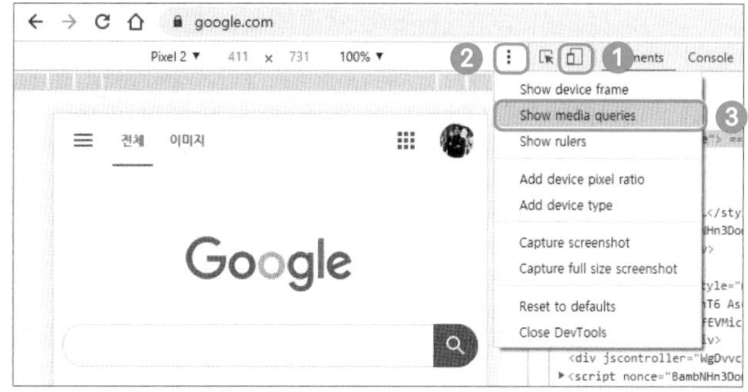

그림 10-11 개발자 도구에서 [Show media queries] 선택

오른쪽 그림에서 위는 그리드 시스템에서 xs(extra small) 구간이므로 `cols="12"`가 적용돼서 한 열에 12칸을 모두 사용하므로 열이 하나만 표시된 것입니다. 아래는 sm(small) 구간이므로 `sm="6"`이 적용돼서 6칸의 열을 사용하므로 12칸 기준으로 2개의 열이 표시된 것입니다. 그리드의 크기가 달라지면 이처럼 한 줄에 표현하는 그리드의 개수도 달라집니다.

그림 10-12 cols="12"(위), sm="6"(아래)

---

17 **`v-for` 디렉티브로 이미지 불러오기**

JSON으로 저장한 `aPictures` 배열과 `v-for` 디렉티브를 활용해서 반복문으로 이미지를 불러옵니다. 이때 `:key` 디렉티브는 고유한 값을 요구하므로 `item`에 저장된 `key`를 저장합니다. 그 이유는 뷰에서 `:key` 바인딩을 사용할 때는 `key` 어트리뷰트에 고유한 값을 전달하여 사용하도록 강제하고 있기 때문입니다. 이를 설정하지 않으면 콘솔 창에 경고 메시지가 나타납니다.

19~27 **카드 UI에 사진 담기**

카드 UI의 높이를 330px로 고정하고, `v-card` 엘리먼트에 `url`을 지정하여(`v-for` 디렉티브에서 사용한 `item` 사용) 이미지를 표시합니다. 제목과 내용은 `v-card-title` 엘리먼트 안에 `h1`, `p` 엘리먼트로 표현했습니다.

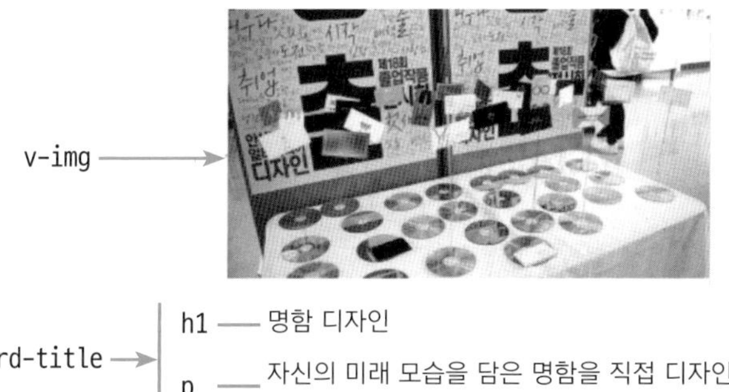

그림 10-13 카드 UI 디자인

33 바닥글 삽입하기

바닥글은 `v-footer` 엘리먼트를 사용해서 만듭니다. 스크롤과 상관없이 바닥글의 위치를 고정하기 위해 `fixed` 어트리뷰트를 추가했습니다.

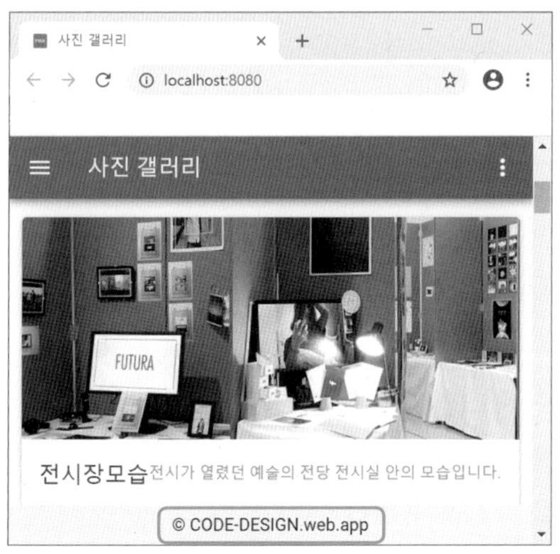

그림 10-14 바닥글 UI 디자인

STEP 4 이제 App.vue 파일에 자바스크립트 코드를 입력하여 뷰의 메인 컴포넌트 수정을 마치겠습니다. 이번 소스에서 중요하게 볼 부분은 `v-for`에서 이미지를 하나씩 읽을 수 있도록 datasources 폴더에 저장해 두었던 picture-data.js의 JSON 정보를 `data` 속성에 연결한 것입니다.

실습 파일 ex10_start₩src₩App.vue(2/2)

```
...생략....
39: <script>
40:   // 사진 정보(JSON 파일) 읽어 오기
41:   import oPictureData from '@/datasources/picture-data'
42:   export default {
43:     data() {
44:       return {
45:         // aPictures의 배열에 사진 정보 저장하기
46:         'aPictures': oPictureData.aPictures
47:       }
48:     },
49:     name: 'App',
50:   }
51: </script>
```

41 사진 정보 읽어 오기

이 코드는 datasources 폴더에 저장한 사진 정보(picture-data.js 파일)를 가져와 oPictureData 라는 변수에 저장합니다. 여기서 @는 src 폴더 경로를 의미합니다.

46 aPictures의 배열에 사진 정보 저장하기

뷰의 데이터 바인딩을 위해 data 속성에 배열(aPictures)을 추가합니다.

STEP 5 이제 사진 갤러리에 사진이 잘 나타나는지 그리고 반응형 웹 디자인이 잘 동작하는지 프로그램을 실행해 볼까요? 다음 명령어를 입력하여 프로그램을 실행해 보세요. 그러면 빌드 모드로 실행되어 서비스 워커의 동작 여부를 확인할 수 있습니다.

만약 서비스 워커는 생략하고 화면 표시만 테스트하고 싶다면 개발자 모드 실행인 npm run serve를 사용합니다.

```
ex10_start> npm run build
ex10_start> serve dist
```

10-5 모바일 기기에서 로컬 사이트 테스트하기

VSCode에서 npm run serve 명령을 입력하면 핫리로딩 기능을 통해서 로컬의 localhost:8080 주소로 수정 내용을 바로바로 확인할 수 있습니다. 이렇게 하면 테스트하기가 한결 편리해집니다. 이 화면을 로컬뿐만 아니라 모바일 기기로도 접속할 수 있다면 어떨까요? 한번 해보겠습니다.

Do it! 실습 ngrok로 테스트하기

ngrok는 외부에서 접속할 수 있는 IP 주소를 로컬 주소로 포워딩해서 연결해주는 무료 서비스입니다. 이 서비스를 활용해 모바일 기기에서 테스트하는 방법을 실습해 보겠습니다.

포워딩(forwarding)이란 웹 브라우저에 입력한 링크 주소를 그와 연결된 다른 주소로 다시 접속시킨다는 의미입니다.

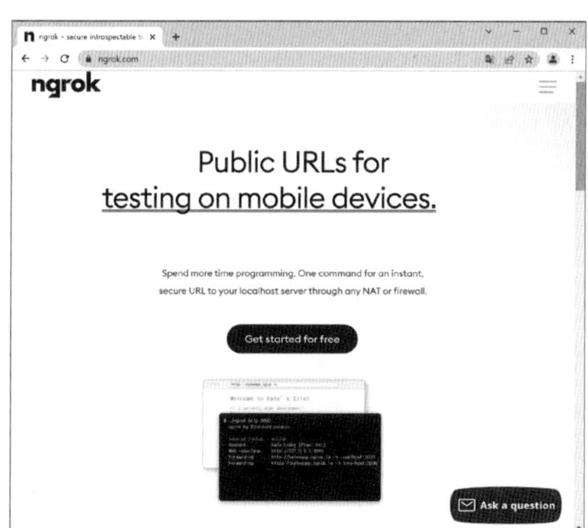

그림 10-15 ngrok(ngrok.com) 첫 화면

STEP 1 ngrok를 사용하는 방법은 다음과 같습니다. 먼저 VSCode의 통합 터미널에서 다음과 같은 명령으로 설치합니다.

```
> npm install -g ngrok
```

STEP 2 프로젝트 폴더에 있는 vue.config.js 파일을 열어 `disableHostCheck` 항목을 `true`로 설정하면 `npm run serve` 명령으로 ngrok를 실행할 수 있습니다. 만약 이 설정을 추가하지 않으면 'Invalid Host header'라는 오류가 발생합니다.

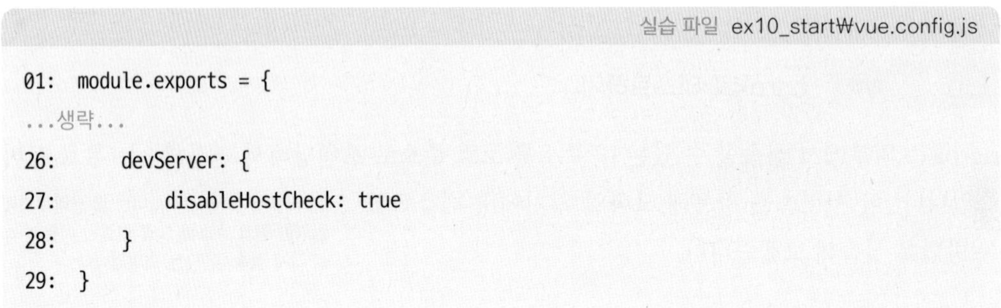

실습 파일 ex10_start₩vue.config.js

```
module.exports = {
...생략...
    devServer: {
        disableHostCheck: true
    }
}
```

STEP 3 개발자 모드로 현재 프로젝트를 실행합니다. 이때 로컬 호스트의 포트 번호를 확인합니다.

```
> npm run serve
```

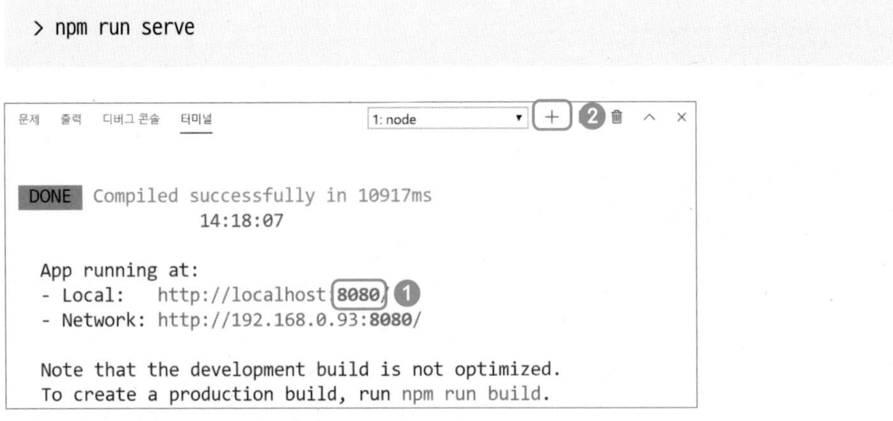

그림 10-16 개발자 모드로 실행한 화면

STEP 4 VSCode 터미널 창 상단의 〈+〉 버튼을 눌러 새 창을 띄우고 nrgok를 실행하여 앞 단계에서 확인한 포트 번호를 다음과 같이 일치시킵니다.

```
> ngrok http 8080
```

STEP 5 ngrok가 알려 주는 포워딩할 주소와 http 또는 https 중에서 원하는 프로토콜을 선택하여 모바일 기기에서 접속합니다. 그러면 ngrok가 로컬 컴퓨터의 테스트 서버로 포워딩해 줍니다.

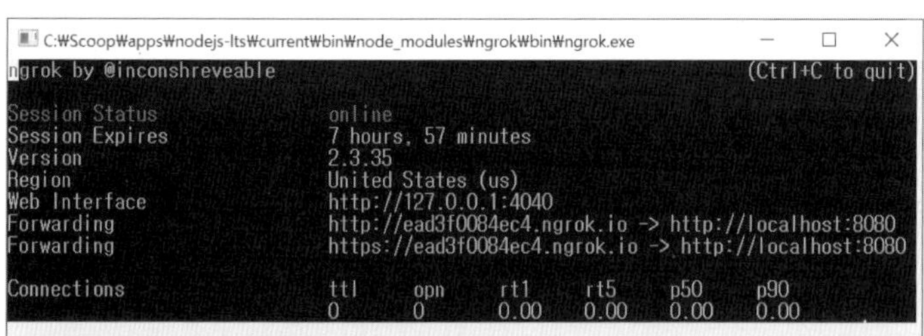

그림 10-17 ngrok가 제공하는 서비스 주소 확인

STEP 6 모바일에서 웹 브라우저를 실행하고 ngrok가 알려준 포워딩 주소에 접속하면 결과적으로 다음과 같은 화면을 확인할 수 있습니다.

그림 10-18 모바일 기기에서 접속한 화면

11

카메라 사진 갤러리 앱 만들기

이번에는 카메라로 촬영한 사진을 바로 올려 게시하는 갤러리 앱을 만들어 보겠습니다. 카메라와 같은 하드웨어 제어는 네이티브 앱의 장점이었습니다. 그러나 PWA도 하드웨어를 제어할 수 있습니다. 이 장의 최종 목표는 카메라로 촬영하기, 파이어베이스에 사진 저장하기, 촬영한 사진을 갤러리로 가져오기 이렇게 총 3가지입니다. 이 외에도 SPA의 라우터 사용법, 마스터 디테일 구조 등 실무에서도 활용할 수 있는 개발 방법을 알아보겠습니다.

11-1 카메라 사진 갤러리 앱 구경하기

카메라 사진 갤러리 앱은 기기에 장착된 카메라를 이용해서 촬영 후 사진을 서버에 저장하고 관리할 수 있는 프로그램입니다. 이번 실습에서는 사진을 업로드해서 저장할 때 파이어베이스 스토리지 DB를 적용해 봅니다. 또한 카메라 촬영 후 업로드 시 약간의 지연 시간을 진행 아이콘으로 표현하는 기법을 소개합니다. 카메라로 촬영한 사진에 적합한 워크박스의 Stale-while-revalidate 캐시 전략을 어떻게 사용하는지도 알아보겠습니다.

Do it! 실습 노드 패키지 설치하고 앱 실행하기

STEP 1 우선 필자가 제공한 실습 파일을 통해 완성된 앱을 실행해 보겠습니다. 이 앱을 실행해 보려면 Node.js, Vue-CLI, server 등의 개발 도구가 설치되어 있어야 합니다. Node.js와 Vue-CLI 설치는 05-7절, serve 설치는 08-1절을 참고합니다.

STEP 2 VSCode에서 필자가 제공한 완성 폴더(ex11)를 프로젝트 폴더로 설정합니다. 다음 명령을 실행하여 필요한 패키지를 설치하고 빌드 후 개발자 모드로 실행합니다.

```
> cd ex11
ex11> npm install
ex11> npm run build
ex11> serve dist
```

STEP 3 Ctrl을 누른 상태에서 통합 터미널 창에 나타난 주소를 클릭하면 앱이 실행됩니다.

그림 11-1 카메라 사진 갤러리 앱의 첫 실행 모습

Do it! 실습 앱 성능 테스트하기

STEP 1 오른쪽 아래의 〈+〉 버튼을 클릭하면 포스트를 작성하는 화면으로 이동합니다. 갤러리는 플리커(flickr.com)에서 불러온 사진으로 포스트를 작성하도록 구성되었으며 수정할 수도 있습니다. 제목과 내용을 바꾼 후 〈업로드〉를 클릭해 보세요. 수정한 내용이 갤러리 앱에 반영됩니다.

그림 11-2 내용을 수정하는 예

STEP 2 오른쪽 위에 카메라 모양 버튼(📷)을 눌러 촬영 화면으로 이동합니다. 그런 다음 카메라의 조리개 모양 버튼(◉)을 클릭해 보세요. 그러면 사진이 촬영됩니다. 사진을 촬영하면 사진 갤러리에 제목과 내용이 없는 상태로 업로드됩니다.

단, 컴퓨터에 카메라가 달려 있어야 실습할 수 있습니다.

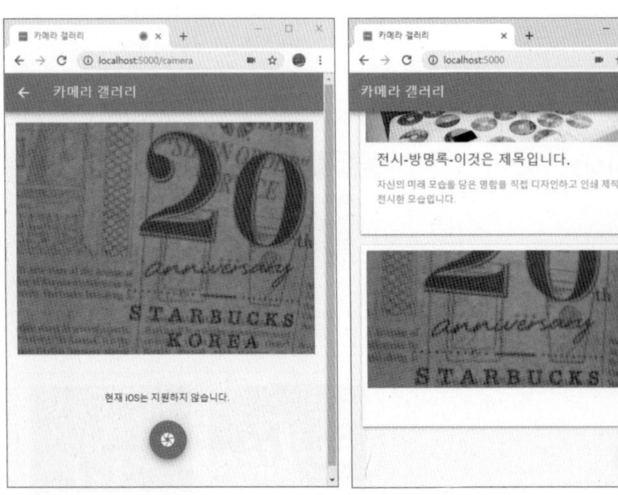

그림 11-3 사진 촬영하여 업로드하기

STEP 3 모바일에서 테스트하고 싶다면 10-5절에서 소개한 ngrok를 사용합니다. 먼저 vue.config.js 파일에 `devServer` 항목을 추가하고 개발자 모드로 현재 프로젝트를 실행합니다. 이때 로컬 호스트의 포트 번호를 확인합니다.

```
> npm run serve
```
로컬 호스트의 포트 번호 확인

다음으로 VSCode의 통합 터미널에서 새 터미널 창을 띄우고 ngrok를 실행하여 포트 번호를 일치시킵니다.

```
> ngrok http 8080
```
8080 숫자는 앞에서 확인한 포트 번호를 입력

ngrok가 알려 주는 포워딩 주소를 모바일 기기의 웹 브라우저에서 접속하면 결과를 테스트할 수 있습니다.

카메라 촬영 버튼을 누르면 권한을 묻는데 여기서 〈허용〉을 누릅니다.

그림 11-4 모바일 기기에서 접속한 화면

11-2 매니페스트 작성하기

이번 장에서 만들 PWA의 실행 모습을 살펴보았으니 이제는 처음부터 끝까지 직접 만들어 보겠습니다. 어렵지 않습니다. 천천히 시작해 보겠습니다.

Do it! 실습 **프로젝트 만들고 실습 환경 준비하기**

STEP 1 VSCode에서 통합 터미널 창을 열고 실습 파일로 제공한 웹팩 시작 템플릿 폴더로 이동합니다.

```
> cd ex11_start
```

STEP 2 기기 및 상황별로 필요한 이미지 파일을 준비합니다. VSCode에서 [파일 → 폴더 열기]로 프로젝트 폴더를 엽니다. 탐색 창에서 public/img/icons 폴더를 선택한 후, 필자가 제공한 실습 파일 중에서 ex11/public/img/icons 폴더에 있는 이미지 파일을 이곳에 복사해 넣습니다.

하나만 더 배워요! **뷰 프로젝트 직접 만들기**

이번 장에서 진행하는 실습을 위해 뷰 프로젝트를 직접 만들려면 07-3절을 참고하되 프로젝트 옵션 설정 중 'Check the features needed for your project:' 질문에서 Babel, PWA, Router를 선택합니다. 그리고 뷰티파이를 기본 옵션으로 설치합니다.
다음으로 파이어베이스 DB와 연결하기 위해 파이어베이스 SDK와 뷰파이어 플러그인 패키지를 추가합니다. `@next`는 v2.0 이상을 설치하라는 의미인데 이것이 없으면 v1.0이 설치됩니다. 그러면 RTDB만 사용할 수 있고 파이어스토어는 지원되지 않습니다.

```
ex11> npm install firebase vuefire@next
```

Do it! 실습 매니페스트 작성하기

자동으로 생성된 매니페스트 파일을 열어 다음과 같이 수정합니다. 매니페스트 파일은 이미 앞에서 여러 차례 설명했으므로 생략합니다.

실습 파일 ex11_start\public\manifest.json

```
{
  "name": "카메라 갤러리",
  "short_name": "카메라 갤러리",
  "icons": [{
...생략...
  ],
  "start_url": "./index.html",
  "display": "standalone",
  "orientation": "portrait",
  "background_color": "#ffffff",
  "theme_color": "#ffffff"
}
```

11-3 파이어베이스 스토리지 DB 준비하기

카메라로 촬영한 이미지를 서버에 업로드하려면 파이어베이스 스토리지 서비스가 필요합니다. 또한 파이어베이스 DB와 함께 사용하면 백엔드 관리는 걱정하지 않아도 됩니다. 어떻게 연결하여 사용하는지 살펴보겠습니다.

Do it! 실습 파이어베이스 프로젝트 만들기

파이어베이스 프로젝트를 만들고 웹앱에 등록 후 데이터베이스 생성까지 과정은 앞에서 다루었으니 생략합니다. 다음 과정을 참고해 pwa-camera라는 이름으로 새로운 프로젝트를 만듭니다.

더 자세한 프로젝트 생성 과정은 09-4절을 참고하세요.

1. firebase.google.com에 접속해서 pwa-camera라는 이름으로 새 프로젝트 만들기
2. 파이어베이스 프로젝트 설정 화면에서 웹앱에 파이어베이스 추가하기(닉네임 pwa-camera로 등록)
3. 파이어베이스 SDK 추가에서 `databaseURL`, `storageBucket`값을 복사해서 기록해 두기
4. Realtime Database 만들기 → 테스트 모드로 시작

Do it! 실습 파이어베이스 스토리지 DB 준비하기

파이어베이스 스토리지란 사용자 생성 콘텐츠인 이미지, 비디오 파일을 서버가 없어도 웹에 저장할 수 있는 클라우드 서비스를 의미합니다. 전통적인 웹 개발에서는 서버단에서 이미지나 비디오 파일의 업로드를 관리하는 일이 까다로운데 파이어베이스 스토리지는 이를 쉽게 도와줍니다. 앱에서 업로드할 수 있을 뿐만 아니라 콘솔에서도 폴더를 직접 관리하고 파일을 업로드할 수 있어서 매우 편리합니다.

STEP 1 파이어베이스 데이터 소스를 준비하겠습니다. firebase.js 파일을 신규로 생성하고 다음과 같은 내용을 작성합니다.

실습 파일 ex11_start₩src₩datasources₩firebase.js

```
01: // 파이어베이스 앱 객체 모듈 가져오기
02: import firebase from 'firebase/app'
03: // 파이어베이스 패키지 모듈 가져오기
04: import 'firebase/firebase-database';
05: import 'firebase/storage';
06:
07: // 파이어베이스 DB 초기화
08: const oFirebase = firebase.initializeApp({
09: // 파이어베이스 콘솔에서 복사하여 붙여넣기
10:   databaseURL: "https://pwa-camera.firebaseio.com",
11:   storageBucket: "pwa-camera.appspot.com",
12: });
13: // 파이어베이스 DB 객체 연결
14: const oDB = oFirebase.database();
15:
16: // 파이어베이스 DB 객체 중에서 pictures 항목을 다른 곳에서 사용하도록 공개
17: export const oPicturesinDB = oDB.ref('pictures');
18: // 파이어베이스 스토리지 객체 공개
19: export const oStorage = oFirebase.storage();
```

01~05 파이어베이스 모듈 가져오기

firebase라는 변수에 파이어베이스 앱 객체 모듈을 가져옵니다. 특히 이번 예제는 파이어베이스에 이미지를 저장할 것이므로 firebase-database뿐만 아니라 storage 패키지 모듈도 가져왔습니다.

07~17 파이어베이스 DB 초기화하기

firebase라는 변수에 담은 파이어베이스 객체의 initializeApp() 함수를 사용하면 파이어베이스를 자신의 프로젝트 설정(config)에 맞게 초기화할 수 있습니다. 파이어베이스를 초기화한 다음 oFirebase라는 변수에 다시 저장했습니다.

databaseURL, storageBucket은 앞에서 파이어베이스 콘솔에서 복사한 값을 그대로 사용합니다. 그리고 반환된 객체에서 database() 함수를 실행하면 파이어베이스 DB에 접근할 수 있는 최종 객체가 반환되는데, 이것을 oDB 객체 변수에 저장합니다.

16~17 DB 객체 중 pictures 항목을 다른 곳에서 사용하도록 공개하기

database() 함수로 얻은 객체의 ref() 함수를 사용하면 파이어베이스에 저장한 pictures 항목에 접근할 수 있습니다.

18~19 **파이어베이스 저장 공간**

storage() 함수를 실행하면 촬영한 사진을 파이어베이스에 보관하기 위한 저장 공간 객체를 얻을 수 있습니다. 그리고 다른 곳에서 사용하도록 export로 공개합니다.

STEP 2 이어서 자동으로 생성된 main.js 파일을 다음과 같이 수정합니다.

실습 파일 ex11_start₩src₩main.js

```
01: import Vue from 'vue'
02: import App from './App.vue'
03: import router from './router'
04: import './registerServiceWorker'
05: import vuetify from './plugins/vuetify';
06:
07: // 뷰파이어 노드 모듈 가져와서 Vue에 연결
08: import {rtdbPlugin} from 'vuefire'
09: Vue.use(rtdbPlugin);
10:
11: Vue.config.productionTip = false
...생략...
```

07~09 **뷰파이어 모듈 가져와서 Vue에 연결**

뷰파이어를 사용하면 파이어베이스의 RTDB와 파이어스토어 DB 형식을 뷰 애플리케이션과 연결할 수 있도록 도와주는 플러그인을 제공합니다. 이번 예제는 RTDB를 사용할 것이므로 rtdbPlugin 모듈을 가져와서 뷰에 연결합니다.

11-4 앱 실행 화면 만들기

Do it! 실습 앱 실행 화면 만들기

STEP 1 자동으로 생성된 index.html 파일 내용을 다음과 같이 수정합니다. 여기서는 수정해야 하는 코드만 표시했습니다. 이 외에 index.html 구성 요소는 앞에서 많이 다루었으므로 여기서는 생략합니다.

실습 파일 ex11_start₩public₩index.html

```
<!DOCTYPE html>
<html lang="ko">
  <head>
...생략...
    <!-- 상태 표시줄 테마 색상을 흰색으로 변경 -->
    <meta name="theme-color" content="#ffffff">
... 생략...
    <title>카메라 갤러리</title>
    <!-- 구글 머티리얼 디자인 아이콘 추가-->
    <link href="https://fonts.googleapis.com/css?family=Roboto:100,300,400,
500,700,900|Material+Icons" rel="stylesheet">
...생략...
</html>
```

STEP 2 플리커 이미지 소스를 JSON으로 불러와야 합니다. ex10/src/datasources 폴더의 picture-data.js 파일을 복사해서 현재 진행하는 프로젝트 폴더에 붙여 넣습니다. 이 내용은 10-4절에서 다루었으므로 여기서는 파일 내용만 소개합니다.

실습 파일 ex11_start₩src₩datasources₩picture-data.js

```
export default {
  aPictures: [{
    'id': 1,
    'url': 'https://farm1.staticflickr.com/654/22663129542_e3df218c90_b.jpg',
```

```
      'title': '청춘플랫폼_우수부스투표',
      'info': '졸업작품 전시회에 출품한 작품 중에서...'
    },

...생략...
    {
      'id': 12,
      'url': 'https://farm6.staticflickr.com/5672/22055530083_8f633d57f3_b.jpg',
      'title': '종이컵_캘리그래피',
      'info': '종이컵을 캔버스 삼아 학생들의 자유로운 생각을...'
    }]
}
```

STEP 3 SPA에서 알아야 할 라우터의 개념과 사용법은 이미 07-3절에서 자세히 설명했으므로, 여기서는 라우터를 사용하기 위한 설정과 관련된 내용만 다룹니다. 라우터는 프로젝트를 생성하면 router.js라는 이름으로 자동 생성됩니다. 이 파일을 갤러리에 맞게 수정해 보겠습니다. 라우터를 작성하면서 라우터가 실제 갤러리에 어떻게 적용되는지도 자세히 설명하겠습니다.

실습 파일 ex11_start₩src₩router.js

```
import Vue from 'vue'
import Router from 'vue-router'

Vue.use(Router)

export default new Router({
  routes: [
  {
    path: '/',
    name: 'home_page',
    component: () => import('./components/home_page.vue')
  },
  {
    path: '/camera',
    name: 'camera_page',
```

```
16:     component: () => import('./components/camera_page.vue')
17:   },
18:   {
19:     path: '/info',
20:     name: 'info_page',
21:     component: () => import('./components/info_page.vue')
22:   },
23:   {
24:     path: '/post',
25:     name: 'post_page',
26:     component: () => import('./components/post_page.vue')
27:   },
28:   ]
29: })
```

01~04 **라우터 모듈 가져오기**

라우터 모듈을 가져온 후 Vue 객체에 연결합니다. Vue 객체에 라우터 모듈을 연결하려면 Vue.use() 함수를 이용합니다. 라우터는 웹 페이지에서 주소를 이동할 수 있도록 해주는 장치입니다. 즉, 〈포스트 작성〉 버튼을 누르면 포스트 작성 페이지로 이동할 수 있는 이유는 라우터가 있기 때문입니다. 라우터 모듈을 사용하려면 Vue.use() 함수에 라우터(Router)를 전달합니다.

07~28 **라우트 페이지 이름, 컴포넌트, 링크 등록**

라우팅은 홈(home_page), 세부 정보(info_page), 포스트(post_page), 카메라 촬영(camera_page)등 총 4개 페이지를 등록합니다. 이 페이지들은 다음 절에서 하나씩 작성할 것입니다.

11, 16, 21, 26 **페이지별로 모듈 연결**

홈, 세부 정보, 포스트, 카메라 촬영 페이지의 라우터를 사용하기 위해 해당 모듈을 연결합니다. 여기서는 09장, 11장에서 사용했던 방식보다 좀 더 간단하게 한 줄로 사용하는 방법을 적용해 보았습니다.

```
import home_page from '@/components/home_page'
...생략...
component: home_page
```

먼저 모듈을 가져온 후 component에 연결

↓

```
component: () => import('./components/home_page.vue')
```

모듈 읽기와 연결을 한 줄에서 해결

STEP 4 이이서 첫 화면에 들어갈 내용을 채워 보겠습니다. 다음 소스를 따라 App.vue 컴포넌트를 완성합니다.

실습 파일 ex11_start₩src₩App.vue

```
01: <template>
02:   <v-app>
03:     <v-app-bar app color="red" dark fixed>
04:       <!-- 홈 화면이 아닌 경우 돌아가기 버튼 표시 -->
05:       <v-btn icon v-if="$route.name !== 'home_page'" @click="$router.go(-1)">
06:         <v-icon>arrow_back</v-icon>
07:       </v-btn>
08:       <v-toolbar-title>카메라 갤러리</v-toolbar-title>
09:       <v-spacer></v-spacer>
10:       <!-- 홈 화면에서만 촬영 아이콘 표시 -->
11:       <v-btn icon v-if="$route.name=='home_page'" @click="$router.push('/camera')">
12:         <v-icon>camera_alt</v-icon>
13:       </v-btn>
14:     </v-app-bar>
15:     <v-main>
16:       <router-view />
17:     </v-main>
18:   </v-app>
19: </template>
20: <script>
21:   export default {
22:     name: 'App'
23:   }
24: </script>
```

04~07 돌아가기 버튼

홈 화면에서 다른 화면으로 이동했다면 다시 돌아가기 버튼이 표시되고, 이 버튼을 눌렀을 때 홈으로 돌아올 수 있어야 합니다. 현재 화면이 홈 화면인지 확인하기 위해 `v-if` 디렉티브를 사용해서 `$route.name`이 라우터에서 등록했던 `home_page`인지 확인합니다. 만약 값이 서로 다르면 홈 화면이 아니므로 클릭했을 때 이전 페이지로 돌아가도록 `$router.go(-1)`을 사용합니다. 그리고 돌아가기 아이콘은 `arrow_back`을 사용했습니다.

10~13 촬영 버튼

화면 오른쪽 위에 촬영 버튼을 표시해서 사용자가 촬영 기능을 선택할 수 있도록 합니다. 이 기능은 홈 화면일 때만 표시되어야 하므로 `$route.name=='home_page'`이라는 조건이 필요합니다.

사용자가 클릭하면 카메라 촬영 페이지로 이동해야 하므로 라우터의 이동 기능을 실행하기 위해 `@click="$router.push('/camera')"`를 사용합니다.

15~17 라우터 표시 영역

`router-view` 엘리먼트 부분에 라우터에 등록했던 홈, 카메라 촬영, 상세 정보, 포스트 페이지가 표시됩니다.

11-5 컴포넌트 작성하기

앞에서 작업한 라우터에 적용할 컴포넌트를 작성하겠습니다. 컴포넌트는 홈, 세부 정보, 포스트 작성, 카메라 촬영 순서로 하겠습니다.

Do it! 실습 홈 컴포넌트 작성하기

STEP 1 components 폴더에 home_page.vue 파일을 만들어 다음과 같이 홈 컴포넌트를 작성합니다. 뷰티파이 사용 방법은 08장, 09장에서 자세히 설명했으므로 헷갈리거나 중요한 부분만 설명하겠습니다. 다음은 홈 컴포넌트의 `template` 엘리먼트입니다.

실습 파일 ex11_start₩src₩components₩home_page.vue(1/2)

```
<template>
  <v-container>
    <v-row>
      <!-- 반응형 웹으로 표시하도록 열의 개수 구간 설정 -->
      <v-col cols="12" sm="6" md="4" lg="3" xl="2"
      v-for="item in this.oPictures":key=item.key>
        <v-card class="py-2 px-2">
          <!-- 사진을 읽어서 표시하고 세부 페이지로 이동하도록 링크 설정 -->
          <v-img:src="item.url" height="200px" class="pointer"
          @click="fnDisplayInfo(item['.key'])"></v-img>
          <!-- 사진의 제목과 내용을 바인딩하여 표시 -->
          <v-card-title>
            <h1 class="title grey--text text--darken-3 mb-3">
            {{item.title}}</h1>
            <p class="body-1 grey--text">{{item.info}}</p>
          </v-card-title>
        </v-card>
      </v-col>
      <v-col cols="12" class="mt-5 text-center">
        <!-- 만약에 업로드된 이미지가 없으면 안내 문구 표시 -->
        <p v-if="!this.oPictures.length">사진이 없습니다. 추가해 주세요!</p>
```

```
22:         </v-col>
23:         <!-- 오른쪽 하단에 포스트 추가 버튼 표시 -->
24:         <v-btn @click="$router.push('/post')" color="red"
25:         dark fixed bottom right fab>
26:           <v-icon>add</v-icon>
27:         </v-btn>
28:       </v-row>
29:    </v-container>
30: </template>
...생략...
```

06 사진 정보에 접근하기

picture-data.js에 작성한 `oPictures` 배열에 있는 값을 `v-for` 디렉티브로 접근해 가져옵니다.

08~10 사진 상세 페이지로 이동하는 링크 설정하기

사용자는 이미지를 조회하다가 관심 있는 것을 발견하면 클릭하여 상세 정보를 얻을 수 있습니다. 이미지를 클릭하면 `fnDisplayInfo(item['.key'])` 함수를 실행합니다. 이 함수는 라우터를 통해서 `info_page`로 넘어갈 때 현재 선택한 이미지의 ID값을 알고 있어야 합니다. 그래서 `item`에 `'.key'` 인덱스를 이용해 키값을 전달합니다.

20~21 업로드된 사진이 없는 경우 처리하기

만약 업로드된 사진이 없으면 사용자에게 간단히 안내하는 것이 바람직합니다. 파이어베이스의 저장소(`oPictures`)에 사진이 한 장도 없다면 `oPictures.length`값은 0입니다. 이 값을 이용해 사용자에게 업로드된 사진이 없다고 알려줍니다.

그림 11-5 사진이 하나도 없을 때 나타나는 안내 문구

STEP 2 이제 나머지 파이어베이스 객체 준비와 `fnDisplayInfo()` 함수를 작성합니다. 이 작업에는 10-4절의 '앱 실행 화면 만들기'에서 설명한 내용도 많이 포함되었습니다. 따라서 여기서는 10장에서 설명하지 않은 내용만 설명합니다.

실습 파일 ex11_start₩src₩components₩home_page.vue(2/2)

```
...생략...
<script>
  // 파이어베이스 DB 객체 가져옴
  import { oPicturesinDB } from '@/datasources/firebase'
  export default {
    name: 'App',
    data() {
      return { oPictures: [] }   // 사진 데이터 저장 변수
    },
    // 파이어베이스와 연결된 뷰파이어 oPictures 객체 준비
    firebase: { oPictures: oPicturesinDB },
    methods: {
      // 라우터를 이용해서 세부 페이지로 이동할 때 사진의 ID 전달
      fnDisplayInfo(pID) {
        this.$router.push({
          name: 'info_page',
          params: { p_id: pID }
        })
      }
    }
  }
</script>
<style>
  /* 마우스 커서가 손 모양이 되도록 설정 */
  .pointer {
    cursor: pointer;
  }
</style>
```

33~34 파이어베이스 가져오기

파이어베이스에 저장된 정보를 사용하기 위해 datasources 폴더의 파이어베이스 모듈(`firebase.js`)을 가져옵니다.

40~41 뷰파이어 준비하기

홈 컴포넌트에서 뷰파이어를 사용하는 설정입니다.

44~49 라우터 이용하기

`name`에는 라우터를 통해 이동할 컴포넌트를, `params`에는 선택한 사진의 ID값을 지정한 후 이를 객체에 담아서 `router.push()` 함수를 이용해 라우터에 전달합니다.

> 사용자가 선택한 사진의 키값(`item[.key]`)이 pID로 넘어옵니다.

Do it! 실습 세부 정보 컴포넌트 작성하기

STEP 1 세부 정보 컴포넌트 역시 components 폴더에 info_page.vue 파일을 만들어 작성하면 됩니다. 세부 정보 컴포넌트는 이번에 처음 작성합니다. 따라서 디자인 요소를 자세히 설명하겠습니다.

실습 파일 ex11_start₩src₩components₩info_page.vue(1/2)

```
<template>
  <v-container>
    <v-row>
      <v-col cols="12">
        <v-card class="py-3 px-3">
          <!-- contain 어트리뷰트를 사용해서 세부 사진을 컨테이너 크기에 맞도록
                    자동으로 조절하여 표시 -->
          <v-img height="450px" contain:src="this.itemPic.url">
          </v-img>
          <!-- 제목이 있는 경우만 하단에 제목과 내용 표시 -->
          <v-card-text v-if="this.itemPic.title">
            <h1 class="headline mt-1 text-center">
            {{ this.itemPic.title }}</h1>
            <p class="body-1 mt-1 text-center">{{ this.itemPic.info }}</p>
          </v-card-text>
```

```
        </v-card>
      </v-col>
      <v-col cols="12" class="mt-3 text-center">
        <!-- 현재 사진을 삭제하는 버튼 처리 -->
        <v-btn color="grey" fab dark @click="fnDeleteItem()">
          <v-icon>delete</v-icon>
        </v-btn>
      </v-col>
    </v-row>
  </v-container>
</template>
...생략...
```

06~09 사진을 컨테이너 크기에 맞게 조절하기

v-img 엘리먼트에 들어간 사진 크기를 화면의 너빗값에 따라 조절하려면 contain 어트리뷰트를 추가합니다. 다음은 contain 어트리뷰트의 유무에 따라 다르게 표현된 결과 화면입니다.

그림 11-6 contain 어트리뷰트 사용 결과

10~15 **사진 제목, 내용이 있는 경우만 처리하기**

플리커 웹 사이트의 사진에는 제목과 내용이 있습니다. 하지만 카메라로 찍은 사진은 제목과 내용이 없죠. 제목과 내용이 있는 사진만 `h1`, `p` 엘리먼트에 내용을 담아야 합니다. `v-if` 디렉티브로 `itemPic`에 들어 있는 `title`, `info`를 검사해서 출력합니다.

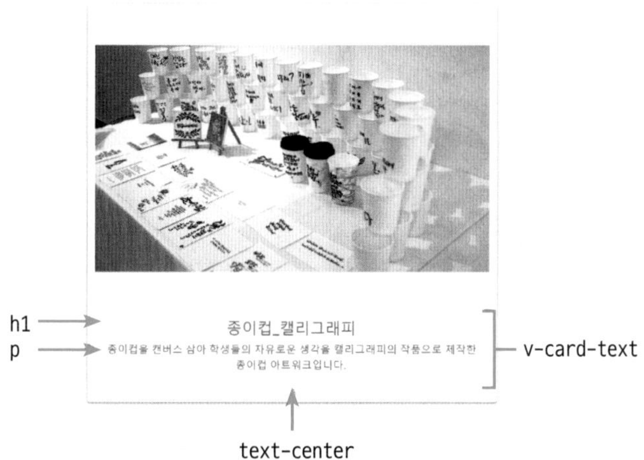

그림 11-7 mt-1은 h1, p 엘리먼트 상단에 약간의 여백을 줌

19~22 **사진 <삭제> 버튼 추가하기**

사진을 삭제하려면 삭제 처리 함수를 직접 작성 후 `@click` 이벤트 핸들러에 대입합니다. 삭제 처리 함수는 바로 다음 단계에서 작성합니다.

STEP 2 세부 정보 컴포넌트 작성을 마무리해 볼까요? 여기서는 플리커 사진을 저장한 파이어베이스 데이터베이스(oPicturesinDB)와 카메라로 직접 찍은 사진을 저장한 파이어베이스 스토리지(oStorage)에 접근하므로 코드와 설명이 매우 복잡합니다. 하지만 아주 중요한 내용이므로 시간을 들여서라도 완벽하게 이해하는 것이 좋습니다.

실습 파일 ex11_start₩src₩components₩info_page.vue(2/2)

```
...생략...
28: <script>
29:   // 파이어베이스에서 DB와 스토리지 객체 가져옴
30:   import { oStorage, oPicturesinDB } from '@/datasources/firebase'
31:   export default {
32:     name: 'App',
```

```
33:     // 파이어베이스와 연결된 뷰파이어 oPictures 객체 준비
34:     firebase: { oPictures: oPicturesinDB },
35:     data() {
36:       return {
37:         oPictures: [],   // 사진 데이터 저장 변수
38:         itemPic: null,   // 검색 결과 항목을 저장할 객체 변수
39:       }
40:     },
41:     created() {
42:       // 라우터의 매개변수로 전달된 항목 ID값 읽기
43:       const itemID = this.$route.params.p_id
44:       // find 검색 기능으로 파이어베이스에서 해당 ID 항목 검색 및 저장
45:       this.itemPic = this.oPictures.find(item => item['.key'] === itemID)
46:     },
47:     methods: {
48:       fnDeleteItem() {
49:         // 파이어베이스 DB의 사진 항목 삭제
50:         oPicturesinDB.child(this.itemPic['.key']).remove()
51:         // 스토리지에 이미지가 존재할 경우(카메라 사용)만 삭제
52:         if (this.itemPic['filename'])
53:           oStorage.ref('images').child(this.itemPic['filename']).delete()
54:         this.$router.push('/');   // 홈 화면으로 이동
55:       }
56:     }
57:   }
58: </script>
```

42~43 **홈 컴포넌트에서 라우터로 전달한 값 받아오기**

홈 컴포넌트(home_page.vue)에서 라우터로 전달한 값을 세부 정보 컴포넌트에서 받습니다. 즉, `itemID`에는 사용자가 선택한 사진의 ID값(`this.$route.params.p_id`)이 들어 있습니다.

44~45 **`find()` 함수로 원하는 요소 검색하기**

`find()` 함수는 배열이나 문자열에서 원하는 요소를 찾아 반환해 줍니다. `oPictures`에는 파이어베이스에 저장된 사진 정보가 배열 형태로 들어 있는데 `find()` 함수를 사용하면 배열 요소 중에서 원하는 조건의 배열 요소만 찾아 반환합니다. 즉, 매개변수로 넘긴 사진의 ID값과 일치하는 사진을 파이어베이스에서 찾은 후 그 사진을 `itemPic` 객체 변수에 저장합니다.

48~55 **파이어베이스에서 사진 삭제하기**

fnDeleteItem() 함수에 파이어베이스에서 사진을 삭제하는 코드입니다. 사진을 삭제하려면 파이어베이스 데이터베이스(oPicturesinDB)와 스토리지(oStorage)의 값을 모두 제거해야 합니다. 이때 스토리지는 카메라로 찍은 사진에 해당하므로 조건을 판단한 후 제거해야 합니다.

먼저 데이터베이스에서는 현재 사용자가 위치한 상세 정보 컴포넌트에 있는 사진의 키값을 child() 함수에 담아 remove() 함수를 사용합니다. 그러면 해당 사진을 삭제할 수 있습니다. 예를 들어 데이터베이스에 담긴 사진의 ID값은 itemPic['.key']이므로 그대로 삭제하면 됩니다.

그리고 카메라로 촬영한 사진은 파이어베이스 스토리지에 저장되어 있죠. 촬영 이미지 유무를 확인하는 방법은 다음처럼 파이어베이스 데이터베이스의 filename 속성에 파일 이름이 값으로 저장된 경우입니다. 따라서 if 문으로 itemPic['filename']의 값이 있는지 확인하면 됩니다.

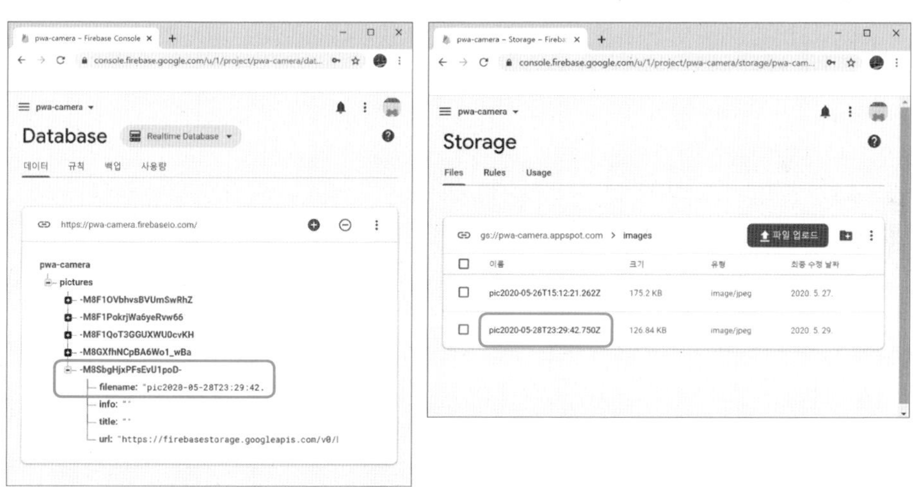

그림 11-8 데이터베이스의 filename(왼쪽)과 storage의 filename(오른쪽)

Do it! 실습 포스트 컴포넌트 작성하기

STEP 1 이번 장에서는 파이어베이스에 사진을 저장하고 불러오는 방법에 더 집중하기 위해 일부러 UI를 단순화했습니다. 즉, 사진은 플리커에 저장된 것을 사용하고 나머지 필요한 정보를 저장하는 기능의 포스트 컴포넌트를 만들어 보겠습니다.

실습 파일 ex11_start₩src₩components₩post_page.vue(1/2)

```
<template>
 <v-container>
   <!-- 첫 번째 행에는 사진 표시 -->
   <v-row mt-4>
     <v-col offset="1" cols="10">
       <v-card>
         <v-img height="200px":src="this.sPicUrl"></v-img>
       </v-card>
     </v-col>
   </v-row>
   <!-- 두 번째 행에는 기본 제목을 표시하고 수정할 수 있도록 함 -->
   <v-row mt-5>
     <v-col offset="2" cols="8">
       <!-- autofocus 어트리뷰트를 사용해서 기본 포커스 지정 -->
       <v-text-field name="title" label="사진 제목" v-model="sTitle" autofocus>
       </v-text-field>
     </v-col>
   </v-row>
   <!-- 세 번째 행에는 기본 내용을 표시하고 수정할 수 있도록 함 -->
   <v-row>
     <v-col offset="2" cols="8">
       <!-- 3줄로 편집 제한 -->
             <v-text-field name="info" label="사진 설명" v-model="sInfo" multi-line rows="3"></v-text-field>
     </v-col>
   </v-row>
   <v-row>
     <v-col cols="12" class="text-center">
       <v-btn color="orange" dark large @click="fnSubmitPost( )">업로드</v-btn>
     </v-col>
   </v-row>
 </v-container>
</template>
...생략...
```

03~10 플리커 이미지 불러오기

플리커에서 이미지를 불러오는 방법은 10-4절에서 자세히 설명했습니다. 이번에는 뷰티파이의 레이아웃만 살펴보고 넘어가겠습니다.

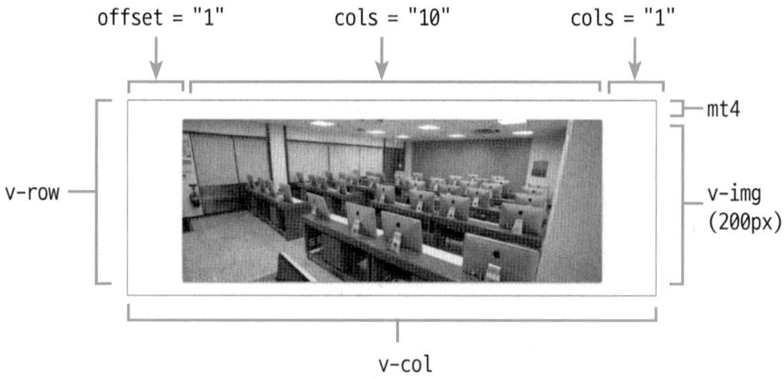

그림 11-9 이미지 레이아웃

11~18 사진 제목 수정하기

v-model 디렉티브를 이용해 v-text-field 엘리먼트에 데이터 속성의 sTitle를 바인딩합니다. 이 값은 입력하는 불편함을 덜기 위해 mounted() 함수를 이용해 처음 페이지가 실행될 때 미리 JSON 파일에서 사진 정보를 랜덤으로 읽어 와서 사진과 포스트 글의 정보를 준비한 값입니다.

mounted() 함수는 이어지는 STEP 2에서 다룹니다.

mounted()는 뷰의 렌더링 생명주기에서 컴포넌트의 렌더링 준비가 완료되었을 때 실행하는 함수입니다. 일반적으로 페이지가 화면에 나타나기 전에 준비해야 할 내용이 있으면 이곳에 작성합니다. 다음은 사진 제목을 수정하는 화면의 레이아웃입니다.

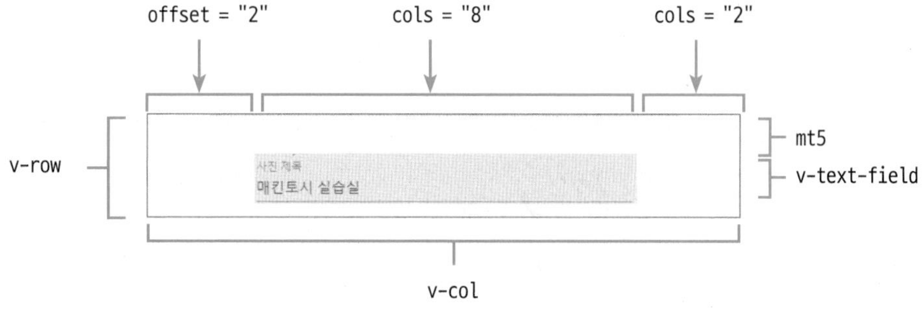

그림 11-10 사진 제목을 수정하는 화면의 레이아웃

19~25 **사진 세부 정보 수정하기**

사진 제목 수정하기와 마찬가지로 사진의 세부 정보도 수정할 수 있어야 합니다. 사진의 세부 정보 입력을 세 줄로 제한하기 위해 `rows` 어트리뷰트값을 3으로 설정했습니다. 다음 그림은 사진의 세부 정보를 수정하는 화면의 레이아웃입니다.

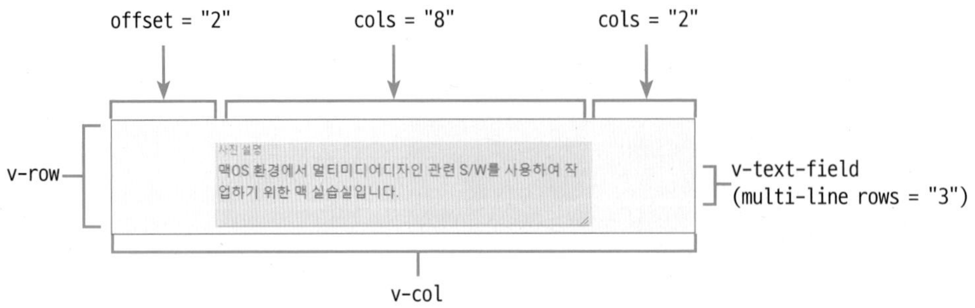

그림 11-11 사진의 세부 정보를 수정하는 화면의 레이아웃

STEP 2 이번에는 JSON 파일에서 사진 정보를 랜덤으로 읽어 와서 사진과 포스트 글을 준비한 후 사용자가 입력한 제목과 내용을 받아 다시 파이어베이스에 저장하는 실제 코드를 작성해 봅니다.

실습 파일 ex11_start₩src₩components₩post_page.vue(2/2)

```
...생략...
34: <script>
35:   // JSON 파일로부터 이미지 정보 가져옴
36:   import oPictureData from '@/datasources/picture-data'
37:   // 파이어베이스에서 DB 객체 가져옴
38:   import { oPicturesinDB } from '@/datasources/firebase'
39:   export default {
40:     // 파이어베이스와 연결된 뷰파이어 oPictures 객체 준비
41:     firebase: { oPictures: oPicturesinDB },
42:     data() {
43:       return {
44:         oPictures: [],   // 사진 데이터 저장 변수
45:         // 초깃값으로 JSON 파일의 이미지 배열 저장
46:         aPictures: oPictureData.aPictures,
47:         sTitle: '',
48:         sInfo: '',
49:         sPicUrl: ''
```

```
50:       }
51:     },
52:     mounted() {
53:       // JSON 파일에서 사진 정보를 랜덤으로 읽어 와서 사진과 포스트 글 준비
54:       let nIndex = Math.floor(Math.random() * 12)
55:       const itemPic = this.aPictures[nIndex]
56:       this.sTitle = itemPic.title
57:       this.sInfo = itemPic.info
58:       this.sPicUrl = itemPic.url
59:     },
60:     methods: {
61:       fnSubmitPost() {
62:         // DB에 저장하고 홈 화면으로 이동
63:         oPicturesinDB.push({
64:           'url': this.sPicUrl,
65:           'title': this.sTitle,
66:           'info': this.sInfo
67:         }).then(this.$router.push('/'))
68:       }
69:     }
70:   }
71: </script>
```

42~51 사진 정보를 저장할 객체 초기화하기

data 속성에서는 파이어베이스의 정보를 저장할 oPictures를 먼저 선언합니다. 그리고 플리커 이미지의 정보를 저장하기 위해 aPictures에 플리커 정보를 담고 있는 oPictureData.aPictures의 값을 지정했습니다. 제목, 내용, 경로는 빈 문자열로 초기화했습니다.

52~59 플리커 사진과 JSON 파일에 입력한 정보로 사진과 글 준비하기

플리커에 저장한 사진과 JSON 파일에 저장한 제목, 글 등을 random() 함수를 통해 임의로 가져오도록 설정한 것입니다.

60~69 파이어베이스에 입력한 정보 저장 및 홈으로 이동하기

〈업로드〉를 누르면 fnSubmitPost() 함수가 실행됩니다. fnSubmitPost() 함수는 파이어베이스(oPictureinDB)의 push() 함수를 실행하여 파이어베이스에 새 노드를 추가합니다. 노드에는 사진(url), 제목(title), 정보(info)가 들어 있죠. 파이어베이스에 정보를 제대로 저장

하면 라우터($router.push)를 이용하여 홈(home_page)으로 이동합니다.

Do it! 실습 카메라 촬영 컴포넌트 작성하기

STEP 1 카메라 촬영 기능을 본격적으로 넣어 보겠습니다. 먼저 카메라로부터 들어오는 비디오 신호를 화면에 표시하고 캡처 버튼과 지연되고 있음을 알리는 진행 아이콘을 표시해 보겠습니다.

실습 파일 ex11_start₩src₩components₩camera_page.vue(1/3)

```
<template>
  <v-container>
    <v-row>
      <v-col cols="12" class="text-center">
        <!-- 카메라 영상 부분을 표시 -->
        <video ref="rVideo" class="style_video"></video>
      </v-col>
      <v-col cols="12" class="mt-5 text-center">
        <!-- 만약에 업로드된 이미지가 없으면 안내 문구 표시 -->
        <p>현재 iOS는 지원하지 않습니다.</p>
      </v-col>
    </v-row>
    <div class="text-center my-3">
      <!-- 카메라 캡처 버튼을 영상 하단 중앙에 위치 -->
      <v-btn v-if="!this.bIsWait" color="red" fab dark bottom @click="fnCameraCapture( )">
        <v-icon>camera</v-icon>
      </v-btn>
    <v-progress-circular v-if="this.bIsWait":size="50" indeterminate color="grey"></v-progress-circular>
    </div>
  </v-container>
</template>
...생략...
```

05~06 **카메라 영상 표시하기**

카메라 영상을 실시간으로 표시하려면 video 엘리먼트를 사용하면 됩니다. 그리고 video 엘리먼트에 담긴 영상 정보를 갤러리에 전달하려면 ref 어트리뷰트를 지정해야 합니다.

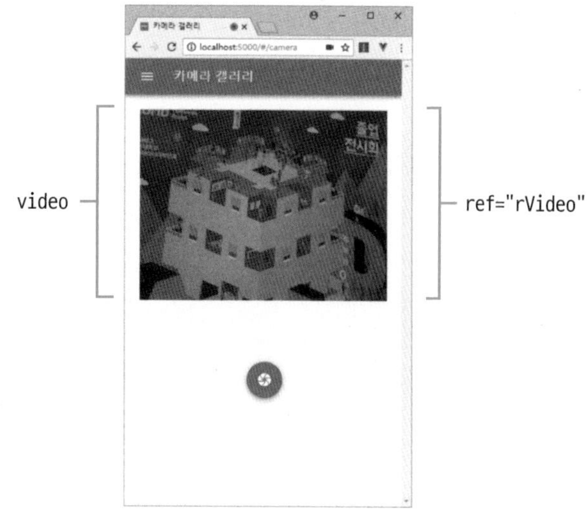

그림 11-12 video 엘리먼트와 ref 어트리뷰트의 쓰임

04~17 **카메라 버튼 표시**

v-btn 엘리먼트를 이용해 카메라 버튼을 표시했습니다. 이때 카메라 버튼을 아래에 배치하기 위해 bottom 어트리뷰트를 추가했습니다. 또한, fnCameraCapture() 함수를 클릭 이벤트로 지정했습니다. fnCameraCapture() 함수는 현재 사용자가 보고 있는 화면을 촬영합니다.

18 **진행 아이콘 표시**

카메라를 촬영할 때 약간의 지연 시간을 경험한 적이 있을 것입니다. v-progress-circular 엘리먼트를 사용해 지연 시간을 사용자에게 알려 줄 수 있습니다. 여기서는 사진을 찍고 나서 원이 돌아가는 모습을 추가했습니다.

카메라 버튼이 사라지고 다시 나타나는 것은 bIsWait 속성과 깊은 관계가 있습니다. 이와 관련된 내용은 자바스크립트를 작성하는 다음 실습에서 자세히 설명하겠습니다.

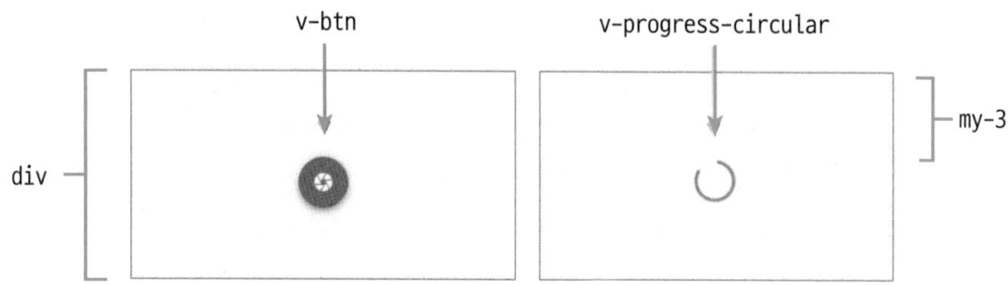

그림 11-13 카메라 버튼과 지연 이미지

STEP 2 카메라 촬영 컴포넌트의 두 번째 파트입니다. 여기서는 자바스크립트 상태에서 비디오 신호를 받아 어떻게 처리하는지 살펴보겠습니다.

실습 파일 ex11_start₩src₩components₩camera_page.vue(2/3)

```
...생략...
23: <script>
24:   // 파이어베이스에서 DB와 스토리지 객체 가져옴
25:   import { oStorage, oPicturesinDB } from '@/datasources/firebase'
26:   export default {
27:     // 파이어베이스와 연결된 뷰파이어 oPictures 객체 준비
28:     firebase: { oPictures: oPicturesinDB },
29:     data() {
30:       return {
31:         oPictures: [],        // 사진 데이터 저장 변수
32:         oVideoStream: null,   // 카메라 영상 스트림을 저장할 객체 변수
33:         bIsWait: false
34:       }
35:     },
36:     mounted() {
37:       // Web API를 통해서 사용자 카메라의 접근(영상 only)을 요청
38:       navigator.mediaDevices.getUserMedia({
39:         video: true
40:       }).then(pVideoStream => {
41:         // 카메라 영상 스트림 정보를 oVideoStream에 저장
42:         this.oVideoStream = pVideoStream
43:         // 카메라 영상 스트림 정보를 video 엘리먼트에 표시
44:         this.$refs.rVideo.srcObject = pVideoStream
45:         this.$refs.rVideo.play()
46:       }).catch(function (err) {
47:         console.log(err)
48:       })
49:     },
...생략...
```

32 **카메라 영상 스트림을 저장하는** oVideoStream

카메라의 스트림 정보를 저장하기 위해 oVideoStream을 선언했습니다. 아직 카메라의 스트림 정보가 담긴 것은 아니므로 초깃값은 null로 설정합니다. 스틸 이미지를 연속해서 모

아 빠르게 넘기면 동영상이 됩니다. 카메라 영상 스트림도 이와 마찬가지로 연속된 스틸 이미지가 하나씩 들어와 oVideoStream에 저장된다고 이해하면 됩니다.

스틸(still)은 정지 사진(still photograph)을 가리키는 용어로서 일반적인 사진을 의미합니다.

33 카메라 촬영 진행 알리기

카메라 촬영 진행을 알리는 아이콘 표시를 결정하는 bIsWait 변수를 false로 초기화했습니다. bIsWait가 true이면 카메라 촬영을 기다리는 중입니다.

36~49 카메라 스트림 정보를 video 엘리먼트에 전달하여 출력하기

카메라의 스트림 정보를 video 엘리먼트에 전달하면 카메라 촬영 컴포넌트에서 영상을 확인할 수 있습니다. '카메라의 스트림 정보를 본다'는 것은 아주 단순한 기능 같지만 이를 구현하려면 꽤 복잡한 과정을 거쳐야 합니다. 코드에 적어 놓은 주석과 함께 동작 원리를 잘 이해해 보세요.

STEP 3 카메라 촬영의 마지막 단계입니다. 여기서는 계속 입력되는 영상 스트림 중에서 사용자가 캡처 버튼을 누른 시점의 스틸 이미지 정보를 파이어베이스에 저장하는 기능을 만듭니다.

실습 파일 ex11_start₩src₩components₩camera_page.vue(3/3)

```
...생략...
51:    destroyed() {
52:      // 화면을 종료할 경우 현재 재생되는 영상 트랙을 찾아 종료시킴
53:      const oTrack = this.oVideoStream.getTracks()
54:      oTrack.map(pTrack => pTrack.stop())
55:    },
56:    methods: {
57:      fnCameraCapture() {
58:      this.bIsWait = true
59:      // 현재 재생되는 트랙을 찾아 스틸 이미지로 캡처
60:      const oVideoTrack = this.oVideoStream.getVideoTracks()[0]
61:      let oCapturedImage = new window.ImageCapture(oVideoTrack)
62:      const options = {
63:        imageHeight: 359, imageWidth: 640, fillLightMode: 'off'
64:      };
65:      const self = this
```

```
66:       // 캡처한 이미지를 파이어베이스 DB와 스토리지에 저장
67:       return oCapturedImage.takePhoto(options).then(pImageData => {
68:         // 영상 정지
69:         const oTrack = self.oVideoStream.getTracks()
70:         oTrack.map(pTrack => pTrack.stop())
71:         console.log('캡처: ' + pImageData.type + ', ' + pImageData.size + '바이트');
72:         // 저장할 이미지 파일 이름으로 사용할 ID 준비
73:         const nID = new Date().toISOString()
74:         // 파이어베이스 스토리지에 이미지 파일 저장
75:         let uploadTask = oStorage.ref('images').child('pic' + nID).put(pImageData)
76:         uploadTask.on('state_changed', function (snapshot) {
77:           // state_changed 이벤트로 얼마만큼의 크기(byte)가 업로드 중인지 콘솔에 표시
78:           let progress = (snapshot.bytesTransferred / snapshot.totalBytes) * 100;
79:           console.log('업로드: ' + progress + '% 완료', snapshot.state);
80:         }, function (error) {
81:           console.log(error)   // 오류 발생 시 콘솔에 표시
82:         }, function () {
83:           // 업로드 완료 후 파이어베이스 DB에 정보 저장
84:           uploadTask.snapshot.ref.getDownloadURL().then(function (downloadURL) {
85:             console.log('업로드URL:', downloadURL);
86:             oPicturesinDB.push({
87:               'url': downloadURL, 'title': '', 'info': '', 'filename': 'pic' + nID
88:             })
89:             .then(self.$router.push('/'))   // 저장 후 홈 화면으로 이동
90:           });
91:         });
92:       })
93:     }
94:   }
95: }
96: </script>
97: <style>
98:   .style_video { width: 100% } /* 카메라 영상의 너빗값을 브라우저 너비에 맞춤 */
99: </style>
```

51~55 화면을 종료할 경우 현재 재생되는 영상 트랙을 찾아 종료시킴

현재 화면에서 다른 화면으로 넘어갈 때 재생하던 영상을 종료하지 않으면 계속 백그라운드로 실행되면서 메모리를 차지하게 됩니다. 따라서 현재 컴포넌트가 종료될 때 호출되는

destroyed() 함수에서 재생하던 영상을 종료하는 작업이 필요합니다.

소스를 보면 현재 재생되는 영상 객체인 oVideoStream 객체 변수에서 모든 트랙을 하나씩 꺼냅니다. 그리고 각각의 트랙은 stop() 함수로 멈추게 하면 됩니다.

56~71 **현재 재생되는 트랙을 찾아 스틸 이미지로 캡처함**

이제 마지막으로 현재 재생되는 영상 중에서 캡처 아이콘을 클릭할 경우 이미지로 캡처하여 파이어베이스 DB와 스토리지에 저장하는 방법을 살펴보겠습니다.

먼저 this.bIsWait = true를 실행해서 진행 아이콘을 표시합니다. 사용자는 시간이 지연될 수 있음을 시각적으로 알 수 있습니다.

현재 재생되는 영상의 첫 번째 트랙이 사용되고 있으므로 oVideoTrack = this.oVideoStream.getVideoTracks()[0]을 이용해서 oVideoTrack에 저장합니다. 이 트랙의 영상을 캡처하려면 비트맵 이미지 정보가 필요하므로 oCapturedImage = new window.ImageCapture(oVideoTrack)를 통해서 이미지를 객체 변수에 비트맵으로 저장합니다.

oCapturedImage의 takePhoto() 함수를 사용해서 현재 비트맵에 있는 영상 스틸 이미지를 캡처합니다. 그 결과는 .then(pImageData => {})의 Promise를 통해서 pImageData 매개변수로 전달됩니다. 즉, pImageData 매개변수에 캡처한 이미지 비트맵 데이터가 담기게 됩니다. 캡처 이미지 크기를 조정하고 싶다면 options처럼 너비와 높이를 지정하면 됩니다. fillLightMode는 플래시 설정인데 off로 설정하여 미리 꺼 놓았습니다.

72~75 **저장할 이미지 파일 이름 준비하여 파이어베이스에 업로드 시작**

이제 남은 일은 파이어베이스 스토리지와 파이어베이스 DB에 저장하는 것입니다. 파이어베이스 스토리지는 파일 시스템 사용과 매우 유사합니다. 그래서 고유한 파일 이름을 먼저 만듭니다. nID = new Date().toISOString()를 입력하면 세계 표준시 정보를 얻을 수 있는데, 이는 매 순간 값이 달라지므로 고유한 이름으로 활용하기가 좋습니다. 그래서 oStorage.ref('images').child('pic'+nID).put(pImageData)를 실행해서 스토리지의 images 노드를 기준으로 pic 이름과 세계 표준시를 하나의 문장으로 만들어 이미지를 저장합니다.

그림 11-14 파이어베이스 스토리지에 저장된 이미지 파일 이름 예시

76~81 업로드 진행 상황 체크

사진 이미지를 서버에 저장하는 과정은 사진의 크기, 네트워크 상태 등에 따라 시간이 다르게 소요됩니다. 따라서 사용자에게 얼마만큼 진행되었는지 알려 주는 것이 좋은데 state_changed라는 이벤트 핸들러를 사용하면 됩니다. 여기서는 간단하게 처리하고자 콘솔에 bytesTransferred, totalBytes, progress, state의 상탯값을 표시해 주었습니다. 실전에서는 프로그레스 바를 권장합니다.

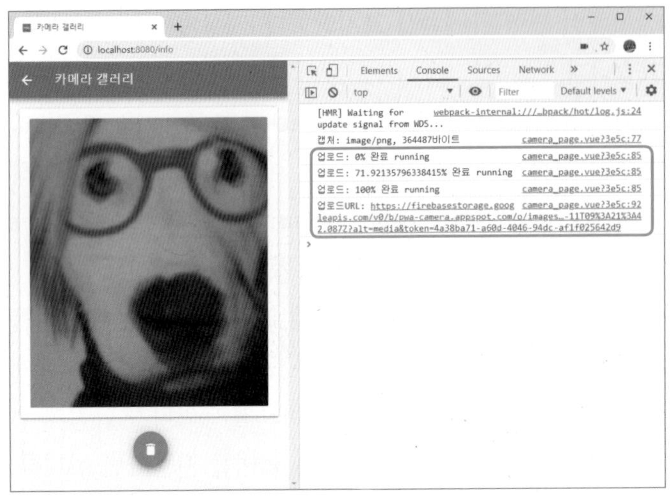

그림 11-15 이미지 업로드 진행 상황 안내

82~92 마지막으로 파이어베이스 DB에 관련 정보 저장

파이어베이스 스토리지에 성공적으로 저장되면 스토리지에 저장된 값은 uploadTask에 담깁니다. 저장된 이미지 경로는 uploadTask.snapshot.ref.getDownloadURL() 함수를 통해서 얻을 수 있습니다. 따라서 oPicturesinDB.push() 함수로 파이어베이스 DB에 제목, 내용, 경로, 파일 이름의 정보를 저장합니다. 나중에 파일을 삭제할 때 이용하기 위해 파일 이름도 함께 저장합니다.

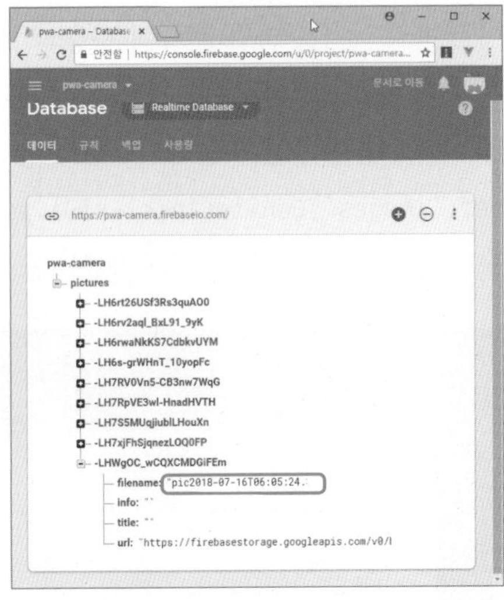

그림 11-16 파이어베이스 DB에 정보가 저장된 모습

11-6 워크박스로 서비스 워커에서 캐시 관리하기

이번에는 워크박스 사용법 중에서 InjectManifest 모드를 사용해 보겠습니다. 카메라 사진 갤러리 앱 만들기 예제에서는 카메라로 직접 찍은 사진은 기본 캐시가 되지 않으므로 InjectManifest 모드를 통해 캐시해 보겠습니다.

Do it! 실습 vue.config.js에서 InjectManifest 모드 사용하기

지금까지는 캐시를 관리할 때 GenerateSW 모드를 사용하여 프리캐시와 런타임 캐시를 쉽고 빠르게 설정값으로 관리할 수 있었습니다. 하지만 프로젝트 성격상 서비스 워커에서 직접 코드를 넣어야 할 경우가 발생하면 GenerateSW 모드 대신에 InjectManifest 모드를 사용해야 합니다. 이렇게 하면 서비스 워커에 자신의 코드를 넣을 수 있으며 프리캐시와 런타임 캐시를 직접 관리할 수 있습니다.

STEP 1 InjectManifest 플러그인 모드는 vue.config.js 파일을 루트 폴더에 생성한 후에 다음 내용을 입력하여 작성합니다.

실습 파일 ex11_start₩vue.config.js

```
01: module.exports = {
02:   pwa: {
03:     // InjectManifest 플러그인 모드는 반드시 선언해야 함
04:     workboxPluginMode: 'InjectManifest',
05:     workboxOptions: {
06:       // Injectmanifest 모드에서는 서비스 워커 파일을 꼭 지정해야 함
07:       swSrc: "src/service-worker.js"
08:     }
09:   }
10: }
```

03~04 InjectManifest **모드 선언**

InjectManifest 모드를 사용하려면 반드시 선언합니다.

06~07 **서비스 워커 파일 지정**

다음으로 swSrc 옵션에 작성할 서비스 워커 파일을 연결합니다. 그러면 연결된 서비스 워커 파일에 워크박스의 코드를 작성하여 프리캐시와 런타임 캐시 내용을 넣으면 됩니다. service-worker.js는 직접 만들어서 워크박스 코드 내용을 작성해야 하는 파일입니다. 바로 이어서 진행해 보겠습니다.

STEP 2 src 폴더에 service-worker.js를 추가하고 다음 내용을 입력합니다. 여기서는 기본 캐시가 되지 않는 카메라로 캡처된 사진을 캐시합니다.

실습 파일 ex11_start₩src₩service-worker.js

```
// 워크박스를 디버그 모드로 설정
workbox.setConfig({
  debug: true,
});

// Vue-Cli에서 기본으로 제공하는 프리캐시 설정을 워크박스에 적용
workbox.precaching.precacheAndRoute(self.__precacheManifest);

// 촬영된 이미지 캐시
workbox.routing.registerRoute(
  new RegExp(
  'https://firebasestorage.googleapis.com/v0/b/pwa-camera.appspot.com/.*'),
  workbox.strategies.staleWhileRevalidate({
    cacheName: 'camera-images',
    plugins: [
      new workbox.expiration.Plugin({
        maxEntries: 60,
        maxAgeSeconds: 365 * 24 * 60 * 60,   // 캐시 보관 기간 1년 지정
      }),
    ],
  })
);
```

02~04 워크박스 디버그 모드 설정

워크박스는 캐시를 수행할 때 진행 상황을 콘솔 창에 표시해 줍니다. 개발하면서 이러한 메시지를 볼 수 있으면 편리한데 디버그 모드일 때만 가능합니다. 배포를 위해 더는 디버그가 필요 없다면 다음처럼 프로덕션 모드로 변경하면 됩니다.

```
workbox.setConfig({ debug: true });     // 디버그 모드
workbox.setConfig({ debug: false });    // 배포용 프로덕션 모드
```

06~07 Vue-CLI 기본 프리캐시 설정 이어받기

Vue-CLI의 PWA 템플릿은 워크박스를 통해서 index.html, JS, CSS와 index.html로 연결된 구글 폰트, 아이콘 등을 자동으로 캐시하는 기능을 제공하므로 무척 편리합니다. 이러한 기본 프리캐시 설정을 그대로 이어받아 사용하고 싶다면 먼저 프리캐시 설정값을 가져와야 합니다. 워크박스용 설정값은 `self.__precacheManifest`라는 환경 변수 안에 다음처럼 저장되어 있습니다.

```
프리캐시 기본 설정값:                                                  service-worker.js:8
▼(14) [{…}, {…}, {…}, {…}, {…}, {…}, {…}, {…}, {…}, {…}, {…}, {…}, {…}, {…}]
  ▶0: {revision: "a541414be86fa2dc0509", url: "/js/app.eb4a2d7e.js"}
  ▶1: {revision: "d796d0da8e5bcb3ea612", url: "/css/chunk-1b4fa820.9a2b9a8c.css"}
  ▶2: {revision: "d796d0da8e5bcb3ea612", url: "/js/chunk-1b4fa820.02b582c8.js"}
  ▶3: {revision: "977ad1797cac087aa020", url: "/css/chunk-4f003bbc.ced07898.css"}
  ▶4: {revision: "977ad1797cac087aa020", url: "/js/chunk-4f003bbc.e4eb8de5.js"}
  ▶5: {revision: "2efe13db2801375b5a87", url: "/js/chunk-4f6a8f9e.c449c5a0.js"}
  ▶6: {revision: "481865572ff5f6e5c1d7", url: "/css/chunk-64fd9744.63c25e12.css"}
  ▶7: {revision: "481865572ff5f6e5c1d7", url: "/js/chunk-64fd9744.cf46a9a1.js"}
  ▶8: {revision: "1f6ca22c41fef2b6b313", url: "/css/chunk-b248fe9e.c7489bf0.css"}
  ▶9: {revision: "1f6ca22c41fef2b6b313", url: "/js/chunk-b248fe9e.de63dd16.js"}
  ▶10: {revision: "f605e22dd48d64122c2a", url: "/css/chunk-vendors.5f0a59ae.css"}
  ▶11: {revision: "f605e22dd48d64122c2a", url: "/js/chunk-vendors.12283371.js"}
  ▶12: {revision: "f1c20bfc9ceb28aec7d5805fc4f68a06", url: "/index.html"}
  ▶13: {revision: "b6216d61c03e6ce0c9aea6ca7808f7ca", url: "/robots.txt"}
   length: 14
  ▶__proto__: Array(0)
```

그림 11-17 워크박스용 설정값

그래서 워크박스에서 코드로 프리캐시를 수행하는 `workbox.precaching.precacheAndRoute()` 함수에 캐시할 파일 내용을 매개변수로 전달하면 캐시됩니다.

다음 내용은 my.css, my.js, index.html의 3개 파일을 프리캐시하는 방법입니다. 특히 index.html에서 `revision`은 이 파일의 버전 번호를 말하는데 워크박스의 빌드 도구를 이용하면 자동으로 생성됩니다.

```
workbox.precaching.precacheAndRoute([
  '/styles/my.css',
  '/scripts/my.js',
  { url: '/index.html', revision: '12345' },
]);
```

워크박스 빌드 도구 이용 시 자동 생성

09~14 런타임 캐시 작성

workbox.routing.registerRoute() 함수는 워크박스에서 런타임 캐시를 수행합니다. 사용법은 다음처럼 첫 번째 매개변수에 캐시할 경로를 지정하고, 두 번째 매개변수에 캐시 전략을 지정합니다. 캐시 경로는 단순한 문자열부터 정규식, 콜백 함수까지 사용할 수 있습니다. 그리고 캐시 전략은 workbox.strategies 객체에 저장된 전략 함수를 통해서 사용합니다.

```
workbox.routing.registerRoute(
  // 캐시 경로,
  // 캐시 전략
);
```

예를 들어 간단하게 hello.png 이미지를 Cache-First 전략으로 캐시하고 싶다면 다음처럼 작성하면 됩니다.

```
workbox.routing.registerRoute(
  '/hello.png',
  new workbox.strategies.CacheFirst()
);
```

그리고 캐시 전략 함수는 매개변수로 캐시 이름 등 캐시 설정을 할 수 있습니다. 예를 들면 다음과 같습니다.

```
workbox.routing.registerRoute(
  '/hello.png',
  new workbox.strategies.CacheFirst({
    cacheName: 'my-cache'    // 캐시 이름 지정
  })
);
```

15~20 캐시 최대 개수와 만료 기간 설정

maxEntries: 60은 PNG 이미지를 총 60개만 캐시하도록 설정합니다. 만약 이 개수를 초과해서 캐시해야 하면 가장 오래된 항목을 지웁니다. 또한 maxAgeSeconds: 60 * 60 * 24 * 365 코드는 캐시 기간을 1년 동안 유지하도록 설정하기 위해 60초 × 60분 × 24시간 × 365일의 계산식을 사용했습니다.

다음은 앞에서 설명한 내용으로 실행했을 때 런타임 캐시된 모습입니다. 목적한 대로 캐시 스토리지를 웹 브라우저의 개발자 도구로 살펴보면 camera-images가 등록되고 원하는 파일들이 런타임 캐시된 것을 알 수 있습니다.

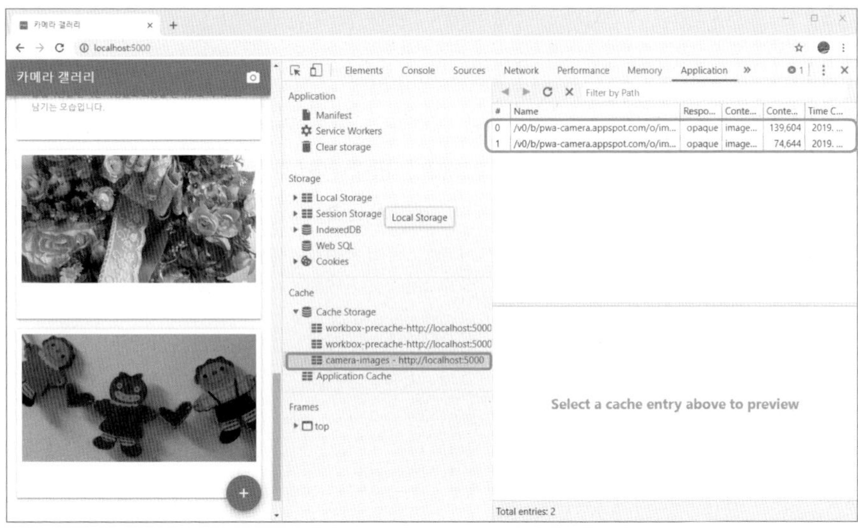

그림 11-18 개발자 도구에서 런타임 캐시 모습 확인

12

구글 로그인 서비스 만들기

이번 장에서는 앱을 개발할 때 자주 사용하는 이메일-구글 인증 로그인 기능을 다룹니다. 실습할 예제는 간단해 보여도 규모가 큰 프로젝트를 대비해 Vuex 스토어를 모듈로 나누기, 지속 가능한 상탯값 관리를 위한 로컬 스토리지 저장, 구글 오픈 계정(oAuth) 연동, 반응형 메뉴 제작 등 실전에서 자주 다루는 기능을 포함합니다. 앱을 개발할 때 필요한 사용자 정보 관리! 파이어베이스 인증으로 쉽게 관리하는 방법을 배워 보겠습니다.

12-1 구글 로그인 서비스 구경하기

Do it! 실습 **노드 패키지 설치하고 앱 실행하기**

STEP 1 우선 필자가 제공한 실습 파일을 통해 완성된 앱을 실행해 보겠습니다. 이 앱을 실행해 보려면 Node.js, Vue-CLI, server 등의 개발 도구가 설치되어 있어야 합니다. Node.js와 Vue-CLI 설치는 05-7절, serve 설치는 08-1절을 참고합니다.

STEP 2 VSCode에서 완성 폴더(ex12)를 프로젝트 폴더로 설정합니다. 통합 터미널 창에서 다음 명령을 실행하여 필요한 패키지를 설치하고 빌드 후 개발자 모드로 실행합니다.

```
> cd ex12
ex12> npm install
ex12> npm run build
ex12> serve dist
```

STEP 3 Ctrl을 누른 상태에서 통합 터미널 창에 나타난 주소를 클릭하면 앱이 실행됩니다. 만약 다음 그림이 나타나지 않는다면 웹 브라우저의 개발자 도구에서 서비스 워커를 초기화했는지 꼭 확인해 보세요.

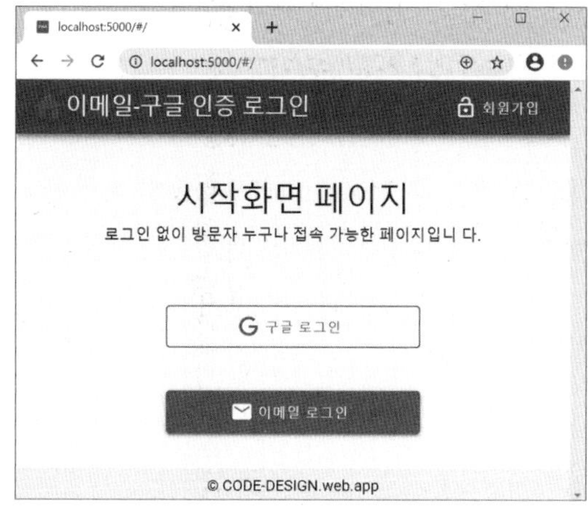

그림 12-1 이메일-구글 인증 로그인 앱 시작 화면

Do it! 실습 앱 성능 테스트하기

STEP 1 먼저 구글 계정으로 로그인을 해보겠습니다. 〈구글 로그인〉 버튼을 클릭합니다. [Google 계정으로 로그인] 팝업이 나타나면 자신의 구글 계정 아이디와 비밀번호를 차례로 눌러서 로그인합니다.

그림 12-2 구글 계정 선택 화면

STEP 2 로그인에 성공하면 '로그인 후 화면 페이지'가 나타납니다. 비밀번호도 재설정할 수 있습니다. 화면 가운데 있는 〈비밀번호 재설정〉 버튼을 클릭합니다.

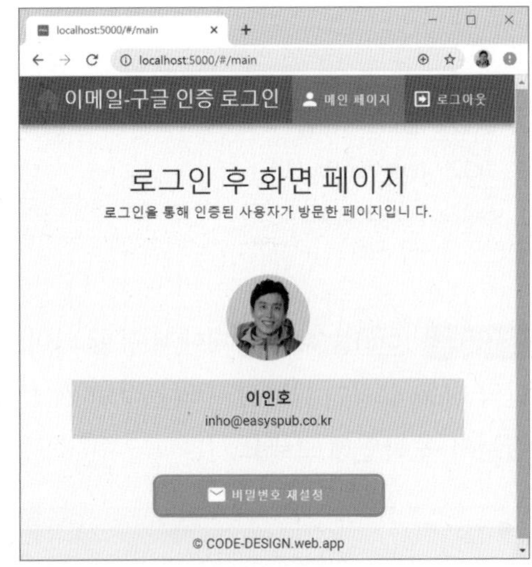

그림 12-3 로그인 후 화면

STEP 3 이어서 방금 로그인한 계정으로 지메일에 접속 후 'pwa-auth-login의 비밀번호 재설정'이라는 제목의 이메일을 확인합니다. 메일 내용에 명시된 링크를 클릭하면 비밀번호를 재설정할 수 있습니다.

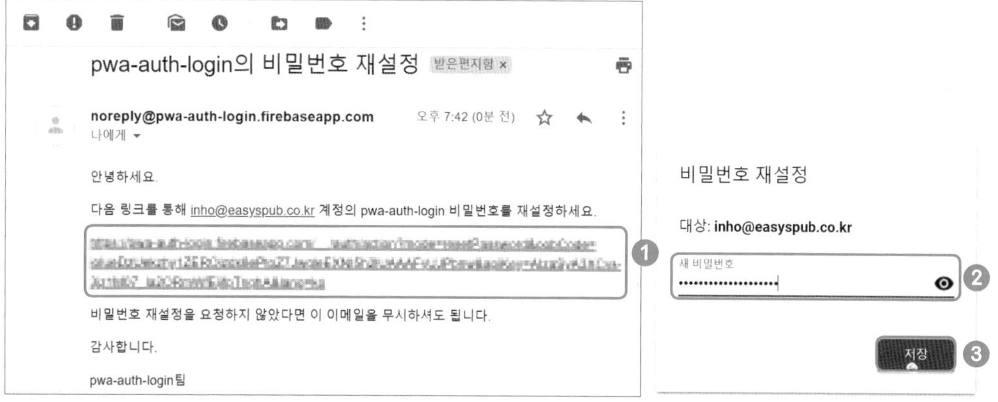

그림 12-4 비밀번호 재설정하기

STEP 4 다시 웹 페이지에서 〈로그아웃〉 버튼을 누르면 그림 12-1과 같은 홈으로 돌아옵니다. 홈에서 〈이메일 로그인〉 버튼을 클릭하면 다음과 같은 로그인 화면이 나타나는데 여기서 오른쪽 위에 〈회원가입〉을 누르면 계정을 만들고 로그인할 수 있습니다. 익숙한 과정이므로 쉽게 테스트할 수 있습니다.

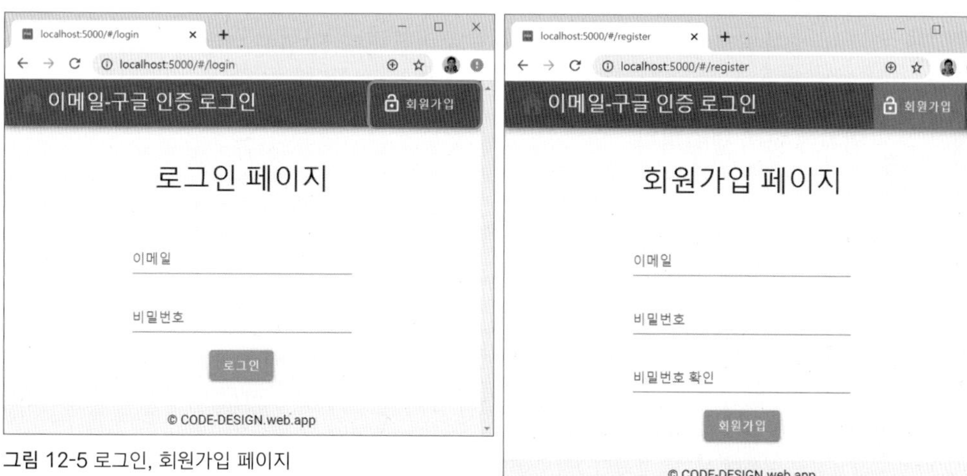

그림 12-5 로그인, 회원가입 페이지

12-2 매니페스트 작성하기

이번 장에서 만들 PWA의 실행 모습을 살펴봤으니 이제는 처음부터 끝까지 직접 만들어 보겠습니다. 어렵지 않습니다. 천천히 시작해 보겠습니다.

Do it! 실습 **프로젝트 만들고 실습 환경 준비하기**

STEP 1 VSCode에서 통합 터미널 창을 열고 미리 준비한 웹팩 시작 템플릿 폴더로 이동합니다.

```
> cd ex12_start
```

STEP 2 기기 및 상황별로 필요한 이미지 파일을 준비합니다. 방법은 이전 실습과 같습니다. 필자가 제공한 실습 파일 중에서 ex12/public/img/icons 폴더를 복사하여 프로젝트 폴더 안에서 같은 위치에 붙여 넣습니다.

하나만 더 배워요! **뷰 프로젝트 직접 만들기**

이번 장에서 진행하는 실습을 위해 뷰 프로젝트를 직접 만들려면 07-3절을 참고하되 프로젝트 옵션 설정 중 'Check the features needed for your project:' 질문에서 Babel, PWA, Router, 그리고 Vuex를 선택합니다. 그리고 뷰티파이를 기본 옵션으로 설치합니다.
그러고 나서 다음 명령을 실행해 실습에 필요한 3가지 모듈을 한꺼번에 설치합니다.

```
ex12> npm install firebase vuex-persist mdi
```

파이어베이스 인증 사용을 위해 파이어베이스를 설치합니다. 그리고 Vuex의 성능을 강화하는 `vuex-persist`를 설치합니다. 이미 앞에서 신규 프로젝트 템플릿을 생성할 때 Babel, PWA, Router와 함께 Vuex를 설치했지만, 로그인 상탯값을 처리할 때 문제가 없으려면 이 기능이 필요합니다. 마지막으로 구글 로고 등을 사용하기 위해 머티리얼 디자인 아이콘도 추가하여 설치합니다.

Do it! 실습 매니페스트 작성하기

자동으로 생성된 매니페스트 파일을 열어 다음과 같이 수정합니다. 매니페스트 파일에 관해서는 이미 앞에서 여러 차례 설명했으므로 생략하겠습니다.

실습 파일 ex12_start₩public₩manifest.json

```
{
  "name": "이메일-구글 인증 로그인",
  "short_name": "이메일-구글 인증 로그인",
  "icons": [
...생략...
  ],
  "start_url": "./index.html",
  "display": "standalone",
  "orientation": "portrait",
  "background_color": "#ffffff",
  "theme_color": "#ffffff"
}
```

12-3 파이어베이스 인증 사용하기

파이어베이스 인증을 사용하면 회원 관리에 필요한 아이디, 비밀번호, 이메일 주소 등의 사용자 정보를 쉽고 체계적으로 관리할 수 있습니다. 파이어베이스 서비스에 통합되어 있으므로 사용하기도 쉽습니다. 어떻게 사용하는지 살펴보겠습니다.

파이어베이스 인증이란?

파이어베이스 인증은 앱에서 사용자 계정을 인증할 때 필요한 회원가입과 로그인 정보처럼 보안이 필요한 백엔드 서비스를 쉽게 개발할 수 있는 통합 라이브러리 서비스입니다. 이메일 계정뿐만 아니라 이미 가지고 있는 구글, 페이스북, 트위터, 깃허브 등의 인기 서드파티 계정으로 바로 로그인할 수 있는 오픈 인증(oAuth)도 제공합니다.

그림 12-6 파이어베이스 인증 서비스 — 서드파티 계정

또한 이메일 주소 인증, 비밀번호 재설정, 이메일 주소 변경 처리 등과 같은 세밀한 서비스도 제공하므로 개발하기가 한결 쉬워집니다. 인증을 위해 발송하는 이메일 템플릿은 한글 서비스도 지원합니다. 그리고 안드로이드, iOS, 웹 모두 제공하므로 멀티 플랫폼용으로도 사용할 수 있습니다.

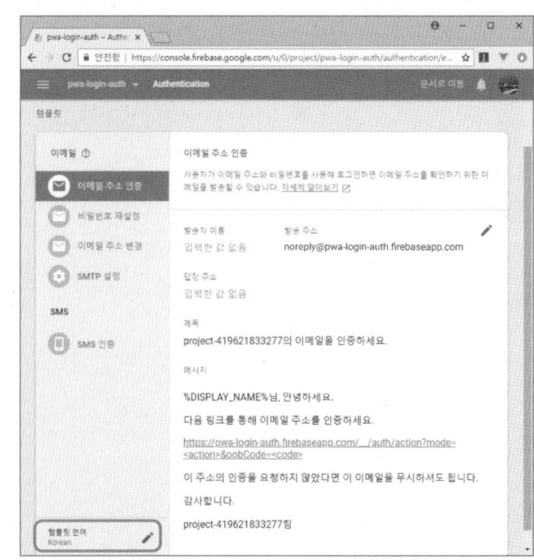

그림 12-7 이메일 주소 인증 템플릿 예시

Do it! 실습 파이어베이스 프로젝트 만들기

STEP 1 먼저 파이어베이스 프로젝트를 생성합니다. firebase.google.com에 접속한 후 [콘솔로 이동]을 클릭하고 [+ 프로젝트 추가]를 클릭합니다. 프로젝트 추가 화면이 나타나면 프로젝트 이름은 pwa-login-auth로 하고(1단계), 구글 애널리틱스 옵션은 선택 해제하여(2단계) 신규 프로젝트를 생성합니다.

그림 12-8 파이어베이스 프로젝트 만들기

STEP 2 이어서 파이어베이스를 프로그램과 연결해야 합니다. PWA는 웹앱에 해당하므로 [프로젝트 설정]에서 〈웹앱에 Firebase 추가〉 버튼을 클릭합니다.

그림 12-9 프로젝트 설정 화면

STEP 3 앱 등록(1단계)과 파이어베이스 SDK 추가(2단계)를 거쳐야 합니다. 1단계에서 앱 닉네임은 pwa-login-auth로 입력하고 〈앱 등록〉을 클릭합니다.

그림 12-10 웹앱에 파이어베이스 추가(1단계) - 앱 등록

STEP 4 2단계 화면이 나타나면 `apiKey`와 `authDomain` 주소를 복사해 놓습니다. 잠시 메모장에 옮겨 놓아도 됩니다. 복사한 주소는 바로 다음에 작성할 @/datasources/firebase.js 파일에 붙여 넣을 것입니다. 모두 완료했으면 오른쪽 위에 있는 〈콘솔로 이동〉을 누릅니다.

```
<script>
  // Your web app's Firebase configuration
  var firebaseConfig = {
    apiKey: "AIzaSyCqucE4fLhef9Ygx5NXWBW5p4XZoqtCuRc",
    authDomain: "pwa-login-auth-8779b.firebaseapp.com",
    databaseURL: "https://pwa-login-auth-8779b.firebaseio.com",
    projectId: "pwa-login-auth-8779b",
    storageBucket: "pwa-login-auth-8779b.appspot.com",
    messagingSenderId: "168886562809",
    appId: "1:168886562809:web:d24105083f57d0b49a9728"
  };
  // Initialize Firebase
  firebase.initializeApp(firebaseConfig);
</script>
```

그림 12-11 웹앱에 파이어베이스 추가(2단계) - 파이어베이스 SDK 추가

STEP 5 이제 로그인 방법을 설정해 보겠습니다. [Authentication] 메뉴에서 [로그인 방법] 탭을 클릭합니다. 로그인 서비스를 제공하는 업체 목록이 나타납니다. 이번 예제에서는 [이메일/비밀번호]와 [Google]을 사용합니다.

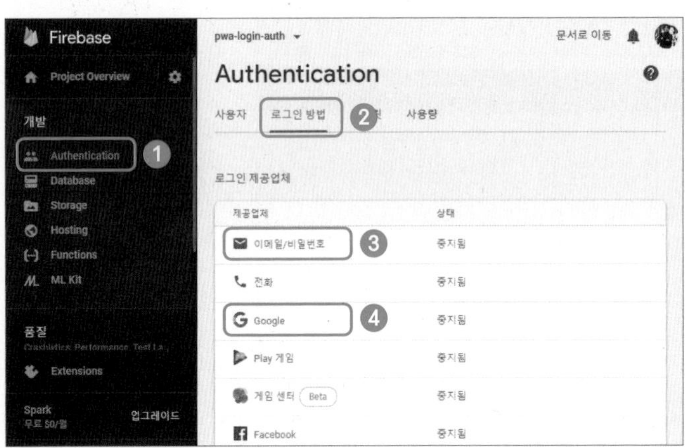

그림 12-12 인증을 위한 로그인 방법 선택 화면

STEP 6 [이메일/비밀번호]에 마우스 커서를 올리면 연필 모양의 수정 아이콘이 나타납니다. 이 아이콘을 클릭하면 다음과 같은 설정 화면이 나타납니다. 〈사용 설정〉을 선택하고 〈저장〉을 누릅니다. 같은 방법으로 [Google]도 활성화합니다.

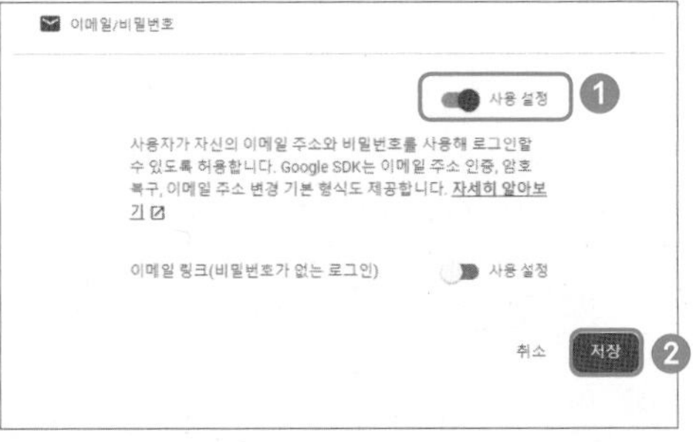

그림 12-13 이메일 주소와 비밀번호 방식 활성화하기

Do it! 실습 파이어베이스 인증 연결하기

STEP 1 datasources/firebase.js 파일을 생성하고 다음과 같은 코드를 작성합니다.

실습 파일 ex12_start₩src₩datasources₩firebase.js

```
01: // 파이어베이스 앱 객체 모듈 가져오기
02: import firebase from 'firebase/app'
03:
04: // 파이어베이스 DB를 초기화
05: const oFirebase = firebase.initializeApp({
06:   // 파이어베이스 콘솔에서 복사하여 붙여넣기
07:   apiKey: "AIXXXXXXXXXXXXXXXXXXXXXXXXXXXXXXXXXXXX3k",
08:   authDomain: "pwa-login-auth.firebaseapp.com",
09: });
10:
11: // 파이어베이스 인증 객체 공개
12: export const oFirebaseAuth = oFirebase.auth();
```

콘솔에서 복사한 값 사용

01~02 파이어베이스 모듈 가져오기

파이어베이스의 인증 기능을 사용할 것이므로 `firebase`라는 변수에 파이어베이스 앱 객체 모듈을 가져옵니다.

04~09 파이어베이스 DB를 초기화하고 연결하기

파이어베이스 객체의 `initializeApp()` 함수를 이용해서 파이어베이스 사이트에서 생성한 프로젝트 정보를 전달하여 초기화합니다. `apiKey`, `authDomain` 정보는 앞에서 복사해 놓은 주소 그대로 사용합니다. 그리고 반환된 결과를 `oFirebase` 객체 변수에 저장하면 파이어베이스 사용을 위한 준비가 끝납니다.

11~12 oFirebase.auth 인증 객체를 다른 곳에서 사용하도록 공개하기

`oFirebase` 객체의 `auth()` 함수는 파이어베이스에서 제공하는 인증 처리 객체를 반환합니다. 이 객체를 `oFirebaseAuth` 변수에 저장하고 프로젝트 전체에서 사용할 수 있도록 `export`로 공개합니다.

STEP 2 프로그램을 실행하다 보면 다양한 상황이 발생할 수 있습니다. 인증할 때 꼭 고려해야 할 부분은 로그인한 후에 사용자가 브라우저를 닫았다가 다시 열어 재접속하는 경우입니다. 이때 로그인 상태를 기억하고 다시 자동으로 로그인되면 편리합니다.
자동으로 생성된 main.js 파일을 열고 다음과 같이 코드를 수정합니다.

실습 파일 ex12_start₩src₩main.js

```
import Vue from 'vue'
import App from './App.vue'
import router from './router'
import store from './store'
import './registerServiceWorker'
import vuetify from './plugins/vuetify';

// 파이어베이스 앱 객체 모듈 가져오기
import firebase from 'firebase/app'
import '@/datasources/firebase'

Vue.config.productionTip = false

new Vue({
  router,
  store,
  vuetify,
  created() {
    // 사용자가 로그아웃, 비밀번호 등을 변경했을 때 처리
    firebase.auth().onAuthStateChanged(pUserInfo => {
      if (pUserInfo) {
        // 이미 로그인되어 있었는지 등의 상태를 파악하여 처리
        store.dispatch('fnDoLoginAuto', pUserInfo)
      }
    })
  },
  render: h => h(App)
}).$mount('#app')
```

08~10 **자동 로그인 처리**

로그인한 후에 사용자가 브라우저를 닫았다가 다시 열어 재접속할 때 로그인 상태를 기억하고 다시 자동으로 로그인되면 편리하겠죠? 이를 위해 먼저 파이어베이스 앱 모듈과 파이어베이스 데이터 소스 모듈도 함께 가져옵니다.

18~26 **처음 PWA 실행 시 체크**

뷰에는 이벤트 생명주기가 있습니다. 그중에서 `created()` 이벤트 핸들러는 처음 PWA를 실행할 때 메인이 시작되는 부분입니다. 그래서 처음 메인 객체가 생성될 때 이벤트 처리와 관련해서 설정해 두어야 하는 이벤트 핸들러가 필요하다면 이곳에 작성합니다.

20~25 **사용자 상태 변경 시 처리**

여기서는 파이어베이스의 `auth()` 함수 객체 멤버 중에서 `onAuthStateChanged()` 이벤트 핸들러를 준비합니다. 이 핸들러는 사용자가 로그인, 로그아웃, 비밀번호 변경 등 중요한 상태 변경이 발생할 때 실행됩니다. 소스에서는 사용자가 로그인, 로그아웃, 비밀번호 등의 변경을 수행했는지 확인하기 위해 `onAuthStateChanged()` 이벤트 핸들러를 설정합니다. 만약 이벤트가 발생하면 매개변수로 `pUserInfo`를 통해 사용자 정보를 받은 후 Vuex 객체인 `store`의 `fnDoLoginAuto()` 함수를 실행합니다. 컴포넌트에서 Vuex 상탯값을 설정하려면 `Actions` 속성의 함수를 거쳐야 하므로 `dispatch()` 함수로 실행된 것에 유의하세요.

`fnDoLoginAuto()` 함수는 자동으로 로그인을 실행하기 위한 작업을 수행합니다. 예를 들면 이미 한 번 로그인되었으므로 로그인되었던 사용자의 계정 정보를 Vuex에 다시 저장하는 것이 주된 내용입니다.

12-4 앱 실행 화면 만들기

이번 예제는 구글 로그인 기능을 사용하므로 구글 심벌 아이콘이 필요합니다. 그런데 기본으로 사용해 왔던 구글의 머티리얼 아이콘(material.io)에는 구글 심벌이 없습니다. 따라서 머티리얼 디자인 아이콘(materialdesignicons.com)에서 준비해야 합니다. 뷰티파이를 이용하면 기본으로 머티리얼 디자인 아이콘을 사용할 수 있으므로 특별히 준비할 것은 없습니다. 머티리얼 디자인 아이콘 사이트에서 아이콘 이름(예: mdi-google)만 기억하면 됩니다.

'머티리얼 아이콘'과 '머티리얼 디자인 아이콘'은 서로 다른 서비스입니다. 헷갈리지 않도록 주의하세요.

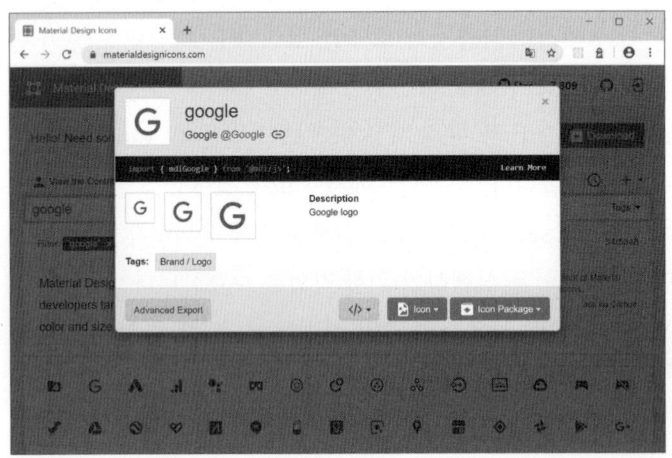

그림 12-14 머티리얼 디자인 아이콘에서 구글 심벌 준비

Do it! 실습 앱 실행 화면 만들기

STEP 1 자동으로 생성된 index.html 파일 내용을 다음과 같이 수정합니다. 여기서는 수정해야 하는 코드만 표시했습니다. index.html 구성 요소는 여러 차례 설명했으므로 생략합니다.

index.html 파일 수정 내용은 08-4절 '앱 실행 화면 만들기'에서 상세히 다루었습니다.

실습 파일 ex12_start₩public₩index.html

```
<!DOCTYPE html>
<html lang="ko">
  <head>
...생략...
    <!-- 상태 표시줄 테마 색상을 흰색으로 변경 -->
    <meta name="theme-color" content="#ffffff">
...생략...
    <title>이메일-구글 인증 로그인</title>
    <!-- 구글 머티리얼 디자인 아이콘 추가 -->
    <link href="https://fonts.googleapis.com/css?family=Roboto:100,300,400,500,700,900|Material+Icons" rel="stylesheet">
...생략...
</html>
```

STEP 2 라우터의 개념과 사용법은 05-6절(내비게이션과 라우터)에서 자세히 배웠습니다. 여기서는 라우터를 사용하는 데 필요한 설정만 실습하겠습니다. router.js 파일을 열고 다음과 같이 코드를 수정합니다.

실습 파일 ex12_start₩src₩router.js

```
import Vue from 'vue'
import Router from 'vue-router'
// 파이어베이스 앱 객체 모듈 가져오기
import firebase from 'firebase/app'

Vue.use(Router)

const router = new Router({
  routes: [{
    path: '/', name: 'start_page',
    component: () => import('./components/start_page.vue')
  },
  {
    path: '/main', name: 'main_page',
    component: () => import('./components/main_page.vue'),
    // 메인 페이지는 인증과 연동
```

```
17:     meta: { bAuth: true }
18:   },
19:   {
20:     path: '/login', name: 'login_page',
21:     component: () => import('./components/login_page.vue')
22:   },
23:   {
24:     path: '/register', name: 'register_page',
25:     component: () => import('./components/register_page.vue')
26:   },
27:   {
28:     // 사용자가 라우터에 등록된 것 외에 다른 주소 입력 시 에러 페이지 연결
29:     path: '/*', name: 'error_page',
30:     component: () => import('./components/error_page.vue')
31:   }
32:   ]
33: })
34: // 라우터 이동에 개입하여 인증이 필요한 경우 login 페이지로 전환
35: router.beforeEach((to, from, next) => {
36:   const bNeedAuth = to.matched.some(record => record.meta.bAuth)
37:   const bCheckAuth = firebase.auth().currentUser
38:   if (bNeedAuth && !bCheckAuth) {
39:     next('/login')
40:   } else {
41:     next()
42:   }
43: })
44: export default router
```

03~04 **인증과 라우터 연동을 위해 파이어베이스 앱 모듈 가져오기**

인증과 관계된 사용자와 페이지 관리는 파이어베이스의 모듈을 활용하면 쉽게 해결할 수 있습니다. 그래서 파이어베이스 앱 모듈이 필요하므로 준비합니다.

17 **인증과 관계된 부분은 `meta` 속성 추가**

이제 라우터를 등록해 보겠습니다. 라우터를 등록할 때는 이동할 페이지 경로, 이름, 컴포넌트 템플릿을 정의합니다. 이때 배열 변수를 사용해서 화면에 보여 줄 페이지를 JSON 형식으로 구분합니다. 그리고 `main_page`는 인증된 사용자만 라우터로 접근하도록 해야 합니다.

이를 위해 라우터에서 인증과 관계된 부분은 meta 속성을 추가로 사용합니다. 즉, meta 속성에 bAuth 변수가 true일 때만 접근하도록 선언합니다.

27~31 **에러 페이지로 연결**

그리고 실제 서비스처럼 라우터로 등록된 페이지 이외로 접근을 시도할 때는 모두 하나의 에러 페이지로 연결합니다. 이를 위해서 path 속성에 와일드카드 '*'를 사용하면 모든 페이지가 연결됩니다.

34~43 **내비게이션 가드**

내비게이션 가드란 사용자가 접근 권한이 없는 페이지로 이동할 때 그 페이지를 볼 수 없도록 보호하는 것을 말합니다. 내비게이션 가드를 사용하려면 앞에서 meta 속성에 선언한 bAuth 값을 라우터 처리에서 확인하는 중간 개입이 필요합니다. 라우터의 중간 개입은 router 객체의 beforeEach() 함수를 사용합니다. 이것을 사용하면 to, from, next 등 3가지 매개변수를 전달받습니다. 각각 라우터의 원래 목적지인 이동할 페이지 라우터 객체, 출발지인 전 페이지 라우터 객체, 변경을 실행하는 next() 함수를 의미합니다. 특히 beforeEach() 함수가 완료되려면 매개변수로 전달받은 next() 함수를 반드시 실행해야 합니다.

소스에서는 먼저 bNeedAuth 상수 변수에 이동할 페이지가 로그인이 필요한지를 bAuth 속성값에 true 또는 false로 저장합니다. 만약 true라면 로그인이 필요한 라우터 페이지입니다. 두 번째로 bCheckAuth 변수에는 파이어베이스의 현재 로그인 사용자 정보를 저장합니다. 만약 로그인 사용자가 있다면 값을 가지므로 true이고, 없으면 null값이므로 false입니다.

그리고 조건을 검사하여 라우팅할 페이지가 로그인이 필요한 페이지(bNeedAuth가 true)이고 현재 로그인되지 않았다면(bCheckAuth가 false) 강제로 로그인을 수행하도록 "/login" 페이지로 이동합니다. 반대라면 이미 로그인된 상태이므로 원래 라우팅할 목적지로 이동합니다.

STEP 3 이어서 App.vue 파일을 열고 다음 내용을 따라 작성해서 App.vue 컴포넌트를 완성합니다.

실습 파일 ex12_start₩src₩App.vue(1/3)

```
<template>
  <v-app>
    <!-- 반응형 중단점이 데스크톱(lg) 이상일 때 탐색 서랍이 툴바 아래에 표시되도록 함
      app 어트리뷰트는 반드시 설정해야 함
      v-app 엘리먼트 안의 내용이 적절히 표시되도록 도움 -->
```

```
04:     <v-navigation-drawer clipped v-model="drawer" app>
05:       <v-list>
06:         <!-- items 배열을 읽어와서 차례로 메뉴로 바인딩하여 표시 -->
07:         <v-list-item value="true" v-for="(item, i) in fnGetMenuItems":to="item.to"
:key="i">
08:           <v-list-item-action>
09:             <!-- html 엘리먼트의 값으로 바인딩할 때는 v-html 디렉티브 사용-->
10:             <v-icon v-html="item.icon"></v-icon>
11:           </v-list-item-action>
12:           <v-list-item-title v-text="item.title"></v-list-item-title>
13:         </v-list-item>
14:         <!-- 로그인된 경우만 로그아웃 버튼 표시 -->
15:         <v-list-item @click="fnDoLogout" v-if="fnGetAuthStatus">
16:           <v-list-item-action>
17:             <v-icon>mdi-arrow-right-bold-box-outline</v-icon>
18:           </v-list-item-action>
19:           <v-list-item-title>로그아웃</v-list-item-title>
20:         </v-list-item>
21:       </v-list>
22:     </v-navigation-drawer>
...생략...
```

03~04 **데스크톱(lg) 중단점에서 탐색 서랍이 툴바 아래에 오도록 clipped 어트리뷰트 지정**

탐색 서랍(navigation drawer)은 햄버거 메뉴 아이콘(≡)을 선택했을 때 사용자가 이동할 수 있는 다양한 선택지 내비게이션을 한곳에서 선택할 수 있도록 도와주는 슬라이딩 메뉴를 의미합니다. 특히 반응형 웹 중단점이 데스크톱(lg) 이상일 때 탐색 서랍이 툴바 아래에 나타나면 현재 위치를 확인하면서 선택할 수 있으므로 편리합니다. 이런 기능을 제공하고 싶다면 v-navigation 엘리먼트에 clipped 어트리뷰트를 지정하면 됩니다. 이 기능을 사용하려면 반드시 app 어트리뷰트를 함께 사용해야 합니다.

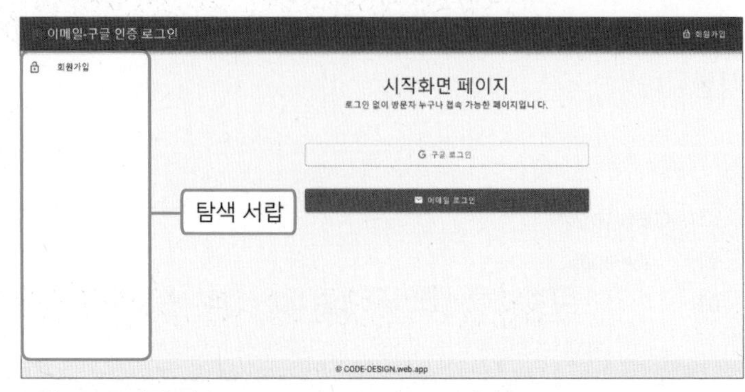

그림 12-15 탐색 서랍

06~07 items 배열을 메뉴로 바인딩하여 표시

탐색 서랍에 메뉴명을 표시할 때 v-list 엘리먼트를 이용해서 목록 형태로 사용하면 메뉴 데이터를 별도로 관리할 수 있어서 편리합니다. 이를 위해서 v-for의 반복문을 활용하는데 목록의 제목을 표시하는 v-list-item 엘리먼트를 이용해서 목록 그룹을 지정하고, 여기서 fnGetMenuItems의 내용을 하나씩 읽어서 item에 저장하여 표시합니다. fnGetMenuItems는 로그인 전후의 메뉴 내용이 달라지므로 해당 상태에 맞는 아이템을 반환해 줍니다. 이렇게 동적으로 메뉴를 관리함으로써 로그인 전후에 다른 items 배열을 설정하여 표시할 수 있습니다. 다음 왼쪽 그림은 탐색 서랍 로그인 전(왼쪽)과 후(오른쪽)의 화면입니다.

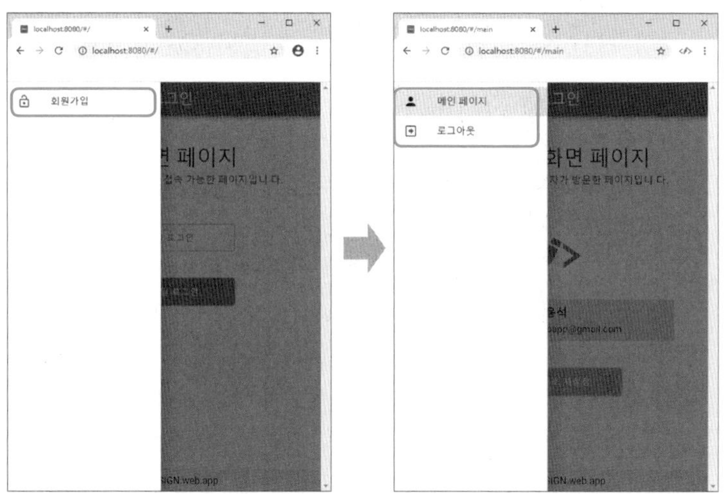

그림 12-16 탐색 서랍 로그인 전후 화면

10 html 엘리먼트값으로 바인딩할 때는 v-html 디렉티브 사용

뷰티파이에서 엘리먼트의 값 부분에 넣어야 할 내용을 바인딩하고 싶다면 v-html 디렉티브를 사용합니다. 여기에 바인딩된 값은 엘리먼트의 값으로 바뀌어서 다음처럼 해당 아이콘을 표시하는 용도로 활용할 수 있습니다.

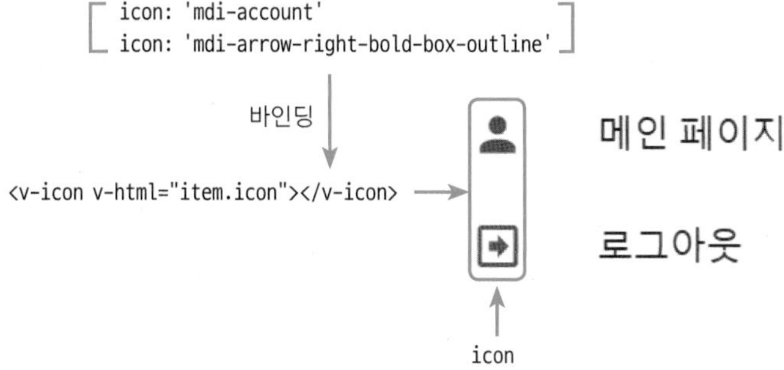

그림 12-17 v-html 디렉티브로 아이콘 표시

14~20 로그인된 경우만 로그아웃 버튼 표시하기

그림 12-18 〈로그아웃〉 버튼 표시

로그아웃 버튼은 로그인되었을 때만 표시해야 합니다. 이를 판단하고자 v-if 디렉티브에서 fnGetAuthStatus() 함수를 실행합니다. 이 함수는 computed 속성에 정의되었는데 Vuex의 상탯값을 읽어서 현재 로그인 여부를 true 또는 false로 알려 줍니다. 그래서 true일 때만 v-list-item-title 엘리먼트가 표시되면서 그 안의 v-icon 엘리먼트를 사용해 오른쪽 화살표 모양의 〈로그아웃〉 버튼을 표시합니다.

그리고 버튼이 눌려져야 하므로 v-list-item-action 엘리먼트로 감싸야 하고, 이렇게 해야 클릭 이벤트를 처리할 수 있습니다. 사용자가 클릭하면 @click 디렉티브를 이용해서 methods 속성에 정의된 fnDoLogout() 함수를 실행합니다.

STEP 4 앱을 만들다 보면 가장 많이 접하는 툴바, 탐색 서랍, 햄버거 아이콘, 로그인과 로그아웃 화면 표시 등의 UI 디자인 사용법을 추가해 보겠습니다. 다음 소스를 따라 App.vue 컴포넌트를 완성해 보세요.

실습 파일 ex12_start₩src₩App.vue(2/3)

```
...생략...
  <!-- 탐색 서랍이 툴바 아래에 위치할 때
    메뉴 아이콘이 적절히 왼쪽에 배치되도록 app과 clipped-left 어트리뷰트 지정 -->
    <v-app-bar clipped-left app color="primary" dark>
      <!-- 햄버거 아이콘은 반응형 크기가 sm 이상일 때 숨김 -->
      <v-app-bar-nav-icon @click.stop="drawer =! drawer" class="hidden-sm-and-up">
</v-app-bar-nav-icon>
      <router-link to="/" style="cursor: pointer">
        <!-- 머티리얼 디자인 아이콘 사용 시 아이콘 이름에 'mdi-' 붙임 -->
        <!-- 홈 로고 아이콘은 반응형 크기가 xs일 때 숨김 -->
        <v-icon class="hidden-xs-only" large color="teal
          lighten-4">mdi-home</v-icon>
      </router-link>
      <v-toolbar-title class="headline">
        이메일-구글 인증 로그인
      </v-toolbar-title>
      <v-spacer></v-spacer>
```

```
38:         <!-- 툴바의 메뉴명을 표시할 때 xs일 때는 숨기고
39:         나머지 크기에는 보이게 함 -->
40:         <v-toolbar-items class="hidden-xs-only">
41:           <v-btn text v-for="item in fnGetMenuItems":key="item.title":to="item.to">
42:             <v-icon left>{{ item.icon }}</v-icon>
43:             {{ item.title }}
44:           </v-btn>
45:           <!-- 로그인된 경우만 로그아웃 버튼 메뉴에 표시 -->
46:           <v-btn text @click="fnDoLogout" v-if="fnGetAuthStatus">
47:             <v-icon left>mdi-arrow-right-bold-box-outline</v-icon>로그아웃
48:           </v-btn>
49:         </v-toolbar-items>
50:       </v-app-bar>
51:       <v-main>
52:         <router-view />
53:       </v-main>
54:       <v-footer app>
55:         <div class="mx-auto">&copy; CODE-DESIGN.web.app.net</div>
56:       </v-footer>
57:     </v-app>
58: </template>
...생략...
```

24~25 clipped-left **어트리뷰트**

v-navigation-drawer 엘리먼트의 탐색 서랍이 앱바 아래에 표시되려면 앱바 쪽에서도 다음처럼 clipped-left 어트리뷰트를 지정해 주어야 합니다. 여기서도 반드시 app 어트리뷰트를 함께 사용합니다.

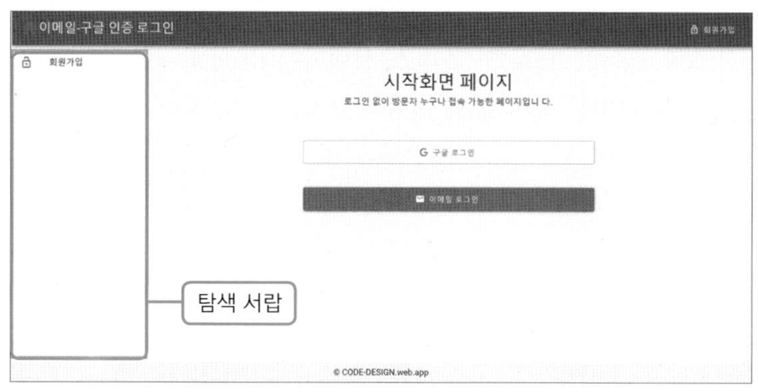

그림 12-19 툴바 아래에 배치된 탐색 서랍 모습

26~27 **햄버거 아이콘은 반응형 크기가 sm 이상일 때 숨기기**

화면이 모바일 크기가 될 때 툴바에 햄버거 아이콘이 자동으로 표시되게 하려면 `v-app-bar-nav-icon` 엘리먼트를 사용합니다. 그리고 사용자가 햄버거 아이콘을 클릭할 때마다 탐색 서랍이 나타나거나 사라져야 합니다. 그러려면 `@click.stop="drawer =! drawer"` 명령으로 탐색 서랍의 현재 상태를 나타내는 `drawer` 변숫값을 `true`에서 `false`로 또는 반대로 토글합니다.

그리고 이러한 간단한 명령 이후에 혹시 이벤트가 계속 남아 DOM에 영향을 주는 것을 예방하려면 `.stop` 이벤트 수식어를 사용합니다. 즉, `.stop`은 `v-on` 이벤트에서 클릭 이벤트가 하위 이벤트로 진행되는 것을 중단합니다. 혹시라도 다른 이벤트가 실행되면서 화면이 새로 고침을 하지 않게 합니다.

그림 12-20 햄버거 아이콘

28~33 **홈 로고 아이콘은 반응형 크기가 xs일 때 숨기기**

만약 화면의 너비가 모바일 크기가 되면 웹 사이트용 UI에서 모바일 디자인으로 반응해야 합니다. 이때 웹 사이트용으로 사용한 심벌(홈 로고)은 사라져야 합니다. 이처럼 UI를 반응형으로 처리하려면 해당 심벌(실습에서는 `mdi-home`)의 클래스 선택자를 `hidden-xs-only`로 지정합니다. 그러면 실벌이 웹 사이트 크기일 때는 `medium`으로 표시되고, 모바일 크기인 `xs`일 때만 사라집니다.

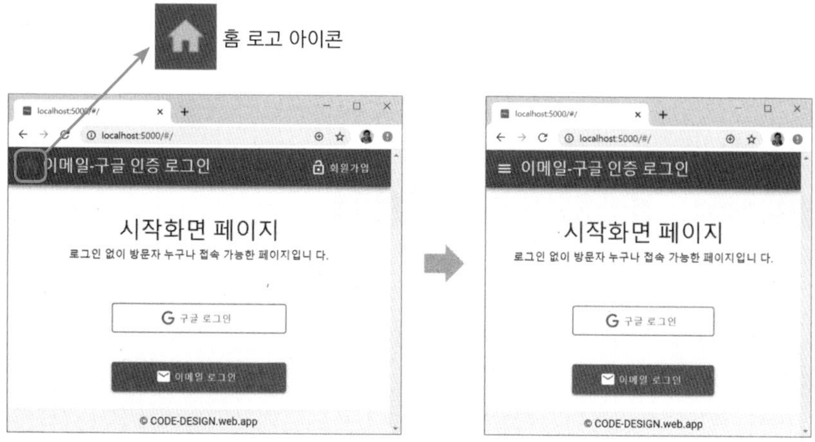

그림 12-21 홈 로고 아이콘

40 툴바의 메뉴명을 xs일 때는 숨기고 나머지 크기일 때는 표시하기

툴바에 웹 사이트용 메뉴명을 표시할 때는 `v-toolbar-items` 엘리먼트를 사용합니다. 그런데 모바일 크기로 변경되면 햄버거 아이콘이 나타나는 대신 툴바의 메뉴명은 화면에서 사라져야 합니다. 따라서 툴바에도 `class="hidden-xs-only"`를 사용합니다.

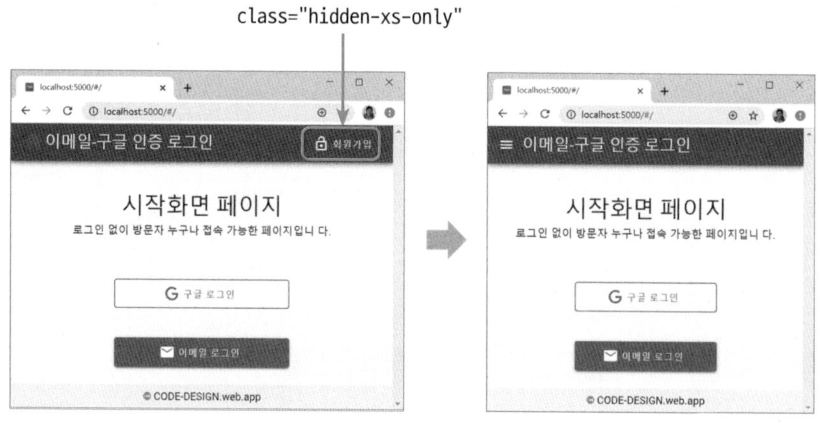

그림 12-22 반응형으로 툴바의 메뉴명 표시

41~44 툴바에 메뉴명 표시하기

툴바에 메뉴명을 표시할 때 `v-btn` 버튼을 이용해서 목록 형태로 사용합니다. 그러면 각 버튼의 클릭 이벤트도 처리할 수 있고 메뉴 데이터를 별도로 관리할 수 있습니다. 소스에서는 `v-for` 반복문을 활용해 `v-icon` 엘리먼트로 목록의 아이콘과 제목을 바인딩하여 표시합니다. 이때 `fnGetMenuItems()` 함수로 각 항목의 내용을 읽어서 `item`에 저장하여 표시합니다.

또한, 일반적인 메뉴처럼 표시되도록 text 어트리뷰트를 지정합니다.

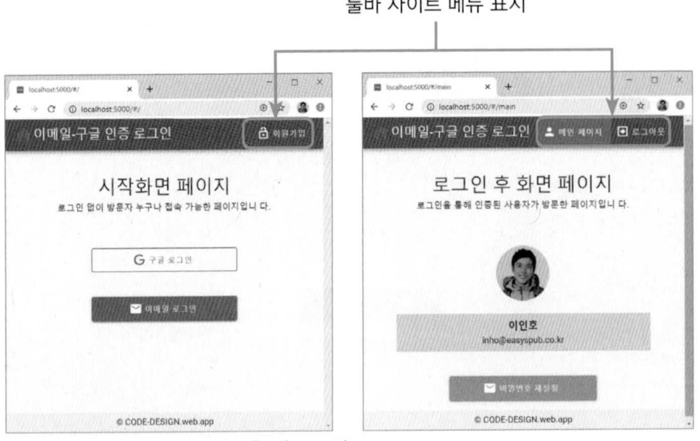

그림 12-23 툴바의 웹 사이트용 메뉴 표시

45~48 로그인되었을 때만 로그아웃 버튼 표시하기

툴바를 이용한 웹 사이트용 메뉴에서도 로그아웃 버튼은 로그인되었을 때만 표시되어야 합니다. 이를 판단하고자 v-if 디렉티브에서 fnGetAuthStatus() 함수를 실행합니다. 이 함수는 앞에서도 설명했듯이 Vuex의 상탯값을 읽어서 현재 로그인 여부를 true나 false로 알려 줍니다. 그래서 true일 때만 v-btn 엘리먼트가 표시되면서 그 안의 v-icon 엘리먼트가 선언되어 오른쪽 화살표 모양의 로그아웃 버튼을 표시합니다. 이때 일반적인 메뉴처럼 표시되도록 text 어트리뷰트를 지정합니다. 로그아웃 버튼을 사용자가 클릭하면 @click 디렉티브를 이용해서 methods 속성에 정의된 fnDoLogout() 함수를 실행합니다.

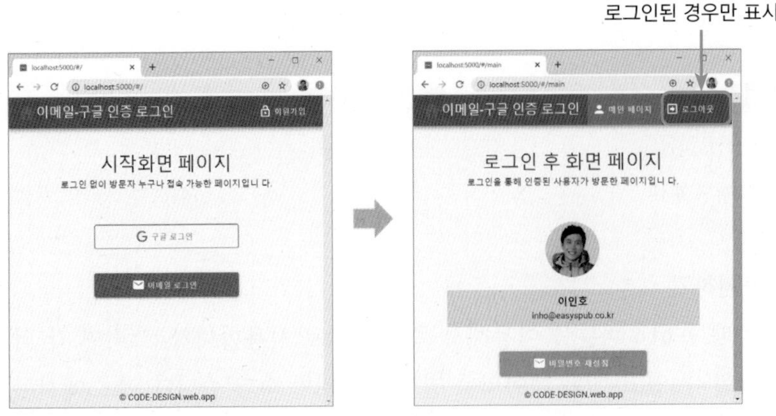

그림 12-24 로그아웃 버튼 표시

STEP 5 UI 디자인을 할 때 로그인 상태에 따라 화면을 다르게 표현해야 하는 경우가 있습니다. 로그인 여부에 따라 탐색 서랍과 툴바의 메뉴명을 다르게 바꿔야 합니다. 다음 소스를 따라 App.vue 컴포넌트의 마지막 부분을 완성합니다.

실습 파일 ex12_start₩src₩App.vue(3/3)

```
...생략...
<script>
  export default {
    data() {
      return {
        drawer: false
      }
    },
    computed: {
      // 스토어에서 현재 인증 상태인지 반환
      fnGetAuthStatus() {
        return this.$store.getters.fnGetAuthStatus
      },
      // 로그인 여부에 따라 다르게 탐색 서랍과 툴바 메뉴명 항목 배열 반환
      fnGetMenuItems() {
        if (!this.fnGetAuthStatus) {
          return [{
            title: '회원가입',
            to: '/register',
            icon: 'mdi-lock-open-outline'
          }]
        } else {
          return [{
            title: '메인 페이지',
            to: '/main',
            icon: 'mdi-account'
          }]
        }
      }
    },
    // 스토어의 로그아웃 기능 사용
    methods: {
```

```
90:         fnDoLogout() {
91:           this.$store.dispatch('fnDoLogout')
92:         }
93:       },
94:       name: 'App'
95:     }
96: </script>
```

67~70 스토어에서 현재 인증 상태인지 반환

현재 인증 여부를 알려면 Vuex의 상탯값으로부터 그 결과를 확인해야 합니다. Vuex 상탯값을 사용하려면 앞의 main.js 파일에서 생성했던 store 객체에 접근해야 합니다. 그런데 문제는 현재 컴포넌트인 App.vue에서 main.js로 접근하는 것은 서로 다른 파일이므로 불가능합니다. 하지만 뷰 프레임워크에서는 뷰 객체에 있는 속성에 한해 전역 접근을 허용해 주는데 바로 $라는 특수 기호를 사용하면 됩니다. $를 사용하면 뷰 객체를 생성할 때 선언한 속성들에 접근할 수 있습니다.

소스를 보면 this를 사용해 뷰 객체를 얻고, $store 코드로 뷰 객체 안에 있는 store 객체를 사용합니다. 이어서 getters 속성에 있는 fnGetAuthStatus() 함수로 로그인 여부를 반환받습니다.

71~87 로그인 여부에 따라 탐색 서랍과 툴바 메뉴명 배열을 다르게 반환

사용자에게 로그인 중인지 알리려면 로그인 여부에 따라 메뉴 모양이 달라야 합니다. 반응형으로 디자인할 때도 마찬가지입니다. 그러려면 각 메뉴를 상황에 맞게 항목으로 반환할 수 있어야 합니다. 소스에서 이 역할은 fnGetMenuItems() 함수가 수행합니다. 즉, 아직 로그인 전이면 '회원가입' 메뉴를, 로그인되었으면 '메인 페이지' 메뉴를 반환합니다. 이때 this를 사용해서 computed 속성에 있는 fnGetAuthStatus() 함수에 접근함으로써 로그인 여부를 확인합니다.

88~93 스토어의 로그아웃 기능 사용

로그아웃하려면 Vuex에 정의된 actions 속성의 fnDoLogout() 함수를 실행하면 됩니다. 그러면 fnDoLogout() 함수는 Vuex 중앙에서 로그아웃과 관련된 파이어베이스 처리, 사용자 상탯값 처리, 라우터 이동 등 모든 작업을 관리해 줍니다. 따라서 this.$store를 통해서 Vuex에 접근한 후 dispatch() 함수로 actions 속성의 fnDoLogout() 함수를 실행합니다.

12-5 스토어 작성하기

이번 예제는 간단한 내용이지만 규모가 큰 프로젝트를 대비해서 Vuex 스토어를 모듈로 나누는 방법, 지속 가능한 상탯값 관리를 위해 로컬 스토리지에 저장하는 방법 등 고급 기술을 사용해 보겠습니다.

Vuex 개념 정리

Vuex는 뷰의 애플리케이션을 제작할 때 뷰 컴포넌트 간에 중앙 집중식 상탯값 저장소 기능을 해주는 라이브러리입니다. 이것은 뷰 컴포넌트의 개수가 많아질 때 매우 유용합니다. Vuex 사용법은 05장에서 자세히 소개했으므로 여기서는 내용을 요약한 그림을 간단히 살펴보면서 넘어가겠습니다.

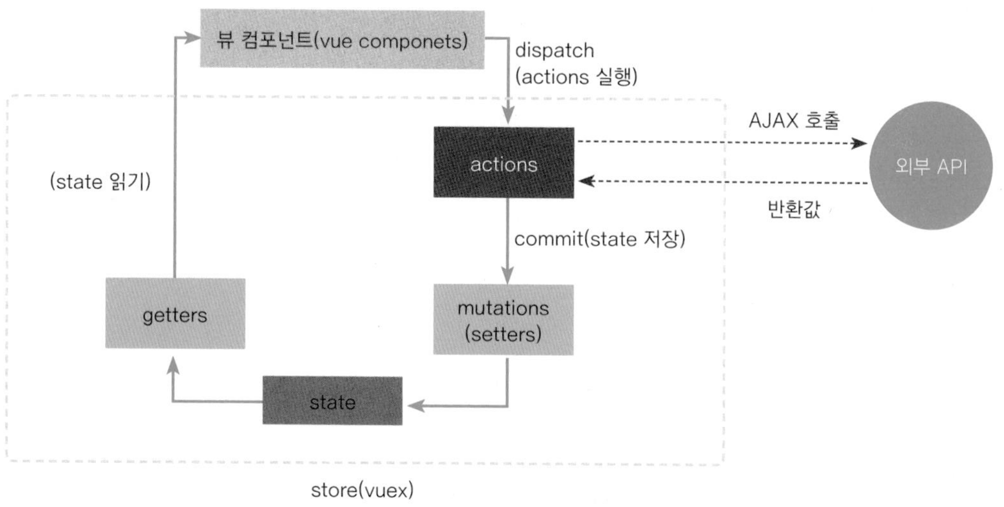

그림 12-25 Vuex의 구조

Vuex를 사용하여 큰 프로젝트를 진행할 때 알아 두면 유용한 2가지 노하우를 여기서 사용합니다. 하나는 규모가 커진 스토어를 모듈 단위로 분리하는 방법이고, 다른 하나는 Vuex의 성능을 강화해서 상탯값을 로컬 스토리지에 저장하는 것입니다.

Do it! 실습 스토어 메인 작성하기

스토어 메인은 common과 provider라는 2개의 자식 모듈로 나누기 위한 부모 스토어라고 할 수 있습니다. 사용법을 살펴보겠습니다. 스토어는 Vue-CLI를 이용해 뷰 프로젝트를 생성하면 store.js라는 파일로 자동 생성됩니다. 이 파일을 열고 이메일-구글 인증 로그인 기능을 수행하도록 수정합니다.

아직 스토어 폴더들을 만들지 않았으므로 오류가 표시될 수 있으나 일단 무시합니다.

실습 파일 ex12_start₩src₩store.js

```
01: import Vue from 'vue'
02: import Vuex from 'vuex'
03: import VuexPersistence from 'vuex-persist'
04: import modProvider from './store-mod/provider'
05: import modCommon from './store-mod/common'
06:
07: Vue.use(Vuex)
08:
09: // 규모가 커짐에 따라 스토어를 모듈로 분리함
10: // common 모듈: 시간 지연, 에러 메시지 처리 공통 내용
11: // provider 모듈: 구글과 이메일 인증 처리 내용
12: export default new Vuex.Store({
13:   modules: {
14:     common: modCommon,
15:     provider: modProvider
16:   },
17:   plugins: [(new VuexPersistence({
18:     storage: window.localStorage
19:   })).plugin]
20: })
```

04~05, 13~16 Vuex의 규모가 커지면 modules 속성으로 분리하기

모듈 단위로 분리하려면 modules 속성으로 하위 폴더에 생성한 모듈의 이름을 연결합니다. 스토어 하위 폴더에 2개의 모듈을 만들어 사용합니다. 하나는 common 모듈로서 시간 지연, 에러 메시지 처리의 공통 내용을 정의합니다. 두 번째는 provider 모듈인데 구글의 오픈 로그인과 이메일 인증 처리 내용을 담당합니다.

소스처럼 선언하면 store라는 객체 변수는 Vuex의 객체를 가지면서 내부적으로는 common과 provider라는 2개의 모듈로 구성됩니다. 관리는 2개로 나눠서 하지만 컴포넌트에서 store 객체를 사용할 때는 하나의 스토어를 이용할 때와 방법이 같아서 편합니다. 즉, 관리할 스토어가 커지면 모듈로 분리하되 사용법은 같습니다.

03, 17~19 지속적인 값 유지를 위한 Vuex 로컬 스토리지에 저장하기

두 번째로 사용할 노하우는 Vuex의 상탯값을 로컬 스토리지에 저장하는 것입니다. 로컬 스토리지에 저장하면 Vuex에 저장된 상탯값이 확실하다고 보장할 수 있습니다. 일반적으로는 이렇게까지 할 필요는 없으나, 이번 예제는 구글 오픈 로그인이라는 외부 서비스를 이용하다 보니 다른 도메인으로 화면이 넘어갈 때 Vuex의 상탯값이 소멸합니다. 모든 정보를 중앙에서 관리하는 Vuex의 장점이 사라지는 순간입니다. 그래서 이러한 문제를 해결하기 위해 보조로 vuex-persist 플러그인을 사용합니다.

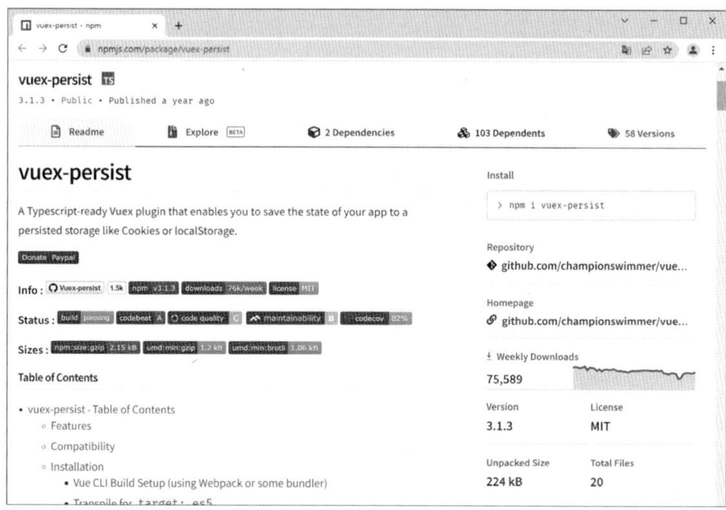

그림 12-26 vuex-persist 플러그인 사이트(www.npmjs.com/package/vuex-persist)

Do it! 실습 common 스토어 모듈 작성하기

common 스토어는 공통으로 사용할 수 있는 시간 지연, 오류 메시지를 저장하는 기능이 있습니다. 먼저 src 폴더 아래 store-mod 폴더를 만들고 그 아래 common과 provider 폴더를 만듭니다. 그리고 두 폴더 각각에 index.js 파일을 추가합니다.

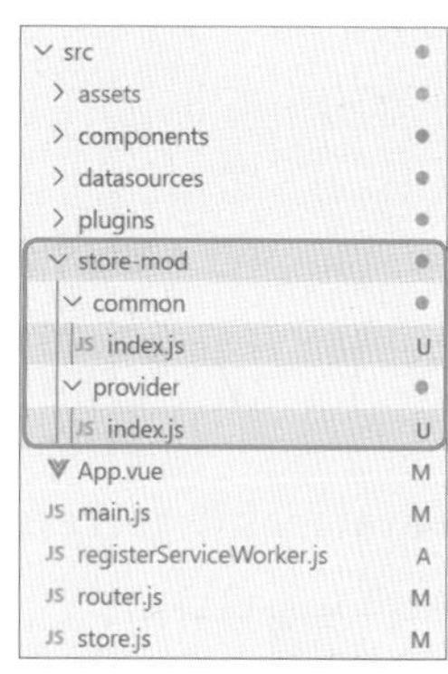

그림 12-27 스토어 디렉터리 구조

common 폴더에 생성한 index.js 파일을 열고 다음 소스를 입력합니다.

실습 파일 ex12_start₩src₩store-mod₩common₩index.js

```
01: export default {
02:   state: {
03:     bIsLoading: false, // 처리 중 시간이 걸림을 나타냄
04:     sErrorMessage: ''  // 처리 중 오류 메시지 내용
05:   },
06:   mutations: {
07:     // 처리 중 시간이 걸리는지 설정
08:     fnSetLoading(state, payload) {
09:       state.bIsLoading = payload
10:     },
11:     // 처리 중 오류 메시지 저장
12:     fnSetErrorMessage(state, payload) {
13:       state.sErrorMessage = payload
14:     }
15:   },
16:   getters: {
17:     // 처리 중 시간이 걸리는지 반환
18:     fnGetLoading(state) {
19:       return state.bIsLoading
20:     },
21:     // 처리 중 에러 메세지 내용 반환
22:     fnGetErrorMessage(state) {
23:       return state.sErrorMessage
24:     }
25:   },
26:   actions: {
27:   }
28: }
```

02~05 **시간 지연 여부, 에러 메시지 스토어 처리**

common 모듈에서 살펴볼 것은 시간 지연 여부를 알려 주는 state 속성의 bIsLoading과 에러 메시지를 저장하는 sErrorMessage입니다. 이 2가지 변수를 사용해서 외부에서 mutations와 getters를 이용해 읽기와 저장하는 데 필요한 함수들이 나머지 코드에 정의되어 있습니다.

06~28 mutations와 getters 만들기

시간 지연 여부, 에러 메시지의 상태 정보를 처리하는 mutations와 getters를 만들었습니다. Vuex의 사용법은 05장에서 자세히 설명했으므로 여기서는 내용을 요약한 그림을 간단히 살펴보면서 넘어가겠습니다.

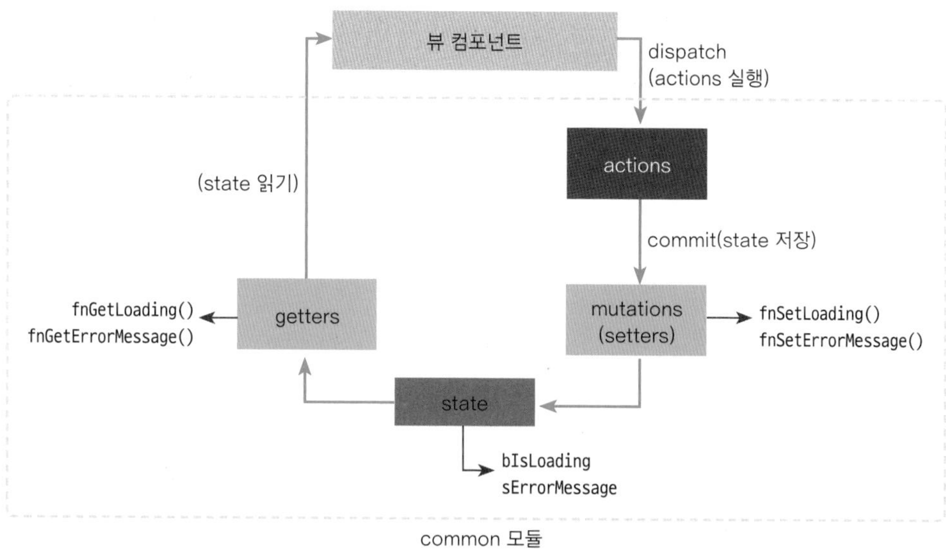

그림 12-28 common 모듈의 구조

Do it! 실습 provider 스토어 모듈 작성하기

provider 스토어는 이메일과 구글 인증을 받을 수 있는 기능이 있습니다. 인증 관리의 가장 핵심이 들어 있다고 보면 됩니다.

STEP 1 provider 폴더에 생성한 index.js 파일을 열고 다음 소스를 입력합니다. provider 스토어는 내용이 길어서 세 부분으로 쪼개서 설명하겠습니다.

실습 파일 ex12_start₩src₩store-mod₩provider₩index.js(1/3)

```
// 파이어베이스 앱 객체 모듈 가져오기
import firebase from "firebase/app";
// 파이어베이스 패키지 모듈 가져오기
import "firebase/firebase-auth";
import router from "@/router";

```

```
export default {
  state: {
    oUser: null // 사용자 정보를 담을 객체
  },
  mutations: {
    // 사용자 객체를 저장
    fnSetUser(state, payload) {
      state.oUser = payload;
    }
  },
  getters: {
    // 사용자 객체를 반환
    fnGetUser(state) {
      return state.oUser;
    },
    // 사용자 객체를 검사해 로그인 여부 반환
    fnGetAuthStatus(state) {
      return state.oUser != null;
    }
  },
  actions: {
    // 이메일 회원 가입 처리
    fnRegisterUser({ commit }, payload) {
      commit("fnSetLoading", true); // 스토어에 시간 걸림으로 상태 변경
      // 파이어베이스에 이메일 회원 생성 및 저장
      firebase
        .auth()
        .createUserWithEmailAndPassword(payload.pEmail, payload.pPassword)
        .then(pUserInfo => {
          // 신규 회원 이메일 정보를 스토어에 저장
          commit("fnSetUser", {
            email: pUserInfo.email
          });
          commit("fnSetLoading", false);     // 스토어에 시간 완료 상태 변경
          commit("fnSetErrorMessage", "");  // 스토어 에러 메시지 초기화
          router.push("/main");              // 로그인 후 첫 화면으로 이동
        })
```

```
44:         .catch(err => {
45:           commit("fnSetErrorMessage", err.message);
46:           commit("fnSetLoading", false);
47:         });
48:     },
...생략...
```

01~04 파이어베이스 모듈 가져오기

firebase라는 변수에 파이어베이스 앱 객체 모듈을 가져옵니다. 특히 이번 예제는 파이어베이스 인증과 관련된 여러 함수를 사용할 것이므로 firebase-auth 패키지 모듈도 가져옵니다.

08~10 사용자 계정 정보가 담긴 state 속성의 oUser 객체 변수

provider 모듈에서 사용하는 상탯값 처리에서 먼저 살펴볼 것은 사용자 계정 정보가 담긴 state 속성의 oUser입니다. 이 객체 변수는 이메일이나 구글 인증을 할 때 필요한 정보를 저장하고 관리할 때 사용합니다. 또한 외부에서 oUser 객체 변수를 mutations와 getters를 이용해 읽기와 저장할 수 있는 함수들을 정의했습니다.

27~30, 44~48 파이어베이스라는 외부 API 사용하기

이메일 회원을 생성하고 저장하는 기능은 파이어베이스라는 외부 API를 이용해야 하므로 actions 속성에 fnRegisterUser() 함수로 정의했습니다.

31~43 파이어베이스에 이메일 회원 생성 및 저장

fnRegisterUser() 함수에서 중요한 것은 이메일 회원을 생성하고 저장하기 위한 파이어베이스 인증에서 제공하는 함수입니다. 바로 firebase.auth().createUserWithEmailAndPassword()입니다. 이 함수를 사용하면 신규로 생성할 계정의 이메일과 비밀번호를 매개변수로 넘겨줄 때 나머지 작업은 파이어베이스가 처리해 주므로 편리합니다. 그리고 그 결과는 Promise로 받아서 시간 지연이나 에러 메시지 처리, 라우팅 등을 조건에 맞게 처리합니다. 시간 지연값은 스토어를 사용하는 컴포넌트에서 UI 디자인을 할 때 실제 상용 프로젝트처럼 원이 돌아가는 진행 아이콘을 사용해 볼 것입니다.

다음 내용은 지금까지 소개한 provider 모듈을 Vuex 구조로 정리한 것입니다.

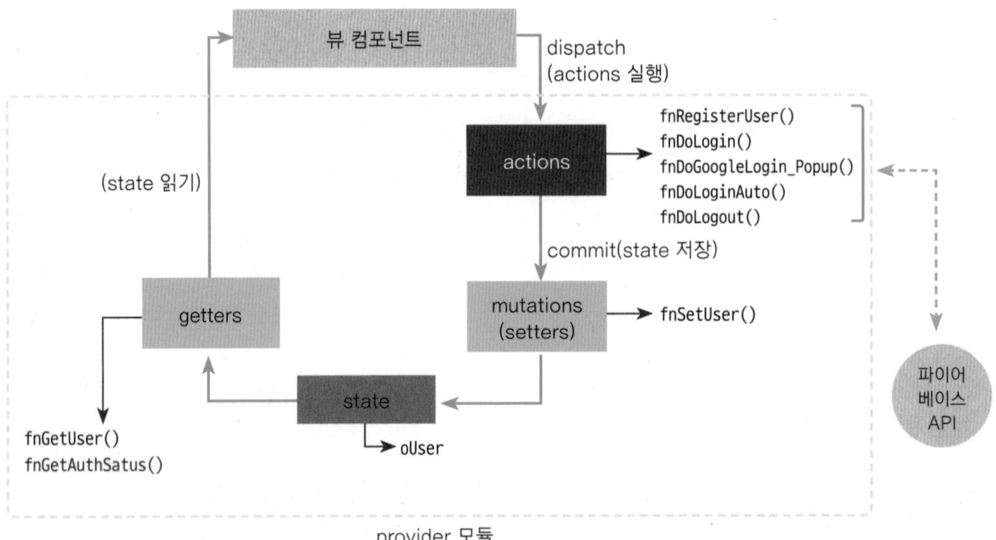

그림 12-29 provider 모듈의 구조

STEP 2 두 번째 단계에서는 파이어베이스를 이용한 이메일 회원과 오픈 구글 계정 로그인 기능을 추가해 보겠습니다. provider 하위 폴더에서 index.js 파일을 열고 앞 소스에 이어서 추가로 작성합니다.

실습 파일 ex12_start₩src₩store-mod₩provider₩index.js(2/3)

```
...생략...
    // 이메일 회원 로그인
    fnDoLogin({ commit }, payload) {
      commit("fnSetLoading", true);    // 스토어에 시간 걸림으로 상태 변경
      // 파이어베이스에 이메일 회원 로그인 인증 처리 요청
      firebase
        .auth()
        .signInWithEmailAndPassword(payload.pEmail, payload.pPassword)
        .then(pUserInfo => {
          // 로그인에 성공하면 스토어에 계정 정보 저장
          commit("fnSetUser", {
            id: pUserInfo.uid,
            name: pUserInfo.displayName,
            email: pUserInfo.email,
            photoURL: pUserInfo.photoURL
          });
```

```
64:           commit("fnSetLoading", false);      // 시간 걸림 상태 해제
65:           commit("fnSetErrorMessage", "");    // 에러 메시지 초기화
66:           router.push("/main");               // 로그인 후 화면으로 이동
67:         })
68:         .catch(err => {
69:           commit("fnSetErrorMessage", err.message);
70:           commit("fnSetLoading", false);
71:         });
72:       },
73:       // 구글 계정 회원 로그인(팝업)
74:       fnDoGoogleLogin_Popup({ commit }) {
75:         commit("fnSetLoading", true);    // 스토어에 시간 걸림으로 상태 변경
76:         // 파이어베이스에 구글 회원 로그인 인증 처리 요청
77:         // 로그인 제공자 객체를 생성
78:         var oProvider = new firebase.auth.GoogleAuthProvider();
79:         // 오픈 계정의 범위 설정
80:         // https://developers.google.com/identity/protocols/googlescopes
81:         oProvider.addScope("profile");
82:         oProvider.addScope("email");
...생략...
```

49~50 이메일 회원 로그인 기능 만들기

fnDoLogin() 함수는 파이어베이스를 이용한 이메일 회원 로그인 기능을 수행합니다.

52~55 입력받은 이메일과 비밀번호로 로그인하기

입력받은 이메일과 비밀번호의 값으로 로그인을 수행할 때는 firebase.auth().signInWithEmailAndPassword() 함수를 사용합니다. 이메일과 비밀번호를 매개변수로 넘겨주면 나머지 작업은 파이어베이스가 처리해 주므로 편리합니다.

73~74 오픈 로그인 기능 만들기

fnDoGoogleLogin_Popup() 함수는 오픈 구글 계정 로그인 기능을 수행합니다.

76~78 구글 계정으로 오픈 로그인(oAuth) 사용하기

구글 계정으로 오픈 로그인을 사용하려면 구글 계정의 로그인 제공자 객체가 있어야 합니다. 그래서 new firebase.auth.GoogleAuthProvider() 함수로 로그인 제공자 객체를 생성하고 준비합니다.

81~82 오픈 로그인 시 허용할 정보 범위 지정

특히 구글 계정 로그인은 사용자에게 허용할 정보의 스코프(scopes)를 요청할 수 있습니다. 스코프란 로그인하는 사용자에게 현재 계정으로 사용할 수 있는 정보의 범위를 의미합니다. 소스에서는 `profile`과 `email` 등 2가지 스코프를 추가했습니다. 따라서 구글 계정으로 로그인할 때 2가지 정보를 가져와도 되는지 요청합니다.

> 스코프 옵션을 자세히 알고 싶다면 developers.google.com/identity/protocols/googlescopes에서 스코프 제목이나 URL을 복사하여 사용하면 됩니다.

STEP 3 마지막으로 세 번째 단계에서는 구글 계정에서 팝업 창으로 로그인하는 방법과 자동 로그인, 로그아웃 처리 방법을 살펴봅니다. provider 폴더 아래에 있는 index.js 파일에 다음과 같은 코드를 추가해 완성합니다.

실습 파일 ex12_start₩src₩store-mod₩provider₩index.js(3/3)

```
...생략...
83:         firebase
84:           .auth()
85:           .signInWithPopup(oProvider)
86:           .then(pUserInfo => {
87:           // 로그인에 성공하면 스토어에 계정 정보 저장
88:           commit("fnSetUser", {
89:             id: pUserInfo.uid,
90:             name: pUserInfo.displayName,
91:             email: pUserInfo.email,
92:             photoURL: pUserInfo.photoURL
93:           });
94:           commit("fnSetLoading", false);      // 시간 걸림 상태 해제
95:           commit("fnSetErrorMessage", "");  // 에러 메시지 초기화
96:           router.push("/main");               // 로그인 후 화면으로 이동
97:         })
98:         .catch(err => {
99:           commit("fnSetErrorMessage", err.message);
100:          commit("fnSetLoading", false);
101:        });
102:      },
103:      // 자동 로그인 처리
104:      fnDoLoginAuto({ commit }, pUserInfo) {
```

```
105:       // 자동 로그인 시 스토어에 계정 정보 저장
106:       commit("fnSetUser", {
107:         id: pUserInfo.uid,
108:         name: pUserInfo.displayName,
109:         email: pUserInfo.email,
110:         photoURL: pUserInfo.photoURL
111:       });
112:       commit("fnSetLoading", false);    // 시간 걸림 상태 해제
113:       commit("fnSetErrorMessage", "");  // 에러 메시지 초기화
114:     },
115:     // 로그아웃 처리
116:     fnDoLogout({ commit }) {
117:       // 파이어베이스에 로그아웃 요청
118:       firebase.auth().signOut();
119:       commit("fnSetUser", null);  // 스토어에 계정 정보 초기화
120:       router.push("/");           // 첫 화면으로 이동
121:     }
122:   }
123: };
```

83~101 구글 계정으로 로그인하는 signInWithPopup() 함수 만들기

구글 계정으로 오픈 로그인(oAuth)을 사용할 때는 `firebase.auth().signInWithPopup()` 함수를 이용합니다. 이 함수를 사용하면 팝업 창이 뜨고 그곳에서 사용자의 구글 계정을 선택할 수 있습니다. 실행 결과는 Promise로 받아서 시간 지연이나 에러 메시지 처리, 라우팅 등을 조건에 맞게 처리해 주면 됩니다.

103~114 자동 로그인 처리

앞에서 라우터를 작성할 때 자동 로그인 처리를 위해 스토어의 `fnDoLoginAuto()` 함수를 실행했던 것 기억나죠? `fnDoLoginAuto()` 함수의 내용이 여기에 작성되어 있습니다. 이 함수는 `pUserInfo`로 전달된 사용자 정보에 맞춰서 계정 정보를 저장하고 시간 걸림의 상태를 해제해서 회전하는 프로그레스 원이 표시되지 않도록 합니다. 그리고 에러는 없으므로 에러 메시지 상탯값은 초기화합니다.

115~121 로그아웃 처리

파이어베이스에 로그아웃을 요청하려면 `firebase.auth().signOut()` 함수를 한 번 실행해 주면 됩니다. 그리고 스토어에 계정 정보를 `null`로 초기화하고 메인 화면으로 이동하면 로그아웃 상태가 됩니다.

12-6 컴포넌트 작성하기

이제 12-4절 '앱 실행 화면 만들기'에서 완성한 라우터에 적용할 컴포넌트를 작성하겠습니다. 컴포넌트를 작성하는 순서는 시작 페이지, 메인 페이지, 회원가입 페이지, 로그인 페이지, 오류 페이지 컴포넌트입니다. 먼저 시작 페이지 컴포넌트를 작성해 보겠습니다.

Do it! 실습 시작 페이지 컴포넌트 작성하기

시작 페이지는 사용자가 로그인하지 않은 상태에서 처음으로 만나는 페이지입니다. 익명의 사용자가 접속했을 때 만나는 화면 디자인입니다.

실습 파일 ex12_start₩src₩components₩start_page.vue

```
<template>
  <v-container>
    <v-row>
      <v-col cols="12" class="text-center mt-5">
        <h1 class="display-1 my-1">시작화면 페이지</h1>
        <p class="body-1">
          로그인 없이 방문자 누구나 접속 가능한 페이지입니다.
        </p>
        <!-- 시간 지연의 경우 회전 프로그레스 원 표시 -->
        <v-progress-circular
          v-if="fnGetLoading"
          indeterminate
         :width="7"
         :size="70"
          color="grey lighten-1"
        ></v-progress-circular>
      </v-col>
      <v-col offset="3" cols="6" class="text-center mt-5">
        <!-- 구글 계정 로그인 버튼 표시 및 처리 -->
        <v-btn @click="fnDoGoogleLogin_Popup" block outlined color="red" large dark>
          <!-- 머티리얼 디자인 아이콘 사용 시 아이콘 이름에 'mdi-' 붙임 -->
          <v-icon left color="red">mdi-google</v-icon>구글 로그인
```

```
23:         </v-btn>
24:       </v-col>
25:       <v-col offset="3" cols="6" class="text-center mt-5">
26:         <!-- 이메일 계정 로그인 버튼 표시 및 처리 -->
27:         <v-btn to="/login" block color="red" large dark>
28:           <v-icon left>mdi-email</v-icon>이메일 로그인
29:         </v-btn>
30:       </v-col>
31:     </v-row>
32:   </v-container>
33: </template>
34: <script>
35: export default {
36:   methods: {
37:     fnDoGoogleLogin_Popup() {
38:       // 스토어에 구글 계정 로그인 처리 요청
39:       this.$store.dispatch("fnDoGoogleLogin_Popup");
40:     }
41:   },
42:   computed: {
43:     // 시간 지연 상태 스토어에서 읽어서 반환
44:     fnGetLoading() {
45:       return this.$store.getters.fnGetLoading;
46:     }
47:   }
48: };
49: </script>
```

19~23 **구글 계정 로그인 버튼 표시 및 처리**

구글 로그인을 사용자에게 알리는 버튼을 디자인할 때는 v-btn 엘리먼트를 사용합니다. block 어트리뷰트로 블록 레벨 엘리먼트를 표시하고, 외곽선만 나타나도록 outline을 선택합니다. large와 dark 어트리뷰트를 추가해서 글자 크기는 키우고 글자색은 흰색으로 지정합니다. 그리고 구글 심벌 아이콘은 머티리얼 디자인 아이콘에 들어 있으므로 'mdi-' 접두어를 추가합니다.

G 구글 로그인

그림 12-30 <구글 로그인> 버튼 표시

26~29 이메일 계정 로그인 버튼 표시 및 처리

이메일 로그인 버튼을 디자인할 때도 v-btn 엘리먼트를 사용합니다. 구글 로그인 버튼과 마찬가지로 block과 large, dark 어트리뷰트를 사용하고 'mdi-' 접두어를 사용합니다.

그림 12-31 <이메일 로그인> 버튼 표시

37~40 스토어에 구글 계정 팝업 로그인 처리 요청

구글 로그인 버튼을 클릭하면 스토어에 있는 팝업 로그인 함수를 호출하여 오픈 로그인(oAuth)과 관계된 내용이 실행되어야 합니다. fnDoGoogleLogin_Popup() 함수는 Vuex에서 actions 속성에 정의되어 있으므로 dispatch() 함수를 사용해서 실행합니다. 이때 main.js 메인 모듈에 접근하기 위해서 this를 사용하고 store 객체 변수를 사용하기 위해 $를 사용했습니다.

Do it! 실습 메인 페이지 컴포넌트 작성하기

STEP 1 메인 페이지는 회원가입을 한 사용자가 만나는 첫 화면입니다. 내용이 길어서 두 단계로 나눠서 설명하겠습니다.

실습 파일 ex12_start₩src₩components₩main_page.vue(1/2)

```
<!-- 로그인 후 메인 화면을 표시 -->
<template>
  <v-container>
    <v-row>
      <v-col xs="12" class="mt-5 text-center">
        <h1 class="display-1 my-1">로그인 후 화면 페이지</h1>
        <p class="body-1">로그인을 통해 인증된 사용자가 방문한 페이지입니다.</p>
      </v-col>
    </v-row>
    <v-row>
      <v-col dark offset="1" cols="10" class="mt-5 text-center">
      <!-- 구글 로그인인 경우 사진 이미지 정보 표시 -->
      <img v-if="fnGetUser.photoURL":src="fnGetUser.photoURL"
class="avatar_style" alt />
```

```
14:          <!-- 계정 이름 표시 -->
15:          <h3 class="pt-2 mt-4 grey lighten-2">{{ fnGetUser.name }}</h3>
16:          <!-- 계정 이메일 표시 -->
17:          <p class="pb-2 grey lighten-2">{{fnGetUser.email}}</p>
18:        </v-col>
19:        <v-col offset="3" cols="6" class="text-center mt-1">
20:          <!-- 이메일 계정 로그인 버튼 표시 및 처리 -->
21:          <v-btn @click="fnSendPasswordReset" block color="orange" large dark>
22:            <v-icon left>mdi-email</v-icon>비밀번호 재설정
23:          </v-btn>
24:        </v-col>
25:      </v-row>
26:    </v-container>
27: </template>
...생략...
```

11~18 로그인 후 메인 화면에 정보 표시

로그인을 한 후에는 인증 여부를 확인할 수 있도록 로그인된 사용자의 사진 이미지, 계정 이름과 이메일 주소를 표시합니다. 먼저 computed 속성에 정의된 fnGetUser() 함수로 로그인된 사용자의 정보를 읽어 옵니다. 그리고 photoURL, name, email 멤버 변수를 읽어서 화면에 표시합니다. 특히 사진 이미지는 원 모양으로 표시하면 시각적으로 돋보이므로 avatar_style로 정의된 클래스 선택자를 적용합니다.

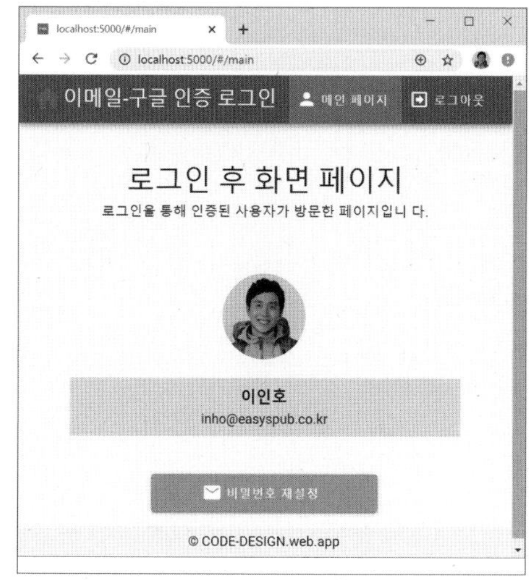

그림 12-32 로그인한 후 메인 화면에 사용자 정보 표시

19~24 **비밀번호 재설정 버튼 추가**

비밀번호 재설정 기능은 사용자에게 보안 강화를 위해서 비밀번호를 정기적으로 바꿀 수 있도록 지원하는 데 필요합니다. 이 기능을 사용하기 위한 버튼을 추가하려면 `v-btn`과 `v-icon` 엘리먼트를 사용해야 합니다. 그리고 사용자가 버튼을 누르면 `fnSendPasswordReset()` 함수를 실행합니다.

그림 12-33 비밀번호 재설정 버튼 표시

STEP 2 두 번째 단계에서는 스토어에 접근하여 계정 정보를 가져오는 방법과 비밀번호 재설정 메일을 사용자에게 발송하는 기능을 다뤄 봅니다. 비밀번호를 잊었을 때 사용자에게 변경하는 서비스를 제공하는 부분은 파이어베이스가 처리해 주므로 매우 편리합니다.

실습 파일 ex12_start₩src₩components₩main_page.vue(2/2)

```
...생략...
<script>
// 파이어베이스에서 oFirebaseAuth 객체 변수 가져옴
import { oFirebaseAuth } from "@/datasources/firebase";
export default {
  computed: {
    // 스토어에서 로그인된 계정 정보 반환
    fnGetUser() {
      let oUserInfo = this.$store.getters.fnGetUser;
      return oUserInfo;
    }
  },
  methods: {
    fnSendPasswordReset() {
      // 비밀번호 재설정 메일 발송하기
      oFirebaseAuth
        .sendPasswordResetEmail(this.fnGetUser.email)
        .then(function() {
          console.log("비밀번호 재설정 메일을 발송했습니다!");
        })
```

```
47:         .catch(function(error) {
48:           console.log(error);
49:         });
50:     }
51:   }
52: };
53: </script>
54:
55: <style>
56:   /* 사진 이미지 표시할 때 원 모양으로 스타일 표시 */
57:   .avatar_style {
58:     width: 100px;
59:     height: 100px;
60:     border-radius: 50%;
61:   }
62: </style>
```

33~37 스토어에서 로그인된 계정 정보 반환

Vuex 스토어에 있는 fnGenUser() 함수로 사용자 정보를 얻고 값을 반환합니다. this를 사용해서 main.js에 정의된 store 객체 변수를 이용하여 Vuex 스토어에 접근합니다. 이때 fnGetUser() 함수는 getters 속성에 정의되어 있으므로 getters를 표기합니다.

40~50 비밀번호 재설정 메일 발송하기

비밀번호 재설정 기능은 파이어베이스에서 제공하는 템플릿을 이용하면 편리합니다. 파이어베이스의 auth() 함수 객체 멤버 중에서 sendPasswordResetEmail() 함수를 사용합니다. 이 함수의 매개변수로 사용자의 현재 이메일 주소를 전달하면 사용자에게 비밀번호 재설정 링크가 담긴 이메일을 자동으로 발송하고, 사용자가 링크를 클릭했을 때 필요한 나머지 작업도 모두 해결해 줍니다.

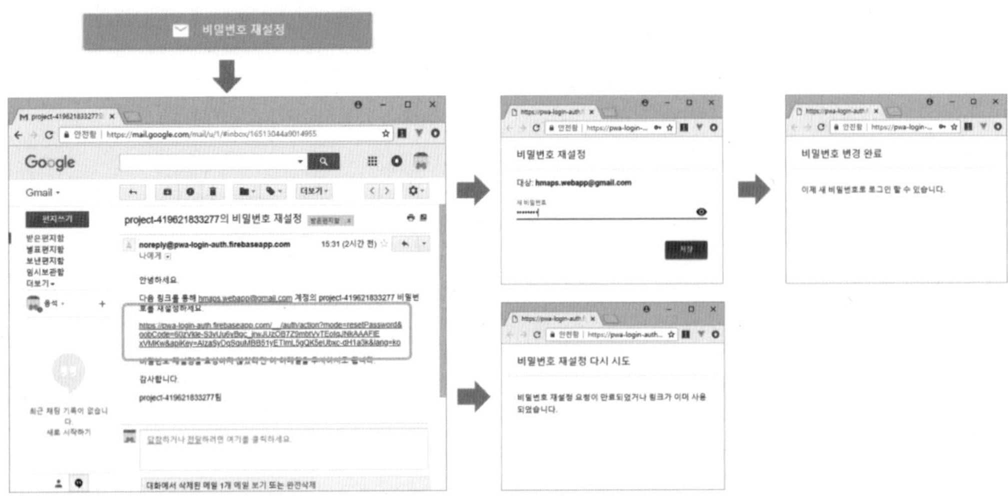

그림 12-34 자동으로 생성된 비밀번호 재설정 이메일과 단계별 재설정 화면

56~61 사진 이미지 표시할 때 원 모양으로 스타일 표시

사진 이미지를 표시할 때 원 모양으로 하면 세련되게 표현할 수 있습니다. CSS를 이용해서 가로세로 크기를 100px로 고정하고 테두리 모서리에 50%의 곡선을 지정해서 원을 만들어 줍니다.

그림 12-35 원 모양의 사진 이미지 표시

Do it! 실습 회원가입 페이지 컴포넌트 만들기

STEP 1 회원가입 페이지는 가장 일반적인 형태인 이메일 주소, 비밀번호를 입력하여 계정을 만드는 부분입니다. 이것도 내용이 길어 세 단계로 나눠서 설명하겠습니다.

실습 파일 ex12_start₩src₩components₩register_page.vue(1/3)

```
<template>
  <v-container flow>
    <v-row>
      <v-col cols="12" class="text-center my-5">
```

```
        <h1 class="display-1">회원가입 페이지</h1>
      </v-col>
    </v-row>
    <v-row>
      <!-- 반응형에 따라 다르게 너비 조절 -->
      <v-col class="text-center" cols="8" offset="2" sm="6" offset-sm="3">
        <!-- 양식의 입력이 제출되면 페이지를 새로 고침하지 않도록 prevent
        사용-->
        <form @submit.prevent="fnRegisterUser">
          <!-- 필수 입력사항이 되도록 required 어트리뷰트 적용 -->
          <v-text-field name="Email" label="이메일" type="email"
v-model="sEmail" required></v-text-field>
          <v-text-field name="Password" label="비밀번호" type="password"
v-model="sPassword" required></v-text-field>
          <!-- 비밀번호 확인이 맞는지 검사하도록 rules 어트리뷰트 사용-->
          <v-text-field
            name="ConfirmPassword"
            label="비밀번호 확인"
            type="password"
            v-model="sConfirmPassword"
            required
           :rules="[fnComparePassword]"
          ></v-text-field>
          <!-- 시간 지연 상태이면 버튼을 사라지게 함 -->
         <v-btn type="submit" v-if="!fnGetLoading" color="orange" dark>회원가입</v-btn>
          <!-- 시간 지연 상태이면 회전 프로그레스 원 표시 -->
          <v-progress-circular
            v-if="fnGetLoading"
            indeterminate
           :width="7"
           :size="70"
            color="grey lighten-1"
          ></v-progress-circular>
...생략...
```

09~10 **반응형에 따라 너비 조절**

회원가입을 받는 페이지는 폼 양식을 이용합니다. 이때 모바일 기기와 데스크톱 화면의 크기에 따라 반응형으로 디자인합니다. 먼저 모바일 기기에 대응은 크기가 xs일 때 offset="2"로 2칸을 띄고 cols="8"로 8칸을 확보해 폼 양식을 배치합니다. 그리고 데스크톱에 대응은 크기가 sm일 때 offset-sm="3"으로 3칸을 띄고 sm="6"으로 6칸을 확보해 폼 양식으로 사용합니다.

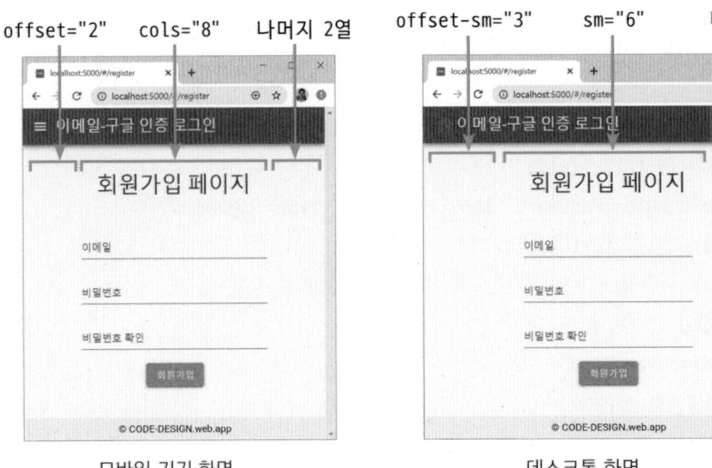

그림 12-36 반응형에 따라 너비를 조절하는 폼 양식

13 **양식을 입력하여 제출되면 페이지를 새로 고침하지 않도록 prevent 사용**

SPA를 만들 때 뷰의 이벤트 핸들러를 거치지 않고 DOM을 제어하면 화면을 새로 고침해야 할 수 있습니다. 이를 방지하려면 .prevent라는 이벤트 수식어를 사용하는 것이 좋습니다. 그러면 v-on 디렉티브를 거쳐 submit 이벤트가 발생한 후에 화면을 새로 고침하지 않습니다.

14~15 **필수 입력 사항이 되도록 required 어트리뷰트 적용**

사용자가 반드시 입력해야 할 텍스트 박스에 아무것도 입력하지 않고 제출했을 때 재입력을 요청하는 기능입니다. 사용자와 상호 작용해야 하므로 UI 디자인 관점에서 보면 여간 까다로운 일이 아닙니다. 하지만 v-text-field 엘리먼트는 required 어트리뷰트만 추가하면 세련되게 모두 자동으로 처리해 줍니다.

그림 12-37 required 어트리뷰트 사용 모습

17~25 '비밀번호 확인'이 맞는지 검사하도록 rules 어트리뷰트 사용

비밀번호를 입력받을 때는 일반적으로 비밀번호 확인 텍스트 박스를 추가해서 입력한 비밀번호가 서로 같은지 검증하는 절차를 사용합니다. 그래서 v-text-field 엘리먼트를 확인용으로 하나 더 추가합니다. 이때 확인하는 로직은 fnComparePassword() 함수로 만들어서 rules 어트리뷰트에 전달하면 됩니다. rules 어트리뷰트는 배열로 선언해야 하므로 대괄호([])로 감싸고 true 또는 문자열을 전달받도록 배열 안의 값을 작성해야 합니다.

26~27 시간 지연 상태이면 버튼을 사라지게 함

회원가입을 받다 보면 파이어베이스에 접속하게 되고, 그러다 보면 네트워크 상태에 따라 시간이 지연될 수도 있습니다. 이때 회전하는 원의 진행 아이콘을 표시하면 사용자에게 직관적인 정보를 줄 수 있어 유용합니다. 이를 위해서 fnGetLoading() 함수를 사용하는데 만약 true이면 로딩 중이고, false이면 지연되지 않는 것입니다. 그래서 v-if 디렉티브로 지연되지 않을 때만 회원가입 버튼을 표시합니다.

28~35 시간 지연 상태이면 회전 프로그레스 원 표시

만약 시간 지연이 발생하면 v-progress-circular 엘리먼트로 회전하는 원을 만들어 사용자에게 상황을 알려 주는 것이 좋습니다. v-if 디렉티브로 fnGetLoading() 함수를 이용해 true일 때 표시합니다. 그리고 원이 계속 반복해서 돌아가도록 indeterminate 어트리뷰트를 지정합니다.

그림 12-38 시간 지연을 나타내는 원 표시

STEP 2 두 번째 단계에서는 회원가입을 하는 데 입력 오류가 있을 때 어떻게 처리하는지 살펴보겠습니다.

실습 파일 ex12_start₩src₩components₩register_page.vue(2/3)

```
...생략...
36:          <!-- 오류 메시지가 있을 때 표시 -->
37:          <v-alert type="error" dismissible v-model="bAlert">{{ fnGetErrMsg }}
</v-alert>
38:        </form>
```

```
39:         </v-col>
40:       </v-row>
41:     </v-container>
42: </template>
43:
44: <script>
45: export default {
46:   data() {
47:     return {
48:       bAlert: false,          // 오류 메시지 표시 여부
49:       sEmail: "",             // 이메일 입력값 임시 저장
50:       sPassword: "",          // 비밀번호 입력값 임시 저장
51:       sConfirmPassword: ""    // 비밀번호 입력 확인값 임시 저장
52:     };
53:   },
...생략...
```

36~37 **오류 메시지가 있을 때 표시**

텍스트 박스에 입력하다가 문제가 생겨서 사용자에게 메시지를 표시해야 할 때가 있습니다. 여러 가지 해결 방법이 있는데 여기에서는 `v-alert` 엘리먼트를 사용해 보겠습니다. 사용법은 간단한데 `fnGetErrMsg()` 함수의 반환값 오류 메시지를 엘리먼트의 값으로 표시하면 됩니다. `type` 어트리뷰트에는 `success`, `info`, `warning`, `error` 등 4가지 종류를 선택할 수 있는데 여기서는 빨간색으로 표시되도록 `error`를 사용합니다. 그리고 사용자가 메시지를 읽은 후에 화면 오른쪽 상단에 X 모양의 닫기 버튼을 클릭하도록 `dismissible` 어트리뷰트를 추가합니다. 표시하는 시점은 `value` 어트리뷰트에 `true`를 지정하면 되는데, 만약 바인딩을 원하면 `v-model` 디렉티브를 사용합니다.

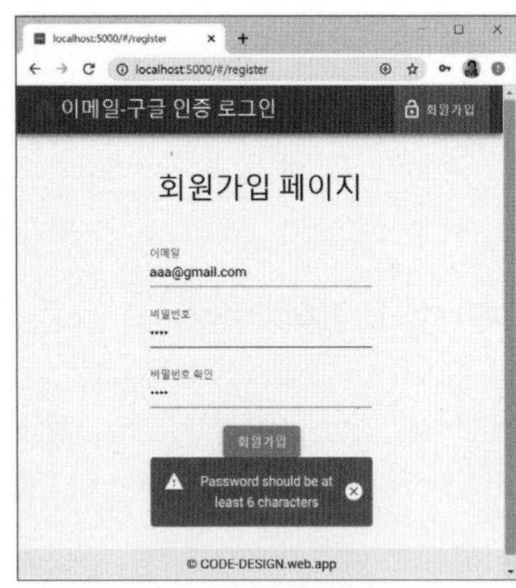

그림 12-39 오류 메시지 표시

46~53 **컴포넌트에서 data 속성의 데이터 선언은 반드시 함수!**

data 속성은 뷰 객체를 생성할 때는 `data: { }`처럼 JSON 형태로 지정할 수 있지만, 컴포넌트에서는 반드시 함수여야 합니다. 그래서 다음과 같이 상탯값과 입력값 용도로 바인딩될 데이터를 선언할 때는 `data: function () { return 값 }`처럼 작성해야 합니다. 간단히 표현하면 `data() { return 값 }` 형태도 가능합니다.

STEP 3 마지막 세 번째 단계에서는 회원가입에서 가장 많이 요구되는 비밀번호와 비밀번호 확인값이 일치하는지 검사하는 기능을 넣어 봅니다. 그리고 오류 메시지를 어떻게 표시하는지와 스토어에 정보를 전달하여 가입하는 방법도 알아보겠습니다.

실습 파일 ex12_start₩src₩components₩register_page.vue(3/3)

```
...생략...
54:   computed: {
55:     // 비밀번호와 비밀번호 확인 값이 일치하는지 검사
56:     fnComparePassword() {
57:       if (this.sPassword == this.sConfirmPassword) return true;
58:       else return "비밀번호가 일치하지 않습니다!";
59:     },
60:     // 오류 메시지 스토어에서 읽어서 반환
61:     fnGetErrMsg() {
62:       return this.$store.getters.fnGetErrorMessage;
63:     },
64:     // 시간 지연 상태 스토어에서 읽어서 반환
65:     fnGetLoading() {
66:       return this.$store.getters.fnGetLoading;
67:     }
68:   },
69:   methods: {
70:     // 스토어에 이메일 회원가입 처리 요청
71:     fnRegisterUser() {
72:       if (this.fnComparePassword == true) {
73:         this.$store.dispatch("fnRegisterUser", {
74:           pEmail: this.sEmail,
75:           pPassword: this.sPassword
76:         });
77:       }
```

```
78:     }
79:   },
80:   watch: {
81:     // fnGetErrMsg() 함수가 오류 메시지를 반환하면 오류 메시지 표시
82:     fnGetErrMsg(pMsg) {
83:       if (pMsg) this.bAlert = true;
84:     },
85:     // bAlert값이 false로 바뀌면 에러 메시지 초기화
86:     bAlert(pValue) {
87:       if (pValue == false) this.$store.commit("fnSetErrorMessage", "");
88:     }
89:   }
90: };
91: </script>
```

55~59 **비밀번호 검사 로직**

비밀번호가 일치하는지는 첫 번째 비밀번호의 값을 담고 있는 `sPassword`와 두 번째 확인을 위한 텍스트 박스의 값인 `sConfirmPassword`를 비교해서 확인합니다. 만약 일치하면 `true`를 반환하고 오류가 발생하면 그 내용을 텍스트 박스 아래에 바로 표시합니다.

그림 12-40 일치하지 않는 경우 반환 메시지 표시

60~67 **오류 메시지와 시간 지연 상태**

오류 메시지와 시간 지연 상태는 중앙에서 값을 관리해야 하므로 Vuex의 `store` 객체를 사용해야 합니다. 그래서 `fnGetErrMsg()`와 `fnGetLoding()` 함수는 모두 main.js에 있는

store를 통해서 getters에 접근합니다. 그리고 각각에 필요한 fnGetErrorMessage()와 fnGetLoading() 함수를 사용해서 값을 읽습니다.

70~78 스토어에 이메일 회원가입 처리 요청

폼 양식으로 사용자 정보를 모두 입력받았다면 다음으로 할 일은 파이어베이스에 저장하는 것입니다. 이 작업은 Vuex의 store 객체를 이용할 것이므로 fnRegisterUser() 함수가 actions 속성에 정의되어 있으므로 dispatch를 사용해 실행합니다. 이때 this를 사용해서 매개변수로 입력받은 sEmail과 sPassword의 값을 얻어 전달합니다.

80~89 오류 메시지 처리

오류 메시지는 watch 속성을 이용하면 진행 상황을 모니터링하면서 특정 조건을 만족하는 상황이 될 때 즉시 표시할 수 있게 도와줍니다. 함수와 변수 모두 모니터링할 수 있습니다.
먼저 함수의 경우를 살펴보겠습니다. fnGetErrMsg() 함수는 이미 computed 속성에 정의되어 있습니다. 그런데 그 함수가 값을 반환하면 watch 속성에 정의된 같은 함수명의 매개변수에 전달됩니다. 즉, fnGetErrMsg(pMsg)에서 pMsg는 바로 반환값과 같은 값을 가지고 있습니다. 그래서 이 값으로 오류 메시지의 유무를 판단할 수 있습니다. 메시지가 존재하면 bAlert 변수를 true로 변경합니다.
또한 data 속성에 정의된 bAlert 변숫값도 watch 속성에서 모니터링하면서 변경할 수 있습니다. bAlert (pValue) { ... }에서 pValue는 data 속성의 bAlert와 같은 값으로 전달됩니다. 그래서 이 값이 false이면 Vuex인 store 객체에 정의된 fnSetErrorMessage() 함수를 초기화합니다. 이때 이 함수는 mutations 속성에 정의되어 있으므로 commit()을 통해서 실행합니다.

Do it! 실습 로그인 페이지 컴포넌트 작성하기

STEP 1 앞에서 실습한 register_page.vue 컴포넌트 내용과 거의 비슷하므로 여기서는 자세한 설명을 생략합니다.

실습 파일 ex12_start₩src₩components₩login_page.vue(1/2)

```
<template>
  <v-container flow>
    <v-row>
      <v-col cols="12" class="text-center my-5">
        <h1 class="display-1">로그인 페이지</h1>
```

```
      </v-col>
    </v-row>
    <v-row>
      <!-- 반응형에 따라 다르게 너비 조절 -->
      <v-col class="text-center" cols="8" offset="2" sm="6" offset-sm="3">
        <!-- 양식의 입력이 제출되면 페이지를 새로 고침하지 않도록 prevent
        사용-->
        <form @submit.prevent="fnDoLogin">
          <!-- 필수 입력사항이 되도록 required 어트리뷰트 적용 -->
          <v-text-field name="Email" label="이메일" type="email"
          v-model="sEmail" required></v-text-field>
          <v-text-field name="Password" label="비밀번호" type="password"
          v-model="sPassword" required></v-text-field>
          <!-- 시간 지연 상태이면 버튼을 사라지게 함 -->
          <v-btn type="submit" v-if="!fnGetLoading" color="orange" dark>로그인
          </v-btn>
          <!-- 시간 지연 상태이면 회전 프로그레스 원 표시 -->
          <v-progress-circular
            v-if="fnGetLoading"
            indeterminate
           :width="7"
           :size="70"
            color="grey lighten-1"
          ></v-progress-circular>
          <!-- 오류 메시지가 있을 때 표시 -->
          <v-alert class="mt-3" type="error" dismissible v-model="bAlert">
          {{ fnGetErrMsg }}</v-alert>
        </form>
      </v-col>
    </v-row>
  </v-container>
</template>
...생략...
```

STEP 2 다음 소스는 watch 처리로 오류 메시지와 시간 지연 상태를 스토어에서 읽어 오고 이메일 로그인 처리를 요청하며 오류 메시지를 표시합니다. 그런데 이 소스도 앞에서 실습한 register_page.vue 컴포넌트의 내용과 거의 비슷하므로 여기서는 자세한 설명을 생략합니다.

실습 파일 ex12_start₩src₩components₩login_page.vue(2/2)

```
...생략...
<script>
export default {
  data() {
    return {
      bAlert: false,    // 오류 메시지 표시 여부
      sEmail: "",       // 이메일 입력값 임시 저장
      sPassword: ""     // 비밀번호 입력값 임시 저장
    };
  },
  computed: {
    // 오류 메시지 스토어에서 읽어서 반환
    fnGetErrMsg() {
      return this.$store.getters.fnGetErrorMessage;
    },
    // 시간 지연 상태 스토어에서 읽어서 반환
    fnGetLoading() {
      return this.$store.getters.fnGetLoading;
    }
  },
  methods: {
    // 스토어에 이메일 로그인 처리 요청
    fnDoLogin() {
      this.$store.dispatch("fnDoLogin", {
        pEmail: this.sEmail,
        pPassword: this.sPassword
      });
    }
  },
  watch: {
    // fnGetErrMsg() 함수가 오류 메시지를 반환하면 오류 메시지 표시
    fnGetErrMsg(pMsg) {
      if (pMsg) this.bAlert = true;
    },
    // bAlert값이 false로 바뀌면 오류 메시지 초기화
    bAlert(pValue) {
```

```
      if (pValue == false) this.$store.commit("fnSetErrorMessage", "");
    }
  }
};
</script>
```

Do it! 실습 오류 페이지 컴포넌트 작성하기

예상하지 못한 오류도 잘 대처해야 사용자에게 신뢰를 받을 수 있습니다. 오류가 발생할 때 안내 메시지를 표시하는 방법을 살펴보겠습니다.

실습 파일 ex12_start₩src₩components₩error_page.vue

```
01: <!-- 라우터에 설정되지 않은 페이지를 선택할 때 안내문 표시 -->
02: <template>
03:   <v-container>
04:     <v-row>
05:       <v-col cols="12" class="text-center mt-5">
06:         <h1 class="display-1 my-1">오류가 발생하였습니다!</h1>
07:         <p class="body-1">페이지를 찾을 수 없습니다.</p>
08:       </v-col>
09:     </v-row>
10:   </v-container>
11: </template>
```

05~08 라우터에 설정되지 않은 페이지를 선택할 때 안내문 표시

라우터에 설정되지 않은 페이지로 넘어갈 때 무조건 표시되도록 설정한 페이지입니다. 사용자에게 문제가 발생했음을 인지하도록 할 때 활용됩니다. 여기서는 다음처럼 간단한 메시지를 표시해 보았습니다.

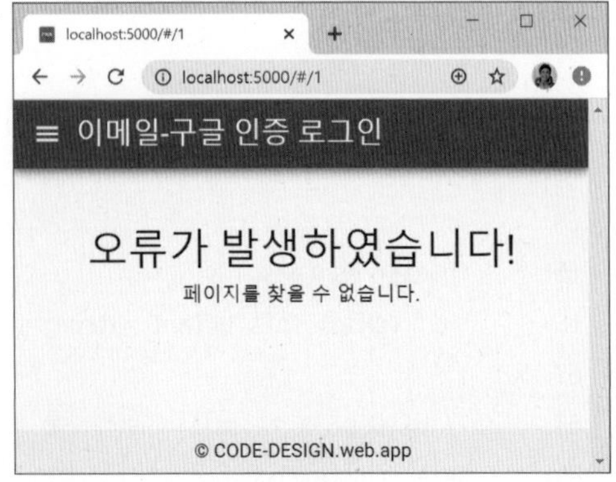

그림 12-41 오류 안내 메시지 표시

13

푸시 알림 서비스 만들기

푸시 알림 서비스는 구독자를 기반에 둔 마케팅 기법으로 네이티브 앱에서 많이 활용됩니다. PWA에서도 푸시 알림 서비스를 제공할 수 있습니다. 실전용 푸시 알림 서비스를 제공하려면 구독자를 관리하는 DB 서버, 푸시 알림을 보내는 애플리케이션 서버를 구축해야 합니다. 이번 장에서는 파이어베이스 DB와 함수로 필요한 서버를 구축하여 푸시 알림 서비스를 만들어 보겠습니다.

13-1 푸시 알림 서비스 구경하기

푸시 알림(push alarm)이란 공지가 필요한 메시지를 발송하여 사용자가 모바일 기기에서 확인할 수 있는 서비스입니다. 전통적으로 네이티브 모바일 앱에서 고객 관리를 목적으로 중요하게 활용되고 있습니다. PWA에서도 이러한 푸시 알림 기능을 지원하며 웹 푸시 알림(web push alarm)이라는 명칭으로 구분합니다.

웹 푸시 알림은 네이티브 앱과 똑같은 방식으로 모바일 기기뿐만 아니라 데스크톱에서도 제공함으로써 플랫폼 종류를 더욱 확장하고 사용자의 편의성을 높입니다. 그리고 웹 푸시 알림은 운영체제 차원에서 지원하므로 웹 브라우저 활성화 여부와 관계없이 언제든지 알림을 전달합니다. 따라서 네이티브 앱과 같은 경험을 제공할 수 있습니다.

푸시 알림 서비스의 실행 구조

먼저 푸시 알림 서비스의 전체적인 실행 구조를 파악해 보겠습니다. 다음 그림을 참고해주세요.

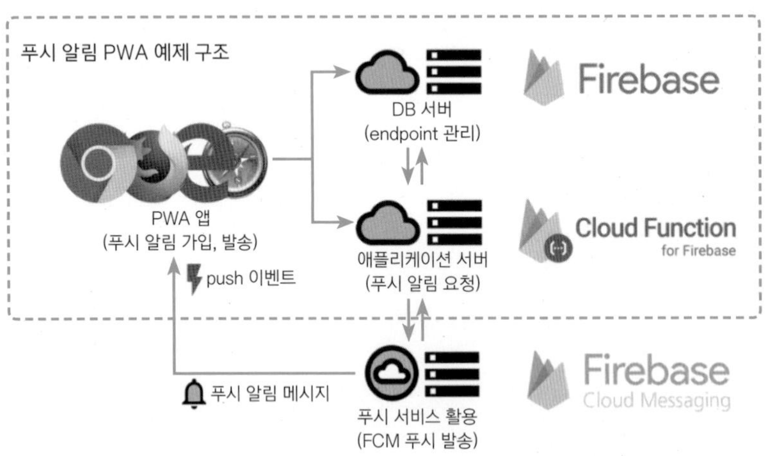

그림 13-1 푸시 알림의 구조

구독자의 수신 주소라 할 수 있는 종단점(endpoint) 정보를 관리하는 DB 서버와 푸시 알림을 발송하도록 푸시 서비스에 요청하는 애플리케이션 서버를 파이어베이스 DB, 파이어베이스 함수로 각각 구축할 것입니다. 푸시 서비스는 웹 브라우저에서 자동으로 지원하는데 크롬 브라우저는 자동으로 FCM(firebase cloud message)을 사용하므로 별도로 구축할 필요는 없습니다.

공개 키와 비공개 키

공개 키(public key)와 비공개 키(private key)는 하나의 쌍으로 생성되며 인증받은 사용자만 중요한 데이터에 접근할 수 있습니다. 공개 키는 일반적으로 신뢰할 수 있는 기관에 제공하며 열려 있으므로 누구나 열람하고 사용할 수 있습니다. 반면에 비공개 키는 암호화된 데이터를 해독할 때 공개 키와 함께 사용해야 합니다. 그러므로 절대로 외부에 유출되어서는 안 되는 중요한 키입니다.

또한 두 키의 역할을 보면 차이점을 이해할 수 있습니다. 공개 키가 있다는 것은 신뢰할 만한 외부 기관에 데이터를 보관하고 있다는 의미입니다. 그리고 비공개 키가 있다는 것은 데이터를 소유한 주인이라는 의미입니다. 공개 키와 비공개 키를 함께 사용한다는 것은 데이터의 주인이 신뢰할 만한 기관을 통해 데이터에 접근하고 있다는 뜻이므로 데이터를 해독해 사용해도 됩니다.

다음 그림은 이러한 관계를 친구 사이인 홍지나 양이 홍길동 군에게 안부 문자를 보내는 경우로 비유한 것입니다. 공개 키와 비공개 키가 어떻게 사용되는지 그림을 보면 쉽게 이해할 수 있습니다.

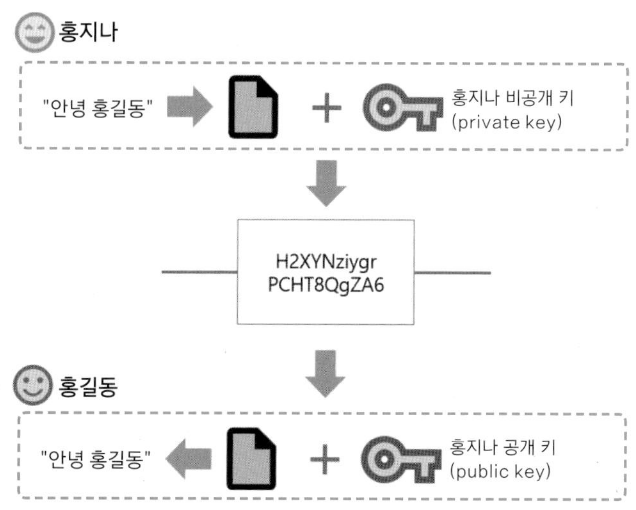

그림 13-2 공개 키와 비공개 키

이러한 관계를 이번 예제에 적용하면 비공개 키를 소유한 것은 푸시 알림 PWA가 되고, 공개 키는 신뢰할 수 있는 알림 서비스인 FCM에서 관리합니다. 다음 그림은 푸시 알림 서비스에서 공개 키와 비공개 키가 어떻게 사용되는지 정리한 것입니다. 종단점에는 어떤 푸시 서버(예, FCM)를 이용해서 어떤 사용자 기기에 발송할 것인지에 관한 정보가 담겨 있습니다.

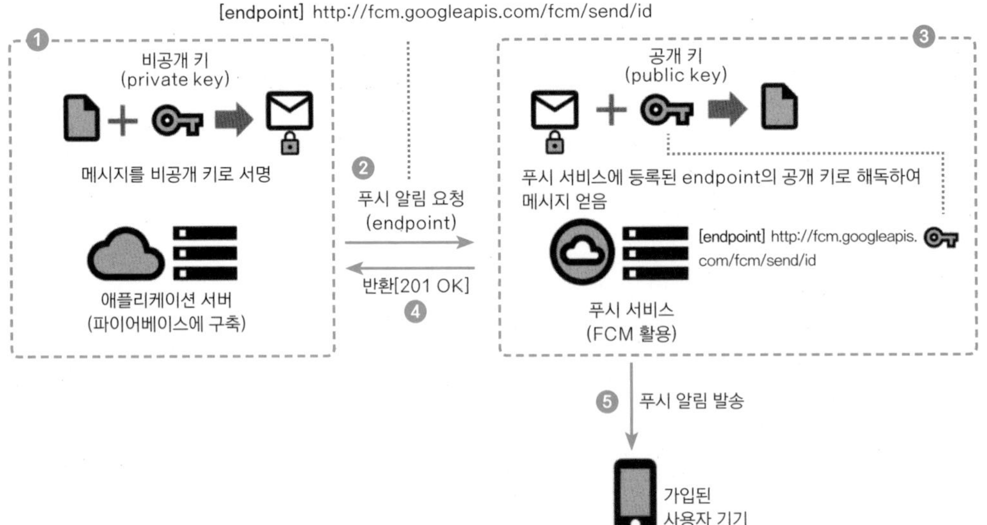

그림 13-3 푸시 알림 메시지 실행 전체 구조

Do it! 실습 노드 패키지 설치하고 앱 실행하기

STEP 1 우선 필자가 제공한 실습 파일을 통해 완성된 앱을 실행해 보겠습니다. 이 앱을 실행해 보려면 Node.js, Vue-CLI, server 등의 개발 도구가 설치되어 있어야 합니다. Node.js와 Vue-CLI 설치는 05-7절, serve 설치는 08-1절을 참고합니다.

STEP 2 VSCode를 실행하고 필자가 제공한 실습 파일 중 ex13 폴더를 프로젝트 폴더로 설정합니다. 그리고 통합 터미널 창에서 다음 내용을 실행합니다.

```
> cd ex13
ex13> npm install
ex13> npm run build
ex13> serve dist
```

STEP 3 Ctrl을 누른 상태에서 통합 터미널 창에 나타난 주소를 클릭하면 앱이 실행됩니다. 첫 화면에서 〈알림 허용〉을 클릭해서 푸시 알림을 등록합니다. 그러면 웹 브라우저 위쪽에 팝업 메뉴가 나타나서 알림 표시 여부를 묻습니다. 여기서 〈허용〉을 클릭하면 푸시 알림 서비스에 등록됩니다. 즉, 이 컴퓨터는 지금부터 푸시 알림 서비스를 받습니다.

만약 다음 화면이 나타나지 않는다면 서비스 워커를 초기화했는지 꼭 확인해 보세요.

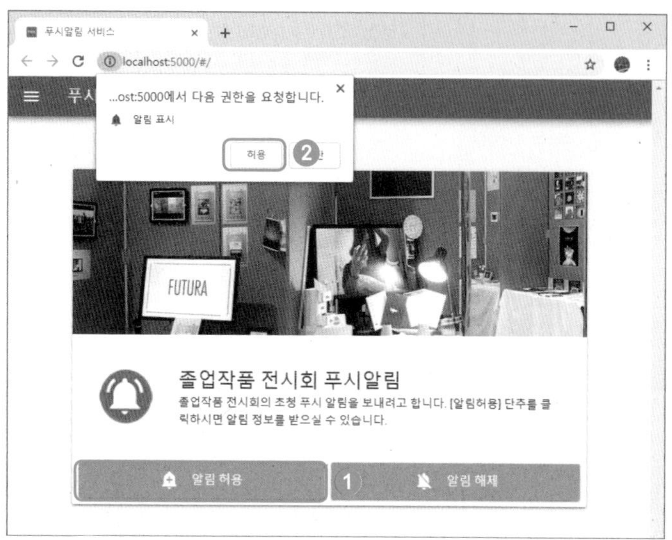

그림 13-4 푸시 알림 서비스 허용

잠시 후 컴퓨터의 바탕화면 오른쪽 아래에 알림 서비스 등록을 환영하는 메시지 창이 나타납니다.

그림 13-5 푸시 알림

Do it! 실습 앱 성능 테스트하기

STEP 1 푸시 알림을 허용한 후 보이는 알림 창에서 아래쪽에 커피 아이콘이나 〈커피를 좋아하시면 링크를 클릭하세요.〉를 클릭하면 스타벅스 홈페이지가 나타납니다. 이처럼 푸시 알림은 링크를 사용해 정보를 전달하는 웹 사이트에 연결할 수도 있습니다.

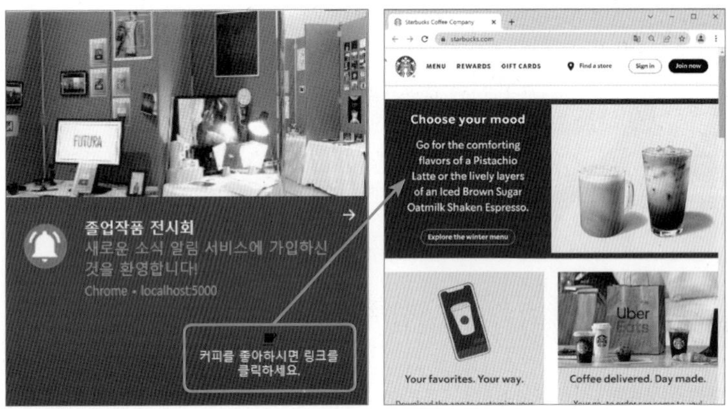

그림 13-6 링크로 사이트와 연결해 정보를 전달하는 푸시 알림

STEP 2 알림을 해제하고 싶다면 언제든 〈알림 해제〉를 누르면 됩니다.

그림 13-7 푸시 알림 해제

STEP 3 이어서 푸시 알림 메시지를 보내겠습니다. 햄버거 아이콘(≡)을 눌러 메뉴 목록을 표시하고 [푸시 알림 메시지 보내기]를 선택해서 운영자 화면으로 변경합니다. '제목'과 '내용'에 발송할 내용을 입력하고 〈발송〉을 클릭합니다.

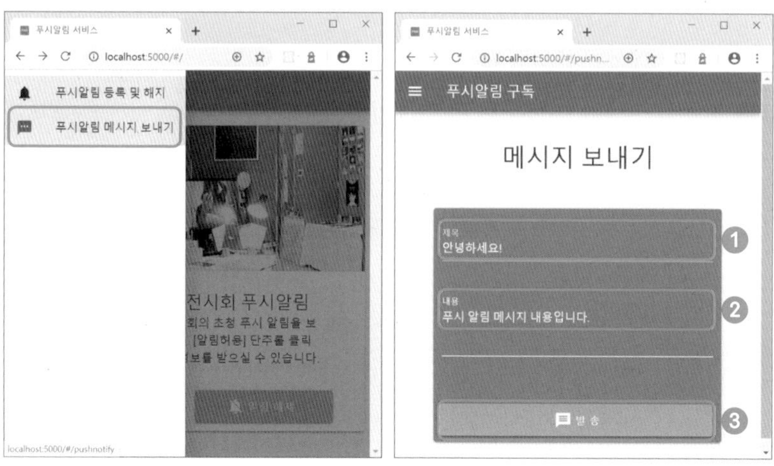

그림 13-8 푸시 알림 메시지 보내기

그러면 등록된 사용자에게 메시지가 발송되므로 현재 컴퓨터로도 확인할 수 있습니다. 알림 창이 뜨면 〈이 링크는 상세 정보 페이지로 이동합니다.〉를 클릭해 봅니다. 그러면 새로운 웹 브라우저 창이 열리면서 'CODE-DESIGN 웹앱' 사이트에 접속하는 것을 알 수 있습니다.

CODE-DESIGN 웹앱(code-design.web.app)은 필자가 운영하는 PWA 개발과 UI/UX 디자인 스터디를 위한 커뮤니티 카페입니다.

또한 안드로이드 기기로도 테스트해 보면 화면이 잠겨 있어도 메시지를 잘 받고 아이콘에는 메시지 개수에 따라 배지(badge) 숫자도 표시되는 것을 확인할 수 있습니다.

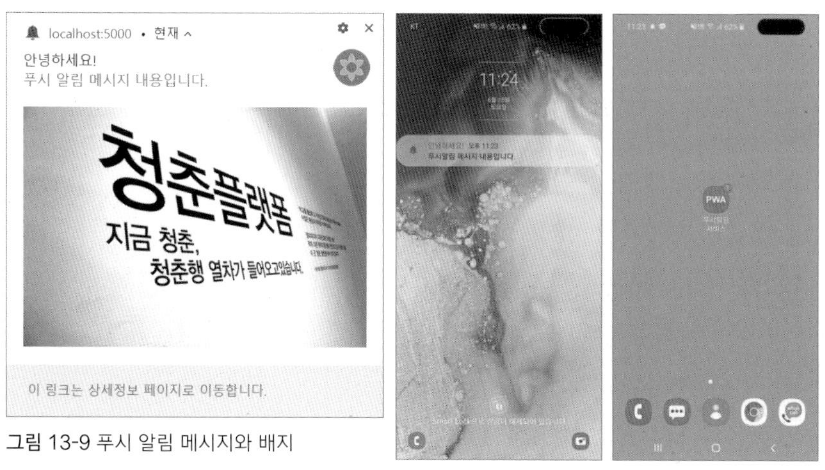

그림 13-9 푸시 알림 메시지와 배지

푸시 알림 서비스의 실행 모습을 살펴보았으니 이제는 앱을 처음부터 끝까지 만들어 보겠습니다.

하나만 더 배워요! 크롬 브라우저에서 푸시 알림 해제하기

푸시 알림을 등록했다면 반대로 해지하는 방법도 알아야겠죠? 푸시 알림을 해제하는 방법은 크롬 브라우저에서 제공합니다. 예제에서 이미 알림 해제 기능을 제공하지만 참고로 알아 두면 좋습니다.

크롬 브라우저에서 오른쪽 위에 메뉴 버튼(⋮)을 누르고 [설정]을 선택합니다. 설정 화면이 보이면 오른쪽 위에 돋보기 아이콘을 누르고 "알림"을 입력합니다. 검색 결과 중 [사이트 설정]을 클릭합니다.

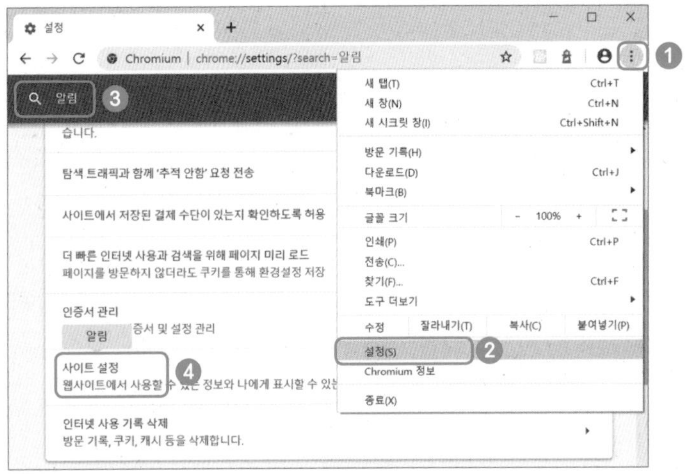

그림 13-10 크롬 브라우저에서 사이트 설정

사이트 설정 화면에서 [알림]을 선택합니다. 이어서 허용 목록에서 'http://localhost:5000' 오른쪽에 메뉴 버튼(⋮)을 누르고 [삭제]를 선택합니다.

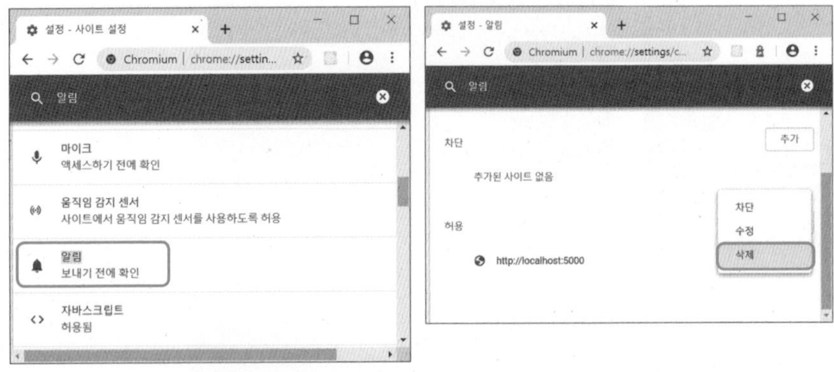

그림 13-11 크롬 브라우저에서 사이트 설정

또한, 안드로이드폰에서는 [설정 → 사이트 설정 → 알림] 메뉴를 선택한 후 등록된 해당 사이트를 삭제합니다.

13-2 매니페스트 작성하기

Do it! 실습 **프로젝트 만들고 실습 환경 준비하기**

STEP 1 VSCode에서 통합 터미널 창을 열고 미리 준비한 웹팩 시작 템플릿 폴더로 이동한 후 실습을 진행합니다.

```
> cd ex13_start
```

STEP 2 기기 및 상황별로 필요한 이미지 파일을 준비합니다. 방법은 이전 실습과 같습니다. 필자가 제공한 실습 파일 중에서 ex13/public/img/icons 폴더를 복사하여 ex13_start 프로젝트 폴더 안에서 같은 위치에 붙여 넣습니다.

STEP 3 푸시 알림 메시지에 표시할 화면 UI 이미지도 준비합니다. 처음에는 필자가 제공한 이미지를 사용하고 점차 익숙해지면 직접 만들어 사용하기 바랍니다. ex13 폴더에서 ex13_start 폴더로 src/assets/img 폴더와 public/img 폴더를 각각 복사하여 붙여 넣으세요.

그림 13-12 준비된 아이콘 이미지

STEP 4 운영자로서 푸시 알림 메시지를 보내려면 먼저 공개 키와 비공개 키가 있어야 합니다. web-push 모듈의 `web-push` 명령을 사용하면 되는데, 먼저 package.json의 `scripts` 항목에 `"web-push": "web-push"`를 추가합니다.

실습 파일 ex13_start/package.json

```
...생략...
"build": "vue-cli-service build",
"web-push": "web-push"
...생략...
```

STEP 5 다음으로 web-push를 포함해 이 프로젝트에서 사용하는 모듈들을 설치하고 공개 키와 비공개 키를 생성합니다.

```
ex13_start> npm install web-push firebase vuefire firebase-tools
ex13_start> npm run web-push generate-vapid-keys
```

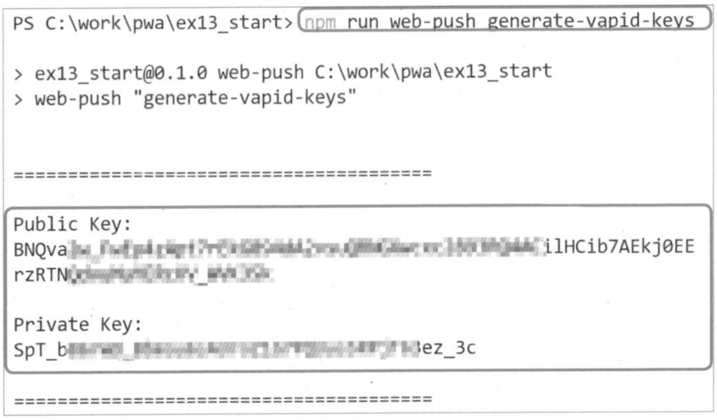

```
PS C:\work\pwa\ex13_start> npm run web-push generate-vapid-keys

> ex13_start@0.1.0 web-push C:\work\pwa\ex13_start
> web-push "generate-vapid-keys"


=======================================

Public Key:
BNQva[illegible]ilHCib7AEkj0EE
rzRTN[illegible]

Private Key:
SpT_b[illegible]ez_3c

=======================================
```

그림 13-13 공개 키와 비공개 키 생성하기

STEP 6 생성된 키는 web-push-key.txt 파일을 만들어서 임시로 저장해 둡니다.

Do it! 실습 매니페스트 작성하기

자동으로 생성된 매니페스트 파일을 열어 다음처럼 수정하세요. 매니페스트 파일에 관해서는 이미 여러 차례 설명했으므로 여기서는 파일 내용만 소개하고 넘어가겠습니다.

실습 파일 ex13_start₩public₩manifest.json

```
{
  "name": "푸시 알림 서비스",
  "short_name": "푸시 알림 서비스",
  "icons": [
    {
      "src": "./img/icons/android-chrome-192x192.png",
      "sizes": "192x192",
      "type": "image/png"
    },
    {
      "src": "./img/icons/android-chrome-512x512.png",
      "sizes": "512x512",
      "type": "image/png"
    }
  ],
  "start_url": "./index.html",
  "display": "standalone",
  "orientation": "portrait",
  "background_color": "#ffffff",
  "theme_color": "#ffffff"
}
```

13-3 파이어베이스 준비하기

실전용 푸시 알림 서비스를 제공하려면 구독자를 관리하는 DB 서버, 푸시 알림을 보내는 애플리케이션 서버를 구축해야 합니다. 이러한 백엔드 서버는 파이어베이스를 활용하면 강력한 서비스를 쉽게 제공할 수 있습니다. 어떻게 연결하여 사용하는지 살펴보겠습니다.

Do it! 실습 파이어베이스 프로젝트 만들고 DB 준비하기

파이어베이스 DB는 사용자의 푸시 알림 구독에 필요한 정보를 저장할 목적으로 사용합니다. 파이어베이스의 연결은 신규 프로젝트를 생성할 때마다 config 파일의 내용이 모두 다릅니다.

STEP 1 파이어베이스 프로젝트를 만들고 웹앱에 등록 후 데이터베이스 생성까지 과정은 앞에서 다루었으니 생략합니다. 다음 과정을 참고해 pwa-notification-push라는 이름으로 새로운 프로젝트를 만듭니다.

> 더 자세한 프로젝트 생성 과정은 09-4절을 참고하세요.

1. firebase.google.com에 접속해서 pwa-notification-push라는 이름으로 새 프로젝트 만들기
2. 파이어베이스 프로젝트 설정 화면에서 웹앱에 파이어베이스 추가하기(닉네임 pwa-notification-push로 등록)
3. 파이어베이스 SDK 추가에서 `databaseURL`값을 복사해서 기록해 두기
4. Realtime Database 만들기 → 테스트 모드로 시작

STEP 2 src/datasources 폴더에 firebase.js 파일을 생성한 후 '파이어베이스 SDK 추가' 단계에서 기록해 둔 `databaseURL`값을 여기에 붙여 넣습니다.

실습 파일 ex13_start₩src₩datasources₩firebase.js

```
01: // 파이어베이스 앱 객체 모듈 가져오기
02: import firebase from 'firebase/app'
03: // 파이어베이스 패키지 모듈 가져오기
04: import 'firebase/firebase-database';
05:
06: // 파이어베이스 DB 초기화
07: const oFirebase = firebase.initializeApp({
08:   databaseURL: "https://pwa-notification-push.firebaseio.com",
09: });
10: // 파이어베이스 DB 객체 연결
11: const oDB = oFirebase.database();
12:
13: // 파이어베이스 DB 객체 중 subscriptions 항목 공개
14: export const oSubscriptionsinDB = oDB.ref('subscriptions')
```

01~04 파이어베이스 모듈 가져오기

파이어베이스를 사용하려면 firebase 모듈에서 각각 app과 firebase-database라는 패키지 파일을 가져와야 합니다. 특히 app 패키지는 firebase 이름의 객체에 저장하여 이후 사용할 수 있도록 합니다.

06~11 파이어베이스 DB를 초기화하고 연결하기

다음으로 파이어베이스 모듈에서 가져온 firebase 객체의 initializeApp() 함수를 이용해서 파이어베이스 사이트에서 생성한 databaseURL 정보를 매개변수로 전달하여 초기화합니다. databaseURL 변수에는 앞에서 복사한 값을 그대로 사용합니다. 그리고 반환된 객체에서 database() 함수를 실행하면 파이어베이스 DB에 접근할 수 있는 최종 객체가 반환되는데 이것을 oDB 객체 변수에 저장합니다.

13~14 파이어베이스 DB 객체 중에서 subscriptions 항목을 다른 곳에서 사용하도록 공개

oDB 안에 있는 ref() 함수로 subscriptions 항목에 접근하여 그 결과를 oSubscriptionsinDB 객체 변수에 저장합니다. 마지막으로 oDB 객체 변수는 export를 선언해서 프로젝트 안의 다른 파일에서 접근할 수 있도록 공개합니다.

STEP 3 자동으로 생성된 main.js 파일을 수정합니다.

실습 파일 ex13_start₩src₩main.js

```
01: import Vue from 'vue'
02: import App from './App.vue'
03: import router from './router'
04: import './registerServiceWorker'
05: import vuetify from './plugins/vuetify';
06:
07: // 뷰파이어 노드 모듈 가져와서 Vue에 연결
08: import {rtdbPlugin} from 'vuefire'
09: Vue.use(rtdbPlugin);
10:
11: Vue.config.productionTip = false
12:
13: new Vue({
14:   router,
15:   vuetify,
16:   render: h => h(App)
17: }).$mount('#app')
```

07~09 **뷰파이어 모듈 가져와서 Vue에 연결**

뷰파이어를 사용하면 파이어베이스의 실시간 데이터베이스(RTDB)와 파이어 스토어(firestore) 등 두 가지 DB 형식을 뷰 응용프로그램과 연결하는 플러그인을 제공합니다. 이번 예제는 RTDB를 사용할 것이므로 `rtdbPlugin` 모듈을 가져와서 `Vue`에 연결합니다.

13-4 앱 실행 화면 만들기

이번에는 푸시 알림 서비스 화면 제작을 위해 SPA를 적용합니다.

Do it! 실습 앱 실행 화면 만들기

STEP 1 자동으로 생성된 index.html 파일 내용을 다음과 같이 수정합니다. 여기서는 수정해야 하는 코드만 표시했습니다. index.html 구성 요소는 08-4절에서 자세히 설명했으므로 생략합니다.

실습 파일 ex13_start₩public₩index.html

```
<!DOCTYPE html>
<html lang="ko">
  <head>
...생략...
  <!-- 상태 표시줄 테마 색상을 흰색으로 변경 -->
  <meta name="theme-color" content="#ffffff" />
  <title>푸시 알림 서비스</title>
  <!-- 구글 머티리얼 디자인 아이콘 추가-->
  <link
    href="https://fonts.googleapis.com/css?family=Roboto:100,300,400,500,700,900|Material+Icons"
    rel="stylesheet"
  />
...생략...
</html>
```

STEP 2 첫 화면에 들어갈 내용을 채워 보겠습니다. 다음 소스로 App.vue 컴포넌트를 완성해 보세요. 이미 08-4절에서 자세히 설명했으므로 여기서는 간단히 소스만 소개하고 넘어가겠습니다.

실습 파일 ex13_start₩src₩App.vue(1/2)

```
<template>
  <v-app>
    <!-- 데스크톱 크기에서 탐색 서랍이 툴바 아래에 표시되게 함. app 어트리뷰트는 반드시 설정해야
     하며 v-app 엘리먼트 안의 내용이 적절히 표시되도록 도움 -->
    <v-navigation-drawer clipped v-model="drawer" app>
      <v-list>
        <!-- items 배열을 읽어와서 차례로 메뉴로 바인딩하여 표시 -->
        <v-list-item value="true" v-for="(item, i) in items": key="i": to="item.to">
          <v-list-item-action>
            <!-- html 엘리먼트의 값으로 바인딩할 때는 v-html 디렉티브 사용 -->
            <v-icon v-html="item.icon"></v-icon>
          </v-list-item-action>
          <v-list-item-content>
            <v-list-item-title v-text="item.title"></v-list-item-title>
          </v-list-item-content>
        </v-list-item>
      </v-list>
    </v-navigation-drawer>
    <!-- 탐색 서랍이 툴바 아래에 위치할 때 메뉴 아이콘이 적절히 왼쪽에 배치되도록 app과
    clipped-left 어트리뷰트 지정 -->
    <v-app-bar app clipped-left fixed color="primary" dark>
      <v-app-bar-nav-icon @click.stop="drawer = !drawer"></v-app-bar-nav-icon>
      <v-toolbar-title>푸시 알림 구독</v-toolbar-title>
    </v-app-bar>
    <v-main>
      <div class="mt-5"></div>
      <router-view />
    </v-main>
  </v-app>
</template>
...생략...
```

STEP 3 두 번째 단계에서는 탐색 서랍이 툴바에 나타날 메뉴 내용과 표시할 아이콘을 JSON 데이터로 준비하는 것이 주된 내용입니다. 이 예제에서 사용할 메뉴는 사용자의 푸시 알림에 등록하기 위한 '푸시 알림 사용자 등록'과 운영자로서 가입된 사용자에게 알림 메시지를 발송하기 위한 '푸시 알림 메시지 보내기'입니다. 그래서 소스처럼 필요한 아이콘, 제목, 라우팅 주소를 설정합니다.

실습 파일 ex13_start₩src₩App.vue(2/2)

```
...생략...
<script>
  export default {
    data() {
      // 탐색 서랍과 툴바 메뉴명 항목 배열 반환
      return {
        drawer:  false,
        items:  [{
            icon:  'notifications',
            title:  '푸시 알림 등록 및 해지',
            to:  '/'
          },
          {
            icon:  'sms',
            title:  '푸시 알림 메시지 보내기',
            to:  '/pushnotify'
          }
        ]
      }
    },
    name:  'App'
  }
</script>
```

STEP 4 SPA에서 알아야 할 라우터의 개념과 사용법은 05-6절(내비게이션과 라우터)에서 자세히 설명했으므로 여기서는 간단히 소스만 소개하고 넘어가겠습니다.

실습 파일 ex13_start₩src₩router.js

```
import Vue from 'vue'
import Router from 'vue-router'

Vue.use(Router)

export default new Router({
  routes: [
    {
      path: '/',
      name: 'subscribe_page',
      component: () => import('./components/subscribe_page.vue')
    },
    {
      path: '/pushnotify',
      name: 'pushnotify_page',
      component: () => import('./components/pushnotify_page.vue')
    }
  ]
})
```

13-5 컴포넌트 작성하기

이번 실습에서는 푸시 알림 서비스를 위해서 사용자와 운영자 페이지를 만들어 사용할 것입니다. '푸시 알림 등록 및 해지 컴포넌트(subscribe_page.vue)'에는 사용자가 푸시 알림이 필요할 때 버튼만 누르면 누구나 쉽게 가입시키는 기능이 있습니다. 운영자는 '푸시 알림 메시지 보내기 컴포넌트(pushnotify_page.vue)'를 사용해서 가입된 사용자에게 알림 메시지를 전송합니다. 이 두 가지 컴포넌트는 src/components 폴더에 이미 있는 HelloWorld.vue 컴포넌트를 삭제하고 신규로 생성합니다.

Do it! 실습 푸시 알림 등록 및 해지 컴포넌트 작성하기

푸시 알림 가입 페이지는 사용자가 푸시 알림 구독을 희망할 때 버튼을 누르면 등록되는 기능을 담당합니다. 전체 구조를 살펴보면 구독 버튼을 처리하는 부분과 파이어베이스의 DB 서버에 구독자의 종단점 정보를 저장하는 기능을 구현합니다. 그리고 푸시 서비스에서 종단점과 공개 키 등록도 필요합니다. 다음 그림에서 점선으로 표시한 것이 관련 부분이니 어느 곳을 구현하는지 잘 살펴보기 바랍니다.

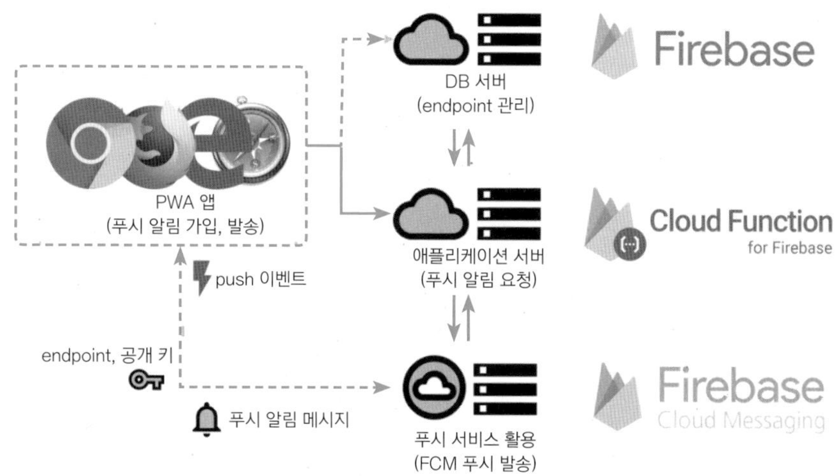

그림 13-14 푸시 알림 구조

STEP 1 화면 디자인은 v-card 엘리먼트를 사용하여 상단에 카드 이미지, 왼쪽에 푸시 알림 아이콘 이미지, 오른쪽에 안내글로 구성됩니다. 이미 앞에서 자세히 다루었으므로 여기서는 간단히 설명하고 넘어가겠습니다.

실습 파일 ex13_start₩src₩components₩subscribe_page.vue(1/5)

```
<template>
  <v-card class="mx-auto" max-width="500">
    <!-- 위쪽에 카드 이미지 표시, 파일 경로는 assets 기준 -->
    <v-img src="../assets/img/push-image.jpg" height="200px"></v-img>
    <v-row align="center">
      <v-col offset="1" cols="2">
        <!-- 왼쪽에 푸시 알림 아이콘 이미지 표시, 파일 경로는 public 기준 -->
        <v-img contain color="blue darken-2" src="../assets/img/push-noti.png"
        max-width="70px"></v-img>
      </v-col>
      <!-- 오른쪽에 안내글 표시 -->
      <v-col cols="8">
        <v-card-title primary-title>
          <h1 class="headline">졸업작품 전시회 푸시 알림</h1>
          <div class="body-1">
            졸업작품 전시회의 초청 푸시 알림을 보내려고 합니다.
            [알림 허용] 단추를 클릭하시면 알림 정보를 받으실 수
            있습니다.
          </div>
        </v-card-title>
      </v-col>
    </v-row>
    <v-row align="center">
      <v-col offset="1" cols="5">
        <!-- 아래쪽에 푸시 알림 가입 버튼 표시 -->
        <v-btn block large @click="fnPushSubscribe" color="orange" dark>
          <v-icon dark left>add_alert</v-icon>알림 허용
        </v-btn>
      </v-col>
      <v-col cols="5">
        <!-- 아래쪽에 푸시 알림 해제 버튼 표시 -->
        <v-btn block large @click="fnUnSubscription" color="orange" dark>
          <v-icon dark left>notifications_off</v-icon>알림 해제
```

```
        </v-btn>
      </v-col>
    </v-row>
    <v-snackbar v-model="bMsg">
      푸시 알림이 해제되었습니다.
      <v-btn color="orange" text @click="bMsg = false">닫기</v-btn>
    </v-snackbar>
  </v-card>
</template>
...생략...
```

STEP 2 두 번째 단계에서는 사용자가 처음으로 〈푸시 알림 가입〉 버튼을 눌렀을 때 브라우저 창에서 허가 요청을 하는 기능을 추가합니다.

실습 파일 ex13_start₩src₩components₩subscribe_page.vue(2/5)

```
...생략...
<script>
// 파이어베이스에서 oSubscriptionsinDB 객체 변수 가져옴
import { oSubscriptionsinDB } from "@/datasources/firebase";

export default {
  data() {
    return {
      bMsg: false   // 버튼이 눌렸을 때 안내 메시지 표시 여부
    };
  },
  methods: {
    fnPushSubscribe() {
      // this의 값 임시 저장
      let temp_this = this;
      // 사용자에게 푸시 사용할지 허가 요청
      Notification.requestPermission(function(result) {
        if (result !== "granted") {
          console.log("푸시 알림 기능이 허용되지 않았습니다!");
        } else {
          // 사용자가 허가하면 푸시 알림 서비스 설정 실행
```

```
62:          temp_this.fnConfigurePushSub();
63:        }
64:      });
65:    },
...생략...
```

43~44 파이어베이스에서 oSubscriptionsinDB 객체 변수를 가져오기

파이어베이스 DB를 사용하는 이유는 푸시 알림 서비스에 등록한 사용자를 저장하기 위해서입니다. 그래서 소스처럼 파이어베이스 모듈을 준비합니다.

49 가입 해제 안내 메시지 여부

가입 해제 안내 메시지를 출력할지 결정하도록 불 변숫값을 선언합니다.

53~65 사용자에게 푸시 알림 허가 요청 및 설정 실행

웹 푸시 알림을 사용하려면 먼저 소스처럼 사용자에게 웹 API 중에서 `Notification` 객체의 `requestPermission()` 메서드로 푸시 알림 서비스를 사용할 것인지 요청합니다. 만약 사용자가 푸시 알림 서비스 사용 요청에 응답하면 `fnConfigurePushSub()` 함수를 실행하여 서비스 워커 점검과 푸시 서버 설정을 수행합니다. 여기서 `fnPushSubscribe()`는 `fnConfigurePushSub()` 함수와 같은 `methods` 속성에 위치하므로 상대방 함수를 실행하려면 `this`를 통해서 현재 컴포넌트 인스턴스로 접근해야 합니다.

그런데 실전에서는 처음부터 사용자에게 푸시 알림을 사용할 것인지 허가를 요청하는 것보다 이 서비스가 왜 필요한지 먼저 설명하는 것이 좋습니다. 사용자가 필요성을 깨닫고 자발적으로 서비스를 희망할 때 구독하도록 유도하는 것이 좋습니다.

STEP 3 세 번째 단계에서는 푸시 알림을 위해 서비스 워커를 점검하고 푸시 서버에 필요한 설정을 수행합니다.

실습 파일 ex13_start₩src₩components₩subscribe_page.vue(3/5)

```
...생략...
66:    // 푸시 알림을 위해 서비스 워커 점검 및 푸시 서버 설정
67:    fnConfigurePushSub() {
68:      // this의 값 임시 저장
69:      let temp_this = this;
70:      // 서비스 워커 없으면 시작하지 않음
```

```
71:       if (!("serviceWorker" in navigator)) {
72:         console.log("서비스 워커가 없습니다!");
73:         return;
74:       }
75:       // 서비스 워커 준비 확인
76:       navigator.serviceWorker.ready
77:         .then(function(swreg) {
78:           // 푸시 서버에서 구독 정보 가져옴
79:           return swreg.pushManager.getSubscription();
80:       })
81:         .then(function(sub) {
82:           if (sub === null) {
83:             // 처음 구독일 때 처리
84:             temp_this.fnNewSubscription();
85:             temp_this.fnDisplayNotification();
86:           } else {
87:             // 이미 구독된 경우 처리
88:             console.log("이미 구독되어 있습니다!");
89:           }
90:         });
91:     },
...생략...
```

66~74 **푸시 알림을 위해 서비스 워커 점검 및 푸시 서버 설정**

푸시 알림을 받으려면 서비스 워커가 동작하면서 항상 모니터링하고 있어야 합니다. 따라서 현재 서비스 워커를 지원하는지 확인하고 사용할 수 있을 때만 시작해야 합니다. 이것을 위해서 웹 API의 `Navigator` 객체인 `serviceWorker` 속성값을 확인하면 됩니다. `navigator.serviceWorker`의 값이나 `"serviceWorker" in navigator` 코드를 사용해서 반환값을 확인하면 됩니다. 반환값은 `true`나 `false`이므로 각 경우에 맞게 처리합니다.

75~91 **서비스 워커 준비 확인**

그다음 단계로 서비스 워커의 동작을 시작할 준비가 되었는지 확인해야 합니다. 방법은 웹 API의 `navigator.serviceWorker.ready` 반환값을 확인하면 됩니다. 반환값은 Promise로 전달되므로 아직 완료되지 않을 수 있습니다. 따라서 성공과 실패의 경우에 맞게 각각 처리합니다. 성공이면 푸시 서버에서 구독자 정보를 가져와서 신규 가입자인지 아니면 이미 가입되었는지 확인합니다. 신규 가입자는 `fnNewSubscription()`, `fnDisplayNotification()`

함수를 실행해서 웹 푸시 서버에 등록하고 사용자의 화면에 환영 알림을 표시합니다.

STEP 4 네 번째 단계는 본격적으로 푸시 알림 등록을 수행합니다. 새로운 구독자 등록 처리는 다음 그림처럼 3단계를 거칩니다. 소스와 연결해서 보면 무엇을 의미하는지 쉽게 이해할 수 있습니다.

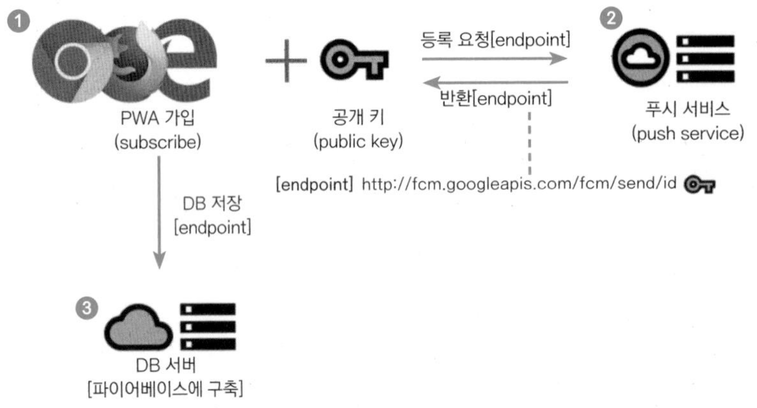

그림 13-15 푸시 발송용 자체 애플리케이션 서버 ID 키 준비 전체 구조

실습 파일 ex13_start₩src₩components₩subscribe_page.vue(4/5)

```
...생략...
    // 새로운 구독자 등록 처리
    fnNewSubscription() {
      let temp_this = this;
      navigator.serviceWorker.ready.then(function(swreg) {
        // 새로운 구독자 등록용 공개 키(public key) 준비
        const vapidPublicKey =
          "##공개 키##"; ──── 여기에 공개 키 입력
        const convertedVapidPublicKey = temp_this.urlBase64ToUint8Array(
          vapidPublicKey
        );
        // 푸시 서버에 공개 키로 구독 정보 등록
        return swreg.pushManager
          .subscribe({
            userVisibleOnly: true,
            applicationServerKey: convertedVapidPublicKey
          })
```

```
108:         .then(function(newSub) {
109:           // 신규 구독자 정보 변환: 로(low) 데이터 배열 => 필터링 JSON => 정돈된 배열
110:           const filteredSub = JSON.parse(JSON.stringify(newSub));
111:           var pushConfig = {
112:             endpoint: filteredSub.endpoint,
113:             keys: {
114:               p256dh: filteredSub.keys.p256dh,
115:               auth: filteredSub.keys.auth
116:             }
117:           };
118:           // 파이어베이스 DB에 구독자 저장
119:           return oSubscriptionsinDB.push(pushConfig);
120:         });
121:       });
122:     },
...생략...
```

92~101 등록을 위한 푸시 서버에 보낼 공개 키 준비

fnNewSubscription() 함수는 웹 푸시 서버에 새로운 사용자를 등록하는 기능을 수행합니다. 먼저 navigator.serviceWorker.ready로 서비스 워커가 준비되었는지 확인합니다. 왜냐하면 서비스 워커의 객체 안에 푸시 알림을 사용할 수 있는 pushManager 멤버 객체를 사용해야 하기 때문입니다. 즉, 웹 브라우저가 푸시 기능을 제공하는지 확인해야 합니다.

이제 준비가 되었다면 vapidPublicKey 상수 변수에 공개 키를 저장하고 urlBase64ToUint8Array() 함수를 사용해서 형식 요건에 맞는 키로 변환합니다. 여기서 사용할 공개 키는 앞에서 web-push-key.txt 파일에 저장했던 코드를 그대로 복사해서 붙여 넣습니다. 웹 푸시를 수행하는 서버는 개발자가 직접 만들어 운영해야 하며 그 서버는 등록해서 사용해야 합니다. 이때 urlBase64ToUint8Array() 함수는 공개된 소스이므로 그대로 가져와 사용했습니다.

102~106 푸시 서버에 등록

그러고 나서 서비스 워커 객체에서 제공하는 pushManager.subscribe() 함수를 사용해서 푸시 서버에 등록합니다. 이때 매개변수가 2개 전달되는데 첫 번째는 푸시 메시지를 받으면 브라우저는 무조건 화면에 표시하는 것에 동의를 뜻하는 userVisibleOnly: true를 전달합니다. 이것은 개발자가 푸시 메시지를 보내고 화면에 표시하지 않음으로써 어떤 일이 벌어지는지 알지 못하는 오류를 막기 위한 것입니다. 만약 false로 설정하면 크롬 브라우저는

콘솔에 다음과 같은 오류 메시지를 클릭하고 푸시 서비스를 동작시키지 않습니다. 즉, true는 반드시 설정해 주어야 합니다.

크롬 브라우저의 푸시 API는 보안 문제 때문에 반드시 {userVisibleOnly: true}를 사용해야 합니다.

```
Chrome currently only supports the Push API for subscriptions that will result in user-vis
ible messages. You can indicate this by calling pushManager.subscribe({userVisibleOnly:
true}) instead. See https://goo.gl/yqv4Q4 for more details.
```

두 번째 매개변수에는 applicationServerKey: convertedVapidPublicKey를 통해서 푸시 서버에 등록한 사용자 정보와 함께 공개 키를 등록하게 합니다.

108~120 **파이어베이스 DB에 구독자 저장**

푸시 서버에 등록하면 Promise로 푸시 메시지를 전달하는 데 필요한 정보가 반환됩니다. 그런데 그 반환값인 newSub 매개변수에는 다음처럼 데이터의 배열이 전달되므로 파이어베이스 DB에 바로 저장할 수가 없어 필요한 항목만 사용하도록 정리 정돈 작업을 해주어야 합니다.

newSub 매개변수 내용

```
PushSubscription {endpoint: "https://fcm.googleapis.com/fcm/send/d5IsnkzB39s...", expi
rationTime: null, options: PushSubscriptionOptions
...}
```

첫 번째는 JSON.stringify() 함수를 이용해서 먼저 JSON 형태로 바꿉니다. 그러면 일단 익숙한 형태로 바뀝니다. 그리고 JSON.parse() 함수를 이용해서 배열로 변환하여 pushConfig 변수에 저장합니다. 그다음에야 비로소 일반 배열과 같은 방법으로 다룰 수 있습니다. 왜냐하면 expirationTime 항목은 제거하고 다음과 같이 DB에 저장할 항목만으로 재구성해야 하기 때문입니다.

JSON.stringify(newSub) 실행 결과

```
{"endpoint":"https://fcm.googleapis.com/fcm/send/d5IsnkzB39s...", "expirationTime":null,
"keys":{"p256dh":"BKznmVgrrmflH10_lXvT85X0-eYHU7rP9dbPixo...","auth":"Uuo-PYagW7NrGT
6v1e284g"}}
```

pushConfig 내용

```
endpoint: "https://fcm.googleapis.com/fcm/send/d5IsnkzB39s...",
keys: {
  auth: "frpe00flj2e4H3D7dd87Rg",
  p256dh: "BKznmVgrrmflH10_lXvT85X0-eYHU7rP9dbPixo"
}
```

이어서 oSubscriptionsinDB.push(pushConfig)를 이용해서 파이어베이스 DB에 저장합니다.

STEP 5 마지막 다섯 번째 단계에서는 구독자 등록을 해제하는 기능을 작성합니다. 그리고 실제로 구독할 때 화면에 표시할 푸시 알림 메시지를 준비하고 발송합니다. 또한 공개 키를 사용할 수 있도록 유틸리티 함수도 소개합니다.

실습 파일 ex13_start₩src₩components₩subscribe_page.vue(5/5)

```
...생략...
    // 구독자 등록 해제
    fnUnSubscription() {
      let temp_this = this;
      navigator.serviceWorker.ready
        .then(function(swreg) {
          return swreg.pushManager.getSubscription();
        })
        .then(function(oldSub) {
          temp_this.bMsg = true;
          oldSub.unsubscribe();
        })
        .catch(err => console.log(err));
    },
    // 푸시 알림 메시지 준비 및 발송
    fnDisplayNotification() {
      const title = "졸업작품 전시회";
      const options = {
        body: "새로운 소식 알림 서비스에 가입하신 것을 환영합니다!",
        icon: "/img/push-noti.png",
        badge: "/img/push-badge-icon.png",
        image: "/img/push-image.jpg",
```

```
144:         actions: [
145:           {
146:             action: "like",
147:             title: "커피를 좋아하시면 링크를 클릭하세요.",
148:             icon: "/img/push-coffee.png"
149:           }
150:         ],
151:         vibrate: [500, 100, 500]
152:       };
153:       navigator.serviceWorker.ready.then(function(swreg) {
154:         // 가입 환영 알림 발송
155:         swreg.showNotification(title, options);
156:       });
157:     },
158:     // 코드 등록 때 필요할 숫자 변환용 유틸리티 함수
159:     urlBase64ToUint8Array(base64String) {
160:       const padding = "=".repeat((4 - (base64String.length % 4)) % 4);
161:       const base64 = (base64String + padding)
162:         /* eslint-disable */
163:         .replace(/\-/g, "+")
164:         /* eslint-enable */
165:         .replace(/_/g, "/");
166:       const rawData = window.atob(base64);
167:       return Uint8Array.from([...rawData].map(char => char.charCodeAt(0)));
168:     }
169:   }
170: };
171: </script>
```

123~135 **구독자 등록 해제**

구독자 등록을 해제하려면 먼저 서비스 워커의 pushManager에서 구독된 정보를 가져옵니다. 만약 구독되었다면 Promise로 결과가 반환되므로 Promise의 unsubscribe() 함수를 실행하면 구독이 해제됩니다. 그리고 bMsg = true를 넣어서 v-snackbar 엘리먼트로 만들어진 스낵바에 해제 메시지를 표시합니다.

136~152 **푸시 알림 메시지 준비 및 발송**

푸시 알림 등록이 끝나면 가입한 사용자에게 환영 알림을 보내야 합니다. 알림 메시지는 소

스처럼 제목과 옵션을 먼저 준비해야 합니다. 특히 options 상수 변수에 지정된 body, icon, badge, image, actions, vibrate는 각각 내용, 메인 아이콘, 장식 아이콘, 표시할 이미지, 사용자의 상호 작용을 이끌 행위, 진동 크기 등을 의미합니다. 특히 actions 항목 안에 있는 title, icon의 내용이 표시되고 사용자가 클릭하면 like라는 매개변숫값이 사용자 로컬 컴퓨터로 전달되므로 이것을 이용해서 지정된 웹 사이트가 나타나게 하는 등의 기능을 할 수 있습니다.

다음은 지금까지 설명한 옵션을 실제로 나타낸 모습입니다. icon과 badge의 차이점이 궁금할 텐데 badge는 알림을 표시할 공간이 부족할 때 보조로 작게 표시한다고 보면 됩니다. 그리고 vibrate의 숫자는 진동 시간과 지연 시간을 짝으로 묶어서 지정합니다. 예를 들어 (500, 100, 500)은 500ms 진동한 후 100ms 잠깐 멈추었다가 다시 500ms 진동한다는 뜻입니다.

다음 왼쪽 그림은 데스크톱의 푸시 알림 메시지 옵션 화면이고, 오른쪽 그림은 안드로이드 모바일 기기의 푸시 알림 메시지 옵션 화면입니다.

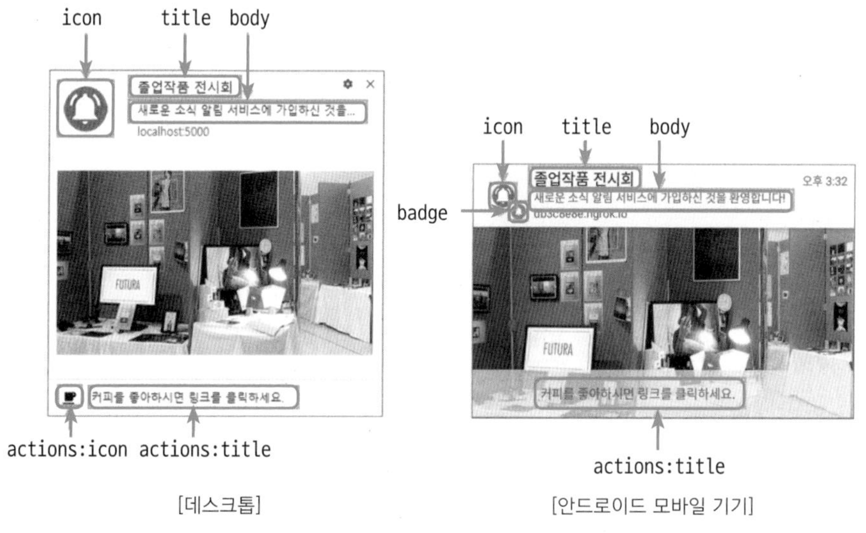

그림 13-16 푸시 알림 메시지 옵션

153~156 가입 환영 알림 발송

푸시 알림을 발송하는 방법은 서비스 워커가 준비되었을 때 showNotification() 함수를 실행하면 됩니다. options 매개변수는 앞에서 설정한 것처럼 미리 준비되어 있어야 합니다.

158~168 코드 등록 때 필요할 숫자 변환용 유틸리티 함수

앞에서 설명했듯이 푸시 발송용 자체 애플리케이션 서버는 ID 키를 준비해야 합니다. 이때 필요한 형식 요건은 VAPID입니다. VAPID가 요구하는 것은 `Uint8Array`이므로 키를 필요한 형식으로 변환해야 합니다. `urlBase64ToUint8Array()` 함수는 공개된 소스이므로 그대로 가져와서 사용했습니다.

VAPID(voluntary application server identification)는 웹 푸시를 위한 자발적 응용프로그램 서버 식별용 키를 의미합니다.

Do it! 실습 푸시 알림 메시지 보내기 컴포넌트

STEP 1 푸시 알림 페이지 컴포넌트에서 처리하는 부분은 다음 전체 그림 중 PWA에서 발송할 제목과 내용을 입력받은 후 푸시 알림 발송을 위해 HTTPS 요청을 거쳐 애플리케이션 서버의 파이어베이스 함수를 실행하는 것입니다. 다음 그림에서 점선으로 표시한 것이 관련 부분이니 어느 곳을 구현하는지 잘 살펴보기 바랍니다.

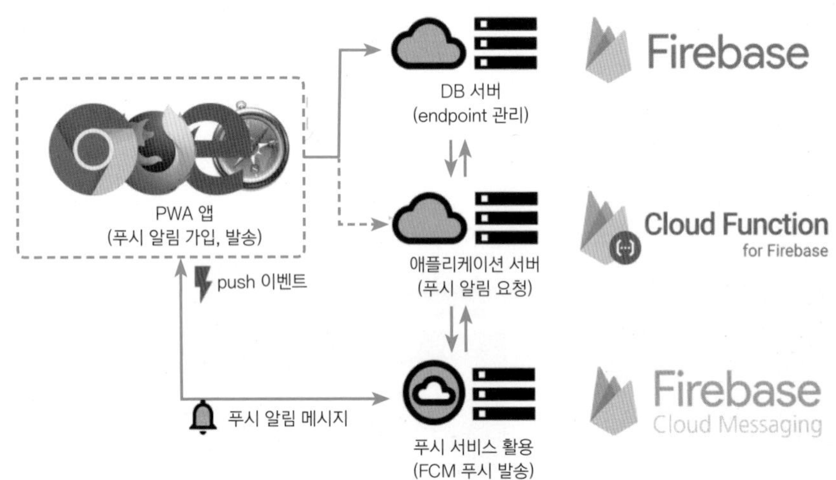

그림 13-17 푸시 알림 페이지 컴포넌트에서 처리

실습 파일 ex13_start₩src₩components₩pushnotify_page.vue(1/2)

```
<template>
  <v-container>
    <v-row wrap>
      <!-- 상단에 제목 표시 -->
      <v-col cols="12" class="text-center">
        <h1 class="display-1">메시지 보내기</h1>
      </v-col>
      <v-col class="my-3" offset="1" cols="10">
```

```
09:         <!-- 카드 UI 안에 입력 컨트롤 배치 -->
10:         <v-card color="blue-grey lighten-1" dark>
11:           <!-- 중간 영역에 제목과 내용 입력받음 -->
12:           <v-container class="my-3">
13:             <!-- 한 행에 하나의 항목 표시를 위해 column 어트리뷰트 사용 -->
14:             <v-row>
15:               <v-col cols="12">
16:                 <v-text-field autofocus name="title" label="제목" type="text"
                    v-model="sTitle" color="white">
17:                 </v-text-field>
18:               </v-col>
19:               <v-col cols="12">
20:                 <!-- rows와 multi-line 어트리뷰트 사용으로
21:                 3줄 입력 컨트롤로 변경 -->
22:                 <v-textarea rows="3" name="message" label="내용" type="text"
                    v-model="sMsg" color="white"></v-textarea>
23:               </v-col>
24:             </v-row>
25:           </v-container>
26:           <v-card-actions>
27:             <!-- block 어트리뷰트 사용으로 아래쪽에 발송 블록 레벨 버튼 표시 -->
28:             <v-btn block large color="orange" dark @click="fnSendPush">
29:               <v-icon left>message</v-icon>발 송
30:             </v-btn>
31:           </v-card-actions>
32:         </v-card>
33:       </v-col>
34:     </v-row>
35:   </v-container>
36: </template>
...생략...
```

12~25 중간 영역에 제목과 내용 입력 받음

푸시 알림 메시지를 보내려면 제목과 내용을 입력해야 합니다. 그래서 소스처럼 v-text-field와 v-textarea 엘리먼트를 사용해서 각 항목의 정보를 입력받습니다. v-text-field 엘리먼트는 일반적으로 한 줄 텍스트를 이메일, 비밀번호 등 다양한 입력 형식으로 입력받

을 때 사용합니다. 반면에 v-textarea 엘리먼트는 여러 줄에 걸쳐서 많은 양의 텍스트를 입력받을 때 사용합니다.

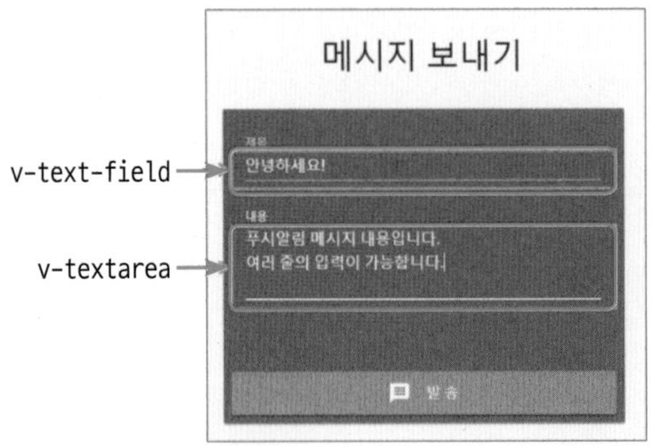

그림 13-18 제목과 내용 입력

이때 제목 용도로는 먼저 포커스가 이동되어야 하므로 autofocus 디렉티브를 사용합니다. 그리고 양방향으로 바인딩해야 하므로 v-model 디렉티브로 sTitle 변수와 연결되었습니다. 두 번째로 내용을 입력받으려면 많은 양의 텍스트가 필요할 수 있으므로 v-text-field 대신에 v-textarea 엘리먼트를 사용해서 rows="3" 속성으로 최대 세 줄까지 입력받을 수 있는 텍스트박스를 준비합니다. 그리고 sMsg라는 변수와 양방향 바인딩합니다.

STEP 2 두 번째 단계에서는 운영자로부터 입력받을 제목과 내용을 저장할 데이터 변수를 선언합니다. 그리고 그 내용에 맞춰서 파이어베이스 클라우드 함수를 실행하여 푸시 메시지를 발송합니다.

실습 파일 ex13_start₩src₩components₩pushnotify_page.vue(2/2)

```
...생략...
<script>
  export default {
    data() {
      return {
        sTitle: '',   // 제목을 저장할 임시 변수
        sMsg: ''      // 내용을 저장할 임시 변수
      }
    },
    methods: {
      fnSendPush() {
```

```
47:         // 발송할 내용 JSON 형식으로 변경
48:         const PreparedData = JSON.stringify({
49:           pTitle: this.sTitle,
50:           pMsg: this.sMsg
51:         })
52:         // 파이어 스토어 함수 실행
53:        fetch('https://us-central1-pwa-notification-push.cloudfunctions.net/storePushData', {
54:           method: "POST",
55:           headers: {
56:             'Content-type': 'application/json'
57:           },
58:           body: PreparedData
59:         }).catch(err => console.log('오류!' + err.message));
60:       }
61:     }
62:   }
63: </script>
```

39~44 **제목과 내용을 저장할 데이터 변수 선언**

2개의 텍스트 박스로부터 입력받은 제목과 내용은 다음의 `data` 속성 부분에 `sTitle`, `sMsg`와 양방향 바인딩되었으므로 입력받은 값을 저장하고 있습니다.

46~61 **파이어베이스 클라우드 함수를 실행하여 푸시 메시지 발송**

운영자가 제목과 내용을 모두 입력한 후에 〈발송〉을 누르면 가입한 모든 사용자에게 푸시 알림 메시지가 발송되어야 합니다. 메시지를 발송한다는 것은 등록한 사용자 목록에서 목적지 정보를 꺼내서 준비한 내용을 사용자에게 전송하는 작업을 모두 완료할 때까지 반복하는 것을 말합니다. 이 작업은 서버에서 실행되어야 하므로 파이어베이스 클라우드 함수를 사용해 제작할 것입니다.

파이어베이스 클라우드 함수처럼 원격에 위치하는 API 함수를 실행하는 방법은 소스처럼 `fetch()` 함수를 사용합니다. 첫 번째 매개변수에는 API가 위치하는 URL 주소를, 두 번째 매개변수에는 API 함수에 전달할 값을 지정하는데, 특히 body에 내용을 전달하면 됩니다.

13-6 파이어베이스 서버 함수 작성하기

푸시 알림 서비스를 이용하려면 푸시 발송용 자체 애플리케이션 서버를 운영해야 하는데, 여기서는 가장 손쉬우면서 안정되게 운영할 수 있는 파이어베이스 서버 함수를 이용하겠습니다.

Do it! 실습 파이어베이스 함수 설치

파이어베이스 서버 함수는 서버에서 실행할 필요가 있는 백엔드 코드를 HTTPS 요청을 받아 직접 실행하여 운영할 수 있도록 제공하는 서비스입니다. 이 서비스는 프론트엔드와 같은 자바스크립트로 작성하여 실행할 수 있고, 파이어베이스와 통합되어 있어서 배포한 후 유지 관리하기가 편리합니다. 다음 그림에서 점선으로 표시한 것이 관련 부분이니 어느 곳을 구현하는지 잘 살펴보기 바랍니다.

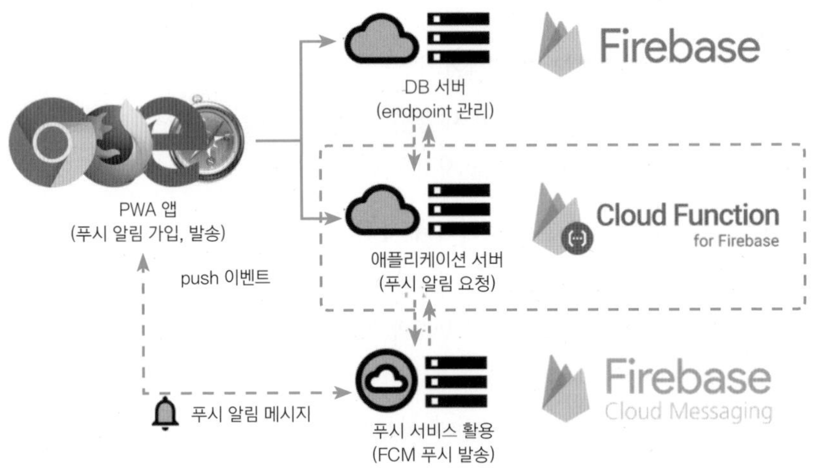

그림 13-19 파이어베이스 함수

STEP 1 먼저 VSCode의 통합 터미널 창에서 다음과 같이 파이어베이스 함수를 설치합니다.

```
ex13_start> firebase init
(1) Are you ready to proceed? (Y/N): <Y> + <Enter>
(2) Which Firebase CLI features do you want to setup for this
 folder?: [Functions: Configure and deploy Cloud Functions] 선택
                                        Spacebar로 선택 후 Enter
(3) Please select an options: [Use an existing project] 선택
(4)  Select a default Firebase project for this directory: [생성한 프로젝트명] 선택
                                                        방향키로 선택 후 Enter
(5) What language would you like to use to write Cloud Functi
ons?: [JavaScript] 선택
(6) Do you want to use ESLint to catch probable bugs and enforce style?: <N> + <Enter>
(7) Do you want to install dependencies with npm now?: <Y> + <Enter>
```

STEP 2 파이어베이스 함수를 설치하면 functions라는 폴더가 생성됩니다. 이 폴더는 현재 로컬에 있지만 파이어베이스에 업로드하여 실행하게 됩니다. 즉, 웹 서버로 동작하는 프로그램이며 같은 자바스크립트를 이용하여 작성할 수 있다는 점에서 의미가 큽니다.

파이어베이스 함수가 제대로 동작하는지 확인하기 위해 다음과 같이 간단하게 '안녕하세요!'를 출력하는 명령을 만듭니다. 미리 생성된 소스의 주석을 해제하고 'Hello from Firebase!'를 '안녕하세요!'로 변경합니다.

실습 파일 ex13_start₩functions₩index.js

```
const functions = require('firebase-functions');
exports.helloWorld = functions.https.onRequest((request, response) => {
  response.send("안녕하세요!");
});
```

STEP 3 이어서 파이어베이스 함수를 서버에 업로드하고 테스트해 보겠습니다. 먼저 파이어베이스로 접속하여 대기 상태를 만들어야 합니다. 페이어베이스 콘솔에 접속 후 [Functions] 메뉴에서 〈시작하기〉를 클릭합니다. 그리고 [함수 설정] 과정이 나타나면 〈계속〉, 〈완료〉를 클릭합니다. 그러면 다음과 같이 '첫 번째 배포 대기 중' 화면이 나타납니다.

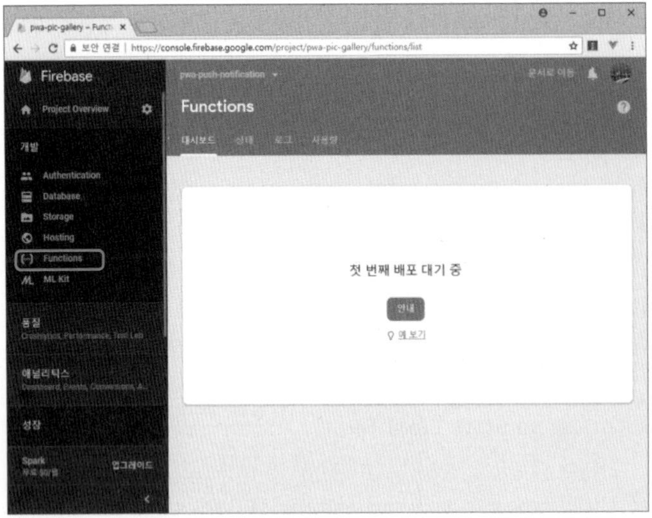

그림 13-20 첫 번째 배포 대기 중 화면

STEP 4 통합 터미널 창에서 다음을 실행하여 파이어베이스에 업로드합니다.

```
ex13_start> firebase deploy
```

STEP 5 혹시 이미 기존에 같은 이름으로 업로드한 함수가 있으면 Would you like to proceed with deletion? 질문을 만날 수 있습니다. 기존 것을 삭제하고 새로 만들 것인지 물어보는 것입니다. Y를 선택하면 됩니다.

STEP 6 파이어베이스에 `helloWorld()` 함수가 등록된 것을 알 수 있습니다. 트리거의 URL 주소를 복사합니다.

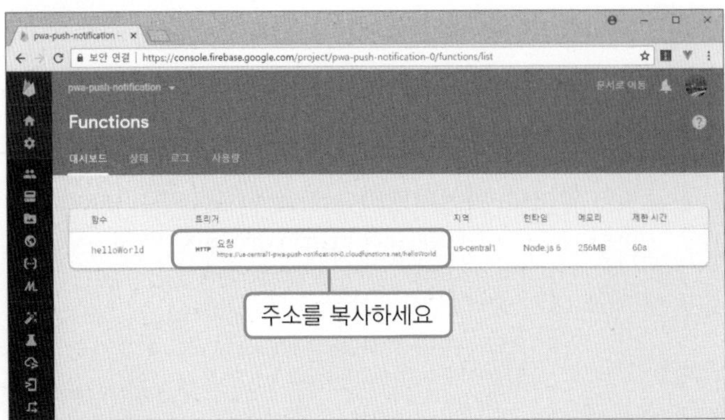

그림 13-21 파이어베이스

STEP 7 브라우저를 띄워서 복사한 주소로 접속하면 파이어베이스 함수가 실행되어 결과를 반환합니다.

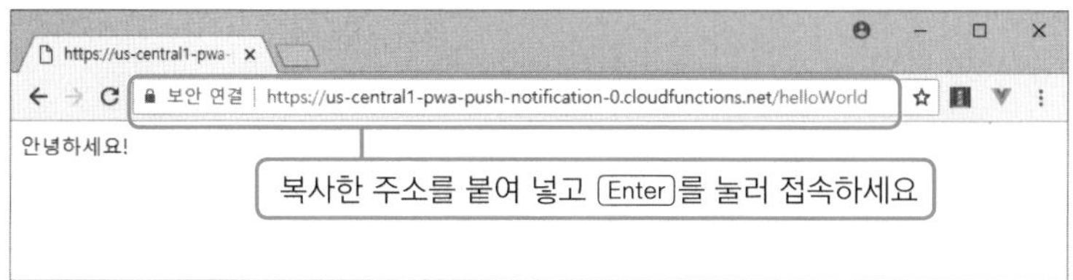

그림 13-22 브라우저에 복사한 주소로 접속

이처럼 파이어베이스 함수를 사용하면 로컬에서 개발하는 것과 같은 방식으로 자바스크립트로 작업한 후 업로드만 하면 웹 서버를 구축할 수 있으므로 매우 유용합니다.

Do it! 실습 파이어베이스 함수 설정

파이어베이스 함수는 서버에서 실행될 뿐 같은 자바스크립트로 작성됩니다. 그래서 혹시 필요한 모듈이 있다면 설치해야 합니다. 그리고 파이어베이스와 연결해야 하므로 파이어베이스의 프로젝트 키를 내려받아 사용해야 합니다. 어떻게 하는지 살펴보겠습니다.

STEP 1 파이어베이스 함수를 설치하면 functions 폴더가 생성됩니다. 그러면 다음 순서에 따라 web-push와 firebase-admin 모듈을 설치합니다. 웹 푸시 알림 기능을 사용하려면 web-push가 필요하고, 파이어베이스로 원격 접속할 때 cors 부분을 해결하려면 firebase-admin을 설치해야 합니다. 이때 유의할 점은 반드시 **functions 폴더에서 설치**해야 한다는 것입니다.

```
ex13_start> cd functions
ex13_start\functions> npm install web-push firebase-admin cors
```

하나만 더 배워요! cors란 무엇인가요?

cors(cross-origin resource sharing)란 브라우저의 웹 애플리케이션이 다른 도메인에 있는 서버에 XMLHttpRequest 서비스를 요청할 경우 보안을 유지하면서도 웹 서버의 서비스가 제공되도록 하는 제어권을 의미합니다. cors가 필요해진 배경은 각종 브라우저에서 다른 도메인에 있는 데이터, 이미지, CSS, 스크립트 등의 리소스를 요청하고 연결하여 사용하는 경우가 빈번해지지자 보안 문제로 허용하지 않는 것을 들 수 있습니다. 그래서 웹 표준을 관장하는 W3C의 웹 애플리케이션 그룹에서 XMLHttpRequest를 사용할 경우는 cors를 통해서 서비스하도록 권장하고 있습니다. 그래서 이번 예제도 파이어베이스 서버에 cors를 사용할 수 있도록 모듈을 설치한 것입니다.

STEP 2 파이어베이스의 프로젝트 키를 내려받아 functions 폴더에 복사해야 합니다. 파이어베이스에서 [설정 → 서비스 계정 → Firebase Admin SDK]를 누르고 **〈새 비공개 키 생성〉**을 클릭해 비공개 키를 생성합니다. 그러면 JSON 파일 형태로 내려받습니다. 비공개 키는 프로젝트의 파이어베이스 서비스에 관한 액세스 권한을 제공합니다.

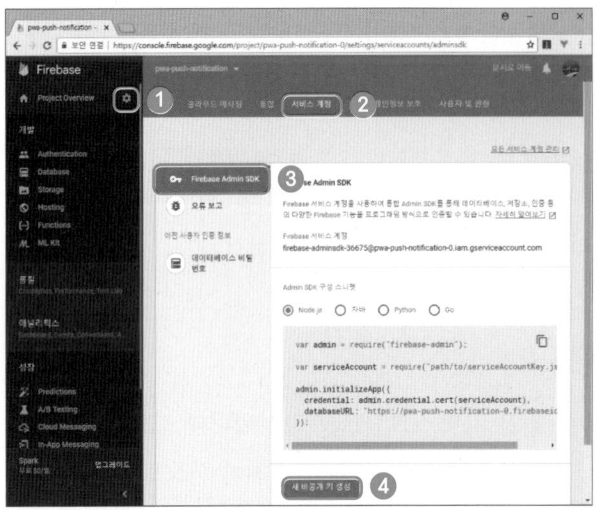

그림 13-23 비공개 키 생성하기

STEP 3 앞 단계에서 내려받은 JSON 파일은 functions 폴더의 접근 권한을 가질 때 필요합니다. functions\pwa-notification-push-fb-key.json 파일을 열고 앞 단계에서 내려받은 JSON 파일의 내용을 복사해 붙여 넣습니다.

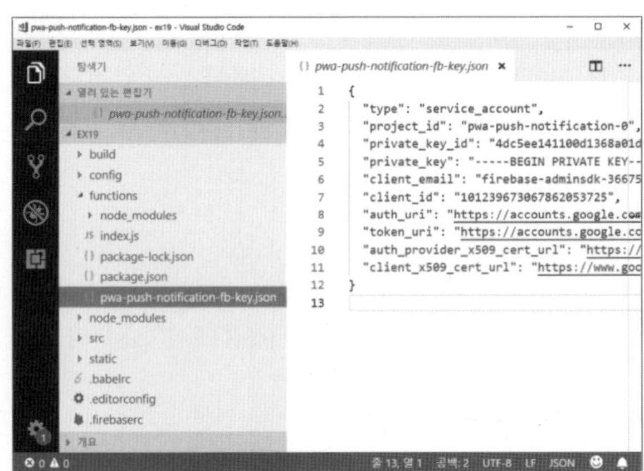

그림 13-24 functions 폴더의 접근 권한을 가질 때 필요한 파일

Do it! 실습 파이어베이스 index.js 작성

STEP 1 앞에서 테스트 용도로 제작한 helloWorld 출력 코드는 제거하고 새로 작성합니다. index.js 파일에 작성된 것은 브라우저의 로컬에서 실행되는 것이 아니라 모든 구독자에게 보낼 푸시 알림 메시지 전송을 위해 서버에서 실행됩니다.

실습 파일 ex13_start₩functions₩index.js (1/2)

```
01: // 파이어베이스 함수, 어드민, 접근 권한 핸들러 준비
02: const functions = require("firebase-functions");
03: const admin = require("firebase-admin");
04: const cors = require("cors")({
05:   origin: true
06: });
07: // 푸시 서버 핸들러 준비
08: const webpush = require("web-push");
09: // 파이어베이스 콘솔에서 내려받은 서비스 계정 파일 연결
10: const serviceAccount = require("./pwa-notification-push-fb-key.json");
11: // 파이어베이스 서비스 계정으로 인증 실시
12: admin.initializeApp({
13:   credential: admin.credential.cert(serviceAccount),
14:   databaseURL: "https://pwa-notification-push.firebaseio.com"
15: });
...생략...
```

01~06 파이어베이스 함수, 어드민, cors 모듈 준비

파이어베이스 함수, 어드민, cors 모듈을 가져옵니다. cors 모듈인 경우 `origin` 항목을 `true`로 설정하면 cors 사용을 허가한다는 의미입니다.

07~15 푸시 서버 사용을 위한 모듈, 계정 인증 준비

다음으로 웹 푸시 모듈을 준비합니다. 그리고 파이어베이스 콘솔에서 내려받은 서비스 계정 파일을 연결하기 위해 JSON 파일을 읽어서 준비합니다. 그리고 `admin.initializeApp()` 함수로 계정 파일의 정보를 `credential` 매개변수에 전달하여 파이어베이스 함수를 사용할 수 있도록 인증받습니다. `databaseURL`에는 파이어베이스 프로젝트의 URL 주소를 전달합니다.

STEP 2 계속해서 파이어베이스 index.js 파일을 다음과 같이 작성합니다.

실습 파일 ex13_start₩functions₩index.js (2/2)

```
...생략...
16: // 푸시 알림 메시지 전송 함수
17: exports.storePushData = functions.https.onRequest((request, response) => {
18:   // cors를 통해 다른 도메인 접근 허용
19:   cors(request, response, () => {
```

```
  // 공개 키와 비공개 키를 짝으로 사용하여 푸시 서버 암호 사용 준비
  webpush.setVapidDetails(
    "mailto:abc@abc.com",
    "##공개 키##",
    "##비공개 키##"
  );
  // 파이어베이스 DB에 등록된 구독자 정보 읽기
  admin
    .database()
    .ref("subscriptions")
    .once("value")
    .then(AllData => {
      // DB에서 구독자 정보를 하나씩 꺼내기
      AllData.forEach(sub => {
        // 하나의 구독자 정보에서 발송 목적지와 키 정보 추출
        let pushConfig = {
          endpoint: sub.val().endpoint,
          keys: {
            auth: sub.val().keys.auth,
            p256dh: sub.val().keys.p256dh
          }
        };
        // 푸시 서버로 해당 구독자에게 푸시 알림 발송
        webpush
          .sendNotification(
            pushConfig,
            JSON.stringify({
              pTitle: request.body.pTitle,
              pMsg: request.body.pMsg
            })
          )
          // 푸시 알림을 받은 등록자가 취소 또는 만기될 때 처리
          .catch(err => {
            console.log("등록 안 된 사용자 제거!", err);
            sub.ref.remove();
          });
      });
      response.status(201).send("완료!");   // 완료 코드 201 반환하고 종료
```

여기에 공개 키와 비공개 키를 넣으세요

```
58:       })
59:       .catch(err => {
60:         console.log("구독자 정보를 읽지 못했습니다!", err);
61:         response.status(500).send({
62:           message: "구독자 정보를 읽지 못했습니다!",
63:           error: err.response
64:         });
65:       });
66:   });
67: });
```

16~19 cors를 통해 다른 도메인 접근 허용

cors는 클라이언트의 브라우저가 보안 문제 없이 웹 서버의 XMLHttpRequest 서비스를 이용하도록 하는 모듈입니다. 파이어베이스 함수 모듈을 가리키는 `functions` 객체 변수에서 `https.onRequest` 콜백 함수를 전달합니다. 콜백 함수의 실행 결과로 전달받은 `request`, `response`의 값을 `cors()` 함수에 그대로 전달하면 됩니다.

20~30 파이어베이스 DB에 등록된 구독자 정보 읽기

`cors()` 함수를 실행하면 다른 도메인에 있는 웹 서버에 접근할 수 있다는 의미이므로 파이어베이스 함수의 실행은 보장됩니다. 지금부터는 파이이베이스 함수를 실행한 후 적절한 반환값을 어떻게 받을 수 있는지 살펴보겠습니다.

소스에서 `webpush.setVapidDetails()`를 통해서 공개 키와 비공개 키를 함께 전달하여 VAPID를 준비합니다. 여기서 사용할 공개 키와 비공개 키는 앞서 web-push-key.txt 파일로 저장했던 코드를 그대로 복사해서 붙여 넣은 것입니다. 그리고 파이어베이스 DB에 접근하기 위해서 `admin` 객체를 사용해 `subscriptions` 항목의 값을 읽습니다.

31~56 DB에서 구독자 정보를 하나씩 꺼내서 푸시 알림 발송

파이어베이스 DB에서 정보를 읽으면 `forEach` 문을 사용해 `subscriptions` 항목에서 값을 하나씩 꺼내 읽기 시작합니다. 하나의 구독자 정보에서 발송 목적지와 키 정보를 추출한 후에 `pushConfig` 변수에 푸시를 발송하는 데 필요한 항목과 값의 정보를 구성합니다.

그리고 `webpush` 객체의 `sendNotification()` 함수를 실행하면 등록한 사용자에게 푸시 알림 메시지를 발송합니다. 매개변수로는 `pTitle`, `pMsg`의 내용을 담아 `JSON.stringify()` 함수를 사용해 JSON 형식으로 변경하여 넘겨줍니다. 그리고 가입자가 등록을 취소하거나 푸시 알림 등록 기간이 만료되어 소멸했을 때는 파이어베이스 가입자 DB 목록에서 제거해야 합니다. 가장 손쉽게 처리하는 방법은 오류가 발생한 경우에 `catch()` 함수로 체크해서 `sub.ref.remove()` 함수로 해당 사용자를 DB에서 제거하는 것입니다. 오류가 발생했다는 것은 그 사용자가 존재하지 않는다는 것을 의미하기 때문입니다.

57 **푸시 서버 실행 종료 처리**

마지막 단계에서 콘솔에 완료 메시지를 출력하고 HTTP 응답 코드(201)를 반환해 주어야 파이어베이스 함수는 실행을 완료합니다.

ⓖ HTTP 응답 코드 201은 요청이 성공적이었으며 그 결과로 새로운 리소스가 생성되었음을 나타냅니다.

이렇게 해주지 않으면 파이어베이스 함수는 성공 시점을 알 수 없어 실행을 무한 반복할 수 있습니다. 파이어베이스 함수를 사용할 때는 무한 반복으로 실행되는 것을 조심해야 합니다.

STEP 3 이제 파이어베이스 함수가 모두 준비되었으므로 다음 명령으로 업로드합니다. 이미 앞에서 계속 설명했으므로 여기서는 간단히 넘어가겠습니다. 참고로 파이어베이스 함수만 업로드하고 싶으면 `--only functions` 옵션을 사용합니다.

```
ex13_start> firebase deploy --only functions
```

13-7 워크박스로 서비스 워커에서 알림 메시지 받기

FCM으로부터 받은 알림 메시지를 처리하려면 서비스 워커를 직접 작성해야 합니다. 09-3절에서 배운 워크박스 사용법의 InjectManifest 모드를 응용해서 받은 알림 메시지를 화면에 표시해 보겠습니다.

Do it! 실습 vue.config.js에서 InjectManifest 모드 사용하기

프로젝트의 성격상 서비스 워커에서 직접 코드를 넣어야 할 경우가 발생하면 GenerateSW 모드 대신에 InjectManifest 모드를 사용해야 합니다. InjectManifest 모드를 사용하면 서비스 워커에 자신의 코드를 넣을 수 있습니다. InjectManifest 플러그인 모드는 vue.config.js 파일을 루트 폴더에 생성한 후에 다음 내용을 작성합니다. 이미 09-3절에서 자세히 설명했으므로 여기서는 소스만 소개하고 넘어가겠습니다.

실습 파일 ex13_start₩vue.config.js

```
module.exports = {
    pwa: {
        // 서비스 워커를 코드로 수정하기 위해 InjectManifest 모드 사용
        workboxPluginMode: 'InjectManifest',
        workboxOptions: {
          swSrc: "src/service-worker.js"
        }
      }
}
```

Do it! 실습 service-worker.js에서 알림을 받는 기능 작성하기

service-worker.js에서 처리하는 부분은 전체 구조 중에서 push 이벤트에 해당합니다. 즉, FCM에서 푸시 알림 메시지가 발송되었을 때 PWA 앱에서는 push 이벤트를 받게 되므로 그때 화면에 출력하는 기능을 만들어 줍니다. 이와 관련된 내용을 다음 그림에서 점선으로 표시했습니다.

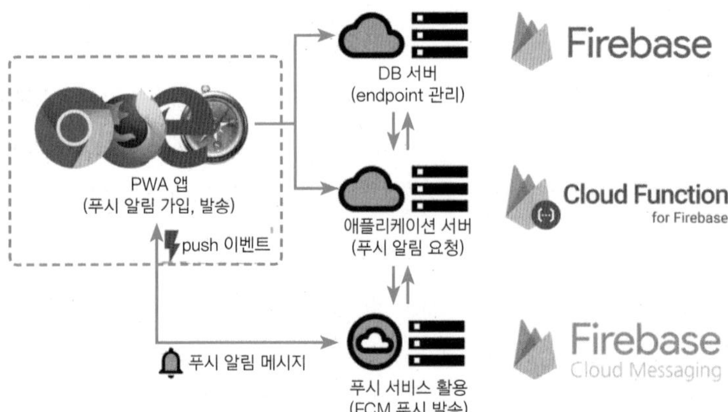

그림 13-25 push 이벤트 출력

STEP 1 src 폴더에 service-worker.js 파일을 추가하고 다음 내용을 입력합니다.

실습 파일 ex13_start₩src₩service-worker.js(1/2)

```
// Workbox를 디버그 모드로 설정
workbox.setConfig({
  debug: false
});

// Vue-Cli에서 기본으로 제공하는 프리캐시 설정을 Workbox에 적용
workbox.precaching.precacheAndRoute(self.__precacheManifest);

// 푸시 메시지를 받는 경우 처리
self.addEventListener("push", function(event) {
  // 푸시 메시지를 JSON 형태로 변경
  if (event.data) {
    data = JSON.parse(event.data.text());
  } else {
    console.log("데이터가 비어있습니다!");
  }

  // 알림 메시지 옵션 준비
  const options = {
    body: data.pMsg,
    icon: "/img/push-noti-icon.png",
```

```
22:     badge: "/img/push-badge-icon.png",
23:     image: "/img/push-news.jpg",
24:     actions: [
25:       {
26:         action: "info",
27:         title: "이 링크는 상세 정보 페이지로 이동합니다.",
28:         icon: "/img/push-info.png"
29:       }
30:     ],
31:     vibrate: [500, 100, 500]
32:   };
...생략...
```

10 푸시 메시지를 받는 경우 처리

푸시 메시지는 push 이벤트를 통해 받으므로 콜백 함수로 준비합니다. 이 함수는 푸시 메시지가 서버로부터 보내지면 실행됩니다.

11~16 푸시 메시지를 JSON 형태로 변경

푸시 메시지가 보내지면 event 매개변수 객체의 data 멤버변수에 들어 있습니다. 메시지 내용을 JSON 문자열로 바꿔 값을 꺼내어 사용합니다.

18~32 알림 메시지 옵션 준비

푸시 알림을 받으면 보내진 메시지를 분석해서 텍스트 메시지, 아이콘, 배지, 이미지, 링크, 진동 등의 미디어 종류별로 구분하여 다음과 같이 로컬 기기에 표시할 내용을 준비합니다.

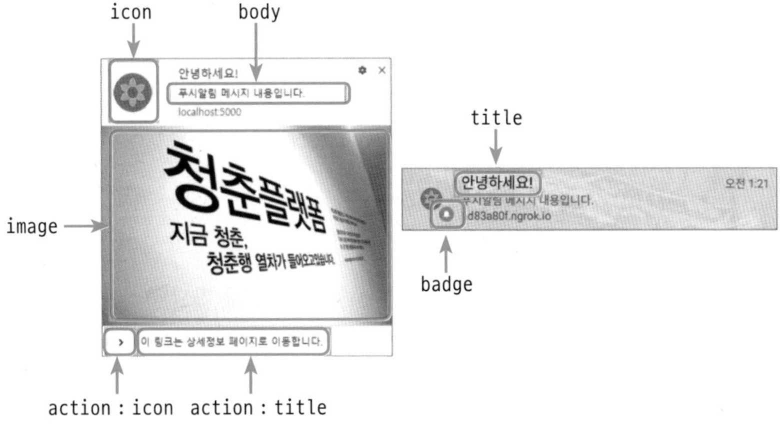

그림 13-26 푸시 알림 미디어

STEP 2 전송된 푸시 알림 메시지를 로컬 기기에 표시하고 링크로 처리할 부분을 작성합니다.

실습 파일 ex13_start₩src₩service-worker.js(2/2)

```
...생략...
33:   event.waitUntil(
34:     // 알림 메시지 전송하여 표시
35:     self.registration.showNotification(data.pTitle, options)
36:   );
37: });
38: // 푸시 알림 메시지에서 사용자가 링크 클릭 시 처리
39: self.addEventListener(
40:   "notificationclick",
41:   function(event) {
42:     // 알림 메시지의 링크 클릭 시 각 사이트로 이동
43:     if (event.action == "like") {
44:       clients.openWindow("https://www.starbucks.com/");
45:     } else if (event.action == "info") {
46:       clients.openWindow("https://code-design.web.app");
47:     }
48:     // 푸시 알림 이벤트 종료
49:     event.notification.close();
50:   },
51:   false
52: );
```

33~36 **알림 메시지 전송하여 표시**

준비한 푸시 알림 메시지를 `showNotification()` 함수를 이용해서 로컬 기기에 표시합니다. `waitUntil()` 함수는 Promise를 매개변수로 전달하여 실행하고 그 결과가 나올 때까지 웹 브라우저에 서비스 워커를 멀티태스킹으로 실행하라는 의미입니다.

38~41 **푸시 알림 메시지에서 사용자가 링크 클릭 시 처리**

사용자의 기기에 알림 메시지가 나타나면 내용에 흥미를 느낀 사용자가 준비된 링크를 클릭할 수 있습니다. 만약 링크를 클릭하면 클릭 이벤트 콜백 함수를 준비해 필요한 내용을 실행합니다.

42~49 **알림 메시지의 링크 클릭 시 각 사이트로 이동하고 이벤트 종료**

이번 예제는 아이콘 링크가 2개 준비되었습니다. 하나는 커피인데 이 링크를 클릭하면 `event` 매개변수의 `action` 멤버 속성에 "like" 문자열이 전달됩니다. 또한 관련 정보 아이콘을 클릭하면 "info" 문자열이 전달됩니다. 각 조건에 맞는 웹 사이트를 띄워 줍니다. 그리고 마지막으로 `close()` 함수를 실행하면 클릭 이벤트는 이제 다른 이벤트 핸들러로 전달되지 않고 종료됩니다.

하나만 더 배워요! 웹 푸시와 관련한 소스 자료가 더 궁금하다면?

'The Service Worker Cookbook'을 참고 바랍니다. 파이어폭스 브라우저로 유명한 모질라에서 제공하는 깃허브 소스는 PWA의 서비스 워커와 관련해서 실전에서 활용할 만한 다양한 예제를 소스, 데모와 함께 제공하므로 매우 유용합니다.

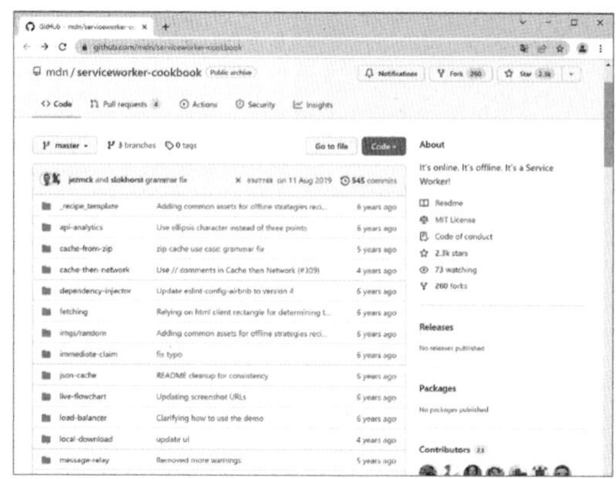

그림 13-27 푸시 예제 소스 소개: The Service Worker Cookbook(github.com/mdn/serviceworker-cookbook)

특히 웹 푸시와 관련된 다양한 활용법이 소개되어 있으므로 활용해 보기 바랍니다.

- Push Rich: 푸시 알림 서비스를 사용할 때 필요한 언어, 진동 패턴, 이미지 등 미디어를 설정하는 다양한 방법을 제공합니다.
- Push Simple: 웹 푸시 API를 사용하는 가장 간단한 예제를 제공합니다. 처음 시작할 때 유용합니다.
- Push Tag: 푸시 알림 메시지를 여러 번 받을 때 최신 버전의 표시 방법 등을 소개합니다.
- Push Clients: 푸시 알림 메시지를 받은 후 브라우저의 새로운 탭을 띄워서 표시하거나 처음부터 다시 열게 하는 등의 방법을 제공합니다.
- Push Subscription : 푸시 알림 서비스를 받고 싶어 하는 사용자의 구독 방법을 소개합니다.

하나만 더 배워요! 푸시 알림의 디테일한 표현과 테스트가 필요하다면?

이번 장에서 소개한 설명만으로도 웹 푸시 구현을 실전에서 충분히 할 수 있지만, 혹시 좀 더 디테일하게 표현하고 싶다면 일일이 만들고 테스트하기가 쉽지 않습니다. 이럴 때 비주얼한 설정을 선택하고 바로 알림을 받아볼 수 있는 Notification Generator를 소개합니다.

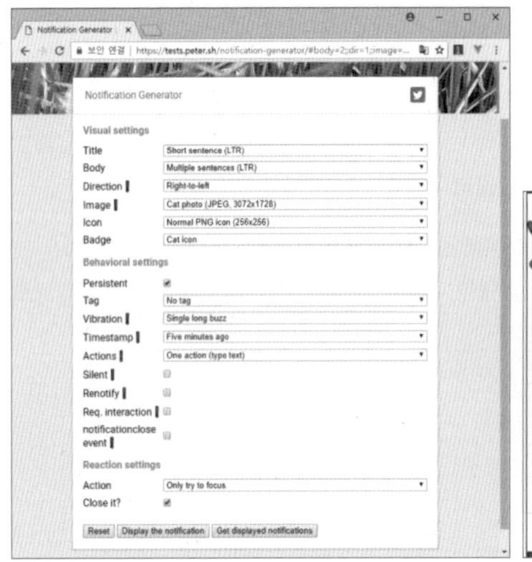

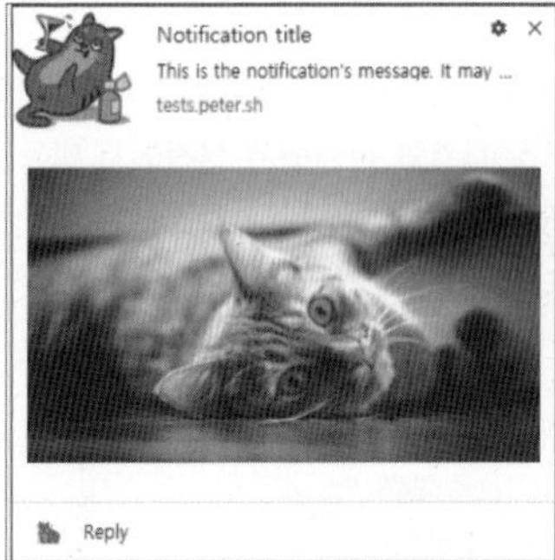

그림 13-28 푸시 알림 표현(왼쪽)과 테스트 예제(오른쪽) (tests.peter.sh/notification-generator)

비주얼한 설정에서 자주 쓰이는 제목, 본문, 방향, 이미지, 아이콘, 배지 등을 선택하면 어떻게 표현되는지 바로 알 수 있습니다. 푸시 알림 메시지를 사용자가 선택할 때 나타나는 반응인 진동과 무음 처리, 링크 액션 넣기 등을 드롭다운 메뉴에서 선택할 수 있습니다. 푸시 알림을 발송하고 나서 즉시 확인할 수 있습니다.

14

오프라인 동기화 기능 만들기

오프라인 동기화는 모바일 기기에서 오랜 기간 어려운 과제였습니다. 하지만 이번 예제에서 소개하는 파이어베이스의 '클라우드 파이어스토어 실시간 DB'를 사용하면 오프라인 퍼스트의 PWA를 개발할 수 있습니다. 실전에서 사용할 수 있는 오프라인 동기화를 직접 경험해 보기 바랍니다.

14-1 오프라인 동기화 구경하기

파이어베이스의 주력 DB는 실시간 데이터베이스(RTDB)이지만 더욱 업그레이드한 DB는 파이어스토어(Firestore)입니다. 파이어스토어를 이용해 실시간 DB의 오프라인 동기화 기능을 어떻게 구현하는지 살펴보겠습니다.

클라우드 파이어스토어란?

클라우드 파이어스토어(Cloud Firestore)는 파이어베이스의 차세대 실시간 NoSQL DB로서, 강력한 쿼리와 확장성이 가능하도록 문서에 기반을 둔 계층적인 구조로 설계되었습니다. 또한 파이어베이스 RTDB보다 좀 더 강력한 기능과 편리한 구조로 데이터를 관리할 수 있습니다. 클라우드 파이어스토어의 특징을 5가지로 정리해 보았습니다.

① 모든 기기 데이터 동기화

파이어베이스의 RTDB와 마찬가지로 클라우드 파이어스토어도 실시간으로 DB를 관리할 수 있으며, 모든 기기의 데이터를 동기화해 줍니다.

② 오프라인 데이터 지속성

iOS, 안드로이드, 웹 모바일 환경 모두에서 오프라인 데이터 동기화를 지원합니다.

③ 복잡한 쿼리 가능

RTDB는 정렬과 필터링을 동시에 할 수 없었으나 클라우드 파이어스토어는 JSON을 구조화한 문서를 컬렉션 단위로 관리하여 정렬과 필터링을 동시에 하는 복잡한 쿼리도 가능합니다.

④ 직관적이고 쉬운 제작

직관적인 명령을 이용해 실시간으로 여러 사용자와 데이터를 쉽게 동기화할 수 있습니다.

⑤ 자동으로 용량 확장

RTDB는 확장하는 데 한계(동시 연결은 약 10만 개, 초당 쓰기는 약 1,000회까지)가 있으나 클라우드 파이어스토어는 규모가 커져도 자동으로 확장합니다.

클라우드 파이어스토어는 RTDB의 단점으로 지적됐던 복잡한 쿼리를 수행할 수 있도록 데이터의 관리 구조를 문서와 컬렉션으로 나누었습니다. 데이터는 문자열, 숫자, 불, 날짜 시간, 배열, 객체, 위치 정보 등 다양한 형식을 사용할 수 있습니다. 즉, 관계형 DB에서 사용하는 필드가 있어서 쿼리의 장점을 살릴 수 있습니다. 이러한 데이터들은 문서(document) 단위로 관리되고, 문서들은 컬렉션(collection)이라는 일종의 컨테이너 안에 담아서 관리할 수 있습니다.

그림 14-1 클라우드 파이어스토어의 데이터 관리 구조

또한 문서는 필드뿐만 아니라 다른 컬렉션도 포함할 수 있도록 설계되어 다음과 같이 데이터를 계층 구조로 관리할 수 있습니다. 이러한 이유로 기존의 RTDB가 단순히 JSON 형식의 구조에 머물렀다면, 클라우드 파이어스토어는 아무리 데이터가 확장되어도 복잡한 쿼리를 수행할 수 있습니다.

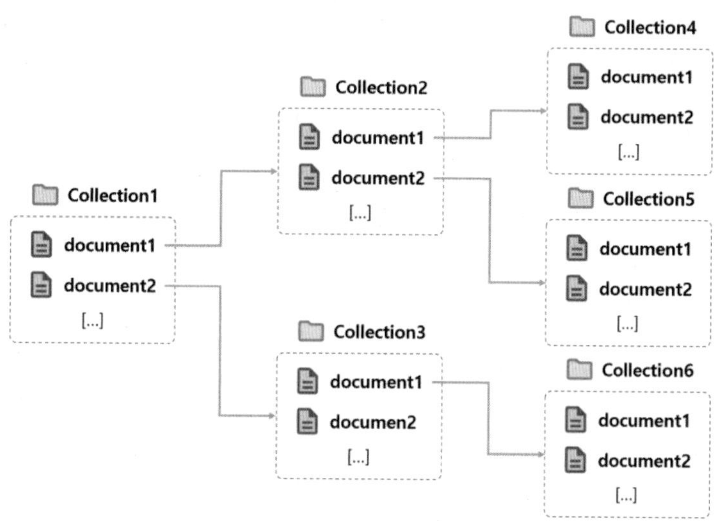

그림 14-2 클라우드 파이어스토어의 계층 구조

그리고 클라우드 파이어스토어는 파이어베이스 콘솔에서 구조를 직접 설계하고 변경할 수 있으며 데이터 관리도 가능합니다.

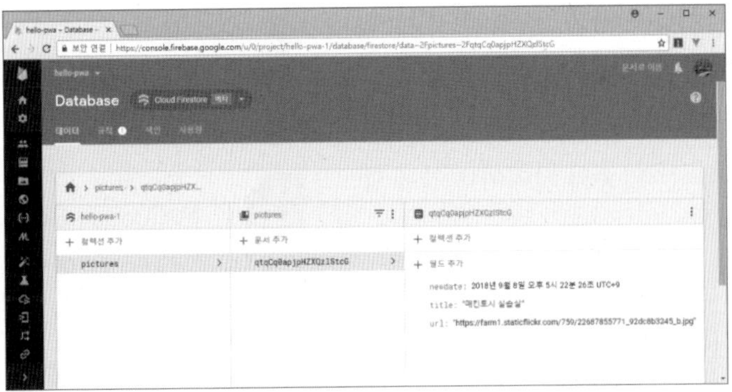

그림 14-3 파이어베이스 콘솔

Do it! 실습 노드 패키지 설치하고 앱 실행하기

STEP 1 우선 필자가 제공한 실습 파일을 통해 완성된 앱을 실행해 보겠습니다. 이 앱을 실행해 보려면 Node.js, Vue-CLI, server 등의 개발 도구가 설치되어 있어야 합니다. Node.js와 Vue-CLI 설치는 05-7절, serve 설치는 08-1절을 참고합니다.

STEP 2 VSCode를 실행하고 필자가 제공한 실습 파일 중 ex14 폴더를 프로젝트 폴더로 설정합니다. 그리고 통합 터미널 창에서 다음 내용을 실행합니다.

```
> cd ex14
ex14> npm install
ex14> npm run build
ex14> serve dist
```

STEP 3 Ctrl을 누른 상태에서 통합 터미널 창에 나타난 주소를 클릭하면 앱이 실행됩니다. 첫 시작 화면은 온라인 이미지 공유 사이트인 플리커에서 읽어 온 사진이 랜덤으로 나타나고 제목과 설명이 보입니다. 수정할 내용이 있으면 제목에 입력하고 〈업로드〉를 누르면 화면 아래쪽에 등록되어 나타납니다.

만약 다음 그림이 나타나지 않는다면 웹 브라우저에서 서비스 워커를 초기화했는지 꼭 확인해 보세요.

그림 14-4 사진과 정보 등록하기

Do it! 실습 앱 성능 테스트하기

STEP 1 멀티 접속을 테스트하기 위해 다른 웹 브라우저를 띄워서 같은 주소로 접속합니다. 그러면 다음처럼 앞의 데스크톱에서 업로드한 포스트가 동기화되어 나타납니다.

그림 14-5 동기화 확인

STEP 2 이번에는 오프라인 상태에서도 동작하는지 확인하기 위해 1번 웹 브라우저에서 개발자 도구를 열고 서비스 워커 메뉴에서 [Offline] 항목에 체크합니다.

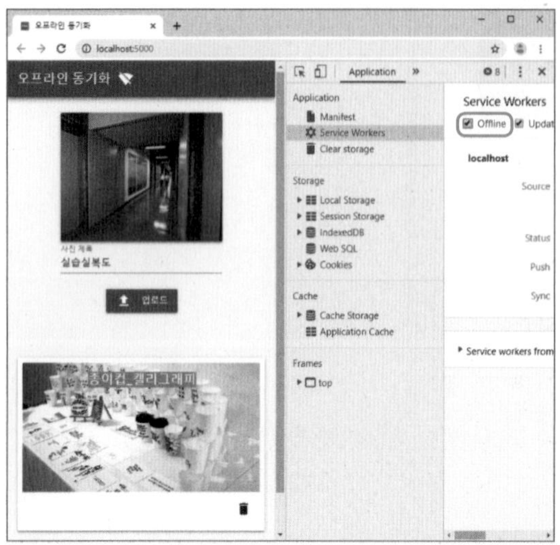

그림 14-6 오프라인 상태로 전환

오프라인 상태가 되면 화면 위쪽의 아이콘이 바뀌는 것을 알 수 있습니다. 그리고 사진 제목을 수정하고 〈업로드〉를 누릅니다. 오프라인 상태임에도 화면 아래쪽에 새로운 사진 정보가 등록되어 나타납니다.

그림 14-7 오프라인 상태에서 정보 등록하기

STEP 3 오프라인 상태에서 입력했으므로 아직 다른 웹 브라우저에는 반영되지 않습니다. 그러나 온라인 상태로 변경하면 오프라인 상태에서 작업한 내용이 모두 자동으로 동기화됩니다. 그래서 2번 웹 브라우저의 내용도 자동으로 동기화되어 표시됩니다.

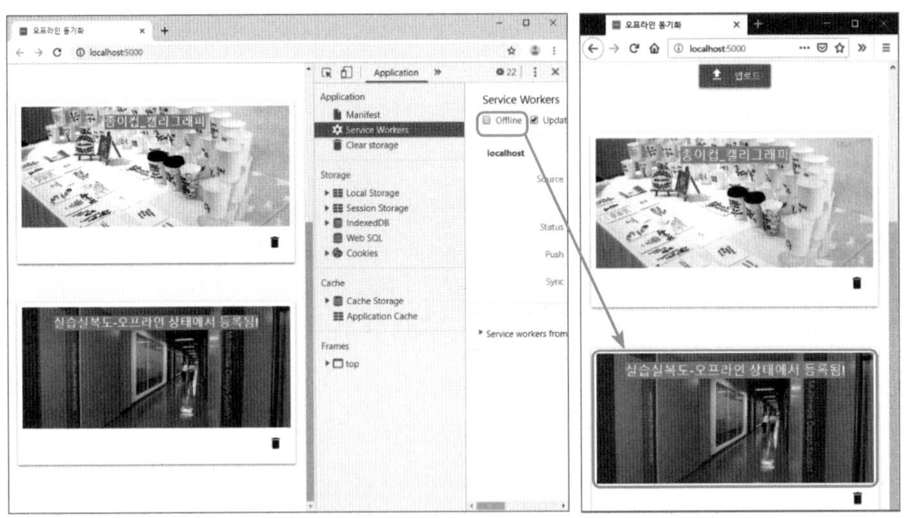

그림 14-8 다른 브라우저 접속의 동기화

14-2 매니페스트 작성하기

오프라인 동기화의 실행 모습을 살펴보았으니 이제는 처음부터 끝까지 PWA를 직접 만들어 보겠습니다.

Do it! 실습 **프로젝트 만들고 실습 환경 준비하기**

STEP 1 VSCode에서 통합 터미널 창을 열고 미리 준비한 웹팩 시작 템플릿 폴더로 이동한 후 실습을 진행합니다.

```
> cd ex14_start
```

STEP 2 기기와 상황에 따라 필요한 이미지 파일을 준비합니다. 방법은 이전 실습과 같습니다. 필자가 제공한 실습 파일 중에서 ex14/public/img/icons 폴더를 복사하여 프로젝트 폴더 안의 같은 위치에 붙여 넣습니다.

STEP 3 파이어베이스 DB와 연결하기 위해 다음 명령으로 파이어베이스 SDK와 뷰파이어 플러그인 패키지를 추가합니다.

```
ex14_start> npm install firebase vuefire@next
```

STEP 4 자동으로 생성된 매니페스트 파일을 열어 프로젝트 성격에 맞춰 필요한 부분만 변경합니다. 매니페스트 파일은 이미 앞에서 자세히 설명했으므로 여기서는 파일 내용만 소개하고 넘어가겠습니다.

실습 파일 ex14_start₩public₩manifest.json

```
{
  "name": "오프라인 동기화",
  "short_name": "오프라인 동기화",
  "icons": [
...생략...
  ],
  "start_url": "./index.html",
  "display": "standalone",
  "orientation": "portrait",
  "background_color": "#ffffff",
  "theme_color": "#ffffff"
}
```

14-3 클라우드 파이어스토어 준비하기

Do it! 실습 **파이어베이스 프로젝트 만들기**

파이어베이스 DB는 사용자의 푸시 알림 구독에 필요한 정보를 저장할 목적으로 사용합니다.

STEP 1 파이어베이스 프로젝트를 만들고 웹앱에 등록 후 데이터베이스 생성까지 과정은 앞에서 다루었으니 생략합니다. 다음 과정을 참고해 pwa-offline-sync라는 이름으로 새로운 프로젝트를 만듭니다.

더 자세한 프로젝트 생성 과정은 09-4절을 참고하세요.

1. firebase.google.com에 접속해서 **pwa-offline-sync**라는 이름으로 새 프로젝트 만들기
2. 파이어베이스 프로젝트 설정 화면에서 웹앱에 파이어베이스 추가하기(닉네임 pwa-offline-sync)
3. 파이어베이스 SDK 추가에서 `databaseURL`값을 복사해서 기록해 두기
4. Realtime Database 만들기 → 테스트 모드로 시작

STEP 2 파이어베이스의 데이터베이스 설정 화면을 보면 현재 RTDB가 선택되어 있습니다. [Realtime Database] 메뉴를 눌러서 [Cloud Firestore]로 변경합니다.

그림 14-9 [RTDB] → [Cloud Firestore]로 변경

STEP 3 클라우드 파이어스토어의 보안 규칙 창이 나타나면 **[테스트 모드로 시작]**을 선택하고 〈다음〉을 클릭한 후 완료할 때까지 계속 진행합니다.

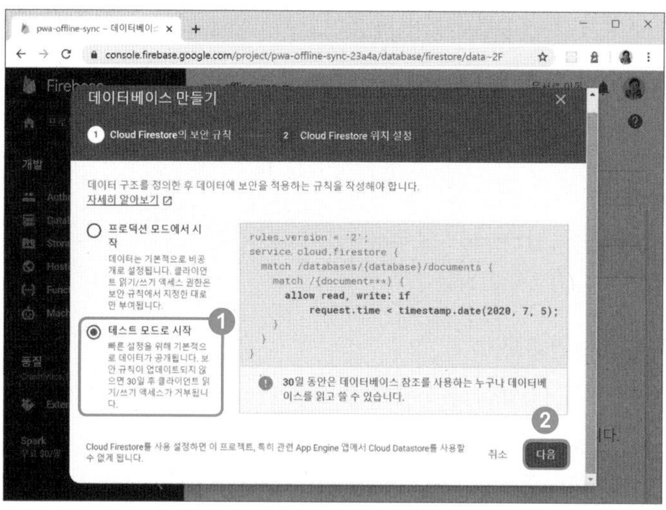

그림 14-10 Cloud Firestore 보안 규칙 창

Do it! 실습 파이어스토어 DB 준비

파이어스토어 DB는 사용자가 업로드한 정보를 Firestore에 저장, 삭제할 수 있는 기능을 활용하기 위해 사용합니다. 파이어스토어 DB에 연결할 때 환경 설정은 신규 프로젝트를 생성할 때마다 다릅니다. 따라서 src/datasources/firebase.js 파일을 생성한 후 자신의 파이어베이스 프로젝트 내용에 맞게 작성합니다.

실습 파일 ex14_start₩src₩datasources₩firebase.js

```
// 파이어베이스 앱 객체 모듈 가져오기
import firebase from "firebase/app";
// 파이어베이스 패키지 모듈 가져오기
import "firebase/firestore";

// 파이어스토어 DB 초기화
firebase.initializeApp({
  projectId: "pwa-offline-sync"
});
// 스토어 오프라인 캐시 사용
export const oPicturesinDB = firebase.firestore();
```

```
12: oPicturesinDB
13:   .enablePersistence({
14:     synchronizeTabs: true   // 웹 브라우저에 열린 탭과 동기화
15:   })
16:   .catch(err => console.log(err));
```

01~04 파이어베이스 모듈 가져오기

파이어베이스를 사용하려면 firebase 폴더에서 각각 app과 firestore라는 패키지 파일 2개를 가져와야 합니다.

06~09 파이어스토어 DB를 초기화하고 연결하기

다음으로 파이어베이스 모듈에서 가져온 firebase 객체의 initializeApp() 함수를 이용해서 파이어베이스 사이트에서 생성한 databaseURL 정보를 매개변수로 전달하여 초기화합니다. projectID 부분은 앞에서 파이어베이스 웹 사이트에서 복사한 것을 그대로 사용합니다.

10~11 파이어스토어 객체 공개

반환된 객체에서 firestore() 함수를 실행하면 클라우드 파이어스토어 DB에 접근할 수 있는 최종 객체가 반환되는데, 이것을 oPicturesinDB 객체 변수에 저장합니다. 기존에는 파이어베이스의 database 객체 중에서 ref() 함수로 원하는 항목에 접근했습니다. 하지만 파이어스토어는 먼저 firestore() 함수를 사용해서 객체를 반환받습니다.

12~13 클라우드 파이어스토어 오프라인 지원 설정

클라우드 파이어스토어의 '오프라인 데이터 지속성' 기능을 사용하기 위해 enablePersistence() 함수를 실행합니다. 오프라인 데이터 지속성 기능은 인터넷 접속이 끊기면 자동으로 DB 사용과 관계된 데이터를 로컬 캐시에 저장해 두었다가 다시 인터넷이 연결되면 자동으로 동기화합니다. 즉, 사용하던 클라우드 파이어스토어의 사본을 캐시해 두었다가 온라인 상태가 되면 다시 자동으로 동기화합니다. 웹에서는 오프라인 지속성 지원이 기본값이 아니므로 반드시 enablePersistence() 함수를 한 번 실행해서 활성화해야 합니다. 만약 끄고 싶으면 옵션으로 PersistenceEnabled: false를 넣어 줍니다.

14 여러 탭이 열린 경우 동기화 처리

웹 브라우저에 열린 탭의 정보를 모두 공유하려면 synchronizeTabs: true 옵션을 선택합니다. 만약 이 값이 false이면 여러 탭이 열렸을 때 멀티로 처리할 수 없고 첫 번째 탭만 동작합니다. 그래서 err.code가 failed-precondition인지 확인하여 탭과 관련된 문제가 발생할 때를 대처합니다.

16 **오류 확인하기**

혹시 파이어스토어를 지원하지 않는 웹 브라우저에서 접속할 때를 대비해 `err.code`가 `unimplemented`인지 확인하여 오류를 대처합니다.

Do it! 실습 main.js 파일 수정하기

main.js에서는 프로젝트 전체의 초기 설정을 담당합니다. 여기서 클라우드 파이어스토어 모듈을 사용할 준비를 설정합니다. 자동으로 생성된 main.js 파일을 다음과 같이 수정합니다.

실습 파일 ex14_start₩src₩main.js

```
01: import Vue from "vue";
02: import App from "./App.vue";
03: import "./registerServiceWorker";
04: import vuetify from "./plugins/vuetify";
05:
06: // 클라우드 파이어스토어 모듈 가져옴
07: import { firestorePlugin } from "vuefire";
08: // 클라우드 파이어스토어 모듈 사용 준비
09: Vue.use(firestorePlugin);
10:
11: Vue.config.productionTip = false;
12:
13: new Vue({
14:   vuetify,
15:   render: h => h(App)
16: }).$mount("#app");
```

06~09 **뷰파이어 모듈 가져와서 Vue에 연결**

뷰파이어를 사용하면 파이어베이스의 RTDB와 파이어스토어의 2가지 DB 형식을 뷰 응용 프로그램과 연결할 수 있게 하는 플러그인을 제공합니다. 이번 예제는 파이어스토어를 사용할 것이므로 `firestorePlugin` 모듈을 가져와서 `Vue`에 연결합니다.

14-4 앱 실행 화면 만들기

이번에는 오프라인 동기화 화면을 제작하는 데 필요한 UI를 디자인해 보겠습니다.

Do it! 실습 index.html 파일 수정하기

자동으로 생성된 index.html 파일을 다음과 같이 수정합니다. 수정해야 하는 코드만 표시했습니다. index.html 구성 요소는 08-4절에서 모두 설명했으므로 생략합니다.

실습 파일 ex14_start₩public₩index.html

```
<!DOCTYPE html>
<html lang="ko">
  <head>
...생략...
    <!-- 상태 표시줄 테마 색상을 흰색으로 변경 -->
    <meta name="theme-color" content="#ffffff" />
    <title>오프라인 동기화</title>
    <!-- 구글 머티리얼 디자인 아이콘 추가-->
    <link
      href="https://fonts.googleapis.com/css?family=Roboto:100,300,400,500,700,900|Material+Icons"
      rel="stylesheet"
    />
...생략...
```

Do it! 실습 외부 사이트 이미지 불러오기

필자가 제공한 실습 파일 중 ex14/src/datasources 폴더에서 플리커 이미지 소스인 picture-data.js 파일을 복사해 프로젝트 폴더 안의 같은 위치에 붙여 넣습니다. 만약 여러분이 플리커에 직접 올린 이미지를 사진 갤러리에 불러오고 싶다면 다음 코드에서 `url`만 수정합니다.

실습 파일 ex14_start₩src₩datasources₩picture-data.js

```
// JSON의 배열로 저장된 12개의 사진 정보 담고 있음
// 각각의 사진은 ID, 플리커에 저장된 사진 이미지 주소, 제목, 설명으로 구성
export default {
  aPictures: [
    {
      id: 1,
      url: "https://farm1.staticflickr.com/654/22663129542_e3df218c90_b.jpg",
      title: "청춘플랫폼_우수부스투표",
      info:
        "졸업작품 전시회에 출품한 작품 중에서 방문자들이 직접 우수 전시 부스를 투표로 선정하는 모습입니다."
    },
...생략...
    {
      id: 12,
      url: "https://farm6.staticflickr.com/5672/22055530083_8f633d57f3_b.jpg",
      title: "종이컵_캘리그래피",
      info:
        "종이컵을 캔버스 삼아 학생들의 자유로운 생각을 캘리그라피의 ..."
    }
  ]
};
```

Do it! 실습 App.vue 컴포넌트 수정하기

이제 본격적으로 오프라인 동기화 화면에 해당하는 App.vue 파일을 제작해 보겠습니다. 화면 디자인과 실시간 DB 데이터 처리가 함께 들어가서 소스가 조금 길어졌으므로 크게 두 단계로 나눠서 설명하겠습니다. 특히 App.vue의 셀과 컴포넌트의 콘텐츠 영역을 분리하는 '애플리케이션 셸' 방식으로 화면의 UI 디자인을 2단계로 나눠서 제작해 보겠습니다.

STEP 1 src 폴더의 App.vue 파일을 열어 template 엘리먼트 안의 내용을 모두 지우고 다음과 같은 코드로 수정하세요. 이 파일을 수정하고 나면 프로그램을 실행할 때 나타나는 화면이 바뀝니다.

실습 파일 ex14_start₩src₩App.vue(1/2)

```
01: <template>
02:   <v-app>
03:     <v-app-bar app color="primary" dark>
04:       <v-toolbar-title>오프라인 동기화</v-toolbar-title>
05:       <!-- 온라인 상태일 때 와이파이 아이콘 표시 -->
06:       <v-btn v-if="bIsOnline" icon>
07:         <v-icon>wifi</v-icon>
08:       </v-btn>
09:       <!-- 오프라인 상태일 때 와이파이 오프 아이콘 표시-->
10:       <v-btn v-if="!bIsOnline" icon>
11:         <v-icon>signal_wifi_off</v-icon>
12:       </v-btn>
13:     </v-app-bar>
14:     <v-main>
15:       <!-- 동기화 페이지 컴포넌트 엘리먼트 사용 -->
16:       <c-syncpage />
17:     </v-main>
18:   </v-app>
19: </template>
...생략...
```

06~08 **온라인 상태일 때 와이파이 아이콘 표시**

이번 예제에서는 온라인 상태 유무를 사용자에게 아이콘으로 꼭 표시해 주어야 합니다. 다음과 같이 `bIsOnline` 변숫값을 `v-if` 디렉티브로 연결하여 온라인 상태 표시 여부를 결정합니다.

오프라인 동기화

그림 14-11 온라인 아이콘 표시

09~12 **오프라인 상태일 때 와이파이 오프 아이콘 표시**

마찬가지로 오프라인 상태 유무도 `v-if` 디렉티브를 사용해서 오프라인 아이콘으로 조건에 맞게 표시합니다.

오프라인 동기화

그림 14-12 오프라인 아이콘 표시

14~17 **동기화 페이지 컴포넌트 엘리먼트 사용**

이번 예제는 App.vue의 `template` 엘리먼트 구조를 사용하면서 구체적인 내용은 `c-syncpage` 엘리먼트를 사용함으로써 컴포넌트로 동작하도록 했습니다. 이처럼 자신만의 엘리먼트를 컴포넌트로 만들어 사용할 수 있습니다. 그리고 이러한 구조를 '애플리케이션 셸'이라고 하는데, 핵심 애플리케이션 부분의 UI와 콘텐츠가 표시되는 데이터를 분리함으로써 첫 HTML을 화면에 빠르게 표시할 수 있습니다.

하나만 더 배워요! 애플리케이션 셸이란?

PWA에서 애플리케이션 셸(application shell)이란 SPA의 UI를 구성하는 최소한의 HTML5, CSS, 자바스크립트 영역을 의미합니다. 즉, 처음 실행할 때는 셸에 공통으로 사용되는 메뉴나 툴바 등의 영역이 먼저 캐시되어 표시되고, 콘텐츠 영역은 자바스크립트를 통해서 동적으로 표시하는 구조입니다.

이번 예제에서는 뷰가 SPA 부분을 모두 처리해 주므로 애플리케이션 셸 개념을 구현하기가 훨씬 쉽습니다. 즉, 다음 그림처럼 뷰티파이의 `v-app`, `v-main` 엘리먼트로 셸과 콘텐츠 영역을 분리하여 관리할 수 있습니다.

그림 14-13 애플리케이션 셸과 콘텐츠 영역

STEP 2 두 번째 단계에서는 온라인 또는 오프라인 상태를 인지하여 상탯값을 변경하는 기능을 구현합니다. 오프라인 상태를 나타내는 불(bool) 변수와 콜백 함수의 사용법을 살펴보겠습니다.

실습 파일 ex14_start₩src₩App.vue(2/2)

```
...생략...
<script>
// 동기화 페이지 컴포넌트 가져옴
import sync_page from "@/components/sync_page";
export default {
  name: "App",
  // 동기화 페이지 컴포넌트를 엘리먼트 이름으로 변경
  components: {
    "c-syncpage": sync_page
  },
  data() {
    // 네트워크 상태(온라인/오프라인)를 나타내는 불 변수
    return {
      bIsOnline: ""
    };
  },
  created() {
    // 앱이 처음 실행될 때 또는 네트워크 상태 변경 시 실행되는 콜백 함수로 fnIsOnline() 연결
    window.addEventListener("online", this.fnIsOnline);
    window.addEventListener("offline", this.fnIsOnline);
    // 앱의 처음 상태 결정
    this.fnIsOnline();
  },
  methods: {
    // 네트워크 상태를 인지하여 불 변숫값 변경
    fnIsOnline() {
      if (navigator.onLine) {
        this.bIsOnline = true;
      } else {
        this.bIsOnline = false;
      }
    }
  }
};
</script>
```

22~23 동기화 페이지 컴포넌트를 가져옴

애플리케이션 셸 아키텍처에서 콘텐츠 영역으로 사용할 `sync_page` 컴포넌트를 가져와서 연결합니다.

26~29 동기화 페이지 컴포넌트를 엘리먼트 이름으로 변경

`sync_page` 컴포넌트를 사용할 `c-syncpage` 엘리먼트 이름으로 선언해 줍니다. 그러면 마치 HTML 엘리먼트처럼 사용할 수 있습니다.

30~35 네트워크 상태를 나타내는 불 변수 선언

현재 온라인 상태인지를 확인하여 아이콘으로 표시하려고 불 변수 `bIsOnline`을 사용했습니다.

36~42 앱이 처음 실행될 때, 또는 네트워크 상태가 변경될 때 실행되는 콜백 함수 연결

네트워크 상태가 변경될 때마다 관련된 기능을 수행하려면 이벤트 콜백 함수를 사용합니다. `window` 객체에서 제공하는 `addEventListener()` 함수를 사용해서 발생할 이벤트 이름과 실행될 함수를 연결해 줍니다. 예를 들어 `online`, `offline` 이벤트가 발생하면 `fnIsOnline()` 함수가 실행되는 것입니다. 현재 컴포넌트에 정의된 함수에 접근하고자 `this`를 사용합니다.

44~51 네트워크 상태를 인지하여 불 변숫값 변경

`online`, `offline` 이벤트가 발생하면 `fnIsOnline()` 함수가 실행됩니다. 그러면 `navigator` 객체의 `onLine` 속성을 참고하여 온라인 여부를 판단한 후 `bIsOnline`에 해당하는 `true`, `false`의 값으로 저장합니다. 웹 API의 `navigator.onLine` 속성은 웹 브라우저의 네트워크 상태를 확인해서 `true`, `false`로 알려 줍니다.

14-5 컴포넌트 작성하기

이번에는 애플리케이션 셸 구조에서 콘텐츠에 해당하는 컴포넌트를 작성하겠습니다. 이 컴포넌트는 화면 위쪽에 있는 앱바를 제외하고 나머지 영역의 처리를 담당합니다. 분량이 많아서 총 4단계로 나눠서 설명하겠습니다.

Do it! 실습 동기화 페이지 컴포넌트 작성하기

STEP 1 첫 번째 단계는 사용자가 화면에 업로드할 이미지와 제목을 담당합니다. 이미지 12개 중에서 랜덤으로 하나를 골라 준비하는 폼 양식의 UI를 구현합니다.

실습 파일 ex14_start₩src₩components₩sync_page.vue(1/4)

```
<template>
  <!-- 그리드 레이아웃으로 좌우 2개의 열은 여백으로 사용 -->
  <v-container>
    <v-row>
      <v-col offset="2" cols="8" class="text-center mt-2">
        <!-- 업로드할 이미지와 제목을 12개의 이미지 중에서 랜덤으로 준비 -->
        <form @submit.prevent="fnSubmitPost()">
          <v-card>
            <v-img height="200px":src="sPicUrl"></v-img>
          </v-card>
          <!-- 입력받은 제목을 DB에 저장 -->
          <v-text-field v-model="sTitle" autofocus label="사진 제목"></v-text-ield>
          <v-btn color="primary" dark type="submit">
            <v-icon left>file_upload</v-icon>업로드
          </v-btn>
        </form>
      </v-col>
...생략...
```

06~16 업로드할 이미지와 제목을 이미지 12개 중에서 랜덤으로 준비

폼 양식을 사용해 제출하는 방법으로 form 엘리먼트를 사용합니다. @submit은 v-on:submit을 줄여서 표현한 것입니다. 그리고 폼 양식이 제출된 후에 페이지가 다시 새로 고침되지 않고 fnSubmitPost() 함수를 실행합니다. 또한 12개의 이미지 중에서 랜덤으로 만들어진 sPicUrl의 이미지 경로를 v-card-media 엘리먼트에 바인딩해서 표현합니다. sTitle의 사진 제목은 기본값이 v-text-field 엘리먼트에 바인딩되어 표시되며 사용자는 이름을 변경할 수 있습니다.

STEP 2 두 번째 단계는 반응형 웹으로 표시하도록 열의 개수를 설정하고 사진의 이미지와 제목을 표시합니다. 그리고 삭제 아이콘을 클릭하면 DB에서 제거하고, 만약에 업로드된 이미지가 없으면 안내 문구를 표시합니다.

실습 파일 ex14_start₩src₩components₩sync_page.vue(2/4)

```
...생략...
18:       <!-- 반응형 웹으로 표시하도록 열의 개수 설정 -->
19:       <v-col
20:         class="mt-5"
21:         cols="12"
22:         sm="6"
23:         md="4"
24:         lg="3"
25:         xl="2"
26:         v-for="item in this.oPictures"
27:        :key="item.key"
28:       >
29:         <v-card class="py-2 px-2">
30:           <!-- 사진의 이미지와 제목을 바인딩하여 표시 -->
31:           <v-img:src="item.url" height="200px">
32:             <v-container>
33:               <v-row>
34:                 <v-col cols="12" class="text-center">
35:                   <span class="title grey white--text">{{item.title}}</span>
36:                 </v-col>
37:               </v-row>
38:             </v-container>
```

```
39:             </v-img>
40:             <v-card-actions>
41:               <v-spacer></v-spacer>
42:               <!-- 삭제 아이콘을 클릭하면 DB에서 제거 -->
43:               <v-btn icon @click="fnDelPost(item.id)">
44:                 <v-icon>delete</v-icon>
45:               </v-btn>
46:             </v-card-actions>
47:           </v-card>
48:         </v-col>
49:         <v-col cols="12" class="mt-5 text-center">
50:           <!-- 업로드된 이미지가 없으면 안내 문구 표시-->
51:           <p v-if="!oPictures.length">사진이 없습니다. 추가해 주세요!</p>
52:         </v-col>
53:       </v-row>
54:     </v-container>
55: </template>
...생략...
```

18~28 반응형 웹으로 표시하도록 열의 개수 설정

미디어쿼리로 일일이 지정하지 않아도 소스처럼 [cols="12" sm="6" md="4" lg="3" xl="2"] 구간별로 그리드 설정을 다르게 해주면 간단히 해결됩니다. 또한 aPictures 배열에 있는 항목을 v-for 디렉티브로 하나씩 읽어서 item 변수에 저장하여 반복문으로 활용합니다. 이때 :key 디렉티브는 고윳값을 요구하므로 item에 저장된 key를 저장합니다.

30~39 사진의 이미지와 제목을 바인딩하여 표시

카드를 표시할 때는 먼저 높이 설정을 고정해야 하므로 소스처럼 200px을 지정합니다. 그리고 item의 url 정보로 이미지를 표시하기 위해 v-img 엘리먼트를 사용합니다. 다음으로 제목은 span 엘리먼트 안에 item의 title을 바인딩하면 자동으로 표시됩니다.

42~45 삭제 아이콘을 클릭하면 DB에서 제거

만약 현재 이미지를 삭제하려면 item의 id값을 fnDelPost() 함수에 전달합니다.

49~52 업로드된 이미지가 없으면 안내 문구 표시

이미지가 하나도 없으면 사용자에게 이미지를 추가해 달라는 안내 메시지를 전달하는 것이 좋습니다. 그래서 v-if 디렉티브를 이용해서 oPictures 객체의 length값이 0(false)이면 표시합니다.

STEP 3 세 번째 단계는 JSON 파일로부터 이미지 정보를 가져와서 이미지 객체를 사용할 배열에 저장해 둡니다. 그리고 클라우드 파이어스토어의 이미지 컬렉션을 문서의 날짜순으로 정렬하여 준비합니다. 처음 컴포넌트가 생성되면 업로드할 제목과 사진을 준비합니다.

실습 파일 ex14_start₩src₩components₩sync_page.vue(3/4)

```
...생략...
57: <script>
58: // JSON 파일로부터 이미지 정보 가져옴
59: import oPictureData from "@/datasources/picture-data";
60: import { oPicturesinDB } from "@/datasources/firebase";
61: export default {
62:   name: "sync_page",
63:   data() {
64:     return {
65:       // JSON 파일의 이미지 객체 사용할 배열 변수
66:       aPicsData: oPictureData.aPictures,
67:       oPictures: [],    // DB 저장에 사용할 객체 변수
68:       sTitle: "",       // 제목 입력에 사용할 변수
69:       sPicUrl: ""       // 이미지 URL 저장에 사용할 변수
70:     };
71:   },
72:   firestore() {
73:     return {
74:       // 파이어스토어 DB의 이미지 정보를 날짜순으로 정렬하여 준비
75:       oPictures: oPicturesinDB.collection("pictures").orderBy("newdate")
76:     };
77:   },
78:   created() {
79:     // 처음 컴포넌트가 생성되면 업로드할 제목과 사진 준비
80:     this.fnPreparePost();
81:   },
...생략...
```

58~60 JSON 파일로부터 이미지 정보 가져옴

플리커에서 사진 정보를 읽어 오기 위해서 picture-data 모듈을 가져와서 oPictureData 객체 변수에 저장합니다. 그리고 클라우드 파이어스토어 DB를 가져오기 위해서 @로 src 폴

더를 루트 폴더로 해서 datascources/firebase 모듈을 읽어 `oPicturesinDB` 객체 변수에 저장합니다.

63~71 JSON 파일의 이미지 객체 사용할 배열 변수 선언

데이터 속성에는 업로드할 이미지 정보를 설정합니다. 먼저 플리커 이미지 정보인 `oPictureData` 변수에 있는 `aPictures` 변숫값을 지정합니다. 그리고 파이어스토어 DB의 항목을 읽어서 저장할 `oPictures` 객체 변수를 빈 배열로 초기화합니다. 또한 필요한 제목, 경로에 해당하는 `sTitle`, `sPicUrl`을 빈 값인 `""`로 초기화합니다.

72~77 클라우드 파이어스토어의 이미지 컬렉션을 문서의 날짜순으로 정렬하여 준비

파이어스토어 DB의 `pictures` 컬렉션에 저장된 이미지 문서를 날짜 순서로 정렬하여 하나씩 읽은 뒤에 그 값들을 `oPictures` 배열에 모두 저장합니다. 이처럼 문서의 필드값을 기준으로 `orderBy()` 함수를 사용하면 정렬을 수행합니다.

78~81 처음 컴포넌트가 생성되면 업로드할 제목과 사진 준비

`created()` 함수는 처음 컴포넌트가 생성될 때 실행합니다. 그러면 같은 컴포넌트에 있는 `fnPreparePost()` 함수를 실행하여 JSON 파일에서 사진 정보를 랜덤으로 읽어 사진과 포스트 글을 준비합니다.

STEP 4 마지막 단계는 파이어스토어의 DB를 직접 사용하는 코드를 작성합니다. 먼저 JSON 파일에서 사진 정보를 랜덤으로 읽어서 사진과 포스트 글을 준비하고 사용자가 입력한 정보를 DB에 저장하는 코드를 작성합니다. 또한 〈삭제〉를 클릭했을 때 선택된 항목을 DB에서 제거하는 기능도 준비합니다.

실습 파일 ex14_start₩src₩components₩sync_page.vue(4/4)

```
...생략...
82:  methods: {
83:    fnPreparePost() {
84:      // JSON 파일에서 사진 정보를 랜덤으로 읽어와서 사진과 포스트 글 준비
85:      let nIndex = Math.floor(Math.random() * 12);
86:      const itemPic = this.aPicsData[nIndex];
87:      this.sTitle = itemPic.title;
88:      this.sPicUrl = itemPic.url;
89:    },
90:    // 입력받은 정보를 DB에 저장
91:    fnSubmitPost() {
```

```
92:       const dtDate = new Date();   // 오늘 날짜 저장
93:       // DB에 날짜, 제목, 이미지 주소 업로드
94:       oPicturesinDB.collection("pictures").add({
95:         newdate: dtDate,
96:         title: this.sTitle,
97:         url: this.sPicUrl
98:       });
99:       // 새로운 이미지와 제목 준비
100:      this.fnPreparePost();
101:    },
102:    fnDelPost(pID) {
103:      // 매개변수로 받은 ID의 항목을 DB에서 제거
104:      oPicturesinDB
105:        .collection("pictures")
106:        .doc(pID)
107:        .delete();
108:    }
109:  }
110: };
111: </script>
```

83~89 **JSON 파일에서 사진 정보를 랜덤으로 읽어서 사진과 포스트 글 준비**

사용자가 직접 선택하고 입력하는 수고를 덜기 위해 플리커의 이미지 정보를 랜덤으로 가져오도록 설정합니다.

90~101 **입력받은 정보를 DB에 저장**

오늘 날짜와 입력받은 제목, 이미지 주소를 파이어스토어의 `pictures` 항목에 추가합니다. 저장이 끝나면 바로 이어서 화면에 새로운 이미지와 제목을 준비하기 위해 `fnPreparePost()` 함수를 실행합니다. 클라우드 파이어스토어의 저장은 컬렉션의 `add()` 함수를 실행하고 JSON 형식으로 데이터의 필드값을 매개변수로 전달합니다.

102~108 **매개변수로 받은 ID의 항목을 DB에서 제거**

사용자가 이미지를 삭제할 때는 먼저 `oPicturesinDB` 객체 변수의 `pictures` 항목 컬렉션에서 원하는 노드를 찾기 위해 문서의 매개변수로 `pID`를 전달합니다. 그러면 하위 노드 중에서 해당 `pID`값을 가진 노드가 선택되는데, 이때 `delete()` 함수를 실행해서 제거합니다. 이처럼 클라우드 파이어스토어의 삭제 기능은 컬렉션의 문서를 기준으로 `delete()` 함수를 실행합니다.

Memo

PWA를 하이브리드 앱으로 배포하기

PWA는 '홈 화면에 추가' 기능이 있어서 스마트폰에 손쉽게 설치할 수 있습니다. 하지만 PWA는 아직 잘 알려지지 않아 낯설고 익숙하지 않을 것입니다. 아무리 훌륭한 PWA라도 사용자에게 전달할 수 없다면 무용지물입니다. 넷째마당에서는 PWA에 멈추지 않고 하이브리드 앱으로 변환해서 구글 플레이 스토어에 배포하는 방법을 구체적으로 배워 보겠습니다.

15

코르도바로 하이브리드 앱 만들기

15장에서는 아파치 코르도바(Apache Cordova)를 사용해 셋째마당에서 만든 PWA를 하이브리드 앱으로 만드는 방법을 배웁니다. 코르도바의 크로스 플랫폼 프레임워크를 사용하면 같은 코드를 기준으로 뷰, 뷰티파이를 활용해 네이티브 앱을 손쉽게 만들 수 있습니다. 따라서 이번 장은 같은 코드로 PWA와 네이티브 앱을 동시에 만들고 싶은 사람에게 유용합니다.

15-1 하이브리드 앱이란?

웹 기술을 사용해서 네이티브 앱으로 변환된 모바일 앱을 '하이브리드 앱'이라고 합니다. 하이브리드 앱의 개념이 탄생한 이후 많은 발전을 거듭해 다양한 프레임워크가 만들어졌습니다. 먼저 각 용어의 개념을 간단히 이해하고 넘어가겠습니다.

하이브리드 앱과 모바일 프레임워크

하이브리드 앱은 HTML, CSS, 자바스크립트와 같은 웹 표준 기술로 개발한 '모바일 웹'을 모바일 프레임워크를 사용해 '네이티브 앱'으로 변환한 것입니다. 따라서 하이브리드 앱은 웹과 네이티브 앱의 장점을 모두 갖추었습니다. 하나의 코드로 여러 플랫폼에 서비스할 수 있으므로 하이브리드 앱을 '크로스 플랫폼 앱'이라고도 합니다.

모바일 프레임워크는 웹 기술로 네이티브 앱을 개발할 수 있으며 모바일 기기를 구성하는 하드웨어를 사용할 수 있습니다. 즉, 네이티브 앱과 웹 표준 기술과의 중간 다리 역할이라고 볼 수 있습니다.

이번 장에서 소개할 코르도바는 하이브리드 앱을 만드는 대표적인 프레임워크입니다. 하이브리드 앱을 만드는 프레임워크는 '웹 하이브리드 앱'과 '네이티브 하이브리드 앱'으로 구분할 수 있습니다.

웹 하이브리드 앱과 네이티브 하이브리드 앱

어도비의 소프트웨어 엔지니어인 홀리 신스키(Holly Schinsky)는 **"웹 하이브리드 앱은 웹 기술로 작성된 것을 웹뷰로 감싸서 만든 앱"**이라고 말합니다. 즉, 웹뷰 이외의 네이티브 UI 컴포넌트는 사용하지 않으며 웹뷰가 다리 역할을 해서 웹 기술과 네이티브 간에 소통이 이뤄지는 앱을 말합니다. 그리고 모바일 기기의 카메라, GPS 등 하드웨어는 네이티브 래퍼 역할을 하는 플러그인을 통해서 연결하여 사용합니다.

보통 하이브리드 앱이라고 하면 웹 하이브리드 앱을 가리킵니다.

코르도바는 대표적인 웹 하이브리드 앱 프레임워크입니다. 그리고 코르도바를 토대로 독자적인 UI 컴포넌트를 지원하는 '프레임워크 7(Framework 7)', '아이오닉(Ionick)' 등도 같은 계보의 프레임워크라고 할 수 있습니다.

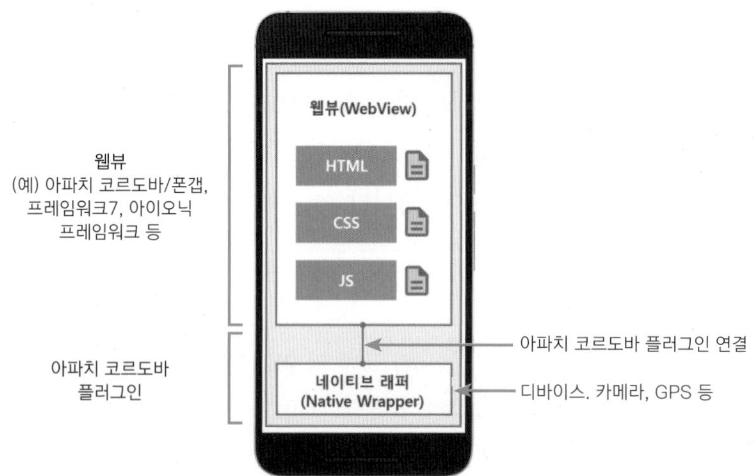

그림 15-1 웹 하이브리드 앱의 구조

신스키는 **"네이트브 하이브리드 앱은 네이티브 코드로 실행되는 자바스크립트 가상머신이 여러 개의 네이티브 컨트롤이나 웹뷰로 융합하는 방식으로 제작한 앱"**이라고 말합니다. 네이티브 앱과 같은 성능을 내고자 기존 하이브리드 앱을 네이티브 코드와 연결하는 방식으로 제작한 앱을 통틀어 네이티브 하이브리드 앱이라고 합니다.

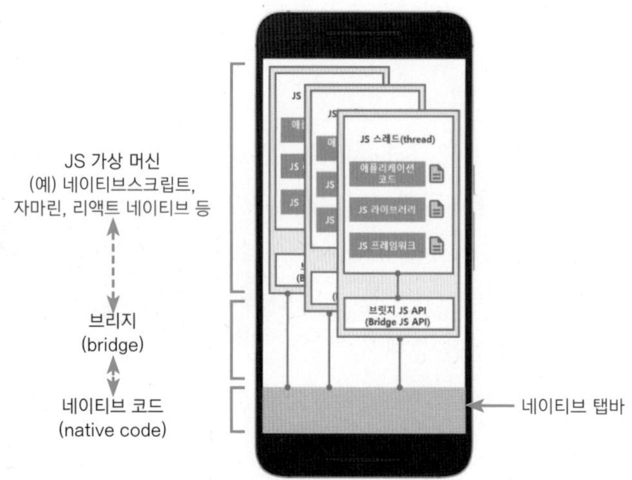

그림 15-2 네이티브 하이브리드 앱의 구조

네이티브 하이브리드 앱의 목적은 웹 기술로 제작한 콘텐츠를 네이티브 쪽의 자바스크립트 가상머신으로 제어함으로써 내비게이션이나 트랜지션의 성능을 극대화하려는 것입니다. 대표적으로 리액트 네이티브(React Native), 네이티브스크립트(NativeScript), 자마린(Xamarin), 플러터(Flutter) 등이 이런 방식을 응용합니다.

이러한 접근 방식은 자바스크립트를 기반에 둔 프레임워크와 네이티브 코드의 컴포넌트를 브리지(bridge)로 연결하고, 성능을 높이기 위해 멀티스레드(multi-thread)와 비동기(asynchronous) 방식으로 처리됩니다. 실제 네이티브 언어로 개발한 앱과 비교했을 때 거의 차이가 없다는 것이 큰 장점입니다. 현재는 플러터처럼 브리지 영역을 없애고 네이티브 코드에서 직접 렌더링하여 성능을 높이는 방향으로 발전하고 있습니다.

하지만 이 방식은 카메라 플러그인 같은 네이티브 컴포넌트를 사용하기 위해 플랫폼의 의존성이 높은 코드를 별도로 수정해야 합니다. 즉, 각 플랫폼에 따라 최적화된 새로운 프로그래밍 지식을 습득해야 하는 부담이 있습니다. 그리고 스레드를 많이 사용하는 대규모 프로젝트에서는 메모리 부담이 커져서 성능이 떨어지는 안정성 문제도 함께 고민해야 합니다.

하나만 더 배워요! 폰갭과 아파치 코르도바

폰갭과 아파치 코르도바는 자주 혼용해서 사용하므로 차이점을 알고 시작하는 것이 좋습니다. 폰갭(PhoneGap)은 HTML5, CSS3, 자바스크립트와 같은 웹 기술을 사용해서 네이티브 앱을 제작할 수 있는 최초의 오픈소스 모바일 프레임워크(하이브리드 앱 프레임워크)입니다. 다음에 소개할 아파치 코르도바의 원형이 바로 이 폰갭입니다. 폰갭은 2008년 니토비 소프트웨어(Nitobi Software)가 개발했는데 2011년에 어도비에 인수됩니다. 그리고 니토비의 폰갭 기술은 코르도바라는 이름으로 아파치 소프트웨어 재단에 오픈소스로 기부됩니다. 즉, 두 기술은 같은 뿌리에서 시작해 현재는 각각 어도비 폰갭, 아파치 코르도바로 나뉘었습니다.

코르도바가 핵심 코어라면 폰갭은 코르도바에 의존하면서 기업의 브랜드 정책과 비즈니스 서비스가 반영되며 발전된 것으로 생각하면 됩니다. 코르도바는 아이오닉 프레임워크, 프레임워크 7 등 여러 하이브리드 앱 프레임워크에서 쓰입니다.

특히 VSCode의 자바스크립트 개발 환경에서도 아파치 코르도바를 지원하여 안드로이드, iOS, 윈도우 앱으로 크로스 플랫폼을 개발할 수 있게 되었습니다. 이처럼 코르도바는 하이브리드 앱 개발에서 가장 넓은 사용자층을 보유하고 있으며 오랜 기간 사용해 온 안정되고 검증된 프레임워크입니다.

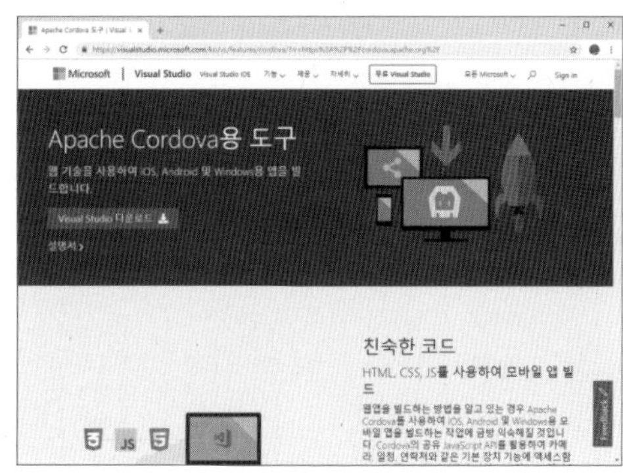

그림 15-3 아파치 코르도바를 지원하는 VSCode

PWA와 코르도바는 어떤 관계일까?

코르도바(폰갭)의 처음 목표는 다음 2가지였습니다.

❶ 웹은 궁극적으로 개발 플랫폼이 되어야 한다.
❷ 만약 현재 웹이 그렇지 못한 상태라면 폰갭이 도움을 주어야 한다.

즉, 폰갭은 어느 특정 벤더와 독점적인 플랫폼에 종속되는 것을 막고 궁극적으로는 웹이 개발 플랫폼으로서 위상을 얻게 한다는 의미가 있습니다. 따라서 PWA와 코르도바의 관계는 흥미롭습니다. PWA가 점점 발전해 완벽한 웹 개발 플랫폼이 된다면 네이티브 앱을 사용할 필요가 없을 것입니다. 그때 결국 코르도바는 존재의 종결(cease to exist)이라는 목표를 달성하게 됩니다.
하지만 현실은 네이티브 앱의 필요성도 공존하므로 PWA를 네이티브 앱으로 변환해서 구글 플레이, 앱 스토어, MS 스토어 등에 배포하는 코르도바의 역할이 필요합니다. 즉, 코르도바는 순수한 웹 하이브리드 앱 프레임워크이므로 똑같은 코드 베이스로 네이티브 앱을 개발할 수 있어서 PWA에 날개를 달아 주는 상생 관계라 할 수 있습니다.

같은 코드 베이스 → PWA(웹 애플리케이션) + 코르도바(네이티브 앱)

지금부터 수많은 개발 사례로 안정성이 증명된 코르도바를 이용해서 하이브리드 앱을 만들어 보겠습니다. 특히 뷰 프레임워크에서 코르도바를 지원하므로 뷰 생태계의 장점 또한 모두 활용할 수 있으며 뷰티파이 같은 프레임워크를 접목할 수도 있습니다.

15-2 하이브리드 앱 실전 예제 5가지

넷째마당에서는 PWA를 하이브리드 앱으로 변환하는 모든 과정을 직접 실습하고 구글 플레이 스토어에 앱을 배포하는 방법을 알아보겠습니다. 이를 통해 우리는 다음과 같은 6가지 학습 목표를 달성할 수 있습니다.

1. PWA 코드를 그대로 적용하여 하이브리드 앱으로 변환하는 과정을 익힌다.
2. 파이어베이스를 활용하여 실시간 DB 등의 서버단 기능도 그대로 활용한다.
3. 뷰와 뷰티파이를 활용하여 네이티브 앱과 거의 같은 디자인과 사용자 경험을 구현한다.
4. PWA와 다르게 모바일 기기에 의존하는 기능은 코르도바 플러그인 기능을 활용한다.
5. 안드로이드 앱을 기준으로 서명, 정렬 등의 방법을 익힌다.
6. 구글 플레이 스토어에 배포하는 방법을 익힌다.

이러한 학습 목표를 바탕으로 넷째마당에서 만들 하이브리드 앱 5가지를 간략하게 살펴보겠습니다. 하이브리드 앱을 제작할 때 필요한 기본 지식부터 실전 응용 기술까지 필요한 모든 과정을 담았으므로 실무에도 바로 활용할 수 있습니다.

1. 'Hello Hybrid' 안드로이드 앱

네이티브 앱과 같은 사용자 경험을 제공하려면 자바스크립트 프레임워크인 뷰와 머티리얼 디자인 UI를 위한 뷰티파이를 적용해야 합니다. 이러한 뷰 프레임워크를 사용해 'Hello Hybrid' 앱을 제작합니다. 간단한 실습이지만 하이브리드 앱 제작 과정을 이해할 수 있습니다. 다음 그림에서 왼쪽은 안드로이드에서 스플래시 화면을 실행한 모습이고, 오른쪽 그림은 'Hello Hybrid' 네이티브 앱을 실행한 모습입니다.

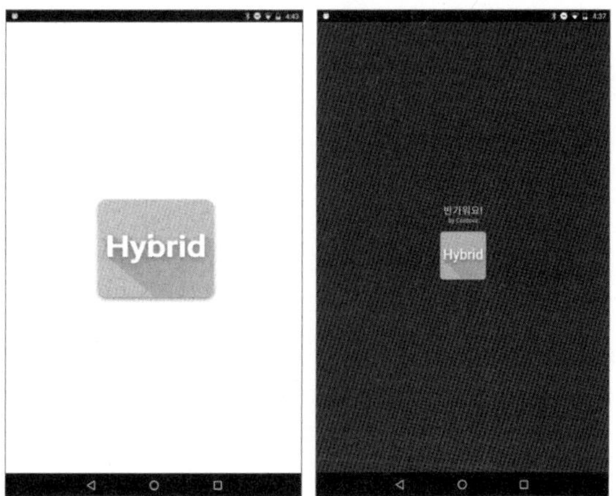

그림 15-4 안드로이드에서 스플래시 화면(왼쪽)과 'Hello Hybrid' 네이티브 앱(오른쪽)을 실행한 모습

2. '사진 갤러리' 안드로이드 앱

실전에서는 PWA 웹 사이트를 네이티브 앱으로 변환해야 할 때가 있습니다. 똑같은 코드 베이스에서 안드로이드 앱으로 쉽게 변환할 수 있어야 진정한 크로스 플랫폼 프레임워크라 할 수 있습니다. 이 예제에서는 PWA를 하이브리드 앱으로 변환하는 과정을 배웁니다.

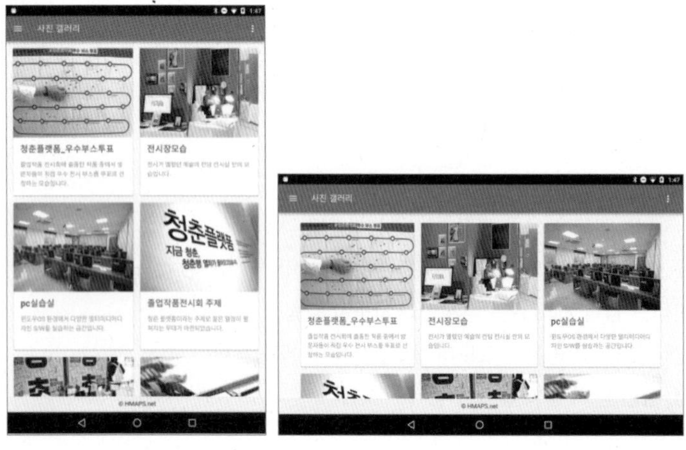

그림 15-5 안드로이드에서 '사진 갤러리' 네이티브 앱을 실행한 화면

3. 'To-Do' 안드로이드 앱

파이어베이스 DB를 사용해서 CRUD(create read update delete)를 할 수 있으면 하이브리드 앱에서도 확대해서 적용할 수 있습니다. DB를 쉽게 배울 수 있는 To-Do 하이브리드 앱을 제작함으로써 이러한 데이터 처리 방법을 알아봅니다.

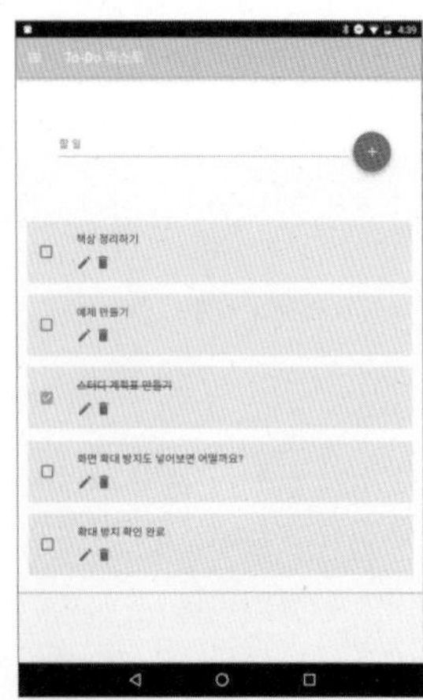

그림 15-6 안드로이드에서 'To-Do' 네이티브 앱을 실행한 화면

4. '모바일 기기 상태 체크' 안드로이드 앱

코르도바에서 지원하는 다양한 플러그인으로 모바일 기기의 하드웨어를 어떻게 제어할 수 있는지 살펴보겠습니다.

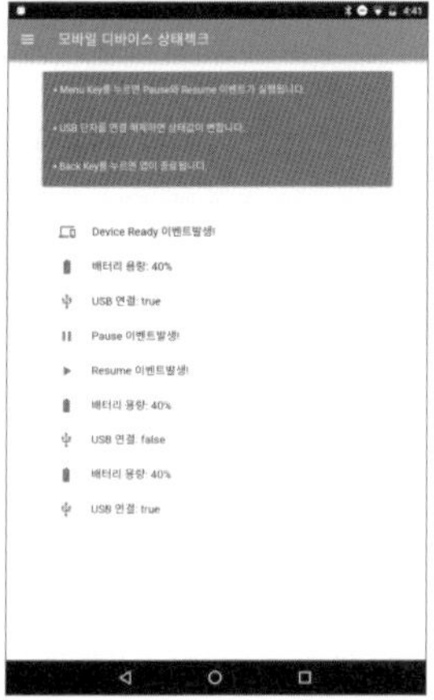

그림 15-7 안드로이드에서 '모바일 기기 상태 체크' 네이티브 앱을 실행한 모습

5. '카메라 사진 갤러리' 안드로이드 앱

네이티브 앱을 개발할 때 모바일 기기의 네이티브 기능을 사용하는 것이 가장 어렵습니다. 크로스 플랫폼 프레임워크라 할지라도 플랫폼마다 특성이 다르므로 맞춤형 작업이 필요한데, 이런 작업을 하다 보면 네이티브 개발과 다름없어집니다. 하지만 표준 웹 API를 사용하여 모바일 기기의 네이티브 기능을 처리하면 PWA와 코르도바 앱을 같은 코드 베이스로 만들 수 있습니다. 이 예제에서는 카메라 기능을 사용하는 방법을 자세히 살펴보겠습니다.

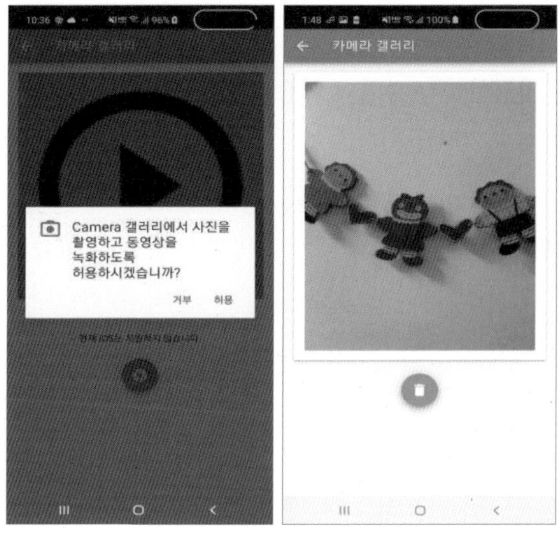

그림 15-8 안드로이드에서 '카메라 사진 갤러리' 네이티브 앱을 실행한 화면

15-3 'Hello Hybrid' 앱 만들기 - 준비

지금까지 하이브리드 앱의 개념을 살펴보았습니다. 지금부터는 'Hello Hybrid'라는 간단한 안드로이드 앱을 만들어 보겠습니다. PWA를 APK로 만드는 첫 예제이므로 '준비'와 '제작'이라는 두 단계로 나눠서 설명하겠습니다.

APK(android application package)는 안드로이드 기기에서 애플리케이션을 설치하는 파일 확장자입니다.

Do it! 실습 개발에 필요한 프로그램 준비하기

STEP 1 이번 실습을 진행하려면 몇 가지 프로그램 구성 요소가 필요합니다. 먼저 Node.js와 Vue-CLI가 필요한데 지금까지 실습을 따라 했다면 이미 설치되었을 것입니다. 혹시 설치가 필요하면 05-7절을 참고합니다.

STEP 2 다음 명령을 입력하여 코르도바를 설치합니다. 코르도바는 APK 파일을 만들어 안드로이드 기기에서 테스트할 때 필요하며 한 번만 설치하면 됩니다.

```
> npm install -g cordova
```

Do it! 실습 프로그램 실습 준비하기

코르도바는 Vue-CLI에서도 플러그인으로 지원한다는 장점이 있습니다. PWA 제작 방식이 하이브리드 앱에 그대로 이어지는 것을 경험해 보기 바랍니다.

STEP 1 VSCode에서 통합 터미널 창을 열고 필자가 실습 파일로 제공한 웹팩 시작 템플릿 폴더로 이동한 후 실습을 진행합니다.

```
> cd ex15_start
```

STEP 2 기기와 상황에 따라 필요한 이미지 파일을 준비합니다. 필자가 제공한 실습 파일 중 ex15/public/img/icons 폴더를 복사하여 이번 프로젝트 폴더 안에서 같은 위치에 붙여 넣습니다. 이미지 크기와 파일 형식만 맞춘다면 다른 디자인을 적용해도 됩니다.

STEP 3 코르도바를 사용하기 위해 다음 명령으로 cordova 플러그인을 추가합니다.

```
ex15_strat> vue add cordova
```

STEP 4 cordova 플러그인을 추가할 때 4가지 옵션이 나오면 안드로이드 플랫폼을 기준으로 다음과 같이 선택합니다.

표 15-1 코르도바 옵션 설정

옵션	선택	참고
Name of folder where cordova should be installed:	기본 경로 [src-cordova] 선택	• 코르도바 관련 파일이 생성될 폴더 지정
ID of the app:	기본값 그대로 [com.vue.example.app] 선택	• 앱이 고유한 이름을 가질 수 있도록 도메인 형식으로 작성 • 나중에 설정에서 변경할 수 있으므로 기본값 사용
Name of the app:	기본값 그대로 [VueExampleAppName] 선택	• 앱 제목 입력 • 나중에 설정에서 변경할 수 있으므로 기본값 사용
Select Platform:	[Android] 선택	• 배포할 플랫폼 선택 • 아이폰과 맥에 배포하고 싶다면 iOS, OSX 선택 가능. Browser는 브라우저에서 디버깅과 테스트를 지원하는 플랫폼

STEP 5 앞의 과정으로 생성된 프로젝트 구조는 다음과 같습니다. src와 src-cordova 폴더에서 중요한 부분만 살펴보겠습니다.

src/main.js과 src/App.vue의 사용 방법은 16장에서 자세히 설명합니다.

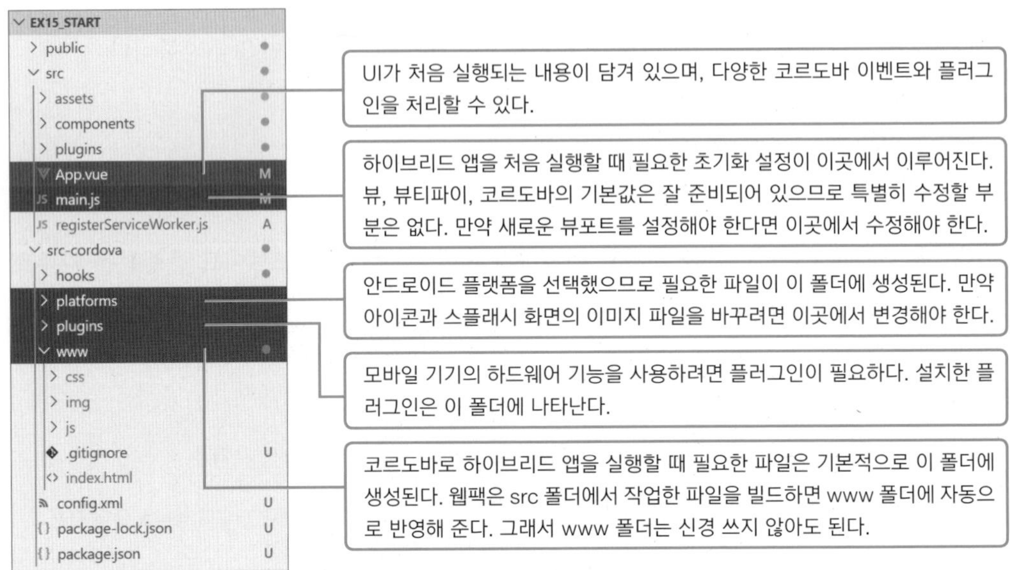

EX15_START
public
src
assets
components
plugins
App.vue
main.js
registerServiceWorker.js
src-cordova
hooks
platforms
plugins
www
css
img
js
.gitignore
index.html
config.xml
package-lock.json
package.json
UI가 처음 실행되는 내용이 담겨 있으며, 다양한 코르도바 이벤트와 플러그인을 처리할 수 있다.
하이브리드 앱을 처음 실행할 때 필요한 초기화 설정이 이곳에서 이루어진다. 뷰, 뷰티파이, 코르도바의 기본값은 잘 준비되어 있으므로 특별히 수정할 부분은 없다. 만약 새로운 뷰포트를 설정해야 한다면 이곳에서 수정해야 한다.
안드로이드 플랫폼을 선택했으므로 필요한 파일이 이 폴더에 생성된다. 만약 아이콘과 스플래시 화면의 이미지 파일을 바꾸려면 이곳에서 변경해야 한다.
모바일 기기의 하드웨어 기능을 사용하려면 플러그인이 필요하다. 설치한 플러그인은 이 폴더에 나타난다.
코르도바로 하이브리드 앱을 실행할 때 필요한 파일은 기본적으로 이 폴더에 생성된다. 웹팩은 src 폴더에서 작업한 파일을 빌드하면 www 폴더에 자동으로 반영해 준다. 그래서 www 폴더는 신경 쓰지 않아도 된다.

그림 15-9 프로젝트 구조

하나만 더 배워요! 플랫폼 설치와 삭제 방법

Vue-CLI로 코르도바 플러그인을 설치할 때 지원하는 플랫폼을 선택할 수 있습니다. 하지만 앱을 개발하면서 다른 플랫폼을 선택하거나 제거하고 싶을 때가 있습니다. 이럴 때는 다음 명령을 사용합니다.

```
cordova platform [add|rm] <PLATFORM>
```

코르도바에서 개별적으로 설치할 수 있는 플랫폼은 android, browser, ios, osx, windows, electron입니다. 플랫폼을 설치할 때는 `add`, 제거할 때는 `rm`을 사용합니다.

```
ex15_strat/src-cordova> cordova platform rm android      ← 안드로이드 플랫폼 제거
ex15_strat/src-cordova> cordova platform add browser     ← 브라우저 플랫폼 추가
```

Do it! 실습 안드로이드 SDK 설치하기

안드로이드 플랫폼용으로 하이브리드 앱을 개발하려면 안드로이드 SDK를 설치해야 합니다. 따라서 안드로이드 스튜디오가 필요합니다.

STEP 1 웹 브라우저를 열고 developer.android.com/studio/에 접속해서 〈DOWNLOAD AMDROID STUDIO〉를 선택합니다. 약관에 동의한 후 내려받아 설치 프로그램을 실행합니다. 설치 과정을 종료할 때까지 기본값으로 〈Next〉를 클릭합니다.

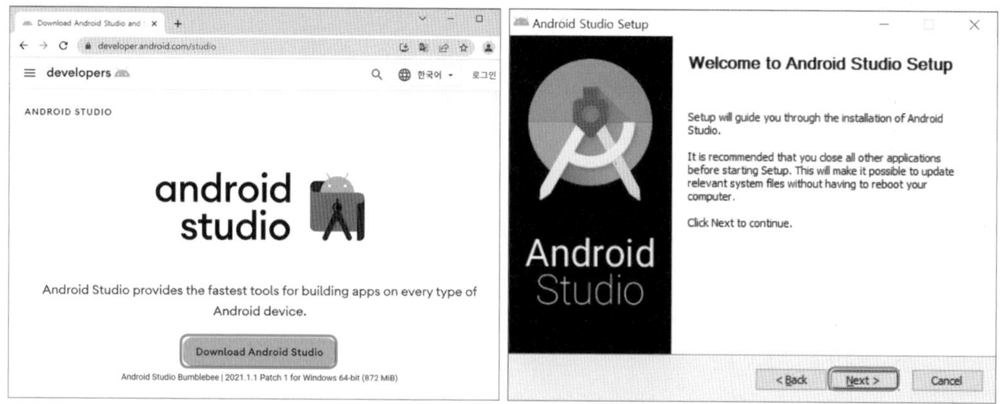

그림 15-10 안드로이드 스튜디오 설치 프로그램 내려받기

STEP 2 안드로이드 스튜디오 첫 화면이 나타나면 오른쪽 아래에서 [Configure → SDK Manager]를 선택합니다. 안드로이드 스튜디오를 처음 실행하면 몇 가지 환경 설정이 나타나는데 당황하지 말고 기본값으로 설정합니다.

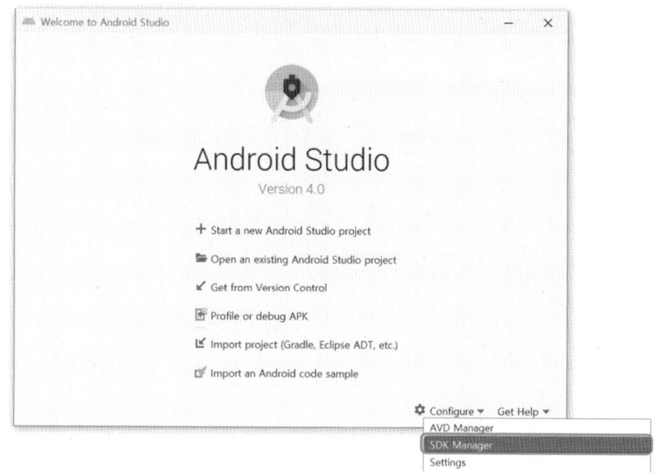

그림 15-11 안드로이드 스튜디오의 첫 화면

STEP 3 새 프로젝트 설정 화면이 나타나면 'Android SDK Location'에서 〈Edit〉를 눌러 안드로이드 SDK 경로를 설정할 수 있습니다. 필자는 이후 경로 설정 등을 편리하게 하기 위해 C:₩android₩android-sdk로 지정했습니다. 그리고 [SDK Platforms] 탭에서 이 프로젝트로 만들 앱이 안드로이드 몇 버전까지 지원할지를 선택합니다. 필자는 안드로이드 6.0~10.0까지 선택했습니다.

안드로이드 SDK 경로는 이후 환경 설정에서 필요하므로 메모장 등에 임시로 복사해 둡니다.

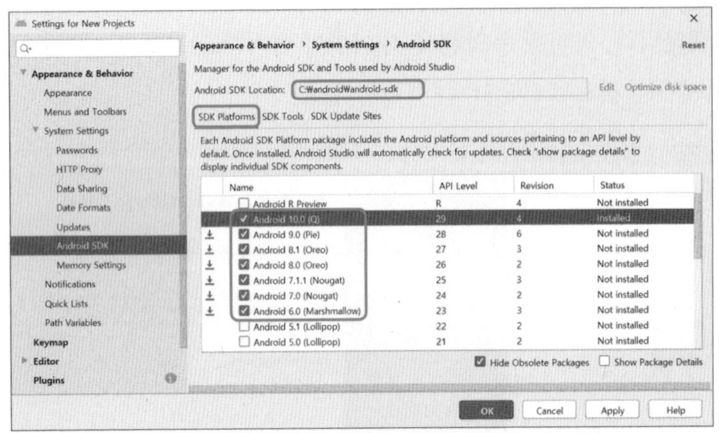

그림 15-12 [SDK Platforms] 탭에서 API 레벨 선택하기

STEP 4 그다음 [SDK Tools] 탭에서 'Android SDK Build-Tools', 'Android Emulator', 'Android SDK Platform-Tools'이 선택되었는지 확인합니다. 만약 안 되어 있으면 선택하고 〈OK〉를 눌러 설치합니다.

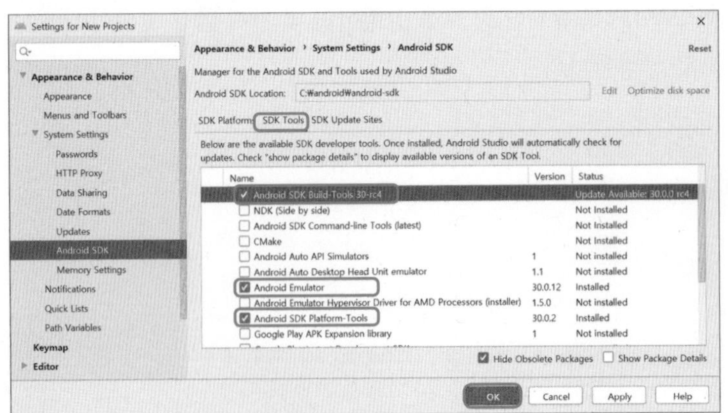

그림 15-13 [SDK Tools] 탭에서 추가 도구 선택하기

설치를 마치면 안드로이드 SDK가 최신 버전일 것입니다. 만약 최신 버전이 필요하면 다시 안드로이드 SDK 매니저를 띄운 후 추가로 업데이트합니다. 최신 버전 SDK가 아니면 종종 오류가 발생하므로 이 과정을 실행해야 합니다.

STEP 5 다음으로 안드로이드 SDK의 실행 파일이 윈도우 명령 프롬프트에서 실행될 수 있도록 환경 변수를 설정해야 합니다. 여기서는 윈도우를 기준으로 안드로이드 SDK 설치 폴더가 C:₩android₩android-sdk라고 가정하겠습니다. 만약 SDK 경로가 다르다면 해당 경로로 바꾸어 적용합니다.

윈도우 화면에서 검색란에 **"계정의 환경 변수 편집"**을 입력 후 Enter를 누릅니다. 그러면 다음처럼 환경 변수 설정 창이 열립니다.

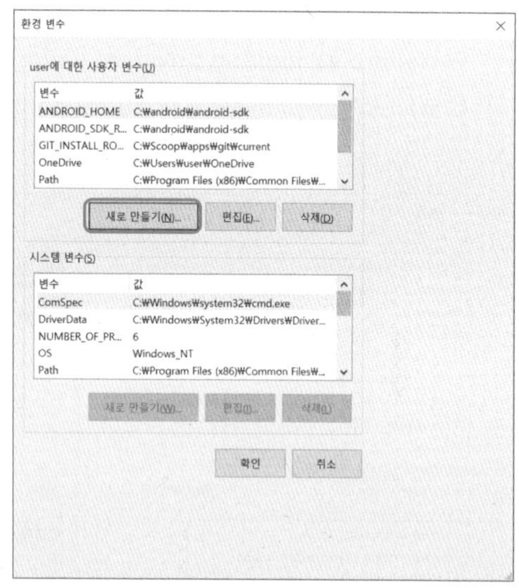

그림 15-14 환경 변수 설정 창

여기서 <새로 만들기>를 눌러 ANDROID_HOME과 ANDROID_SDK_ROOT 환경 변수를 만들고 안드로이드 SDK의 설치 경로를 저장합니다. 두 변수의 값에 C:₩android₩android-sdk를 지정합니다.

안드로이드 SDK가 설치된 경로는 앞서 STEP 3에서 설정했습니다. 그리고 요즘 구글은 ANDROID_HOME 대신 ANDROID_SDK_ROOT를 권장하지만 호환성을 위해 둘 다 추가합니다.

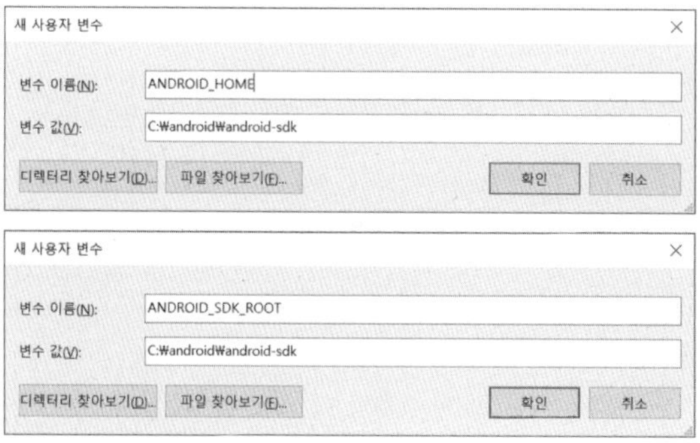

새 사용자 변수
변수 이름(N): ANDROID_HOME
변수 값(V): C:₩android₩android-sdk
디렉터리 찾아보기(D)... 파일 찾아보기(F)... 확인 취소

새 사용자 변수
변수 이름(N): ANDROID_SDK_ROOT
변수 값(V): C:₩android₩android-sdk
디렉터리 찾아보기(D)... 파일 찾아보기(F)... 확인 취소

그림 15-15 환경 변수 만들기

그다음 다시 환경 변수 목록에서 Path 변수를 선택하고 〈편집〉을 누릅니다. 다음 창이 나타나면 〈새로 만들기〉를 눌러 다음의 4가지 경로를 추가합니다.

```
C:₩android₩android-sdk₩tools
C:₩android₩android-sdk₩platform-tools
C:₩android₩android-sdk₩emulator
C:₩android₩android-sdk₩build-tools
```

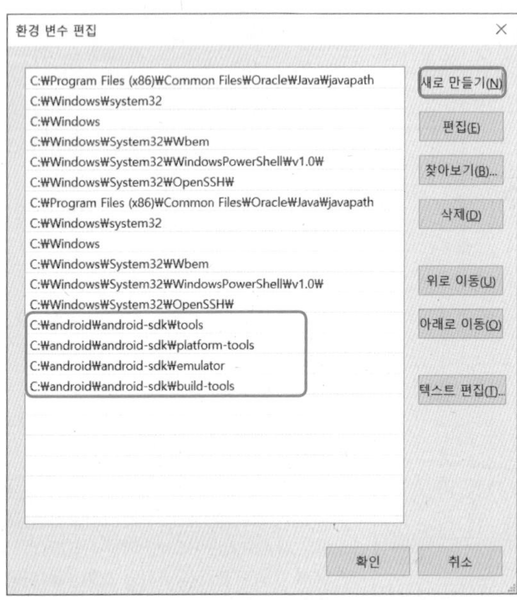

그림 15-16 Path 환경 변수에 경로 추가

15-4 'Hello Hybrid' 앱 만들기 - 제작

이제 본격적으로 Hello Hybrid 앱의 화면을 제작하고 데스크톱과 모바일 기기 양쪽에서 테스트해 보겠습니다. 하이브리드 앱의 가장 큰 장점은 멀티플랫폼을 지원하므로 이미 익숙한 웹 기술로 제작한 앱을 다양한 브랜드의 스마트폰 네이티브 앱으로 손쉽게 변환할 수 있다는 것입니다. 이것이 어떻게 가능한지 직접 경험해 보겠습니다.

Do it! 실습 Hello Hybrid 화면 제작하기

STEP 1 자동으로 생성된 App.vue 파일을 열어 UI를 수정하겠습니다. src 폴더의 App.vue 파일을 엽니다. template 엘리먼트 안의 내용을 모두 지우고 다음과 같은 코드를 입력합니다. 이 파일을 수정하면 프로그램을 실행할 때 나타나는 화면이 바뀝니다. 소스의 내용은 08-4절과 같으므로 이미지 경로에서 유의할 점만 설명하겠습니다.

실습 파일 ex15_start₩src₩App.vue

```
<template>
  <v-app dark>
    <v-main>
      <!-- fill-height는 브라우저 높이를 100%, 수직으로 가운데 정렬함 -->
      <v-container fluid fill-height>
        <v-row>
          <!-- text-center는 수평 가운데 정렬 -->
          <v-col cols="12" class="text-center">
            <!-- 타이포 스타일은 title, 글자색은 흰색으로 설정  -->
            <h1 class="title white--text">반가워요!</h1>
            <p class="caption mb-0">by Cordova</p>
            <img src="./assets/hello-hybrid.png" alt="" />
          </v-col>
        </v-row>
      </v-container>
    </v-main>
  </v-app>
```

```
</template>
<script>
  export default {
    name: 'App',
    created () {
      // 배경색을 다크 모드로 함
      this.$vuetify.theme.dark = true;
    }
  }
</script>
```

코르도바로 화면 UI를 디자인할 때는 hello-hybrid.png 파일의 위치가 중요합니다. 이미지 복사 위치에 따른 사용법을 정리하면 다음과 같습니다.

표 15-2 hello-hybrid.png 파일 위치

이미지 복사 위치	사용법
./assets 폴더에 이미지를 넣는다. 현재 폴더를 기준으로 하므로 점(.)을 사용한다. 예제에서는 간단히 이 방법을 사용한다	`<img src="./assets/hello-hybrid.png" />`
public/img 폴더에 이미지를 넣는다. 코르도바 빌드 후에는 file://android_asset/www/ 기준으로 바뀌므로 점(.)과 슬래시(/)를 모두 빼야 한다	`<img src="img/hello-hybird.png" />`

STEP 2 화면에 표시할 이미지를 준비합니다. 필자가 제공한 실습 파일 중 ex15/src/assets 폴더에 hello-hybrid.png 파일을 ex15_start 프로젝트의 같은 위치로 복사해 붙여 넣습니다.

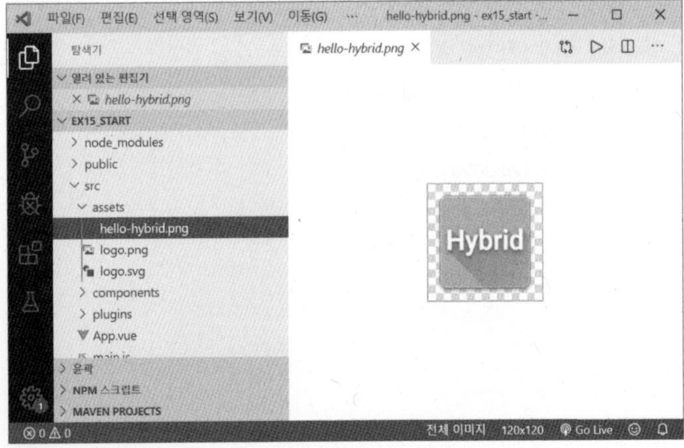

그림 15-17 화면에 표시할 이미지 파일 준비

STEP 3 다음 명령어를 실행하면 개발자 모드로 웹 브라우저에서 하이브리드 앱을 실행할 수 있습니다. 단, 모바일 기기에서 테스트하는 것이 아니므로 프로그램 로직과 디자인 UI가 제대로 동작하는지 확인할 때만 이용하는 것이 좋습니다.

```
ex15_start> npm run serve
```

Do it! 실습 스플래시 화면과 아이콘 이미지 준비하기

스플래시 화면(splash screen)이란 하이브리드 앱을 로딩하는 동안 텍스트, 이미지, 로고 등의 그래픽 요소를 이용해서 어떤 앱인지 사용자에게 빠르게 소개하는 페이지입니다. 일반적으로 전체 화면을 가득히 채워서 표시합니다.

STEP 1 앱이 처음 실행될 때 스플래시 화면을 띄우려면 cordova-plugin-splashscreen이라는 플러그인을 설치해야 합니다. 코르도바 명령어를 입력할 때 `plugin add` 다음에 플러그인의 이름을 지정하면 됩니다.

```
ex15_start>cd src-cordova
ex15_start\src-cordova> cordova plugin add cordova-plugin-splashscreen
```

단, 필자가 제공한 ex15_start 폴더를 이용할 경우 스플래시 스크린 플러그인이 설치되어 있으므로 이 단계는 건너뛰어도 됩니다.

STEP 2 안드로이드 플랫폼의 스플래시 스크린 이미지는 앞서 `vue add cordova` 명령으로 코르도바 플러그인을 설치할 때 해상도에 따라 다음의 폴더에 자동으로 생성됩니다.

```
ex15_start/src-cordova/platforms/android/app/src/main/res
```

표 15-3 스플래시 스크린 이미지의 종류

스플래시 스크린 폴더 이름	크기	유형
drawable-land-hdpi	800x480	PNG 파일
drawable-land-ldpi	320x200	PNG 파일
drawable-land-mdpi	480x320	PNG 파일
drawable-land-xhdpi	1280x720	PNG 파일
drawable-land-xxhdpi	1600x960	PNG 파일
drawable-land-xxxhdpi	1920x1280	PNG 파일
drawable-port-hdpi	480x800	PNG 파일
drawable-port-ldpi	200x320	PNG 파일
drawable-port-mdpi	320x480	PNG 파일
drawable-port-xhdpi	720x1280	PNG 파일
drawable-port-xxhdpi	960x1600	PNG 파일
drawable-port-xxxhdpi	1280x1920	PNG 파일

이곳을 참고하여 원하는 이미지로 교체합니다. 이번 실습에서는 필자가 제공한 실습 파일 중 ex15 폴더 안에 같은 위치에 있는 res 폴더를 통째로 복사해서 붙여 넣습니다.

STEP 3 멀티플랫폼을 모두 지원하도록 아이콘 파일도 준비합니다. 전 단계에서 필자가 제공한 res 폴더를 통째로 복사해 붙여 넣었다면 이 과정은 생략합니다. 처음에는 실습 파일로 제공한 아이콘을 사용하고 점차 익숙해지면 직접 만들어서 사용하기 바랍니다.

표 15-4 아이콘 폴더의 종류

아이콘 폴더 이름	크기	유형
mipmap-hdpi	72x72	PNG 파일
mipmap-ldpi	36x36	PNG 파일
mipmap-mdpi	48x48	PNG 파일
mipmap-xhdpi	96x96	PNG 파일
mipmap-xxhdpi	144x144	PNG 파일
mipmap-xxxhdpi	192x192	PNG 파일

Do it! 실습 config.xml 설정하기

프로젝트를 빌드하면 코르도바 루트 폴더의 config.xml에 설정된 내용이 각 플랫폼의 매니페스트 파일에 자동으로 반영됩니다. 예를 들어 안드로이드 플랫폼이라면 AndroidManifest.xml 파일에 자동으로 반영됩니다. 따라서 플랫폼별로 일일이 설정하지 않아도 config.xml 파일만 통합해서 관리하면 됩니다.

config.xml 파일을 열면 여러 엘리먼트와 어트리뷰트가 있지만 중요한 것만 다음과 같이 입력값을 수정합니다.

실습 파일 ex15_start₩src-cordova₩config.xml

```
<?xml version='1.0' encoding='utf-8'?>
<widget id="com.cordova.helloworld" version="1.0.0"
        xmlns="http://www.w3.org/ns/widgets"
        xmlns:cdv="http://cordova.apache.org/ns/1.0"
        xmlns:android="http://schemas.android.com/apk/res/android">
  <name>반가워요! Hybrid by Cordova</name>
  <description>
    A sample Apache Cordova application that responds to the deviceready event.
  </description>
  <author email="dev@cordova.apache.org" href="http://cordova.io">
    Apache Cordova Team
  </author>
  <!-- this hook will point your config.xml to the DevServer on Serve -->
  <hook type="after_prepare"
        src="../node_modules/vue-cli-plugin-cordova/serve-config-hook.js" />
  <content src="index.html" />
  <plugin name="cordova-plugin-whitelist" spec="1" />
  <access origin="*" />
  <allow-intent href="http://*/*" />
  <allow-intent href="https://*/*" />
  <allow-intent href="tel:*" />
  <allow-intent href="sms:*" />
  <allow-intent href="mailto:*" />
  <allow-intent href="geo:*" />
  <platform name="android">
    <allow-intent href="market:*" />
    <edit-config file="app/src/main/AndroidManifest.xml"
                 mode="merge" target="/manifest/application">
```

```
28:       <application android:usesCleartextTraffic="true" />
29:     </edit-config>
30:   </platform>
31:   <platform name="ios">
32:     <allow-intent href="itms:*" />
33:     <allow-intent href="itms-apps:*" />
34:   </platform>
35: </widget>
```

02 앱의 고유한 ID 설정

앱이 고유한 이름을 가질 수 있도록 도메인 형식으로 지어 줍니다. 구글 플레이 스토어에 업로드할 때 다른 앱과 구분하는 용도로 사용합니다.

05, 28 USB 디버깅을 위한 설정

안드로이드 앱을 제작할 때는 모바일 기기에서 직접 테스트해야 하므로 USB 디버깅을 사용하는 것이 빠르고 편리합니다. 그런데 기기와의 텍스트 커뮤니케이션 관련 보안이 강화되면서 기본값이 `false`로 변경되었습니다. 그래서 테스트 용도로 디버깅하려면 `usesCleartextTraffic` 어트리뷰트값을 `true`로 바꾸고, `xmlns:android`에 APK 리소스 네임스페이스를 선언해 주어야 합니다. 이와 같은 내용을 한 번만 입력하면 앞으로는 새로운 프로젝트에 그대로 붙여 넣기만 하면 됩니다.

06 앱의 제목 설정

홈 화면 아이콘 등에서 앱의 제목으로 사용합니다.

하나만 더 배워요! AndroidManifest.xml 직접 설정하기

AndroidManifest.xml 파일은 앱의 속성에 관한 내용을 설정할 수 있습니다. 이 파일은 /platforms/android/app/src/main 폴더에 생성됩니다. 그런데 직접 확인해서 수정해야 할 부분도 있습니다. 예를 들어 안드로이드 앱을 빌드할 때 SDK 버전 번호가 낮으면 구글 플레이 스토어에 업로드할 수 없습니다. 그래서 SDK 매니저로 최신 파일로 업그레이드한 후 `android:targetSdkVersion`값을 요구하는 값으로 변경해야 할 때 직접 수정하면 됩니다.

그림 15-18 AndroidManifest.xml 확인

Do it! 실습 모바일 기기의 USB 디버깅 설정하기

다음으로 모바일 기기를 USB로 연결하고 개발자 모드에서 USB 디버깅을 할 수 있도록 합니다. 그러면 데스크톱에서 개발한 앱을 모바일 기기에서 직접 확인할 수 있으므로 매우 편리합니다.

STEP 1 먼저 실습에 사용할 안드로이드폰에서 **[설정]** 아이콘을 누른 후 **[휴대전화 정보 → 소프트웨어 정보]**를 선택합니다. 그리고 목록에서 **[빌드 번호]를 손가락으로 7번 터치**합니다. 그러면 "개발자 모드를 켰습니다"라는 메시지와 함께 개발자 모드로 바뀝니다.

> 실제 사용하는 안드로이드폰을 이용하면 고장날까봐 염려하는 독자들도 있겠죠? 하지만 전혀 문제가 없으니 안심하고 진행해 보세요.

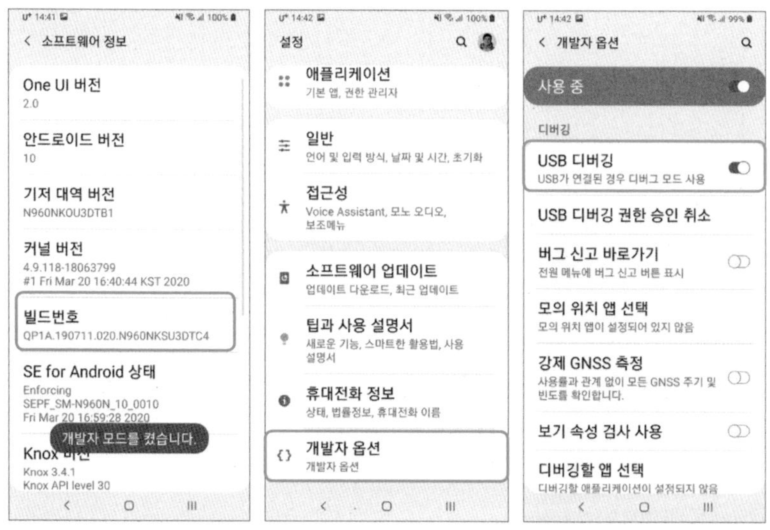

그림 15-19 안드로이드폰을 개발자 모드로 설정하고 USB 디버깅 켜기

STEP 2 다시 설정의 초기 메뉴로 돌아가면 맨 아래 [개발자 옵션] 메뉴가 추가된 것을 확인할 수 있습니다. **[개발자 옵션]**을 누른 후 [사용 중]임을 확인하고 **[USB 디버깅]**도 켭니다.

STEP 3 안드로이드폰을 USB로 컴퓨터에 연결합니다. VSCode의 터미널 창에서 `adb devices` 명령을 실행하여 잘 연결되었는지 확인합니다. 여기서 adb는 안드로이드 디버깅용 네트워크 유틸리티입니다. 다음 그림처럼 나타나면 2a0b7235ed3f7ece 기기가 USB로 접속되었다는 의미입니다. 물론 기기 번호는 접속한 기기의 고유 번호이므로 이 그림과 다를 수 있습니다.

> 만약 기기 번호 오른쪽에 device라고 나오지 않고 unauthorized라고 나오면 휴대폰에서 접근을 허용하지 않은 것입니다. 휴대폰 화면에 떠 있는 접근 안내 창에서 <허용>을 누릅니다.

그림 15-20 USB로 안드로이드 모바일 기기와 연결 후 테스트

Do it! 실습 개발자 모드로 테스트하기

STEP 1 PWA 때와 똑같이 핫 리로드(hot reload) 기능을 사용할 수 있습니다. 코드의 문법이나 로직에 오류가 없는지 가볍게 확인할 때 먼저 이용합니다.

```
ex15_start> npm run serve
```

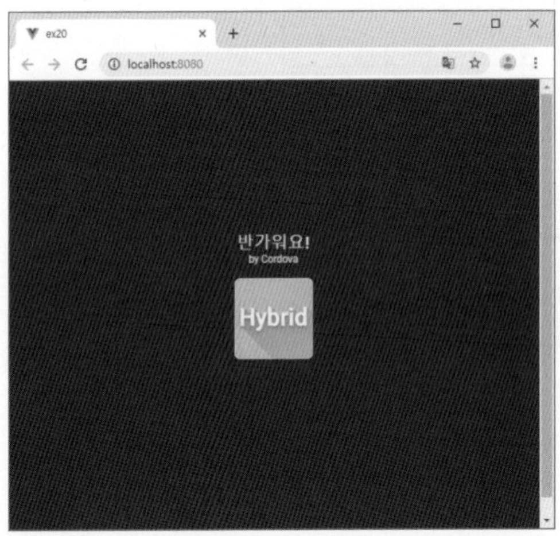

그림 15-21 실행 결과 화면

STEP 2 오류가 없는 것이 확인되면 이번에는 모바일 기기에서 테스트하겠습니다. 방법은 웹팩을 이용해서 src와 public 폴더에서 작업한 내용을 src-cordova의 www 폴더에 배포용으로 준비해야 합니다. 이 작업은 `npm run cordova-prepare` 명령으로 실행합니다. 이 명령은 config.xml의 설정 내용을 플랫폼별로 매니페스트 파일에 반영하고 www 폴더에 빌드를 위한 최종 파일을 준비합니다.

```
ex15_start> npm run cordova-prepare
```

STEP 3 USB로 연결된 안드로이드 기기에서 디버그 모드로 빌드해서 실행 결과를 바로 테스트하고 싶다면 src-cordova 폴더로 이동한 후 다음과 같이 `cordova run android` 명령을 실행합니다. 잠시 후 그림 15-22와 같은 실행 화면이 나타납니다.

```
ex15_start> cd src-cordova
ex15_start\src-cordova> cordova run android
```

STEP 4 USB로 안드로이드 기기를 연결했을 때 알림 창이 뜨면 USB 사용 옵션을 [파일 전송]으로 선택합니다. 이때 기기의 잠금 화면은 반드시 해제해야 안드로이드 기기에서 결과 화면을 볼 수 있습니다. 비행기 모드로 바꾼 후 앱을 닫고 다시 실행해 보면 캐시가 되어 있는 것도 확인할 수 있습니다.

그러나 이러한 캐시 결과는 빌드될 때 src-cordova로 이미지가 함께 로컬 기기에 저장되었기 때문에 가능한 것입니다. 아쉽게도 코르도바는 file:// 프로토콜이므로 서비스 워커 등록을 통한 워크박스를 직접 지원하지 않습니다.

다음 왼쪽 그림은 안드로이드 기기 화면이고 오른쪽 그림은 비행기 모드에서 확인한 화면입니다.

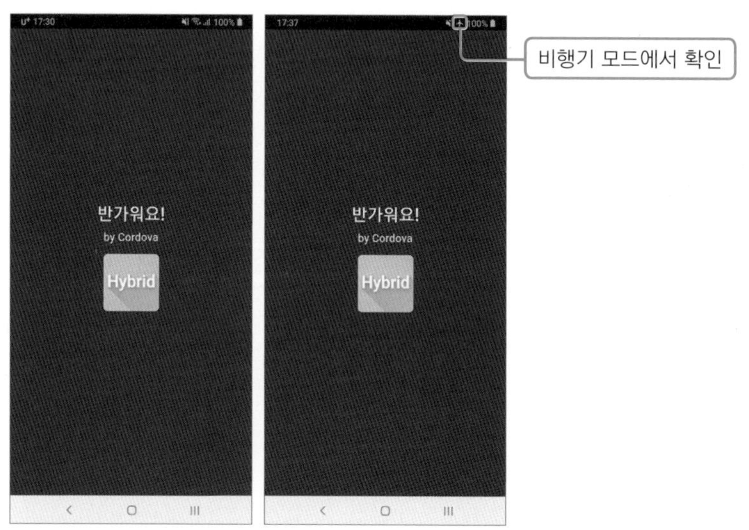

그림 15-22 실습 결과 화면

Do it! 실습 배포용 APK 파일 만들기

STEP 1 코르도바의 빌드로 배포용 APK 파일을 만들고 싶다면 다음 명령을 수행합니다. 이 명령도 src-cordova 폴더에서 실행해야 합니다.

만약 디버그 용도의 APK 파일을 만들려면 cordova build --debug android를 입력합니다.

```
ex15_start\src-cordova> cordova build --release android
```

STEP 2 빌드가 성공적으로 끝나면 다음처럼 platforms/android/app/build/outputs/apk 폴더에 빌드 모드에 따라 각각 debug/app-debug.apk, release/app-release-unsigned.apk 파일이 생성됩니다. 디버그 모드의 APK는 안드로이드 기기에 직접 복사한 후 설치해서 테스트할 수 있습니다. 프로덕션 모드의 APK는 기기에 복사할 수 없으며 17장에서 소개할 서명 절차를 거쳐서 구글 플레이 스토어에 업로드할 수 있습니다.

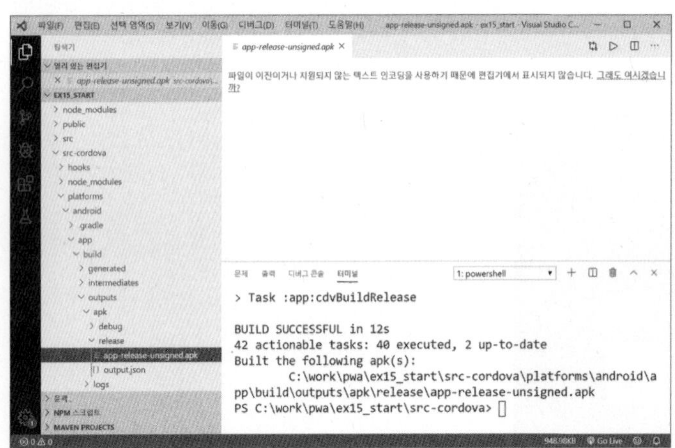

그림 15-23 빌드 완료로 생성된 파일

사진 갤러리 안드로이드 앱 만들기

완성 파일 PWA-mission₩mission15

10장에서 실습한 사진 갤러리 앱을 안드로이드 네이티브 앱으로 제작해 보세요. 같은 코드를 사용하므로 사진 갤러리 앱의 src, public 폴더를 그대로 복사해서 사용하면 됩니다.
다음 그림 중 왼쪽은 완성된 사진 갤러리 안드로이드 앱의 세로 화면이고 오른쪽은 가로 화면입니다.

그림 15-24 완성된 사진 갤러리 안드로이드 앱의 화면

먼저 다음 과정을 참고해서 뷰티파이 플러그인, 코르도바 플러그인, 안드로이드 플랫폼, 스플래시 스크린 플러그인을 설치하고, 안드로이드 플랫폼의 아이콘과 스플래시 스크린 이미지를 준비해야 합니다. 또한 config.xml 파일을 설정하고 빌드한 후 실행합니다.

HINT 1 코르도바 신규 프로젝트를 생성합니다.

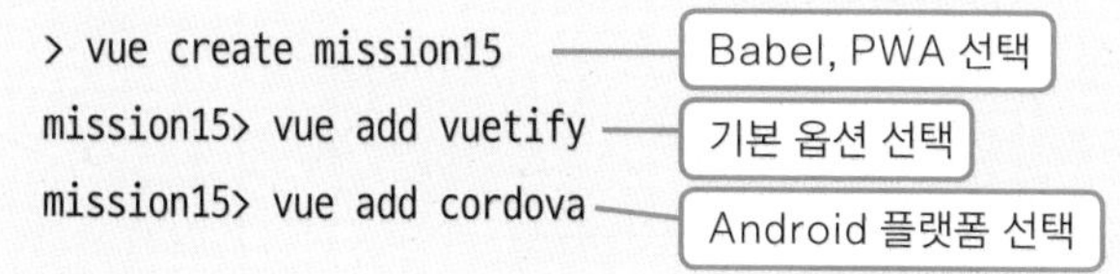

```
> vue create mission15
mission15> vue add vuetify
mission15> vue add cordova
```


HINT 2 소스 파일, 이미지 파일을 준비합니다. 필자가 제공한 실습 파일 중 ex10 폴더의 src, public 폴더를 복사하여 mission15 예제의 같은 폴더를 교체합니다.

HINT 3 개발자 모드로 브라우저를 실행하고 테스트합니다.

```
mission15> npm run serve
```

HINT 4 스플래시 스크린 플러그인을 설치합니다.

```
mission15\src-cordova> cordova plugin add cordova-plugin-splashscreen
```

HINT 5 안드로이드 플랫폼의 아이콘과 스플래시 스크린 이미지를 준비합니다. /platforms/android/app/src/main/res 폴더의 아이콘과 스플래시 스크린 이미지를 교체합니다.

HINT 6 루트 폴더의 config.xml 파일에서 앱의 id와 제목, USB 연결 모드를 변경하고 준비합니다. ex15/src-cordova/config.xml을 참고해 /src-cordova/config.xml 파일을 수정합니다.

HINT 7 안드로이드 기기에서 실행하고 테스트합니다.

```
mission15> npm run cordova-prepare
mission15> cd src-cordova
mission15\src-cordova> cordova run android
```

16

웹앱을 안드로이드 앱으로 만들기

이번 장에서는 09장에서 만든 To-Do 앱의 코드를 하나도 수정하지 않고 안드로이드 앱에 그대로 적용할 수 있는지 실습하면서 PWA와 코르도바를 이용한 앱 개발의 편리함을 경험해 보겠습니다. 그리고 모바일 기기의 배터리 상태를 점검하는 앱을 만들어 부가 기능을 어떻게 확장해 나갈 수 있는지도 함께 살펴보겠습니다.

16-1 To-Do 안드로이드 앱 만들기

16-2 아파치 코르도바 플러그인 사용하기

16-3 모바일 기기 상태를 체크하는 안드로이드 앱 만들기

미션 코딩! 카메라 사진 갤러리 안드로이드 앱 만들기

16-1 To-Do 안드로이드 앱 만들기

모바일 기기의 네이티브 기능을 사용하지 않는다면 PWA와 똑같은 코드로 코르도바 앱을 제작하는 것은 생각보다 간단합니다. 09장의 파이어베이스 DB를 사용해서 만든 To-Do 앱의 소스를 변경하지 않고 코르도바 앱으로 변환함으로써 확인해 보겠습니다.

Do it! 실습 **프로그램 실습 준비하기**

STEP 1 앞에서 실습한 것과 마찬가지로 Node.js, Vue-CLI, serve, 코르도바 등 필수 개발 도구를 준비합니다. 지금까지 실습을 따라 했다면 이미 설치되었을 것입니다.

STEP 2 VSCode에서 통합 터미널 창을 열고 필자가 제공한 웹팩 시작 템플릿의 폴더로 이동한 후 실습을 진행합니다.

```
> cd ex16-1_start
```

STEP 3 09-4절(파이어베이스 실시간 DB 준비하기)과 같은 방식으로 파이어베이스 프로젝트를 생성하고 DB 권한 설정도 똑같이 적용합니다.

STEP 4 09장 ex09 실습의 src, public 폴더를 복사하여 이번 프로젝트 경로에서 같은 폴더를 교체합니다. 즉, PWA의 코드를 수정하지 않고 그대로 코르도바 앱에 적용합니다.

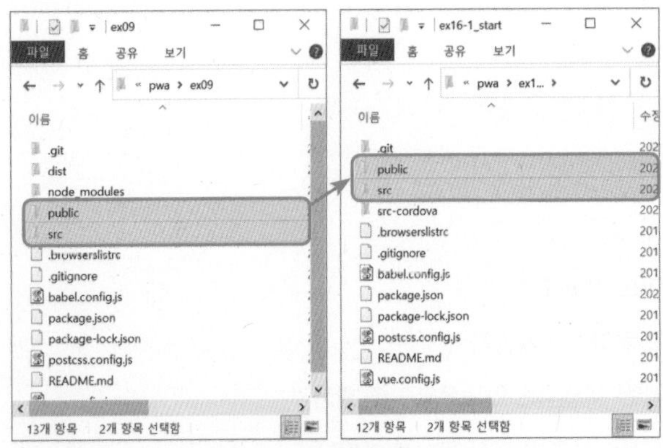

그림 16-1 PWA 코드를 코르도바 앱에 적용

STEP 5 먼저 개발자 모드의 핫 리로드 기능으로 소스 코드의 문법이나 로직에 오류가 없는지 가볍게 확인합니다. 참고로 노드 패키지를 설치하고 개발자 모드로 앱 실행하기를 복습하고 싶다면 09장의 'To-Do 앱 만들기'를 다시 한번 확인하세요.

```
ex16-1_start> npm run serve
```

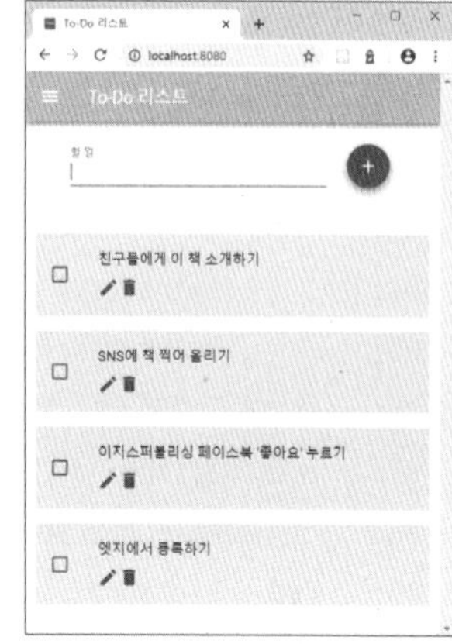

그림 16-2 브라우저에서 실행한 모습

Do it! 실습 최종 환경 설정하고 실행하기

지금부터 코르도바 앱에 필요한 환경 설정과 실행 방법을 알아보겠습니다. 코르도바도 필요한 모듈은 플러그인 단위로 관리할 수 있어 편리하며, 필요한 이미지는 정해진 크기에 맞게 제작한 후 교체만 하면 됩니다.

STEP 1 기본 코르도바 템플릿에는 스플래시 스크린 플러그인이 설치되어 있지 않으므로 다음처럼 입력하여 설치합니다. 단, 필자가 제공한 ex16-1_start 폴더에는 스플래시 스크린 플러그인을 설치해 놓았으므로 이 단계는 건너뛰어도 됩니다.

```
ex16-1_start> cd src-cordova
ex16-1_start\src-cordova> cordova plugin add cordova-plugin-splashscreen
```

STEP 2 안드로이드 플랫폼의 스플래시 스크린과 아이콘 이미지는 해상도에 따라 폴더와 함께 자동으로 생성되므로 참고하여 원하는 이미지로 교체합니다. src-cordova/platforms/android/app/src/main/res 폴더의 이미지를 교체합니다. 처음에는 필자가 제공한 아이콘을 사용하고 점차 익숙해지면 직접 만들어 사용하기 바랍니다.

STEP 3 코르도바로 개발할 앱의 속성은 src-cordova 폴더에 있는 config.xml 파일에 설정합니다. 프로젝트를 빌드하면 config.xml에 설정된 내용이 자동으로 각 플랫폼의 매니페스트 파일에 반영됩니다. USB 디버깅, 앱의 id와 제목의 어트리뷰트를 수정합니다. 이와 관련한 자세한 내용은 15장에서 설명했으므로 여기서는 소스만 살펴봅니다.

실습 파일 ex16-1_start₩src-cordova₩config.xml

```
<?xml version='1.0' encoding='utf-8'?>
<widget id="io.cordova.todolist" version="1.0.0"
        xmlns="http://www.w3.org/ns/widgets"
        xmlns:cdv="http://cordova.apache.org/ns/1.0"
        xmlns:android="http://schemas.android.com/apk/res/android">
  <name>To-Do 리스트</name>
  <description>
    A sample Apache Cordova application that responds to the deviceready event.
  </description>
  <author email="dev@cordova.apache.org" href="http://cordova.io">
    Apache Cordova Team
  </author>
  <!-- this hook will point your config.xml to the DevServer on Serve -->
  <hook type="after_prepare"
        src="../node_modules/vue-cli-plugin-cordova/serve-config-hook.js" />
  <content src="index.html" />
  <plugin name="cordova-plugin-whitelist" spec="1" />
  <access origin="*" />
  <allow-intent href="http://*/*" />
  <allow-intent href="https://*/*" />
  <allow-intent href="tel:*" />
  <allow-intent href="sms:*" />
  <allow-intent href="mailto:*" />
  <allow-intent href="geo:*" />
  <platform name="android">
    <allow-intent href="market:*" />
    <edit-config file="app/src/main/AndroidManifest.xml" mode="merge"
                 target="/manifest/application">
      <application android:usesCleartextTraffic="true" />
    </edit-config>
  </platform>
  <platform name="ios">
    <allow-intent href="itms:*" />
    <allow-intent href="itms-apps:*" />
  </platform>
</widget>
```

STEP 4 안드로이드 기기를 USB로 연결한 후 결과를 테스트하기 위해 다음 명령을 실행합니다.

```
ex16-1_start> npm run cordova-prepare
ex16-1_start> cd src-cordova
ex16-1_start\src-cordova> cordova run android
```

STEP 5 잠시 후 데스크톱과 USB로 연결된 안드로이드 기기에서 결과 화면을 볼 수 있습니다. 혹시 실행에 문제가 발생한다면 아마도 안드로이드 SDK 버전과 관련된 문제일 수 있습니다. 이럴 때는 안드로이드 플랫폼을 제거하고 다시 설치해 보기 바랍니다(506쪽 참고).

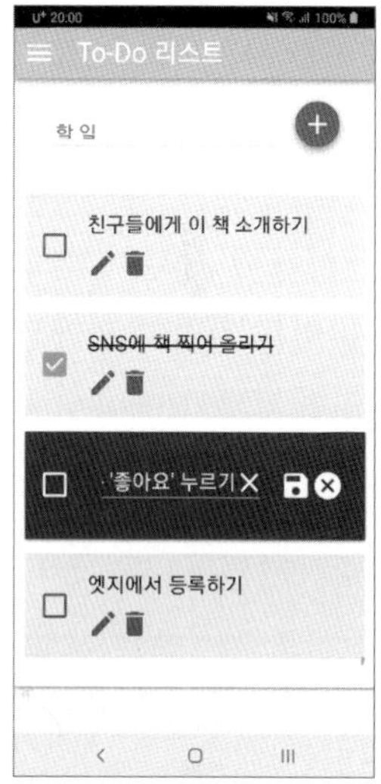

그림 16-3 안드로이드 결과 화면

STEP 6 앞의 과정을 거치면 모바일 기기에서 테스트할 수 있는 디버그 용도의 APK 파일이 자동으로 생성됩니다. 이 파일은 /platforms/android/app/build/outputs/apk/debug 폴더에서 확인할 수 있으며 안드로이드 기기에 직접 복사하여 실행할 수 있습니다. 만약 build 폴더가 보이지 않으면 VSCode의 탐색 창에서 〈새로 고침〉을 클릭해서 다시 확인합니다.

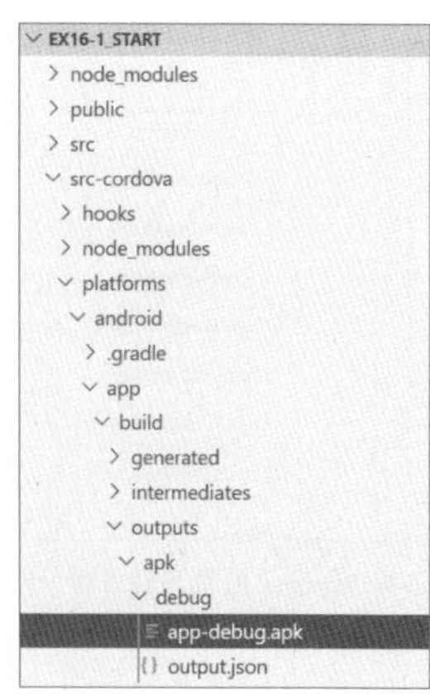

그림 16-4 생성된 APK 파일

16-2 아파치 코르도바 플러그인 사용하기

잠시 후 16-3절에서는 모바일 기기의 배터리 상태를 표시하는 하이브리드 앱을 만들 것입니다. 본격적으로 실습하기 전에 하이브리드 앱에서 모바일 기기의 하드웨어 기능을 사용할 수 있도록 도와주는 코르도바 플러그인 사용법을 살펴보겠습니다.

코르도바 기본 이벤트 세트란?

코르도바 기본 이벤트 세트는 모바일 플랫폼에서 공통으로 사용할 수 있도록 디바이스 준비 및 버튼 처리와 관계된 이벤트 집합을 의미합니다. 이러한 기본 이벤트는 코르도바 플러그인을 설치하지 않아도 사용할 수 있으므로 가장 먼저 알고 있어야 합니다. 코르도바 기본 이벤트의 지원 여부는 플랫폼에 따라 조금씩 다르므로 다음 그림을 참고합니다. 안드로이드, iOS, 윈도우 플랫폼을 모두 지원하는 이벤트는 deviceready, pause, resume입니다.

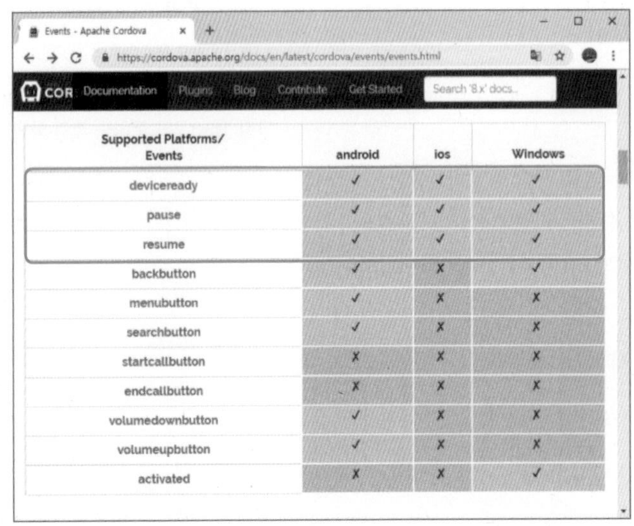

Supported Platforms/ Events	android	ios	Windows
deviceready	✓	✓	✓
pause	✓	✓	✓
resume	✓	✓	✓
backbutton	✓	✗	✓
menubutton	✓	✗	✗
searchbutton	✓	✗	✗
startcallbutton	✗	✗	✗
endcallbutton	✗	✗	✗
volumedownbutton	✓	✗	✗
volumeupbutton	✓	✗	✗
activated	✗	✗	✓

그림 16-5 아파치 코르도바 기본 이벤트 세트(cordova.apache.org/docs/en/latest/cordova/events/events.html)

모든 이벤트의 사용법은 같습니다. 예를 들어 deviceready 이벤트는 디바이스 API를 사용할 코르도바의 준비가 모두 끝났음을 알려 줄 때 한 번 실행됩니다. 그러면 다음처럼 `document` 객체의 `addEventListener()` 함수로 콜백 함수를 만들어 연결해서 사용하면 됩니다.

```
document.addEventListener("deviceready", onDeviceReady, false);

function onDeviceReady() {
  // 디바이스 API의 실행 준비가 끝났으므로 자신의 실행 코드를 넣음
}
```

코르도바 플러그인이란?

코르도바 플러그인이란 모바일 기기의 네이티브 기능을 사용할 수 있도록 지원하는 자바스크립트 인터페이스를 말합니다. 코르도바를 사용하는 가장 큰 이유는 모바일 기기의 하드웨어 기능을 사용하기 위한 플러그인 생태계가 잘 갖춰져 있기 때문입니다. 현재 코르도바는 5,000개가 넘는 풍부한 플러그인을 지원하고 있습니다. 필요한 플러그인이 있다면 다음 코르도바 홈페이지의 플러그인 페이지에서 검색한 후 설치만 해주면 바로 사용할 수 있습니다. 예를 들어 배터리 용량 등의 상태를 알고 싶다면 "battery status"라고 검색합니다.

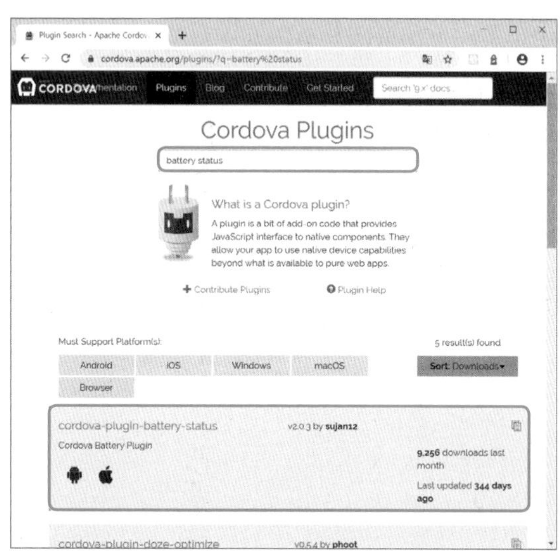

그림 16-6 배터리 용량 상태 검색하기(cordova.apache.org/plugins/)

사용법은 다음과 같이 플러그인 이름을 찾은 후 CLI 명령으로 설치하는 게 전부입니다.

```
> cordova plugin add cordova-plugin-battery-status
```

소스에서는 `window` 객체의 `addEventListener()` 함수를 사용해서 관련된 이벤트를 받아 처리하는 콜백 함수를 준비하고 필요한 로직을 작성하면 됩니다. 코르도바의 기본 이벤트 세트에서는 `document` 객체를 사용하지만 플러그인은 `window` 객체를 사용한다는 차이가 있으므로 이 점에 유의합니다.

```
window.addEventListener('batterystatus', onBatteryStatus, false)
onBatteryStatus(pStatus) {
  ...
}
```

PWA 웹 API와 코르도바 플러그인의 관계는?

PWA의 코드를 똑같이 사용해서 코르도바 앱을 제작하고 싶다면 어떻게 해야 할까요? PWA는 웹 API의 기능을 사용했으므로 코르도바의 플러그인도 웹 API와 같은 스펙을 지원하는 것을 이용하면 됩니다. 다음과 같은 phonegap-plugin-pwa 깃허브 사이트에서는 코르도바 플러그인 중에서 어떤 것이 웹 API 스펙을 지원하는지 관련 정보를 범주별로 정리하여 알려 줍니다.

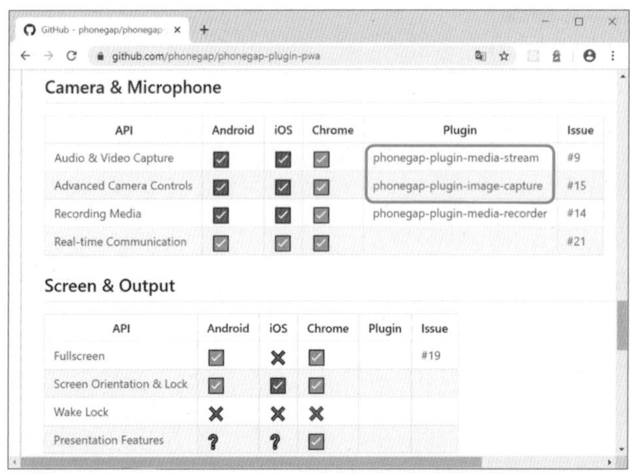

그림 16-7 웹 API를 지원하는 코르도바 플러그인 범주별 목록(github.com/phonegap/phonegap-plugin-pwa)

예를 들어 11장에서 만든 카메라 사진 갤러리 앱에서 사용한 카메라 기능이 필요하다면 위 그림에 표시한 카메라와 관련된 플러그인 2개만 설치해 주면 됩니다. 코르도바 플러그인은 웹 API의 스펙과 같은 것을 지원하므로 PWA 소스를 변경하지 않고 코르도바 앱에도 그대로 가져와서 사용하면 됩니다. 결국 웹 API의 표준을 사용하면 PWA와 코르도바 양쪽 모두 같은 코드를 사용할 수 있습니다.

16-3 모바일 기기 상태를 체크하는 안드로이드 앱 만들기

이번 절에서 만들어 볼 앱은 모바일 기기의 상태를 점검하는 기능을 합니다. 이를 위해서 코르도바 플러그인을 설치하고 활용하는 앱을 만들어 보겠습니다. 이번 실습에서는 코르도바 앱의 기능을 어떻게 확장해 나갈 수 있는지 좀 더 깊이 배울 수 있습니다.

Do it! 실습 프로그램 실습 준비하기

STEP 1 앞에서 실습한 것과 마찬가지로 Node.js, Vue-CLI, serve, 코르도바 등 필수 개발 도구를 준비합니다. 지금까지 실습을 따라 했다면 이미 설치되었을 것입니다.

STEP 2 VSCode에서 통합 터미널 창을 열고 웹팩 시작 템플릿의 폴더로 이동한 후 실습을 진행합니다.

```
> cd ex16-2_start
```

STEP 3 만약 필자가 제공한 템플릿을 이용하지 않는다면 디바이스와 관련된 코르도바 플러그인을 사용하기 위해 vue-cordova 플러그인을 추가합니다. 또한 코르도바 앱의 뷰포트를 설정해야 하므로 vue-head 플러그인도 추가합니다.

```
ex16-2_start> npm install vue-cordova vue-head
```

Do it! 실습 main.js 파일 수정하기

main.js 파일은 프로젝트 전체 초기 설정을 담당합니다. 여기서 코르도바 앱 플러그인과 뷰포트를 사용하기 위한 준비를 설정합니다. main.js 파일을 열고 다음과 같이 수정합니다.

실습 파일 ex16-2_start₩src₩main.js

```
01: import Vue from "vue";
02: import App from "./App.vue";
03: import "./registerServiceWorker";
04: import vuetify from "./plugins/vuetify";
05:
06: // 코르도바 객체 가져옴
07: import VueCordova from "vue-cordova";
08: Vue.use(VueCordova);
09: // 코르도바 앱이 head 부분 디자인을 위해 가져옴
10: import VueHead from "vue-head";
11: Vue.use(VueHead);
12:
13: Vue.config.productionTip = false;
14:
15: new Vue({
16:   vuetify,
17:   render: h => h(App),
18:   // 코르도바 앱의 뷰포트 설정을 위한 head 태그 디자인 선언
19:   head: {
20:     meta: [
21:       {
22:         name: "viewport",
23:         content:
24:           "width=device-width, initial-scale=1, minimum-scale=1.0, maximum-scale=1.0,
user-scalable=no, viewport-fit=cover"
25:       }
26:     ]
27:   }
28: }).$mount("#app");
```

06~08 코르도바 객체 가져오기

뷰에서 코르도바 플러그인을 사용할 때 코르도바 객체가 필요합니다. vue-cordova 모듈은 코르도바 객체를 편리하게 접근할 수 있도록 합니다. 자세한 사용법은 잠시 후 App.vue를 설명할 때 다룹니다.

09~11, 15~28 **코르도바 앱의 뷰포트 설정**

코르도바 앱은 네이티브 앱이므로 플랫폼에 따라 뷰포트를 추가로 설정해야 합니다. 예를 들어 viewport-fit=cover를 사용하면 아이폰 X의 노치 영역에서 자동으로 여백이 추가됩니다.

Do it! 실습 index.html 파일 수정하기

자동으로 생성된 index.html 파일을 열고 다음과 같이 내용을 수정합니다. 수정해야 하는 코드만 표시했습니다. 08장 '반가워요! PWA by VueJS' 실습에서 모두 설명했으므로 여기서는 생략합니다.

실습 파일 ex16-2_start₩public₩index.html

```
<!DOCTYPE html>
<html lang="ko">
  <head>
...생략...
    <!-- 상태 표시줄 테마 색상을 흰색으로 변경 -->
    <meta name="theme-color" content="#ffffff" />
    <link rel="icon" href="<%= BASE_URL %>favicon.ico" />
    <title>모바일 기기 상태 체크</title>
    <!-- 구글 머티리얼 디자인 아이콘 추가-->
    <link
      href="https://fonts.googleapis.com/css?family=Roboto:100,300,400,500,
700,900|Material+Icons"
      rel="stylesheet"
    />
...생략...
</html>
```

Do it! 실습 모바일 기기 상태 체크 화면 만들기

모바일 기기의 상태를 체크하려면 실행하면서 다양한 이벤트를 처리할 수 있어야 합니다. 내용이 많아서 크게 3단계로 나눠서 다뤄 보겠습니다.

STEP 1 첫 번째 단계에서는 안내 정보와 상탯값을 아이콘과 제목으로 표현하는 화면 UI를 만들어 보겠습니다. VSCode에서 App.vue 파일을 열고 메인 컴포넌트를 수정합니다.

실습 파일 ex16-2_start₩src₩App.vue(1/3)

```
<template>
  <v-app>
    <v-app-bar app color="blue" dark>
      <v-app-bar-nav-icon></v-app-bar-nav-icon>
      <v-toolbar-title>모바일 기기 상태 체크</v-toolbar-title>
    </v-app-bar>
    <v-main>
      <v-row>
        <v-col cols="10" offset="1" class="my-3">
          <v-card color="blue-grey" class="white--text">
            <v-card-title class="body-1">
              &squf; Menu Key를 누르면 Pause와 Resume 이벤트가
              실행됩니다.</v-card-title>
            <v-card-title class="body-1">
              &squf; USB 단자를 연결 해제하면 상태값이 변합니다.</v-card-title>
            <v-card-title class="body-1">
              &squf; 뒤로 가기 버튼을 누르면 앱이 종료됩니다.
            </v-card-title>
          </v-card>
        </v-col>
        <v-col cols="10" offset="1" class="my-3">
          <v-list>
            <!-- 상태값을 리스트에 아이콘과 제목으로 함께 표시 -->
            <v-list-item v-for="item in items":key="item.id">
              <v-list-item-avatar>
                <v-icon>{{ item.icon }}</v-icon>
              </v-list-item-avatar>
              <v-list-item-title>
                {{ item.title }}
              </v-list-item-title>
            </v-list-item>
          </v-list>
        </v-col>
      </v-row>
    </v-main>
  </v-app>
</template>
...생략...
```

10~19 안내 정보 표시

안드로이드 모바일 기기는 화면 아래쪽에 뒤로 가기 버튼, 홈 버튼, 메뉴 버튼이 있는데 이 중에서 뒤로 가기와 메뉴 버튼에 기능이 들어 있습니다. 먼저 메뉴 버튼을 누르면 백그라운드 모드에 있는 앱 중에서 선택할 수 있는 메뉴가 나타납니다. 이때 현재 앱이 잠깐 멈추는데 `pause` 이벤트가 발생하기 때문입니다. 그리고 다시 활성화되면 `resume` 이벤트가 발생하면서 실행됩니다. 그리고 뒤로 가기 버튼을 누르면 앱이 종료됩니다.

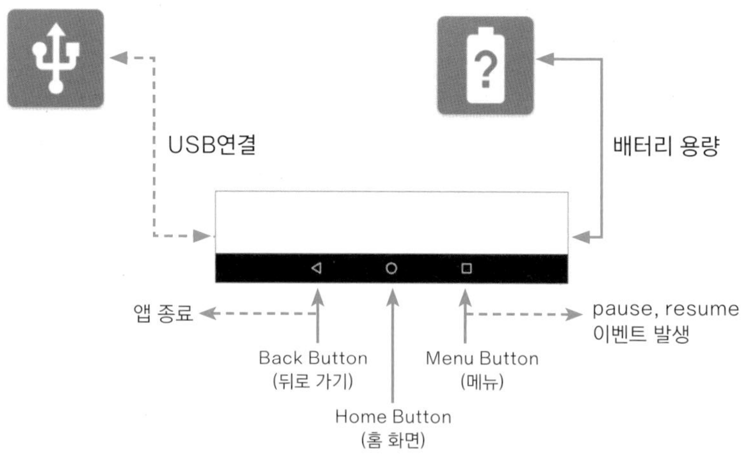

그림 16-8 안드로이드의 주요 버튼과 연결된 기능

또한 안드로이드 기기의 USB 단자를 빼거나 연결하면 상탯값을 확인할 수 있습니다. 이 값으로 배터리 용량과 USB 연결 여부도 확인할 수 있습니다.

표 16-1 안드로이드 기기의 이벤트 발생 시점

종류	이벤트	발생 시점
기본 이벤트 세트	deviceready	코르도바를 실행하는 데 필요한 준비가 모두 끝나면 발생
	pause	앱이 백그라운드 실행을 넘어갈 때 발생
	resume	앱이 백그라운드 실행에서 다시 활성화될 때 발생
	backbutton	안드로이드 기기의 뒤로 가기 버튼을 누르면 발생
코르도바 플러그인 (cordova-plugin-battery-status)	batterystatus	• 모바일 기기의 배터리 상태를 모니터링할 때 사용되며 배터리에 변화가 일어나면 발생 • 이벤트 매개변수(pStatus 경우) - pStatus.level: 배터리 충전 용량값 - pStatus.isPlugged: USB 단자 연결 여부(true/false)

이러한 사용법을 안내하기 위해 v-card-title 엘리먼트를 이용하여 간단한 설명을 글머리 기호인 특수 기호(&squf, ▪)와 함께 표시합니다.

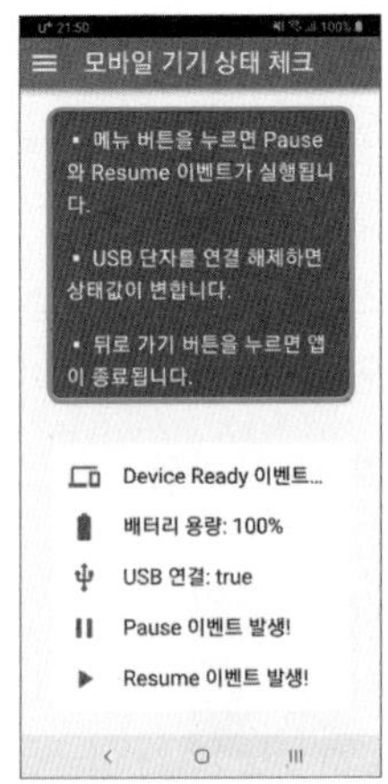

그림 16-9 안드로이드 기기 이벤트의 안내 글 모습

22~32 **상탯값을 아이콘, 제목과 함께 리스트에 표시**

현재 상탯값은 과거의 값부터 차곡차곡 쌓인 것까지 살펴볼 수 있는 UI가 필요하므로 v-list 엘리먼트를 사용합니다. items 항목의 item 값을 차례로 꺼내면서 icon과 title의 값을 아이콘과 제목으로 표시합니다.

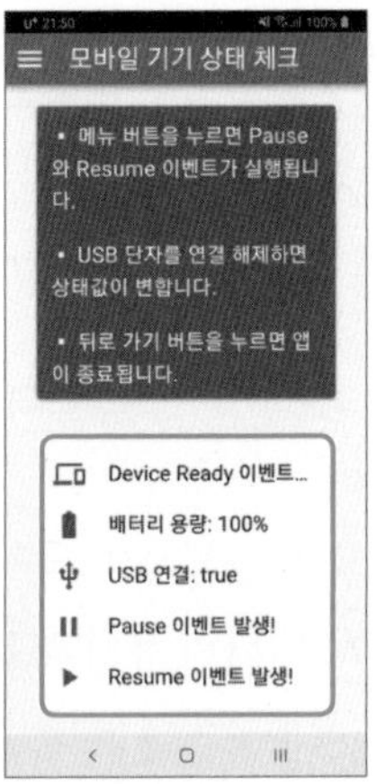

그림 16-10 v-list 엘리먼트로 상탯값을 표시한 모습

STEP 2 두 번째 단계에서는 앱이 제대로 실행되어 준비가 완료될 때 발생하는 onDeviceReady() 이벤트 함수를 사용합니다. 그리고 pause, resume, backbutton, batterystatus의 다양한 이벤트를 처리하는 방법도 살펴보겠습니다. App.vue 파일을 다음과 같이 수정합니다.

실습 파일 ex16-2_start₩src₩App.vue(2/3)

```
...생략...
<script>
  import Vue from 'vue'
  export default {
    data() {
      return {
```

```
44:         cordova: Vue.cordova,    // 아파치 코르도바 객체 변수
45:         items: []                // 리스트에 표시할 내용
46:       }
47:     },
48:     // 'deviceready' 이벤트 발생 시 onDeviceReady() 함수와 연결
49:     created() {
50:       var self = this
51:       this.cordova.on('deviceready', () => {
52:         self.onDeviceReady()
53:       })
54:     },
55:     methods: {
56:       // deviceready 이벤트는 앱이 정상으로 실행되어 준비가 완료되면 발생
57:       onDeviceReady: function () {
58:         // 리스트에 아이콘과 메시지 표시하기 위해 배열의 push() 함수 사용
59:         this.items.push({
60:           icon: 'devices',
61:           title: 'Device Ready 이벤트 발생!'
62:         })
63:         // pause, resume, backbutton 이벤트는
             반드시 document.addEventListener() 함수로 연결
64:         document.addEventListener('pause', this.onPause, false)
65:         document.addEventListener('resume', this.onResume, false)
66:         if (this.cordova.device.platform === 'Android') {
67:           document.addEventListener('backbutton', this.onBackKeyDown, false)
68:         }
69:         // batterystatus 이벤트는 반드시 window.addEventListener()로 연결
70:         window.addEventListener('batterystatus', this.onBatteryStatus, false)
71:       },
...생략...
```

44, 48~54 deviceready 이벤트 발생 시 onDeviceReady() 함수와 연결

Vue.cordova는 앞의 main.js에서 사용한 vue-cordova 모듈을 사용해서 접근할 수 있는 코르도바 객체입니다. 코르도바 앱이 처음으로 초기화가 끝난 시점을 알아야 그때부터 기능을 넣을 수 있습니다. 그래서 뷰의 created() 함수에 코르도바 앱의 준비를 알리는 deviceready 이벤트 핸들러를 연결합니다. 그리고 이벤트 핸들러 안에서는 this가 가리키는 값이 변경되므로 현재 인스턴스는 self에 백업해 두고 사용합니다. deviceready 이벤트가 발생하면 methods 속성에 준비한 onDeviceReady() 함수를 실행합니다.

56~62 deviceready 이벤트는 앱이 제대로 실행되어 준비가 완료되면 발생

onDeviceReady() 함수는 methods 속성에 정의하여 deviceready 이벤트가 발생하면 처음으로 한 번 실행됩니다. 그래서 코르도바 앱의 준비가 끝나서 초기화 작업이 필요하면 이곳에 작성합니다. 여기서는 간단히 items 배열 변수에 표시할 아이콘 이름과 제목을 입력합니다. 그러면 v-list 엘리먼트에서 자동으로 바인딩하여 화면에 표시합니다.

Device Ready 이벤트...

그림 16-11 deviceready 화면에 표시

63~68 pause, resume, backbutton 이벤트는 반드시 document.addEventListener() 함수로 연결

코르도바의 pause와 resume 이벤트는 반드시 document.addEventListener() 함수로 연결해야만 동작합니다.

```
document.addEventListener(event, function, useCapture)
▶ event: 이벤트 문자열 이름
▶ function: 이벤트가 발생할 때 실행될 함수
▶ useCapture: true(capturing 단계)/false(bubbling 단계)
```

useCapture는 이벤트가 발생하는 순서를 capturing 단계로 할지 정합니다. 값이 true이면 capturing 단계인데 이것은 현재 엘리먼트의 위치를 기준으로 DOM의 전체 계층 구조에서 하향식(top-down)으로 내려가면서 이벤트가 발생합니다. 기본값은 bubbling 단계인데 false로 설정하면 됩니다. 이것은 현재 엘리먼트의 위치를 기준으로 DOM의 전체 계층 구조에서 상향식(bottom-up)으로 올라가면서 이벤트가 발생합니다. 코르도바의 공식 문서에서는 bubbling 단계를 권장합니다.

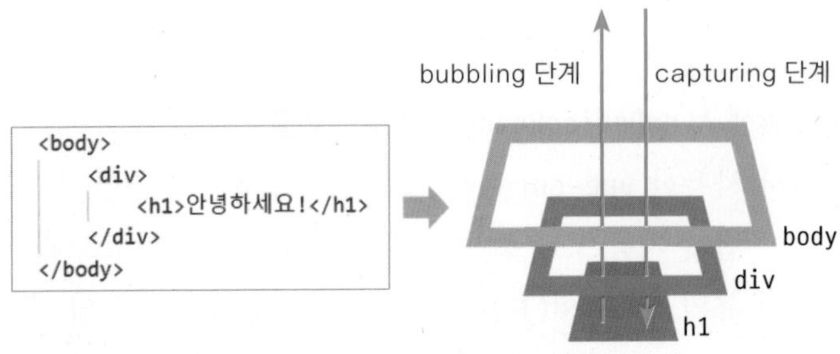

그림 16-12 이벤트 발생의 capturing 단계와 bubbling 단계

그리고 안드로이드 플랫폼에서 뒤로 가기 버튼을 눌러서 backbutton 이벤트가 발생하면 methods 속성에 정의된 onBackKeyDown() 함수에 연결합니다.

69~71 **batterystatus 이벤트는 반드시 window.addEventListener() 함수로 연결**

배터리의 현재 용량이 얼마인지 알려 주는 batterystatus 이벤트가 발생하면 methods 속성에 정의된 onBatteryStatus() 함수에 연결합니다.

STEP 3 마지막 세 번째 단계는 앱이 백그라운드 모드에서 활성화될 때 어떻게 처리할 수 있는지 pause, resume 이벤트를 다룹니다. 그리고 batterystatus 이벤트로 배터리 상태가 변경될 때 처리하는 방법도 살펴봅니다. 계속해서 App.vue 파일을 다음과 같이 수정합니다.

실습 파일 ex16-2_start/src/App.vue(3/3)

```
...생략...
      // pause 이벤트는 앱이 백그라운드 모드가 될 때 발생
      onPause() {
        this.items.push({
          icon: 'pause',
          title: 'Pause 이벤트 발생!'
        })
      },
      // resume 이벤트는 앱이 백그라운드에서 다시 활성화될 때 실행
      onResume() {
        this.items.push({
          icon: 'play_arrow',
          title: 'Resume 이벤트 발생!'
        })
      },
      // backbutton 이벤트는 안드로이드의 경우만 실행
      onBackKeyDown() {
        this.items.push({
          icon: 'arrow_back',
          title: 'Back Button 이벤트 발생!'
        })
        // 앱을 종료
        navigator.app.exitApp()
      },
```

```
95:         // batterystatus 이벤트는 cordova-plugins-battery-status 플러그인을 설치해야 동작함
96:         onBatteryStatus(pStatus) {
97:           this.items.push({
98:             icon: 'battery_std',
99:             title: "배터리 용량: " + pStatus.level + "%"
100:          })
101:          this.items.push({
102:            icon: 'usb',
103:            title: "USB 연결: " + pStatus.isPlugged
104:          })
105:        }
106:      }
107:    }
108: </script>
```

72~78 pause 이벤트는 앱이 백그라운드 모드가 될 때 발생

pause 이벤트가 발생하면 onPause() 이벤트 핸들러 함수가 실행됩니다. 이때는 pause 모양의 아이콘과 해당하는 안내 제목을 화면에 표시합니다.

Pause 이벤트 발생!

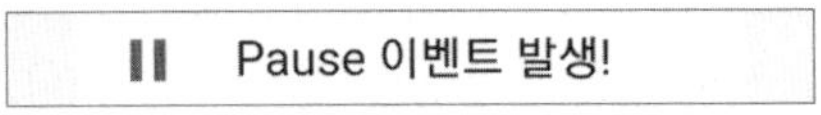

그림 16-13 pause 이벤트 발생 시 표시한 모습

79~85 resume 이벤트는 앱이 백그라운드에서 다시 활성화될 때 실행

resume 이벤트가 발생하면 onResume() 이벤트 핸들러 함수가 실행됩니다. 이때는 play_arrow 모양의 아이콘과 해당하는 안내 제목을 화면에 표시합니다.

Resume 이벤트 발생!

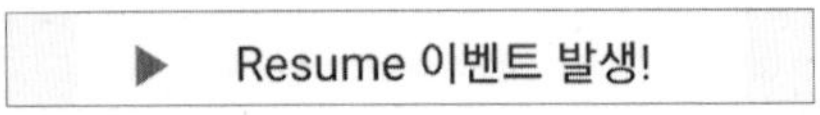

그림 16-14 resume 이벤트 발생 시 표시한 모습

86~94 backbutton 이벤트는 안드로이드의 경우만 실행

안드로이드 기기의 뒤로 가기 버튼을 눌러 이벤트가 발생하면 onBackKeyDown() 이벤트 핸들러 함수가 실행됩니다. 이때는 arrow_back 모양의 아이콘과 해당하는 안내 제목을 화면에 표시합니다. 그리고 앱을 종료하기 위해 navigator.app.exitApp() 함수를 실행합니다.

95~105 batterystatus 이벤트는 배터리 상태가 변경되면 실행

배터리의 상탯값이 변경되어 batterystatus 이벤트가 발생하면 onBatteryStatus() 이벤트 핸들러 함수가 실행됩니다. 이때는 battery_std 모양의 아이콘과 해당하는 안내 제목을 화면에 표시합니다. 배터리 용량은 매개변수로 전달된 pStatus의 level값을 이용하면 퍼센트로 알

배터리 용량: 100%

그림 16-15 배터리 상태를 표시한 모습

수 있습니다. 또한 pStatus의 isPlugged 속성값을 이용하면 현재 USB 연결 여부를 확인할 수 있습니다.

Do it! 실습 테스트하고 실행하기

STEP 1 npm run serve 명령을 실행하면 웹 브라우저에서 하이브리드 앱을 개발자 모드로 실행할 수 있습니다. 단, 모바일 기기에서 하는 테스트가 아니므로 프로그램 로직과 디자인 UI가 제대로 동작하는지 확인할 때만 이용합니다.

```
ex16-2_start> npm run serve
```

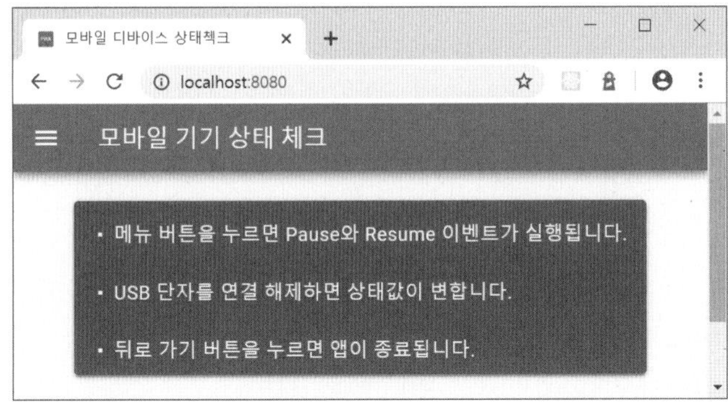

그림 16-16 웹 브라우저에서 실행 결과 모습

STEP 2 기본 코르도바 템플릿에는 스플래시 스크린 플러그인이 설치되어 있지 않으므로 다음처럼 입력하여 설치합니다. 배터리 상태를 체크하려면 디바이스 플러그인과 배터리 플러그인이 필요하므로 함께 설치합니다. 디바이스 플러그인이 없으면 배터리 플러그인이 동작하지 않는다는 점에 유의하세요. 단, 필자가 제공한 ex16-2_start 폴더를 사용할 경우 플러그인을 모두 설치해 놓았으므로 이 단계는 건너뛰어도 됩니다.

```
ex16-2_start\src-cordova> cordova plugin add cordova-plugin-splashscreen
ex16-2_start\src-cordova> cordova plugin add cordova-plugin-device
ex16-2_start\src-cordova> cordova plugin add cordova-plugin-battery-status
```

STEP 3 안드로이드 플랫폼의 스플래시 스크린과 아이콘 이미지는 해상도에 따라 폴더와 함께 자동으로 생성되므로 참고하여 원하는 이미지로 교체합니다. src-cordova/platforms/android/app/src/main/res 폴더의 이미지를 교체합니다.

STEP 4 코르도바로 개발하는 앱의 속성은 루트 폴더에 있는 config.xml 파일에서 설정합니다. 프로젝트를 빌드하면 config.xml에 설정된 내용이 자동으로 각 플랫폼에 해당하는 매니페스트 파일에 반영됩니다. USB 디버깅, 앱의 id와 제목의 어트리뷰트를 수정합니다. 15-4절에서 자세히 설명했으므로 여기서는 소스만 소개하고 넘어가겠습니다.

실습 파일 ex16-2_start₩src-cordova₩config.xml

```
<?xml version='1.0' encoding='utf-8'?>
<widget id="io.cordova.check" version="1.0.0"
        xmlns="http://www.w3.org/ns/widgets"
        xmlns:cdv="http://cordova.apache.org/ns/1.0"
        xmlns:android="http://schemas.android.com/apk/res/android">
<name>모바일 기기 상태 체크</name>
...생략...
  <platform name="android">
    <allow-intent href="market:*" />
    <edit-config file="app/src/main/AndroidManifest.xml" mode="merge"
                 target="/manifest/application">
      <application android:usesCleartextTraffic="true" />
    </edit-config>
  </platform>
  <platform name="ios">
    <allow-intent href="itms:*" />
    <allow-intent href="itms-apps:*" />
  </platform>
</widget>
```

STEP 5 안드로이드 기기를 USB로 연결한 후 결과를 테스트하기 위해 다음 명령을 실행합니다.

```
ex16-2_start> npm run cordova-prepare
ex16-2_start> cd src-cordova
ex16-2_start\src-cordova> cordova run android
```

STEP 6 잠시 후 데스크톱과 USB로 연결된 안드로이드 기기에서 결과 화면을 볼 수 있습니다.

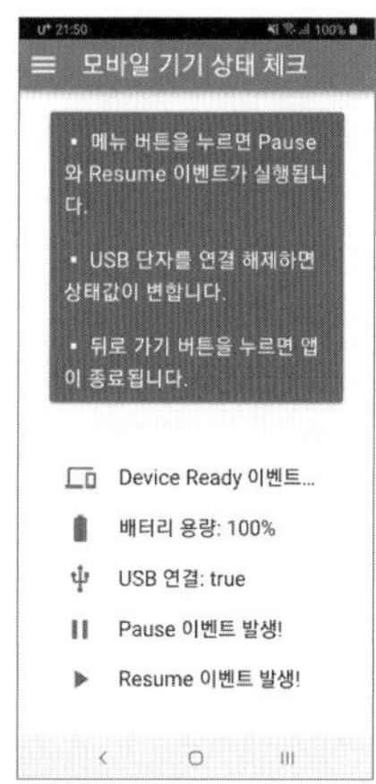

그림 16-17 안드로이드 기기에서 확인한 결과 화면

하나만 더 배워요! **코르도바 활용 팁!**

여기까지 따라왔다면 코르도바 사용법이 익숙해졌을 것입니다. 다음은 코르도바에서 자주 사용하는 몇 가지 팁을 정리했습니다.

① 설치된 플러그인 목록 보기

설치된 플러그인의 개수가 많아지면 어떤 것이 설치되었는지 확인해야 합니다. 그럴 때는 다음처럼 `cordova plugin ls` 명령을 사용합니다. 또는 `cordova plugin list`나 `cordova plugin` 명령도 사용할 수 있습니다.

```
cordova plugin ls
```

② 필요 없는 플러그인 제거하기

더 이상 사용할 필요가 없는 플러그인은 다음처럼 `cordova plugin rm` 플러그인 이름 명령으로 삭제할 수 있습니다. `rm` 대신에 `remove`도 사용할 수 있습니다.

```
cordova plugin rm cordova-plugin-splashscreen
```

③ 코르도바 업그레이드와 버전 확인

코르도바를 작업하다 보면 최신 버전으로 업그레이드해야 할 때가 있습니다. 그럴 때는 다음처럼 `npm update -g cordova` 명령을 사용합니다. 그리고 버전 번호가 궁금하면 `npm info cordova version`을 사용합니다.

```
npm update -g cordova
npm info cordova version
```

미션 코딩! | 카메라 사진 갤러리 안드로이드 앱 만들기

완성 파일 PWA-example₩mission16

11장에서 실습한 '카메라 사진 갤러리 PWA'를 안드로이드 네이티브 앱으로 제작해 보세요. 같은 코드를 사용하므로 ex11 실습에서 src, public 폴더를 그대로 복사해서 사용하면 됩니다. 다음 그림은 완성된 카메라 사진 갤러리 안드로이드 앱 화면입니다.

그림 16-18 완성된 카메라 사진 갤러리 안드로이드 앱

HINT 1 코르도바 신규 프로젝트를 생성합니다. 브라우저 플러그인은 카메라 같은 W3C 웹 API를 사용한 플러그인을 사용할 때 필요합니다.

```
> vue create mission16 ——— Babel, PWA, Router(history 모드는 No) 선택
mission16> vue add vuetify ——— 기본 옵션 선택
mission16> npm install firebase vuefire@next vue-head— 파이어베이스, 뷰파이어, 뷰헤드 설치
mission16> vue add cordova ——— 'Android', 'browser' 플랫폼 선택
```

HINT 2 ex11 실습의 src, public 폴더를 복사하여 방금 생성한 mission16 폴더에 덮어 씁니다. ex16-2/src/main.js를 참고하여 main.js 파일에 코르도바 앱의 뷰포트 설정을 추가합니다.

HINT 3 개발자 모드로 브라우저를 실행하고 테스트합니다.

```
mission16> npm run serve
```

HINT 4 브라우저, 스플래시 스크린, 카메라 스트림, 카메라 캡처 플러그인을 설치합니다. phonegap-plugin-media-stream, phonegap-plugin-image-capture은 카메라 스트림과 캡처 기능을 위해 사용한 웹 API와 같은 코드 베이스로 코르도바에서 동작합니다.

```
mission16\src-cordova> cordova plugin add cordova-plugin-splashscreen
mission16\src-cordova> cordova plugin add phonegap-plugin-media-stream
mission16\src-cordova> cordova plugin add phonegap-plugin-image-capture
```

HINT 5 안드로이드 플랫폼, 브라우저 플랫폼의 아이콘과 스플래시 스크린 이미지를 준비합니다. src-cordova/platforms/android/app/src/main/res 폴더의 아이콘과 스플래시 스크린 이미지를 교체합니다.

HINT 6 src-cordova/config.xml 파일을 열고 ex15/src-cordova/config.xml를 참고해 앱의 id와 제목, USB 연결 모드를 변경합니다. 또한, 다음 내용을 추가하여 코르도바 브라우저 플러그인용 스플래시 스크린의 로고 이미지를 기존 아이콘으로 설정합니다.

```
<platform name="browser">
  <preference name="SplashScreen" value="/img/icons/android-chrome-512x512.png" />
</platform>
```

HINT 7 데스크톱과 안드로이드 모바일 기기에서 실행하고 테스트합니다.

```
mission16> npm run cordova-prepare
mission16> cd src cordova
mission16\src-cordova> cordova run browser
mission16\src-cordova> cordova run android
```

17

구글 플레이 스토어에 앱 등록하기

17장에서는 앞에서 만든 하이브리드 앱을 구글 플레이 스토어에 올려서 배포하는 방법을 알아보겠습니다. 이것이 하이브리드 앱을 만든 궁극적인 목적이니까요. 이 책을 마치면서 자신이 만든 앱을 다른 사람이 내려받아 사용하는 생산자로서 새로운 경험을 맛볼 수 있습니다.

17-1 안드로이드 앱 번들 준비하기

여기서는 16-1절에서 만든 To-Do 앱을 구글 플레이 스토어에 직접 업로드해 보겠습니다. 16-1절의 완성 파일을 ex17 신규 폴더에 복사한 후 실습을 진행하면 됩니다.

안드로이드 앱 번들이란?

안드로이드 앱 번들(AAB, android app bundle)이란 구글이 새롭게 권장하는 플레이 스토어 배포 형식입니다. 기존의 배포 형식인 APK 파일의 용량이 커지면서 설치 시간과 실행 성능의 효율성이 떨어지는 단점을 보완한 것입니다.

사용자는 구글 플레이 스토어에서 앱 번들로 빌드된 앱으로 사용자의 기기 언어, 화면 크기, 플랫폼에 필요한 파일만 선택해서 내려받을 수 있습니다. 이렇게 하면 모든 파일을 내려받지 않아도 되므로 용량과 성능을 크게 향상할 수 있습니다. 다음 그림에서 왼쪽은 전통적인 APK 방식을, 오른쪽은 동적인 AAB 방식을 보여 줍니다.

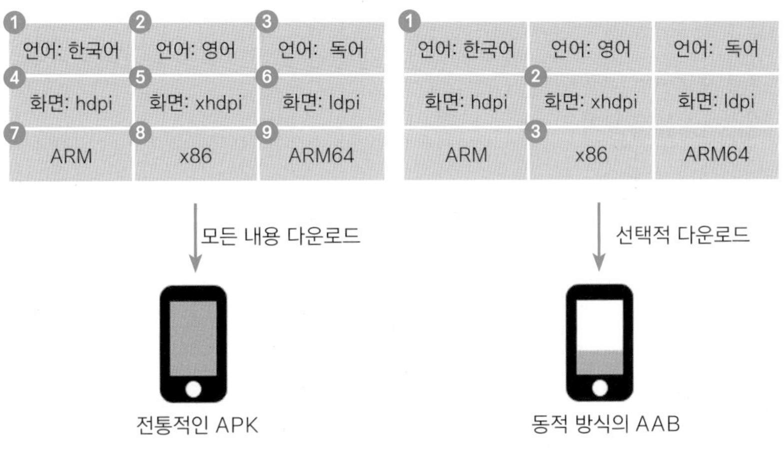

그림 17-1 전통적인 APK(왼쪽)와 동적 방식의 AAB(오른쪽) 비교

17장에서 실습하는 앱을 기준으로 AAB와 APK를 실제로 비교하면 내려받은 용량에서 큰 차이가 있습니다. AAB는 APK와 같은 앱을 기준으로 내려받은 것입니다.

표 17-1 AAB와 APK 용량 비교

유형	버전 코드	타깃 SDK	내려받은 앱 크기
AAB	10001	28	739~901KB
APK	1	27	2.22MB

안드로이드 앱 번들(AAB) 파일을 제작하려면 APK 빌드, AAB 생성, 키 만들기, 서명 과정을 거쳐야 합니다. 그래서 각각 cordova, keytool, jarsigner 프로그램이 필요합니다. 이러한 AAB 전체 제작 준비 과정을 정리하면 다음과 같습니다.

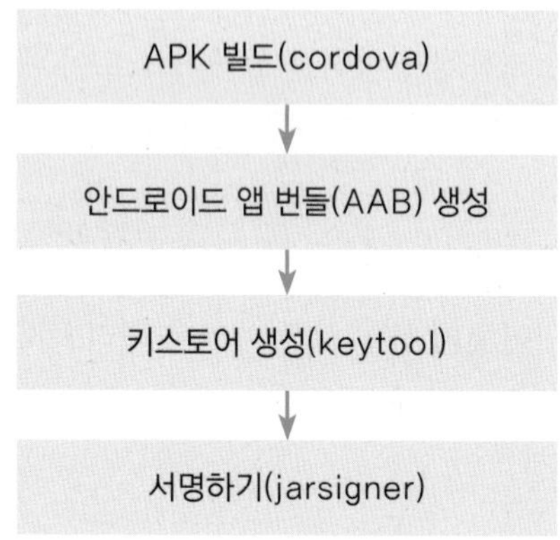

그림 17-2 AAB의 전체 제작 준비 과정

Do it! 실습 config.xml 설정하기

ex17/src-cordova 폴더에 있는 config.xml 파일은 중요한 역할을 합니다. 특히 `widget` 엘리먼트의 3가지 어트리뷰트값을 잘 이해하고 설정해야 합니다.

실습 파일 ex17₩src-cordova₩config.xml

```
<?xml version='1.0' encoding='utf-8'?>
<!-- Android OS 9 Pie부터 기기와 이루어지는 텍스트 커뮤니케이션을 반영하기 위해 apk 경로 추가 -->
<widget id="io.cordova.todo" version="1.0.1" android:versionCode="1"
        xmlns="http://www.w3.org/ns/widgets"
        xmlns:cdv="http://cordova.apache.org/ns/1.0"
        xmlns:android="http://schemas.android.com/apk/res/android">
  <name>To-Do 리스트</name>
...생략...
```

03 id, version, android:versionCode 설정

id는 나중에 구글 플레이 스토어에 앱을 업로드할 때 중복 여부를 체크하는 데 사용합니다. 고유한 이름으로 수정한 후 빌드합니다. version은 얼마만큼 판올림이 되었는지를 나타내는 버전값을 의미합니다. 업그레이드할 때마다 1씩 증가하도록 설정합니다. android:versionCode는 구글 플레이 스토어에 올린 횟수를 의미합니다. 같은 versionName이라 할지라도 마켓에 올릴 때는 반드시 versionCode를 1씩 증가하도록 설정해야 합니다. 이전 값보다 높을 때만 업데이트로 올릴 수 있습니다. 코르도바 앱을 만들 때 자동으로 만들어지는 기본 config.xml에는 생략되어 있으므로 꼭 추가해야 합니다.

Do it! 실습 코르도바 앱 배포용 APK 빌드하기

STEP 1 안드로이드용 네이티브 앱을 배포용으로 빌드합니다.

```
ex17> npm run cordova-prepare
ex17> cd src-cordova
ex17\src-cordova> cordova build android --release
```

STEP 2 서명되지 않은 배포용 안드로이드 APK 파일(app-release-unsigned.apk)이 다음 폴더에 생성됩니다.

```
ex17/src-cordova/platforms/android/app/build/outputs/apk/release/app-release-unsigned.
apk
```

STEP 3 안드로이드 그래들(gradle)이 생성되고 gradlew.bat 파일이 만들어집니다.

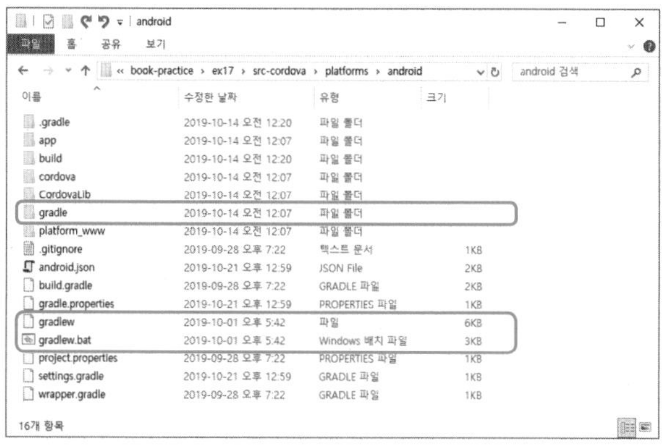

그림 17-3 gradle 폴더와 gradlew.bat 파일 생성

Do it! 실습 안드로이드 앱 번들(AAB) 만들기

STEP 1 안드로이드 앱 번들(AAB) 파일을 생성하려면 우선 현재 폴더를 안드로이드 플랫폼으로 변경해야 합니다. 그리고 윈도우의 경우 gradlew.bat를 이용해서 다음 명령을 실행합니다. 유의할 점은 반드시 현재 폴더인 './'를 지정해야 한다는 것입니다.

```
ex17\src-cordova> cd platforms\android
ex17\src-cordova\platforms\android> ./gradlew bundle
```

STEP 2 서명되지 않은 app.aab 파일이 다음 폴더에 생성됩니다. 이 파일을 프로젝트 루트 폴더 ex17에 복사합니다.

```
ex17/src-cordova/platforms/android/app/build/outputs/bundle/release/app.aab
```

Do it! 실습 개발자를 인증할 '키스토어' 생성하기

STEP 1 먼저 서명할 수 있도록 키스토어를 생성하겠습니다. 키스토어(keystore) 파일은 개발자를 인증하는 키로서 keytool이라는 도구를 이용해 생성합니다. 이 파일은 앱을 서명할 때마다 반복해서 사용하므로 한 번 만들어서 잘 보관합니다. keytool의 사용법은 다음과 같습니다.

표 17-2 keytool 사용법

명령어	의미	사용법
-genkey	키를 생성합니다.	keytool –genkey
-v	-genkey 명령의 상세 정보를 화면에 표시합니다.	keytool –genkey –v
-keystore	키스토어의 이름을 지정합니다.	-keystore release.keystore
-alias	키스토어의 제목을 별칭으로 지정합니다.	-alias MyApp
-keyalg	키 알고리즘 이름을 지정합니다. 일반적인 RSA를 입력합니다.	-keyalg RSA
-keysize	키 비트 크기를 지정합니다. 일반적인 2048을 입력합니다.	-keysize 2048
-validity	유효 기간 일 수를 지정합니다. 100000일은 약 273년입니다.	-validity 100000

STEP 2 STEP 1의 내용과 사례를 참고해 다음처럼 한 줄의 명령으로 입력합니다.

```
ex17> keytool -genkey -v -keystore release.keystore -alias MyApp -keyalg RSA -keysize
2048 -validity 100000
```

STEP 3 keytool 명령을 수행하고 나면 개발자를 인증할 때 필요한 상세 정보를 입력하라는 화면이 나타납니다. 비밀번호, 이름과 성, 조직 단위, 구/군/시, 시/도, 국가 코드 등을 입력합니다. 그리고 나면 최종 입력한 내용이 맞는지 마지막으로 물어봅니다. 이때 "예"라고 입력하고 Enter를 누릅니다.

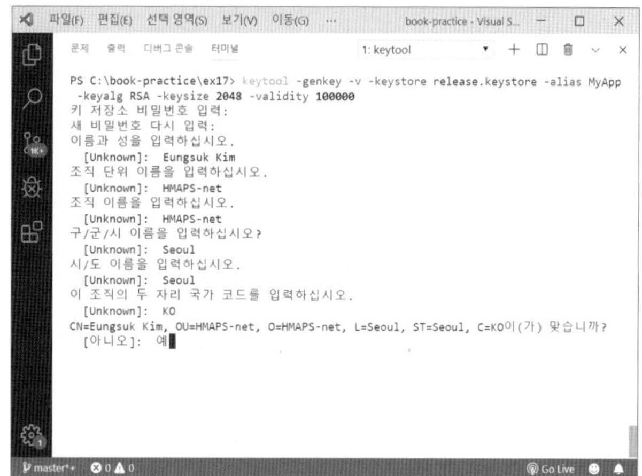

그림 17-4 개발자 상세 정보 입력하기

STEP 4 입력을 모두 마치고 키 비밀번호를 한 번 더 입력하면 키스토어 파일이 생성됩니다. 비밀번호를 똑같이 사용할 거라면 그냥 Enter를 눌러도 됩니다.

STEP 5 윈도우 탐색기를 열어 프로젝트 폴더로 가보면 release.keystore 파일이 생성된 것을 알 수 있습니다. 그리고 앞에서 복사한 app.aab 파일도 준비되었는지 확인합니다.

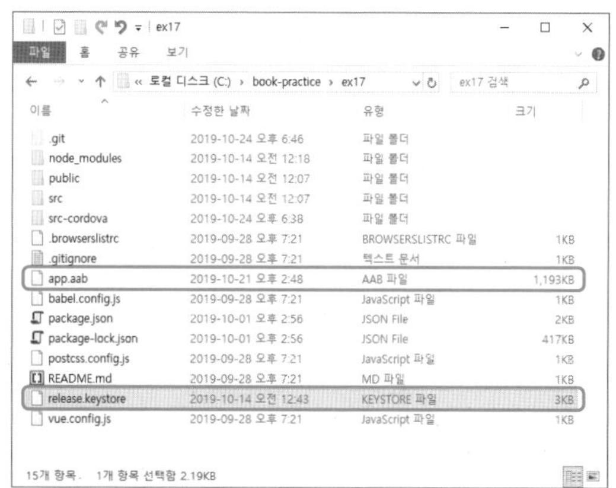

그림 17-5 키스토어 파일 생성

Do it! 실습 키스토어에 서명하기

STEP 1 이제 서명을 시작해 보겠습니다. 서명은 jarsigner 도구를 사용합니다. 사용법은 다음과 같습니다.

```
jarsigner [options] jar-file alias
```

표 17-3 jarsigner 사용법

명령어	의미	사용법
-tsa <url>	타임 스탬프 권한의 위치를 지정합니다. 타임 스탬프는 특정 시간을 비교할 때 사용하는 문자열인데 digicert에서 인증한 타임 스탬프를 이용합니다.	-tsa http://timestamp.digicert.com
-verbose	진행 상황을 화면에 표시하는 옵션입니다.	jarsigner -verbose
-sigalg	서명 알고리즘의 이름을 지정합니다.	-sigalg SHA1withRSA
-digestalg	다이제스트(digest) 알고리즘의 이름을 지정합니다.	-digestalg SHA1
-keystore	서명에 사용할 키스토어 파일을 지정합니다. 앞에서 준비한 키스토어 파일 이름을 입력합니다.	-keystore release.keystore
jar-file	서명에 사용할 APK 파일을 지정합니다. 서명이 끝나면 같은 폴더에 같은 이름으로 서명한 APK 파일이 저장됩니다.	app.apk
alias	키스토어 파일에서 제목으로 입력한 별칭을 지정합니다.	MyApp

STEP 2 STEP 1의 내용을 참고해 다음과 같이 한 줄의 명령으로 작성합니다. 키스토어 파일과 안드로이드 앱 번들 파일의 이름은 똑같아야 합니다.

```
ex17> jarsigner -tsa http://timestamp.digicert.com -verbose -sigalg SHA1withRSA -di-
gestalg SHA1 -keystore release.keystore app.aab MyApp
```

STEP 3 앞에서 만든 키스토어의 비밀번호를 입력하면 app.aab 파일에 서명이 성공적으로 진행된 후 다음처럼 종료됩니다. 이 파일을 구글 플레이 스토어에 올리면 됩니다.

그림 17-6 app.aab 파일에 서명 완성

하나만 더 배워요! 서명하고 정렬된 배포용 APK 만들기

혹시라도 기존 방식으로 서명하고 정렬된 배포용 APK가 필요하다면 다음 과정을 따라 해서 만들면 됩니다. 정렬하는 이유는 앱이 실행될 때 최적화가 이뤄져서 저장 공간을 절약할 수 있기 때문입니다.

① 서명하기

APK의 서명은 jarsigner 도구로 앞에서 설명한 AAB와 같은 방법으로 합니다. 다음처럼 한 줄의 명령으로 작성하며 키스토어 파일과 APK 파일 이름은 똑같아야 합니다.

```
jarsigner -tsa http://timestamp.digicert.com -verbose -sigalg SHA1withRSA -digestalg
SHA1 -keystore release.keystore app.apk MyApp
```

② 정렬하기

정렬은 15장에서 안드로이드 SDK를 설치한 경로에서 './build-tools/버전' 폴더에 있는 zipalign이라는 프로그램을 사용하면 되는데, 먼저 zipalign.exe 파일을 build-tools 실행 경로로 복사해 둡니다.

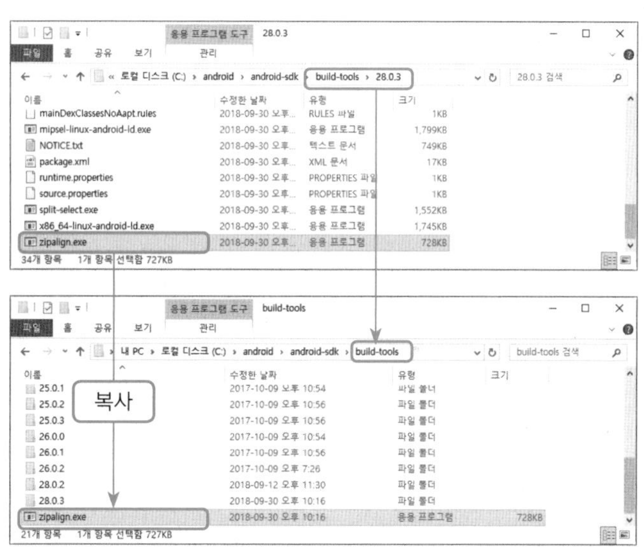

그림 17-7 zipalign 사용해 정렬하기

사용 방법은 다음과 같습니다. 여기서 <align>은 정렬할 때 사용하는 바이트 수이며 32비트 정렬을 위해 반드시 4를 사용합니다. infile.apk와 outfile.apk는 각각 소스 파일과 생성될 파일 이름을 지정합니다.

```
zipalign -fv <align> infile.apk outfile.apk
▶ -f: 이미 생성된 파일에 겹쳐쓰기(overwrite)
▶ -v: 진행 상황 출력
```

1번 과정에서 서명한 app.apk 파일을 사용해 정렬 후 app_final.apk 파일을 만들어 보겠습니다. 다음처럼 명령을 입력합니다. 그러면 서명하고 정렬된 배포용 APK 파일이 만들어집니다.

```
ex17> zipalign -fv 4 app.apk app_final.apk
```

17-2 구글 플레이 스토어에 앱 등록하기

이제 배포할 APK 파일을 확보했으므로 본격적으로 구글 플레이 스토어에 하이브리드 앱을 올려보겠습니다. 구글 플레이 스토어의 사용법은 시간이 지날수록 조금씩 업데이트되겠지만, 여기서 소개하는 내용만 잘 숙지하면 걱정할 필요가 없습니다. 혹시라도 있을 작은 변화 정도는 스스로 해결할 수 있는 응용력이 생길 것입니다.

Do it! 실습 구글 개발자 계정 만들기

STEP 1 구글 플레이를 이용하려면 먼저 구글 플레이 개발자 계정이 있어야 합니다. 먼저 play.google.com/apps/publish으로 접속합니다. 다음 그림에 표시된 것처럼 4단계를 거치면 앱을 배포할 수 있는 구글 플레이 개발자 계정을 완성할 수 있습니다. 기존의 구글 계정으로 로그인하거나 새로운 계정을 만듭니다.

그림 17-8 구글 플레이 개발자 계정 만드는 과정

STEP 2 약관에 동의한 후 〈결제 페이지로 이동〉을 클릭합니다. 결제 화면에서 등록 수수료 25달러를 결제해야 합니다. 결재를 마치면 계정 세부 정보 작성 화면으로 이동합니다. 여기서는 개발자 이름, 주소, 웹 사이트, 전화번호 등을 입력하고 등록을 완료합니다.

업로드 전 준비 사항

이제 마지막으로 구글 플레이 스토어에 자신이 만든 하이브리드 앱을 올리는 일만 남았습니다. 이때 유의할 점은 가능한 한 많은 안드로이드 장치에서 앱을 테스트해 보는 것입니다. 왜냐하면 같은 안드로이드 스마트폰이라 할지라도 해상도와 성능이 제각각이므로 모두 제대로 실행되는지 테스트를 마친 후에 마켓에 올리는 것이 바람직합니다.

또한 등록할 때 필요한 아이콘이나 설명문 등을 준비해야 합니다. 어떤 것이 필요한지 알아봅시다.

표 17-4 구글 플레이 스토어에 업로드 전 준비 사항

범주	준비 사항	유의 사항
저작물 업로드	캡처 화면(2컷 이상)	• 크기: 320 ~ 3,840픽셀 가로와 세로의 비율 관계에서 최대 크기는 최소 크기의 2배를 넘을 수 없음. 예시 정도의 크기로 준비 (예시) 320×480, 480×800, 480×854, 1280×720, 1280×800, 1440×2743 • 파일 종류: PNG(24bit, 알파 제거) 또는 JPEG • 앱의 사용 모습 캡처. 기기별로 총 8컷까지 가능
	고해상도 애플리케이션 아이콘(1개)	• 크기: 512×512픽셀 • 파일 종류: PNG(32bit, 알파 존재) 또는 JPEG • 앱 로고 용도로 디자인. 투명 배경은 허용하지 않으며 둥근 모서리, 그림자가 자동으로 적용. 최대 파일 크기는 1,024KB를 넘을 수 없음
	그래픽 이미지(1컷)	• 크기: 1024×500픽셀 • 파일 종류: JPEG 또는 24bit PNG(알파 존재) • 구글 플레이 스토어의 추천 앱에 등록될 때 사용. 구글 플레이 에디터의 추천을 받아 게시될 경우를 위한 것이며, 프로모션 용도로 활용할 수 있는 이미지 준비
목록 세부 정보	제목(한글 25자)	• 제목 지정 • 검색 시 키워드로 사용될 것을 염두
	간단한 설명 (한글 40자)	• 사용자가 앱의 세부 정보 페이지에서 조회하는 첫 설명 글. 이 글을 선택하면 자세한 설명으로 이어짐
	자세한 설명 (한글 2,000자)	• 앱의 설명을 입력. 다른 앱들은 어떻게 만들었는지 참고 • 검색 시 키워드로 사용될 것을 염두
	애플리케이션 유형	• 종류: 애플리케이션 또는 게임 • 2가지 중에 무엇인지 결정 예) 여기서는 '애플리케이션' 선택

	카테고리	• 종류: 건강 및 운동, 교육, 교통, 금융, 날씨, 뉴스 및 잡지, 데이트, 도구, 도서 및 참고 자료, 동영상 플레이어/편집기, 라이브러리/데모, 라이프 스타일, 만화, 맞춤 설정, 부동산/홈 인테리어, 뷰티, 비즈니스, 사진, 생산성, 소설, 쇼핑, 스포츠, 식음료, 엔터테인먼트, 여행 및 지역정보, 예술/디자인, 음악 및 오디오, 의료, 이벤트, 자동차, 지도/내비게이션, 출산/육아, 커뮤니케이션 • 카테고리를 결정 예) 여기서는 '교육' 선택
연락처 정보	웹 사이트	• Q/A를 할 수 있는 사이트, 블로그 등을 개설해서 앱에 관한 AS를 제공할 수 있도록 준비
	이메일	• 이메일 연락처를 제공해서 앱에 관해 문의할 수 있도록 준비
개인 정보 처리 방침	URL 주소	• 혹시라도 앱에서 사용자의 정보를 얻어야 한다면 활동 내용과 요구 사항을 공지하고 사용자의 동의를 구하는 방침을 알리는 페이지 주소를 준비해서 제출. 개인 정보를 보호하기 위해 공개된 목적과 동의를 받아 사용한다는 것을 투명하게 알림 예) 주소록 데이터 접근 등

Do it! 실습 구글 플레이 스토어에 업로드하기

STEP 1 구글 플레이 스토어의 콘솔 사이트(play.google.com/apps/publish)에 접속한 후 오른쪽 위에 **〈애플리케이션 만들기〉**를 클릭합니다.

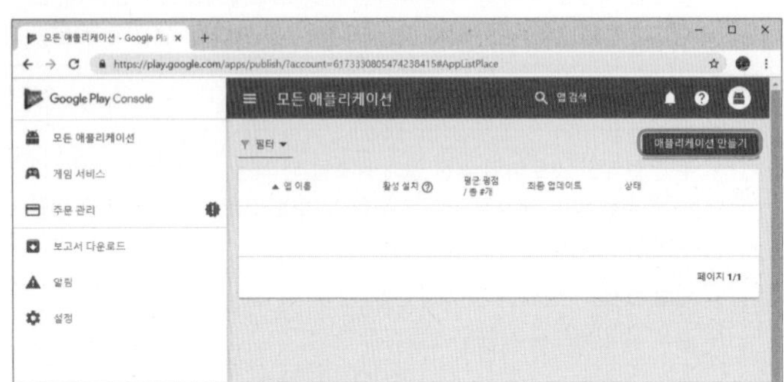

그림 17-9 구글 플레이 스토어의 콘솔 사이트

STEP 2 APK 파일을 선택할 수 있는 업로드용 양식이 나타납니다. 기본 언어와 앱 제목을 입력하고 **〈만들기〉**를 누릅니다.

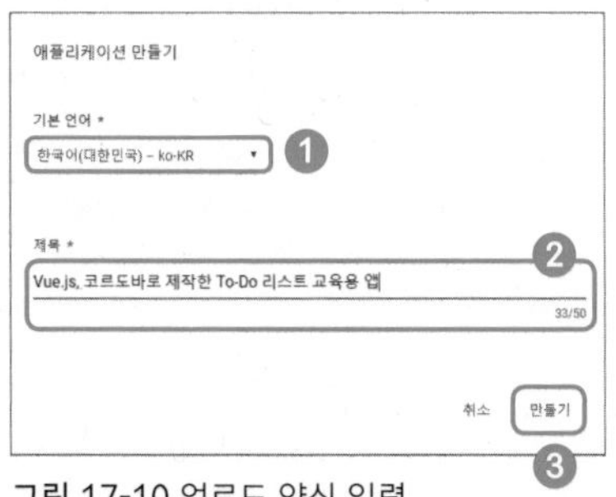

그림 17-10 업로드 양식 입력

STEP 3 [스토어 등록 정보]의 상품 세부 정보를 입력하는 화면이 나타나면 꼼꼼히 입력합니다. 필수 입력 요소인 제목, 간단한 설명, 자세한 설명, 스크린 샷, 고해상도 아이콘, 그래픽 이미지, 애플리케이션 유형, 카테고리, 이메일 순서로 준비한 내용의 글과 이미지를 넣습니다. [콘텐츠 등급]은 우선 그대로 두고 **<임시 저장>**을 클릭합니다.

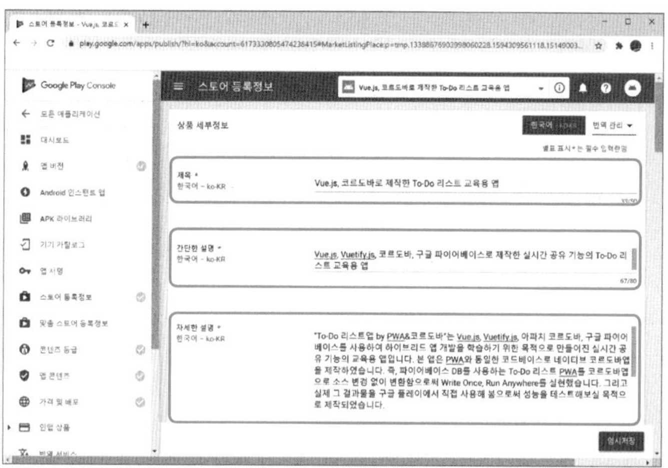

그림 17-11 상품 세부 정보 입력

STEP 4 [콘텐츠 등급]을 클릭하면 APK 파일을 먼저 업로드하라는 안내 화면이 나타납니다. APK를 업로드하기 위해 왼쪽 메뉴에서 **[앱 버전]**을 클릭하고 이어서 프로덕션 트랙에 **<관리>**를 클릭합니다. 화면이 바뀌면 **<새 버전 출시하기>**를 클릭합니다.

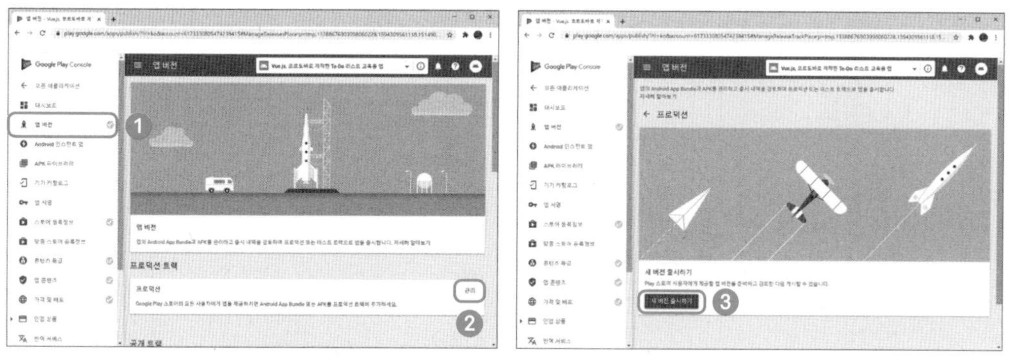

그림 17-12 [앱 버전] 프로덕션 트랙에서 <관리> 클릭 후 <새 버전 출시하기> 클릭

STEP 5 [Google Play 앱 서명] 화면이 나타나는데 여기서는 보안을 강화하기 위한 앱 서명 방법을 물어봅니다. 권장값을 사용할 것이므로 〈**계속**〉을 클릭합니다.

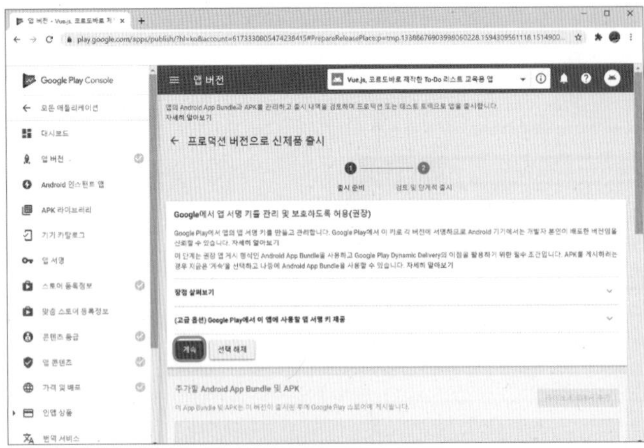

그림 17-13 Google Play 앱 서명 화면

STEP 6 드디어 AAB 파일을 업로드하는 화면이 나타납니다. 앞에서 생성한 **app.aab 파일을 끌어다 놓아 업로드**합니다.

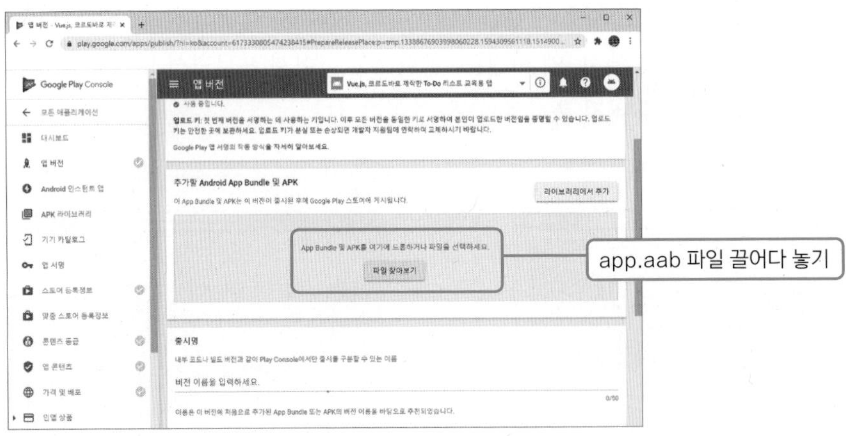

그림 17-14 AAB 파일 업로드

STEP 7 업로드가 성공하면 화면 하단에서 〈**저장**〉과 〈**검토**〉를 차례로 클릭합니다.

그런데 〈검토〉를 클릭하면 화면에 오류가 나타납니다. 국가 설정이 필요하다는 내용인데 일단 넘어갑니다.

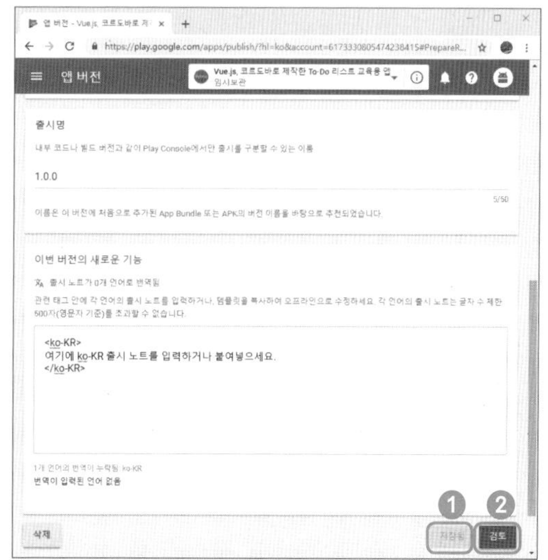

그림 17-15 〈저장〉, 〈검토〉 클릭

STEP 8 왼쪽 메뉴에서 **[콘텐츠 등급]**을 선택하고 **〈계속〉**을 클릭합니다.

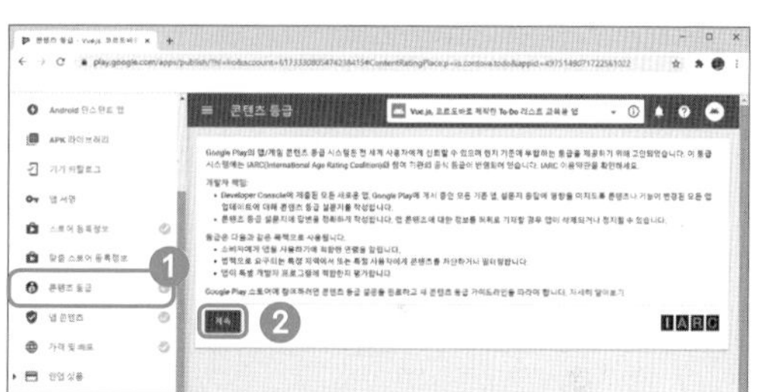

그림 17-16 [콘텐츠 등급] 선택 후 〈계속〉 클릭

STEP 9 유효한 이메일 주소를 입력합니다. 그리고 앱 카테고리로 **[참고 자료, 뉴스 또는 교육]**을 클릭합니다.

그림 17-17 이메일 주소 입력 후 [참고 자료, 뉴스 또는 교육] 클릭

STEP 10 설문 문항을 선택한 후 **〈설문지 저장〉**, **〈등급 계산〉**을 클릭합니다.

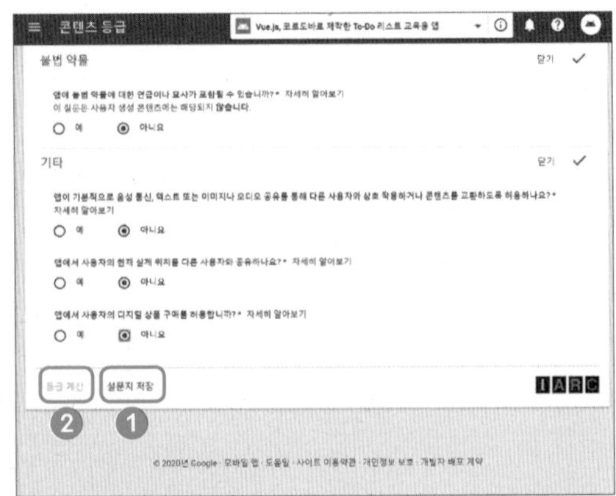

그림 17-18 설문 문항 선택 후 〈설문지 저장〉, 〈등급 계산〉 클릭

STEP 11 국가별 등급이 자동으로 산출됩니다. 내용을 확인한 후 **〈등급 적용〉**을 클릭합니다. 등급이 적용되면 등록을 완료한 것입니다.

그림 17-19 등록을 완료한 모습

STEP 12 왼쪽 메뉴에서 **[가격 및 배포]**를 클릭합니다.

그림 17-20 [가격 및 배포] 클릭

STEP 13 여기서 배포 방법, 출시 국가, 콘텐츠 가이드라인, 미국 수출 법규 등을 선택하고 **〈임시 저장〉**을 클릭합니다.

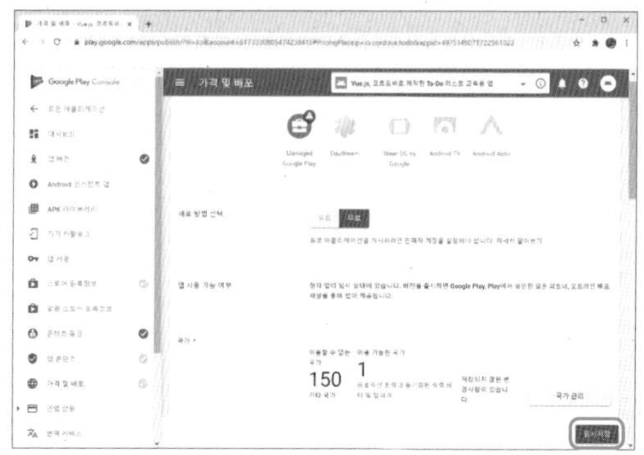

그림 17-21 해당 사항 선택 후 〈임시 저장〉 클릭

STEP 14 입력을 모두 마쳤습니다. 이제 **〈앱 콘텐츠〉** 메뉴로 가서 '개인정보처리방침', '광고', '앱 엑세스 권한', '타겟층 및 콘텐츠' 섹션에 있는 **〈시작〉** 버튼을 클릭합니다.

그리고 다시 **〈가격 및 배포〉** 메뉴로 돌아와서 하단의 **〈출시 준비〉**를 클릭하면 구글 플레이 스토어에 배포됩니다. 만약 이 버튼이 나타나지 않는다면 왼쪽 메뉴에서 [앱 버전], [스토어 등록 정보], [콘텐츠 등급], [앱 콘텐츠], [가격 및 배포] 중에 완료(초록색 체크 아이콘 표시)되지 않은 것이 있는지 다시 확인합니다.

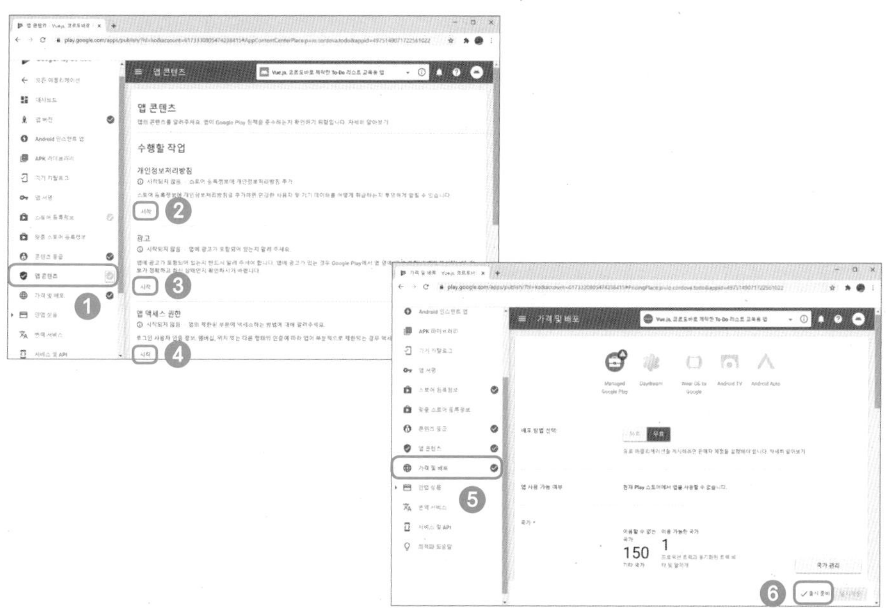

그림 17-22 〈출시 준비〉 클릭

STEP 15 앱을 게시할 수 있다는 안내 창이 나타납니다. 여기서 **〈버전 관리〉**를 클릭합니다.

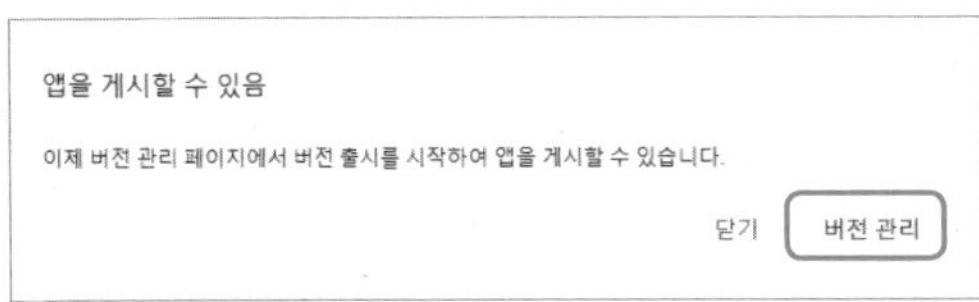

그림 17-23 앱 게시 안내 창

STEP 16 앱 버전 화면이 나타나면 프로덕션 트랙에서 **〈버전 수정〉**, **〈검토〉**를 차례로 클릭합니다.

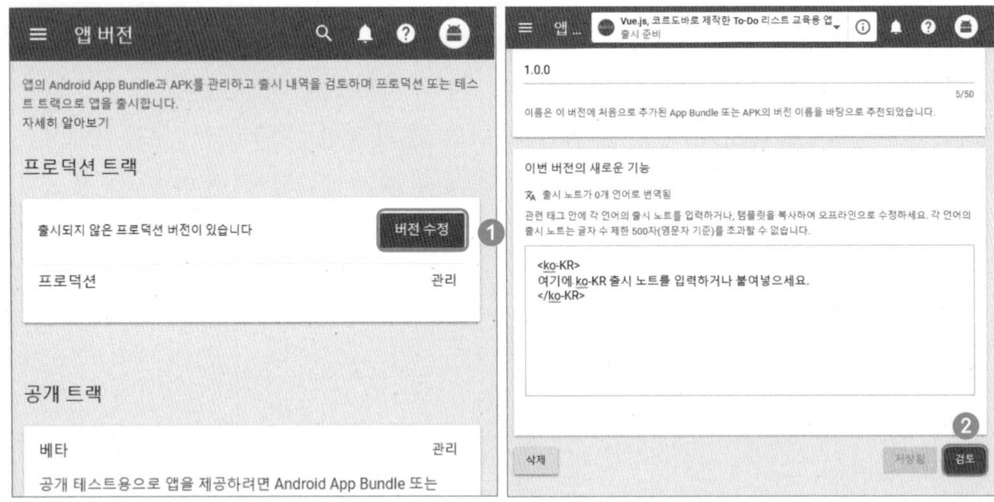

그림 17-24 〈버전 수정〉, 〈검토〉 클릭

STEP 17 수고하셨습니다. 이제 마지막 단계까지 왔습니다. 하단의 **〈프로덕션 출시 시작〉**을 클릭합니다.

그림 17-25 〈프로덕션 출시 시작〉 클릭

STEP 18 이제 플레이 스토어의 모든 사용자가 앱을 사용할 수 있습니다. 계속할지 물어보는 창이 나타나면 〈확인〉을 클릭합니다.

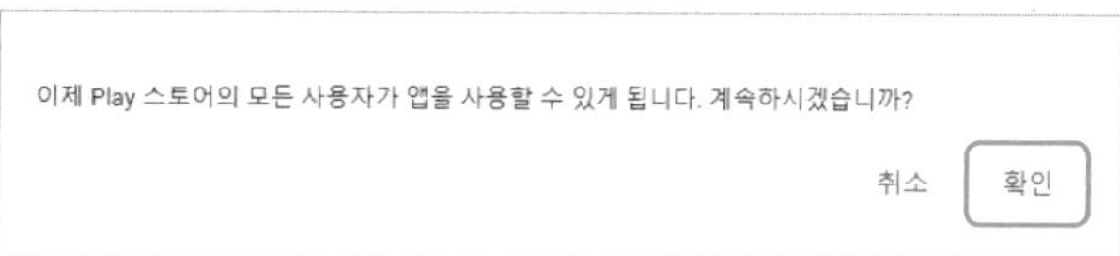

그림 17-26 〈확인〉 클릭

STEP 19 축하합니다. 드디어 앱이 출시되었습니다.

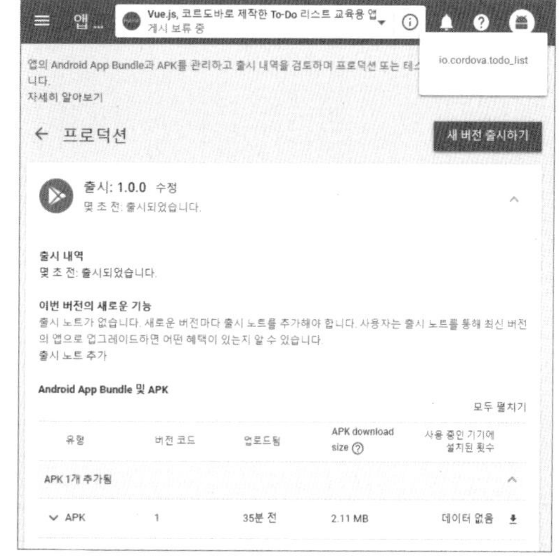

그림 17-27 앱 출시 완료

Do it! 실습 구글 플레이 스토어에 앱이 등록되었는지 확인하기

여러분이 등록한 앱은 구글 플레이에서 심사한 후 마켓에 배포됩니다. 이 과정은 간단한 앱 같으면 30분 정도 걸리고 길게는 하루가 걸릴 수도 있습니다. 그리고 구글 플레이 스토어에서 검색할 수 있도록 준비되는 데는 이틀 정도 걸립니다.

STEP 1 play.google.com에 접속한 후 제목을 키워드로 검색해 보면 확인할 수 있습니다. 여기서는 검색 창에 "Vue.js, 코르도바로 제작한 To-Do 리스트 교육용 앱"이라고 입력합니다. 그러면 다음처럼 등록된 것을 알 수 있습니다.

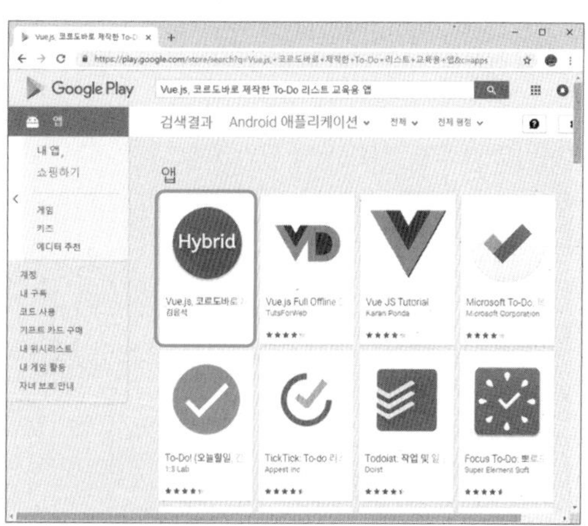

그림 17-28 구글 플레이 스토어에 등록된 앱

STEP 2 등록한 앱을 선택해서 상세 정보와 캡처 이미지가 제대로 입력됐는지 확인합니다.

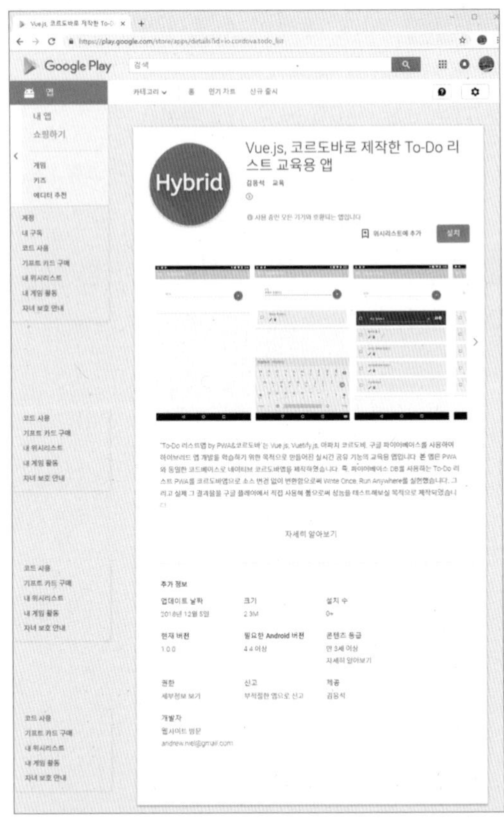

그림 17-29 등록한 앱의 상세 정보 확인

하나만 더 배워요! TWA 사용하기

TWA(trusted web activities)는 PWA를 패키지 파일(APK, AAB)로 변환할 수 있도록 새롭게 등장한 안드로이드 앱 UI 기술입니다. TWA는 웹뷰가 아닌 크롬 브라우저의 렌더링 엔진을 직접 사용하므로 PWA의 모든 기능을 네이티브 앱에서 그대로 실행할 수 있습니다. 하지만 코르도바와 달리 플러그인 생태계가 없고 안드로이드 OS에서만 사용할 수 있습니다. 따라서 TWA는 코르도바로 적용할 수 없는 프로젝트일 때 훌륭한 선택지가 될 수 있습니다.

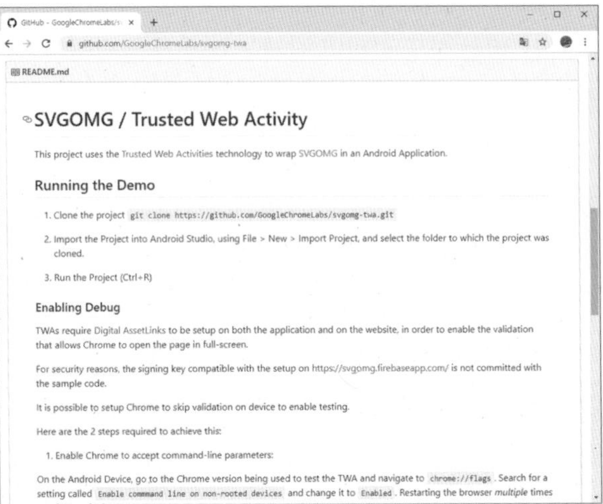

그림 17-30 TWA 시작 템플릿(github.com/GoogleChromeLabs/svgomg-twa)

사용 방법은 구글에서 제공하는 TWA 시작 템플릿인 SVGOMG TWA 프로젝트 파일을 깃허브에서 내려받아 안드로이드 스튜디오에서 불러온 후 build.gradle 파일의 `hostName`에 변환할 PWA URL 주소를 지정하면 됩니다. 그러고 나서 APK(또는 AAB) 파일로 빌드한 후 구글 플레이 스토어에 올리면 됩니다. 다음 그림은 '푸시 알림 서비스'를 TWA로 제작하여 안드로이드 앱으로 푸시 알림 메시지를 보내도록 실행한 모습입니다.

그림 17-31 TWA로 제작한 '푸시 알림 서비스'를 안드로이드 앱에서 실행한 모습

그리고 구글에서 지원하는 버블랩(Bubblewrap)을 소개합니다. 버블랩은 TWA를 사용해 PWA를 쉽고 빠르게 안드로이드 앱으로 만드는 데 도움을 주는 CLI 도구입니다. 자세한 사용법은 버블랩 공식 사이트를 참고하세요.

- **버블랩 공식 사이트:** github.com/GoogleChromeLabs/bubblewrap/tree/master/packages/cli

마지막으로 PWABuilder는 구글과 MS가 협력하여 PWA를 크로스플랫폼 앱으로 빌드할 수 있는 무료 서비스입니다. 같은 코드를 가지고 안드로이드, iOS, 마이크로소프트 앱으로 편리하게 변환해 줍니다. 각 운영체제에 최적화된 플랫폼 기술을 토대로 하므로 이식성이 우수합니다.

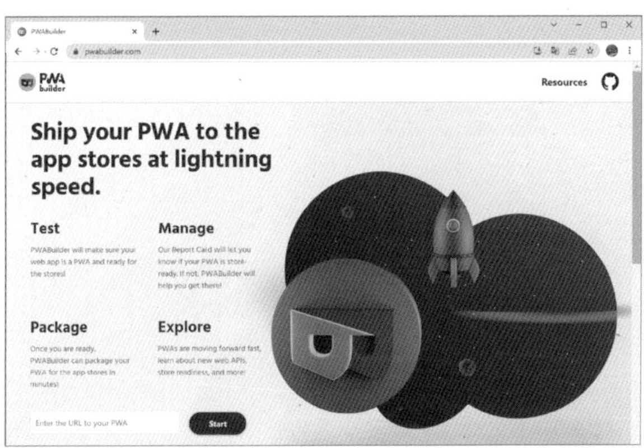

그림 17-32 PWABuilder(www.pwabuilder.com)

〈한글〉

ㄱ ~ ㄷ

ㄹ ~ ㅂ

ㅅ ~ ㅈ

<영어>

a

b

c

d

t

u

v

지금 나에게
필요한 책은?
개발자의 길을 가고 있어요.
프로그래밍을 시작하고 싶다면?
Do it! 점프 투 파이썬
B 기초 프로그래밍 코스
모바일 앱 개발자가 되고 싶다면?
Do it! 깡샘의 안드로이드 앱 프로그래밍 with 코틀린
M 모바일 앱 개발자 코스
웹 프로그래밍의 기초부터 배우고 싶다면?
Do it! 한 권으로 끝내는 웹 기본 교과서 HTML+CSS+자바스크립트 웹 표준의 정석
W 웹 프로그래밍 코스
직장에서 능력자가 되고 싶어요!
매일 쓰는 프로그램으로 인정받고 싶다면?
된다! 7일 실무 엑셀
동영상 제작은 기본이죠!
된다! 김메주의 유튜브 영상 만들기

프로그래밍을 시작하고 싶다면?

Basic Programming Course

B 기초 프로그래밍 코스

Do it!
점프 투 파이썬 — 전면 개정판

하루 한 시간이면 당신도 프로그램을 만들 수 있다!
초보자의 마음을 가장 잘 이해하고, 프로그래밍의 재미를 알려주는 책

난이도 ▬ 박응용 지음 | 18,800원

Do it!
C 언어 입문

실무 20년, 현업 프로그래머가
초보자를 위해 엮었다!

난이도 ▬ 김성엽 지음 | 25,000원

Do it!
자바 프로그래밍 입문

개발 10년, 강의 10년! 명강사의
기초 튼튼 코딩 밥상!

난이도 ▬ 박은종 지음 | 25,000원

Do it!
자료구조와 함께 배우는 알고리즘 입문 — C 언어 편

263개의 도해와 114개의 예제로
자료구조와 알고리즘을 쉽게 배운다!

난이도 ▬▬ 시바타 보요 지음 | 22,000원

Do it!
자료구조와 함께 배우는 알고리즘 입문 — JAVA 편

220개의 도해와 88개의 예제로
꼼꼼한 코드 설명과 그림으로 이해하기 쉽다!

난이도 ▬▬ 시바타 보요 지음 | 22,000원

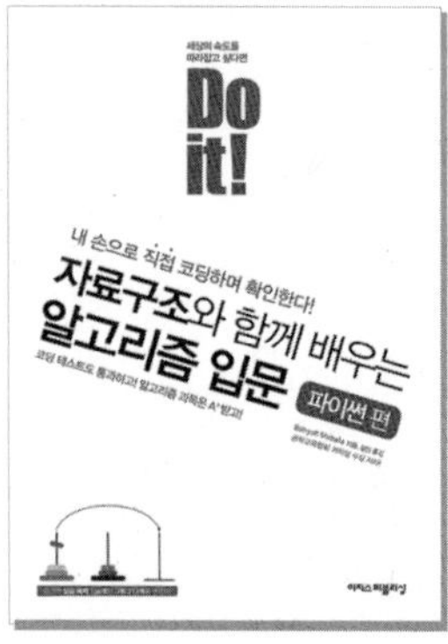

Do it!
자료구조와 함께 배우는 알고리즘 입문 — 파이썬 편

213개의 그림과 136개의 실전 예제로
빠르고 쉽게 배운다!

난이도 ▬▬ 시바타 보요 지음 | 22,000원

Do it!
파이썬 생활 프로그래밍

뼛속까지 문과생인 지리학 박사가 집필한
파이썬 생활 프로그래밍 책!

난이도 ▬▬ 김창현 지음 | 20,000원

▬ 문과생과 비전문가도 보는 책　▬▬ / ▬▬▬ 해당 분야의 이해가 조금 필요한 책